WILLY BRANDT
Berliner Ausgabe

WILLY BRANDT
Berliner Ausgabe
Herausgegeben von
HELGA GREBING, GREGOR SCHÖLLGEN
und HEINRICH AUGUST WINKLER
Im Auftrag der
Bundeskanzler-Willy-Brandt-Stiftung

BAND 1:
Hitler ist nicht Deutschland.
Jugend in Lübeck – Exil in Norwegen 1928 – 1940
BAND 2:
Zwei Vaterländer.
Deutsch-Norweger im schwedischen Exil –
Rückkehr nach Deutschland 1940 – 1947
BAND 3:
Berlin bleibt frei.
Politik in und für Berlin 1947 – 1966
BAND 4:
Auf dem Weg nach vorn.
Willy Brandt und die SPD 1947 – 1972
BAND 5:
Die Partei der Freiheit.
Willy Brandt und die SPD 1972 – 1992
BAND 6:
Ein Volk der guten Nachbarn.
Außen- und Deutschlandpolitik 1966 – 1974
BAND 7:
Mehr Demokratie wagen.
Innen- und Gesellschaftspolitik 1966 – 1974
BAND 8:
Über Europa hinaus.
Dritte Welt und Sozialistische Internationale
BAND 9:
Die Entspannung unzerstörbar machen.
Internationale Beziehungen und deutsche Frage 1974 – 1982
BAND 10:
Gemeinsame Sicherheit.
Internationale Beziehungen und deutsche Frage 1982 – 1992

WILLY BRANDT
Berliner Ausgabe
BAND 3
Berlin bleibt frei
Politik in und für Berlin
1947 – 1966

Bearbeitet von
SIEGFRIED HEIMANN

Verlag J.H.W. Dietz Nachf. GmbH

Die Bundeskanzler-Willy-Brandt-Stiftung bedankt sich für die großzügige finanzielle Unterstützung der gesamten Berliner Ausgabe bei:
Frau Ursula Katz, Northbrook, Illinois
Alfried Krupp von Bohlen und Halbach-Stiftung, Essen
Otto Wolff von Amerongen-Stiftung, Köln
Stiftungsfonds Deutsche Bank im Stifterverband für die Deutsche Wissenschaft e. V., Essen
Stiftung Deutsche Klassenlotterie Berlin
Deutsche Druck- und Verlagsgesellschaft mbH, Hamburg
Bankgesellschaft Berlin AG
Herlitz AG, Berlin
Metro AG, Köln
Schering AG, Berlin

Bibliografische Information der Deutschen Bibliothek
Die Deutsche Bibliothek verzeichnet diese Publikation
in der Deutschen Nationalbibliografie;
dataillierte bibliografische Daten sind im Internet über
http://dnb.ddb.de abrufbar.

ISBN 3-8012-0303-4

© Copyright der deutschsprachigen Ausgabe
Verlag J.H.W. Dietz Nachfolger GmbH, Bonn
© Copyright für alle übrigen Sprachen
Bundeskanzler-Willy-Brandt-Stiftung, Berlin
Lektorat: Dr. Heiner Lindner
Umschlag und Layout-Konzept:
Groothuis & Consorten, Hamburg
Satz: Medienhaus Froitzheim AG, Bonn, Berlin
Druck und Verarbeitung: Ebner + Spiegel, Ulm
Printed in Germany 2004

Inhalt

Willy Brandt – Stationen seines Lebens 7

Vorwort der Herausgeber 11

SIEGFRIED HEIMANN
Einleitung
„Berlin bleibt frei"
Politik in und für Berlin 1947 – 1966 15

Verzeichnis der Dokumente 85

Dokumente 99

Anmerkungen 529

Anhang
Quellen- und Literaturverzeichnis 636
Abkürzungsverzeichnis 652
Editionsgrundsätze 658
Personenregister 663
Sachregister 690
Bildnachweis 698
Angaben zum Bearbeiter und zu den Herausgebern 702

Willy Brandt – Stationen seines Lebens

1913	Am 18. Dezember in Lübeck als Herbert Ernst Karl Frahm geboren
1929	Mitglied der Sozialistischen Arbeiterjugend (SAJ) in Lübeck
1930	Eintritt in die SPD
1931	Wechsel zur Sozialistischen Arbeiterpartei Deutschlands (SAP); Vorsitzender ihres Jugendverbandes in der Hansestadt
1932	Abitur am Lübecker Reform-Gymnasium „Johanneum"
1933–1940	Exil in Norwegen; unter dem Namen Willy Brandt Widerstand gegen das NS-Regime; Mitglied der Exil-Leitung des SAP-Jugendverbandes und des Internationalen Büros revolutionärer Jugendorganisationen; seit 1939 Koordinator für Inlandsarbeit der SAP; zum „Federführenden" der SAP während des Krieges ernannt; umfangreiche journalistische und publizistische Tätigkeit
1936	Illegaler Aufenthalt in Berlin
1937	Beauftragter der SAP im Spanischen Bürgerkrieg
1938	Ausbürgerung durch die Nationalsozialisten
1939	Sekretär der norwegischen Volkshilfe
1940	Flucht ins Exil nach Schweden; norwegische Staatsbürgerschaft; umfangreiche publizistische Tätigkeit für den norwegischen Widerstand
1942–1945	Sekretär der „Kleinen Internationale" in Stockholm
1944	Eintritt in die Landesgruppe deutscher Sozialdemokraten in Schweden; Verbindungen zur Widerstandsgruppe des 20. Juli
1945	Nach Kriegsende Rückkehr nach Oslo

1945–1946	Berichterstatter für skandinavische Zeitungen aus Deutschland, u. a. über das Internationale Kriegsverbrechertribunal in Nürnberg
1947	Presseattaché an der norwegischen Militärmission in Berlin
1948	Vertreter des SPD-Parteivorstandes in Berlin; Wiedereinbürgerung
1949–1957, 1961	Vertreter Berlins im Deutschen Bundestag
1950–1969	Mitglied des Berliner Abgeordnetenhauses
1954–1958	Stellvertretender Landesvorsitzender der Berliner SPD
1955–1957	Präsident des Berliner Abgeordnetenhauses
1957–1966	Regierender Bürgermeister von Berlin
1957–1958	Vorsitzender des Bundesrats
1958–1963	Präsident des Deutschen Städtetages
1958–1964	Vorsitzender des Berliner Landesverbandes der SPD
1958–1992	Mitglied des Parteivorstandes der SPD
1960, 1964, 1969	Nominierung zum Kanzlerkandidaten der SPD
1962–1964	Stellvertretender Vorsitzender der SPD
1964–1987	Vorsitzender der SPD
1966–1969	Bundesminister des Auswärtigen und Vizekanzler in der Großen Koalition aus CDU/CSU und SPD
1966–1976	Vizepräsident der Sozialistischen Internationale
1969–1992	Mitglied des Deutschen Bundestages
1969	Wahl zum Bundeskanzler und Beginn der sozial-liberalen Ära
1970	Erste deutsch-deutsche Gipfeltreffen in Erfurt und Kassel; Unterzeichnung des Moskauer und des Warschauer Vertrages; Wahl zum „Mann des Jahres" durch „Time" (USA) und „L'Express" (Frankreich)
1971	Verleihung des Friedensnobelpreises; Ehrenbürger von Berlin

1972	Erfolgloses Misstrauensvotum der CDU/CSU gegen den Bundeskanzler; Sieg der SPD bei den vorgezogenen Wahlen zum Deutschen Bundestag; Wiederwahl zum Bundeskanzler; Ehrenbürger von Lübeck
1973	Inkrafttreten des Grundlagenvertrages; Beitritt beider deutscher Staaten zu den Vereinten Nationen; Unterzeichnung des Prager Vertrages
1974	Rücktritt vom Amt des Bundeskanzlers
1976–1992	Präsident der Sozialistischen Internationale
1977–1983	Vorsitzender der Nord-Süd-Kommission
1979–1983	Mitglied des Europäischen Parlaments
1983, 1987	Alterspräsident des Deutschen Bundestages
1985	Auszeichnung mit dem Albert-Einstein-Friedenspreis
1987–1992	Ehrenvorsitzender der SPD
1990	Ehrenvorsitzender der SPD in der DDR; Alterspräsident des ersten gesamtdeutschen Bundestages
1991	Auf Antrag Brandts und anderer Entscheidung des Deutschen Bundestages für Berlin als Sitz von Regierung und Parlament
1992	Am 8. Oktober in Unkel bei Bonn verstorben

Vorwort der Herausgeber

Willy Brandt zählt zu den großen Persönlichkeiten und bedeutenden Staatsmännern des 20. Jahrhunderts. Sein Name ist untrennbar verbunden mit der Sicherung des Friedens, der Verteidigung der Freiheit und dem unablässigen Bemühen um mehr soziale Gerechtigkeit. Seine Entwicklung vom jungen Linkssozialisten, den seine politische Überzeugung und der Kampf gegen die nationalsozialistische Diktatur in die Emigration führte, zum Regierenden Bürgermeister von Berlin, Vorsitzenden der SPD und später der Sozialistischen Internationale sowie zum Außenminister und Bundeskanzler der Bundesrepublik Deutschland ist eine der bemerkenswertesten Politikerkarrieren des 20. Jahrhunderts.

Die durch den Deutschen Bundestag 1994 ins Leben gerufene Bundeskanzler-Willy-Brandt-Stiftung, in deren Auftrag die Herausgeber die Berliner Ausgabe vorlegen, will mit dieser Edition die Bedeutung Willy Brandts für die Geschichte des 20. Jahrhunderts dokumentieren und einer breiten historisch-politisch interessierten Öffentlichkeit zugänglich machen. An diesem Zweck orientiert sich die auf zehn Bände angelegte Auswahl wichtiger Reden, Artikel und Briefe Willy Brandts.

Die Berliner Ausgabe wird jene innenpolitischen Weichenstellungen beleuchten, die wesentlich von Willy Brandt herbeigeführt wurden. Sie wird zugleich deutlich machen, dass sein vorrangiges politisches Interesse nicht erst seit seinen Berliner Tagen im Bereich der Deutschland- und Außenpolitik lag. Das Augenmerk der Dokumentation gilt weiter dem Parteiführer, der die SPD in ihrer Binnenstruktur modernisierte und einem neuen Denken öffnete, ihr neue Wählerschichten erschloss und später Ansehen und Gewicht der Sozialistischen Internationale, nicht zuletzt in den Ländern der „Dritten Welt", beträchtlich erhöhte. Immer wieder wird offenkundig, dass es bei Willy Brandt beides gibt: bemerkenswerte Konstanten seines Denkens und Handelns und zugleich ein hohes Maß an Flexibilität gegenüber konkreten zeitbedingten Anforderungen sowie die Fähigkeit zur Korrektur der eigenen Politik angesichts neuer Herausforderungen.

Willy Brandt beherrschte die unterschiedlichen Formen und Instrumente der politischen Meinungs- und Willensbildung gleichermaßen souverän. Große Reden auf Parteitagen, auf Marktplätzen, in Versammlungslokalen und Festhallen stehen neben Ansprachen vor einem intellektuellen Publikum und Zeitschriftenaufsätzen; kurze Briefe neben umfassenden grundsätzlichen Äußerungen, Radio- und Fernsehkommentare neben großen Büchern; konzentrierte und gezielte Diskussionsbemerkungen neben knappen, seinerzeit manchmal kaum wahrgenommenen Einmischungen in politische Entscheidungsprozesse. All das werden die Bände widerspiegeln.

Wie nur wenige deutsche Politiker im 20. Jahrhundert hat Willy Brandt nach dem Zusammenbruch der nationalsozialistischen Herrschaft das Weltgeschehen nicht nur beeinflusst, sondern entscheidend mitgestaltet. Er fühlte sich verpflichtet, sich der Last der deutschen Vergangenheit persönlich zu stellen, was ihm neben Anerkennung auch viel Anfeindung eintrug. Bis in die siebziger Jahre musste er sich politischer Diffamierung erwehren, die ihm als Emigranten und Widerstandskämpfer gegen den Nationalsozialismus galten. Auch dies werden die Bände belegen.

Maßgebliche Fundstellen für die Berliner Ausgabe sind der umfangreiche Nachlass im Willy-Brandt-Archiv im Archiv der sozialen Demokratie der Friedrich-Ebert-Stiftung sowie Parallelüberlieferungen im Archiv der sozialen Demokratie – wie SPD-Parteivorstandsakten, Deposita und Nachlässe anderer Politiker. Hinzu kommen zahlreiche einschlägige Bestände von Archiven, Bibliotheken und Stiftungen, wie diejenigen des Bundesarchivs, und natürlich Publikationen Willy Brandts. Jedem der zehn Bände ist eine umfangreiche Einleitung vorangestellt, in der die Texte in den historischen Zusammenhang eingeordnet und kritisch gewürdigt werden. Jeder Band hat einen Umfang von etwa 500 Druckseiten einschließlich eines Personen- und Sachregisters.

Die Berliner Ausgabe will ein facettenreiches Bild vom Leben und Werk Willy Brandts vermitteln. Die Herausgeber hoffen, dass es auf diese Weise gelingt, die Erinnerung an den bedeutenden Politiker und Staatsmann lebendig zu halten. Sie sind davon überzeugt, dass sein Denken und Wirken tiefe Spuren hinterlassen haben und auch unter den veränderten Bedingungen des 21. Jahrhunderts die politische Entwicklung beeinflussen.

Für die unverzichtbare und kollegiale Zusammenarbeit wissen sich die Herausgeber dem Leiter des Historischen Forschungszentrums der Friedrich-Ebert-Stiftung, Herrn Prof. Dr. Dieter Dowe, und dem Vorsitzenden des Vorstandes der Bundeskanzler-Willy-Brandt-Stiftung, Herrn Dr. Gerhard Groß, zu besonderem Dank verpflichtet.

Prof. Dr. Helga Grebing
Prof. Dr. Gregor Schöllgen
Prof. Dr. Heinrich August Winkler

SIEGFRIED HEIMANN

Einleitung

„Berlin bleibt frei"
Politik in und für Berlin 1947–1966

Berlin-Beauftragter des Parteivorstandes auf dem Schauplatz des Kalten Krieges

Am Anfang stand Willy Brandts Entscheidung, seine Rückkehr nach Deutschland mit der Stadt Berlin zu verbinden. Er schlug alle anderen Angebote aus, als er im Oktober 1946 gefragt wurde, ob er Presseattaché bei der norwegischen Militärmission in Berlin werden wolle.[1] Der Ort Berlin, so sagte er später, gab den Ausschlag: „Der Entschluß, mein Schicksal mit dem Berlins zu verknüpfen, war ebenso reiflich überlegt wie zwangsläufig."[2]

Hinter der Entscheidung, aus dem skandinavischen Exil nach Berlin zurückzukehren, lag jedoch zunächst noch nicht die Absicht, sich in die deutsche Politik einzumischen. Seine Tätigkeit als Presseattaché der norwegischen Militärmission in der ehemaligen deutschen Hauptstadt sollte sich aber als sehr nützlich auch für seine späteren Jahre in Berlin erweisen. Im Januar 1947 nahm Brandt den Dienst in der von den vier Siegermächten gemeinsam verwalteten Stadt auf. Er knüpfte zu amerikanischen, englischen und französischen Vertretern des Alliierten Kontrollrats Kontakte, die auch später nicht abrissen und ihm manche Tür im Ausland früher öffneten als anderen deutschen Politikern. Schon zu dieser Zeit suchte und fand er die Verbindung zu der auch in Berlin wiedergegründeten deutschen Sozialdemokratie, die sich im April 1946 mit Erfolg gegen eine Zwangsvereinigung mit der KPD gewehrt hatte und bis 1961 in allen vier Sektoren Berlins weiter arbeiten konnte. Willy Brandt wurde in den Reihen der Berliner Sozialdemokraten herzlich empfangen, obwohl er zunächst als so genannter „Alliierter" in norwegischer Uniform kam. Aber die Uniform war offenbar für einige Berliner ein Problem. Annedore Leber, die Witwe des 1944 hingerichteten Widerstandskämpfers Julius Leber, den Brandt in seiner Jugend in Lübeck kennen gelernt hatte, fügte ihrem Willkommensgruß – wobei sie auch an ihre Parteifreunde gedacht haben mag – ausdrücklich hinzu: „Wir freuen uns! In welcher Form Sie zu uns kommen, bleibt sich gleich. Wir wissen ja, als welcher Sie kommen ...".[3] In Annedore Lebers Zehlendorfer Haus traf Willy Brandt zu Beginn des Jahres 1947 erstmals mit Ernst Reuter zusammen.[4]

Die Arbeit in der norwegischen Militärmission entsprach nicht ganz Brandts Erwartungen. Immer häufiger kam ihm der Gedanke, dass er „vom deutschen Standort aus mehr leisten könnte". Er meinte zwar weiterhin, demokratische Sozialisten „können heute überall in Europa nützliche Arbeit leisten". Doch in Berlin gebe es „besonders viel zu tun".[5] Brandt zögerte deshalb nicht, als der in Hannover residierende Parteivorstand der SPD im Oktober 1947 offiziell bei ihm anfragte, ob er dessen „Berlin-Beauftragter" werden wolle. Der bisherige Vertreter des Vorstands in Berlin, Erich Brost, hatte ihn zuvor als Nachfolger empfohlen.[6] Die Stelle sollte schon Ende 1947 neu besetzt werden.

Die Zusage fiel Brandt umso leichter, als sich seine Verlobte Rut Bergaust entschlossen hatte, ihn in Berlin nicht allein zu lassen.[7] Er machte sich aber keine Illusionen über die Schwierigkeiten, die ihn erwarteten, und schloss deshalb nicht aus, dass er und Rut nach einem Jahr vielleicht wieder weggehen könnten, um einen „ruhigeren Ort für uns [zu] finden. Aber dann besteht die Gefahr, dass es weniger interessant wird."[8]

Wider Erwarten verzögerte sich jedoch die Berufung Brandts, denn in der Parteiführung in Hannover gab es plötzlich Vorbehalte gegen seine Person. Nach einer Skandinavienreise des Vorsitzenden Kurt Schumacher beschloss der SPD-Vorstand Anfang Dezember 1947, „die Bestätigung Brandts bis zur Klärung gewisser Bedenken, die aus Stockholm kamen, zu vertagen".[9] In der Zeit der Emigration hatte sich Brandt nicht nur Freunde gemacht: Das musste er nun zur

Kenntnis nehmen. Bösartige Gerüchte waren über ihn in Umlauf gebracht worden. Auch Berliner Sozialdemokraten warfen ihm vor, dass er 1933 aus Deutschland weggegangen sei. In einem Brief an seinen alten Freund aus dem Stockholmer Exil, Stefan Szende, klagte Brandt am 11. Dezember 1947 über „miese Denunziationen". Man wolle ihn beim Parteivorstand in Hannover „anschwärzen". Durch diesen „Emigranten-Tratsch" würden absurde Verdächtigungen weitergetragen, wie beispielsweise die Behauptung, er sei ein „illegaler Schieber" gewesen, möglicherweise auch ein Agent der Sowjetunion. Für Brandt war dies das Gerede von „geistig Minderbemittelten".[10] Diese ihm sonst fremde Wortwahl zeigt, wie sehr ihn die Anwürfe getroffen hatten.

Brandt wandte sich noch kurz vor Weihnachten 1947 an Schumacher und setzte sich mit Erfolg gegen die Vorwürfe zur Wehr.[11] In einem Gespräch mit dem SPD-Vorsitzenden konnte er letzte Bedenken ausräumen, und am 26. Januar 1948 berief der Parteivorstand Willy Brandt einstimmig zu seinem Beauftragten in Berlin. Seinen ersten vertraulichen Bericht an Schumacher hatte Brandt schon eine Woche zuvor geschrieben. Bis zu seinem letzten Bericht Ende November 1949 sollten weitere 371 folgen.[12]

Als Berlin-Beauftragter des Parteivorstandes suchte Brandt – nicht anders als sein Vorgänger Erich Brost – vor allem den Kontakt zu den alliierten Behörden und einzelnen Vertretern aller vier Besatzungsmächte. In seinen Berichten fasste er den Inhalt seiner Gespräche zusammen, schilderte und analysierte die politischen Differenzen zwischen den Alliierten. Informationen und kritischer Kommentar wurden dabei sorgsam getrennt.

Schon während seiner Tätigkeit als Berlin-Beauftragter der SPD war Willy Brandt unmittelbar Zeuge, wie die besetzte Viersektorenstadt in den Mittelpunkt des Weltgeschehens rückte.[13] Berlin wurde 1948 zum Schauplatz des Kalten Krieges zwischen Ost und West, der zur Teilung Deutschlands führte. Die Londoner Außenminister-Konferenz vom 25. November bis zum 15. Dezember 1947 hatte keinerlei Fortschritte in der Frage der wirtschaftlichen und politischen Vereinigung der vier Besatzungszonen gebracht. Verhandlungen im

Alliierten Kontrollrat über eine gemeinsame Währungsreform gelangten aufgrund des sowjetischen Widerspruchs zu keinem Ergebnis. Die Westmächte erklärten, dass sie eine Währungsreform allein in ihren Besatzungszonen durchführen würden, wenn es zu keiner Einigung in dieser Frage käme. Die Sowjetunion kündigte daraufhin die gemeinsame Verwaltung des besetzten Deutschland auf. Am 20. März 1948 zog der sowjetische Vertreter aus dem Alliierten Kontrollrat aus; drei Monate später, am 16. Juni 1948, verließ die Sowjetunion auch die für die Verwaltung Berlins zuständige Alliierte Kommandantur.[14] Die Auseinandersetzungen in Berlin spitzten sich zu, als am 20. Juni 1948 in den drei Westzonen die angekündigte Währungsreform durchgeführt wurde. Nachdem sich die vier Siegermächte auch in den darauf folgenden Tagen nicht auf eine gemeinsame Währung für Berlin einigen konnten, ordnete die Sowjetunion nun ihrerseits am 23. Juni 1948 eine Währungsreform für die sowjetische Besatzungszone und für ganz Berlin an. Die Westalliierten antworteten mit der Einführung der D-Mark in ihren Sektoren für den folgenden Tag; die im sowjetischen Sektor eingeführte Ostmark war allerdings bis März 1949 auch in den Westsektoren gültiges Zahlungsmittel.[15]

Als Antwort auf die Ankündigung, die westliche Währungsreform auch auf den Westteil Berlins auszudehnen, stellte die sowjetische Militärverwaltung in der Nacht vom 23. zum 24. Juni 1948 wegen „technischer Störungen" den gesamten Passagier- und Güterverkehr zwischen Berlin und Helmstedt ein. Zugleich sperrte sie die Versorgung der Westsektoren mit Lebensmitteln, Frischmilch, Elektrizität und Braunkohle. Bald darauf waren sämtliche Land-, Wasser- und Bahnverbindungen zwischen Berlin und den Westzonen unterbrochen. Die Blockade Westberlins hatte begonnen und sollte elf Monate lang anhalten. Die Westalliierten reagierten mit der Errichtung einer „Luftbrücke". Am 26. Juni 1948 begann die Versorgung der Westberliner Bevölkerung durch die amerikanischen Luftstreitkräfte. Britische und französische Militärflugzeuge beteiligten sich schon bald an dieser Aktion.[16] Auch wenn die Blockade Westberlins nie total war und die Westberliner nicht nur aus der Luft versorgt wurden, galt die „Luftbrücke" bald als Symbol für den Willen der Westalliierten, das Überleben der Westberliner Bevölkerung zu sichern, und für ihre Entschlossenheit, in Berlin zu bleiben.[17]

Bereits im Frühjahr 1948 hatte Willy Brandt erkannt: „Wenn Berlin aufgegeben wird, hat das verhängnisvolle Konsequenzen für den Rest Deutschlands und für ganz Westeuropa. Deswegen können die Westalliierten auch nicht fort von hier [...]."[18] Gleichwohl blieb die Sorge, die Westalliierten könnten Berlin aufgeben. Sie war nicht unbegründet. Besorgt war auch der 1947 gewählte, aber aufgrund des sowjetischen Einspruchs nicht amtierende Oberbürgermeister Ernst Reuter. Er drängte deshalb im Juli 1948 während einer Konferenz der westdeutschen Ministerpräsidenten nahe Rüdesheim darauf, so schnell wie möglich einen „Weststaat" zu schaffen. Die politische und ökonomische Konsolidierung des Westens sei „eine elementare Voraussetzung für die Gesundung" auch der Berliner Verhältnisse. Reuter machte zudem deutlich, dass Berlin von Anfang an in den entstehenden Teilstaat einbezogen werden sollte.[19] An den Beratungen des Parlamentarischen Rates, der am 1. September 1948 in Bonn zu seiner ersten Sitzung zusammentrat, um das Grundgesetz auszuarbeiten, nahmen schließlich fünf Berliner Vertreter als Gäste teil.

Zur gleichen Zeit vollzog sich in Berlin die politische Spaltung der Stadt. Am 6. September 1948 störten von der SED mobilisierte Demonstranten zum wiederholten Male massiv eine Sitzung der 1946 frei gewählten und im sowjetischen Sektor tagenden Berliner Stadtverordnetenversammlung. Der Vorsteher, Otto Suhr, vertagte die Sitzung und berief sie zum Abend in das Studentenhaus am Steinplatz im britischen Sektor ein. Nur die Abgeordneten von SPD, CDU und LDP nahmen daran teil. Die SED-Fraktion bildete am 30. November 1948 einen provisorischen Magistrat, der für den Ostteil der Stadt tätig wurde. Am 5. Dezember 1948 fanden Neuwahlen zur Stadtverordnetenversammlung statt, die jedoch nur noch in den Westsektoren Berlins durchgeführt werden konnten. Am 18. Januar 1949 nahm der neue Westberliner Magistrat mit Oberbürgermeister Ernst Reuter an der Spitze seine Arbeit auf.[20]

Die vormals einheitliche Verwaltung Berlins war nun zweigeteilt. Für die sowjetischen Maßnahmen, die ab Sommer 1948 die Spaltung der Stadt zum Ziel hatten, fand Willy Brandt schon damals ein Bild, das er in den fünfziger Jahren mehrfach gebrauchte und auch nach dem „Chruschtschow-Ultimatum" im November 1958 wieder aufgriff. Der Ostsektor sei, schrieb Brandt im November 1948 in einem Artikel, „noch fester als bisher in die russische Zone" einbezogen worden. In diesem Zusammenhang sei das Wort gefallen: „Es werde nunmehr zwischen der einen Million Berliner des Ostsektors und den gut zwei Millionen der Westsektoren eine chinesische Mauer errichtet."[21]

Die Zeit der Berlin-Blockade war auch im Privatleben Willy Brandts eine aufregende Phase. Im Oktober 1948 kam Sohn Peter bei Kerzenlicht in einem kaum beheizten Berliner Krankenhaus zur Welt, das erste Kind von Willy und Rut Brandt. Beide hatten einen Monat zuvor geheiratet.[22] Die politischen Entwicklungen wiederum hatten Folgen für Brandts berufliche Tätigkeit. Seit Ende 1948 musste er sich Gedanken über die Zukunft seiner Arbeit als Berlin-Beauftragter machen. Während der Berlin-Blockade verlagerten die Westalliierten immer mehr Dienststellen in die westlichen Besatzungszonen. Um so wichtiger schien es Brandt nun, seine Kontakte zur Berliner SPD weiter auszubauen, und er hoffte zu Recht, dass der Parteivorstand eine solche Verlagerung der Schwerpunkte seiner Arbeit gutheißen würde.[23]

Als Berlin-Beauftragter seiner Partei hatte Brandt immer mehr als nur eine „diplomatische Mittlerrolle" angestrebt. Von Beginn an unterhielt er enge Verbindungen zur Berliner SPD und zu einzelnen Sozialdemokraten. Er berichtete über Landesparteitage, über Landesvorstands- und Landesausschusssitzungen, über Parteiwahlen und über innerparteiliche Konflikte. Er nahm, ohne Stimmrecht, an den Sitzungen von Landesvorstand und Landesausschuss teil und mischte sich mit politischen Stellungnahmen ein. Sein Rat war willkommen.[24] Wichtig war ihm der Kontakt zu den Sozialdemokraten in Ostberlin. Sie bildeten aus der Sicht Brandts eine „demokratische Insel im Sowjetmeer".[25] Bald war er ein gern gesehener Redner auf

Veranstaltungen der Berliner SPD. Oft hielt er auch Vorträge in Mitgliederversammlungen der Partei im Ostsektor, um alle Berliner Sozialdemokraten in ihrem Gefühl der „Zusammengehörigkeit mit der Gesamtpartei" zu unterstützen.[26]

Seinen ersten öffentlichen Berliner Auftritt während einer Konferenz der SPD-Kreisvorstände am 12. März 1948 nutzte Brandt, um vor einem „dritten Weg" zwischen Ost und West zu warnen. Er zog die „Lehren aus Prag". Dort hatten im Februar 1948 die Kommunisten geputscht und damit die Hoffnung auf eine demokratische Entwicklung begraben, die Rut Bergaust und Willy Brandt im Sommer 1947 bei einem Prag-Besuch in Diskussionen über eine Brückenfunktion der Tschechoslowakei wahrgenommen hatten.[27]

In seiner sehr emotionalen Rede vor den Berliner SPD-Funktionären erklärte Brandt: „Diese Hoffnung ist zerplatzt. Von Brückentheorien ist nichts übrig geblieben. [...] Heute werden leider nicht Brücken gebaut, sondern gesprengt." Auch wenn klar bleiben müsse, dass die Deutschen „keine Feinde des russischen Volkes" und auch „keine Feinde der Sowjetunion" seien, zeigten die Prager Ereignisse „den prinzipiellen Gegensatz auf zwischen dem totalitären Kommunismus und dem demokratischen Sozialismus". Für Deutschland und für Berlin könne deshalb die Lehre nur heißen, dass zugrunde gehe, „wer sich auf die kommunistische Einheitsfront einläßt".[28]

Diese Rede fand nicht zuletzt wegen ihres scharfen Tons ein beachtliches Echo in der Presse und machte Brandt vor allem in der Berliner SPD bekannt.[29] Er konnte mit Genugtuung konstatieren, dass er mit seiner Rhetorik Zuhörer zu fesseln vermochte. Sein Vortrag war das Ergebnis eines längeren Selbstfindungsprozesses, kein Wendepunkt im Denken Brandts.[30] Ähnlich hatte er sich schon früher geäußert, vor allem in der Auseinandersetzung mit seinem langjährigen Mentor Jacob Walcher.[31] Mit den „Lehren aus Prag" war Brandt auch nicht zum „Kalten Krieger" geworden. Dieses „Etikett" hing ihm zwar seit dieser Rede und vor allem in den fünfziger Jahren an, und er ließ es zu, zumal es ihm in den innerparteilichen Auseinandersetzungen hilfreich war. Doch Brandt vertrat wie viele Remigranten aus dem früheren linkssozialistischen Lager stets einen „argumentativen Antistalinismus"[32] und setzte sich damit von dem „platten" Antikommunismus ab, dem auch und gerade viele Berliner zuneigten.[33]

1948 gab es gleichwohl in der eindeutigen Ablehnung des politischen Systems in der sowjetischen Besatzungszone keinen Dissens in der Berliner SPD, der dann später über andere Fragen zwischen dem Oberbürgermeister Ernst Reuter und Willy Brandt auf der einen Seite und dem Landesvorsitzenden Franz Neumann und seinen Anhängern auf der anderen Seite aufbrechen sollte. Die gesamte Berliner SPD verlieh während der Blockade dem antikommunistischen Protest der Berliner gegen die Politik der Sowjetunion holzschnittartig und sehr wählerwirksam Ausdruck. Die Wahlen zur Stadtverordnetenversammlung am 5. Dezember 1948 bestätigten die SPD als Berlin-Partei. Sie erhielt in den drei Westsektoren Berlins über 64 % der Stimmen.[34]

Zu diesem überragenden Ergebnis hatte auch Brandt mit seinen Wahlreden beigetragen. Er war in der Berliner SPD binnen kurzer Zeit schon so bekannt und anerkannt, dass sein Name am 28. Juli 1949 neben den Namen von Franz Neumann, Louise Schroeder, Otto Suhr und Paul Löbe auf die Liste der Berliner Kandidaten für den 1. Deutschen Bundestag gesetzt wurde.[35] Eine Anfrage Reuters, in Berlin Stadtrat für Verkehr und Betriebe zu werden, hatte er zuvor ebenso abgelehnt wie eine ihm angetragene Kandidatur in Schleswig-Holstein.[36] Er wollte, wie er an den Lübecker Bürgermeister schrieb, „gerade in der gegenwärtigen Situation Berlin nicht verlassen".[37] Durch das Bundestagsmandat konnte er andererseits aus der Berliner Kommunalpolitik hinauswachsen.[38]

Mitte 1949 begann der Berliner Vertreter des SPD-Parteivorstandes die Abwicklung seiner Dienststelle zu planen. Am 20. November 1949 schickte Brandt seinen letzten Bericht nach Hannover. Es ging nur noch um die finanzielle Abrechnung mit dem Schatzmeister der Partei und um seinen Umzug in eine neue Wohnung. In der Berliner SPD und im Bonner Bundestag warteten neue Aufgaben auf ihn.[39]

Schwieriger Aufstieg in der Berliner SPD 1949 bis 1954

Während der Berlin-Blockade und erst recht mit ihrem Ende am 12. Mai 1949 war klar, dass Westberlin nur die Entscheidung für die Zugehörigkeit zum entstehenden deutschen Weststaat blieb. Die Forderung der Berliner SPD, die gesamte Stadt als zwölftes Bundesland in die am 23. Mai 1949 gegründete Bundesrepublik einzubeziehen, machte sich Brandt von Anfang an zu eigen.[40] Zwar hatte der Parlamentarische Rat in Artikel 23 neben den elf westdeutschen Bundesländern auch Groß-Berlin als Land der Bundesrepublik genannt, in dem das Grundgesetz gelte. Die Militärgouverneure der drei Westmächte hatten diesen Passus jedoch am 12. Mai 1949 in ihrem Genehmigungsschreiben suspendiert. Demnach durfte Berlin „keine abstimmungsberechtigte Mitgliedschaft" im Bundestag und Bundesrat erhalten und auch nicht durch den Bund regiert werden. Die Westmächte gestanden den Berlinern lediglich eine beschränkte Anzahl Vertreter zur Teilnahme an den Sitzungen in den beiden legislativen Körperschaften zu.[41]

Über die Art und Weise der Wahl der zunächst nur acht Berliner Abgeordneten für den 1. Deutschen Bundestag am 14. August 1949 gab es schließlich erneut eine Kontroverse mit den Alliierten. Im „zwölften Land" sollten nach dem Willen der SPD die Kandidaten Berlins wie im Bundesgebiet direkt gewählt werden. Doch auch dieses Vorhaben scheiterte am Einspruch der Westmächte.[42] Die Berliner Bundestagsabgeordneten mussten durch das Stadtparlament gewählt werden. Die direkte Wahl, noch mehr aber das „volle" Stimmrecht der Berliner Abgeordneten im Bundestag blieben auch in den kommenden Jahren für Brandt wichtige Forderungen, um die Einbeziehung Westberlins in das politische System der Bundesrepublik festzuschreiben. In Bonn und Berlin, als Bundestagsabgeordneter, als Präsident des Berliner Abgeordnetenhauses und als Regierender Bürgermeister wurde er nicht müde, immer wieder für dieses Ziel zu werben.

Willy Brandt musste jedoch schon im Herbst 1949 feststellen, dass diese Forderung in den Reihen der Ostberliner Sozialdemokraten auf Widerspruch stieß. Er berichtete nach Hannover über Spannungen zwischen der Parteiführung und einem Teil der Mitglieder im Ostsektor. Sie seien „ausgezeichnete Genossen, die aus menschlich verständlichen, aber politisch unhaltbaren Gründen meinen, wir müssten die Parole ‚12. Land' aufgeben bzw. auf Eis legen". Sie fürchteten, allmählich vergessen zu werden. Brandt konnte die Ostberliner Sozialdemokraten in mehreren Mitgliederversammlungen von der Notwendigkeit einer engen Bindung an die entstehende Bundesrepublik überzeugen. Stolz schrieb er im Oktober 1949 an den Parteivorstand, „dass es auch heute durchaus möglich ist, eine politische Linie zu entwickeln, die von den Genossen des Ostsektors ohne Widerspruch akzeptiert wird".[43]

War Willy Brandt, wie er genannt wurde, der „junge Mann" von Ernst Reuter?[44] Dieses Prädikat ist nur unter Vorbehalt richtig. Brandt fand zwar schnell Kontakt zum Oberbürgermeister, der durch seinen berühmten Appell an die „Völker der Welt" am 9. September 1948 weit über Berlin hinaus bekannt geworden war. Sein Verhältnis zu Reuter war anfangs aber durchaus distanziert, vor allem weil Brandt im Mai 1949 das Angebot Reuters ausgeschlagen hatte, als Stadtrat für Verkehr im (West-)Berliner Magistrat mitzuwirken; er drängte stattdessen auf die Bonner Bühne. Doch spätestens zu Beginn der fünfziger Jahre war Brandt sowohl in der Berlin-Politik als auch in bundespolitischen Fragen stets an der Seite Reuters, der seit Januar 1951 das Amt des Regierenden Bürgermeisters bekleidete. Die innerparteilichen Kontroversen um die richtige Haltung gegenüber der Bonner Politik festigten die Bindung. Reuter blieb bis zu seinem plötzlichen Tode im September 1953 in der Berliner Landespolitik die beherrschende, aber in seiner Partei nicht unumstrittene Figur, um die sich alles „drehte", wie Brandt später resümierte.[45]

Gerade wegen der Übereinstimmung mit Reuter wurde ihm die Karriere in der Berliner SPD nicht leicht gemacht. Die SPD hatte sich 1946 in ganz Berlin gegen die SED-Gründung behaupten können.[46] Franz Neumann, der Organisator der Urabstimmung gegen die Zwangsvereinigung mit der KPD, war zunächst der unbestrittene „volkstümliche" Vorsitzende, von dem Willy Brandt später schrieb:

„Seine große Zeit kam, als es wichtig war, nein sagen zu können", um sofort hinzuzufügen: „Zwischen uns wuchs kein vertrauensvolles Verhältnis."[47] Der Satz umreißt einen über Jahre dauernden Konflikt zwischen den beiden Berliner SPD-Politikern. Erst im Jahre 1958 wurde er zugunsten Brandts entschieden.

Es war ein Gegensatz zwischen zwei Personen, die verschiedener nicht hätten sein können. Dem in der NS-Zeit verfolgten Arbeiterfunktionär Neumann, der 1945 am liebsten wieder da angefangen hätte, wo er 1933 aufhören musste, stand der von weit links kommende Emigrant Brandt gegenüber, der im skandinavischen Exil viel gelernt hatte und die SPD für neue Schichten öffnen wollte. Dazu kam spätestens seit 1950 der Konflikt zwischen dem SPD-Traditionalisten Neumann, der die im Berlin der ersten Nachkriegszeit durchgesetzten sozialpolitischen Reformen nicht der Zugehörigkeit zur Bundesrepublik und dem dort geltenden Recht opfern wollte, und dem Pragmatiker Brandt, der wegen der finanziellen Abhängigkeit Berlins keine Alternative zu der vom Bund geforderten Übernahme von Bundesgesetzen erblickte.

Auf Bundesebene war die SPD in der Opposition, in Berlin dagegen führte sie seit Januar 1949 eine Koalitionsregierung mit der CDU und den Freien Demokraten. Konflikte mit der Parteiführung der SPD und vor allem mit dem Parteivorsitzenden und Oppositionsführer Kurt Schumacher blieben nicht aus. Der Dissens zwischen Willy Brandt und dem SPD-Vorsitzenden beruhte zunächst nicht auf Meinungsverschiedenheiten in der Sache. Brandt nahm in erster Linie Anstoß an Schumachers konfrontativem Stil der politischen Auseinandersetzung. Er selbst hatte in Skandinavien einen anderen Umgang mit dem politischen Gegner gelernt, und praktizierte ihn auch in Berlin. Bald aber kamen politische Differenzen hinzu.[48] Der Berliner Oberbürgermeister und spätere Regierende Bürgermeister Reuter, und mit ihm Willy Brandt, teilten die scharfe Opposition Schumachers gegen die Innen- und Außenpolitik Adenauers nicht. Die Mehrheit der Berliner Sozialdemokraten unter dem Landesvorsitzenden Neumann hingegen folgte der Parteiführung in Hannover.

Auch nach dem Tode Schumachers 1952 blieb Franz Neumann der „Mann der Baracke", sprich: der Vertreter des seit 1950 in Bonn ansässigen, anfänglich in einer schlichten Holzbaracke untergebrachten Parteivorstandes. Bis 1958 nutzte er seine guten Verbindungen zur SPD-Parteiführung, um Brandt den Aufstieg in der Berliner und auch in der Bundespartei zu erschweren. Innerparteilicher Streit in der Berliner SPD war damit unabwendbar.

Mit Beginn des Jahres 1950 änderten sich die Lebensumstände Brandts. Mehr oder weniger gegen seinen Willen übernahm er den SPD-Kreisvorsitz in Berlin-Wilmersdorf.[49] Zugleich wurde er Chefredakteur der Berliner SPD-Parteizeitung, die seit Anfang 1950 täglich unter dem Titel *Berliner Stadtblatt* erschien. Mit dem neuen Titel verfolgte Brandt die Absicht, auch bislang parteiferne Leser zu gewinnen. Er schrieb selbst viele Artikel, u. a. eine ständige Glosse „Pfeffer und Salz" und einen „Bonner Brief", in dem er vor allem aus der Arbeit des Bundestages berichtete.[50] Aber der Erfolg blieb aus. Die Auflage stagnierte. Die Zeitung erreichte nur 3500 Abonnenten – nicht genug, um sie ökonomisch zu sichern. Nach der Währungsreform und nach dem Ende der Blockade steckten freilich alle Westberliner Zeitungen in einer Krise. Dennoch machten einige Berliner SPD-Funktionäre den Chefredakteur für den Misserfolg verantwortlich. Brandt fand die Kritik ungerecht, weil er der Meinung war, dass die „Aufgabe nicht zu lösen" gewesen sei. Die SPD beschloss die Einstellung des *Berliner Stadtblattes*. Erst im Oktober 1951 erschien mit der *Berliner Stimme*, jetzt im wöchentlichen Rhythmus, wieder eine von der SPD-Landesorganisation herausgegebene Parteizeitung. Brandt machte von Anfang an klar, dass er für dieses Vorhaben nicht zur Verfügung stehe.[51] Er hätte wohl auch keine Zeit dazu gehabt, da er Ende 1950 auch in das Berliner Abgeordnetenhaus gewählt worden war.[52]

Um seiner Tätigkeit als Bundestagsabgeordneter nachzugehen, war Brandt zwei bis drei Wochentage in Bonn, und dies nur während der Sitzungszeiten. Für eine intensive Mitarbeit reiche das nicht, klagte Brandt, nannte aber in einem Brief an einen Freund auch den eigentlichen Grund.[53] Seine Mitarbeit in Bonn sei begrenzt, weil sich sein Verhältnis zum Partei- und Fraktionsvorsitzenden Schumacher sehr verschlechtert habe, was auch öffentlich zum Ausdruck gekommen sei. Brandt hatte auf dem Hamburger Bundesparteitag am 22. Mai 1950 der „übersteigerten Argumentation gegen den Europarat" widersprochen und der von Schumacher vorgelegten Resolution, die den Beitritt der Bundesrepublik zum Europarat ablehnte, die Zustimmung verweigert.[54] „Aber die Meinungsverschiedenheiten und Aversionen beschränken sich nicht auf diesen Punkt."[55]

Bald musste Brandt auch in der Berliner Partei Farbe bekennen. Ein langjähriger Konflikt mit Neumann war die Folge. Bereits Anfang 1950 hatte Brandt „atmosphärische Störungen" konstatiert, nicht zuletzt, weil der Landesvorsitzende einen Konkurrenten fürchtete. Brandt versuchte zwar, alle „unnötigen Reibereien" zu vermeiden. Aber seine versöhnlichen Briefe an Neumann halfen wenig, da der Machtkampf neben den persönlichen Animositäten politische Ursachen hatte.[56] Die Auffassungen über die richtige Politik in der ehemaligen Hauptstadt gingen weit auseinander. In den Wahlen von 1950 verlor die Berliner SPD ihre Mehrheit. Die Alternative war nun: Beteiligung an einer Koalitionsregierung oder Wechsel in die Opposition. In diesem Konflikt, der auch nach der Neuauflage der Dreierkoalition weiter schwelte und immer wieder zum Thema von Landesparteitagen wurde, konnte der Parteivorsitzende Schumacher zunächst vermitteln.[57] Doch als Brandt Anfang 1952 dem Drängen Reuters nachgab und sich entschloss, gegen Neumann als Landesvorsitzender zu kandidieren, brach der Streit erneut aus.

In einem als Programmschrift gedachten Schreiben an Parteifreunde vom 20. April 1952 analysierte Brandt mit sehr deutlichen Worten die Ursachen der „Berliner Krise" und suchte nach Auswegen aus ihr. Die Berliner SPD könne in den fünfziger Jahren nicht allein vom Ruhm der Nachkriegszeit leben. Sie müsse endlich die Rahmenbedingungen der Berliner Politik zur Kenntnis nehmen, denn „Westberlin könnte nicht existieren ohne die Milliarde, die ihm jährlich nach dem jetzigen Stand aus Bundesmitteln zufliesst." Deshalb müsse Berlin, müsse die Berliner SPD ihr Verhältnis zum Bund klären, und da gebe es leider keine Alternative zur unveränderten Übernahme von Bundesgesetzen. Jeder politisch noch so gut begründete Versuch, Bundesgesetze zu verändern, gefährde die für Berlin überlebensnotwendige Bindung an die Bundesrepublik. Es gelte, das Wünschenswerte vom politisch Durchsetzbaren zu trennen. Die SPD müsse zu einheitlichem Handeln zurückfinden.[58]

Kurz darauf trat Brandt auf dem Landesparteitag der Berliner SPD Ende Mai 1952 erstmals gegen Franz Neumann an und verlor deutlich. Die Niederlage war vorhersehbar. Nicht erwartet hatte Brandt aber, dass die zur gleichen Zeit wieder kursierenden Diffamierungen seiner Person auch aus den Reihen der Berliner Partei kamen. Fassungslos schrieb Brandt an Schumacher, dass in der Berliner SPD die „echte Auseinandersetzung durch Mittel der Diffamierung" ersetzt werde. Das geschehe nicht am Stammtisch, sondern „in Kreisvorstandssitzungen und in anderen verantwortlichen Körperschaften".[59] In einem offenen Brief an die führenden Mitglieder der Berliner Landesorganisation verhehlte Brandt nicht, „erschüttert" darüber zu sein, dass die eigenen Parteifreunde den „Emigrations-Komplex" als Argument gegen Reuter und gegen ihn benutzten und zum Thema innerparteilicher Diskussionen machten.[60] Von „persönlicher Feigheit" sei die Rede und davon, dass Emigranten über die politischen Verhältnisse in Deutschland nur begrenzt urteilen könnten. Unmittelbar vor dem Parteitag erläuterte Brandt daher in diesem Schreiben auch ausführlich die Gründe seiner Emigration. Er brauche sich seiner politischen Arbeit in Norwegen und Schweden nicht zu schämen. Er wolle sich deshalb auch nicht damit abfinden, dass „das Ringen um den richtigen Weg durch das Anwenden der Dreckschleuder ersetzt werden soll". Gerade deswegen habe er an seiner Kandidatur festgehalten.[61]

Als Brandt im Frühjahr 1954 Neumann auf einem Landesparteitag wiederum herausforderte, sah die innerparteiliche Landschaft schon ganz anders aus. Er verlor abermals, doch nur sehr knapp. Diesmal fehlten ihm zwei Stimmen. Eine große Mehrheit der Delegierten wählte Brandt anschließend zum stellvertretenden Landesvorsitzenden. Zu dem guten Wahlergebnis hatte vor allem seine nachdenkliche Vorstellungsrede beigetragen, in der er die Berliner SPD beschwor, der „zunehmenden Tendenz zur Isolierung und der zunehmenden Provinzialisierung Berlins" entgegenzuwirken, die „zur geistigen Verkümmerung" führe. Lautstarke Proteste zeigten allerdings, dass nicht alle Parteitagsdelegierte seine Aufforderung, den „Sinn für das Wesentliche" zu behalten, verstanden hatten.[62]

Auf dem Weg zum Regierenden Bürgermeister 1955 bis 1957

Bei anderen Sozialdemokraten in Berlin und namentlich bei Heinrich Albertz, der 1955 aus Niedersachsen kam und an der Spree Senatsdirektor für Volksbildung wurde, fand Brandt für seine Appelle ein offenes Ohr. Auch Albertz sah, wie er im Oktober 1955 in einem Brief an einen dänischen Freund betonte, viele seiner neuen Berliner Parteifreunde in einem „provinziellen" Denken befangen. Die Ursache sei eine in Berlin herrschende „Festungspsychose". Aufgrund unbegreiflicher Illusionen meine man „hier noch wie in den heroischen Zeiten der Blockade, mit einem bloßen Nein auskommen zu können".[63] Anders als Albertz sprach Brandt in dieser Zeit auf Landesparteitagen bereits offen aus, dass es aufgrund der internationalen Entwicklungen nicht ausreiche, in Berlin „einfach mit den Vokabeln einer vergangenen Zeit die heutige meistern zu wollen [. . .]. Wir stehen – und das sollten wir nüchtern und illusionslos prüfen – der Tatsache gegenüber, daß bisher erstarrte Fronten in Bewegung geraten sind."[64]

Die Stimme Willy Brandts in der Berliner Politik war in den fünfziger Jahren immer deutlicher zu hören. Als Otto Suhr 1955 zum Regierenden Bürgermeister gewählt wurde, folgte Brandt ihm in das Amt des Präsidenten des Berliner Abgeordnetenhauses nach. In einer Kampfabstimmung in der SPD-Abgeordnetenhausfraktion hatte er sich zuvor gegen den Kreuzberger Bezirksbürgermeister Willy Kressmann durchgesetzt.[65] In seiner ersten Ansprache nach seiner Wahl zum Präsidenten des Westberliner Parlaments rief Brandt am 11. Januar 1955 alle Fraktionen zur Zusammenarbeit auf, um Berlin wieder zur „zusammengefügten Hauptstadt" Deutschlands werden zu lassen. Zugleich wünschte er, dass der „menschliche Kontakt" zwischen Ost- und Westberlinern nicht abreißen möge. Auch die Politik müsse ihn pflegen, „wenn wir ein Volk bleiben wollen; und das wollen wir".[66]

Sein neues Amt machte Brandt in der Stadt noch bekannter. Die Westberliner Presse zeichnete von ihm das Bild eines modernen und dynamischen Politikers. Gleichzeitig wuchs die Abneigung des Landesvorsitzenden Neumann und seiner Anhänger gegen Brandt. Sie konnten indessen nicht verhindern, dass der Präsident des Abgeordnetenhauses am 5. November 1956 durch sein entschlossenes und couragiertes Auftreten das Profil eines Politikers gewann, der berufen schien, zu einem neuen Ernst Reuter zu werden. An diesem Tag versammelten sich über 100 000 Berliner vor dem Rathaus Schöneberg, um gegen die blutige Niederschlagung des Volksaufstandes in Ungarn durch die sowjetische Armee zu protestieren. Am 23. Oktober 1956 hatten die revolutionären Ereignisse in Ungarn begonnen, die zunächst zur Bildung einer reformkommunistischen Regierung führten. Als die Sowjetarmee intervenierte, kam es zum Aufstand. Am 1. November 1956 verkündete der ungarische Ministerpräsident Imre Nagy den Austritt Ungarns aus dem Warschauer Pakt und rief die Vereinten Nationen um Hilfe – jedoch vergeblich. Am 5. November 1956 brach der Aufstand zusammen.

Den Erwartungen der aufgebrachten Menge vor dem Rathaus Schöneberg, die über die Sowjetunion ebenso empört war wie über das Stillhalten der Westmächte, waren bei der aufgeregten Atmosphäre auf dem Platz die offiziell vorgesehenen Redner der Kundgebung in keiner Weise gewachsen. In der Westberliner Presse wurde vor allem Franz Neumann kritisiert. Er habe als „Parteiredner" an den Gefühlen der Berliner vorbeigeredet und sich damit „aus der Kandidatenliste für den Posten eines Regierenden Bürgermeisters gestrichen".[67] Heftige Kritik am Landesvorsitzenden übten auch verschiedene Gliederungen der Berliner SPD. Sie konstatierten eine „geistige Führungslosigkeit" der Partei und forderten die Einberufung eines Parteitages. Willy Brandt und seiner Frau Rut war es dagegen am Abend des 5. November mit Geistesgegenwart und Mut

Willy Brandt kurz nach seiner Wahl als Regierender Bürgermeister im Oktober 1957 vor dem Schöneberger Rathaus

gelungen, erregte und enttäuschte Kundgebungsteilnehmer, die zum Brandenburger Tor ziehen wollten, zu beruhigen und hierdurch eine Eskalation abzuwenden.[68] Alle Beobachter waren sich einig, dass dieser Tag einen Wendepunkt in der politischen Karriere Brandts markierte. Eben war er noch ein junger aufstrebender Politiker gewesen, der sich mit seiner eigenen Parteiführung herumstritt. Am Morgen nach dem 5. November war die „Krise vorbei, und die Brandts waren Helden".[69] Brandt wollte zwar die Situation nicht ausnutzen und eine Art „Burgfrieden" in der Berliner SPD wahren. Er konnte aber sicher sein, dass eine ausreichende Mehrheit der Partei hinter ihm stand, wenn eine Kandidatur für das Amt des Regierenden Bürgermeisters auf ihn zukommen sollte.[70]

Als Otto Suhr im August 1957 starb, dauerten die Irritationen über die Nachfolge dann auch nicht lange. Der Landesvorsitzende Franz Neumann versuchte ein letztes Mal, Brandts Aufstieg in der Berliner Landespolitik zu verhindern, und scheiterte kläglich. Am 3. Oktober 1957 wählte das Abgeordnetenhaus den 43-jährigen Willy Brandt zum Regierenden Bürgermeister von Berlin.[71]

Nun war auch sein Aufstieg an die Spitze der Berliner SPD nicht mehr aufzuhalten. Auf einem außerordentlichen Landesparteitag am 12. Januar 1958 löste Willy Brandt nach jahrelangem innerparteilichen Streit den seit 1946 amtierenden Franz Neumann als Landesvorsitzender der SPD ab. Die Wahl war von seinem engen Mitarbeiter Klaus Schütz generalstabsmäßig vorbereitet worden. Zwar hatte Brandt zunächst gezögert, auch innerparteilich die Machtfrage zu stellen, doch wurde er von Schütz im Oktober 1957 zu seiner Entscheidung gedrängt.[72] Nachdem er sich allerdings entschieden und sein Ziel erreicht hatte, bezeichnete er die Übernahme dieser „zusätzlichen Aufgabe" als notwendig. Es sei unvermeidlich gewesen, „die Dinge hier einmal zur Entscheidung zu bringen". Er fürchtete wohl noch viele Schwierigkeiten, war sich aber sicher, auch damit fertig zu werden, zumal er auch aus der westdeutschen Partei eine „ganze Reihe positiver Äußerungen" vernommen hatte. Die Parteiführung in der Bonner „Baracke" schien allerdings „nicht begeistert zu sein".[73]

Dabei blieb es zunächst auch noch nach dem Stuttgarter Bundesparteitag vom Mai 1958, der eine Reform der Parteiorganisation beschlossen und Willy Brandt endlich, im dritten Anlauf, den ersehnten Platz im Parteivorstand der SPD verschafft hatte.[74]

Neue Akzente und bundespolitischer Aufstieg des Regierenden Bürgermeisters

In seiner ersten Regierungserklärung vom 17. Oktober 1957 knüpfte Brandt an die Berlin-Politik seiner Vorgänger Ernst Reuter, Walther Schreiber (CDU) und Otto Suhr an. Zugleich setzte er zunächst kaum wahrgenommene neue Akzente. Er betonte – und wiederholte es noch oft –, dass er von Berlin aus keine „eigene Außenpolitik" betreiben könne und auch nicht wolle. Berlin und die Berliner hätten jedoch über die Jahre hinweg besondere Erfahrungen an der Schnittstelle des Kalten Krieges machen müssen, die vielleicht auch neue politische Initiativen anregen könnten. Der von ihm geführte Senat wolle Politik für die Menschen in allen Teilen Berlins machen. Deshalb schlug Brandt Gespräche zwischen den „technischen Behörden" in Ost- und Westberlin vor, um die Lebensverhältnisse zu verbessern. Das Spektrum der Themen war umfangreich. Es reichte von dem Vorschlag, die seit Mai 1952 durch die Ostberliner Postverwaltung unterbrochenen Telefonverbindungen zwischen den beiden Stadthälften wieder herzustellen, bis zu einer gemeinsamen Stadt- und Verkehrsplanung.[75]

Das Gesprächsangebot, das im Juni 1958 in einem nach Ostberlin übermittelten Katalog von „10 Fragen an die Verwaltung des Ostsektors" konkretisiert wurde, war aber in der Form noch in die Sprache des Kalten Krieges eingebettet. Die Initiative wurde sofort der Presse mitgeteilt. Ganz offensichtlich zielte sie vor allem auf Wirkung in der Westberliner Öffentlichkeit. Von einem ernst gemeinten Versuch, mit der DDR – die von der Bundesrepublik als Staat nicht anerkannt und auch von Brandt damals noch als „Zone" oder „sowjetisch besetztes Gebiet" bezeichnet wurde – ins Gespräch zu kommen, konnte noch keine Rede sein. Bereits die im Übermittlungsschreiben gewählte Anschrift „An die Verwaltung des Ostsektors von Berlin" bot eine Garantie dafür, dass das Angebot von den Behörden Ostberlins als in Form und Inhalt „ungehörig" abgelehnt werden würde.[76]

Brandts Überlegungen, gleichwohl etwas Bewegung in die festgefahrenen Rituale der Deutschlandpolitik zu bringen, wurden durch einen Paukenschlag der Sowjetunion hinfällig: Das „Chruschtschow-Ultimatum" vom November 1958 stellte die Existenz eines freien Westberlin und seiner Bindungen an die Bundesrepublik grundsätzlich in Frage. Der sowjetische Ministerpräsident hatte in einer Rede am 10. November 1958 die USA, Großbritannien und Frankreich beschuldigt, das Potsdamer Abkommen gebrochen zu haben, und die Aufhebung des Vier-Mächte-Status von Berlin angekündigt. In Noten an die Westmächte, die Bundesrepublik und die DDR forderte die Sowjetunion am 27. November 1958 die Beendigung des „Besatzungsregimes in Westberlin". Die sowjetische Regierung schlug die Umwandlung Westberlins in eine „entmilitarisierte Freie Stadt" vor und räumte dafür eine Frist von sechs Monaten für Verhandlungen der vier Siegermächte ein. Für den Fall, dass diese Frist ergebnislos verstreiche, drohte die Sowjetunion den Abschluss eines separaten Friedensvertrages mit der DDR an, durch den die alliierten Kontrollrechte in Berlin vollständig auf die Regierung in Ostberlin übertragen werden sollten.[77]

Für den Regierenden Bürgermeister waren diese Vorschläge „untragbar", wie er in seiner ersten Stellungnahme noch am 27. November 1958 erklärte: „Es ist das erkennbare Ziel der kommunistischen Politik, ganz Berlin in die sogenannte ‚DDR' einzugliedern." Jetzt galt es aus der Sicht Brandts, in der Berlin-Politik mit besonderem Nachdruck den Schulterschluss mit der Bundesregierung zu suchen und die Westalliierten höflich, aber bestimmt aufzufordern, „ihre Rechte und Pflichten in Berlin bis zur Überwindung der Spaltung Deutschlands auszuüben" und keine Änderung des Status quo von Berlin zuzulassen.[78]

Die Abgeordnetenhaus-Wahlen in Westberlin am 7. Dezember 1958 standen ganz im Zeichen des Ultimatums. Brandt und die SPD führten den Wahlkampf mit der Losung „Berlin bleibt frei". Bei einer Rekordwahlbeteiligung von über 93 % erhielt die SPD mit 52,6 % der Stimmen die absolute Mehrheit. Nur die CDU war mit 37 % noch im Abgeordnetenhaus vertreten, alle anderen Parteien konnten die 5 %-Hürde nicht überspringen. Die SED erhielt gar nur knapp 2 % der Stimmen. Trotz ihrer Mehrheit und trotz des Widerspruchs der Parteilinken bot die SPD der CDU wenige Tage nach der Wahl eine Koalition an. Für Brandt war die Große Koalition ohne Opposition eine „Notgemeinschaft", die angesichts der sowjetischen Angriffe auf den Status Berlins unumgänglich sei.[79]

Mit dem Wahlerfolg in Berlin stieg der Regierende Bürgermeister in der Öffentlichkeit zum „Star" der deutschen Sozialdemokratie auf. Er erlangte bundesweite Bekanntheit und war in den Medien sehr gefragt. Das Ehepaar Brandt machte in Abendkleid und Smoking auf Pressebällen eine gute Figur, worüber die Zeitungen gern berichteten, die Traditionalisten in der SPD aber die Nase rümpften.

Die Krise um Berlin ließ Willy Brandt auch auf internationalem Parkett zum begehrten politischen Gesprächspartner werden. Eine vierwöchige Reise um die Welt, die er mit Unterstützung der Bundesregierung unternahm, um für das freie Berlin zu werben, führte ihn im Februar und März 1959 zunächst nach Nordamerika und danach weiter nach Japan, Hongkong, Thailand, Birma, Ceylon, Pakistan und Indien.[80]

Zur selben Zeit wuchs Brandts Einfluss in der Bundes-SPD. Die deutsche Sozialdemokratie hatte mit dem Godesberger Programm im November 1959 eine programmatische Wende zur Volkspartei vollzogen.[81] Der Politiker, der nach der Meinung einer wachsenden Zahl von Sozialdemokraten die Wende am glaubwürdigsten verkörperte, war Willy Brandt. In der SPD mehrten sich die Stimmen, die eine erneute Kanzlerkandidatur des SPD-Vorsitzenden Erich Ollenhauer nicht mehr für selbstverständlich hielten. Brandt war zudem mit seinen 45 Jahren fast so jung wie der amerikanische Präsidentschaftskandidat John F. Kennedy, der im Januar 1961 Präsident Eisenhower nachfolgen sollte. Wie Kennedy gehörte Brandt einer neuen Poli-

Rut und Willy Brandt auf dem Berliner Presseball im Palais am Funkturm am 21. Januar 1961

tikergeneration an. Zum Verdruss vieler Christdemokraten konnte der Regierende Bürgermeister den Beliebtheitsgrad von Bundeskanzler Adenauer rasch übertreffen.[82] Im November 1960 kürte der Parteitag Willy Brandt in Hannover mit großer Mehrheit zum Kanzlerkandidaten der SPD für die Bundestagswahl 1961.[83]

Mit harten Bandagen – die Auseinandersetzungen in der Berliner SPD und die Diffamierungskampagnen gegen Willy Brandt

In der Berliner SPD wollte die Kritik am Landesvorsitzenden Brandt in den späten fünfziger und frühen sechziger Jahren gleichwohl nicht verstummen. Allerdings wagten nur wenige den offenen Schlagabtausch. Die innerparteilichen Kritiker führten meist „Stellvertreterkriege", die das Klima in der Partei vergifteten. Das bekam zunächst Heinrich Albertz zu spüren. Brandt wollte ihn nach den Wahlen Ende 1958 zum Sozialsenator machen. In mehreren Abstimmungen in der SPD-Fraktion fiel der Kandidat des Regierenden Bürgermeisters durch. Brandt, dem diese Niederlage galt, nannte die Entscheidung „sachlich nicht gerechtfertigt, menschlich bedauerlich und in der Wirkung nach außen nicht gerade zuträglich"; er drohte sogar mit seinem Rücktritt.[84] Albertz schrieb verbittert an Brandt, dass sein „Fall" zum „schrecklichen Beweis für immer noch in der Partei herrschende Verhältnisse" geworden sei. Er riet Brandt, keinen Weg mehr zu gehen, „auf dem wieder Kompromisse mit Neumann und seinen Freunden geschlossen werden".[85] Dieser in der Öffentlichkeit als „Rebellion der Funktionäre gegen Brandt"[86] wahrgenommene neuerliche Streit hatte weitreichende Folgen.

Die Fronten in der Berliner SPD waren jetzt wieder so verhärtet wie zu Beginn der fünfziger Jahre. Der Anfang 1958 verkündete „Burgfrieden", wenn er denn überhaupt jemals ernst gemeint war, schien aufgekündigt. Die innerparteiliche Situation aber hatte sich entscheidend zugunsten Brandts gewandelt. Der Regierende Bürgermeister war jetzt Wortführer der Mehrheit in der Partei und nicht länger bereit stillzuhalten. Seine Anhänger drängten ihn, auch organisatorisch einen Trennungsstrich gegenüber seinen Kritikern zu ziehen. Brandt, der noch Mitte der fünfziger Jahre auf Landesparteitagen Toleranz im innerparteilichen Streit eingefordert hatte, gab dem Drängen nach.

Zu diesem Meinungswandel trug der Umstand bei, dass 1957 und 1958 wie schon zu Beginn der fünfziger Jahre besonders vehemente Angriffe gegen seine Person aus den eigenen Reihen gekommen waren. Zunächst war Brandt als Kandidat für das Amt des Regierenden Bürgermeisters ins Visier politischer Gegner von rechts geraten. Sie machten als „haßerfüllte Widersacher" die Zeit der Emigration erneut zum Thema. Immer wieder hieß es, er habe in fremder Uniform auf deutsche Soldaten geschossen. Brandt sah in den diffamierenden Artikeln einer Berliner Montagszeitung, die seit Anfang 1957 in Fortsetzung erschienen, eine „veritable Kampagne der Ehrabschneidung". Er setzte sich zur Wehr – mit Erfolg.[87] Es blieb ihm auch nicht verborgen, dass Bundeskanzler Adenauer ihm weiterhin „mit beträchtlichem Vorurteil" begegnete, ihn als „früheren Kommunisten" bezeichnete und sich auch nicht scheute, Brandt bei seinen Parteifreunden als Karrieristen anzuschwärzen. „Ob sich das ändern wird, bleibt abzuwarten", schrieb Brandt im Dezember 1957 an Erich Brost. Andererseits wahrte der Bundeskanzler die Form und gratulierte ihm zu seinem neuen Amt als Regierender Bürgermeister.[88]

Doch es verbitterte Brandt sehr, dass wiederum nicht nur Gegner der Sozialdemokraten, sondern auch einige seiner Berliner Parteifreunde an der Verbreitung von Gerüchten beteiligt waren.[89] Einzelne Mitglieder der SPD halfen sogar, eine aus der DDR stammende Schmähschrift zu verteilen. Unter dem Titel „Ein Mann namens Frahm..." und mit fingiertem Absender wurde sie im Herbst 1958 an Funktionäre der SPD in Berlin und in der Bundesrepublik verschickt. Ein Exemplar erreichte sogar Bruno Kreisky in Wien, der das, wie er schrieb, „üble Pamphlet" im September 1959 an die Berliner Senatskanzlei sandte.[90] Das hektographiert vervielfältigte Manuskript erweckte den Anschein, als stamme es aus der Feder oppositioneller Sozialdemokraten, war aber in Wahrheit eine Zusammenfassung aller in der DDR seit 1948 gesammelten denunziatorisch nutzbaren Informationen über Brandt.[91] In der SED-Zeitung *Neues Deutschland* war bereits Anfang 1950 ein Artikel erschienen, der eine angebliche Zuschrift von „einem, der es wissen muß" zitiert hatte. Darin war vom Spionagevorwurf gegen Brandt bis zu seiner Charakterisierung als Person, die der Sensations- und Gewinnsucht verfallen sei, alles enthalten, was in Druckerzeugnissen aus der DDR mit meist denselben Worten bis weit in die sechziger Jahre hinein verbreitet wurde.[92] Im Herbst 1958 hielten einige politische Gegner Brandts in der Berliner SPD die Schrift „Ein Mann namens Frahm..." wegen der geschickten Machart in der Tat für das Werk „oppositioneller" Sozialdemokraten. Der frühere Oberbürgermeister Otto Ostrowski trug die Schrift sogar zu einem Journalisten aus Ostberlin, in der Annahme, dieser kenne sie nicht, und bat um Hilfe bei der Verbreitung. In der Zeitung der so genannten „Sozialdemokratischen Aktion", einer 1948 von der SED gegründeten Organisation angeblicher oppositioneller Sozialdemokraten, erschien der Text dann im November 1958 und fand erneut den Weg nach Westberlin.[93]

Die Zeitung der DDR-Blockpartei NPD nahm den Aufenthalt Brandts in den USA im Februar 1959 zum Anlass für eine besonders infame Beschimpfung. In einem ganzseitigen Artikel wurde Brandt unterstellt, er habe eigentlich nach Spanien reisen wollen. Dort solle er ausgezeichnet werden wegen seiner Unterstützung einer trotzkistischen Partei im Bürgerkrieg 1937, die in Wahrheit eine Spionageorganisation der spanischen Faschisten gewesen sei. Das auf angeblich geheime Archivalien gestützte Machwerk sparte darüber hinaus nicht mit Anspielungen auf die nichteheliche Geburt Brandts.[94] In der SED galt der Regierende Bürgermeister von Berlin als Anführer des rechten Flügels in der SPD, als „Vertreter der amerikanischen Fraktion". Die DDR-Führung verfügte allerdings nicht nur über Material aus Brandts Emigrationszeit, das angeblich authentisch sein sollte. Der Staatssicherheitsdienst meinte auch, über das Privatleben Brandts gut Bescheid zu wissen.[95] Jedenfalls über die politische Haltung des Regierenden Bürgermeisters war die SED-Spitze aus vielerlei Quellen gut informiert. Nur wenige Tage, nachdem Brandt Ollenhauer und anderen Mitgliedern des SPD-Parteivorstandes vertraulich über die Ergebnisse seiner Weltreise im Frühjahr 1959 berichtet hatte, lieferte der Informant „Claus" ein vierseitiges Protokoll über dieses Treffen nach Ostberlin. Er hatte offenbar an diesem Gespräch im kleinen Kreis teilgenommen.[96] Vertrauliche Informationen erhielt die SED-Führung aber auch von „Freddy". Hinter diesem Decknamen verbarg sich der langjährige Landessekretär, stellvertretende SPD-Landesvorsitzende und schließlich auch Berliner Bundestagsabgeordnete Josef Braun, der von 1947 an bis zu seinem Tode im Jahre 1966 Informant des Staatssicherheitsdienstes der DDR und von dessen Vorläufer war.[97]

Brandt legte zwar Wert darauf, als SPD-Landesvorsitzender nicht nur eine Gruppe in der Partei zu vertreten und schlug deshalb in den Diskussionen mit seinen Kritikern anfangs wieder einen „versöhnlichen Ton" an, „um gruppenmäßiges Gegeneinander und cliquenmäßige Verkrampfung überwinden zu helfen".[98] Aber die Anwürfe gegen seine Person hatten ihn mehr getroffen, als er nach außen zugeben mochte. Er wusste auch, dass einige (wenige) Berliner Sozialdemokraten sich mehr der SED und der DDR verpflichtet fühlten als der eigenen Partei.[99]

Das erklärt allerdings nicht ausreichend, warum Brandt bereit war, zu Beginn der sechziger Jahre dem Parteiausschluss von engen Freunden aus der Zeit der Emigration zuzustimmen. Die dafür angegebenen Gründe sind im Rückblick nicht überzeugend. Max Köhler, für dessen Rückkehr und soziale Sicherung sich Brandt noch Mitte der fünfziger Jahre persönlich eingesetzt hatte[100], fiel in Ungnade, weil er einen kirchenkritischen Aufsatz in einer Freidenker-Zeitschrift geschrieben hatte. Als der „Sofortausschluss" auf Widerspruch stieß, verteidigte Brandt die Sanktion mit Verweis auf die Statuten und erklärte, die Maßnahme tue ihm „persönlich leid".[101]

Brandt und noch mehr seine engen politischen Freunde folgten damit dem in der SPD in jenen Jahren gepflegten „Prinzip der parteilichen Geschlossenheit", das bei Disziplinverstößen auch einen sofortigen Ausschluss aus der Partei rechtfertigte. Die jeweilige Minderheit in der Partei sah ihre Einflussmöglichkeiten durch ein Organisationsstatut beschnitten, das diese Praxis erlaubte. Sie ließ die Kritik indessen fallen, wenn sie selbst zur Mehrheit geworden war. Die Zuordnung von Mehrheit und Minderheit zu jeweiligen rechten oder linken Tendenzen in der Partei spielte dabei nur eine geringe Rolle.[102] Nach dem Godesberger Parteitag im Jahre 1959 praktizierte freilich die SPD-Parteiführung eine „rigorose Abgrenzung" auch gegenüber den „nichtkommunistischen Linkssozialisten", darunter nicht wenige frühere Kampfgefährten Brandts. Das trug dazu bei, „den Rahmen der Diskussion über Grundsatzfragen über die durch das Godesberger Programm gesteckten Grenzen hinaus zu reduzieren".[103]

In der Berliner SPD wurde das „Prinzip der Geschlossenheit" besonders rigoros gehandhabt, wie das Beispiel des populären Kreuzberger Bezirksbürgermeisters Willy Kressmann verdeutlicht.[104] Er hatte sich im innerparteilichen Streit der fünfziger Jahre auf die Seite von Franz Neumann geschlagen, vertrat aber zu Beginn der sechziger Jahre bei öffentlichen Auftritten politische Überzeugungen, die nicht sehr weit von Brandts Positionen entfernt waren. Während einer Reise in die USA ging Kressmann im Sommer 1962 in New York auf aktuelle Probleme in Berlin ein, auch auf einen Schusswechsel zwischen der Ost- und Westberliner Polizei an der Mauer. Seine Äußerungen wurden von den Presseagenturen sehr verkürzt wiedergegeben und in Berlin als einseitige Kritik am Verhalten der Westberliner Polizei interpretiert. Die Berliner SPD distanzierte sich von dem Bezirksbürgermeister; dessen Ansichten spiegelten „weder die Haltung noch die Politik der Berliner SPD" wider.

Ferner hatte Kressmann in den USA den Begriff der Koexistenz aufgegriffen und zu einer realistischen, die Interessen der Sowjetunion berücksichtigenden Berlin-Politik geraten. Er hatte auf die Gefahr eines militärischen Konfliktes an der Berliner Mauer hingewiesen und erklärt, es sei Aufgabe der Berliner Politik, zu den Menschen hinter der Mauer Kontakt zu halten. Das waren Fragen, die Brandt und seine Freunde zur selben Zeit diskutierten, aber nicht auf dem „offenen Markt" austragen wollten, da die besondere Situation Berlins das nicht vertrage. Kressmann sollte aus der SPD ausgeschlossen werden, weil er der Partei angeblich Schaden zugefügt hatte. Die Extratour eines Berliner Politikers, der nicht zur richtigen Fraktion gehörte, war der eigentliche Grund. Als Bezirksbürgermeister wurde Kressmann im November 1962 abgewählt. 1963 trat er verbittert aus der SPD aus.

Es waren weniger politische Auffassungen, die den sich damals reorganisierenden „linken Flügel" der Berliner SPD von Brandt und seinen Freunden trennten, als vielmehr wechselseitige Fehlwahrnehmungen, die mit dem „Grabenkrieg" der vorhergehenden Jahre zu erklären sind. Die Gräben konnten so schnell nicht zugeschüttet werden. Brandt neigte, auch wegen der großen Publizität des „Dschungelkrieges" in der Berliner SPD, mehr und mehr dazu, in diesen Fragen nichts zu überstürzen. Aber nicht wenige gerade seiner damals noch engen Weggefährten, wie Kurt Mattick, Kurt Neubauer und Theo Thiele, blieben unversöhnlich.[105]

Allerdings musste Brandt feststellen, dass auch einige dieser Freunde, die seinen politischen Aufstieg in der Berliner SPD und in der Berliner Landespolitik mit großem Einsatz unterstützt hatten, ihm nun nicht mehr in allen Fragen folgten. Sie meinten, dass der Regierende Bürgermeister nur aufgrund ihrer Hilfe so erfolgreich war, und registrierten, dass er nicht mehr jeden ihrer Ratschläge umsetzen wollte. Darüber hinaus neigten sie dazu, „Erbhöfe" zu bilden und sie gegen neue Berater Brandts abzuschotten. Daraus entstanden Konflikte, die freilich nicht in der Öffentlichkeit ausgetragen wurden. Brandt zögerte nicht, seinen Freunden deutlich zu sagen, wer die „Richtlinien der Politik" bestimme.[106] Gegenüber manchen seiner Weggefährten aus seinen ersten Berliner Jahren, zu denen beispielsweise der langjährige Chef der Senatskanzlei und des Presseamtes, Hans Hirschfeld, sowie der Senator für Bundesangelegenheiten, Günter Klein, gehörten, ging er sogar auf Distanz. Neue Ideen für eine Politik in Berlin diskutierte er nunmehr vor allem mit Klaus Schütz, Heinrich Albertz und Egon Bahr, die zwischen 1959 und 1961 wichtige Posten im Senat übernahmen und einen Generationswechsel an der Spitze der Berliner Politik sichtbar werden ließen.[107]

Der pragmatische Realist – Deutschland- und Berlin-Politik von den fünfziger Jahren bis zum Mauerbau 1961

Brandt und seine engeren politischen Freunde suchten nicht erst nach dem Mauerbau 1961 Alternativen in der Deutschland- und Berlinpolitik.[108] Schon in den fünfziger Jahren entwickelte Willy Brandt Überlegungen, den „Immobilismus" der Bonner Ost- und Deutschlandpolitik zu überwinden. Diese war geprägt von der Forderung nach der Wiedervereinigung Deutschlands in den Grenzen von 1937 auf der Grundlage freier Wahlen und durch den Alleinvertretungsanspruch der Bundesrepublik. Die internationale Anerkennung der DDR sollte mit der 1955 formulierten „Hallstein-Doktrin" verhindert werden: Die Bundesrepublik betrachtete danach die Aufnahme diplomatischer Beziehungen eines Drittstaates mit der DDR als „unfreundlichen Akt" und drohte für diesen Fall Sanktionen an. Diese reichten von der Einstellung der besonders für Entwicklungsländer wichtigen Wirtschaftshilfe bis zum Abbruch der diplomatischen Beziehungen. Die Bundesrepublik nahm darüber hinaus – außer zur Sowjetunion – zu keinem Staat diplomatische Beziehungen auf, der die DDR anerkannt hatte.[109]

Seit Mitte der fünfziger Jahre bemühte sich Willy Brandt, so sehr er auch auf westliche Gemeinsamkeiten setzte, Spielräume für eigene berlin- und deutschlandpolitische Wege zu finden. Dabei musste er die Schranken im Auge behalten, die ihm durch die eigene Partei, vor allem aber durch die Bundesregierung gesetzt waren. Gerade deshalb aber galt ein Satz, den er im Rückblick auf die fünfziger und sechziger Jahre in seinen Erinnerungen über Adenauer schrieb, in großem Maße auch für ihn selbst. Adenauer habe, bemerkte er, „über weite Strecken anders geredet als gedacht".[110] Auch Brandt redete in dieser Zeit öffentlich anders als im kleinen Kreis, und er wählte verklausulierte Formulierungen, wo Eindeutigkeit politischen Wirbel erzeugt hätte. So vermied er stets, die Anerkennung der Oder-Neiße-Grenze öffentlich eindeutig anzusprechen. Aber umschreibenden Sentenzen, die er nur leicht variiert durch die Jahre hinweg wiederholte, war schon im Mai 1955 zu entnehmen, dass er unter Wiedervereinigung nicht die Rückkehr der Vertriebenen in die Gebiete jenseits von Oder und Neiße verstand. Auf einem Landesparteitag der Berliner SPD erklärte er, es gehe um die „Wiedervereinigung der deutschen Menschen, wo sie heute leben". „Falsche Parolen zur Oder-Neiße-Linie zum falschen Zeitpunkt und in falscher Form" störten internationale Verhandlungen über die deutsche Frage.[111]

Nicht zuletzt wegen seines Interesses an außenpolitischen Fragen hatte sich Brandt 1949 in den Bundestag entsenden lassen. Die Mitarbeit im Außenpolitischen Ausschuss des Deutschen Bundestages war für ihn selbstverständlich. Der Dissens mit Schumacher, zumal in der Europa-Politik, war zwar unübersehbar, aber er bedeutete keinesfalls, dass Brandt für die Politik der Bundesregierung große Sympathien hatte. Den SPD-Vorsitzenden Schumacher nahm er ausdrücklich gegen die seiner Ansicht nach ungerechtfertigte Kritik aus dem Ausland in Schutz. Auch Brandt befürchtete eine „reaktionär-katholische Blockbildung" in Westeuropa.[112] Er warf Adenauer – insbesondere in der Debatte um die Westverträge und die Stalin-Noten im Frühjahr 1952[113], aber auch im Jahr danach – eine „Schmalspurpolitik" vor.[114] Brandt kritisierte, dass der Kanzler die Westintegration der Bundesrepublik bedingungslos vorantreibe und die Chancen für die Wiedervereinigung Deutschlands nicht ernsthaft prüfe.[115]

Besonders scharf attackierte er die Politik des Bundeskanzlers nach der Niederschlagung des Aufstands in der DDR am 17. Juni 1953. In Berlin erlebte Brandt aus nächster Nähe die spontanen Streiks und Demonstrationen der Ostberliner Bauarbeiter. Die Proteste mündeten in einen Arbeiteraufstand, an dem sich bald auch andere Schichten der Berliner Bevölkerung beteiligten und der sich schnell auf viele Regionen der DDR ausdehnte. Der Aufstand wurde durch sowjetische Panzer gewaltsam beendet; viele Tote waren zu beklagen. In einer Rede am 1. Juli 1953 im Bundestag wandte sich Willy Brandt gerade wegen der zahlreichen Opfer mit scharfen Worten dagegen, dass die sozialen und politischen Forderungen der „Arbeiter in der Zone für bestimmte politische Zwecke im Westen [...] ausgeschlachtet werden". Die Arbeiter hätten mit ihrer Forderung nach freien Wahlen auch die Wiedervereinigung Deutschlands gewollt, aber „sie wollen demokratisieren, nicht restaurieren".[116] Trotz des Scheiterns des Aufstands urteilte Brandt wenige Monate später über die Ereignisse: „Es ist nicht wahr, daß der 17. Juni ‚ergebnislos' verlaufen sei oder mit einer Niederlage der Bevölkerung geendet habe."[117]

Vor der Bundestagswahl im September 1953 kam es zu einer heftigen Auseinandersetzung zwischen Regierung und Opposition, die sich durch den Verlauf und durch das Ende der Erhebung in der DDR in der eigenen Politik jeweils bestätigt fühlten. Während Adenauer weiter auf die rasche Verwirklichung der Westintegration der Bundesrepublik setzte, die er zur unbedingten Voraussetzung für die Wiedervereinigung Deutschlands erklärte, drängte die SPD auf sofortige Vier-Mächte-Verhandlungen vor der endgültigen Ratifizierung der Westverträge. Andernfalls werde die Wiedervereinigung weiter erschwert, wenn nicht gar unmöglich gemacht. Deshalb forderte auch Brandt in den Wochen und Monaten nach dem 17. Juni 1953, den er als Beginn eines neuen Abschnitts des Ringens um die Wiedervereinigung Deutschlands ansah, vermehrte Anstrengungen Bonns für die deutsche Einheit.[118]

Doch auch die Politik der SPD fand Willy Brandt in den fünfziger Jahren nicht restlos überzeugend. Er vermisste einen „festen Standpunkt" in der sozialdemokratischen Kritik der Außenpolitik Adenauers.[119] Bereits im Dezember 1952 bemängelte er in einem Schreiben an den Nachfolger Schumachers, Erich Ollenhauer, dass die SPD auf die Außenpolitik der Bundesregierung nur reagiere und keine „Alternativ-Vorstellungen" entwickele. Diese sollten in ein „geschlossenes System" gebracht werden, wobei er sich bereit erklärte, an einer solchen Systematisierung mitzuarbeiten.[120] Die Erwiderung des Parteivorstands fiel eher abwehrend aus.

Brandt ließ sich dennoch nicht entmutigen. Er beobachtete weiterhin sehr sorgfältig die internationale Politik, registrierte Veränderungen in der Haltung der Großmächte und fragte nach den Auswirkungen auf die berlin- und deutschlandpolitischen Vorstellungen der SPD. Zwar kam es im Januar 1954 tatsächlich zu neuen Vier-

Mächte-Verhandlungen, denen die Sozialdemokraten mit einigen Hoffnungen entgegensahen. Doch der Verlauf der Berliner Außenministerkonferenz der vier Siegermächte, die im Februar 1954 endete und in Sachen Wiedervereinigung Deutschlands keinerlei Annäherung zwischen Ost und West brachte[121], enttäuschte. Anschließend fasste Brandt seine Überlegungen zusammen und trug sie auf einem Landesparteitag am 9. Mai 1954 seinen Berliner Parteifreunden vor. Er polemisierte erneut gegen die „Bonner Halbheiten" in der Berlin-Politik, kritisierte aber auch jene „Illusionisten" in den eigenen Reihen, die für Deutschland weiterhin von einer Alternative zur Bindung an die nichtsowjetische Welt träumten. Aber gerade wegen der weiterhin von Seiten der Sowjetunion zu erwartenden Schikanen in Berlin plädierte er für eine flexible Politik, denn weder eine „Politik der großen Worte" noch eine „Politik des hypnotisierten Kaninchens" hülfen weiter.[122] Die Wiedervereinigung blieb für Brandt vordringliches Ziel deutscher Politik, wobei eine politische Anerkennung der DDR für ihn nicht infrage kam. Eine Regelung vieler „praktischer Fragen" durch die Deutschen selbst sei jedoch vorstellbar und die „Formen" der darüber zu führenden Gespräche müssten sorgfältig geprüft werden. Das sei besser, als die absehbaren „Versteinerungen" in der Deutschlandpolitik hinzunehmen.[123]

Voller Hoffnung, aber auch „nüchtern und illusionslos" nahm Brandt ein Jahr später zur Kenntnis, dass der neue Sekretär der Kommunistischen Partei der Sowjetunion, Chruschtschow, seit September 1954 den von Lenin geprägten Begriff der „friedlichen Koexistenz" verwendete, um damit die sowjetische Außenpolitik zu charakterisieren. Aus Brandts Sicht gerieten damit die „erstarrten Fronten" in der internationalen Politik in Bewegung. Als Ausdruck dafür konnten sowohl das Gipfeltreffen der Regierungschefs der USA, Großbritanniens, Frankreichs und der Sowjetunion vom 18. bis 23. Juli 1955 gewertet werden als auch eine erneute Außenministerkonferenz der Vier Mächte im Herbst 1955, die beide in Genf stattfanden.[124]

Der Ost-West-Konflikt schien seine beherrschende und lähmende Rolle zu verlieren. Ein „friedliches Nebeneinander" der Völker war für Brandt vorstellbar, ja er sah geradezu einen Zwang zur Koexistenz und damit zur Entspannung zwischen den beiden Großmächten USA und Sowjetunion. Wie er auf einem Landesparteitag der Berliner SPD im Mai 1955 erklärte, war der entscheidende Grund dafür: „Die Mächte dieser Welt scheinen zu der Erkenntnis gelangt zu sein, daß der dritte Weltkrieg nicht stattfinden darf. [...] In unserer Generation wird über nicht mehr und über nicht weniger entschieden werden als darüber, ob die Menschheit weiter existieren wird oder nicht."[125]

Koexistenz barg nach seiner Meinung für die Deutschen Hoffnungen und Gefahren zugleich.[126] Auf der einen Seite regte der Begriff, wie Brandt feststellte, eine friedliche Lösung von Konflikten, also auch der Deutschland- und Berlin-Frage, an. Auf der anderen Seite war er geeignet, die Diktatur in der DDR zu festigen. Daher forderte Willy Brandt als westliche Antwort auf die sowjetische Koexistenz-Formel: „Es geht heute und hier darum, nachzuweisen, daß eine Politik aktiver, schöpferischer Koexistenz sehr wohl zu vereinbaren ist, ja vereinbart werden muß mit der friedlichen Veränderung willkürlicher Festlegungen aus den hinter uns liegenden Jahren." Energisch wandte er sich auch gegen eine „geistige Neutralität": „Sie wäre politisches Eunuchentum. Demokratische Sozialisten haben ihren festen Standort. Sie sind keine Wanderer zwischen den Welten."[127]

Ermutigt durch die ersten Anzeichen einer Entstalinisierung in der Sowjetunion unter Chruschtschow, war Brandt 1956 erstmals bereit, mit hergebrachten außenpolitischen Formeln und Dogmen zu brechen. Seit 1950 habe sich die politische Landschaft gewandelt, und es bedürfe neuer Landkarten, die die neuen Realitäten in der Weltpolitik richtig abbildeten.[128] Er ließ sich in dieser Haltung auch nicht beirren, als im November 1956 nach der sowjetischen Invasion Ungarns die mit dem Begriff Koexistenz verbundenen Hoffnungen „im Blut erstickt" zu sein schienen und Berliner Demonstranten vor dem Schöneberger Rathaus Transparente mit der Aufschrift „Keine Koexistenz" trugen.[129]

Die „Weltenuhr" stand nach Brandts Überzeugung auch in den kommunistisch regierten Ländern nicht still. Er plädierte daher für eine „Aktivierung der Ostpolitik". Berlin dürfe dabei, so formulierte der neue Regierende Bürgermeister im Januar 1958 in einem Vortrag vor der Steuben-Schurz-Gesellschaft, natürlich nicht zum „außenpolitischen Querfeldeinmarschierer" werden; alle Überlegungen müssten mit der Bundesregierung und den westlichen Partnern abgestimmt sein. Aber gerade von Berlin aus seien „eigene kleine Schritte, Sondierungen oder was auch immer" vorstellbar.[130] Berlin könne keine eigene Außenpolitik betreiben, wohl aber Schritt für Schritt versuchen, die Fronten aufzuweichen.[131]

Willy Brandt befürwortete eine bewegliche Politik gegenüber der Sowjetunion, die sich freilich in Berlin immer noch in engen Bahnen bewegen musste. Ein Höflichkeitsbesuch des Regierenden Bürgermeisters beim sowjetischen Stadtkommandanten in Berlin-Karlshorst im Januar 1958 fand wenig Beifall in der Öffentlichkeit. Doch Brandt verteidigte das Treffen. Er habe ein „in der Sache hartes Gespräch" geführt; die Kritik sei ihm unverständlich, denn schließlich seien die „Sowjets [...] die vierte Kontrollmacht in Berlin. [...] Das ist eine Realität."[132] Die Bindungen Westberlins an den Bund aber waren Brandt wichtiger als der formale Vier-Mächte-Status für ganz Berlin, zumal er sich keinesfalls sicher sein konnte, dass Bonn Westberlin in alle internationalen Verträge zwischen der Bundesrepublik und anderen Staaten immer mit einbeziehen würde.[133] Brandt hatte besonders seit 1958 immer wieder Grund zur Klage, dass die Bundesregierung die Interessen Westberlins in dieser Frage vernachlässige.[134]

Gleichwohl nutzte er sein Ansehen als Regierender Bürgermeister, das nach der Weltreise 1959 noch größer geworden war, um gemeinsam mit der Bundesregierung dafür zu werben, dass die Westalliierten den Drohungen der Sowjetunion während der durch das Chruschtschow-Ultimatum ausgelösten Berlin-Krise standhielten. Der Spielraum für eigene deutschlandpolitische Offensiven war allerdings gering. Als der sowjetische Ministerpräsident und Parteichef Chruschtschow den Regierenden Bürgermeister im März 1959 zu einem Gespräch in die sowjetische Botschaft nach Ostberlin einlud, musste Brandt die Einladung ablehnen. Widerspruch gegen ein Treffen war vor allem vom Koalitionspartner CDU, aber auch von den USA gekommen.[135]

Die Genfer Außenministerkonferenzen der Vier Mächte im Sommer 1959, die nach Ablauf des Chruschtschow-Ultimatums stattfanden, blieben ohne Ergebnis in der Deutschland- und Berlinfrage.[136] Wenn auch die „schreckliche Gefahr" für die Bevölkerung Westberlins damit „bis auf weiteres" abgewendet worden war, gab es doch weiterhin „auch beträchtliche Gefahren", wie Brandt im August 1959 an seinen Freund, den österreichischen Außenminister Bruno Kreisky, schrieb.[137] Der Regierende Bürgermeister nutzte daher weiter jede Gelegenheit, um die zwischen der Bundesregierung und dem Berliner Senat bestehenden Gemeinsamkeiten in der Berlin-Politik zu beschwören. So dankte er Bundeskanzler Adenauer, der Anfang 1960 Berlin besuchte, in seiner Rede vor dem Abgeordnetenhaus am 11. Januar 1960 ausdrücklich für die Bundeshilfe. Zugleich betonte Brandt, es sei die „natürlichste Sache der Welt", wenn „Behörden und Gerichte des Bundes in Berlin vertreten" seien, wohl wissend, dass die Bundesregierung in dieser Frage zurückhaltend war.[138]

Trotz aller öffentlichen Bekundungen für eine gemeinsame Politik blieb Brandt jedoch stets misstrauisch und vorsichtig gegenüber Adenauer. Als der Kanzler im März 1960 überraschend vorschlug, eine Volksabstimmung in Berlin durchzuführen, vermied der Regierende Bürgermeister eine „dezidierte Position", weil er sich über die Absichten Adenauers nicht im Klaren war.[139] Brandt fürchtete, dass der Bundeskanzler ihm die Schuld „in die Schuhe schieben" könnte, falls neue Vier-Mächte-Verhandlungen, die für Mitte Mai 1960 in Paris anberaumt waren, für Berlin schlechte Ergebnisse zeitigen sollten.[140]

Unterdessen hatte Brandt auch Anlass gesehen, „illusionäre Vorstellungen" der eigenen Partei zu kritisieren. Seine Kritik richtete sich vor allem gegen den Deutschland-Plan der SPD vom 18. März 1959. Der Plan forderte in seinem ersten Teil die Aufnahme sofortiger Verhandlungen der vier Großmächte über die Schaffung einer atomwaffenfreien und von Truppen der NATO und des Warschauer Paktes geräumten mitteleuropäischen „Entspannungszone", die neben der

Bundesrepublik und der DDR Polen, Ungarn und die Tschechoslowakei umfassen sollte. Parallel zum „gleichwertigen Auseinanderrücken" der einander gegenüberstehenden Streitkräfte sah der Deutschland-Plan in seinem zweiten Teil die schrittweise „politische und wirtschaftliche Zusammenführung Deutschlands" vor. Sie sollte mit der Bildung einer paritätisch besetzten Gesamtdeutschen Konferenz zur Vorbereitung von Wahlen zu einer Verfassunggebenden Versammlung beginnen und nach Inkrafttreten einer gesamtdeutschen Verfassung und der Abhaltung freier Wahlen in ganz Deutschland mit der Wiedervereinigung vollendet werden.[141]

Brandt verwarf den Deutschland-Plan nicht in Bausch und Bogen. Seine Einwände waren dennoch grundsätzlicher Art und bezogen sich insbesondere auf den zweiten Teil des Plans. Auf einem Berliner Landesparteitag im Mai 1959 sprach der Regierende Bürgermeister in Anwesenheit des SPD-Vorsitzenden Ollenhauer seine Kritik offen aus. Er verwies darauf, dass die besondere Situation Berlins unmissverständliche Formulierungen notwendig mache, die er im Deutschland-Plan vermisse. Zudem schienen ihm einige Passagen des Plans voller Illusionen zu sein. Sie gingen offenbar, so schrieb er in einem Brief an Waldemar von Knoeringen im August 1959 ironisch, von der Annahme aus, „man könnte Ulbricht durch geschicktes Manövrieren oder durch Gutzureden zur Selbstliquidierung veranlassen". Er prognostizierte, dass die Einheit Deutschlands noch lange auf sich warten lassen werde, denn der SED-Chef und seine Anhänger würden „dranbleiben", bis die Sowjetunion einmal „grünes Licht für die Wiederherstellung unserer staatlichen Einheit geben wird".[142]

Trotz dieser Skepsis war Brandt auch nach dem Chruschtschow-Ultimatum Ende 1958 weit davon entfernt, am Status quo starr festzuhalten. Er lehnte Mitte 1959 ein „Sich-Eingraben in politische Schützengräben" ab, weil in diesen keine realistische deutschlandpolitische Konzeption entwickelt werden könne.[143]

Die Geschäftsgrundlage für die Realisierung des Deutschland-Plans der SPD war von vornherein infrage gestellt. Schon die Gespräche von Fritz Erler und Carlo Schmid mit Chruschtschow am 16. März 1959 in Moskau hatten ergeben, dass die Sowjetunion gar nicht daran dachte, „auf die DDR einzuwirken, damit die Wiedervereinigung Deutschlands stufenweise in Gang gebracht werden könne".[144] Der Deutschland-Plan der SPD wurde deshalb bald Makulatur. Herbert Wehner formulierte am 30. Juni 1960 im Bundestag sein „Plädoyer für eine gemeinsame Politik" mit der Bundesregierung und signalisierte damit eine außen- und deutschlandpolitische Wende der SPD. Bereits einige Monate zuvor, Anfang 1960, hatte Brandt öffentlich außenpolitische Gemeinsamkeiten von Bundesregierung und Opposition angesprochen. Er bekundete dabei mehr beiläufig den Willen der SPD, an einer annehmbaren Lösung der Deutschlandfrage mitzuwirken. In der Berlin-Politik säßen Bundesregierung und Berliner Senat „in einem Boot". Es sei leider noch nie erprobt worden, was „eine gemeinsame Politik in den Schicksalsfragen unserer Nation ausrichten könnte".[145]

Als designierter Kanzlerkandidat der SPD brachte Brandt seine außenpolitischen Überlegungen im Oktober 1960 zu Papier und veröffentlichte sie einen Monat später. Es gelte, das Verhältnis zur Sowjetunion und zu den anderen osteuropäischen Ländern zu versachlichen. Vereinbarungen mit Moskau setzten voraus, dass Deutschland die Interessen der Sowjetunion zur Kenntnis nehme. Er plädierte auch in diesem Zusammenhang dafür, außenpolitisch nicht nur zu reagieren bzw. auf die „Marschhilfe anderer" zu rechnen, sondern eigene Vorstellungen zu entwickeln.[146]

Das seit November 1958 wiederholte öffentliche Bekenntnis zum Status quo in Berlin hieß für Willy Brandt daher vor allem, einen drohenden „Status quo minus" für die Stadt zu verhindern. Zum Status quo gehörten zum einen die engen Bindungen Westberlins an den Bund, zum anderen aber auch die zu diesem Zeitpunkt noch offenen Sektorengrenzen in der ganzen Stadt. Für Letzteres gab es aber keine westlichen Garantien, wie der Regierende Bürgermeister schon Ende der fünfziger Jahre erkannt hatte, als er den Vier-Mächte-Status mit einem „Wandschirm [. . .], hinter dem sich Passivität verbirgt", verglich. Brandt und sein engerer Kreis von Freunden diskutierten spätestens seit 1958 neue Initiativen, um diese Passivität zu überwinden.[147]

Neues Denken und neue Initiativen in der Deutschland- und Berlin-Politik nach dem 13. August 1961

Neue Ideen waren vor allem gefragt, nachdem die DDR mit sowjetischer Rückendeckung am 13. August 1961 begonnen hatte, mitten durch Berlin und um Westberlin herum eine Mauer zu bauen. Nach einer kurzen Zeit weniger der Überraschung als der Ratlosigkeit[148] wollte Brandt vor allem auf eine Frage eine Antwort finden: „Wie die Mauer durchlässig machen, wenn wir schon auf längere Zeit mit ihr zu leben hätten?"[149]

Willy Brandt war ja bereits lange vor dem Mauerbau klar gewesen, dass die täglich wachsende Zahl von Flüchtlingen die DDR zu Reaktionen veranlassen musste und dass Westberlin, wo die meisten Flüchtlinge ankamen, davon besonders betroffen wäre. Er hatte schon in den fünfziger Jahren befürchtet, dass die seit 1948 erkennbare Trennung der Stadt in zwei Hälften noch weiter gehen könnte. Im Mai 1959 sprach Brandt in einem Interview mit einem englischen Journalisten ein weiteres Mal davon, dass der Ostberliner Bürgermeister Ebert offenbar seit langem an eine „Art chinesischer Mauer mitten durch die Innenstadt" denke. Die Sowjetunion habe ihn bislang aber daran gehindert, diesen Plan zu realisieren.[150]

Was nach Brandts Meinung hinter den verschiedenen Verlautbarungen der Sowjetunion seit November 1958 steckte, analysierte er erneut im September 1960: Die kurz zuvor von der DDR-Regierung erlassene Verordnung, Westdeutschen den Besuch in Ostberlin nur mit einer Aufenthaltsgenehmigung zu gestatten, deutete für ihn darauf hin, „dass die Sektorengrenze in eine Staatsgrenze umgewandelt werden soll". Elf Monate vor dem Mauerbau erwartete er deshalb für die Zukunft „Maßnahmen zur Kontrolle und Unterbindung des Ost-West-Verkehrs", um den Strom der Flüchtlinge zu unterbinden. Der Regierende Bürgermeister hielt es für diesen Fall schon damals für unwahrscheinlich, dass seitens der Westalliierten „Macht aufgewendet werden kann, um auf die Entwicklung in Ostberlin einzuwirken". Eindeutig seien die amerikanischen Garantien nur für die Sicherheit Westberlins und für den freien Zugang nach Westberlin.[151]

Willy Brandt konnte daher nicht wirklich überrascht sein von dem, was am 13. August 1961 in und um Berlin geschah, auch wenn der Zeitpunkt für die seit längerem erwarteten Absperrmaßnahmen nicht vorauszusehen gewesen war. Auch mit einer gewissen Passivität der Westalliierten hatte er gerechnet. Als aber die Absperrmaßnahmen dann begannen und die Sektorengrenze tatsächlich zu einer „Staatsgrenze" umgewandelt wurde, erregte es Brandt dennoch sehr, dass die Schutzmächte in Westberlin zunächst überhaupt nicht reagierten. Sie traten weder an der Sektorengrenze sichtbar auf noch protestierten sie energisch gegen die offenkundige Verletzung des Vier-Mächte-Status von Berlin.

In den frühen Morgenstunden des 13. August war Willy Brandt, der sich als Kanzlerkandidat der SPD auf Wahlkampfreise befunden hatte, sofort nach Berlin zurückgekehrt. Sein Besuch in der Alliierten Kommandantur wenige Stunden nach Beginn der Absperrungen zeigte indes keinen Erfolg. Den westlichen Kommandanten lagen keine Weisungen ihrer Regierungen vor, und sie blieben untätig. Es drohte eine „Vertrauenskrise" zu den Westmächten zu entstehen, wie Brandt in seinem in scharfem Ton verfassten Brief an den amerikanischen Präsidenten Kennedy vom 15. August 1961 schrieb[152], der drei Tage später ebenso deutlich antwortete. Kennedy machte Brandt klar, dass die „brutale Grenzschließung" eine Entscheidung der Sowjetunion sei, die nur durch einen Krieg rückgängig gemacht werden könne. Und, so fügte er an, einen Krieg wegen dieser Frage wolle wohl niemand. Immerhin kündigte er eine Verstärkung der amerikanischen Garnison in Berlin an und schickte seinen Vizepräsidenten in die geteilte Stadt.[153] Am 19. August 1961 – früher als Bundeskanzler Adenauer – besuchte Lyndon B. Johnson Berlin und übergab Brandt bei der Gelegenheit auch das Antwortschreiben Kennedys.[154] Die eher symbolische Verstärkung der Garnison vermochte dennoch das Vertrauen der Westberliner in die amerikanische Politik vorerst wieder zu festigen: 1500 Soldaten fuhren demonstrativ über die Autobahn von Helmstedt nach Berlin und wurden von der Westberliner Bevölkerung jubelnd willkommen geheißen.

In mehreren Reden musste der Regierende Bürgermeister in den ersten Tagen nach dem 13. August 1961 eine extrem schwierige Aufgabe meistern. Er musste der Empörung der Berliner Ausdruck verleihen, die Absperrmaßnahmen verurteilen, die ersten Opfer an der Mauer beklagen, an die Westalliierten und an die Bundesregierung appellieren, der Politik der DDR und der Sowjetunion nicht tatenlos zuzuschauen, und doch zugleich versuchen, die Emotionen zu dämpfen, um unkontrollierbare Entwicklungen zu verhindern.[155] Auch auf internationalem Gebiet wurde Brandt tätig. In einem langen Schreiben informierte er den indischen Premierminister Nehru unmittelbar vor der in Belgrad Anfang September 1961 stattfindenden Konferenz der Blockfreien über die den Frieden bedrohende Situation in Berlin und bat darum, den Protest gegen diese „flagrante Verletzung der Menschenrechte" zu unterstützen.[156]

Innenpolitisch beließ es Brandt nicht bei Appellen. Er begrüßte ausdrücklich den Vorschlag, die Verantwortlichen für die Gewalttaten an der Mauer persönlich zur Verantwortung zu ziehen. Alle Hinweise auf Verbrechen sollten deshalb bundeseinheitlich zum Zwecke der Beweissicherung in einer zentralen, von den Bundesländern vereinbarten Stelle gesammelt werden. Diese Einrichtung sollte, wie es in einem Fernschreiben Brandts an alle Ministerpräsidenten hieß, ähnlich der Zentralstelle der Landesjustizverwaltungen für die Verbrechen des NS-Regimes in Ludwigsburg die „organisatorische Grundlage für eine bundeseinheitliche und umfassende Strafverfolgung der Untaten der Gewalthaber der SED" schaffen.[157] Am 24. November 1961 nahm die „Zentrale Erfassungsstelle der Landesjustizverwaltungen" in Salzgitter ihre Arbeit auf.

Nach dem bedrückenden Ereignis des 13. August 1961 wollte Willy Brandt vor allem verhindern, dass der faktische Bruch der Vier-Mächte-Vereinbarungen durch die Sowjetunion zu einer Art „Vier-Mächte-Status" nur für Westberlin führte, was für Moskau einen weiteren Erfolg bedeutet hätte. Er schlug daher vor, die Westalliierten sollten in den westlichen Sektoren einen „Drei-Mächte-

Status" praktizieren, um zu verhindern, dass aus dem Status quo in Berlin nun tatsächlich ein „Status quo minus" für Westberlin werde. Dieser an Kennedy gerichtete Vorschlag löste Verwirrung und Widerspruch beim amerikanischen Präsidenten aus, und der Regierende Bürgermeister verfolgte ihn nicht weiter.[158]

Kurz darauf stellte Willy Brandt in Gesprächen mit „einflussreichen Persönlichkeiten" im Oktober 1961 in den USA fest, dass die amerikanische Regierung ihre bisherigen auf Westberlin bezogenen Zusagen zwar weiterhin einzuhalten gedenke, eine Wiedervereinigung Deutschlands auf absehbare Zeit aber nicht mehr für möglich halte. Darum gelte es nun, wie Brandt protokollierte, nach neuen Mitteln und Wegen zu suchen, um „einem Auseinanderleben der beiden Teile des deutschen Volkes zu begegnen". Damit hatte er ein Stichwort für seine künftige Politik erhalten, und er versäumte es nicht, dieses Plädoyer für eine neue Politik der Bundesregierung in einem geheimen Memorandum über die Gespräche zu übermitteln.[159] Die USA erwarteten von der Bundesrepublik eigene Anstrengungen mit dem Ziel, die Beziehungen zu Osteuropa zu verbessern – und zwar ohne vorherige Fortschritte in der deutschen Frage.[160] Dies deckte sich mit der Sicht Brandts, der die starre Position der Bundesregierung in der Deutschlandpolitik schon lange beklagt hatte, nun aber Rückenwind aus den USA für seine Überlegungen verspürte.[161]

Ein tragisches Ereignis führte den Berlinern am 17. August 1962 die Realität an der Mauer deutlich vor Augen. Bei einem Fluchtversuch verblutete der 18-jährige Bauarbeiter Peter Fechter, den DDR-Grenzsoldaten niedergeschossen hatten und auf Ostberliner Gebiet unversorgt liegen ließen. Amerikanische Soldaten wollten und konnten dem Schwerverletzten keine Hilfe leisten. Es kam erstmals nach dem Kriegsende zu antiamerikanischen Demonstrationen in Westberlin, gegen die die Polizei vorgehen musste. Vor diesem Hintergrund versuchte der Regierende Bürgermeister, „den Berlinern zu zeigen, was möglich war und was nicht".[162] Wenige Tage nach dem Tode Fechters umriss Brandt daher vor über 900 Funktionären der Berliner SPD die veränderten Bedingungen für seine Berlin-Politik.

Das „Wunschdenken vergangener Jahre" helfe nicht mehr weiter, „juristische Spintisiererei" schon gar nicht. Der Berliner Senat habe bereits im November 1961 Ostberliner Behörden – „was auch immer wir sonst von ihnen halten" – vorgeschlagen, über den „Personenverkehr" zwischen den beiden Teilen der Stadt zu verhandeln. Auf diesem Wege gelte es weiter zu gehen.[163] Der Regierende Bürgermeister unterschied zwischen „De-facto-Beziehungen" zwischen Ost- und Westberlin und der „De-facto-Anerkennung" der DDR und hoffte damit, das Gebot der Nichtanerkennung der DDR unterlaufen zu können. De-facto-Beziehungen gebe es seit langem auf dem Gebiet des Handels, bei der Regelung des Eisenbahn- und Postverkehrs, und solche Beziehungen sollten durch Verhandlungen „entwickelt [...], geordnet, gestrafft, geregelt" werden.[164]

In Bonn riefen die Ideen und Initiativen aus Berlin immer größeres Misstrauen hervor. Im Februar 1963 wurde im Auswärtigen Amt rügend festgestellt, der Regierende Bürgermeister betreibe nunmehr eine „eigene Außenpolitik" – auch im Hinblick auf Frankreich. Er bereite eine Reise nach Paris ohne Beteiligung des Auswärtigen Amtes vor.[165] Tatsächlich traf Brandt bei seinem Besuch in Frankreich im April 1963 auch mit dem französischen Staatspräsidenten Charles de Gaulle zusammen.[166] Es war eine von mehreren Begegnungen zwischen dem deutschen Sozialdemokraten und dem französischen General. Beide schätzten einander, nicht zuletzt aufgrund einer gemeinsamen Erfahrung: die des politischen Exils und des Kampfes gegen Hitler.

Der Regierende Bürgermeister wollte de Gaulle im persönlichen Gespräch – nicht vermittelt und gefiltert durch die Bundesregierung – über die Probleme Berlins informieren, und er fand wohlwollendes Entgegenkommen.[167] Darüber hinaus verfolgte Brandt die eigenständige Politik des Generals gegenüber dem Ostblock mit kritischer, aber auch neugieriger Aufmerksamkeit. Viele Sozialdemokraten lehnten sie zwar strikt ab. Willy Brandt ging aber nur auf Distanz, soweit de Gaulle die Bindung Westeuropas an die Politik der USA infrage stellte. Er bewunderte zugleich die Konsequenz, mit der der Staatschef der Fünften Republik den Spielraum Frankreichs für die Vertretung eigener nationaler Interessen zu erweitern verstand.

Natürlich war sich Brandt als Regierender Bürgermeister stets bewusst, dass die USA als Schutzmacht für Westberlin ungleich wichtiger waren als Frankreich. Deshalb unterstützte er, wie die SPD insgesamt, die Bemühungen maßgeblicher CDU-Politiker, an ihrer Spitze Bundesaußenminister Gerhard Schröder, dem deutsch-französischen „Élyséevertrag" vom 22. Januar 1963 durch eine betont „atlantische" Präambel die spezifisch gaullistische, also anti-angelsächsische Spitze zu nehmen. Der Vertrag hatte in Washington große Besorgnis ausgelöst. Man befürchtete eine deutsch-französische Allianz außerhalb der NATO und eine geheime Zusammenarbeit von Bonn und Paris in der Frage einer atomaren Bewaffnung. Die Kennedy-Administration setzte die Bundesregierung unter Druck und drohte dabei sogar mehrfach mit dem Abzug der amerikanischen Truppen aus Deutschland.[168] Angesichts dieses Konflikts brachte Egon Bahr, der Pressechef des Berliner Senats und Brandts politischer Berater, die Interessenlage der Bundesrepublik in einem Vermerk auf die Formel: „Alles, was die deutsch-französische Freundschaft vertieft, ist gut. Alles, was das deutsch-amerikanische Verhältnis vertieft, ist besser. Wir müssen uns über die Rangfolge im klaren sein, selbst wenn wir hoffen, nicht vor die Alternative einer Wahl gestellt zu werden."[169]

Nicht nur in diesem Streit leistete Willy Brandt einen wichtigen Beitrag, die deutsch-amerikanischen Beziehungen wieder zu verbessern. Indem er in den Reflexionen nach dem Mauerbau den Begriff der „Koexistenz", dem Brandt schon in den fünfziger Jahren positive Seiten abgewonnen hatte, wieder in den Vordergrund rückte, fand er sich in großer Übereinstimmung mit ähnlichen Überlegungen des amerikanischen Präsidenten. „Koexistenz zwischen Ost und West" war das beherrschende Thema in Brandts Vorlesungen an der Harvard-Universität am 2. und 3. Oktober 1962, in denen er sein Konzept für eine realistische Politik gegenüber dem „Ostblock" darlegte.[170]

Diese Ideen erhielten nach dem glücklichen Ausgang der Kuba-Krise, in deren Verlauf die Welt im Oktober 1962 am Rande eines

Nuklearkrieges gestanden hatte, weiteren Auftrieb. Präsident Kennedy war fest entschlossen, das amerikanisch-sowjetische Verhältnis zu entspannen, um das Risiko eines beide Seiten vernichtenden atomaren Krieges zu verringern. In seiner Rede vom 10. Juni 1963 vor der American University in Washington entwarf er eine „Strategie des Friedens". Zwischen den beiden Großmächten gebe es nicht nur Gegensätze, sondern auch Gemeinsamkeiten. Gemeinsam sei den Menschen in beiden Staaten vor allem die Abscheu vor dem Krieg. Wenn die Differenzen zwischen den USA und der Sowjetunion auch nicht so schnell überwunden werden könnten, so sei es doch möglich, die Unterschiede in beiden Gesellschaftssystemen auszuhalten.[171] Die Rede Kennedys wurde zum „Signal der Zeitenwende".[172]

Der Regierende Bürgermeister von Berlin unterstützte die entspannungspolitischen Vorstellungen von Präsident Kennedy und genoss dadurch das Vertrauen der amerikanischen Administration. Das zeigte sich insbesondere während der Deutschlandreise des Präsidenten, deren viel umjubelter und beeindruckend inszenierter Höhepunkt der Besuch John F. Kennedys am 26. Juni 1963 in Berlin war.[173] Sein gewaltsamer Tod am 22. November 1963 erschütterte Brandt und die Berliner tief.[174]

In einer Rede in der Evangelischen Akademie in Tutzing am 15. Juli 1963 hatte Willy Brandt bewusst an die Friedensrede Kennedys und an seine eigenen Vorlesungen in Harvard angeknüpft.[175] Sein Auftritt war schon im Frühjahr 1963 einschließlich des Vortragsthemas, „Denk ich an Deutschland ...", zwischen Egon Bahr und dem Leiter des Politischen Clubs der Evangelischen Akademie vereinbart worden. Der Pressechef des Berliner Senats sollte mit seinem Diskussionsbeitrag einige Akzente der vorhergehenden Rede Brandts besonders herausstellen.[176] Da sich die Anreise des Regierenden Bürgermeisters aber verzögerte, sprach Bahr als erster, was Brandt später mit einem weinenden und einem lachenden Auge sah und mit den Worten kommentierte: „Er [...] stahl mir, wie das so gehen kann, die Schau. Zum Ausgleich zog er einen Teil der mir zugedachten Kritik auf sich."[177] Bahr hatte bei dieser Gelegenheit erstmals seine alsbald leidenschaftlich umstrittene Parole ausgegeben, im Umgang mit der DDR auf „Wandel durch Annäherung" zu setzen. Beide Reden lösten große öffentliche Resonanz aus. Die Berliner CDU sah darin „Aufweichungstendenzen" der Senatspolitik. Auch von der Bundesregierung kam Kritik, besonders wegen der „fragwürdigen" Thesen Bahrs, gerade weil sie eine „Ausfüllung" der Rede des Regierenden Bürgermeisters gewesen seien. Überraschender für Brandt waren allerdings Vorbehalte aus den Reihen der Berliner SPD. Er musste wegen der Veröffentlichung der Rede Bahrs als Pressemitteilung des Senats einige Pannen eingestehen, in der Sache bekannte Brandt sich aber zu seinem Pressechef. Er sei damit einverstanden gewesen, dass „diese Gedanken zur Diskussion gestellt würden. Sie sollten in den richtigen Rahmen eingeordnet und weder durch Hysterie noch durch mangelndes Selbstbewußtsein untergebuttert werden."[178]

Die Rede Brandts war durch die Kritik, die Bahrs Thesen fanden, etwas aus der Schusslinie geraten und wurde auch später in ihrer Bedeutung unterschätzt.[179] Dabei war sie trotz eines umfänglichen innenpolitischen Teils vor allem der wohlüberlegte Entwurf einer langfristig gedachten deutschland- und ostpolitischen Konzeption, der die Wandlungen in der Weltpolitik und die beginnende internationale Entspannung seit dem Ende der Kuba-Krise im Herbst 1962 einbezog. Die Tutzinger Rede war eine Art Scharnier zwischen Brandts Vorlesungen in Harvard vom Oktober 1962, die im Frühjahr 1963 in Buchform veröffentlicht wurden, und der Mitte 1964 von ihm verfassten Ausarbeitung „Über Beziehungen zu osteuropäischen Staaten und Völkern". Der Regierende Bürgermeister zitierte in Tutzing nicht nur längere Passagen aus seinen Harvard-Vorlesungen, sondern berief sich auch auf seine Überlegungen vom Herbst 1960.[180] Es war für Brandt selbstverständlich, dass in einer deutschen Europa-Politik auch eine neue Ostpolitik ihren Platz haben müsse, und er wandte sich deshalb vehement gegen die bislang geübte Praxis, zu jedem Vorschlag aus dem Osten erst einmal Nein zu sagen, „weil er aus dem Osten kommt". In erster Linie aber plädierte er für „neue Wege zur Lösung der deutschen Frage". Eine solche Lösung sei nur mit der Sowjetunion zu finden, nicht gegen sie.[181]

Zur gleichen Zeit versuchte Willy Brandt in Berlin, einen kleinen Schritt auf dem langen Weg zur Lösung der deutschen Frage voranzukommen. Erstmals hatte er im Januar 1962 in einem Gespräch mit Journalisten seine Bereitschaft erklärt, mit Behörden der DDR ohne Vorbedingungen zu reden, um „zumindest einen begrenzten kontrollierten Personenverkehr" zwischen West- und Ostberlin wieder möglich zu machen. Diese Ankündigung war 1962 anders als 1958 nicht als ein Versuchsballon gedacht. Der Regierende Bürgermeister machte nun auch öffentlich immer wieder deutlich, dass es nicht ausreiche, immer nur die Beseitigung der Mauer zu fordern. Wenn die Mauer nicht aus der Welt zu schaffen sei, müsse man darüber reden, wie sie „transparenter" werden könne.[182]

Dennoch dauerte es noch fast zwei Jahre, bis diese Bemühungen Erfolg zeitigten. Seit Herbst 1962 hatte die Regierung der DDR ihre Angebote zu Gesprächen mit dem Berliner Senat öfter wiederholt. Nach mehrfachen Konsultationen mit der Bundesregierung, die große Vorbehalte gegen eine Übereinkunft mit der DDR hatte, kam es schließlich im Dezember 1963 zu mehrtägigen Verhandlungen zwischen Unterhändlern des Berliner Senats und dem stellvertretenden Ministerpräsidenten der DDR und seinen Beauftragten. Sie führten am 17. Dezember 1963 zur Protokollierung der ersten „Passierscheinregelung", die zunächst nur für wenige Tage Westberlinern den Besuch in Ostberlin möglich machte. Mehrfach hatten die Gespräche zu scheitern gedroht. Erst nachdem beide Seiten festgestellt hatten, dass eine „Einigung über gemeinsame Orts-, Behörden- und Amtsbezeichnungen nicht erzielt" werden konnte – eine Formel, die Vorbild auch für spätere Gespräche mit der DDR werden sollte –, stand einer Unterzeichnung nichts mehr im Weg.[183]

Die tagespolitische Wirkung in Berlin war überwältigend. Zwischen dem 19. Dezember 1963 und dem 5. Januar 1964 konnten die Westberliner erstmals nach dem Mauerbau wieder ihre näheren Verwandten im Ostsektor besuchen. Dies führte in den zweieinhalb Wochen zu ca. 1,2 Millionen Besuchen. Bei der Mehrheit der Berliner Bevölkerung fand der Regierende Bürgermeister deshalb für die mit viel Geduld geführten Verhandlungen große Zustimmung. Das Ergebnis bedeutete für die Berliner zunächst vor allem eine reale Verbesserung ihrer Lebenssituation; als „Vorstufe" einer neuen Politik wurde die Passierscheinregelung noch nicht empfunden. Für Brandt war im Rückblick klar, dass seine Politik der „kleinen Schritte" der Beginn eines langen Weges war, der im Jahre 1990 sein Ziel erreicht hatte. Seine im Jahre 1990 niedergeschriebene „Wertung der Prozesse, die zu '89 folgende führten", trug den Arbeitstitel: „Von den kleinen Schritten zum großen Umbruch".[184]

Das erste Passierscheinabkommen war freilich eine Gratwanderung auf dem Weg zu einer flexibleren Politik gegenüber der DDR und wurde in den Medien zutreffend als eine „vertragsähnliche Vereinbarung" zwischen dem Senat von Berlin und der Regierung der DDR charakterisiert. Das war politisch brisant. Brandt versuchte deswegen, die politische Bedeutung der Vereinbarung herunterzuspielen. Die Form und die Ergebnisse der Verhandlungen seien keine „neue Politik" gegenüber Ostberlin. Der Berliner Senat habe mit ausdrücklicher Billigung der Bundesregierung und der Westalliierten den unmenschlichen Auswirkungen der Mauer „in vertretbarer verantwortbarer Form" entgegengewirkt, betonte er.[185]

Aber Willy Brandt hatte erreicht, was seit 1961 erklärtes Ziel seiner Politik gewesen war. Die Mauer war, wenn auch nur für wenige Tage und nur in einer Richtung, „durchlässig" geworden. Damit hatte der Regierende Bürgermeister nach Meinung der Medien eine „Schlüsselstellung in der weiteren Entwicklung der Berlin- und Deutschlandfrage" gewonnen, mochte er auch noch so oft wiederholen, dass er in dieser Frage „keinen Ehrgeiz" habe. Er versäumte indessen nicht, immer wieder darauf hinzuweisen, dass es in der Deutschlandpolitik möglich sei, nicht nur zu reden, sondern auch zu handeln. Das beweise die Passierscheinregelung. Niemandem sei damit gedient, dass „wir uns wohlfühlen in den Schützengräben des Redenkrieges der vergangenen Jahre".[186] Dieser Satz Brandts vom Dezember 1963 wurde in den folgenden Jahren zur Richtschnur für seine programmatischen Überlegungen wie auch für seine praktische Politik in Berlin.

Die Bundesregierung, an erster Stelle der im Oktober 1963 neu ins Amt gekommene Bundeskanzler Ludwig Erhard, lehnte es ab, in der Passierscheinvereinbarung von 1963 und in den nachfolgenden immer wieder stockenden Verhandlungen ein Beispiel für weitere politische Kontakte mit der DDR zu sehen. Aus der Sicht Erhards ging es nur um menschliche Erleichterungen, nicht um eine politische Vereinbarung mit dem „Sklavenhalter Ulbricht" oder gar um einen „Wandel durch Annäherung". Die Gespräche über Passierscheine dürfe man nicht mit den amerikanischen Bemühungen verwechseln, eine Politik der Entspannung einzuleiten.[187] Gerade darum aber war es Brandt gegangen, als er im Juli 1963 in der Evangelischen Akademie Tutzing die „kleinen Schritte" in Berlin in einen größeren politischen Zusammenhang gestellt hatte.[188]

Trotz hartnäckiger Widerstände verfolgte Willy Brandt seinen Ansatz für eine eigenständige deutsche Außenpolitik weiter, was sich überraschenderweise auch in seiner Einstellung gegenüber dem französischen Präsidenten de Gaulle und gegenüber dem Gaullismus zeigen sollte. Eine Änderung seiner Haltung gegenüber dem General hatte sich schon in der ersten Hälfte der sechziger Jahre abgezeichnet. Brandt hatte zwar zunächst die Vorbehalte seiner Parteifreunde gegen de Gaulle geteilt. Er sah aber bereits im Jahre 1963 die gaullistische Politik differenzierter als etwa der amerikanische Präsident, der sich während seines Besuches in Deutschland im Juni 1963 im Gespräch mit dem Regierenden Bürgermeister sehr kritisch über den französischen Präsidenten äußerte. Brandt machte dabei Kennedy auf die Existenz eines „fortschrittlich-gaullistischen Lagers" aufmerksam, das für eine „gewisse Mitwirkung" in der Europapolitik gewonnen werden könnte.[189] Seine Aufsehen erregende New Yorker Rede vom 15. Mai 1964, in der die deutsche Presse eine Zustimmung Brandts zur Außenpolitik de Gaulles zu erkennen glaubte, und die Rede über „Grundgedanken deutscher Außenpolitik" vor der Deutschen Gesellschaft für Auswärtige Politik in Bad Godesberg, die einen Monat später der Klarstellung dienen sollte, sind weitere Belege für die Bemühungen um eine eigenständige Politik.[190]

Der Regierende Bürgermeister, der im Februar 1964 auch zum Parteivorsitzenden der SPD gewählt worden war, verwies auf die Politik de Gaulles, um deutsche Politiker auf die Möglichkeit aufmerksam zu machen, Spielräume für außen- und deutschlandpolitische Vorstellungen zu erweitern und zu nutzen. Er mokierte sich zunächst über die Art und Weise, wie man in Deutschland über de Gaulle spreche: Man müsse entweder für ihn oder gegen ihn sein. Er, Brandt, empfinde große Hochachtung gegenüber de Gaulle, was ihn aber nicht daran hindere, die Haltung des Generals gegenüber der europäischen Einigung, der NATO und den USA zu kritisieren. Darüber hinaus konstatierte er die „politische Bewegungsfreiheit", die de Gaulle infolge des atomaren Patts der Weltmächte erkannt habe und nutze, und er fragte wie schon in New York: „Warum eigentlich nur er?" Die deutsche Außenpolitik erwecke mit ihrer zum Prinzip erklärten Bewegungslosigkeit den Anschein, als habe Deutschland keine eigenen Interessen.

Brandt wiederholte seine Frage, warum nur de Gaulle vorhandene Spielräume nutze, immer wieder, gerade weil, wie er im Rückblick schrieb, dieser Sachverhalt „nicht nur auf ignorante Kritik, sondern auch auf besorgte Fragen, selbst unter engeren politischen Freunden", stieß. Über zwanzig Jahre später erläuterte er die politische Absicht, die er mit seinen beiden Reden in New York und in Bad Godesberg verfolgt hatte: „Damit bezog ich eine nuancierte Haltung zwischen den beiden Lagern der ‚Atlantiker' und ‚Europäer', in die sich die Bonner Meinungen spalteten. Nach meiner Einsicht war diese Konfrontation wirklichkeitsfremd und doktrinär."[191] Das Beispiel de Gaulles half Brandt, seine außenpolitischen Vorstellungen gegebenenfalls auch im Dissens zu den USA zu formulieren und dennoch Atlantiker zu bleiben.

Diese Erfahrung ermunterte ihn auch, seine Überlegungen über eine neue Ostpolitik konkreter auszuformulieren und in einer längeren Aufzeichnung mit dem Titel „Über Beziehungen zu osteuropäischen Staaten und Völkern" zusammenzufassen.[192] Im Mai 1964 war der neue SPD-Vorsitzende in den USA – nach einem Meinungsaustausch mit Präsident Johnson – mit dem amerikanischen

Außenminister Dean Rusk zusammengetroffen. Rusk hatte Brandts Anmerkungen über Osteuropa mit großem Interesse aufgenommen und ihn gebeten, sie aufzuzeichnen und ihm zuzusenden.

Mitte Juli 1964 legte Egon Bahr einen ersten Entwurf vor. Nach Überarbeitungen schickte Willy Brandt die erweiterte Fassung des Papiers an wenige politische Freunde, so an Fritz Erler und Herbert Wehner, und bat um eine kritische Lektüre. Ausgangspunkt für seine Überlegungen war die Frage, wie westeuropäische Politiker reagieren sollten, wenn die osteuropäischen Staaten einmal nicht mehr „bloße Satelliten der Sowjetunion" seien. Brandt sah vor allem Möglichkeiten, die wirtschaftspolitischen, noch mehr aber die kulturellen Beziehungen auszubauen. Die DDR stelle zwar wegen der „politischen Nichtanerkennung" ein besonderes Problem dar, gerade deshalb besitze sie, die „Zone", bei den angestrebten intensiven Beziehungen zwischen Ost und West jedoch eine besondere Bedeutung. Um Schwierigkeiten zu umgehen, sollten direkte Kontakte der Bundesregierung oder des Berliner Senats zur DDR-Regierung vermieden werden. Wirtschaftsgespräche sollten Firmen oder Firmengemeinschaften führen. Den Kulturaustausch sollten Kulturorganisationen im Auftrage staatlicher Stellen vorbereiten.

Die Passagen über die Möglichkeit der Einbeziehung der DDR wurden insbesondere von Herbert Wehner beeinflusst, der in seiner Stellungnahme kritisch angemerkt hatte, dass „eine intensivere Kommunikation zwischen west- und osteuropäischen Völkern an der Zone nicht einfach vorbeigehen kann und wird". Dieser Aspekt einer besonderen Ostpolitik, die die DDR einschließe, dürfe nicht fehlen. Die Vorschläge Wehners wurden schließlich von Brandt wörtlich in die Endfassung des Memorandums übernommen.[193]

Die überarbeitete und erweiterte Aufzeichnung schickte der SPD-Vorsitzende wie versprochen im August 1964 an den amerikanischen Außenminister. Zuvor schon hatte er sie an die Mitglieder des Präsidiums der SPD und an zahlreiche politische Freunde im In- und Ausland versandt.[194] Sie war vertraulich, von einer Geheimhaltung aber konnte keine Rede sein. CDU/CSU und auch die FDP äußerten sich empört. Der „geheime" Charakter der Ausarbeitung solle verbergen, dass der Regierende Bürgermeister ein weiteres Mal einen „außenpolitischen Alleingang" unternommen habe. Um „einseitigen Darstellungen oder böswilligen Verzerrungen vorzubeugen", ließ Willy Brandt seine Aufzeichnung vom August 1964 im Januar 1965 veröffentlichen.[195]

Die Reflexionen Brandts, die sich seit 1962 in Reden und Memoranden niederschlagen, waren immer die Quintessenz seiner praktischen Politik in und für Berlin. Es ging ihm stets um eine langfristige Perspektive für die Sicherheit der von ihm regierten Stadt – eine Perspektive, die nur eine Chance hatte, wenn sie eingebettet war in die Konzeption einer neuen Deutschland- und Ostpolitik.

Das verdeutlichen nicht zuletzt die zunächst mehrfach gescheiterten, später teilweise sogar ohne Vorinformation der Bundesregierung zustande gekommenen Begegnungen Brandts mit Vertretern der Sowjetunion. Nachdem schon im März 1959 eine Begegnung mit Chruschtschow gescheitert war[196], schlug auch im Januar 1963 der Plan eines Treffens fehl.[197] Der sowjetische Ministerpräsident hatte auch nach dem Mauerbau nicht mit wenig diplomatischen Vorwürfen gespart: Brandt halte „brandstifterische Reden" in Berlin und werde von der Bundesregierung zu diesen neuen „Abenteuern" auch noch ermuntert.[198] Dennoch war Chruschtschow zu Beginn des Jahres 1963 erneut zu einem Gespräch in Ostberlin mit dem Regierenden Bürgermeister bereit, der auch gerne dorthin gefahren wäre. Sein Koalitionspartner CDU hielt ihn aber von einem Treffen ab.[199]

Die politische Großwetterlage war zu dieser Zeit für wagemutige Experimente von Westberliner Politikern noch nicht günstig. Nur drei Jahre später hatte sich das Klima jedoch verändert, und der Spielraum für den Regierenden Bürgermeister war größer geworden. Bereits seit Ende 1962 waren eindeutige Signale aus Ostberlin gekommen, dass der dortige sowjetische Botschafter „Wert auf eine Unterhaltung mit Brandt" lege.[200] 1966 traf sich Willy Brandt erstmals mit Moskaus Botschafter in der Bundesrepublik, Smirnow[201], und, politisch brisanter, mehrfach sogar mit dem sowjetischen Botschafter in der DDR, Abrassimow.[202] Als Brandt mit seiner Frau Rut am 12. Oktober 1966 auf Einladung Abrassimows zu einem Abendessen in die Botschaft Unter den Linden fuhr, war dies zugleich das erste Wiedersehen mit Ostberlin seit 1960. Die Bundesregierung hatte nichts gegen die Begegnungen einzuwenden, beklagte freilich, dass sie nicht vorher informiert worden sei. Das letzte Treffen mit Botschafter Abrassimow fand am 22. November 1966 statt, wenige Tage bevor die Große Koalition gebildet wurde und Willy Brandt als Vizekanzler und Außenminister nach Bonn wechselte, um seine konzeptionellen Überlegungen für eine neue Ost- und Deutschlandpolitik auf einer größeren Bühne umzusetzen.

Innenpolitische Herausforderungen und Erfolge in Berlin 1961 bis 1966

Der Mauerbau stellte für Brandt in mehrfacher Hinsicht eine Zäsur dar. Der Bundestagswahlkampf 1961 hatte von Anfang an im Zeichen der Massenflucht aus der DDR gestanden. Der Beginn der Absperrmaßnahmen am 13. August machte den Urnengang zu einer Wahl unter anomalen Bedingungen. Der Kanzlerkandidat der SPD brach seine Wahlkampfreise sofort ab. Dass Adenauer Berlin erst am 22. August 1961, neun Tage nach dem Mauerbau und einen Tag nach der Abreise des amerikanischen Vizepräsidenten Lyndon B. Johnson, besuchte, beeinträchtigte jedoch die Wahlchancen der CDU kaum. Trotz deutlicher Stimmengewinne für die SPD (+ 4,4 Prozentpunkte) war deshalb das Ergebnis der Bundestagswahl vom 17. September 1961 vor allem für die Sozialdemokraten und ihren Spitzenkandidaten Brandt enttäuschend.

Während des Wahlkampfes hatten sich CDU und CSU wieder viele der umlaufenden Verleumdungen gegen Brandt zu eigen gemacht, um den Kanzlerkandidaten der SPD persönlich zu treffen. Adenauer spielte kurz nach dem 13. August 1961 auf Brandts nichteheliche Geburt an und sprach von „Herrn Brandt alias Frahm", der als Kanzler Deutschland den Russen ausliefern wolle.[203] Die diffamierenden Bemerkungen waren kein dem Wahlkampf geschuldeter „Ausrutscher"; sie waren Teil einer wohlüberlegten und seit längerem geplanten Kampagne der Unionsparteien, da der Kanzlerkandidat der SPD in Umfragen gegenüber dem damals 84-jährigen Kanzler sehr erfolgreich abgeschnitten hatte. Bereits im Mai 1960 hatte das Meinungsforschungsinstitut Allensbach Bundesbürger befragt, wen sie zum Bundeskanzler wählen würden, wenn sie die Wahl zwischen Adenauer und Brandt hätten. Für Adenauer sprachen sich 28 %, für Brandt 40 % aus. Im direkten Vergleich mit Bundeswirtschaftsminister Erhard hatte der Regierende Bürgermeister noch mehr Zustimmung gefunden (Brandt 43 %; Erhard 26 %). Adenauer zitierte das Ergebnis dieser Umfragen in der Sitzung des CDU-Bundesvorstands am 6. Juli 1960 und knüpfte daran im engen Kreis seiner Parteifreunde ähnliche diffamierende Auslassungen, wie er sie ein Jahr später öffentlich wiederholte: Die Umfrage beweise „die ganze Dummheit des deutschen Volkes, über die man erschüttert sein müsse". Brandt „könne nur repräsentieren und Reden halten, aber ob er arbeiten könne, das habe er noch nicht gezeigt". Außerdem heiße Brandt „ja in Wirklichkeit Frahm", sei „norwegischer Soldat geworden" und habe gegen deutsche Soldaten gekämpft. „Man müsse sich jetzt überlegen, was zur Aufklärung über Brandt zu geschehen habe."[204] Mit der Wahlkampfrede des Bundeskanzlers am 14. August 1961 in Regensburg erreichten die Diffamierungskampagnen der Union ihren Höhepunkt. Brandt war so empört, dass er eine wegen des Mauerbaus einberufene Sondersitzung des Berliner Senats abbrach. In einer Presseerklärung verwahrte er sich gegen den „niedrigen Stil" und gegen die „Würdelosigkeit der Angriffe des Herrn Bundeskanzler", versprach aber, sich trotz dieser „Infamie" so zu verhalten, „wie es dem Notstand unseres Volkes entspricht".[205]

Auch Bundesverteidigungsminister Franz Josef Strauß machte die Emigration zum Thema und fragte in Wahlversammlungen scheinheilig, was denn Herr Brandt zwölf Jahre im Ausland getrieben habe. Brandt zögerte allerdings, dem politischen Gegner CDU und CSU mit gleicher Münze zurückzuzahlen. Er entschuldigte sich in einem Schreiben an Strauß sogar dafür, dass er ihn falsch zitiert habe. Zwar wusste Brandt, dass das gesprochene oft genug vom veröffentlichten Wort einer Strauß-Rede abwich, dennoch versicherte er dem Vorsitzenden der CSU, er hätte bei Kenntnis des richtigen Wortlauts die Rede nicht kritisiert. Er begrüßte sogar, dass sich Strauß „ent-

Wahlplakat der Christlich-Demokratischen Union zur Bundestagswahl am 17. September 1961. Der Wortlaut des Textes: „Alles, was seit dem 13. August in Berlin geschehen ist, ist eine beabsichtigte Hilfe Chruschtschows im Wahlkampf für die SPD und ihren Kandidaten Willy Brandt, alias Frahm". Es folgt: „Darum Deine Stimme – CDU"

Willy Brandt im Gespräch mit dem Bundeskanzler, Konrad Adenauer, während eines Besuchs in Berlin im Jahre 1961

schieden gegen einen Schmutzkampf in der Politik und gegen persönliche Herabsetzungen" gewandt habe. Brandt und seinen Mitarbeitern war es nicht leicht gefallen, das „Entschuldigungsschreiben" zu formulieren, wovon viele Entwürfe zeugen. Aber der Kanzlerkandidat Brandt wollte offenbar – selbst im Wahlkampf – den politischen Gegner mit Samthandschuhen anfassen, um sich die Chancen für eine künftige Regierungsbeteiligung der SPD nicht zu verbauen.[206]

Die Angriffe gegen seine Person stießen zwar im Ausland auf wenig Verständnis, erfüllten aber, wie die Wahlergebnisse zeigten, immer noch ihren innenpolitischen Zweck. Willy Brandt zumindest meinte rückblickend, dass sowohl die „Schmutzflut von Verdächtigungen und Verleumdungen" im Wahlkampf 1961 wie auch später die „Dreckkampagne" im Wahlkampf 1965 „eine bedrückend große Rolle gespielt hat".[207]

Nach der Wahl 1961 sprach Brandt erstmals davon, und 1965 wiederholte er es, dass er sich künftig noch mehr um Berlin kümmern und sich auf seine Aufgaben als Regierender Bürgermeister konzentrieren werde. Durch seine Haltung in den Tagen und Wochen nach dem 13. August 1961 war sein Ansehen in der Stadt weiter gewachsen.[208] In der Berliner SPD war Willy Brandt nun in der Rolle des zwar noch nicht unumstrittenen, aber in seiner Machtausübung nicht mehr behinderten Parteiführers. Die in Berlin mitregierende CDU beeinflusste die Landespolitik kaum noch, und wenn sie es versuchte, dann mit für sie fatalen Folgen. Besonders deutlich wird dies an den bereits erwähnten Vorgängen um die Einladung Chruschtschows im Januar 1963. Brandt hatte sich bereit erklärt, die Einladung des sowjetischen Ministerpräsidenten zu Gesprächen in Ostberlin anzunehmen. Bürgermeister Franz Amrehn und mit ihm die ganze Berliner CDU drohten daraufhin, die Koalition aufzukündigen. Der Regierende Bürgermeister sagte das fest vereinbarte Treffen in letzter Minute ab. Er fühlte sich erpresst und in der Öffentlichkeit brüskiert.[209] Trotz all seiner Telefonate und Gespräche mit Adenauer über das geplante Treffen vermutete er sogar ein „abgekartetes Spiel zwischen dem Bundeskanzler und der Berliner

CDU", um mit diesem – wie er annahm – von Bonn aus organisierten Manöver den Spitzenkandidaten der SPD für die bevorstehenden Wahlen zum Berliner Abgeordnetenhaus zu treffen.[210]

Eine Fortsetzung der Koalition mit der CDU nach den Wahlen im Februar 1963 schien ihm nicht mehr vorstellbar.[211] Die CDU erhielt die Quittung. Ihr Stimmenanteil sank um fast 9 Prozentpunkte. Die SPD konnte mit 61,9 % ihre absolute Mehrheit weiter ausbauen. Da sie weiterhin nicht allein regieren wollten, boten die Sozialdemokraten diesmal der FDP eine Koalition an. Die CDU musste in die Opposition wechseln.

Im Jahre 1964 erreichte Brandts Ansehen in der Stadt einen Höhepunkt. Eine repräsentative Umfrage ergab damals, dass über 89 % der Westberliner mit Willy Brandt und mit seiner Politik in und für Berlin zufrieden waren. Das galt allerdings einmal mehr nicht für alle Mitglieder der Berliner SPD. Bei einigen eckte der Regierende Bürgermeister an, wobei er teilweise deren Widerspruch auch provozierte. So verurteilte er 1962 mit scharfen Worten die Verantwortlichen für den Tod Peter Fechters, warnte aber später vor einer antikommunistischen „Hysterie" in der Stadt.[212] Er ließ in öffentlichen Stellungnahmen keinen Zweifel an seiner „Bündnistreue" zu den USA, nicht einmal in der Frage des Vietnam-Krieges[213], weigerte sich jedoch – auch öffentlich –, seinen amerika-kritischen Söhnen Peter und Lars Vorschriften zu machen, wie und wo sie sich politisch zu engagieren hätten.[214] Er fand harsche Worte, um antisemitische Schmierereien auch in Berlin zu verurteilen[215], scheute sich aber nicht, der Tochter von Albert Speer einen Blumenstrauß zu schicken, als Hitlers Rüstungsminister 1966 aus dem alliierten Kriegsverbrechergefängnis in Berlin-Spandau freigelassen wurde.[216] Viele Berliner Sozialdemokraten kritisierten in Leserbriefen an Zeitungen und in Parteiversammlungen das Verhalten Brandts. Es gab Parteiaustritte. Willy Brandt nahm die Kritik in Kauf, weil er der nach 1961 in Westberlin wieder stärker ausgeprägten Neigung zum Schwarz-Weiß-Denken nicht nachgeben wollte.

Seine Entscheidung, sich nach der Bundestagswahl 1961 wieder mehr Berlin zu widmen, war zunächst auch Ausdruck einer ge-

Rut und Willy Brandt mit ihren drei Söhnen Peter, Lars und Matthias bei einem Spaziergang in Berlin-Grunewald am 19. September 1965

wissen Resignation, die er freilich erstaunlich schnell überwand. Denn wenig später schon entwickelte er, wie beschrieben wurde, die Ansätze einer neuen, über Berlin hinausweisenden Politik. Brandt resignierte auch nicht im Anblick der großen wirtschaftlichen und sozialen Probleme von Westberlin, die sich durch den Mauerbau noch zu verschärfen drohten. Die Westberliner Wirtschaft hatte nach dem Ende der Blockade erst sehr spät begonnen, an der Prosperität in der Bundesrepublik teilzuhaben. Noch zu Beginn der fünfziger Jahre bot Berlin, seiner Funktion als Hauptstadt beraubt, ein „trostloses Bild". Ende 1954 waren noch fast 20 % aller Erwerbsfähigen in Westberlin arbeitslos. Überraschend war, dass im zeitlichen Zusammenhang mit dem Chruschtschow-Ultimatum vom November 1958 die Berliner Wirtschaft einen bemerkenswerten Aufschwung nahm. Die Wachstumsraten waren größer als in der Bundesrepublik, und die Zahl der Arbeitslosen nahm immer mehr ab. Der Bau der Mauer unterbrach diese Entwicklung. Eine

Abwanderungswelle aus Berlin kündigte sich an. Der Mangel an Arbeitskräften war absehbar. Über Nacht blieben mehr als 40 000 so genannte Grenzgänger, die bis zum August 1961 in Ostberlin lebten und in Westberlin arbeiteten, weg; sie mussten wegbleiben. Die Stimmung der Westberliner war schlecht, die Grundstückspreise sanken nach dem Mauerbau ins Bodenlose.[217]

Doch Westberlin wurde nach 1961 nicht zu einer „schwerkranken" Stadt, wie die Sowjetunion und die DDR gehofft und Brandt sowie mit ihm auch viele Berliner zunächst befürchtet hatten. Die Koordinaten der Berlin-Politik waren für Willy Brandt eindeutig. Der Regierende Bürgermeister musste versuchen, die Auswirkungen des 13. August zu überwinden; er musste dem Pessimismus westdeutscher Politiker, Berlin sei „nicht zu halten", ebenso entgegentreten wie der auf die Auszehrung Westberlins angelegten Politik der Sowjetunion und der DDR.

Der Berliner Senat entwarf ein abgestuftes Programm, das Brandt freilich oft variierte und mit massiver finanzieller Unterstützung des Bundes in die Tat umsetzte. Es reichte von einer großzügigen Wohnungsbau- und Verkehrsplanung über ein Bündel von Steuererleichterungen für Unternehmer und Arbeitnehmer als Anreiz zur Ansiedlung in der Stadt bis hin zu „Zitterprämien" für junge Ehepaare. Willy Brandt war daher schon 1962 zuversichtlich, dass der Erfolg nicht ausbleiben werde.[218]

Eine sehr glückliche Hand bewies er bei der Auswahl von Politikern, die ihm über ihre Ressortaufgaben hinaus halfen, seine Berlin-Politik zu planen und zu verwirklichen. Der Senator für Wirtschaft Karl Schiller, die Senatoren für Wissenschaft und Kunst Adolf Arndt und Werner Stein und der Senator für Schulwesen Carl-Heinz Evers waren bundesweit bekannte Politiker mit scharfem persönlichen Profil.

Als Brandt Ende 1966 den Stuhl des Regierenden Bürgermeisters mit dem des Außenministers der Großen Koalition tauschte, konnte er eine positive Bilanz ziehen. Die im August 1961 beschworene Gefahr des „Verdorrens" der Teilstadt bestand nicht mehr. Die Bevölkerungszahl war wegen des Zuzugs von Arbeitnehmern und Studenten aus der Bundesrepublik und durch die Steigerung der Geburtenrate stabil geblieben. Das Werben um Investitionen für die gewerbliche Wirtschaft war auf ein bemerkenswertes Echo gestoßen, was sich vor allem der sozialdemokratische Wirtschaftssenator Karl Schiller als Verdienst anrechnen konnte. Die Moral der Westberliner war, wie zahlreiche Umfragen zeigten, ungebrochen. Dennoch war Westberlin keine „Großstadt wie jede andere". Brandt und der Berliner Senat erkannten schon sehr früh einen politischen „Funktionsverlust" Westberlins als Folge des Mauerbaus. Der Regierende Bürgermeister wollte und musste deshalb über die eng gewordenen Grenzen Westberlins hinausschauen. Die Stadt sollte auch längerfristig überlebensfähig bleiben. Brandt beschwor deshalb die Berlinerinnen und Berliner, „manche Lethargie, manches kleinmütige Zögern, manches dieser Stadt nicht angemessene, nur auf sich selbst bezogene Denken zu überwinden". Berlin brauche „weit geöffnete Fenster, internationale Gesinnung und die Verbindung mit allen Teilen der Welt".[219] Berlin zu einer „Kulturmetropole" und einer europäischen „Drehscheibe" auch im Ost-West-Handel zu machen schien eine Lösung zu sein.[220]

Aufgrund der Status-Probleme der Stadt waren derartige Visionen aber nicht leicht zu verwirklichen. Immer wieder musste Brandt daran erinnern, dass über diese langfristigen Projektionen die Realitäten nicht vergessen werden durften. Der sowjetische Pianist Swjatoslaw Richter, der im Juli 1964 ohne Visum der Bundesrepublik aus Ostberlin anreisen wollte, durfte in Westberlin nicht auftreten. Kritiker sahen im Auftrittsverbot bürokratische Willkür. Aber, so schrieb Brandt an Nicolas Nabokov, der 1964 im Auftrage des Regierenden Bürgermeisters für Berlin als eine Art „Kulturbotschafter" tätig war, die Bindungen zur Bundesrepublik seien von „vitaler Bedeutung". Der Senat müsse auf sie auch in wenig einleuchtenden Zusammenhängen Rücksicht nehmen.[221]

Die Frage, ob Berlin „eine schwerkranke Stadt" sei, konnte 1966 gleichwohl mit guten Argumenten verneint werden. Auch kritische Beobachter der Berliner Politik zögerten damals nicht, Berlin die „modernste und kulturell aktivste Großstadt Deutschlands" zu nennen.²²² Aber Berlin blieb geteilt, und keine noch so einfallsreiche Berlin-Politik und keine noch so großzügige Bundeshilfe konnten die Teilung aufheben. Eine Lösung des Berlin-Problems war langfristig nur möglich als Teil einer gesamtdeutschen Lösung.

Fazit

Fast zwanzig Jahre lang, von 1947 bis 1966, lebte und arbeitete Willy Brandt in Berlin und für diese Stadt. Sein Bild als politische Persönlichkeit veränderte sich damals mehr als in den Jahren danach. In dieser langen Zeit erarbeitete er sich das Rüstzeug für seine Politik als Außenminister und Bundeskanzler. Die Jahre vor 1966 waren indes keine bloße Vorgeschichte. Die politischen Aufgaben Brandts – Berlin-Beauftragter des Parteivorstandes, Berliner Bundestagsabgeordneter, Chefredakteur des *Berliner Stadtblattes*, Präsident des Abgeordnetenhauses, Regierender Bürgermeister von Berlin und Landesvorsitzender der SPD – forderten den ganzen Mann. Er zeigte sich den großen Herausforderungen gewachsen, die vor allem die Berlin-Krise und der Mauerbau an ihn stellten. Er meisterte sie in den Augen der Öffentlichkeit mit Tatkraft, Mut und Besonnenheit. Das machte ihn über Berlin hinaus bekannt und populär.

Willy Brandt wollte und konnte in Berlin von Anfang an nicht nur Kommunalpolitik machen. Sein Interesse galt, gerade weil er sich um die Freiheit Berlins sorgte, auch deutschlandpolitischen und außenpolitischen Fragen. „Berlin bleibt frei" hieß in Wirklichkeit: Westberlin soll frei bleiben. Mit dieser Einschränkung ist eine Crux der Ost- und Deutschlandpolitik benannt, die die Politik Brandts für Berlin seit 1947/48 bestimmen sollte: Der aus den alliierten Übereinkünften herrührende Status der Vier-Mächte-Stadt Berlin war nur die eine Seite der Medaille, die Realität der Drei-Mächte-Stadt Westberlin mit den stets gefährdeten Zugangswegen von und nach der Bundesrepublik war die andere. Es galt darüber hinaus, zwischen Bundes- und Landespartei, zwischen Bundes- und

Berlin bleibt frei – Motto der ersten großen Kundgebung der Berliner Bevölkerung nach dem Chruschtschow-Ultimatum am 1. Mai 1959 mit Willy Brandt als Hauptredner auf dem Platz der Republik in Berlin

Landespolitik und zwischen den Interessen von vier Alliierten einen politischen Weg zu finden, der nicht nur Deklamation war, sondern reale Aussicht hatte, ans Ziel zu führen. Berlin galt seit 1948 als die „Achiilesferse des Westens".[223] Darin lag allerdings für einen Berliner Politiker auch eine Chance, denn die Westalliierten konnten Berlin nicht aufgeben. Brandt versuchte, diese Chance zu nutzen.

Politik in und für Berlin zu machen, war für Willy Brandt nie einfach. In der Berliner Sozialdemokratie war der Rückkehrer aus dem Exil willkommen. Als er jedoch den Anspruch erhob, an verantwortlicher Stelle mitzusprechen, lagen viele Steine auf seinem Weg, die er wegzuräumen hatte, um schließlich 1958 zum Landesvorsitzenden der Berliner SPD gewählt zu werden.

Vom ersten bis zum letzten Tag seiner politischen Arbeit in Berlin musste sich Brandt mit persönlichen Denunziationen und Diffamierungen auseinandersetzen. Immer wieder unternahmen Gegner den Versuch, seine politische Karriere zu verhindern, zumindest aber zu behindern. Die Denunziationen hatten schon im Exil begonnen, und sie hörten auch nach seinem Tode nicht auf.[224] In der Berliner Zeit kulminierten die Angriffe gegen Brandt in beispielloser Weise. Sie speisten sich aus den verschiedensten Quellen, hatten die unterschiedlichsten politischen Gegner als Urheber und wiesen dennoch ähnliche Muster auf. Die Verleumdungen betrafen, meist ineinander verwoben, sein persönliches Leben und seine politische Haltung. Die Stichworte lauteten in einer Auflistung des Senatspressechefs Egon Bahr aus dem Jahre 1961: „Herkunft, Scheidung der ersten Ehe, Namenswechsel, Gerüchte über Lebensstil" und „Linksradikalismus in der Jugend, Emigration, mögliche Volksfront-Neigung, spanischer Bürgerkrieg, norwegischer Widerstand". Hinzu kam der Vorwurf, Brandt habe für die verschiedensten Geheimdienste in Ost und West gearbeitet. Viele seiner Weggefährten und er selbst sahen in den Anwürfen nur einen Sinn: Die denunziatorischen Angriffe sollten Brandt „fertigmachen", und jede Form der Verleumdung war recht.[225]

Willy Brandt setzte sich auf verschiedenste Weise, nicht zuletzt gerichtlich, zur Wehr. Oft schwieg er auch zu den Anwürfen. Seine Zeit im Exil aber ließ er nie in den Schmutz ziehen. Mehr als einmal erklärte er, dass er stolz sei auf seine „Teilnahme am Widerstand gegen das Hitler-Regime in Deutschland und auch in Norwegen, das mir zur zweiten Heimat geworden war".[226]

Schwerer wogen für Brandt die Diffamierungen seiner Person, wenn offenbar war, dass sie aus der eigenen Partei kamen. Sie waren nicht leicht zu greifen, noch weniger waren sie zu begreifen. Egon Bahr erklärt es sich im Rückblick damit, dass Brandt bei nicht wenigen Berliner Sozialdemokraten der fünfziger Jahre ein „persönliches Unbehagen" ausgelöst hatte, das die Bereitschaft zur Kolportage von Gerüchten erleichterte. Brandt war der von der Westberliner Presse hochgelobte, „strahlende", aber auch ein wenig „schillernde" Politiker, der nicht so recht in die eher „kleinbürgerliche Partei" der Berliner Nachkriegszeit zu passen schien.[227] Die aus den Diffamierungen resultierenden Blessuren erklären auch seine wachsende Unduldsamkeit gegenüber Kritikern in der Berliner SPD, auch da, wo es nicht um Diffamierungen ging, sondern um politische Differenzen.

In der Emigration hatte Brandt zum Teil bittere Erfahrungen gemacht, aber auch neue Freunde und neue Einsichten gewonnen. Er war vom sozialen Reformprogramm der norwegischen Arbeiterpartei beeindruckt und hatte sich vom radikalen Linkssozialisten zum – wie er sich selbst charakterisierte – „freiheitlichen Sozialisten und sozialen Demokraten skandinavischer Prägung" entwickelt. Damit hatte er die dogmatische Enge seiner früheren linkssozialistischen Position überwunden, die ursprünglichen Ziele jedoch nicht vergessen.[228] Als Willy Brandt im Jahre 1982, schon altersweise, seine politischen Anfänge in Lübeck und als Emigrant Revue passieren ließ und unter dem Titel „Links und frei" veröffentlichte, bedachte er auch, was er aus seiner Zeit im Exil in Norwegen und Schweden für seinen politischen Neuanfang in Berlin mitgebracht hatte. Er schrieb: „In Skandinavien habe ich einiges vom Sinn für die Realitäten, von den Werten einer freiheitlichen und sozialen Demokratie und von den Chancen der Weltoffenheit in mich aufgenommen. Dieses waren die Erfahrungen, auf die ich mich stützen konnte, als ich meine Aufgaben in Berlin und in Bonn übernahm."[229]

Aus seiner Auslandserfahrung resultierte eine Gelassenheit im Umgang mit den Alliierten, eine Gelassenheit, die in der Berliner Sozialdemokratie nicht viele hatten. Er scheute sich nicht, seine Einsichten auch seinen unbeweglichen Genossen zuzumuten. Er zog in der Berliner Landespolitik das Aushandeln von Kompromissen dem Gang in die Opposition vor. Seinen Parteifreunden empfahl er einen anderen Umgang mit dem politischen Gegner.[230] „Am Anfang steht also für uns nicht, wozu wir nein sagen, sondern wozu wir ja sagen."[231] Dahinter stand sicher auch taktisches Kalkül, zumal Brandt anders agieren konnte, wie die Diskussionen um die Ausschlüsse von Parteimitgliedern zeigen.

Bei dringlichen Entscheidungen mochte Willy Brandt die Dinge nicht übers Knie brechen. Er wollte das Für und Wider abwägen und die „Dinge ausreifen lassen". Man attestierte ihm deshalb einen Hang zum „Attentismus". In manchen Situationen, etwa 1957, als er zögerte, gegen den SPD-Landesvorsitzenden Franz Neumann zu kandidieren[232], oder 1963, als er sich zu entscheiden hatte, in Berlin zu bleiben oder als Oppositionsführer nach Bonn zu gehen[233], mussten ihn gute Freunde erst drängen, deutlich zu sagen, was er eigentlich wolle. Aber Brandt hatte diese guten Freunde, und er hörte meistens auf ihren Rat. Sein Selbstbewusstsein war spätestens seit 1957 spürbar gewachsen, was ihm half, eine zu Beginn seiner Zeit als Außenminister noch erkennbare „Verkrampfung" schnell zu überwinden.[234]

Viele Berliner Sozialdemokraten erkannten aufgrund der innerparteilichen Auseinandersetzungen der fünfziger Jahre nicht, dass Brandt schon damals offen war für eine Politik, die er in den sechziger Jahren mit ihrer Unterstützung betrieb. Harry Ristock, ein Gegner aus früheren Tagen und späterer Bewunderer, hat das sehr selbstkritisch zum Ausdruck gebracht. Er habe damals nicht erkannt, dass Brandt historisch der Mann war, „der nach vorne ging".[235] Für

Willy Brandt während seiner „Abschiedsrede" am 10. Dezember 1966 auf dem Landesparteitag der Berliner SPD

Brandt und für seine politischen Freunde stellte eine „Politik der kleinen Schritte" in Berlin schon lange vor 1963 die Alternative zu einer „Politik des Nichtstuns" dar.

Es bleibt als ein Fazit der vielen Jahre seiner Politik in und für Berlin zwischen 1947 und 1966, was der Außenminister Brandt auf dem Landesparteitag der Berliner SPD im Dezember 1966 in den Worten bündelte, seine Rede sei keine „Abschiedsrede von Berlin", er habe vielmehr den „Beginn eines neuen Abschnitts der Arbeit für Berlin" anzukündigen.[236] Egon Bahr formulierte es noch prägnanter: „Was von Berlin aus zu bewegen war, war mit den Passierscheinen ausgereizt. Wer mehr wollte, sogar für die Stadt, musste nach Bonn."[237] Auch Willy Brandt wusste, dass Berlin politisch zu klein geworden war für das, was er für diese Stadt noch erreichen wollte.

Zur Auswahl der Dokumente

Die Einleitung benennt die wichtigsten Etappen der politischen Biographie Brandts für die Jahre 1947 bis 1966. Die Auswahl der Dokumente folgt dieser Gliederung, wobei die Jahre bis 1957 nur knapp ein Drittel der abgedruckten Dokumente umfassen. Die meisten Dokumente (83 von 118) beziehen sich auf den Zeitraum von 1958 bis 1966. Die Jahre Brandts als Regierender Bürgermeister in Berlin bilden also den Schwerpunkt im Band 3 der Berliner Ausgabe.

Ausgespart bleiben Dokumente, die den Weg Brandts in der SPD als Bundespartei und die Entwicklung seiner programmatischen Vorstellungen nachzeichnen. Sie sind im Band 4 der Berliner Ausgabe zu finden.

Die Zeit zwischen 1947 und 1966 sind vor allem Jahre gewesen, in denen sich Brandt in der Berliner SPD behaupten musste. Die Dokumente zu diesem Aspekt spiegeln die Auseinandersetzungen in der Berliner Partei aus verschiedenen Blickwinkeln. Seine hier auszugsweise abgedruckten Reden auf Berliner Landesparteitagen geben darüber ebenso Auskunft wie, deutlicher in der Wortwahl, Briefe an persönliche Freunde. Die Protokolle der Landesparteitage jener Jahre sind allesamt nicht veröffentlicht und nur als maschinenschriftliche

Tonbandabschriften im Franz-Neumann-Archiv Berlin, im August-Bebel-Institut Berlin und im Archiv der sozialen Demokratie der Friedrich-Ebert-Stiftung in Bonn zugänglich.

Eine Vielzahl von sehr unterschiedlichen Quellen gibt Hinweise auf die Veränderung der politischen Persönlichkeit Willy Brandts. Zwar wurden viele dieser Dokumente damals publiziert. Es handelt sich aber vor allem um zahlreiche Artikel, die der gelernte Journalist für heute meist schwer zugängliche Zeitungen und Zeitschriften und für die Pressedienste der SPD schrieb. Daneben werden Briefe, handschriftliche Aufzeichnungen und Gesprächsnotizen Brandts in die Dokumentation aufgenommen, denn sie ergänzen die zeitgeschichtlichen Informationen um seine persönliche Sicht auf Personen und Ereignisse.

Die Berlin-Politik des Regierenden Bürgermeisters war immer auch Deutschland- und Ostpolitik, die mit der Bundesregierung und mit den westlichen Alliierten abgestimmt werden musste. In diesen Jahren führte Brandt viele Gespräche mit deutschen, amerikanischen, britischen und französischen, aber auch mit sowjetischen Politikern. Die teilweise nur handschriftlich vorliegenden Aufzeichnungen Brandts über diese Gespräche werden so weit wie möglich ungekürzt abgedruckt. Das betrifft vor allem Vermerke über Gespräche mit Bundeskanzler Adenauer, mit dem amerikanischen Präsidenten Kennedy, mit dem französischen Präsidenten de Gaulle und – teilweise erstmals veröffentlicht – die Gespräche mit dem sowjetischen Botschafter Abrassimow im Jahre 1966. Ohne Kürzungen wird als programmatisches Dokument für die künftige Deutschlandpolitik die Rede Brandts in Tutzing im Jahre 1963 veröffentlicht.

Die Entwicklung der politischen Persönlichkeit Brandts in den Jahren bis 1966 wird besonders in seinen persönlichen Briefen deutlich. Sie werden deshalb mit in die Dokumentation aufgenommen, auch wenn sie – scheinbar – eher Privates zum Inhalt haben. Das betrifft auch die beiden Briefe Brandts an seine Frau aus den Jahren 1948 und 1949, die Rut Brandt dankenswerterweise aus ihrem Privatbesitz für diesen Band zur Verfügung stellte.

Danksagung

Viele Personen und Institutionen haben zu der Fertigstellung dieses Bandes beigetragen.

Für Förderung und stete Begleitung der editorischen Arbeit an diesem Band danke ich dem Vorstand der Bundeskanzler-Willy-Brandt-Stiftung, insbesondere seinem Vorsitzenden Dr. Gerhard Groß und den Professoren Dr. Dieter Dowe und Dr. Klaus Schönhoven, sowie den Herausgebern der Berliner Ausgabe, den Professoren Dr. Helga Grebing, Dr. Gregor Schöllgen und Dr. Heinrich August Winkler. Im Besonderen danke ich dem federführenden Betreuer dieses Bandes, Professor Dr. Heinrich August Winkler, für wohlwollenden Rat und Unterstützung und für die kritische Lektüre auch dieser einleitenden Seiten.

Dem Kreis der Bearbeiter der Berliner Ausgabe, besonders Dr. Daniela Münkel und Professor Dr. Einhart Lorenz, verdanke ich viele anregende Diskussionen, und den Mitarbeitern der Bundeskanzler-Willy-Brandt-Stiftung danke ich sehr für die tätige Hilfe und für kritische Unterstützung, vor allem Sylvia Wilbrecht, Waltraut Dorlaß, Dr. Bernd Rother, Dr. Wolfgang Schmidt und Dr. Wolfram Hoppenstedt sowie Silke Kehl und Jost Wessels.

Für Übersetzungen der Dokumente aus dem Norwegischen bin ich Katharina Woellert und aus dem Englischen Dr. Wolfram Hoppenstedt zu Dank verpflichtet.

Das Willy-Brandt-Archiv, aber auch alle anderen Abteilungen des Archivs der sozialen Demokratie und der Bibliothek der Friedrich-Ebert-Stiftung in Bonn halfen stets mit Rat und Tat, allen voran Gertrud Lenz, Harry Scholz und Wolfgang Stärcke.

Im Landesarchiv Berlin haben vor allem Dr. Jürgen Wetzel und Dr. Christiane Schuchard die Akten der Senatskanzlei und viele Nachlässe von Berliner Politikern erschlossen. Im Franz-Neumann-Archiv Berlin und im August-Bebel-Institut Berlin erhielt ich durch Frau Professor Dr. Sieglinde Heppener und durch Enrico Troebst kundige Hilfe. Dr. Hans Peter Mensing half mir, in der Stiftung Bundeskanzler-Adenauer-Haus in Rhöndorf für die Edition wichtige Dokumente zu finden.

Für Gespräche, Hinweise und auch für die Einsicht in wichtige private Unterlagen danke ich Prof. Egon Bahr, Prof. Dr. Peter Brandt, Klaus Harpprecht, Prof. Dr. Harold Hurwitz, Peter Merseburger, Dr. Manfred Rexin, Klaus Schütz, Winfried Staar (†) und Dr. Hans-Jochen Vogel. Für die kritische Durchsicht des Manuskripts bin ich Johannes Wendt sehr dankbar. Für die sorgfältige Lektorierung des Manuskripts danke ich Dr. Heiner Lindner.

Berlin, im April 2004　　　　　　　　　　　　　　　Siegfried Heimann

Verzeichnis der Dokumente

100	Nr. 1	11. Dezember 1947	Schreiben des Presseattachés an der Norwegischen Militärmission in Berlin, Brandt, an den Publizisten Szende
104	Nr. 2	12. März 1948	Aus der Rede des Vertreters des SPD-Parteivorstandes in Berlin, Brandt, vor Funktionären der Berliner SPD
114	Nr. 3	13. April 1948	Aus dem Schreiben Brandts an seine Verlobte, Rut Bergaust
115	Nr. 4	25. Juli 1948	Aus dem Bericht Nr. 71 des Vertreters des SPD-Parteivorstandes in Berlin, Brandt, an den SPD-Parteivorstand in Hannover
117	Nr. 5	Oktober 1948	Aus der Aktennotiz des Vertreters des SPD-Parteivorstandes in Berlin, Brandt, für den SPD-Parteivorstand in Hannover
120	Nr. 6	14. Januar 1949	Aus der Rede des Vertreters des SPD-Parteivorstandes in Berlin, Brandt, auf der Konferenz der Kreis- und Abteilungsfunktionäre der Berliner SPD
123	Nr. 7	6. April 1949	Artikel des Vertreters des SPD-Parteivorstandes in Berlin, Brandt, für den *Sozialdemokratischen Pressedienst*
126	Nr. 8	18. und 21. Juni 1949	Bericht Nr. 284 des Vertreters des SPD-Parteivorstandes in Berlin, Brandt, an den SPD-Parteivorstand in Hannover
130	Nr. 9	2. August 1949	Aus dem Schreiben Brandts an seine Ehefrau Rut Brandt
133	Nr. 10	18. Oktober 1949	Aus dem Bericht Nr. 357 des Vertreters des SPD-Parteivorstandes in

			Berlin, Brandt, an den SPD-Parteivorstand in Hannover
134	Nr. 11	16. Mai 1950	Schreiben des Chefredakteurs des *Berliner Stadtblattes*, Brandt, an den Landesvorsitzenden der Berliner SPD, Neumann
136	Nr. 12	11. Oktober 1950	Aus dem Memorandum der Geheimdienstabteilung der amerikanischen Hohen Kommission über ein Interview mit dem Chefredakteur des *Berliner Stadtblattes*, Brandt
139	Nr. 13	14. November 1950	Aus dem Schreiben des Berliner Bundestagsabgeordneten Brandt an das Mitglied der Stockholmer SPD-Gruppe Huber
140	Nr. 14	5. Dezember 1950	Aus einem Artikel des Berliner Bundestagsabgeordneten Brandt für das *Berliner Stadtblatt*
143	Nr. 15	15. Juni 1951	Aus einem Artikel des Berliner Bundestagsabgeordneten Brandt für die SPD-Wochenzeitung *Neuer Vorwärts*
148	Nr. 16	15. Juni 1951	Artikel des Berliner Bundestagsabgeordneten Brandt für den *Sozialdemokratischen Pressedienst*
150	Nr. 17	14. April 1952	Schreiben des Berliner Bundestagsabgeordneten Brandt an den Vorsitzenden der SPD, Schumacher
151	Nr. 18	20. April 1952	Schreiben des Berliner Bundestagsabgeordneten Brandt an Berliner Sozialdemokraten
163	Nr. 19	19. Mai 1952	Schreiben des Berliner Bundestagsabgeordneten Brandt an den Landesvorstand und den Landesausschuss der Berliner SPD

168	Nr. 20	2. September 1953	Artikel des Berliner Bundestagsabgeordneten Brandt für den *Sozialdemokratischen Pressedienst*
170	Nr. 21	Februar 1954	Aus der Broschüre des Berliner Bundestagsabgeordneten Brandt „Arbeiter und Nation"
175	Nr. 22	9. Mai 1954	Aus der Rede des Berliner Bundestagsabgeordneten Brandt auf dem Landesparteitag der Berliner SPD zu seiner Kandidatur als Landesvorsitzender
182	Nr. 23	11. Januar 1955	Aus der Rede des Präsidenten des Abgeordnetenhauses von Berlin, Brandt, nach seiner Wahl
185	Nr. 24	7. Februar 1955	Schreiben des Präsidenten des Abgeordnetenhauses von Berlin, Brandt, an Luise und Max Köhler
186	Nr. 25	22. Mai 1955	Aus der Rede des Präsidenten des Abgeordnetenhauses von Berlin, Brandt, auf dem Landesparteitag der Berliner SPD
194	Nr. 26	19. Oktober 1955	Schreiben des Präsidenten des Abgeordnetenhauses von Berlin, Brandt, an den Landessekretär der Berliner SPD, Thiele
196	Nr. 27	2. April 1958	Aus einem Vermerk des Regierenden Bürgermeisters von Berlin, Brandt, für den Journalisten Thayer über die Ereignisse am 5. November 1956
198	Nr. 28	10. November 1956	Aus einem Artikel des Präsidenten des Abgeordnetenhauses von Berlin, Brandt, für die *Berliner Stimme*
200	Nr. 29	16. Januar 1957	Aus dem Schreiben des Präsidenten des Abgeordnetenhauses von Berlin, Brandt, an den Journalisten Schulz

202	Nr. 30	11. Mai 1957	Aus der Rede des Präsidenten des Abgeordnetenhauses von Berlin, Brandt, auf dem Landesparteitag der Berliner SPD
207	Nr. 31	18. September 1957	Aus dem Protokoll einer Sitzung des SPD-Parteivorstandes
210	Nr. 32	17. Oktober 1957	Aus der Erklärung des Regierenden Bürgermeisters von Berlin, Brandt, über die Richtlinien der Regierungspolitik
216	Nr. 33	25. November 1957	Schreiben des Regierenden Bürgermeisters von Berlin, Brandt, an den Vorsitzenden des Kreises Steglitz der Berliner SPD, Hoefer
217	Nr. 34	27. November 1957	Schreiben des Regierenden Bürgermeisters von Berlin, Brandt, an den Landesvorsitzenden der Berliner SPD, Neumann
218	Nr. 35	2. Dezember 1957	Schreiben des Regierenden Bürgermeisters von Berlin, Brandt, an den Zeitungsverleger Brost
219	Nr. 36	12. Januar 1958	Aus der Rede des Regierenden Bürgermeisters von Berlin, Brandt, auf dem Landesparteitag der Berliner SPD
232	Nr. 37	15. Januar 1958	Schreiben des Regierenden Bürgermeisters von Berlin, Brandt, an Irmgard Enderle
233	Nr. 38	17. Januar 1958	Aus dem Vortrag „Betrachtungen zur internationalen Politik" des Regierenden Bürgermeisters von Berlin, Brandt, vor der Steuben-Schurz-Gesellschaft Berlin
237	Nr. 39	21. April 1958	Aus dem Schreiben des Regierenden Bürgermeisters von Berlin, Brandt,

			an den Vorsitzenden der SPD, Ollenhauer
242	Nr. 40	16. Juni 1958	Schreiben aus dem Büro des Regierenden Bürgermeisters von Berlin, Brandt, an die „Verwaltung des Ostsektors von Berlin"
244	Nr. 41	2. Oktober 1958	Hs. Vermerk des Regierenden Bürgermeisters von Berlin, Brandt, über eine Besprechung mit dem Bundeskanzler, Adenauer
245	Nr. 42	27. November 1958	Erklärung des Regierenden Bürgermeisters von Berlin, Brandt, zum Berlin-Ultimatum des sowjetischen Ministerpräsidenten, Chruschtschow
247	Nr. 43	28. Dezember 1958	Aus der Rede des Regierenden Bürgermeisters von Berlin, Brandt, auf dem Landesparteitag der Berliner SPD
255	Nr. 44	29. Januar 1959	Manuskript der Erklärung des Regierenden Bürgermeisters von Berlin, Brandt, für eine Sitzung der SPD-Fraktion des Berliner Abgeordnetenhauses
257	Nr. 45	6. März 1959	Vermerk des Regierenden Bürgermeisters von Berlin, Brandt, über ein Treffen mit dem österreichischen Staatssekretär für auswärtige Angelegenheiten, Kreisky
258	Nr. 46	8.-19. März 1959	Aus hs. Vermerken des Regierenden Bürgermeisters von Berlin, Brandt, über seine Gespräche vor und nach der Absage des Treffens mit dem sowjetischen Ministerpräsidenten, Chruschtschow

265	Nr. 47	28. April 1959	Schreiben des Regierenden Bürgermeisters von Berlin, Brandt, an den britischen Unterhaus-Abgeordneten der Labour Party Zilliacus
267	Nr. 48	8. August 1959	Schreiben des Regierenden Bürgermeisters von Berlin, Brandt, an den österreichischen Außenminister, Kreisky
268	Nr. 49	27. August 1959	Schreiben des Regierenden Bürgermeisters von Berlin, Brandt, an den stellvertretenden Vorsitzenden der SPD von Knoeringen
270	Nr. 50	10. September 1959	Schreiben des Regierenden Bürgermeisters von Berlin, Brandt, an den SPD-Bundestagsabgeordneten Kalbitzer
273	Nr. 51	28. Oktober 1959	Schreiben des Regierenden Bürgermeisters von Berlin, Brandt, an den Bundeskanzler, Adenauer
280	Nr. 52	11. Januar 1960	Rede des Regierenden Bürgermeisters von Berlin, Brandt, vor dem Berliner Abgeordnetenhaus
285	Nr. 53	28. Februar 1960	Artikel des Regierenden Bürgermeisters von Berlin, Brandt, für den *Telegraf*
288	Nr. 54	12. März 1960	Aus dem Protokoll der Sitzung des Parteivorstandes der SPD
292	Nr. 55	14. März 1960	Schreiben des Regierenden Bürgermeisters von Berlin, Brandt, an das Ehepaar Löwenthal
293	Nr. 56	5. April 1960	Hs. Vermerk des Regierenden Bürgermeisters von Berlin, Brandt, über ein Gespräch mit dem Bundeskanzler, Adenauer

296	Nr. 57	22. Mai 1960	Hs. Schreiben des Regierenden Bürgermeisters von Berlin, Brandt, an den Senator für Bundesangelegenheiten, Klein
300	Nr. 58	20. Juni 1960	Vermerk des Regierenden Bürgermeisters von Berlin, Brandt, über ein Gespräch mit dem Chefkorrespondenten von CBS, Schorr
301	Nr. 59	27. Juni 1960	Vermerk zur Berlinfrage
305	Nr. 60	3. Januar 1961	Schreiben des Regierenden Bürgermeisters von Berlin, Brandt, an den Publizisten Mogens
307	Nr. 61	7. März 1961	Schreiben des Regierenden Bürgermeisters von Berlin und Kanzlerkandidaten der SPD, Brandt, an den Bundesminister für Verteidigung, Strauß
308	Nr. 62	6. April 1961	Schreiben des Regierenden Bürgermeisters von Berlin, Brandt, an den Bundeskanzler, Adenauer
310	Nr. 63	22. April 1961	Hs. Vermerk des Regierenden Bürgermeisters von Berlin und Kanzlerkandidaten der SPD, Brandt, über ein Treffen mit Kardinal Döpfner
312	Nr. 64	8. Mai 1961	Aus dem Protokoll der Sitzung des Landesvorstandes der Berliner SPD
322	Nr. 65	5. Juni 1961	Schreiben des Regierenden Bürgermeisters von Berlin, Brandt, an den Theologieprofessor der Freien Universität Berlin Gollwitzer
324	Nr. 66	13. August 1961	Erklärung des Regierenden Bürgermeisters von Berlin, Brandt, vor dem Berliner Abgeordnetenhaus

334	Nr. 67	14. August 1961	Fernschreiben des Regierenden Bürgermeisters von Berlin, Brandt, an den Bundesaußenminister, von Brentano
336	Nr. 68	15. August 1961	Fernschreiben des Regierenden Bürgermeisters von Berlin, Brandt, an den Präsidenten der Vereinigten Staaten von Amerika, Kennedy
338	Nr. 69	17. August 1961	Schreiben des Regierenden Bürgermeisters von Berlin, Brandt, an den indischen Ministerpräsidenten, Nehru
341	Nr. 70	19./20. August 1961	Vermerk des Regierenden Bürgermeisters von Berlin, Brandt, über den Besuch des Vizepräsidenten der Vereinigten Staaten von Amerika, Johnson, in Berlin
346	Nr. 71	14. September 1961	Schreiben des Regierenden Bürgermeisters von Berlin, Brandt, an den Bundesaußenminister, von Brentano
349	Nr. 72	16. November 1961	Schreiben des Regierenden Bürgermeisters von Berlin, Brandt, an den Bundeskanzler, Adenauer
355	Nr. 73	5. Dezember 1961	Hs. Vermerk des Regierenden Bürgermeisters von Berlin, Brandt, über ein Gespräch mit dem Bundeskanzler, Adenauer
357	Nr. 74	5. Januar 1962	Schreiben des Regierenden Bürgermeisters von Berlin, Brandt, an den Senator für Bundesangelegenheiten, Klein
359	Nr. 75	10. Januar 1962	Aus dem Interview des Regierenden Bürgermeisters von Berlin, Brandt, für *Der Spiegel*

365	Nr. 76	19. Juni 1962	Vermerk über ein Gespräch des Regierenden Bürgermeisters von Berlin, Brandt, mit dem Bundeskanzler, Adenauer
367	Nr. 77	30. Juli 1962	Hs. Schreiben des Landesvorsitzenden der Berliner SPD, Brandt, an den stellvertretenden Vorsitzenden der Berliner SPD, Mattick
372	Nr. 78	22. August 1962	Schreiben des Regierenden Bürgermeisters von Berlin, Brandt, an den Bundeskanzler, Adenauer
380	Nr. 79	5. Oktober 1962	Vermerk über ein Gespräch des Regierenden Bürgermeisters von Berlin, Brandt, mit dem Präsidenten der Vereinigten Staaten von Amerika, Kennedy
386	Nr. 80	9. Oktober 1962	Vermerk über die Unterredung zwischen dem Regierenden Bürgermeister von Berlin, Brandt, und dem Bundeskanzler, Adenauer
389	Nr. 81	25. Oktober 1962	Schreiben des Regierenden Bürgermeisters von Berlin, Brandt, an die Tochter von Albert Speer, Hilde Schramm
390	Nr. 82	29. Oktober 1962	Schreiben des Regierenden Bürgermeisters von Berlin, Brandt, an den Präsidenten der Vereinigten Staaten von Amerika, Kennedy
391	Nr. 83	9. November 1962	Vermerk über ein Treffen des Regierenden Bürgermeisters von Berlin, Brandt, mit dem Bundeskanzler, Adenauer
396	Nr. 84	17. Januar 1963	Vermerk des Regierenden Bürgermeisters von Berlin, Brandt, über ein Telefonat mit dem Bundeskanzler,

			Adenauer, wegen eines Treffens mit dem sowjetischen Ministerpräsidenten, Chruschtschow
398	Nr. 85	18. Januar 1963	Manuskript der Erklärung des Regierenden Bürgermeisters von Berlin, Brandt, zur Absage des Gesprächs mit dem sowjetischen Ministerpräsidenten, Chruschtschow
399	Nr. 86	28. Januar 1963	Schreiben des Regierenden Bürgermeisters von Berlin, Brandt, an den Senator a. D. Hausmann
400	Nr. 87	7. Februar 1963	Schreiben des Regierenden Bürgermeisters von Berlin, Brandt, an den Präsidenten der Vereinigten Staaten von Amerika, Kennedy
402	Nr. 88	18. März 1963	Regierungserklärung des Regierenden Bürgermeisters von Berlin, Brandt, vor dem Berliner Abgeordnetenhaus
411	Nr. 89	21. März 1963	Schreiben des Regierenden Bürgermeisters von Berlin, Brandt, an die Zeitung *Berliner Sonntagsblatt Die Kirche*
412	Nr. 90	24. April 1963	Vermerk des Regierenden Bürgermeisters von Berlin, Brandt, über ein Gespräch mit dem französischen Präsidenten, de Gaulle
417	Nr. 91	25./26. Juni 1963	Hs. Vermerk des Regierenden Bürgermeisters von Berlin, Brandt, über Gespräche mit dem Präsidenten der Vereinigten Staaten von Amerika, Kennedy
419	Nr. 92	15. Juli 1963	Rede des Regierenden Bürgermeisters von Berlin, Brandt, im Politi-

449	Nr. 93	22. Dezember 1963	schen Club der Evangelischen Akademie Tutzing Rede des Regierenden Bürgermeisters von Berlin, Brandt, in der Sendereihe „Wo uns der Schuh drückt" des SFB
453	Nr. 94	28. Februar 1964	Erklärung des Regierenden Bürgermeisters von Berlin, Brandt, im Rundfunk und im Fernsehen
455	Nr. 95	30. April 1964	Aus dem Vermerk über ein Gespräch des Regierenden Bürgermeisters von Berlin, Brandt, mit dem Bundeskanzler, Erhard
457	Nr. 96	2. Juni 1964	Schreiben des Regierenden Bürgermeisters von Berlin, Brandt, an den Direktor der Abteilung für Internationale Angelegenheiten der Ford Foundation, Stone
459	Nr. 97	11. Juni 1964	Rede des Regierenden Bürgermeisters von Berlin, Brandt, vor der Deutschen Gesellschaft für Auswärtige Politik in Bad Godesberg
469	Nr. 98	8. Oktober 1964	Rede des Regierenden Bürgermeisters von Berlin, Brandt, vor dem Deutschen Historikertag in Berlin
473	Nr. 99	29. Dezember 1964	Erklärung des Regierenden Bürgermeisters von Berlin, Brandt, vor der „Berliner Pressekonferenz"
476	Nr. 100	26. Januar 1965	Schreiben des Regierenden Bürgermeisters von Berlin und Vorsitzenden der SPD, Brandt, an den Schatzmeister der SPD, Nau
478	Nr. 101	13. Februar 1965	Hs. Schreiben des Regierenden Bürgermeisters von Berlin, Brandt, an den Berliner Bürgermeister und Se-

			nator für Sicherheit und Ordnung, Albertz
480	Nr. 102	2. Juni 1965	Vermerk des Regierenden Bürgermeisters von Berlin, Brandt, über ein Gespräch mit dem französischen Präsidenten, de Gaulle
486	Nr. 103	22. Juni 1965	Fernschreiben des Regierenden Bürgermeisters von Berlin, Brandt, an den Bundeskanzler, Erhard
487	Nr. 104	27. Juli 1965	Hs. Notizen des Regierenden Bürgermeisters von Berlin, Brandt, über den Bundeskanzler, Erhard
488	Nr. 105	26. Oktober 1965	Schreiben des Regierenden Bürgermeisters von Berlin, Brandt, an den Botschafter im Ruhestand Duckwitz
490	Nr. 106	1. Dezember 1965	Aus der Ansprache des Regierenden Bürgermeisters von Berlin, Brandt, vor dem Verein Berliner Kaufleute und Industrieller
496	Nr. 107	1. Februar 1966	Schreiben des Regierenden Bürgermeisters von Berlin, Brandt, an das Mitglied der SPD Repschläger
497	Nr. 108	5. Februar 1966	Erklärung des Regierenden Bürgermeisters von Berlin, Brandt, zu den Demonstrationen vor dem Berliner Amerika-Haus
498	Nr. 109	23. Februar 1966	Vermerk des Regierenden Bürgermeisters von Berlin, Brandt, über ein Gespräch mit dem Präsidenten der Vereinigten Staaten von Amerika, Johnson
501	Nr. 110	4. März 1966	Schreiben des Regierenden Bürgermeisters von Berlin, Brandt, an Norman Thomas

503	Nr. 111	21. März 1966	Vermerk des Regierenden Bürgermeisters von Berlin, Brandt, über ein Gespräch mit dem sowjetischen Botschafter in der Bundesrepublik Deutschland, Smirnow
505	Nr. 112	8. Mai 1966	Vermerk des Regierenden Bürgermeisters von Berlin, Brandt, über ein Treffen mit dem sowjetischen Botschafter in der DDR, Abrassimow
509	Nr. 113	6. Juni 1966	Vermerk des Regierenden Bürgermeisters von Berlin, Brandt, über ein Gespräch mit dem sowjetischen Botschafter in der DDR, Abrassimow
510	Nr. 114	21. Juli 1966	Hs. Vermerk des Regierenden Bürgermeisters von Berlin, Brandt, über eine Entscheidung der Bundesregierung, die Übereinkunft über die „Härtestelle" nicht zu unterzeichnen
511	Nr. 115	3. Oktober 1966	Fernschreiben des Regierenden Bürgermeisters von Berlin, Brandt, an den Journalisten Hammer
512	Nr. 116	12. Oktober 1966	Vermerk des Regierenden Bürgermeisters von Berlin, Brandt, über ein Gespräch mit dem sowjetischen Botschafter in der DDR, Abrassimow
517	Nr. 117	22. November 1966	Vermerk über ein Gespräch des Regierenden Bürgermeisters von Berlin, Brandt, mit dem sowjetischen Botschafter in der DDR, Abrassimow
519	Nr. 118	10. Dezember 1966	Aus dem Manuskript einer Rede des Vorsitzenden der SPD, Vizekanzlers und Außenministers, Brandt, auf dem Landesparteitag der Berliner SPD

Dokumente

Nr. 1
Schreiben des Presseattachés an der Norwegischen Militärmission in Berlin, Brandt, an den Publizisten Szende
11. Dezember 1947[1]

AdsD, WBA, A 6, 2.

Lieber Stefan,
es würde mich nicht wundern, wenn Du wütend auf mich wärst. Erstens weil ich überhaupt nicht geschrieben habe, seit wir vor drei Monaten wieder einmal Eure Gastfreundschaft ausnutzten – aber das kannst Du als passionierter Nichtbriefschreiber möglicherweise verstehen.[2] Zweitens weil ich Dir nicht von meinem Standortwechsel erzählt habe, über den Du nun wahrscheinlich auf andere Weise gehört hast. Aber damit hing es so zusammen, dass mich Hannover um vertrauliche Behandlung gebeten hatte (was dann nicht von allen eingehalten wurde) und dass ich mit den vorbereitenden Arbeiten schrecklich viel zu tun bekam.

Du erinnerst Dich daran, wie sehr ich im vorigen Jahr schwankte, bevor ich das Angebot Halvard Langes annahm, und dass ich mich dann bewusst nur auf zunächst ein Jahr verpflichtete.[3] Im Laufe dieses Jahres ist mir immer wieder der Gedanke gekommen, dass ich vom deutschen Standort aus mehr leisten könnte (übrigens auch meinem andren Heimatland wahrscheinlich mehr nützen könnte). Demokratische Sozialisten können heute überall in Europa nützliche Arbeit leisten. Aber hier ist besonders viel zu tun. Und vor allem in Berlin.

Ich habe darum nicht lange gezögert, als mich der P[artei]V[orstand] im Oktober fragte, ob ich bereit sei, seine Vertretung in Berlin, d. h. vor allem die Vertretung gegenüber den leitenden alliierten Stellen zu übernehmen (die Pressemeldung über „internationalen Sekretär der SPD" ist nicht richtig). Mit Schumacher habe ich im November in Hannover gesprochen und betont, dass ich in einer solchen Funktion natürlich die Auffassungen der Parteileitung verfechten würde, dass mir das aber leichter würde, wenn ich die uneingeschränkte Möglichkeit hätte, im gegebenen Fall eine eigene Meinung in den leitenden Parteikörperschaften vorzutragen. Das hat Sch[umacher] als eine Selbstverständlichkeit bezeichnet, und er fügte hinzu, dass man in Hannover ja nicht die Weisheit mit Löffeln gefressen habe.

So weit verlief alles normal, und es freute mich besonders, feststellen zu können, wie grosses Verständnis meine norwegischen Freunde und Kollegen für meinen Schritt aufbrachten. Rut hat sich entschlossen, hierzubleiben und mein Los zu teilen.[4] Wir gingen daran, die praktischen Fragen zu lösen. Die Hausfrage konnte rasch und überaus befriedigend gelöst werden. Wir werden aber viel besser leben als die meisten Menschen hier. Erstens können wir mit einer kleinen Reserve anfangen. Zweitens können wir uns das eine oder andere schicken lassen.

Aber dann kam Schumachers, Ollenhauers und Neumanns Reise nach Skandinavien.[5] In meiner Naivität hatte ich es unterlassen, Schumacher vorher darauf aufmerksam zu machen, dass dort wahrscheinlich scharf gegen mich geschossen würde. Ich glaubte allen Ernstes, dass die dortigen Herrschaften angesichts der jetzigen Lage und meiner Entscheidung einigen Anstand und ein wenig Format zeigen würden. Welch ein Trugschluss.

Da hat es Leute gegeben, die Schumacher und den anderen morgens früh und abends spät Dreckgeschichten vorerzählt haben, für Ollenhauer kam das allerdings nicht ganz überraschend, sagte er doch vorher einem gemeinsamen Bekannten: Wenn Heinig davon erfährt, erklärt er uns für verrückt.[6] Nun, wie es so geht, ist offenbar etwas von all den Geschichten hängen geblieben, und damit kann ich mich an dieser Front vergnügen, bis im nächsten Monat die Angriffe der sedistischen Presse einsetzen werden.[7]

Was man den Leuten auf die Nase gebunden hat? Vor allem offenbar, dass ich ein ganz gerissener Geschäftsmann wäre und eben verstehe, aus allem Geld zu machen. In dem Zusammenhang wurde wohl auch was von „einem gestohlenen Manuskript, das Anlass eines Prozesses wurde", erzählt.[8] Da gibt es also noch immer welche, die in all ihrer Spärlichkeit nicht schlucken können, dass jemand anständig leben konnte. Der reine Brotneid, die reine Missgunst! Aber eine bodenlose Gemeinheit, wenn von materiellen Dingen gesprochen wird gegenüber einem, der freiwillig die deutsche Kost wählt, und von Leutchen, denen es eben noch immer besser bei den skandinavischen Fleischtöpfen gefällt. Wo es mir ja sonst auch gut gefallen hat.

Und dann das andere: ich soll ein richtiger illegaler Schieber sein, heute wahrscheinlich ein Agent der Kominform, jedenfalls ein Busenfreund Jacob Walchers.[9] Das ist nun das Argument der geistig Minderbemittelten, die darum ihre Meinung nicht zu ändern brauchen, weil sie keine Meinung haben.

Nun frage ich Dich, lieber Stefan, was soll man gegenüber solchen Gemeinheiten machen? In Oslo hat auch jemand, einfach um sich Schu[macher] gegenüber wichtig zu machen, blöd gequatscht. Da liegt der Fall einfacher. Ich habe den Betreffenden aufgefordert, sich binnen 15. Januar klipp und klar zu äussern.[10] Wenn er das nicht tut oder sich herausreden will, werde ich mir alle Schritte vorbehalten, die auf Grund des Parteistatuts möglich sind. Zwar habe ich mir im Laufe der Jahre eine dickere Haut angeeignet. Aber ins Gesicht lass ich mich [sic] nicht mehr spucken.

In Stockholm ist der Fall schwieriger. Mir ist nicht bekannt, wer im Einzelnen die Quatscher sind, obgleich ich ja gewisse Ahnungen und Anhaltspunkte habe. Und nun möchte ich Deinen Rat. Soll ich an die dortige Gruppe schreiben? Ich war dort immerhin bis zum vorigen Jahr Mitglied. Die damalige Landesgruppe hat mich immerhin zum vorjährigen Parteitag mit ihrem Mandat ausgestattet.[11] Es muss ja ein Minimum an persönlichem Schutz auch in einer Parteiorganisation geben. Sie ist doch schliesslich kein Ganovenklub. – Sprich bitte mit Ernst [Behm]. Sprich vielleicht auch mit Otto Friedländer. Ich weiss, er ist nicht mein besonderer Freund. Aber er ist Vorsitzender der Gruppe und sicher nicht damit einverstanden, dass diese Gruppe in der deutschen Partei als Quatschbude verschrien wird.

Welche Wirkungen die Giftspritzen haben werden, ist noch nicht abzusehen. Der erweiterte PV wird Ende nächster Woche Beschluss fassen. Dann werden wir weitersehen. Ich habe mich ja im übrigen nicht um diese Funktion bemüht, sondern bin eindringlich gebeten worden, sie zu übernehmen. Darum denke ich auch im Traum nicht daran, mich in Hannover zu „verteidigen". Wenn es noch politische Fragen zu klären gibt, gut. Wenn auf der anderen Ebene diskutiert wird: bitte ohne mich. Ich kann mehr als genug andere Aufgaben finden.[12]

Im übrigen kann ich Dir, lieber Stefan, verraten, dass ich gern auf der „Insel im roten Meer" bleiben möchte. Ich tue das ohne alle Illusionen. Ich werde nicht nur grosse Enttäuschungen erleben, sondern vielleicht auch die grosse Niederlage meines Lebens. Aber wenn es so weit kommen sollte, möchte ich der Niederlage mit dem Gefühl begegnen können, meine Pflicht getan zu haben.

Schreib mir bitte ein paar Zeilen und erzähle mir auch, wie sich Dein Betrieb eingelaufen hat. Ich bin auch brennend daran interessiert, mit welchen Fragen Du sonst arbeitest. Ich hoffe, dass ich in der Zukunft recht häufig an Dich schreiben und von Dir Ratschläge und Anregungen einholen kannst [sic]. Es ist ein Jammer, dass Deine Arbeiten noch so gut wie gar nicht für die deutsche Bewegung ausgewertet werden konnten. Darüber hinaus: Gib bitte nicht den Gedanken auf (den Du erwähntest, als wir über Paul Sering[13] sprachen), gleichtendierende Publizisten aus dem demokratisch-sozialistischen Lager zusammenzufassen und wenn möglich auch eine Besprechung zustandezubringen. Viel schneller, als es manche wahrhaben wollen, rückt eine europäische Politik in greifbare Nähe – wenn nicht alles schief geht.

Dir, Erszi und Barbara[14] die herzlichsten Grüsse und die besten Wünsche zum bevorstehenden Fest und neuen Jahr
von Rut und [Willy][15]

Nr. 2
Aus der Rede des Vertreters des SPD-Parteivorstandes in Berlin, Brandt, vor Funktionären der Berliner SPD
12. März 1948[1]

AdsD, WBA, A 3, 41.

Parteigenossinnen und Parteigenossen! Wehe den Siegern des 24. Februar 1948![2] Sie ließen ihre politischen Widersacher zu Hunderten, ja zu Tausenden einsperren. Sie beraubten einen Teil der Abgeordneten der gewählten Vertreter des Volkes ihrer Mandate. Sie verprügelten Redakteure und bemächtigten sich ihrer Zeitungen. (Pfui-Rufe.) Und sie entließen Richter und Universitätsprofessoren, die ihnen nicht willfährig waren. Sie forderten die Gymnasiasten auf, Mitschüler und Lehrer anzuzeigen, (Erneute Pfui-Rufe.) die sich ketzerischer Auffassungen schuldig machten, und sie ließen das Bild eines Mannes in allen Klassenzimmern aufhängen.

Ich habe wirklich nicht vor, Sie mit einer Aufzählung über das zu langweilen, was sich 1933 und in den darauf folgenden Jahren abgespielt hatte. Wir haben uns heute mit dem zu befassen, was sich in den letzten Tagen und Wochen in der tschechoslowakischen Republik ereignete. ([Zwischenrufe:] Sehr gut!)

Wir wollen versuchen, uns die Lehre von Prag zu eigen zu machen.

Worum ging es in Prag und in der Tschechoslowakei? Man will uns einreden, es sei um den Sozialismus gegangen (Lachen.) oder wenigstens um die Nationalisierung der Produktionsmittel. Welch himmelschreiender Unsinn! In der ČSR waren bereits 60 % der Produktionsmittel nationalisiert. Die gesamte Großindustrie sowie das Bankwesen befanden sich in den Händen des Staates. Das gesamte Wirtschaftsleben wurde durch die Planbehörden kontrolliert und gelenkt. Jetzt kommen die Unheiligen der jüngsten Tage und servieren uns folgende Version der marxistischen Lehre von der Übernahme der Macht: Man bilde eine Einheitsfront, wenn möglich eine

Willy Brandt spricht als Vertreter des SPD-Parteivorstandes in Berlin am 8. Mai 1948 auf einem Landesparteitag der Berliner SPD

Volksfront, und führe mit ihrer Hilfe drei Viertel der Sozialisierung durch. Für die Sozialisierung der Klempnerläden und Friseurgeschäfte etabliert man die proletarische Diktatur und den roten Terror. (Lebhafter Beifall.)

Der alte Marx würde im Grabe rotieren, wenn er wüßte, (Heiterkeit. – Beifall.) wenn er wüßte, für welchen hanebüchenen Blödsinn man sich seines Namens bedient. (Lebhafte Zustimmung.)

Wir aber sagen als deutsche, europäische und internationale Sozialdemokraten, und wir sagen es so laut, daß man es in Prag und vielleicht noch ein Stück weiter hören soll: (Lebhafter Beifall.) Wenn das, was sich jetzt in Prag abspielt, den Sozialismus verkörpern sollte, dann haben wir mit diesem Sozialismus nichts mehr zu tun. (Erneuter lebhafter Beifall.)

[...][3] Wir deutschen Sozialdemokraten haben mittlerweile so viel Erfahrungen gesammelt, daß wir zumindest zwischen Sozialismus und Terrorismus unterscheiden können.

[...]

Bevor ich, Parteigenossinnen und Parteigenossen, auf Einzelheiten der Prager Geschehnisse eingehe, möchte ich gern betonen, daß wir allen Grund haben, uns der tschechoslowakischen Tragödie in Ehrfurcht zu nähern. Vergessen wir in dieser Stunde nicht, welches große Leid den Tschechen durch den deutschen Faschismus zugefügt worden ist. (Zustimmung.)

Vergessen wir auch nicht, daß leider allzu große Teile des deutschen Volkes in der damaligen Verblendung sich dazu verleiten ließen, auf die Tschechen herabzusehen, sie zu hunzen und sie zu verfolgen. Erinnern wir uns daran, was unmittelbar im Anschluss an die Errichtung des sogenannten Protektorats 1939[4] geschah. Es wurde auf die Prager Studenten geschossen, und bald danach wanderte die tschechische Intelligenz in die Konzentrationslager, und ein allzu großer Teil von ihr kehrte nie wieder in die Heimat zurück.

Sprechen wir auch ganz offen aus, daß sich ein großer, ich möchte sagen, allzugroßer Teil der sudetendeutschen Bevölkerung in den Jahren nach 1933 leider von den Nazis hat mißbrauchen und aufputschen lassen, wobei ich in diesem Zusammenhang ununtersucht lassen will, ob nicht auch von tschechischer Seite sehr ernste Fehler gemacht wurden, die ein positives Verhältnis der 3 $^{1}/_{2}$ Millionen Deutschen zum tschechoslowakischen Staat erschwerten. Klar ist jedenfalls, daß die bitteren Erfahrungen, die die Tschechen nach 1938 sammelten, eines Tages zurückschlagen mußten. So kam es denn bei der Wiedererrichtung der tschechoslowakischen Republik zu Ausschreitungen, die man zwar in der ersten Phase als unmittelbare Reaktion auf geschehenes Unrecht verstehen, in ihrer Gesamtheit aber auf keinen Fall billigen kann. Es kam zur Austreibung fast der gesamten sudetendeutschen Bevölkerung einschließlich ihrer sozialistischen Freiheitskämpfer, ja auch einschließlich der deutschen Kommunisten. Diese Maßnahme war in leitenden tschechischen Kreisen nicht unumstritten. Es bleibt der Geschichtsforschung vorbehalten, im einzelnen festzustellen, wie stark äußere Einflüsse die Anwendung der Massenvertreibung erzwungen haben, ([Zurufe:] Sehr richtig!) ähnlich wie es wohl auch im polnischen Fall äußere Einflüsse waren, die zu größeren Gebietserweiterungen auf Kosten Deutschlands führten, als selbst der polnischen Exilregierung vernünftig erschien. (Lebhafte Zustimmung.)

In beiden Fällen führte die sogenannte Radikalkur auf Kosten Deutschlands zum Aufgeben der außenpolitischen Handlungsfreiheit der betreffenden Länder. ([Zurufe:] Sehr gut!) Für uns deutsche Sozialdemokraten ist es unmöglich, zu den tief bedauerlichen Vorgängen zu schweigen, die sich an die Niederlage des Nazireiches angeschlossen haben. Für uns gibt es keine doppelte politische Buchführung. ([Zurufe:] Sehr gut!)

Unrecht bleibt Unrecht, auch wenn man es antinazistisch, demokratisch oder volksdemokratisch aufzieht. (Lebhafter Beifall.)

Aber wir deutschen Sozialdemokraten denken keinen Augenblick daran, nationalistischen Haß- und Rachegefühlen auch nur die geringste Konzession zu machen. ([Zurufe:] Sehr gut!) Und so erklären wir denn trotzdem und alledem [sic], was sich zwischen uns und den Regierungen der slawischen Staaten aufgetürmt hat: Wir sind nicht Feinde des tschechischen und slowakischen oder polnischen Volkes und der jugoslawischen Völkerschaften. Wir kennen ihren Leidensweg, und wir hoffen, daß ihnen und uns eine bessere Zukunft in einer friedlichen Welt beschieden sein wird. (Lebhafter Beifall.)

Ich hatte, Parteigenossinnen und Parteigenossen, noch im vergangenen Sommer die Möglichkeit, Prag wiederzusehen, und ich will Ihnen nicht verhehlen, daß mich die dortigen Erlebnisse tief beeindruckten.[5] Man spürte, wie das Volk mit Tatkraft, Frische und Lebendigkeit am Wiederaufbau arbeitete. Es war offenbar, daß die arbeitende Bevölkerung glaubte, ein Stück Sozialismus errungen zu haben, und es war keineswegs so – der Wahrheit die Ehre! –, daß damals offener Terror geherrscht hätte. In der Presse, im Parlament, in Versammlungen und in nächtlichen Diskussionen auf dem Wenzelsplatz wurde lebhaft um die Fragen der Zeit gerungen. Wohl hatten die Kommunisten verstanden, sich zahlreiche Vorteile, nicht zuletzt auf dem Gebiet der Propaganda, zu verschaffen, die ihrer wirklichen Stärke und ihrem faktischen Rückgang in keiner Weise entsprachen, aber man konnte damals noch offen gegen die Kommunisten Stellung nehmen und sich kritisch zur Politik der Regierung äußern. Viele Tschechen lebten in der Vorstellungswelt einer neuen nationalen Revolution, die zugleich Grundlagen einer sozialistischen Republik legen sollte. Sie waren sich alle darin einig, daß für sie eine gegen die Sowjetunion gerichtete Außenpolitik überhaupt nicht in Frage kommen könne. Und das wurde nicht nur mit der geographischen Lage, der slawischen Verbundenheit und den nach dem letzten Kriege entstandenen Machtverhältnissen in Europa begründet, sondern vor allem auch mit den Erfahrungen und Erlebnissen des Jahres 1938.[6] Das Erlebnis von München hatte sich zutiefst in das Bewußtsein des tschechischen Volkes eingeprägt. Es fühlte sich von den Westmächten schmählich im Stich gelassen und sah den einzig möglichen Weg in enger Kooperation mit Rußland. Immer wieder wurde aber auch zum Ausdruck gebracht, daß man sich weder von der abendländischen Kulturgemeinschaft noch vom Handel mit dem Westen ausschließen wolle. Man hoffte, zwischen dem Osten und dem Westen vermitteln zu können. Diese Hoffnung ist zerplatzt. Von Brückentheorien ist nichts übrig geblieben.[7] Wir stellen das ohne Schadenfreude fest. Denn wieviel leichter wäre unsere eigene Lage, wenn es möglich gewesen wäre, solche Brücken zu schlagen! ([Zurufe:] Sehr richtig!)

Seien wir aber realistisch und schauen der Wahrheit ins Auge, ob wir wollen oder nicht. Heute werden leider nicht Brücken gebaut, sondern gesprengt. ([Zurufe:] Sehr wahr!)

Es muß einer späteren Entwicklung vorbehalten bleiben, lebendige Verbindungen zwischen der östlichen und westlichen Welt neu herzustellen. ([Zurufe:] Sehr richtig!)

Die erste Voraussetzung dafür ist heute, daß wir in unserem Teil Europas und der Welt Ordnung schaffen, daß wir unsere eigenen Reihen ordnen und keinen Schritt zurückweichen. (Zustimmung. – Beifall.)

[...]

Eine angesehene englische Zeitung meinte vor einigen Tagen den Sozialdemokraten die Frage vorlegen zu müssen, ob sie nun erst Demokraten und dann Sozialisten oder erst Sozialisten und dann Demokraten seien. Und eine Berliner Tageszeitung haute dieser Tage in die gleiche Kerbe und leistete ihren bemerkenswerten Beitrag zur Herstellung einer demokratischen Front dadurch, daß sie angebliche Gegensätze in der Sozialdemokratischen Partei herausstellte. Wir lehnen diese Fragestellung ab, die Fragestellung: erst Demokraten oder erst Sozialisten? Wir lassen uns überhaupt nicht unsere Diskussionsgrundlagen vorschreiben, ([Zurufe:] Sehr gut!) weder von in- noch von ausländischen Kräften. (Beifall.)

Ich glaube aber, daß ich alle, die wirkliches Interesse und keine Nebenabsichten haben, beruhigen kann, wenn ich feststelle: Die primäre Bedeutung des Kampfes um die demokratischen Grundrechte, um Freiheit, Recht und Menschenwürde ist in der deutschen Sozialdemokratie unumstritten! (Beifall.)

In der Verteidigung dieser Werte werden wir uns von niemandem den Rang ablaufen lassen! (Erneuter Beifall.)

Wir werden mit allen, die darin mit uns einig sind, zusammenstehen, so wie die Berliner Sozialdemokraten am 18. März mit den anderen demokratischen Parteien zusammenstehen werden.[8] Aber wir tun das nicht, obgleich wir Sozialdemokraten, sondern weil wir Sozialdemokraten sind! (Beifall.)

Wir denken doch gar nicht daran, unser sozialistisches Programm zur Sonntagsnachmittags-Angelegenheit machen zu lassen. ([Zurufe:] Sehr gut!)

Denn wir sind zutiefst davon überzeugt, daß in Deutschland und in Europa die Demokratie auf die Dauer nur behauptet werden kann, wenn man sie sozialistisch untermauert. (Beifall.)

[...]

Ich habe, Genossinnen und Genossen, zu denen gehört, die in der Periode des Kampfes gegen den Faschismus enges Zusammengehen aller antifaschistischen Kräfte und auch das Zusammengehen mit den Kommunisten warm befürwortet haben, und ich finde, ich habe darum um so mehr Recht, heute zu sagen, wir können nicht mit denen zusammengehen, die das damalige gemeinsame Programm verraten haben. (Beifall.)

Wir waren gegen den Terror. Die anderen waren darauf aus, selbst terrorisieren zu dürfen. (Beifall.)

Wir haben viel Erfahrungen gesammelt, und es ist an der Zeit, die Lehre zu ziehen. Ich sage Ihnen, Genossinnen und Genossen, wer sich auf die kommunistische Einheitsfront einläßt, geht daran zugrunde! (Lebhafter Beifall.)

Und ich füge dem hinzu: Wer vom Volkskongreß frißt, stirbt daran![9]

[...]

Die Sozialdemokraten Berlins – und dafür gebührt ihnen der Dank der Sozialdemokraten Deutschlands und der Welt – haben vor zwei Jahren ihr unabhängiges Banner aufgerichtet,[10] und die Sozialdemokraten haben sich in der Ostzone seit zwei Jahren auf einem Kampffeld bewegt, dem sich nun andere nähern. Wir kennen den Kampfboden. Wir begrüßen alle, die ihn jetzt auch betreten.

International klären sich die Fronten. Die vielfach angestellten Vergleiche mit München 1938 hinken.[11] Aber richtig ist, daß sich die Westmächte für eine eindeutige Politik entscheiden müssen, durch die der dritte Weltkrieg verhindert werden kann. (Beifall.)

Wir haben doch wahrhaftig am allermeisten Grund, einen neuen Krieg zu fürchten, und es ist doch ein gemeingefährlicher Unsinn, der immer noch wieder in ausländischen Zeitungen verzapft wird, als gingen die Deutschen herum und wünschten sich nichts Sehnlicheres, als daß es bald wieder Krieg gebe.

Ich glaube aber, daß es beim Vergleich mit 1938 noch einen größeren Unterschied gibt. An der Spitze Deutschlands stand damals ein Verrückter. Ich bin nicht in die Geheimnisse des Kreml eingeweiht, aber ich habe Grund zu der Annahme, daß dort Leute mit einigem Sinn für Realitäten sitzen, und ihnen gegenüber erklären wir erneut: Wir sind keine Feinde des russischen Volkes. ([Zurufe:] Sehr richtig!)

Wir sind keine Feinde der Sowjetunion als solcher, und wir bestreiten kein legitimes Interesse der slawischen Völker. Aber wir können erstens zu dem, was sich vor unserer Haustür abspielt, doch nicht schweigen, und wir wollen zweitens nicht, daß man unser eigenes Haus volksdemokratisch ummöbliert. Wir wissen nach den bitteren Erfahrungen der letzten 15 Jahre, was bei uns selbst nottut.

Das Stadtparlament[12] hat gestern zum Ausdruck gebracht, daß Berlin kein neues Prag werden darf und Deutschland keine neue Tschechoslowakei. Berlin stehen sicher noch schwierigere Zeiten bevor. Der Kampf um die Freiheit kann aber kaum verloren gehen, solange die erdrückende Mehrheit der Berliner für ihre Überzeugung einsteht. Natürlich werden außenpolitische Kräfteverhältnisse eine entscheidende Rolle spielen. Aber Voraussetzung der moralischen, wirtschaftlichen und sonstigen Hilfe von außen ist der eigene Behauptungswille. Und außerdem können sich die außenpolitischen Kräfteverhältnisse kaum zu unseren Ungunsten verändern. Nach dem Sieg der Nazis hieß es überall in den anderen Ländern: „It can't happen here", hier kann es nicht geschehen. Heute fragt man, oder mancher Berliner fragt: „Wird es hier geschehen?" Und wir sagen: Es darf hier nicht geschehen! (Beifall.)

Ich komme zum Schluß, Genossinnen und Genossen, die Lehre von Prag zieht [sic] den prinzipiellen Gegensatz auf zwischen dem totalitären Kommunismus und dem demokratischen Sozialismus. Daraus haben wir alle Folgerungen zu ziehen. Den eventuellen

Zweiflern – sollte es sie geben – möchte ich sagen: Es würde euch doch nichts nützen! Für die anderen sind alle die Feinde, die nicht bedingungslos kapitulieren. ([Zurufe:] Sehr richtig!)

Sie sind ohne Hemmungen. Sie haben in der Tschechoslowakei gezeigt, dass sie bereit sind, alles zu zerstören, auch die nationale Einheit.

Aber auch ein Wort nach der anderen Seite. Da gibt es Leute, die uns belehren wollen, wir müßten uns über unser Programm klar werden, Leute, die es für richtig halten, die Losung „Fort vom Marxismus!" zum Mittelpunkt der politischen Diskussion zu machen. Das würde meiner Überzeugung nach zu einer völligen Verwirrung der Begriffe in Deutschland führen. Wer hat nicht übrigens schon alles unter dieser Parole gekämpft! Außerdem: Was sich dort abspielt, hat doch mit dem Marxismus ebenso wenig zu tun wie die Volksdemokratie mit der Demokratie. ([Zuruf:] Sehr gut! – Beifall.)

Wir hängen weder einer marxistischen noch einer anderen Orthodoxie an. Wir sind deutsche demokratische Sozialisten mit europäischem Programm und internationalem Verständigungswillen. (Beifall.)

Das Programm und die Politik der deutschen Sozialdemokraten bestimmt aber niemand anders als die deutschen Sozialdemokraten selbst! (Lebhafter Beifall.)

An uns soll es nicht fehlen, in Deutschland in der Zeit seines schwierigsten Wiederzusammenfindens eine echte nationale Solidarität aufkommen zu lassen. Das ist offenbar in Berlin leichter als in manchen anderen Teilen Deutschlands. Ich möchte aber – und ich hoffe, ich befinde mich im Einverständnis mit meinen Berliner Freunden – klar auszusprechen [sic]: wir machen in Berlin keine Taktik, die der Politik der Sozialdemokratie im übrigen Deutschland nicht entspräche oder ihr gar entgegengesetzt wäre. ([Zurufe:] Sehr gut!)

Wir sind keine in Zonensektionen aufgespaltene Partei, wir sind die einheitliche Sozialdemokratische Partei Deutschlands! (Beifall.)

Und wir können eine echte nationale Verbundenheit und Solidarität nicht so schaffen, daß wir die Lebensinteressen derjenigen opfern, von deren Vertrauen wir abhängen. Das arbeitende deutsche Volk kann verlangen, daß diejenigen, die heute alles haben – und im Westen gibt es viele, die alles haben –, sich zunächst bereit finden, denen etwas zu geben, die nichts haben. Ohne eine solche Änderung der Geisteshaltung und sozialen Einstellung würde die Parole vom Zusammenrücken ein leeres Gerede bleiben. ([Zurufe:] Sehr gut!)

Ich glaube, daß es des erlösenden Appells an das Volk, vor allem auch an die Jugend, bedarf. Aber es gilt, erst die Voraussetzungen dafür zu schaffen, daß dieser Appell dann auch gehört wird. Und zu diesen Voraussetzungen gehört nicht, daß man den Versuch macht, der deutschen Sozialdemokratie das Wasser abzugraben. Torpedierungsversuche sind übrigens von vornherein zum Scheitern verurteilt.

Wir müssen, um noch einen Punkt anzudeuten, den kommunistischen Arbeitern sagen dort, wo ihnen noch die Freiheit der Entscheidung geblieben ist, daß nicht sie unsere Feinde sind. Unsere unerbittlichen Widersacher aber sind die Drahtzieher des Kominform,[13] dessen Weg durch Blut, ja ich kann sagen, durch Arbeiterblut gekennzeichnet ist. (Beifall.)

Um die Gewinnung der ehrlichen kommunistischen Arbeiter werden wir weiter ringen. Sie sollten aber nun langsam begreifen, für welche verderblichen Zwecke sie mißbraucht worden sind und mißbraucht werden.

Wir haben weiter die Folgerung zu ziehen, daß jene Ausschüsse des Volkskongresses, die jetzt gebildet werden und gebildet werden sollen, nichts anderes sind als eine Variante der tschechischen Aktionskomitees. ([Zurufe:] Sehr gut!)

Und damit enthüllt sich der wahre Charakter des Volkskongresses. Er wird in die Geschichte eingehen als der Kongreß der Feinde des Volkes. ([Zurufe:] Sehr richtig!)

Und schließlich ein Wort des Trostes. Die tschechoslowakische Republik war erst 20 Jahre alt, als sie 1938 zertrümmert wurde. Sie ist 1945 wiedererstanden. Das Rad der Geschichte dreht sich manchmal langsam, manchmal aber auch sehr schnell. Die tschechoslowakische, die deutsche, die europäische Freiheit sind nicht verloren, solange es Menschen gibt, denen die Freiheit mehr wert ist als irgendetwas anderes, was ihnen ihr Schöpfer gegeben hat. (Starker, anhaltender Beifall.)

Nr. 3
Aus dem Schreiben Brandts an seine Verlobte, Rut Bergaust
13. April 1948

Privatbesitz (Übersetzung aus dem Norwegischen: Katharina Woellert).

Liebling,
ich hatte heute einen wunderbaren Flug von Bückeburg nach Berlin. Kam vor einer halben Stunde nach Hause. Hier ist nichts von Bedeutung passiert. Aber ich habe Briefe von Dir vorgefunden, und das hat mich sehr gefreut. Es war der Brief, den Du auf der Fähre geschrieben hattest, und der andere, den Du am 5. [April] in Hamar, also letzten Montag, schriebst.
　　Es ist nichts dabei, dass Du ein bisschen nervös warst. Aber es besteht kein Grund, meinetwegen besorgt zu sein.[1] Schau, gerade jetzt ist es wichtig, hier weiter zu machen. Wenn Berlin aufgegeben wird, hat das verhängnisvolle Konsequenzen für den Rest Deutschlands und für ganz Westeuropa. Deswegen können die Westalliierten auch nicht fort von hier, selbst wenn sich die anderen alle möglichen Schwierigkeiten in Bezug auf den Transport und die übrige Kommunikation ausdenken. Ich glaube sogar, dass es nur eine Möglichkeit gibt, um die Westmächte aus Berlin herauszubekommen, und zwar, wenn es zum Krieg kommen sollte. Wie Du weißt, halte ich das für wenig wahrscheinlich. Und außerdem ist es dann fast gleichgültig, wo man ist, wenn erst diese Konsequenz aktuell werden sollte. Ansonsten denke ich, dass wir hier noch ein Jahr lang oder so bleiben sollten. Später werden wir dann vielleicht einen ruhigeren Ort für

uns finden. Aber dann besteht die Gefahr, dass es weniger interessant wird.

Es gibt auch keinen Grund daran zu zweifeln, dass man nicht hier heraus kommt, wenn etwas Unvorhergesehenes geschehen sollte. Ich bin in der Tat sehr viel ruhiger als früher in kritischen Zeiten. Dazu trägt natürlich auch bei, dass mein Gewissen rein ist.

Nun dauert es auch nicht mehr so lange, bis Du wieder hier bist. Dann können wir über alles sprechen. Und Du wirst merken, dass manche Dinge hier weniger aufregend erscheinen, als aus der Ferne betrachtet.

[...]²

Eine dicke Umarmung von Deinem ‹Willy›³

Nr. 4
Aus dem Bericht Nr. 71 des Vertreters des SPD-Parteivorstandes in Berlin, Brandt, an den SPD-Parteivorstand in Hannover
25. Juli 1948

AdsD, WBA, A 6, 56.

Berliner Fragen.
[...]¹

4.) Gestern wurde im Landesausschuss ausführlich über die, milde gesagt, prekäre Finanzlage der Berliner Partei gesprochen. Die Finanzkommission unterbreitete eine Reihe von Vorschlägen, die vor allem auf Einschränkungen einerseits und Sonderleistungen der hochbesoldeten Mitglieder andererseits hinausliefen.

Im Verlauf der Diskussion wurde der Vorschlag gemacht, den westdeutschen Genossen anheimzustellen, für eine Zeit von drei Monaten monatlich 20 Pfennig extra für den Berliner Kampf zu kleben. Ich habe mich verpflichtet, diese Anregung dem P[artei]V[orstand] zu unterbreiten. Zu gleicher Zeit habe ich aber Gelegenheit genommen, dem Landesausschuss zu sagen, dass die finanzielle Krise trotz aller Schwierigkeiten im wesentlichen aus eigener Kraft überwunden werden könnte. Ich habe ihnen vorgerechnet, dass man auf einen Schlag 300 000 [Deutsche] Mark zusammenbringen könnte, wenn man die Genossen mit 500 Mark und mehr Einkommen ein „Freiheitsopfer" von 5 % des Gehalts und die anderen 3 % bezahlen liesse. Das wurde so nicht akzeptiert, aber die Anregung eines Freiheitsopfers wurde aufgegriffen. U. a. soll an unsere Wähler appelliert werden.

5.) In Nr. 68 berichtete ich von zwei angeblichen Sozialdemokraten, die mit der SED einen offenen Brief an den Magistrat unterschrieben hätten. Die entsprechenden Zeitungen übermittle ich Euch gesondert.

Es handelt sich um [Hans] Bullerjahn und Kuhnt, die keine Funktionen in der Partei hatten. Sie waren bis Mai d. J. beim Haupternährungsamt beschäftigt und ‹sind›[2] dann zum Rumpfkonzern übergewechselt. Es ist bezeichnend, dass die Kommunisten in der gegenwärtigen Lage nicht in der Lage waren (oder es vielleicht auch noch nicht für opportun hielten), irgendeinen Funktionär aus der Parteiorganisation herauszubrechen.[3]

6.) Zu Eurer Information möchte ich mitteilen, dass ich diesen Monat bisher neben meiner übrigen Arbeit und obgleich ich etwa eine Woche im Westen war, folgende Vorträge in Berlin gehalten habe: öffentliche Versammlungen in Kreuzberg, in Reinickendorf und Zehlendorf, Mitglieder- bzw. Kreisdelegiertenversammlungen in Tempelhof, Wilmersdorf und Köpenick, eine zentrale Funktionärskonferenz in der Neuen Welt, eine Frauenkonferenz in der August-Bebel-Schule sowie ein Referat vor dem Landesausschuss.

Den Genossen in den Kreisen kommt es offenbar darauf an, gerade während dieser Krise die Zusammengehörigkeit mit der Gesamtpartei auch durch meinen Einsatz zum Ausdruck zu bringen, und ich habe darum mehr Vorträge übernommen, als mir lieb waren. Besonders eindrucksvoll war die Mitgliederversammlung Freitagabend in Köpenick. Die Genossen haben mich beauftragt, dem Parteivorstand herzliche Grüsse und das Versprechen zu übermitteln, dass sie treu bleiben werden, was auch kommen möge. Die Russen hatten einen Antrag, mich dort am vorigen Sonntag öffentlich sprechen zu lassen, als „Provokation" abgelehnt. Eigenartigerweise kam dann die Genehmigung des internen Referats am Freitag, obgleich [Hermann] Matern einige Tage vorher seine Kampagne wegen der angeblichen Mordhetze gestartet hatte. Ich habe darauf scharf geantwortet und den mitschreibenden Russen auch sonst einiges mit auf den Weg gegeben.[4]

7.) Schliesslich möchte ich nicht versäumen, Euch darauf aufmerksam zu machen, dass Genossen in der Ostzone in Gesprächen wie auch in Briefen an unsere hiesigen Zeitungen der gesteigerten Befürchtung Ausdruck geben, dass sie abgeschrieben worden seien. Wir müssen dieser Stimmung etwas entgegensetzen.

Nr. 5
Aus der Aktennotiz des Vertreters des SPD-Parteivorstandes in Berlin, Brandt, für den SPD-Parteivorstand in Hannover Oktober 1948[1]

AdsD, WBA, A 6, 56.

Betr.: Arbeit des Berliner Sekretariats.
Seit Beginn dieses Jahres haben sich Aufgaben und Arbeitsbedingungen des Berliner Sekretariats weitgehend geändert. Vor allem sei auf folgende Faktoren hingewiesen:
　　a) durch die Auflösung des Kontrollrats und die Neugestaltung im Westen ist es zu einer Verlagerung verschiedener alliierter Dienststellen gekommen. Bei den Amerikanern gilt das u. a. für die Abteilungen der „Civil Administration", mit denen früher besonders enger Kontakt bestand. Die Franzosen haben die meisten ihrer politischen Vertreter nach dem Westen geholt. Bei den Engländern fällt der Abzug nach dem Westen zunächst am wenigsten ins Gewicht. Er

wird aber auch hier stärker in Erscheinung treten, falls eine gewisse Klärung der Berliner Lage eintritt.²

b) das Vorgenannte soll nicht besagen, dass es etwa nun und in der Zukunft weniger wichtig sei, den Kontakt mit den alliierten Dienststellen in Berlin zu pflegen. Es wird sich dabei aber im wesentlichen – vom eigentlichen Berliner Problem abgesehen, das gewiss wichtig genug ist – um einen politisch-informatorischen Kontakt handeln, während die praktischen Fragen für den Westen mit Vertretern im Westen selbst besprochen werden müssen. Hinzu kommt die Änderung des Verhältnisses der Alliierten zur deutschen Verwaltung, Presse usw. Auf die Dinge, die mit dem Wirtschaftsrat³ zusammenhängen, kann etwa von hier aus kaum noch Einfluss ausgeübt werden.

c) unverändert wichtig ist die Verbindung mit der internationalen Presse, die in Berlin weiterhin stärker und repräsentativer anzutreffen ist als irgendwo sonst in Deutschland. Wegen Mangels an geeigneter Mitarbeit ist es bisher nicht möglich gewesen, die ausländischen Korrespondenten so zu „pflegen", wie es sachlich erforderlich wäre. Der Kontakt mit den Militärmissionen (d. h. den Gesandtschaften der mittleren und kleineren Staaten) könnte und sollte auch ausgebaut werden.

d) die tägliche Verbindung mit der Berliner Parteiorganisation ist wichtiger denn je. Ohne sie würde das Berliner Sekretariat des P[artei]V[orstandes] in der Luft hängen. Es handelt sich hierbei allerdings um eine einfache Unterstützung (und gewisse Vermittlung), während nennenswerte politische Probleme zwischen Berlin und Hannover in diesem Jahr nicht entstanden und auch nicht zu erwarten sind.

e) auf Wunsch der für die Ostarbeit zuständigen Genossen habe ich mich ihnen für eine Reihe von Besprechungen und auch für die Mithilfe bei Regelung verschiedener Fragen zur Verfügung gestellt. Die Tendenz dieser Arbeit deutet nicht darauf hin, dass die Inanspruchnahme geringer werden könnte.

Die Ungeklärtheit der Berliner Lage spricht gegen grössere Veränderungen der Arbeit des Sekretariats. Anderseits kommen wir um einige Veränderungen nicht herum, wenn das Sekretariat überhaupt einen Sinn haben soll. Ich gehe bei nachstehenden Vorschlägen davon aus, dass in der Leitung des Sekretariats für die nächsten Monate keine Änderung eintritt.

[...]⁴

Ein weiterer Vorschlag bezieht sich auf die Schaffung einer Pressestelle für die Belieferung unserer Zeitungen im Westen mit solidem politischem Material über Berlin (eventuell auch die Zone). Massgebende Parteiredakteure haben sich wiederholt darüber beklagt, dass sie in dieser Beziehung nicht besser bedient würden. Man sollte darum annehmen, dass sie sich Berliner Korrespondenzen auch etwas kosten lassen würden und dass eine solche Stelle (für den Anfang mit nicht mehr als einem Korrespondenten und einem technischen Mitarbeiter besetzt) sich selbst finanzieren könnte. Meiner Meinung nach wäre es am besten, diese Pressestelle dem hiesigen „Sozialdemokrat" anzugliedern. Ob sie auch formell ein Teil unseres hiesigen Parteiorgans sein oder als Berliner Ableger des „Sozialdemokratischen Pressedienstes" aufgezogen werden sollte, bitte ich Euch zu überlegen und zu entscheiden.⁵

Aus Interesse an dieser Arbeit und wegen der wünschenswerten Koordinierung würde ich es für zweckmässig halten, dass dieser Pressevertreter in gewisser Weise mit dem Berliner Sekretariat verbunden wäre. Vielleicht könnte er mich auch ein wenig beim Kontakt mit ausländischen Korrespondenten entlasten.

Was die Zonenarbeit angeht, so habe ich den zuständigen Genossen bereits gesagt, dass ich noch weniger als bisher bei der Lösung technisch-organisatorischer Fragen behilflich sein kann.⁶ Das geht einfach auf Kosten meiner eigentlichen Arbeit. Andererseits wünsche ich natürlich nicht, dass die Zusammenarbeit gelockert wird. Mir würde auch sehr daran liegen, dass ein weiterer Mitarbeiter dieses Ressorts unter dem Gesichtspunkt seiner besonderen Eignung für die politische Bearbeitung des kommunistischen Sektors ausgewählt würde. Auf dem Gebiet ist viel zu machen.

Nr. 6
Aus der Rede des Vertreters des SPD-Parteivorstandes in Berlin, Brandt, auf der Konferenz der Kreis- und Abteilungsfunktionäre der Berliner SPD
14. Januar 1949

SPD-Mitteilungen für Funktionäre des Landesverbandes Groß-Berlin, Februar 1949, S. 1–9.

Die weltpolitische Lage und die Aufgaben der SPD

[...][1]

Das Berliner Problem

Die russische Beharrlichkeit in der Berliner Frage ist nicht ganz unverständlich. Ohne Berlin ist eine wirkliche Konsolidierung der Ostzone im kommunistischen Sinne nicht zu erreichen, und die Wirkung der Kombination von Luftbrücke und zivilem Widerstand auf den Ostblock ist sicher nicht niedrig einzuschätzen. Eben aus der gesamtdeutschen Funktion ergibt sich für das Volk von Berlin und die Berliner SPD eine ungeheure Verpflichtung über die nackte Selbstbehauptung hinaus. Der Druck in der Ostzone hat sich verschärft; die Lebensbedingungen haben sich verschlechtert. Zu einer Regierungsbildung ist es bisher nicht gekommen, und um den Volkskongreß ist es ziemlich still geworden. Die SED befindet sich in einem Zustand, der mehr einer Fäulnis als einer Krise gleichkommt. Es können sich neue Probleme dann ergeben, wenn der Versuch gemacht werden sollte, die Anerkennung eines deutschen Oststaates gegen entsprechende Anerkennung einer deutschen Bundesrepublik im Westen auszutauschen. Als deutsche Sozialdemokraten müssen wir dazu von vornherein erklären, daß wir einen solchen Kuhhandel nicht mitmachen würden.

Die Westmächte, denen durch unklare Kriegsabkommen[2] die Hände gebunden waren, haben sich dem Bann des Berliner Geschehens nicht entziehen können. Keine wichtigen wirtschaftlichen oder strategischen Interessen binden sie an Berlin. Sie sind eine Verpflichtung gegenüber moralischen Kräften eingegangen, auf die sie in ihren eigenen Ländern nicht verzichten können, während sich die sowjetische Politik einer völligen Verkennung der Macht der Ideen schuldig macht.

Gegen erneute Schwankungen in der Berliner Frage sind wir allerdings nicht gefeit. Im Gegensatz zur Situation im Sommer 1948 kann es sich jedoch nicht mehr um eine Preisgabe Berlins handeln. Wir haben seitdem erlebt, daß man sich nicht nur in der Währungsfrage bemüht hat, weitere Verhandlungsmöglichkeiten offenzulassen, und es ist kein Geheimnis, daß sogar Stimmen für eine Verschiebung der Wahlen laut wurden. Von englischer Seite wurde nie ein Hehl daraus gemacht, daß man neue Verhandlungen nicht allzusehr erschweren möchte, und auf amerikanischer Seite ist auch nicht alles so klar, wie man auf Grund einiger forscher Erklärungen annehmen könnte. Wir sollten auch nicht aus den Wolken fallen, wenn wir in ausländischen Zeitungen lesen, daß es so auf die Dauer nicht weitergehen könne. Das ist doch auch u n s e r e Auffassung. Es fragt sich nur, w a n n , w o und über w a s verhandelt wird.

Vor neuen Verhandlungen

Zu einer realistischen Einschätzung gehört, daß man sich nicht für den Nabel der Welt hält. Das gilt auch für Berlin. Andererseits können wir stolz darauf sein, daß die dieser Stadt zugefallene Aufgabe europäischer Abwehr und deutscher Regeneration nicht unerfüllt geblieben ist. Es gibt keine Demokratie ohne Verhandlung, aber es gibt Dinge, über die der Demokrat nicht mit sich handeln läßt.

Unsere erste Aufgabe bestand international gesehen in einer Überbrückung. Diese Aufgabe ist mit Unterstützung der Luftbrücke für die erste Phase insofern gelöst, als der Anschluß an das Frühjahr gesichert ist. Manche Anzeichen deuten darauf hin, daß sich im Laufe des Frühjahrs Gespräche zwischen den Westmächten und der Sowjetunion anbahnen können, die sich sicher nicht nur auf Berlin beziehen würden. Die Basis einer Verständigung ist allerdings beim besten Willen noch nicht erkennbar. Daß für uns die Anerkennung einer mehr oder weniger permanenten Teilung Deutschlands nicht in Frage kommt, wurde bereits gesagt. Daß wir die Durchführung eines faulen Kompromisses in bezug auf Berlin so schwer wie möglich machen würden, versteht sich von selbst.

Mit der Entscheidung über Berlin wird viel mehr entschieden als das Schicksal der Bürger dieser Stadt. Nicht ohne Grund hat die Sozialdemokratie bereits vor über einem Jahr die Einbeziehung Berlins in den Wirtschaftsrat und später die vollberechtigte Teilnahme an den aus den Bonner Beratungen hervorgehenden Organen gefordert. Wenn Berlin eines Tages fester Bestandteil der Bundesvertretungen sein wird, gibt es kein isoliertes Berliner Problem mehr. Dann dreht es sich um 50 Millionen Deutsche.

[. . .]³

Partei-Volksbewegung

In Berlin hat sich um die Sozialdemokratie eine Volksbewegung entwickelt.⁴ Das wäre nicht möglich gewesen, wenn wir nicht den in der gegenwärtigen Auseinandersetzung entscheidenden Punkt zur entscheidenden Frage unserer Politik gemacht hätten. Die Aufgabe aber besteht darin, aus der Freiheitsbewegung eine Bewegung für das Aufbauwerk des demokratischen Sozialismus zu machen. Das wird nicht möglich sein, ohne daß wir allerlei Schlacken abstoßen.

Haben wir zum Beispiel schon die Folgerungen aus der Tatsache gezogen, daß der größte Teil der Wähler aus F r a u e n – zum großen Teil nicht Hausfrauen – besteht? Tragen die noch weitgehend traditionellen Formen unserer Frauenarbeit dieser Tatsache Rechnung?

Sind wir in der J u g e n d a r b e i t schon aus dem Sektierertum herausgekommen, und haben wir die Sprache gefunden, mit der wir der jungen Generation eine politische Heimat anweisen können?

Können wir erwarten, daß sich die neu zu uns stoßende I n t e l l i g e n z mit der Atmosphäre der Zahlabende befreundet?

Und vor allem: Denken wir immer daran, daß die A r b e i t e r - s c h a f t weiterhin die soziale Hauptbasis der Sozialdemokratie ist und bleiben soll und daß ihr Gewicht dann auch gegenüber dem administrativen Element in der Partei zur Geltung kommen muß?

Die Sozialdemokratie wird ihre Aufgabe nur erfüllen können, wenn sie eine Partei bleibt, die sich in der Auseinandersetzung mit den internationalen und nationalen Problemen dauernd erneuert. Sie darf nicht selbstgefällig und rein administrativ werden, sie darf nicht schwimmen, sondern muß führen und aktiv sein.

Selten hat eine Partei eine solche Verantwortung vor ihrem Volk und der Geschichte gehabt, das heißt: vor den Millionen einfacher Menschen.

Nr. 7
**Artikel des Vertreters des SPD-Parteivorstandes in Berlin, Brandt, für den *Sozialdemokratischen Pressedienst*
6. April 1949**

Sozialdemokratischer Pressedienst, Nr. 41 vom 6. April 1949, S. 1 f.

Eine demokratische Insel im Sowjetmeer

W[illy]B[randt] Überall in Deutschland weiß man, daß die Sozialdemokratie in der russischen Zone verboten ist und daß ihre Anhänger brutal verfolgt werden. Weniger bekannt ist, daß es ein Stück sowjetisch beherrschten Territoriums gibt, auf dem sich die SPD bis jetzt behaupten konnte. Es handelt sich um den Ostsektor Berlins, der fast völlig mit der Ostzone gleichgeschaltet worden ist. Das Vorhandensein einer legalen und echten sozialdemokratischen Organisation zeigt, daß die Sowjets in Berlin noch nicht alle Brücken abgebrochen haben.[1]

Das ist aber nur die eine Seite der Sache. Die andere besteht darin, daß die Sozialdemokraten im Ostsektor eine bewundernswerte Überzeugungstreue an den Tag gelegt und allen Versuchen der Zersetzung und Drangsalierung widerstanden haben. Vor drei Jahren behauptete sich die SPD Westberlins gegen die Zwangsvereinigung. Die Partei in den Ostbezirken der Stadt durfte zwar an der historischen Urabstimmung nicht teilnehmen, durch Beschluß der Alliierten Kommandantur wurde aber die SPD in ganz Berlin aufrechterhalten. Das war der Preis, den die Kommunisten für die Zulassung der SED in den Westsektoren zahlen mußten.

Heute gibt es keine Viermächte-Kommandantur mehr, und der Ostsektor wird von einem Stadtsowjet regiert, der sich Magistrat nennt.[2] Aber es gibt heute noch immer 13 000 organisierte Sozialdemokraten in diesem Teil von Groß-Berlin. Die Mitgliederbewegung ist leicht rückläufig, was sich aus dem vorhandenen Druck erklärt, der – von Verhaftungen ganz abgesehen – bis zur Brotlosmachung und Exmittierung gesteigert wird.

Dennoch konnte bisher ein zwar beengtes, aber aktives Parteileben aufrecht erhalten werden. Es gibt im Ostsektor acht Kreisorganisationen. Während der letzten Wochen haben in allen acht Kreisen Delegiertentage stattgefunden, auf denen die Vorstände ordnungsgemäß gewählt wurden. Was es heißt, im russischen Machtbereich eine unabhängige sozialdemokratische Organisation aufrecht zu erhalten, mag an ein paar Beispielen illustriert werden. Im Laufe der letzten Monate sind im Ostsektor 2 027 politische Maßregelungen in öffentlichen Verwaltungen und Betrieben erfolgt. 75 Prozent der Betroffenen sind Sozialdemokraten, und zu ihnen kommen noch Hunderte, die aus den Konsumvereinen und nichtstädtischen Betrieben entlassen wurden. Eine Reihe führender Sozialdemokraten hat den Ostsektor verlassen müssen. Eine Reihe von Verhaftungen ist in der letzten Zeit deswegen erfolgt, weil die Verhafteten um den Vertrieb sozialdemokratischer Zeitungen bemüht waren. Besonderem Druck sind die „Falken" ausgesetzt, die von russischer Seite als „Terrororganisation" bezeichnet werden.[3]

Für sozialdemokratische Versammlungen stehen Schulräume und andere öffentliche Lokale nicht mehr zur Verfügung. Weil in zahlreichen Fällen die vorgesehenen Redner nicht zugelassen wurden – die führenden Mitglieder der Berliner Sozialdemokratie haben seit langem generelles Redeverbot –, sind wiederholt Versammlungen für den Ostsektor innerhalb der westlichen Sektoren durchgeführt worden. Zum Druck gehören auch zahlreiche Verhöre und mehr oder weniger glimpfliche „Einflußnahmen". Die russischen Maßnahmen differieren von Kreis zu Kreis und von Zeit zu Zeit. Neuerdings sind sämtliche politische Offiziere abgelöst worden, und es bleibt abzuwarten, ob sich an diesen Personenwechsel eine neue Praxis anschließt.

Die Sozialdemokraten haben keinerlei Anteil am kommunalpolitischen Leben des Ostsektors, weil sie keine Loyalitätserklärungen für den Stadtsowjet unterschreiben konnten. Sie haben sich auch aus den kommunalen Ehrenämtern zurückgezogen, nachdem die Kommunisten die gewählten Selbstverwaltungskörper aufgelöst und Blockausschüsse an ihre Stelle gesetzt hatten. So gut wie alle Betriebsräte der SPD sind gemaßregelt worden.[4]

Bezeichnend ist, daß auf keinem der acht Kreisdelegiertentage des Ostsektors Opposition gegen die Politik des Berliner Landesverbandes zum Ausdruck kam. Damit ist auch die Erklärung gegeben, warum es den Kommunisten bisher nicht gelungen ist, eine „oppositionelle" Ost-SPD auf die Beine zu stellen. Versuche sind am laufenden Band unternommen worden, aber immer handelte es sich bei den in der KP-Presse vielfach zitierten „Oppositionellen" um nicht mehr als einige Dutzend Leute, die sich alle dadurch auszeichnen, daß sie sich beim Stadtsowjet in Amt und zweifelhaften Würden befinden.[5]

Einige der zuständigen Russen haben ihren Unwillen darüber erkennen lassen, daß man sie mit falschen Berichten über die Lage innerhalb der Berliner Sozialdemokratie zum Narren gehalten hat. Sie müßten mittlerweile erkannt haben, daß sie die SPD in ihrem Berliner Sektor zwar behindern oder auch verbieten, nicht aber „erobern" können.

Nr. 8
Bericht Nr. 284 des Vertreters des SPD-Parteivorstandes in Berlin, Brandt, an den SPD-Parteivorstand in Hannover
18. und 21. Juni 1949

AdsD, WBA, A 6, 58.

Berlin und die Wahlen zum Bundestag.

Am 30. 5.[1949] teilte ich (Bericht [Nr.] 265) mit, dass sich der Berliner L[andes]V[orstand] auf den Standpunkt gestellt habe, die Wahl der acht Berliner Abgeordneten zum Bundestag solle wenn irgend möglich direkt erfolgen. Franz Neumann wies damals auf die damit verbundenen Schwierigkeiten hin, aber die Genossen waren im übrigen der Meinung, dass gewichtige politische Interessen eine Teilnahme der Berliner Westsektoren an den Wahlen zum B[undes]T[ag] erwünscht erscheinen lassen. Persönlich machte ich in Ergänzung zu den allgemein-politischen Gesichtspunkten darauf aufmerksam, es könne unserer Partei nicht gleichgültig sein, ob ihrer Gesamtstimmenzahl am Abend des 14. August [1949] einige hunderttausend Berliner Stimmen hinzugezählt werden könnten – und zwar völlig unabhängig davon, ob sich das auch in der Zahl der Mandate ausdrücken würde.[1]

Otto Suhr wurde auf der erwähnten Sitzung beauftragt, für eine entsprechende Änderung des Wahlgesetzes einzutreten. Der ursprüngliche Text des P[arlamentarischen]R[ats] sah vor, die Berliner Vertreter sollten von der Stadtverordnetenversammlung aus deren Mitte (das Letztere war ohne Zutun der Berliner Vertreter in Bonn hineingekommen) gewählt werden. Im inzwischen erlassenen Wahlgesetz heisst es lediglich, dass Berlin 8 Vertreter mit beratender Stimme entsendet.

Der Wahlmodus ist demnach eine Angelegenheit der Stadtverordnetenversammlung. Der L[andes]V[orstand] hatte in seiner letzten Sitzung am 13. d[e]s [Monats] (Bericht Nr. 275) den vorhergehenden Beschluss zugrundegelegt und sich mit den durchzuführen-

Willy Brandt als Vertreter des SPD-Parteivorstandes in Berlin zusammen mit dem Vorsitzenden der bayerischen SPD, Waldemar von Knoeringen (M.), und dem Vorsitzenden der Berliner SPD, Franz Neumann (r.), auf einer Pressekonferenz des SPD-Parteivorstandes am 12. Februar 1949 in Hannover

den direkten Wahlen befasst. Die Vorbereitungen sollten im heutigen Landesausschuss besprochen werden. In diesem Zusammenhang mag Erwähnung finden, dass manche unserer urteilsberechtigten Berliner Freunde durchaus nicht die Auffassung teilen, dass uns Wahlen in diesem Sommer einen (nennenswerten) Rückschlag verglichen mit dem 5. Dezember einbringen würden.[2]

Als Otto Suhr vorgestern nach Berlin zurückkam, erklärte er auf einer Pressekonferenz, dass gleich viele Gründe für und gegen eine allgemeine Wahl sprächen. Die B[undes]T[ags]-Wahlen seien die erste einheitliche Willenskundgebung all der Deutschen, die die Möglichkeit dazu hätten, und es sei zu fragen, ob sich Berlin davon ausschliessen solle. Ausserdem würde die Autorität gewählter Abgeordneter grösser sein als die von Delegierten. Andererseits würde die Wahl einer Anerkennung der beschränkten Zahl von acht Abgeordneten gleichkommen. Ausserdem sei zu bedenken, dass die Berliner Abgeordneten nicht stimmberechtigt sind, und es sei die Frage, ob man unter diesen Umständen allgemein wählen solle. Schliesslich gab Suhr noch der Meinung Ausdruck, dass die Alliierte Kommandantur wahrscheinlich allgemeine Wahlen nicht genehmigen würde.

Was den letzten Punkt angeht, so ist es ziemlich sicher, dass sich die Franzosen solchen Wahlen widersetzen werden. Bei einer Unterhaltung mit den Amerikanern erfuhr ich jedoch gestern, dass dort keine negative Haltung zu verzeichnen war. Man stellte sich sogar auf den Standpunkt, dass eine Verhinderung der Wahl auf Grund des kleinen Besatzungsstatuts[3] nicht möglich sein würde. Ich muss allerdings hinzufügen, dass die betr[effenden] Amerikaner die Angelegenheit nach unserer Unterhaltung noch näher prüfen wollten.

M[eines] E[rachtens] spricht der Verlauf der Pariser Konferenz in besonderem Masse für Wahlen in Berlin.[4] Dazu kommt noch etwas anderes. Ich sprach vorgestern abend in Steglitz und kommentierte die am Nachmittag im „Kurier" registrierte Äusserung Adenauers, Wahlen in Berlin seien „Unsinn". An keinem Punkt meiner Rede erhielt ich so starken Beifall wie hier, wo ich gegen Adenauer polemisierte. Die Berliner wollen durch die Abstimmung ihre Verbundenheit mit der Bundesrepublik dokumentieren. Adenauer war blöd genug, sich ähnlich zu verhalten, wie bei seinem vorletzten Berliner Besuch mit der Äusserung, er wisse noch nicht, wo die deutsche Hauptstadt liegen werde. Unabhängig davon, ob sich die Alliierten nicht doch noch einschalten, sollten wir der CDU die Sache nicht allzu leicht machen.

Im übrigen wird die Sache heute im hiesigen L[andes]A[usschuss] behandelt werden, und ich werde dann darüber berichten.

W[illy]B[randt] Ergänzung zu Bericht Nr. 287[5]

Berliner Fragen
Die Stadtverordneten-Fraktion [der SPD] hat sich gestern gegen 7 Stimmen auf den Standpunkt gestellt, dass wir nicht für die Urwahl der acht Berliner Vertreter zum Bundestag eintreten sollten. Es wurde

eine Entschliessung angenommen, die davon ausgeht, dass aufgrund des Pariser Ergebnisses die Forderung nach Einbeziehung Berlins als 12. Land erneut erhoben werden müsste.

Es ist jetzt eine etwas unglückliche Lage entstanden. Der Landesausschuss hatte sich gegen wenige Stimmen für Urwahl ausgesprochen, und die Presse veröffentlichte Sonntag eine gemeinsam formulierte Entschliessung.

Das Durcheinander wird dadurch noch grösser, da sich die Berliner CDU gestern für die Urwahl ausgesprochen hat. Schwennicke[6] äusserte sich im gleichen Sinne, wobei ich allerdings nicht weiss, ob schon ein Beschluss einer Partei vorliegt. Die Sache wird nun heute in der Stadtverordneten-Versammlung entschieden, sicherlich im Sinne des gestrigen Fraktionsbeschlusses.[7]

Persönlich bin ich der Meinung, dass die Forderung auf rasche Einbeziehung in den Bund illusionär ist. Gerade darum wäre es meiner Meinung nach besser gewesen, durch Wahlen am 14. August die Verbundenheit mit dem Westen demonstrativ zum Ausdruck zu bringen. Falls die Alliierten eine solche Wahl unterbunden hätten, wäre unsere taktische Position gestärkt worden. Gewiss gibt es eine Reihe guter Gründe für den entgegengesetzten Standpunkt. Ich fürchte jedoch, dass beim für und wider nicht immer allein sachlich ‹fundierte›[8] Motive ausschlaggebend gewesen sind. Eine Reihe der Genossen ging zum Beispiel davon aus, dass wir notwendigerweise einen beträchtlichen stimmenmässigen Rückschlag erleiden würden. Das ist aber gar nicht sicher, und ein Wahlkampf hätte dazu führen können, die stimmungsmässige Flaute der letzten Wochen zu überwinden.

Nr. 9
Aus dem Schreiben Brandts an seine Ehefrau Rut Brandt
2. August 1949

Privatbesitz (Übersetzung aus dem Norwegischen: Katharina Woellert).

Liebe Rut,
ich schicke diesen Brief an [die Adresse der Pension] Themis. Weil Du sagtest, dass Du am Samstag nach Oslo fahren würdest, gehe ich davon aus, dass er Dich in Hamar nicht erreichen würde.[1]

Es war sehr schön, Deine Stimme heute am Telefon wieder zu hören. Nun dauert es ja auch nicht mal mehr eine Woche, bis wir uns in Hamburg treffen. Wenn Du den Brief bekommst, sind es vielleicht nur noch ein oder zwei Tage.

Wie ich heute schon gesagt habe, macht die Organisation der Versammlungen sehr viel Arbeit. Ich hatte einen Teil der Versammlungen in verhältnismäßig kleinen Orten. Das ist nichts, worüber man „beleidigt" sein müsste – und ich lerne viel dabei –, aber rationell ist es nicht, es steht auch nicht in Einklang mit den Voraussetzungen für meine Zusage, während des Wahlkampfes als einer der zentralen Redner zur Verfügung zu stehen. Nächstes Mal werde ich vorsichtiger sein, in dem Sinne, dass ich im Voraus eine genaue Übersicht über die Orte, in denen ich sprechen soll, verlangen werde. Heute wurde also das Treffen hier in Hannover abgesagt. Ich schreibe einige Sachen. U.a. einen längeren offenen Brief an Jakob Kaiser, bei dem ich davon ausgehe, dass er sowohl hier in West-Deutschland als auch in Berlin veröffentlicht werden wird.[2]

Wie Du dem beigelegten Ausschnitt entnehmen kannst, haben die Berliner in der Zwischenzeit die Bonn-Repräsentanten nominiert. Selbstverständlich tauchen Louise [Schroeder] und [Paul] Löbe wieder auf, von Neumann und Suhr gar nicht erst zu sprechen.[3]

[...][4]

Es sieht so aus, als würde es mit dem Treffen am Sonnabend in Lübeck auch nichts werden. Als die Lübecker mich am letzten Sonn-

Gemeinsames Auftreten bei offiziellen Anlässen von 1949 bis 1966 in Berlin: Rut und Willy Brandt während einer SPD-Kundgebung zum 25. Jahrestag des Reichstagsbrandes am 27. Februar 1958 im Berliner Sportpalast

tag in Rendsburg trafen, klang es so, als wollten sie mich auf jeden Fall haben. Aber ich habe den Eindruck, dass [Paul] Bromme ängstlich darum bemüht ist, mich nicht in die Nähe seines Reviers kommen zu lassen. Das ist doch vollkommen idiotisch.

Man wird jedes Mal um eine Erfahrung reicher. Und es ist schade, dass die Erfahrungen gleichbedeutend sind mit einem guten Teil Skepsis.

Heute werde ich versuchen, mit den beiden Artikeln für Arbeiderbladet und M[orgon]T[idningen] fertig zu werden.[5]

Viel Spaß in der Heimat und während der Reise hier herunter. Grüße Petermann und Olaug. Ich hoffe, dass auch mit dem Permit für Ninja alles in Ordnung ist, andernfalls wäre sie wohl sehr enttäuscht.[6]

Ich gehe also davon aus, dass ihr auf jeden Fall mit dem Flug am Dienstag, dem 9. [August], kommt, und dann kommen wir hoffentlich noch am gleichen Tag weiter. Bis dahin eine dicke Umarmung und viele Küsse von Deinem

‹Willy

3/8: Das Postamt in der Parteizentrale war geschlossen, als ich gestern Abend mit der Arbeit fertig war. Gerade eben habe ich Deinen Brief vom 19. [Juli] bekommen. Du hast richtig fleißig geschrieben. Vielen Dank. Es freut mich zu hören, wie Peter sich entwickelt. Mal sehen, ob er mich wiedererkennt.

Noch einmal eine Portion Küsse, Liebe von Deinem W[illy]›[7]

Nr. 10
Aus dem Bericht Nr. 357 des Vertreters des SPD-Parteivorstandes in Berlin, Brandt, an den SPD-Parteivorstand in Hannover
18. Oktober 1949

AdsD, SPD-PV, Bestand Schumacher, PV-Berliner Sekretariat, 2/KSAA 169.

Berliner Fragen.

1.) Auf Grund der Lage, die durch die Bildung der Ostregierung[1] entstanden ist, haben sich gewisse Spannungen zwischen der Parteiführung und einem Teil der Genossen im Ostsektor ergeben. Es handelt sich dabei durchweg um ausgezeichnete Genossen, die aus

Willy Brandt (in der zweiten Reihe) als Vertreter des SPD-Parteivorstandes in Berlin zusammen mit dem Vorsteher der Berliner Stadtverordnetenversammlung, Otto Suhr (r.), und dem Oberbürgermeister von Berlin, Ernst Reuter (l.), während einer Sitzung der Berliner Stadtverordnetenversammlung im Jahre 1949

menschlich verständlichen, aber politisch unhaltbaren Gründen meinen, wir müssten die Parole „12. Land" aufgeben bzw. auf Eis legen. Es geht einfach darum, dass sie befürchten, bei einer solchen Entwicklung gänzlich „abgeschrieben" zu werden.²

Unabhängig davon ist allerdings die Frage aufgetaucht, ob es zweckmässig ist, die Parole „12. Land" weiterhin zum beherrschenden Thema unserer Berliner Politik zu machen. Einige Genossen – darunter Franz Neumann und ich – haben dagegen Zweifel geäussert, u. a. darum, weil bei einer nüchternen Einschätzung der aussenpolitischen Faktoren kaum mit einer vollen Einbeziehung in nächster Zukunft zu rechnen ist. Daraus ergibt sich auf der einen Seite gewiss, dass wir konsequent unser Ziel weiter verfolgen. Auf der anderen Seite muss aber in Berlin selbst eine Sprache gesprochen werden, die den Gegebenheiten der heutigen Misere und der nächsten Zukunft besser entspricht.

Auf einer gut besuchten Mitgliederversammlung des Kreises Pankow (die am [sic] Wedding stattfand) habe ich übrigens vorigen Sonntag feststellen können, dass es auch heute durchaus möglich ist, eine politische Linie zu entwickeln, die von den Genossen des Ostsektors ohne Widerspruch akzeptiert wird.³

[...]⁴

‹Br[andt]›⁵

Nr. 11
Schreiben des Chefredakteurs des *Berliner Stadtblattes*, Brandt, an den Landesvorsitzenden der Berliner SPD, Neumann
16. Mai 1950¹

AdsD, WBA, A 6, 166.

Lieber Franz Neumann!
Ich wollte in der gestrigen Besprechung eine erneute Verschärfung der Atmosphäre vermeiden und habe darum nicht auf Deinen Vorwurf geantwortet, dass ich dem Landesverband in drei Eigenschaften

angehöre (gewähltes Vorstandsmitglied, Chefredakteur und Abgeordneter).² Es wäre auch etwas billig gewesen, wenn ich darauf verwiesen hätte, dass Du nach solcher Rechnung viermal vertreten bist (Vorsitzender, Vorsitzender der Stadtverordnetenfraktion, Mitglied des P[artei]V[orstandes], Abgeordneter).

Ich vermag nicht einzusehen, dass es unbillig war, den Vorschlag der Genossen zu akzeptieren, die mich zum stimmberechtigten Mitglied des Landesvorstandes machen wollten. Du weisst ebenso gut wie ich, dass der Chefredakteur nach dem Statut kein Stimmrecht hat und dass es ja auch noch gar nicht heraus ist, ob es für die Dauer des Geschäftsjahres die Funktion eines Chefredakteurs des Berliner Parteiorgans geben wird.³ Über die Teilnahme der Bonner Abgeordneten ist im Statut nichts vorgesehen. Man hat stillschweigend eine entsprechende Regelung getroffen, die doch aber todsicher dann wegfällt, wenn wir – und auch das könnte ja im Laufe des Geschäftsjahres geschehen – die uns zustehende Anzahl der Abgeordneten zum Bundestag wählen können.⁴

Da ich davon überzeugt bin, dass Du nicht meiner Mitarbeit im Landesvorstand widersprechen wolltest, schreibe ich Dir diesen Brief in der Hoffnung, unnötige Reibereien zumindest in Bezug auf diesen Punkt vermeiden zu können.

Mit freundlichen Grüssen⁵

Nr. 12
Aus dem Memorandum der Geheimdienstabteilung der amerikanischen Hohen Kommission über ein Interview mit dem Chefredakteur des *Berliner Stadtblattes*, Brandt 11. Oktober 1950[1]

National Archives of the United States, RG 466: US High Commission, Berlin Sector, Eastern Affairs Division 1948–1952, Box 3: 352–35206 (Übersetzung aus dem Englischen: Wolfram Hoppenstedt).

Interview mit Willy Brandt, SPD, Berlin

1. Hintergrund

Willy Brandt, einer der jüngeren Funktionäre der SPD, wurde am 18. Dezember 1913 in Lübeck geboren. Er ist[2] der Vertreter des in Hannover ansässigen SPD-Parteivorstandes in Berlin und einer der acht Berliner Abgeordneten im Bundestag.

Während der Nazi-Herrschaft emigrierte Brandt und erlangte die norwegische Staatsbürgerschaft. Einige Zeit nach Kriegsende kehrte er nach Deutschland zurück und wurde wieder deutscher Staatsbürger. Ursprünglich war er SCHUMACHERs Vertreter in Berlin, aber nach Differenzen mit Schumacher wurde er Chefredakteur des Berliner Stadtblattes (SPD, früher unter dem Namen Sozialdemokrat bekannt). Anerkanntermaßen kommt er seinen journalistischen Berufspflichten nur unzureichend nach, weil er sehr stark in die politische Arbeit und durch seine Aktivitäten in der Parteiorganisation eingebunden ist.

Im Hinblick auf seine persönliche und politische Haltung zählt Brandt zum Kreis um Oberbürgermeister Ernst REUTER. Obwohl er dazu neigt, ein Außenseiter zu sein, der nicht ohne weiteres einer Kategorie zugeordnet werden kann, kann Brandt als ein Mann des rechten SPD-Flügels gesehen werden. Er gilt als freimütig, von einem starken Wunsch nach Unabhängigkeit beseelt und als manchmal äußerst halsstarrig. Allgemein wird er als fähiger, politisch wohl ausgewogener und kompetenter Mann angesehen, als ein Mann, dem man eine Karriere zutraut, sollte dabei nicht sein Wunsch nach Unabhängigkeit in Konflikt mit der erforderlichen Parteidisziplin geraten.

2. Brandts Konflikt mit Schumacher

Brandts Konflikt mit Schumacher ist über die Frage der Wiederbewaffnung und über die Debatte ausgebrochen, ob Deutschland dem Europarat beitreten soll.[3] Hinzu kommt, dass er etwas gegen Schumachers Führungsmethoden in der SPD hat. Brandt behauptet, dass Schumachers Politik „zu kompliziert" ist, um von einer Massenanhängerschaft nachvollzogen werden zu können.

Schumacher selbst sieht nach Angaben Brandts die zwischen ihnen bestehenden Differenzen in einem ganz anderen Licht. Den Vorsitzenden der SPD habe insbesondere die Tatsache gestört, dass eine Mehrheit der Berliner Delegierten auf dem letzten SPD-Parteitag gegen ihn gestimmt habe.[4] Er werfe Brandt vor, seine Stellung als Vertreter Hannovers ausgenutzt zu haben, um das Ansehen [Ernst] REUTERS zu stärken, statt die Interessen und die Politik des Parteivorstandes zu schützen. Brandt räumt ein, dass sein Bestehen auf persönlicher und politischer Unabhängigkeit die Sache für Schumacher ein wenig schwierig gemacht habe. Sein Urteil über den Anführer der SPD: „Er war einmal eine nationale Figur, jetzt ist er nur noch ein Parteipolitiker."

Brandt glaubt, dass eine Versöhnung mit Schumacher in nicht allzu ferner Zukunft „vielleicht möglich" ist, besonders da Schumacher seine (zunächst völlig ablehnende) Politik hinsichtlich der deutschen Wiederbewaffnung geändert habe.

[...][5]

4. Gruppen[6] innerhalb der Berliner SPD

Zum Kreis um Reuter gehören nach Angaben Brandts [Kurt] MATTICK (zweiter Vorsitzender der Berliner SPD), Paul LOEBE (Herausgeber der SPD-Zeitung Telegraf und Veteran unter den SPD-Führern, war über viele Jahre Präsident des früheren Reichstags), und Brandt selbst. Zu den einflussreichsten SPD-Führern in Berlin zählten:

Ernst Reuter,
L[o]uise Schroeder,
Franz Neumann,
Otto Suhr,

in dieser Reihenfolge.

Franz NEUMANN, erster Vorsitzender der SPD, unterstütze entschieden die Schumacher-Linie.

Otto SUHR, Vorsitzender der Berliner Stadtverordnetenversammlung, vertrete eine Zwischenposition, ist nach Auskunft Brandts jedoch eher geneigt, Schumacher statt Reuter zu folgen.

(Über L[o]uise Schroeder wurde nicht gesprochen, wahrscheinlich vergessen.)
[...][7]

7. Adenauer und Schumacher

Die Beziehungen zwischen Adenauer und Schumacher hätten sich in letzter Zeit „sehr gebessert". Als die SPD kürzlich Sonntagsreden von Kabinettsmitgliedern im Bundestag kritisiert habe, habe Schumacher die Redner der SPD ausdrücklich angewiesen, Adenauer nicht anzugreifen, was vor einem Jahr noch unmöglich gewesen wäre. Die persönlichen Kontakte zwischen dem Bundeskanzler und dem Anführer der SPD schienen positive Auswirkungen zu haben.[8]

Adenauers Ansehen habe auch in Berlin zugenommen. (Was indirekt durch Quellen aus der CDU bestätigt werde, nach denen die Berliner CDU und eine Mehrheit der neuen „CDU im Exil" einer möglichen linksgerichteten innerparteilichen Opposition bei ihrem Versuch nicht folgen würde, Adenauer von der Leitung der CDU abzulösen.)

8. Die „Große Koalition"

Brandt meinte, dass eine „Große Koalition" (aus CDU und SPD) nicht gut für das Etablieren vernünftiger demokratischer Traditionen wäre, aber dennoch notwendig werden könnte – als Basis für eine deutsche Wiederbewaffnung. Stärkster Gegner einer „Großen Koalition" sei noch immer Schumacher.

In diesem Zusammenhang bemerkte Brandt, <u>dass die Bildung einer „Großen Koalition" als ein amerikanisches Vorhaben angesehen werde,</u> und dass die Auswirkungen nicht ausschließlich vorteilhaft seien: „Die Amerikaner drücken zu stark auf Schaffung der Großen Koalition." Nach Einzelheiten gefragt, lehnte Brandt ab, seine Quellen zu benennen. Er sagte nur, dass dies „allgemeines Gerede in Bonn" sei.

[...][9]

Nr. 13
Aus dem Schreiben des Berliner Bundestagsabgeordneten Brandt an das Mitglied der Stockholmer SPD-Gruppe Huber
14. November 1950[1]

AdsD, WBA, A 6, 7.

Lieber Franz!
Besten Dank für Deinen Brief vom 6. ds. M[ona]ts. Hoffentlich bist Du wieder einigermassen hergestellt.
[...][2]
Über die politischen Dinge müsste man gelegentlich mal wieder sprechen.[3] „In der Hauptsache" habe ich gegen die Schumacher-Linie, wie sie etwa in Stuttgart entwickelt wurde, auch nichts einzuwenden.[4] Gegen die Taktik lässt sich allerdings einiges vorbringen, und ich fürchte ganz allgemein, dass die Bevölkerung unsere nicht

immer sehr gerade Linie nicht ganz leicht versteht. Meine „oppositionellen Auffassungen" sind wegen des innerparteilichen Hausfriedens milder denn je. Es kommt mir in gegenwärtiger Lage, besonders während des Wahlkampfes, darauf an, dass wir nicht zu allen anderen Sorgen auch noch einen ernsten innerparteilichen Konflikt im Berliner Landesverband bekommen.[5]
[...][6] Darf ich Dich mit noch einer persönlichen Bitte behelligen? Der Kaffee wird in Deutschland eher teurer als billiger. Bei unserem Konsum dieses Genussartikels sind gelegentliche Sendungen aus Schweden durchaus willkommen. Vielleicht kannst Du in zwei nacheinanderfolgenden Monaten je ein Kaffee-Paket für mich aufgeben lassen. [...] Es wäre wirklich nett, wenn Du mir diesen Dienst erweisen würdest. [...]
Herzliche Grüsse[7]

Nr. 14
**Aus einem Artikel des Berliner Bundestagsabgeordneten Brandt für das *Berliner Stadtblatt*
5. Dezember 1950**

Berliner Stadtblatt, Nr. 284 vom 5. Dezember 1950.

Lehren des 3. Dezember

W[illy]B[randt] Über zwei Punkte herrscht Einigkeit. Die neunzigprozentige Wahlbeteiligung bedeutet, daß sich die Berliner heute ebensowenig wie vor vier oder vor zwei Jahren von den Kommunisten einschüchtern lassen. Und in der Abfuhr, die sie den neuen Parteien erteilt haben, drückt sich ein Stück demokratisches Verantwortungsbewußtsein aus. Die „Deutsche" Partei sollte zur Kenntnis nehmen, daß für sie in Berlin kein Boden ist, jedenfalls nicht für ihre SA-Methoden und nationalistischen Exzesse.[1]

Das Ergebnis des 3. Dezember bedeutet eine eklatante Niederlage der SED und ihrer Hintermänner. Es bedeutet weiter, daß die Berliner keine Neigung verspüren, auf extrem nationalistische Tiraden hereinzufallen. Gewiß haben einige Redner der CDU und der FDP der rechten Konkurrenz im Wahlkampf bedenkliche Zugeständnisse gemacht. Es dürfte aber keinem Zweifel unterliegen, daß die CDU und FDP im Bewußtsein der meisten als demokratische Parteien gewählt worden sind. Für die Stellung Berlins in der Welt ist es von nicht zu unterschätzender Bedeutung, daß neben der parteimäßigen Scheidung der Geister ein erneutes Bekenntnis zur Freiheit abgelegt worden ist.

Die Sozialdemokratie hat ihr Wahlziel nicht erreichen können. Niemand hat geglaubt, daß sie einen ebenso überwältigenden Vertrauensbeweis erleben würde wie im Dezember 1948. Aber die Sozialdemokraten hatten gehofft, daß sie etwa die Hälfte der Stimmen und die Mehrheit der Mandate erlangen würden. Sie hatten Grund zu dieser Annahme. Denn sie waren und sind davon überzeugt, daß die Behauptung Berlins als Freiheitsinsel im sowjetischen Meer ohne den entscheidenden politischen Einsatz der SPD schlechthin unmöglich gewesen wäre.

[. . .]²

Wer nach den Gründen sucht, darf nicht vergessen, wie der Wahlkampf geführt worden ist. Die Sozialdemokraten haben den Buckel mehr als alle anderen hinhalten müssen. Die beiden Partner aus der bisherigen Zusammenarbeit im Magistrat waren nicht gerade wählerisch, als sie den Sozialdemokraten die Schuld für all das in die Schuhe schoben, was in dieser Stadt auf wirtschaftlichem Gebiet aus objektiven Gründen noch im Argen liegt. Die Vorstellung von einem sozialdemokratischen „Machtmißbrauch" verbreitete sich, und mancher Wähler mag gedacht haben, daß ein „besseres Gleichgewicht" nicht schaden könne. Hinzu kommt, daß der Mißbrauch sozialistischer Begriffe im Osten hemmungslos gegen die SPD ausgeschlachtet worden ist.

Auf der anderen Seite hat wohl doch auch der massive Wahleinsatz der Bundesregierung einige Wirkung gehabt. In Bonn irrt man jedoch, wenn das Ergebnis vom Sonntag als ein allgemeines Vertrauensvotum für die Politik der Bundesregierung ausgelegt werden soll. Gewiß, die Bundesrepublik als deutscher Kernstaat übt trotz aller Mängel auf die deutschen Menschen hinter dem Eisernen Vorhang eine beträchtliche Anziehungskraft aus. In Berlin hat es sich aber vor allem darum gehandelt, daß mit Versprechungen ziemlich freigebig umgegangen wurde. Daran wird Bonn noch zu knabbern haben. Ganz darf man vielleicht nicht davon absehen, daß einige Problemstellungen, wie sie sich in Westdeutschland im Verhältnis der Opposition zur Regierung ergeben haben, in Berlin wegen seiner Lage weniger leicht verstanden werden.

[...][3]

Die künftige Regierungsbildung ist noch nicht spruchreif. Wenn wir unter normalen Verhältnissen lebten, könnte es nichts schaden, den beiden bürgerlichen Parteien die Quittung für ihren unsachlichen Wahlkampf dadurch zu überreichen, daß sie – gestützt auf ihren minimalen Vorsprung – den Senat allein bilden müßten. In Berlin haben wir es jedoch noch lange nicht mit normalen Verhältnissen zu tun. Außenpolitische Erwägungen lassen einen Dreiparteiensenat unter der Führung von Ernst Reuter wohl als wünschenswert erscheinen.

Ob es dazu kommt, hängt jedoch in erster Linie von der Haltung der beiden anderen Parteien ab. Die SPD wird sich nämlich nur auf der Grundlage eines eindeutigen Regierungsprogramms an einer Koalition beteiligen können. Wenn sie den Sozialdemokraten Unmögliches zumuten, werden die CDU und FDP sehen müssen, wie sie ihres relativen Erfolges froh werden. Die Sozialdemokratie wird sich so oder so ihrer Verantwortung für Berlin bewußt bleiben.[4]

Nr. 15
Aus einem Artikel des Berliner Bundestagsabgeordneten Brandt für die SPD-Wochenzeitung *Neuer Vorwärts*
15. Juni 1951

Neuer Vorwärts, Nr. 24 vom 15. Juni 1951.

Bonns Versagen in der Berliner Frage[1]

Die Träger der gegenwärtigen Bundesregierung reagieren zuweilen, wie es Leute mit schlechtem Gewissen häufig zu tun pflegen: Sie wehren sich gegen Vorwürfe, die ihnen gar nicht gemacht werden. Niemand hat behauptet, daß Bonn n i c h t s für Berlin getan habe. Niemand in Berlin ist sich über die großen Opfer im unklaren, die der deutsche Westen für die bedrängte Hauptstadt auf sich genommen hat. Wir unterstellen sogar, daß der Einfluß jener Kreise im Westen und Süden zurückgedrängt worden ist, die Berlin abschreiben und auf den deutschen „Osten" (also auch auf Mitteldeutschland[2]) verzichten wollten.

Die Berufung auf den Rechtsstandpunkt, daß Deutschland innerhalb der Grenzen von 1937 völkerrechtlich weiterbesteht, ist leider nur eine Voraussetzung und keineswegs schon eine Gewähr für eine echte gesamtdeutsche Aktivität. In der praktischen Politik geht man im offiziellen Bonn noch immer davon aus, daß es wahrscheinlich auf lange Zeiten bei der Spaltung Deutschlands bleiben wird – falls nicht irgendein Wunder geschieht. Wer aber nicht erkennt, daß es beim Ringen um die Wiedererringung der deutschen Einheit auf dem Boden der Freiheit maßgebend auf die deutsche Politik m i t ankommt, wird auch nicht jene Aufgabe erfassen können, die dem Bund in Berlin gestellt ist.

Berlinhilfe – ein Beitrag zur Einheit

Der entscheidende Fehler des offiziellen Bonn scheint uns darin zu liegen, daß es Berlin als ein karitatives Problem betrachtet, anstatt es

als eine erstrangige nationalpolitische Aufgabe zu betrachten. Hilfe für Berlin ist unerläßlich, aber die Berlinhilfe erhält erst dann ihre Fundierung und ihren Rahmen, wenn sie als das unverzichtbare Beiwerk eines großen politischen Anliegens erscheint.³ Dieses Anliegen heißt Wiedervereinigung Deutschlands. In Berlin kann der deutsche Westen unter Beweis stellen, wie ernst es ihm damit ist. Von Berlin aus kann auch heute noch die Stabilisierung des bolschewistischen Regimes in der die Hauptstadt umgebende[n] Zone wesentlich erschwert werden. Berlin hat noch immer die Funktion, Schaufenster nach dem Osten zu sein. Es kann auch zu jener Haupttür gemacht werden, durch die wir eines Tages zu den achtzehn Millionen Landsleuten gelangen können, die heute sowjetischer Herrschaft unterworfen sind.
[...]⁴

Einbeziehung in den Bund

Die gegenwärtige Lage zwischen dem Bund und Berlin ist durch ein gewisses Durcheinander gekennzeichnet. Die Bundesregierung zögert, sie entfaltet keine Initiative, aber sie muß sich letzten Endes beugen, wenn die Einbeziehung auf der Ebene des Bundesrats oder des Bundestags – in der Regel auf Veranlassung der Sozialdemokratie – erfolgt.⁵ Auf diese Weise ist Berlin nun in eine ganze Reihe wichtiger Bundesgesetze einbezogen worden. Durch einige dieser Gesetze wird der Bund administrativ wirksam. Der Prozeß der Verflechtung schreitet ohne Rücksicht auf staatsrechtliche Spitzfindigkeiten fort. Berlin beschließt auf Grund von Artikel 87, Absatz 2, seiner Verfassung, daß es die betreffenden Bundesregelungen übernimmt. Dabei könnte auf manchen Gebieten auf eine solche Doppelbeschlußfassung wahrscheinlich sogar verzichtet werden – etwa dann, wenn von den alliierten Kontrollmächten freigegebene Befugnisse insgesamt auf den Bund übergehen und nicht irgendeinem der Länder zufallen, auch nicht dem Land Berlin.⁶

Im Augenblick stehen allerdings einige sehr viel konkretere Fragen zur Entscheidung. Einmal handelt es sich um die Regelung

Willy Brandt zusammen mit dem Regierenden Bürgermeister von Berlin, Ernst Reuter, am 28. Oktober 1951 auf einem Landesparteitag der Berliner SPD

der finanziellen Beziehungen zwischen dem Bund und Berlin. Zum Bekenntnis des Bundestages vom Oktober 1949 gehörte das Versprechen, für die Deckung des Berliner Haushaltsdefizits aufkommen und die wirtschaftliche Misere der schwergeprüften Stadt überwinden helfen zu wollen.[7] Warum der Berliner Haushalt unverschuldet einen großen Fehlbetrag aufweist, bedarf an dieser Stelle kaum einer nochmaligen Erklärung. Um das Loch einigermaßen zustopfen zu können, mußten die Berliner Stadtväter während des ersten Jahres der Bundesrepublik regelmäßige Bittgänge nach Bonn antreten. Für das Halbjahr, das am 31. März [1951] zu Ende ging, wurde eine Verwaltungsvereinbarung zwischen Bundesregierung und Berliner Senat getroffen. Jetzt geht der Wunsch des Senats und aller Berliner Parteien dahin, zu einer klaren g e s e t z l i c h e n Regelung zu gelangen.

Es wird sich darum handeln müssen, daß die aus dem „Notopfer" aufkommenden Mittel, etwa 50 Millionen DM im Monat, ihrem eigentlichen Zweck vorbehalten bleiben, d. h. zur Deckung der eigentlichen Berliner Aufgaben verwendet werden. Andererseits muß Berlin in die Überleitungsgesetze zwischen Bund und Ländern so einbezogen werden, daß der Bund die ihm in Berlin zufallenden Steuern und Abgaben einstreicht und andererseits die im Grundgesetz vorgesehenen Verpflichtungen im Bundesland Berlin übernimmt.[8] Diese Verpflichtungen stellen keine zusätzliche Berlinhilfe, sondern eine Realisierung des deutschen Standpunktes dar, daß Berlin als eines der Bundesländer zu betrachten und zu behandeln ist.

Zum anderen geht es um die Einbeziehung Berlins in die Rentenerhöhung, um die bundesgesetzlich zu regelnde Eingliederung der Berliner Post in die Bundespost und eine Reihe ähnlicher Probleme. Dabei kann die Gefahr auftauchen, daß Bonn seine relative Macht einsetzt, um das wirtschaftlich schwache Berlin nach der Devise „Friß Vogel oder stirb" zu behandeln. Solchen Versuchen wird energisch begegnet werden müssen. Es unterliegt jedoch keinem Zweifel, daß der aus übergeordneten politischen und auch aus wirtschaftlichen Gründen unbedingt zu bejahende Prozeß der weiteren Eingliederung in den Bund auf manchen Gebieten mit dem Preis der Übernahme bundesdeutscher Unzulänglichkeiten verbunden sein wird. Trotz all dieser Unzulänglichkeiten lebt der deutsche Westen auf einem höheren Niveau als Berlin. Die Berliner werden immer wieder bestrebt sein, ihrer Sonderlage Beachtung zu verschaffen. Aber sie werden realistisch genug sein, um zu wissen, daß sie nicht nur die Rosinen, sondern den ganzen Kuchen nehmen müssen – auch wenn er aus bitterem Reis gebacken ist.

Eklatantes Versagen

Ein eklatantes Versagen des offiziellen Bonn ist auf dem Gebiet der Verlegung von Bundesbehörden nach Berlin zu verzeichnen gewesen. Auf dem Papier war alles in schönster Ordnung. Dreimal beschloß der Bundestag, daß repräsentative Behörden nach Berlin verlegt werden sollten. Geschehen ist im Lauf von anderthalb Jahren so gut wie nichts. Am 7. Juni [1951] ist endlich durch den Bundestagsbeschluß über das Bundesaufsichtsamt für das Versicherungs- und Bausparwesen ein Schritt nach vorn erfolgt.[9] Ohne die Arbeit und die Stimmen der Sozialdemokraten wäre es auch zu dieser Entscheidung nicht gekommen. Und Sprecher der Regierungsparteien bewiesen noch bei dieser Gelegenheit, daß sie die politischen Notwendigkeiten verkennen oder nicht erkennen wollen. Worauf es ankommt, ist doch, daß der Bund in Berlin praktisch in Erscheinung tritt, daß er seinen Anspruch auf die Hauptstadt und damit auf das ganze Deutschland geltend macht.

Es ist auch kein Ruhmesblatt des Bundestages, daß er noch bei keinem Anlaß von besonderer gesamtdeutscher Bedeutung in Berlin getagt hat – ein Vorschlag des Berlin-Ausschusses, sich solcher Anlässe in Zukunft zu erinnern, wird demnächst dem Plenum des Bundestages unterbreitet werden. Bisher hat sich ja noch nicht einmal das viel kleinere Gremium der Bundesregierung auch nur zu einer Sitzung in toto nach Berlin begeben.

So könnte noch ein ganzer Katalog Bonner Versäumnisse und Unzulänglichkeiten in der Berliner Frage aufgestellt werden. Alle weiteren Einzelheiten wären jedoch nur eine Unterstreichung der These, daß es – in praktischer und rechtlicher Hinsicht – einer gründlichen Überprüfung der Beziehungen zwischen dem Bund und dem Bundesland Berlin bedarf. Das Stadium der Regelungen von Fall zu Fall kann nicht beliebig ausgedehnt werden. Es ist möglich, daß eine Aufrollung des Berlin-Problems in voller Breite auch heute noch auf gewisse Bedenken außenpolitischer Art stoßen wird. Es mag sein, daß die Alliierten auch heute noch nicht einer vollen Freigabe des Artikels 23 des Grundgesetzes zustimmen würden.[10] Vielleicht wird man bei einer neuen Zwischenlösung stehenbleiben.

Es ist aber jedenfalls nicht zuviel verlangt, daß dieses Problem bei den Verhandlungen über eine Neuregelung der deutsch-alliierten Beziehungen mit Nachdruck zur Sprache gebracht wird. Die Frage ist, ob die gegenwärtige Bundesregierung überhaupt in der Lage ist, das

Gespräch in die richtigen Bahnen zu lenken und Berlin als nächstes
Kettenglied im Kampf um die deutsche Einheit so stark wie möglich
werden zu lassen.

Nr. 16
Artikel des Berliner Bundestagsabgeordneten Brandt für den
Sozialdemokratischen Pressedienst
15. Juni 1951

Sozialdemokratischer Pressedienst, Nr. 136 vom 15. Juni 1951, S. 5 f.

<u>Der verzweifelte Ostsektor</u>

Der Berliner klagt häufig – und leider nicht immer zu unrecht – darüber, daß er von den Landsleuten im deutschen Westen nicht mehr richtig verstanden werde. Ein Stück solcher Entfremdung spielt sich auch auf Berliner Boden ab. Menschen im Ostsektor Berlins haben nicht selten den Eindruck, daß die eigenen Mitbürger in Westberlin ihre Probleme nicht mehr richtig verstehen. Die beiden gewaltsam auseinandergerissenen Teile der deutschen Hauptstadt befinden sich in der Gefahr des Sichauseinanderlebens.

Der Ostsektor mit seinen über eine Million Menschen gehört formal nicht zur Sowjetzone. Aber die faktische Eingliederung ist mit aller Rücksichtslosigkeit vorangetrieben worden – neuerdings spricht die SED sogar vom „Sechsten Land". Immerhin können die Sowjets und ihre kommunistischen Handlanger in Berlin nicht ganz so, wie sie gerne möchten, der Terror ist im Ostsektor also nicht ganz so schlimm wie in der Zone, auch die Lebensbedingungen, so hart sie sind, heben sich von den Verhältnissen in der Zone leicht vorteilhaft ab.[1]

Westberlin mit seinen 2,2 Millionen Einwohnern ist in bedingtem, allerdings sehr bedingtem, Maße ein Schutz für [die] bedrängten Ostsektoraner. Das Hin und Her der Menschen in einer durch tausend

Bande verknüpften Großstadt läßt sich trotz aller Spaltungsmaßnahmen nicht einfach abstoppen. Der Durchschnittsbürger fährt vom Osten nach dem Westen, weniger häufig vom Westen in den Osten. Noch immer arbeiten tausende von Ostberlinern in den Westsektoren, und umgekehrt.[2] Die Menschen können also täglich Vergleiche anstellen. Und die Machthaber im Osten lassen es sich etwas kosten, daß sie bei diesen Vergleichen nicht gar zu schlecht wegkommen.

Aber all das ändert nichts an der zunehmenden Verzweiflung und manchmal auch Hoffnungslosigkeit vieler Bewohner des Ostsektors. Denn selbst wenn der Terror in etwas abgeschwächten Formen vor sich geht, so werden doch täglich Verschleppungen und willkürliche Verhaftungen gemeldet. Die rechtmäßigen Organe des Landes Berlin müssen diesem Treiben in ohnmächtiger Erbitterung zusehen, denn am Brandenburger Tor und Potsdamer Platz ist ihrem Einfluß eine Grenze gesetzt. Auch mit dem Gesetz zum Schutz der persönlichen Freiheit wird man nur in einzelnen Fällen jene Verbrecher fassen können, die sich auf der östlichen Seite betätigen.[3]

So fragt denn der Ostsektoraner immer häufiger: Könnt Ihr gar nichts für uns tun? Viele Male wurde diese Frage vor und während der östlichen „Volksabstimmung" gestellt. Der Berliner Senat und die demokratischen Parteien erklärten, daß es sich nicht lohne, wegen der Tragikomödie des Abstimmungsrummels persönliche Opfer zu bringen. Nichtsdestoweniger haben viele, in einigen Wahllokalen über die Hälfte, trotz aller Drohungen und unbeschadet des kaum gegebenen Wahlgeheimnisses, ihr Kreuz in den Nein-Kreis gesetzt.[4] Trotz dieser tapferen Haltung bleibt bei der Bevölkerung das Gefühl einer gewissen Ausweglosigkeit, ja, es hat vielleicht durch den Abstimmungsrummel noch zugenommen. Denn es hat sich noch einmal gezeigt, daß die Machthaber im Osten in der Lage und entschlossen sind, die ihnen unterworfenen Menschen immer wieder zu demütigen und unter das Joch zu zwingen.

Im Abgeordnetenhaus von Berlin – dem auch, was viel zu wenig bekannt ist, Vertreter des Ostsektors angehören, nämlich stimmberechtigt solche, die in Westkreisen gewählt wurden, und ohne Stimmrecht solche, die 1946 in den Ostkreisen gewählt wurden[5] –

wird gegenwärtig die Bildung eines besonderen Ostberlin-Ausschusses erwogen. Dem Regierenden Bürgermeister wird eine Abteilung unterstellt werden, die sich mehr als bisher mit den Fragen befassen soll, die mit dem Kampf um die Wiederherstellung der Einheit Berlins zusammenhängen.[6]

Solche Maßnahmen sind wichtig. Sie kommen keinen Tag zu früh, da es in Westberlin tatsächlich schon viele gibt, die sich wenig Gedanken wegen ihrer Mitbürger im anderen Teil der gleichen Stadt machen. Aber es bleibt dennoch die bittere Erkenntnis, daß dem Ostsektor Berlins eine unmittelbare und entscheidende Hilfe nur sehr bedingt gewährt werden kann. Es ist leider nicht sehr wahrscheinlich, daß der Kampf um die Einheit Berlins vor der Auseinandersetzung um die Wiedervereinigung Deutschlands auf dem Boden der Freiheit zu Ende geführt werden kann.

Nr. 17
Schreiben des Berliner Bundestagsabgeordneten Brandt an den Vorsitzenden der SPD, Schumacher
14. April 1952

AdsD, SPD-PV, 2/PVAJ 0000015.

Lieber Genosse Schumacher,
ich möchte die Osterfeiertage nicht vorübergehen lassen, ohne Dir zu Deiner Genesung zu gratulieren und der Hoffnung Ausdruck zu geben, dass Du bald in der Lage sein mögest, wieder voll in Aktion zu treten.[1]

Es wird Dir nicht erspart geblieben sein, mit den neuen Schwierigkeiten behelligt zu werden, denen wir uns hier in Berlin gegenübersehen.[2] Ich fürchte, die Krise unserer Parteiorganisation ist gegenwärtig noch ernster zu nehmen als die allgemeine Krise der Berliner Politik. Ob uns die Formel, zu der sich der P[artei]V[orstand] in der vergangenen Woche noch einmal bekannte, weiterhilft, bleibt abzuwarten. Zunächst ist noch nicht zu sehen, wie wir einigermassen heil aus dem Zustand der weitgehenden Führungs- und Programmlosigkeit herauskommen sollen.³

Ihr habt andere und grössere Sorgen. Erich Ollenhauer wird Dir vielleicht von den Eindrücken erzählt haben, mit denen ich neulich aus Stockholm zurückgekommen bin.⁴ Dort neigte man in massgeblichen Kreisen zu der Meinung, dass in der gegenwärtigen sowjetischen Politik eine echte Chance liegen könnte. Für unsere Position im Lande und nicht zuletzt auch nach aussen wird es vielleicht notwendig sein, dass unsere echten Alternativen noch deutlicher und konkreter zum Ausdruck gebracht werden, als das in einem Teil der letzten Bundestagsdebatte geschah.

Ich würde Dich gern mal besuchen kommen. Aber ich verstehe, dass Du Deine Besucher rationieren musst. Darum werde ich gern einen Zeitpunkt abwarten, den Du für richtig hältst.
Nochmals mit den besten Wünschen für Deine weitere Erholung und mit freundlichen Grüssen!
‹Willy Brandt›⁵

Nr. 18
Schreiben des Berliner Bundestagsabgeordneten Brandt an Berliner Sozialdemokraten
20. April 1952

AdsD, SPD-PV, Bestand Schumacher, 343.

<u>Die Berliner Krise – Ursachen und Auswege</u>

Lieber Freund!¹
Es wäre falsch, die Berliner Krise in erster Linie aus persönlichen Unzulänglichkeiten erklären zu wollen. Solche Unzulänglichkeiten haben sich seit Ende der Blockade gewiß in zunehmendem Maße

geltend gemacht. Aber es gibt selten eine Führungskrise, der nicht ernste objektive Ursachen zugrunde liegen. Unsere Partei würde gut tun, wenn sie sich über die Möglichkeiten der Berliner Politik klarer Rechenschaft ablegte. Erst von einer solchen Basis aus würde es möglich sein, einen als Führungslosigkeit empfundenen Zustand zu überwinden.

Die Berliner Sozialdemokratie hat im Dezember 1950 einen Rückschlag erlebt.[2] Seine Ursachen sind leider niemals zum Gegenstand einer ernsten innerparteilichen Überprüfung gemacht worden. Man begnügte sich vielfach mit dem Hinweis auf die demagogische Propaganda des Gegners. Als ob das eine auch nur halbwegs ausreichende Erklärung gewesen wäre. Gewiss ist die Abhängigkeit vom Bund schon damals bis zu einem gewissen Grade von den Parteien der Bonner Koalition ausgeschlachtet worden. Ausserdem hätten wir bei äusserster Anstrengung nicht jenen Stand halten können, den wir während der Blockade bei der ausserordentlichen Wahlentscheidung im Dezember 1948 erreicht hatten. Aber wir hätten unsere Positionen besser behaupten können, wenn unsere Politik von mehr Einsicht in die veränderte Lage Berlins und von innerer Geschlossenheit getragen gewesen wäre.

Zunächst galt es zu erkennen, daß sich die Auseinandersetzung mit dem sowjetischen Totalitarismus nicht in der Wiederholung gewisser Propagandaformeln erschöpfen durfte. Die Verdienste der Berliner SPD und derjenigen ihrer Funktionäre, die 1945 und 1946 in die Bresche sprangen, können nicht hoch genug eingeschätzt werden. In der politischen Praxis kann man jedoch vom Ruhm vergangener Zeiten allein nicht leben. Der Bevölkerung war das Bewusstsein vermittelt worden, sie habe die schwierigste Periode erfolgreich überstanden. Und nach der Blockade verlor sie ziemlich rasch das Gefühl für die fortdauernde Bedrohung. Durch eine relative Normalisierung der Verhältnisse schoben sich innenpolitische Gegensätze in den Vordergrund, und Interessenkonflikte verschiedenster Art beherrschten das Feld.

Vor der SPD stand nun die Aufgabe, sich über die Rangordnung der Probleme klar zu werden, die Berliner Kommunalpolitik in den grösseren Rahmen gesamtdeutscher und aussenpolitischer Zielsetzungen einzuordnen. Einen, wenn auch unzulänglichen, Versuch in dieser Richtung unternahmen wir, als wir dem Landesparteitag im Oktober 1950 das Arbeitsprogramm „Alles für die Freiheit und den Aufbau Berlins" unterbreiteten.[3] Es wurden einige andere Versuche unternommen, aber die Partei wurde nicht so mit den Problemen vertraut gemacht, daß es leicht gewesen wäre, die Grenzen ihrer Politik nach dem 3. Dezember 1950 einigermassen richtig abzustecken. Die Partei liess sich sogar bei der Auseinandersetzung um die gesamtdeutschen Probleme in die Defensive drängen. In ihren eigenen Diskussionen traten die aussenpolitischen Probleme – ja, selbst die konkrete Auseinandersetzung mit den Sorgen des Ostsektors – in den Hintergrund. Es kam dahin, daß in einigen Partei-Einheiten Parolen verbreitet werden können, deren Ursprung auf der anderen Seite des Brandenburger Tors zu suchen ist. Dieser Sachverhalt sollte zu denken geben und <u>alle</u> tragenden Kräfte der Partei – unbeschadet sonstiger Meinungsverschiedenheiten – zur Wachsamkeit gegenüber bewusster und auch unbewusster Infiltration ermahnen.

Zum anderen gilt es, mit einiger Deutlichkeit darauf hinzuweisen, daß Berlin nicht der Nabel der Weltgeschichte ist. Es ist bis auf weiteres auch nicht Zentrum der deutschen Politik. Trotzdem könnte Berlin eine führende Rolle in gesamtdeutschen Fragen spielen, vorausgesetzt, daß seine Politik von realistischen Voraussetzungen ausginge. Grotesk aber wirkt ein Führungsanspruch, der in der Luft hängt. Der Schlüssel zu bescheidenen, aber echten Führungsaufgaben liegt bei unserer Partei.

Der Schwerpunkt der deutschen Politik hat sich zunächst an den Rhein verlagert. Das kann sich – wenn das Ringen um eine gesamtdeutsche Lösung Erfolg hat – bald wieder ändern. Aber zunächst haben wir es mit der Realität des Bonner Provisoriums zu tun. Und daraus ergeben sich gewisse Zwangsläufigkeiten.

Vor allem ergeben sich Zwangsläufigkeiten daraus, dass die halbe Stadt, die wir ein Land nennen, nicht leben könnte, wenn sie nicht vom Bund subventioniert würde. Sehen wir die Dinge, wie sie sind: Westberlin könnte nicht existieren ohne die Milliarde, die ihm jährlich nach dem jetzigen Stand aus Bundesmitteln zufliesst. Es ist abwegig, zu meinen, die finanzwirtschaftliche Eingliederung hätte ohne eine entsprechende Rechtsangleichung vor sich gehen können.

Auf der lokalen Berliner Ebene haben sich besondere Schwierigkeiten aus der Masslosigkeit der CDU und FDP entwickelt. Wer den Wahlkampf erlebt hatte, musste wissen, dass es nicht leicht werden würde, mit den beiden anderen Parteien gemeinsam zu regieren. Unser Landesparteitag hatte sich nichtsdestoweniger mit eindeutiger Mehrheit für diesen Versuch entschieden.[4] Die Berliner Bevölkerung hätte es sicherlich nicht verstanden, wenn wir uns mit fast der Hälfte aller Mandate zurückgezogen hätten, zumal sich in der Praxis zeigte, dass der Versuch einer „kleinen Koalition" im Abgeordnetenhaus nicht zum Tragen kam. Unser Bestreben musste dahin gehen, den Einfluss unserer Partner in der Senatsarbeit durch zielklares und einheitliches Auftreten sachlich einzuengen. Wir haben stattdessen durch unklare Forderungen und durch uneinheitliches Vorgehen dazu beigetragen, dass der bürgerliche Einfluss über Gebühr zugenommen hat.

Eine zusätzliche Schwierigkeit ergab sich aus Unklarheiten über das Verhältnis zwischen Senat und Abgeordnetenhaus. Dem Senat ist nicht so sehr der Vorwurf zu machen, dass er über Gebühr geführt hätte, als dass er sich zu sehr als ein von den Fraktionsvorständen delegiertes Gremium aufgefasst hat. In der praktischen Arbeit wurden die Grenzen zwischen Verwaltung und Parlament und damit die Verantwortlichkeiten häufig verwischt. Die Abgeordneten glaubten sich manchmal durch die zwischen den Vorständen getroffenen Arrangements übergangen. Auf unserer Seite war das Vertrauensverhältnis zwischen Senatsführung und Fraktionsführung erschüttert, während sich die verantwortlichen Parteigremien von den Entscheidungen weitgehend ausgeschaltet fühlten.

Wenn man die Krise überwinden will, muss am Anfang eine wirkliche Klärung unseres Verhältnisses zum Bund stehen. Grundsätzlich sind die damit zusammenhängenden Probleme allesamt schon 1949 und 1950 aufgeworfen worden. Aber es hat massgebliche Kreise der Partei gegeben, die sich gegen die unausweichlichen Folgerungen für unsere praktische Politik sträubten. Im Herbst vorigen Jahres wurde auf zwei Konferenzen mit den führenden Mitgliedern des Partei- und Fraktionsvorstandes in Bonn der Versuch einer Verständigung über ein einheitliches Vorgehen gemacht.[5] Auch dadurch haben sich Teile der Parteikörperschaft nicht gebunden gefühlt. Das Problem ist jetzt durch den Beschluss des zentralen Parteivorstandes neu aufgerollt [worden][6], und es dürfte der Einheitlichkeit und Glaubwürdigkeit unserer Politik wegen keine Unklarheiten mehr geben.

Bei uns hat noch niemand den Versuch unternommen, eine Alternative zur Politik der Eingliederung in den Bund zu entwickeln. Die Formen der Eingliederung konnten im einzelnen nicht vorausbestimmt werden. 1950 konnte man die Meinung vertreten, dass in absehbarer Zeit eine staatsrechtliche Klärung im Sinne des „12. Landes" erfolgen würde. Dieser Weg erwies sich wegen der alliierten Einwände, die durch die Bundesregierung noch verstärkt worden waren, als nicht gangbar. Es blieb allein der Weg der stufenweisen Eingliederung, der Praktizierung des Grundsatzes, dass Berlin nach innerdeutschem Recht deutsches Land _ist_. Diese Politik konnte zu den inzwischen vorliegenden Ergebnissen nur führen, wenn Berlin bereit war, die aus seiner rechtlichen und finanzwirtschaftlichen Eingliederung erwachsenden Verpflichtungen zu übernehmen. Gewiss konnten und mussten wir den Vorbehalt machen, dass den Besonderheiten der Berliner Lage Rechnung zu tragen sei. Die Entscheidung darüber, bis zu welchem Grade unsere Ansprüche im konkreten Fall berücksichtigt würden, konnte jedoch leider nicht in unserem Ermessen, sondern mußte beim Bundesgesetzgeber liegen.

Es war klar, dass sich aus dieser Fragestellung einige unbequeme Konsequenzen ergeben mussten. Berlin konnte sich den Auswirkungen der Bonner Politik nicht entziehen, ebensowenig wie es die westlichen Bundesländer können. Umso wichtiger wäre es gewesen, wenn wir die Verantwortlichkeiten für die in Bonn und in Berlin zu fällenden Entscheidungen klarer herausgestellt hätten. Stattdessen ist durch die Argumentation eines Teils unserer Genossen immer wieder der Eindruck entstanden, dass in Berlin eine

Realitätsentscheidung über die zu übernehmenden Bundesgesetze zu fällen sei. Das konnte nur die Begriffe verwirren – in unserer Partei und erst recht in der Öffentlichkeit. Es ist darum dringend zu raten, dass der formale Vorgang der Übernahme von Bundesrecht auch in der Praxis des Abgeordnetenhauses noch deutlicher als bisher von den in Berlin selbst zu verantwortenden Entscheidungen getrennt wird. Eine solche Trennung würde keineswegs ausschliessen, dass die Parteien grundsätzliche Erklärungen vor der Formalabstimmung über Bundesgesetze abgeben können.

Die Berliner Parteiorganisation wäre jedoch schlecht beraten, wenn sie nicht darüber hinaus anerkennen würde, dass es in erster Linie Sozialdemokraten gewesen sind, die die Verankerung Berlins im Bund durchgesetzt haben. Bis zum Sommer vorigen Jahres noch haben sich massgebende Kreise der Bundesregierung gegen diese Politik gesträubt. In zahlreichen Einzelentscheidungen mussten ihre Einwände überwunden werden, bis es zur grundsätzlichen Entscheidung in Gestalt des Dritten Überleitungsgesetzes kam.[7] Ohne die entscheidende Hilfe der SPD-Fraktion im Bundestag und ohne die Initiative der sozialdemokratischen Mitglieder des Senats wären die erzielten Ergebnisse nicht zu erreichen gewesen. Statt das als einen bedeutenden Erfolg sozialdemokratischer Berlin-Politik herauszustellen, argumentieren manche unserer Freunde noch heute so, als ob Adenauer und Schäffer seit Jahr und Tag kein anderes Anliegen gehabt hätten, als uns auf die Folterbank des 12. Landes zu spannen. Dadurch droht unsere Politik in eine Sackgasse zu geraten. Eine neue Wahlniederlage müsste die Folge sein, wenn wir den Kampf auf eine falsche Ebene verlagerten.

Das Herausstellen dieses echten Erfolgs sozialdemokratischer Bemühungen schliesst eine scharfe Auseinandersetzung mit den Massnahmen der Bonner Mehrheit nicht aus. Aber eine solche Auseinandersetzung muss sich in den Rahmen der von der Gesamtpartei geführten Politik einordnen. Das gilt insbesondere für die Berlin besonders berührenden gesamtdeutschen und aussenpolitischen Probleme. Es war ein Versager, dass die Berliner Partei in der zweiten Hälfte des vorigen Jahres nicht in die Auseinandersetzungen um die deutsche Einheit entscheidend eingriff. Als wir das Problem schliesslich im Abgeordnetenhaus herausstellten, geschah das gegen die Einwände der Fraktionsführung. Nach der Wehrdebatte trat die CDU auf einer grösseren Kundgebung vor die Berliner Öffentlichkeit, während wir mit kommunalpolitischen Dingen über Gebühr in Anspruch genommen waren. Auf die neuen Auseinandersetzungen um das gesamtdeutsche Problem, ausgelöst durch den Notenwechsel zwischen den Sowjets und den Westmächten[8], haben wir nur schwach reagiert. Die Kräfte waren offenbar durch die permanente Senatskrise gebunden.

Die Scheu vor dem Herausstellen sozialdemokratischer Erfolge erstreckt sich nicht allein auf das Gebiet unserer Beziehungen zum Bund. Es macht den Eindruck, als ob manchen Genossen ‹die Registrierung von Teilerfolgen ausserordentlich schwer fällt.›[9] Tatsache ist dennoch, dass der wirtschaftliche Aufbau Berlins unter massgeblichem Einfluss unserer Vertrauensleute im Senat trotz aller Hemmnisse beträchtliche Fortschritte gemacht hat. Die Produktionsleistung ist, verglichen mit 1936, von 22 Prozent bei Ende der Blockade auf 50 Prozent angestiegen. 70 000 Arbeitsplätze sind im Laufe der letzten zwei Jahre neu geschaffen worden. Bei aller Sorge um die sozialpolitischen Probleme, die gewiss ein Hauptanliegen sozialdemokratischer Politik sind, darf unsere Partei nie vergessen, dass die wirtschaftspolitische Basis über das Gelingen oder Misslingen unserer Bemühungen entscheidet. Unsere Forderungen auf der Landes-Ebene müssen entscheidend darauf ausgerichtet sein, wie wir den Zusammenbruch des produktiven Notprogramms verhindern, den sozialen Wohnungsbau fördern und die Grundlagen der Berliner Industrie erweitern können.

Die Politik unserer Partei hat darunter gelitten, dass sie sich das Gesetz des Handelns vielfach von den Gegnern hat vorschreiben lassen. Die drei „neuralgischen" Punkte der Berliner Politik – Personalfragen, Schule und V[ersicherungs]A[nstalt]B[erlin] – haben uns seit dem Wahlkampf bis zur vorläufig letzten Senatskrise dauernd in Anspruch genommen.[10] Eine entscheidende Schwäche der Senatspolitik hat darin bestanden, dass es nicht zu einem frühen Zeitpunkt zu klaren sachlichen Kompromissen gekommen ist, sondern dass die Richtlinien der Senatsarbeit unter dem Druck der bürgerlichen Fraktionen mehrfach abgewandelt werden mussten.

Auf personalpolitischem Gebiet ist jedoch nicht leicht einzusehen, wieso unser Ausscheiden aus der Senatsarbeit unserer Position förderlich sein sollte. Wir haben jetzt zweifellos noch eine stärkere Möglichkeit, auf die Einzelgestaltung des Landesbeamtengesetzes Einfluss zu nehmen und die Angestellten zu schützen, die sich seit 1945 in der Verwaltung bewährt haben. Das Beutestreben der nichtsozialistischen Parteien kann von uns allerdings nur dann effektiv bekämpft werden, wenn wir selbst strenge Qualitätsmaßstäbe bei der Besetzung von Ämtern anlegen. So berechtigt es im übrigen sein mag, vor ehemaligen Nationalsozialisten in der Beamtenschaft auf der Hut zu sein, sollten wir doch nicht den Anschein der Beamtenfeindlichkeit schlechthin erwecken. Es sollte auch mit einer überholten Propaganda Schluss gemacht werden, die die Masse der nominellen P[artei]g[eno]s[sen][11] von der Sozialdemokratie definitiv abzustossen geeignet ist.

Auf landespolitischer Ebene sollte unsere Partei überlegen, ob es nicht an der Zeit ist, die Möglichkeit einer Verwaltungsvereinfachung zur Diskussion zu stellen. Auf Grund der Erfahrungen, die seit der Spaltung der Stadt und seit der Senatsverfassung gesammelt wurden, müssten sich manche Überschneidungen zwischen der bezirklichen und der zentralen Verwaltung beseitigen lassen. Auf einigen Gebieten leidet unsere zentrale Verwaltung offenbar unter einem Mangel an Koordinierung. Die Bevölkerung hat den wohl nicht immer unberechtigten Eindruck, daß gewisse Dienststellen überbesetzt sind. Wir sollten eine offene Erörterung dieses Problems nicht anderen Kräften überlassen.

Die Zugeständnisse, die in bezug auf das Schulgesetz gemacht worden sind, lassen sich vom sozialdemokratischen Standpunkt darum verantworten, weil sie das Prinzip der einheitlichen Schulorganisation nicht berühren und keine Konfessionalisierung des Unterrichts bedeuten. Der eine oder andere von uns mag mit der Neuregelung des Religionsunterrichts nicht einverstanden sein, aber jeder wird zugeben, dass wir eine Auseinandersetzung um dieses Problem vor der Wählerschaft nicht bestehen würden. Das zeigt die Zahl der am Religionsunterricht teilnehmenden Schulkinder gerade in den typischen Arbeiterbezirken. Auch auf diesem Gebiet sollten wir eine unzeitgemässe Propaganda zu den Akten legen. Das Freidenkertum in allen Ehren, aber es ist keine Parteireligion. Gerade auf religiösem Gebiet darf kein Zweifel aufkommen können, dass wir es mit dem Grundsatz der Toleranz ernst meinen und dass es in dieser Hinsicht auch innerhalb unserer Reihen keine Sozialisten erster und zweiter Klasse geben kann.

Die grössten Sorgen musste uns naturgemäss die Neuordnung der Sozialversicherung bereiten. Es gilt jedoch zweierlei klarzustellen. Erstens können wir vor der Bevölkerung nicht bestehen, wenn wir mit dem unserer Meinung nach überlegenen Organisationsprinzip und die anderen mit dem Geld aufwarten. Zum anderen ist es eine unerlaubte Vereinfachung, die Aufgliederung der V[ersicherungs]A[nstalt]B[erlin] als eine generelle Verschlechterung der Leistungen darzustellen. Das Leistungsniveau wird durch die Angleichung an den Bund im ganzen nicht verschlechtert, sondern es kommen zusätzliche Mittel in ganz beträchtlichem Umfange nach Berlin. Auf einzelnen Gebieten ergeben sich in der Tat Schlechterstellungen, und es muss eine wesentliche Aufgabe sein, diese durch Mittel des Landeshaushalts so weit wie irgend möglich auszugleichen.

Die jetzt fällige organisatorische Aufgliederung in Renten- und Krankenversicherung ergab sich zwangsläufig aus der Auflage, mit der die Bonner Mehrheit im vorigen Jahr das Rentenzulagegesetz verbunden hatte. Wir haben damals gegen dieses Gesetz gestimmt, aber wir konnten unmöglich erklären, dass wir auf das Gesetz überhaupt verzichten wollten. Dann wären wir in einen frontalen Gegensatz zu den Massen der Rentner geraten, von denen die grosse Mehrheit durch das, wenn auch noch so unzulängliche Bundesgesetz eine effektive Verbesserung erfuhr. Die Frage, ob wir die organisatorischen Konsequenzen dem Bundesgesetzgeber hätten überlassen sollen, ist heute rein akademischer Art. Man hätte den Weg über den

Bundestag gehen können, aber das organisatorische Ergebnis wäre für Berlin zweifellos ungünstiger geworden.

Gerade auf dem Gebiet der Sozialversicherung rächt sich die ungenügende Klarstellung der Verantwortlichkeiten zwischen Bonn und Berlin. Wenn die Partei einheitlich für eine realistische Politik eingetreten wäre, hätten wir mehr Verständnis dafür finden können, dass die Rückschläge auf dem einen oder anderen Gebiet nur im Zuge der von der Gesamtpartei erstrebten sozialpolitischen Neuordnung auf Bundesebene wettgemacht werden können. Wenn wir uns vor der Öffentlichkeit behaupten wollen, müssen wir aber auch zugeben, dass die sozialen Leistungen in Berlin nur durch die Teilnahme an den Bundesregelungen zu sichern sind. Für kritische Auseinandersetzungen mit der Bonner Mehrheit bleibt auch in diesem Rahmen genügend Platz, aber unsere Kritik muss uns in falsche Bahnen führen, wenn sie von falschen Voraussetzungen ausgeht.

Die Senatsarbeit hat trotz der verzeichneten Erfolge vielfach nicht zu überzeugen vermocht. Dazu hat beigetragen, dass wir unser Gewicht im Senat politisch häufig nur zur Hälfte geltend machen konnten. Die Uneinheitlichkeit unserer Fraktion musste zur Schwächung unserer Position führen. Diese Schwächung hätte nicht zu erfolgen brauchen, wenn die Beschlüsse des Landesparteitages mehr respektiert worden wären. Ende Januar 1951 hatte der Landesparteitag mit 61 gegen 39 Prozent der Mandate, also mit klarer Mehrheit, für die von Reuter vorgeschlagene Politik entschieden.[12] Ein Teil der sachlich unterlegenen Genossen in führender Position hat den Mehrheitsbeschluss nicht zur Richtschnur seines Handelns gemacht, sondern über die Fraktion versucht, den Landesparteitag zu korrigieren. Zweimal im Laufe des vorigen Jahres hat der Landesparteitag dann trotz mancher Vorbehalte für die Fortführung der Senatsarbeit entschieden. Aber die Geschlossenheit unseres Wirkens nach aussen wurde auch dadurch nicht gewährleistet.

Der vorläufige Tiefpunkt wurde durch das Auseinanderfallen der Fraktion am 3. April [1952] erreicht.[13] Es ist völlig abwegig, in diesem Zusammenhang das Schlagwort vom Fraktionszwang in die Diskussion zu werfen und mit Gewissensgründen zu operieren. Bei der

Haltung zu einer Regierungserklärung handelt es sich nicht um eine Gewissensfrage im ethischen oder weltanschaulichen Sinne. Es handelt sich um eine Frage der praktischen Politik, die möglichst geschlossen beantwortet werden muss, wenn das einheitliche Auftreten der Fraktion – und damit der Bestand der Fraktion – nicht völlig in Frage gestellt werden soll. Der unmögliche Zustand, in den wir geraten sind, wird dadurch gekennzeichnet, dass der Fraktionsvorstand mit keinerlei politischer Empfehlung vor die Gesamtfraktion trat und dass auf der Parteiebene weder ein Votum des Landesvorstandes vorlag noch der Landesausschuss gehört wurde. Gerade bei besonders schwierigen Entscheidungen bedarf es einer möglichst geschlossenen Haltung nach aussen. Wer bei unangenehmen Entscheidungen der praktischen Politik private „Gewissensgründe" vorschiebt, wälzt damit die Verantwortung auf die übrigen Genossen ab und schwächt die Position der Partei im Bewusstsein der Öffentlichkeit.

Bedeutet diese Stellungnahme, dass wir um jeden Preis am Dreiparteien-Senat festhalten müssen? Gewiss nicht. Es können Situationen entstehen, in denen wir es auf ein Auseinanderbrechen ankommen lassen müssen. Schon in den vergangenen Wochen hatte sich soviel Konfliktstoff und hatten sich soviel Unlustgefühle angehäuft, dass eine sachliche Lösung kaum mehr möglich erschien. Wenn aber der Dreiparteien-Senat eines Tages nicht mehr zu halten ist, dann müssen die politischen Streitfragen klar vor der Bevölkerung aufgerollt werden können. Dann muss klar gemacht werden können, wer die Verantwortung trägt. Und dann darf die Sozialdemokratie vor allem nicht mit falschen Positionen vor die Bevölkerung treten. Diese Gefahr wäre beim Scheitern des Versuchs am 3. April sehr gross gewesen. Die beiden anderen Parteien haben die Parole der Neuwahlen zurückgewiesen. Unter uns sollten wir auch keinen Zweifel darüber aufkommen lassen, dass Neuwahlen kein geeigneter Ausweg aus innerparteilichen Schwierigkeiten sind. Um sie auf Sicht vorzubereiten, bedarf es der Überwindung einer Reihe ernster Mängel.

Die Fraktion wird zu einer anderen Praxis zurückkehren müssen, wenn der Partei nicht ernster Schaden zugefügt werden soll. Es ist auf die Dauer kaum möglich, dass mehrere Fraktionsvorsitzende an einer politischen Linie festhalten, für die es in der Gesamtfraktion keine Mehrheit gibt. Es ist auf die Dauer nicht erträglich, dass sich der Landesvorstand echter politischer Entscheidungen enthält und dass aus dem Landesausschuss eine mehr dekorative Körperschaft wird. Es ist nicht gut, wenn innerparteiliche Auseinandersetzungen mit dem Mittel der persönlichen Verunglimpfung bestritten werden.[14] Wenn dem nicht ein Riegel vorgeschoben wird, besteht die Gefahr zunehmender Einengung und Isolierung der Parteiorganisation.

Das Interesse der Partei darf nicht mit den vermeintlichen Interessen von Gruppen verwechselt werden. Eine gewisse Lähmung unserer Abteilungsarbeit steht im Zusammenhang mit den Schwächen in den leitenden Gremien. Die Partei hat an Anziehungskraft nicht nur in jenen Schichten eingebüsst, die wir zur Verstärkung unserer politischen Position wiedergewinnen müssen. Sie hat ihre Verankerungen in den eigentlichen Arbeiterschichten ebenfalls nicht zu verstärken vermocht. Das Interesse hat sich bis in die jüngste Vergangenheit vielfach so sehr auf die Bezirksämter und sonstigen öffentlichen Verwaltungen konzentriert – wie sich auch aus der Zusammensetzung unserer Vertretungskörperschaften ergibt –, dass die Beschäftigung mit den Belegschaften der Industriebetriebe darunter leiden musste.

Auf Grund dieser Betrachtungen will es mir erforderlich erscheinen:

1. dass wir das Verhältnis Bund-Berlin endlich in Übereinstimmung mit den Beschlüssen des Parteivorstandes klären, unsere Politik entsprechend versachlichen und die Verantwortlichkeiten zwischen Bonn und Berlin klar abgrenzen,

2. dass wir uns neben der kritischen Auseinandersetzung mit der Bonner Mehrheitspolitik auf realistische Forderungen für unsere Berliner Landespolitik konzentrieren: Förderung der von [uns] eingeleiteten Massnahmen zur Eindämmung der Arbeitslosigkeit, sozialer Wohnungsbau, Ausgleich von Härten bei der Angleichung der Sozialpolitik, Verwaltungsvereinfachung,

3. dass wir durch innerparteiliche Klärung wieder zur innerparteilichen Geschlossenheit gelangen, unser Gewicht im Senat voll einsetzen – solange kein gegenteiliger Beschluss vorliegt – und die politischen Voraussetzungen für einen kommenden Wahlkampf schaffen.
Beste Grüsse
Willy Brandt

Nr. 19
Schreiben des Berliner Bundestagsabgeordneten Brandt an den Landesvorstand und den Landesausschuss der Berliner SPD
19. Mai 1952

FNA, NL Neumann IIb/1/2a.

An den Vorstand und Landesausschuss.[1]

Liebe Genossen!
Es tut mir sehr leid, dass ich nur dem ersten Teil der Sitzung des L[andes]A[usschusses] beiwohnen kann.[2] Für morgen früh ist die Sitzung des Auswärtigen Ausschusses des Bundestages anberaumt worden, auf der Adenauer den Inhalt des Generalvertrages bekannt geben will. Vom allgemeinen Interesse der Partei abgesehen, ist es vom Berliner Standpunkt aus unbedingt erforderlich, dass wir ausreichend informiert sind. Günter Klein und ich haben uns darum entschlossen, heute abend mit der letzten Maschine nach Düsseldorf zu fliegen.

Ich möchte aber die Antwort nicht schuldig bleiben, wenn heute die Frage meiner Kandidatur aufgeworfen wird. Darum habe ich beiliegenden Brief geschrieben, der sich auch mit einigen Behauptungen auseinandersetzt, die über mich in Umlauf gesetzt worden sind. Ich

wäre dankbar, wenn dieser Brief im Landesausschuss verlesen werden könnte.
Mit besten Grüssen
‹Willy Brandt›³

Liebe Genossen!⁴
Einige Kreise haben mich für die Wahl des Landesvorsitzenden nominiert. Das darin ausgedrückte Vertrauen hat mich gefreut. Ich möchte allerdings erklären, dass ich aus persönlichen Gründen und wegen der starken arbeitsmässigen Verpflichtungen, die sich für mich in Bonn ergeben haben, eine Kandidatur nur mit grossen Bedenken annehmen würde.⁵

Es handelt sich aber, glaube ich, gegenwärtig nicht um die Frage der persönlichen Erwägungen, sondern um eine politische Frage. Es wird darauf ankommen, welche politischen Entscheidungen der Landesparteitag fällt. Aus den politischen Entscheidungen müsste abgeleitet werden, wie der Landesverband in Zukunft personell vertreten sein soll. Allein auf diese Weise wäre auch zu erreichen, dass über die Zusammensetzung des Landesvorstandes möglichst sachlich und ohne überflüssige persönliche Schärfen entschieden werden kann.

Gerade aus diesem Grunde liegt mir aber daran, vor dem Landesvorstand und Landesausschuss – gegebenenfalls auch vor dem Parteitag – zu einigen Anfeindungen Stellung zu nehmen, die im Zusammenhang mit der Nennung meiner möglichen Kandidatur gerücht[e]weise kolportiert worden sind. Es ist hoffentlich nur ein Zufall, dass die Kommunisten wieder einmal durch die „Freie Presse" und auf andere Weise eine inhaltsgleiche Kampagne gestartet haben.⁶

Obgleich man sich im Laufe der Jahre schon an manches gewöhnt hat, will ich nicht verhehlen, dass mich der von einigen Genossen aufgeworfene „Emigrations-Komplex" einigermassen erschüttert hat. In einem unserer Kreisvorstände ist von der politischen Emigration im Sinne persönlicher Feigheit gesprochen worden. Bei anderer Gelegenheit hat man den Genossen, die „draussen" waren, eine nur begrenzte Urteilsfähigkeit zuerkennen wollen. Ich hätte gehofft, dass diese Art der Auseinandersetzung ganz anderen politischen Kreisen vorbehalten geblieben wäre.

Politische Emigration ist kein Verdienst, kein reines Vergnügen, aber auch keine Disqualifikation. Ich habe Deutschland seinerzeit übrigens nicht aus eigenem Entschluss, sondern auf Anweisung meiner Organisation verlassen. Tatsache ist weiter, dass ich mit der Widerstandsarbeit in Deutschland engen Kontakt gehalten und mich selbst zur illegalen Arbeit nach Deutschland zurückbegeben habe. Tatsache ist, dass ich vor einem persönlichen Risiko niemals zurückgeschreckt bin, wenn es sich um die Erfüllung von Pflichten handelte, die sich aus meiner Überzeugung ergaben.

Die Genossen wissen, dass ich in Lübeck aufgewachsen bin und dort von jüngsten Jahren an in der Bewegung mitgearbeitet habe. Die Genossen wissen auch, dass ich seinerzeit zu jenem Teil der Jugendorganisation gehörte, der aus ehrlicher Überzeugung den Weg zur SAP gegangen ist – zu der Gesinnung von damals bekenne ich mich noch heute, wenn ich auch viele der damals strittigen politischen Fragen heute anders beurteile. Viele der Genossen können nicht wissen, wie sehr die Emigrationsatmosphäre durch persönliche Streitigkeiten belastet gewesen ist. So ist es noch bei jeder Emigration gewesen, und ich bin davon nicht verschont geblieben.

Aber ich darf den Genossen eines sagen: Meine Tätigkeit zunächst in Norwegen, später in Schweden liegt offen für jeden, der sich dafür interessieren sollte. Ich kann mich zu dieser meiner Tätigkeit umso freier bekennen, als ich zahlreiche der führenden Männer der skandinavischen Arbeiterbewegung als Bürgen anrufen kann. Es wäre verwunderlich, dass sich die Zentralorgane der norwegischen und der schwedischen Sozialdemokratie durch mich über die Entwicklung in Deutschland informieren liessen, wenn sie mich aus der Zeit meines langjährigen Aufenthalts in Skandinavien für nicht vertrauenswürdig hielten.

Ich habe das Glück gehabt, dass ich mich während der ganzen Emigrationszeit durch meine journalistischen und schriftstellerischen Arbeiten erhalten konnte. In Norwegen habe ich ausserdem fachliche Studien betreiben können, die für meine weitere Entwicklung von Bedeutung gewesen sind. Die norwegische Arbeiterbewegung hat mir wichtige Funktionen übertragen. Zahlreiche Reisen haben mich mit den meisten Zentren der deutschen Emigration in Kontakt gebracht. Auch mit meinem Aufenthalt in Spanien in der ersten Hälfte des Jahres 1937, über den die Kommunisten soviel Unsinn in die Welt gesetzt haben, sind keinerlei Geheimnisse verbunden.

Meine Einschätzung der politischen Probleme ist damals schriftlich niedergelegt worden. Mit der verhängnisvollen Rolle der kommunistischen Politik habe ich mich damals und später in grösseren Schriften auseinandergesetzt. Ich gebe allerdings zu, dass ich manche Probleme bei weitem nicht klar genug gesehen habe. Normalerweise lernt man ja im Laufe der Jahre noch einiges hinzu.

Als der Krieg zu Ende gegangen war, habe ich zunächst die skandinavische Arbeiterpresse in Deutschland vertreten und bin dann auch einige Zeit Pressemitarbeiter der norwegischen diplomatischen Vertretung in Berlin gewesen. Als ich mich 1947 entschloss, wieder voll in der deutschen Bewegung mitzuarbeiten, erreichte mich die Aufforderung des Parteivorstandes, ab Januar 1948 seine Vertretung in Berlin zu übernehmen. Im Gegensatz zu einigen meiner Kritiker habe ich mich zur Rückkehr entschlossen, als es Deutschland nicht eigentlich rosig ging. Ich habe mich gern für Berlin als Arbeitsplatz entschieden, und ich habe ohne Bedenken auf eine gesicherte Existenz im Ausland verzichtet.

Dabei hatte ich auch auf die norwegische Staatsbürgerschaft zu verzichten, die heute gleichfalls als „Argument" gegen mich ins Feld geführt wird. Tatsache ist, dass ich 1936 durch die Hitlerregierung ausgebürgert worden war.[7] Ich war staatenlos, als ich die norwegische Einbürgerung erlangte. Nachdem ich zurückgekehrt war, ist die Wiedereinbürgerung in Schleswig-Holstein vollzogen worden.[8] Nach dem Grundgesetz wäre die Ausbürgerung sowieso hinfällig geworden.

Aber ich bekenne freimütig, dass mir Norwegen mehr geworden war und immer bleiben wird als ein zufälliges Exil. Es war mein zweites Vaterland geworden. Das hat mich nicht gehindert, vor dem Kriege und während des Krieges energisch gegen die Neigung zur Kollektivverdammung des deutschen Volkes aufzutreten, in Wort und Schrift. Das hat manche Freundschaften in die Brüche gehen lassen und mir von kommunistischer Seite den sattsam bekannten Vorwurf des „Gestapoagenten" eingebracht. Er hat mich ebenso kalt gelassen wie die spätere Beschimpfung als „amerikanischer Agent".

Und nun hat man noch dem einen und anderen ins Ohr geflüstert, was es denn wohl eigentlich mit meinem Namen auf sich habe, ob ich denn wohl eigentlich Willy Brandt heisse. Die Antwort lautet, dass ich so tatsächlich „erst" knapp zwanzig Jahre heisse, seit ich neunzehn war. So habe ich politisch gewirkt, so habe ich eine Reihe von Büchern und hunderte von Artikeln geschrieben. So bin ich nach Deutschland zurückgekehrt.

Bei der Wiedereinbürgerung tauchte dann die Frage meines ursprünglichen Namens auf, mit dem mich fast nichts als eine schwierige Kindheit verband, den meine Mutter nicht mehr trug und den mein Vater nie getragen hatte. In die Wiedereinbürgerungspapiere wurden beide Namen eingetragen, mein ursprünglicher und mein jetziger. Aus rein praktischen Gründen vollzog ich im Anschluss daran die formelle Legalisierung meines Wahlnamens, so wie sie durch die norwegischen Behörden faktisch längst vollzogen war. Ich habe bewusst an jenem Namen festgehalten, unter dem ich seit meinem 19. Jahr gelebt und gearbeitet habe. Jede andere Entscheidung hätte mich dem Vorwurf aussetzen können, dass ich aus den zurückliegenden Jahren etwas zu verbergen gehabt hätte.

Im übrigen waren mein Werdegang und meine Schritte in den langen Jahren des Exils dem Parteivorstand bekannt, als er mich in die Arbeit der Partei wieder eingliederte. Seitdem sind nun einige weitere Jahre vergangen, während der die Genossen mich aus eigener Erfahrung beurteilen können. Ich kann und will nicht behaupten, dass ich in diesen Jahren nicht Fehler gemacht hätte. Aber ich kann sagen, dass [ich] mich immer bemüht habe, den Pflichten eines demokratischen Sozialisten gerecht zu werden.

Es ist nichts Neues, dass politische Auseinandersetzungen durch den Einsatz von Giftspritzen ersetzt werden. Wer diese Methode wählt, richtet sich selbst. Das Urteil über meine Person und meine politische Arbeit, aber auch über meine meist anonymen Kritiker, überlasse ich getrost jedem Personenkreis, der objektiv zu urteilen fähig und bereit ist.

Die Funktionäre und Mitglieder der Berliner Parteiorganisation müssen allerdings wissen, dass es sich – unabhängig von dieser oder jener Kandidatur – darum handelt, ob das Ringen um den richtigen Weg durch das Anwenden der Dreckschleuder ersetzt werden soll. Mit sozialistischem Gruss
‹Willy Brandt›[9]

Nr. 20
Artikel des Berliner Bundestagsabgeordneten Brandt für den *Sozialdemokratischen Pressedienst*
2. September 1953[1]

Sozialdemokratischer Pressedienst, Nr. 204 vom 2. September 1953, S. 6 f.

Adenauer wollte nicht

Im Verlauf des Wahlkampfes ist verschiedentlich die Meinung vertreten worden, daß ein engerer Kontakt zwischen Regierung und Opposition in den Fragen der deutschen Außenpolitik zu begrüßen gewesen wäre. Neuerdings werden sogar Unterschriften für einen Aufruf gesammelt, in dem eine „gemeinsame" Außenpolitik gefordert wird.[2] Dazu ist zweierlei zu bemerken:

Eine gemeinsame Außenpolitik würde mehr voraussetzen, als daß gewisse Formen des Kontaktes zwischen Regierung und Opposition eingehalten werden und daß die Opposition ausreichend unterrichtet wird. In erster Linie würde es auf eine Verständigung über den

Inhalt und die entscheidende Zielrichtung der deutschen Politik ankommen. Dafür haben bisher die Voraussetzungen gefehlt.

Zum anderen hat die Erfahrung der vergangenen vier Jahre und insbesondere der letzten Wochen gezeigt, daß der bisherige Bundeskanzler und Außenminister nicht einmal gewillt war, die in demokratischen Staaten üblichen Formen des Kontaktes mit der Opposition zu wahren. Er hat eine Verständigung mit der Opposition – unabhängig davon, ob sie inhaltlich möglich gewesen wäre – gar nicht gewollt.

Im Laufe dieses Sommers hat sich die sozialdemokratische Fraktion des Bundestages nicht weniger als viermal um ein ernstes Gespräch über jene Fragen bemüht, die durch die veränderte außenpolitische Lage und durch das neue Viermächtegespräch über Deutschland aufgeworfen werden.[3] Jeder dieser Versuche ist auf die Ablehnung Adenauers gestoßen, dessen Bereitschaft zur „Verständigung" sich darin zu erschöpfen scheint, daß er die Zustimmung zu seiner schmalspurigen, durch die Entwicklung widerlegten Politik verlangt.

Ende Juni wurde dem Bundeskanzler in einem Gespräch mit Vertretern der Opposition nahegebracht, daß die SPD Wert darauf lege, über das Verhandlungsprogramm der Regierung für die bevorstehenden Verhandlungen unterrichtet zu werden. Die SPD bekundete ihr lebhaftes Interesse an einer gemeinsamen, internen Erörterung solcher Probleme, über die insbesondere im Zusammenhang mit der Wiedervereinigung Deutschlands zu befinden sein wird. Diese Anregung blieb ohne positive Antwort.

Am 1. Juli [1953] lehnten die Regierungsparteien – mit dem Bundeskanzler an der Spitze – durch namentliche Abstimmung im Bundestag nicht nur den Teil des sozialdemokratischen Antrags ab, der sich für sofortige Viermächte-Verhandlungen aussprach. Sie stimmten auch jenen Vorschlag nieder, der die gemeinsame Beratung eines internen deutschen Verhandlungsprogramms zum Ziel hatte.[4]

Im Anschluß daran haben die Vertreter der SPD im Laufe des Monats Juli noch zweimal Sitzungen des Bundestagsausschusses für auswärtige Angelegenheiten benutzt, um die sachliche Notwendigkeit gemeinsamer Beratungen aufzuzeigen. Es wurde angeregt, mindestens die beiderseitigen Informationen – vor allem auch über die Vorgänge in der Sowjetzone – zusammenzutragen und die beiderseitigen Beurteilungen auszutauschen.[5] Der Bundeskanzler hat auch diese Vorschläge nicht aufgegriffen.

Stattdessen ließ er durch den Staatssekretär des Auswärtigen Amtes eine nachträgliche Unterrichtung der Bundestagsausschüsse für auswärtige Angelegenheiten und für gesamtdeutsche Fragen in Aussicht stellen. An Hand konkreter Beispiele kann inzwischen nachgewiesen werden, daß die Vertreter des Bundestages in gewissen Fällen <u>falsch</u> unterrichtet worden sind. Die ihnen gemachten Mitteilungen waren außerdem <u>bis zu zwei Monate alt</u> und unterschieden sich kaum von dem, was der Bundeskanzler zur allgemeinen Veröffentlichung freigeben zu sollen glaubte.

Damit ist erwiesen, daß der bisherige Bundeskanzler an einer gemeinsamen, verantwortlichen Erörterung und Bearbeitung der außenpolitischen Fragen und insbesondere des Problems der Wiedervereinigung nicht interessiert gewesen ist.

Nr. 21
Aus der Broschüre des Berliner Bundestagsabgeordneten Brandt „Arbeiter und Nation"
Februar 1954[1]

AdsD, WBA, A 3, 72.

Vom 17. Juni zur Berliner Konferenz

Mit dem 17. Juni 1953 begann ein neuer Abschnitt des Ringens um die Wiedervereinigung Deutschlands. Die Arbeiter Ostberlins und der sowjetischen Besatzungszone erhoben sich zu einer machtvollen Manifestation für ein menschenwürdiges Leben. Sie traten furchtlos dafür ein, daß Deutschland auf dem Boden der Freiheit vereinigt, daß es zu einem wahrhaft demokratischen Staatsgefüge werde.

Die Erhebung der Menschen in der sowjetischen Zone hat die Welt aufhorchen lassen. Die eigentliche Bedeutung des 17. Juni wurde außerhalb der deutschen Grenzen teilweise sogar rascher und klarer erkannt als bei gewissen Kreisen im deutschen Westen. Das war gewiß kein Ruhmesblatt. Es war auch keine gute Sache, daß zu einer wehleidigen Angelegenheit zu werden drohte, was seinen Sinn allein als Mahnung zur tätigen Solidarität haben konnte und was wahrlich Grund genug war, den Kopf höher zu tragen.

Die einzig angemessene Ehrung der Opfer lag und liegt in der Bereitschaft, die Lehren der mitteldeutschen Erhebung zu beherzigen und für diejenigen mitzusprechen, die nicht kapitulierten, die man aber durch neuen Terror mundtot machen wollte:

Der 17. Juni war der eindringlichste Appell an das eigene Volk und an die ganze Welt, daß es mit der Spaltung Deutschlands auf die Dauer nicht weitergehen kann. Die willkürliche und widernatürliche Zerklüftung – quer durch Millionen von Familien und mitten durch das Herz eines Volkes – war von Anfang an unvernünftig und ist durch die Entwicklung vollends unhaltbar geworden.

Drastischer denn irgendwann in den vergangenen Jahren wurde durch den 17. Juni die Isolierung des SED-Regimes von der überwältigenden Mehrheit der achtzehn Millionen in der Sowjetzone nachgewiesen. Pankow war danach weniger denn je legitimiert, für die 18 Millionen zu sprechen.[2]

Unter der Führung der Industriearbeiterschaft bezeugten die breitesten Schichten der Bevölkerung ihre Entschlossenheit, Opfer zu bringen für ihr Recht und für die deutsche Einheit in Freiheit. Sie korrigierten nicht nur diejenigen, die da meinten, die mitteldeutschen Arbeiter hätten ihren Nacken unter das Joch kommunistischer Totalität gebeugt. Die Haltung dieser Arbeiter hat das Vertrauen der Umwelt zu den demokratischen Kräften im deutschen Volk gestärkt.

Wir dürfen davon ausgehen, daß der demokratische Gedanke im Prozeß der Wiedervereinigung Deutschlands nicht geschwächt, sondern daß er wesentlich gestärkt werden wird. Die Bevölkerung der Sowjetzone verfügt noch immer über beträchtliche freiheitliche Reserven.

Es ist nicht wahr, daß der 17. Juni „ergebnislos" verlaufen sei oder mit einer Niederlage der Bevölkerung geendet habe.[3] In Wirklichkeit haben die Arbeiter ohne Waffen eine wichtige Schlacht für die Freiheit geschlagen. Sie erreichten jenes Ziel, das durch eine spontane Erhebung unter den gegebenen äußeren Machtverhältnissen überhaupt erreicht werden konnte.

Das unmittelbare Ziel der Ostberliner Bauarbeiter und derer, die ihrem Beispiel folgten, wurde schon als Ergebnis der Demonstration vom 16. Juni – am Tage vor der eigentlichen Massenaktion – erreicht. Die Regierung der Sowjetzone machte einen Rückzieher in der Frage der Arbeitsnormen. Im weiteren Verlauf der Auseinandersetzungen stellte sie auf anderen Gebieten ein Eingehen auf wirtschaftliche und soziale Forderungen der Arbeiterschaft in Aussicht.

Die Bevölkerung Ostberlins und der sowjetischen Zone hat dann nicht mehr nur für ihre unmittelbaren Forderungen demonstriert. Sie verlangte den Rücktritt der als arbeiter- und volksfeindlich empfundenen Marionettenregierung Ulbricht-Grotewohl. Tatsächlich lag die Macht auf der Straße. Die Kluft zwischen der herrschenden Clique und dem arbeitenden Volk wurde vor aller Welt bewiesen. Mehr konnte kaum erreicht werden, nachdem die Panzer der Sowjetarmee gegen eine wehrlose Bevölkerung aufgeboten worden waren.

Die Arbeiter überwanden im Nu das Gefühl der Furcht und der Vereinsamung. Sie fühlten sich wieder im Besitz der Stärke, die in der Gemeinsamkeit, in der Solidarität begründet liegt. Dadurch wurden über den Augenblick hinaus wirksame bewußtseinsmäßige Veränderungen geschaffen. Die weitere Entwicklung zeigte, daß dem gestärkten Selbstbewußtsein auch mit den Mitteln des Terrors nur schwer beizukommen war.

Die Juni-Bewegung war „im Handumdrehen" über die anfänglichen, auf die unmittelbaren Nöte bezogenen Forderungen hinausgewachsen. Die Forderungen der Arbeiter wurden fast überall und zu gleicher Zeit vom wirtschaftlich-sozialen auf das politische Gebiet ausgeweitet. Die zentralen Losungen waren in der ganzen Zone: Freie Wahlen! Deutsche Einheit in Freiheit!

Dieser Inhalt des 17. Juni war von weitreichender internationaler Bedeutung; nationalpolitisch stellte er einen Faktor von außerordentlichem Gewicht dar. Es wäre jedoch abwegig, wollte man die Erhebung der mitteldeutschen Arbeiter allein als ein verzweifeltes Verlangen nach n a t i o n a l e r Freiheit betrachten. Der 17. Juni drückte zugleich das Verlangen nach s o z i a l e r Befreiung aus; vom Druck derer, die der Sklaverei den schäbigen Mantel eines mißbrauchten, angeblichen „Sozialismus" umgehängt hatten.

Diesen Doppelcharakter gilt es vor Augen zu haben, um zu einer richtigen Wertung dessen zu gelangen, was sich in den Junitagen 1953 und seitdem abgespielt hat.[4]

[...][5]

18 Millionen warten

Die Erhebung der mitteldeutschen Arbeiter, der Aufschrei der achtzehn Millionen, der fortdauernde Widerstand der unterirdischen und spontanen Freiheitsbewegung v e r p f l i c h t e n. Sie verpflichten in erster Linie fünfzig Millionen Landsleute im anderen Teil Deutschlands, in zweiter Linie die demokratischen Kräfte der ganzen Welt und alle, die zur Lösung des deutschen Problems aufgerufen sind. Bekundungen der Sympathie sind nicht genug – so wichtig für die Menschen in der Zone das Wissen ist, daß sie im deutschen Westen und in der freien Welt verstanden werden.

Im deutschen Westen und in der freien Welt ist die Verbundenheit mit den Opfern und den Kämpfern des 17. Juni auf vielfältige Art bekundet worden. Aber es bleibt viel zu tun, bevor dem Gebot der Solidarität, der menschlichen, praktischen und politischen Hilfe Genüge getan ist.

Die SPD und ihre Fraktion im Deutschen Bundestag haben immer wieder betont, daß die Wiedervereinigung als Angelpunkt der deutschen Politik betrachtet werden muß.[6] Sie haben sich unbeirrt, und natürlich gerade vor der Berliner Konferenz[7], an die Beschlüsse gehalten, die der Bundestag hierzu einstimmig oder mit großer Mehrheit angenommen hatte. Sie haben nicht nur eine Konferenz der vier Mächte gefordert, deren Vereinbarung einen Rahmen bilden müßte, den die Deutschen dann durch ihre freie Wahl und durch die Entscheidungen ihrer neu zu schaffenden Nationalversammlung auszufüllen haben würden. Die Sozialdemokraten haben sich auch immer wieder bemüht, konkrete Vorschläge zu unterbreiten, die darauf abzielten, die Zustände im zonengespaltenen Deutschland soweit wie möglich zu normalisieren und – als eine Kernfrage der nationalen Existenz – den Kontakt der Menschen untereinander aufrechtzuerhalten.

Seit dem 17. Juni konnte kein Zweifel mehr darüber herrschen, daß das Ringen um die Wiedervereinigung auf dem Boden der Freiheit nicht nur als ein „oberstes Ziel" zu betrachten sei, sondern daß ihm der Vorrang vor allen anderen Vorhaben der deutschen Politik gebühre. Die Völker der Welt haben erkennen müssen, daß ein gespaltenes Deutschland eine permanente Gefahr für den Frieden bilden würde, während aus einem geeinigten Deutschland ein zuverlässiger Faktor des Friedens und der Freiheit werden könnte. Schmerzvolle Auseinandersetzungen würden bevorstehen, wenn es nicht gelänge, das deutsche Problem in absehbarer Zukunft in Übereinstimmung mit dem berechtigten Verlangen der deutschen Menschen und im Sinne der gemeinsamen Sicherheit der Völker zu lösen.

Die achtzehn Millionen der sowjetisch besetzten Zone, die Kämpfer und Opfer des mitteldeutschen Volksaufstandes mahnen zur Zielklarheit, Entschlossenheit und Aktivität im Kampf um die Einheit Deutschlands in Freiheit, Frieden und sozialer Gerechtigkeit.

Nr. 22
Aus der Rede des Berliner Bundestagsabgeordneten Brandt auf dem Landesparteitag der Berliner SPD zu seiner Kandidatur als Landesvorsitzender
9. Mai 1954

Protokoll der 1. Tagung des 11. Landesparteitags der Berliner SPD am 8./9. Mai 1954, S. 232–238 und S. 342 f., in: FNA, NL Neumann, IIb/16,2.

Willy Brandt: Genossinnen und Genossen! Wir sind uns hoffentlich alle darüber einig, daß eine Partei, die ausgezogen ist, die Zukunft zu gestalten, nicht vornehmlich von den Fehlern der anderen und von der Dummheit anderer leben kann. (Beifall.) Wir können uns in Berlin über die Fehler und die Dummheit anderer nicht einmal freuen.

Ich habe in der Debatte über die Senatskrise, die wir nicht aufwärmen wollen, in der „Berliner Stimme" seinerzeit geschrieben, es sei zu befürchten, daß uns der neue Senat Gelegenheit zu einer sehr nachdrücklichen Opposition geben werde, und ich habe daran die Frage angeknüpft: warum zu befürchten, und die Antwort war: weil es um Berlin geht.[1] Auf manchen Gebieten sind unsere Befürchtungen übertroffen worden. Wenn wir unsere organisatorisch-politische Aufgabe nicht als ‹Sport›[2] betrachten – und das tut keiner von uns –, sind wir verpflichtet, zu handeln, und es besteht also umso weniger Grund, uns zu freuen, es besteht umso mehr Grund, dazu beizutragen, daß Berlin wieder, und zwar so rasch wie möglich, eine echte politische Führung erhält. Umso mehr Grund besteht aber auch, daß wir so positiv wie möglich sagen, was wir wollen. (Zustimmung.)

Am Anfang steht also für uns nicht, wozu wir nein sagen, sondern wozu wir ja sagen. (Beifall.)

Wir müssen uns zu unseren Leistungen in der Berliner Nachkriegszeit bekennen. Aber wir können uns auch nicht ausruhen auf den Lorbeeren früherer Leistungen, sondern müssen uns immer wieder neu bewähren.

Am Anfang steht aber auch die Frage: Wie ist denn so die Lage, aus der heraus in Berlin Politik gestaltet werden kann und muß? Welche Aufgaben ergeben sich aus dieser Lage? Wir stehen geschlossen in der 4. Phase des Ringens um Berlin, Zwangsvereinigung, Blockade, Kampf um die Eingliederung in den Bund, nun: was ist in der 4. Phase zu tun, um Berlin zu halten, nachdem die Berliner Konferenz ergebnislos verlaufen ist und die Spaltung Deutschlands sich vertieft hat?[3] Was ist zu tun, um Berlin nicht allein zu halten, sondern um der Gefahr zu begegnen, von dieser Stadt aus, daß das Thema der Wiedervereinigung Deutschlands von der Tagesordnung der internationalen Politik abgesetzt wird und daß der gegenwärtige Zustand der Spaltung Deutschlands wie in Korea[,] nun vielleicht in einigen Wochen [in] Indochina[,] zu einem Bestandteil der neuen Beziehungen zwischen den großen Mächten dieser Welt wird?[4]

Es gibt – wir müssen das mit einigem Bedauern feststellen – keine isolierte Lösung für Berlin. Es gibt aber eine besondere Aufgabe für Berlin, und diese Aufgabe nimmt nicht ab, sondern sie ‹wächst›[5], falls die Spaltung Deutschlands länger dauern sollte, als es irgendeinem von uns erträglich erscheinen könnte, sie ‹wächst›[6] darum, weil bei Andauern der Spaltung die Bedeutung Berlins für die Zone nicht abnimmt, sondern zunimmt, sie hört nicht auf. Diese Aufgabe können wir aber nur erfüllen, wenn Berlin in den breitesten Kreisen wieder vom Bewußtsein seiner – lassen Sie mich das große Wort aussprechen – Mission erfüllt wird. Der Weg zu echter politischer Führung führt über die Niederringung der Interessentenhaufen. Wenn wir echte Energien in die Zone ausstrahlen wollen, müssen wir zuvor Berlin selbst in Ordnung gebracht haben und den Verhältnissen der Menschen in dieser Stadt nach größtmöglicher Sicherheit Rechnung getragen haben. Es ist gewiß wahr, daß antikommunistische Politik noch lange nicht demokratische Politik bedeutet. Aber gesamtdeutsche Politik heißt jedenfalls antikommunistische Politik. Eine dritte Kraft im Sinne demokratisch-sozialistischer Politik gibt es nicht in irgendeiner auch noch so schwachen Anlehnung an die Sowjets, sondern es gibt sie nur in Anlehnung an die nicht sowjetische Welt. (Lebhafte Zustimmung.)

Die Angriffe derer, die uns dieser Erkenntnis wegen eine amerikanische Fraktion nennen, können uns nicht stören. Wir grenzen uns ab von solchen Entartungen der westlichen Welt, wie sie etwa mit dem Namen ‹McCarthy›[7] in Amerika verbunden sind. Aber wir werden im übrigen den Kampf gegen die kommunistischen Peiniger und Leichenschänder zu verschärfen haben angesichts der Politik der Nadelstiche, die uns gerade in Berlin noch bevorstehen. Während Pankow nämlich jene freundlichen Gesten machen wird und man sich bemühen wird, die diplomatischen Beziehungen zu Moskau in Ordnung zu bringen, müssen wir in Berlin auf neue Schikanen gefaßt sein. Angesichts einer solchen Situation und solcher Bedrohungen hilft uns ‹weder›[8] eine Politik der großen Worte noch eine Politik des hypnotisierten Kaninchens.

Die Erfahrungen der jüngsten Zeit zwingen uns zu Verstärkung der Aufklärungsarbeit in der Bevölkerung, um zu verhindern, daß manche Kreise auf Verwirrungsmanöver der östlichen Seite hereinfallen. Vor allem zwingt uns aber auch die nüchterne Einschätzung unserer Lage – der Streit um Außenpolitik und Innenpolitik hin oder her – zu der Erkenntnis, daß Berlin verloren sein würde, wenn es nicht mehr der Vorposten der Freiheit wäre. Und da, Genossen, laßt mich sagen: Zwei Dinge haben mich erschüttert während der letzten Monate. Das eine war das Wort eines Mannes, der zur Viermächtekonferenz hier in Berlin war und der uns sagte: Was redet Ihr Deutschen so viel von der Wiedervereinigung Eures Landes? In Wirklichkeit glaubt ja ein großer Teil Eures eigenen Volkes – und da meinte er nicht die 18 Millionen, sondern er meinte die 50 Millionen – selbst nicht recht daran. ([Zuruf:] Sehr richtig!)

Und das andere war die Frage, die uns in Amerika[9] gestellt wurde: Was ist denn eigentlich aus Eurem Berlin geworden? Genossen, wir müssen – sonst hat Berlin jede Aufgabe verloren – mehr als irgend jemand sonst in der Welt und vor aller Welt jene Energien neu entwickeln, die bekunden, daß wir uns mit der Spaltung nicht abfinden. Wir müssen den deutschen Westen auf seine Aufgabe hinweisen, daß er das Thema der Wiedervereinigung nicht von der Tagesordnung der internationalen Politik absetzen kann. Es muß ein unbändiger Wille der deutschen Politik entwickelt werden, den man heute in der Welt nicht sieht. (Beifall.)

Wir müssen aber auch erkennen – und ich sage das auf die Gefahr hin, daß in diesem Punkt unsere Meinungen nicht übereinstimmen –, daß auch in einer solchen Situation das gewiß sehr relative Sicherheitsproblem der Bundesrepublik in Anlehnung an die westliche Welt gelöst werden muß, und zwar gelöst werden muß, ohne daß dadurch unser Ringen um die Wiedervereinigung Schaden leidet. (Beifall.)

Wir müssen unser Verhältnis zum Bund trotz aller Bedenken gegenüber der westdeutschen Politik noch enger gestalten als bisher. Die Vorbehalte der Alliierten – in Klammern Besatzungsmächte – müssen bis zu einem gewissen Grade auf Grund des Status von Berlin aufrechterhalten bleiben. Aber das braucht keine vollberechtigte Mitwirkung Berlins im Bund auszuschließen. Die Mehrheitsparteien haben bei der Verhinderung [...][10] der Beteiligung Berlins an den Bundestagswahlen die Linie einer bis dahin gemeinsamen Politik gebrochen. Wenn jetzt, Genossen, auch der Antrag in Bonn torpediert werden sollte, die Bundesversammlung zur Wahl des Bundespräsidenten in Berlin abzuhalten, dann wäre das nicht weniger als ein Dolchstoß gegen die deutsche Einheit.[11] (Lebhafter Beifall.)

Ich bin völlig einverstanden mit dem, was hier gesagt wurde, daß es keine politische Anerkennung von Pankow geben kann, daß es für uns keine zwei Deutschländer geben kann, und wir wissen alle, daß der stille und tapfere Widerstand in der Zone eine der Garantien auf dem Weg in eine bessere deutsche und europäische Zukunft ist. Aber schlagen wir uns dabei auch an die eigene Brust! Gewiß, die Energien des 17. Juni sind in der Welt nicht richtig ausgewertet worden. Aber fragen wir uns offen: haben wir selbst, hat die deutsche Arbeiterbewegung sie so ausgewertet, wie sie ausgewertet werden mußten? (Lebhafter Beifall.)

Aber zum Widerstand gehört die Kraft, die nicht allein aus der Idee erwächst, sondern die auch aus dem Gefühl der Zusammengehörigkeit der Menschen erwächst. Über aller Politik steht der Kampf gegen den Schnitt, der in Deutschland quer durch Millionen von Familien hindurch geht. Neben allen politischen Überlegungen steht das Ringen darum, daß der Kontakt der einzelnen Menschen in dem einen oder anderen Teil Deutschlands gewahrt bleibt. Die Menschen in der Zone sind doch in Wahrheit die Gefangenen des kalten Krieges, denen aus dieser ihrer Lage heraus jede mögliche Hilfe gewährt werden muß, und wir haben auch in Berlin ernster noch als bisher zu prüfen im Verhältnis zum Ostsektor, wie wir verhindern, daß sich die Menschen ein und derselben Stadt mehr und mehr auseinanderleben. Wir haben nicht zuletzt auch die Kontrollmächte daran zu erinnern, daß sie eine gemeinsame Verantwortung übernommen haben und daß wir nicht daran denken, sie aus dieser Verantwortung zu entlassen. (Zustimmung.)

Genossen, ich würde jetzt, wenn es die Zeit zuließe, noch ein paar Schlußfolgerungen ziehen, die sich von dieser politischen Sicht her auf das wirtschaftliche und soziale Gebiet beziehen. Es dreht sich meiner Meinung nach darum, daß, wenn es wahr ist, daß der Schnitt durch Deutschland zunächst vertieft worden ist, wir uns dann nicht mehr als Leitlinie künftiger Berliner Politik abspeisen lassen können mit dem Hinweis darauf, daß es sich ja nur um einen Übergang handele, um einen, wie wir alle hoffen, kurzen Übergang. Wir müssen leider damit rechnen, daß er länger dauern kann, und dann kann die wirtschaftliche und die soziale Berlin-Politik gerade auch im Verhältnis zum Bund nicht mehr eine Politik so von der Hand in den Mund sein. Darum muß sie eine Politik sein, die in echtem Sinne des Wortes soziale Sumpfgelände trocken legt.

Ich würde gern auf einige der Bonner Halbheiten in diesem Zusammenhang eingegangen sein und ihnen gegenübergestellt haben, was wir von dieser Sicht aus zu fordern haben, gewiß nicht nur zu fordern haben, sondern an eigenen Vorschlägen auf der dafür zuständigen Ebene zu unterbreiten haben. Im Kern geht es um eine Aufbaupolitik jetzt auf lange Sicht, und wir können, wenn wir etwa an das Beispiel der Auftragserteilung für Berlin denken, nicht mehr nur vom Bund fordern, sondern wir müssen in erster Linie von unseren eigenen Genossen fordern in den Ländern, in den Städten, in den großen Gemeinden, und von hier einen neuen Impuls entwickeln und einen neuen Druck auf die Regierung in Bonn.

Und schließlich steht die Aufgabe vor uns, wie wir der zunehmenden Tendenz zur Isolierung und der zunehmenden Provinzialisierung Berlins entgegentreten können, einer Tendenz, die droht, zur geistigen Verkümmerung auf manchen Gebieten zu führen. ([Zurufe:] Sehr richtig!) An diese Dinge müssen wir herangehen ohne parteipolitisches Denken. Wir sind keine Interessenpartei, sondern Wahrer eines Gesamtinteresses, und wir müssen erkennen, daß die Fragen wieder auf uns zukommen, hoffentlich bald auf uns zukommen, wie wir mit so starker politischer Unterstützung wie möglich unmittelbaren Einfluß auf die Gestaltung der Dinge erlangen.

Mir will scheinen, daß die Weddinger Resolution[12] – über einzelne Worte braucht man nicht zu streiten –, über die heute auch noch verhandelt wird, dieser Gesamtschau Rechnung trägt und uns eine Leitlinie sein kann, eine Gesamtschau im Sinne des Geistes von Ernst Reuter, der gestern und heute hier beschworen worden ist. Denn dies ist der eigentliche Sinn der Reuter-Politik: Sinn für das Wesentliche, keine Illusionen, aber Verpflichtung für die Menschen aus der Gesamtschau heraus und das Bewußtsein, daß wir unsere verdammte Pflicht und Schuldigkeit zu tun haben, so gut wir es können. (Lebhafter Beifall.)

[...][13]

Willy B r a n d t: Genossinnen und Genossen! Der Parteitag hat gesprochen. Ich beglückwünsche den Genossen Franz Neumann zu seiner Wiederwahl als Landesvorsitzender unserer Partei.[14] (Der Redner gibt dem ersten Vorsitzenden die Hand. – Lebhafter Beifall.) Ich habe es für richtig gehalten, der Aufforderung der acht Kreise ... (Zurufe: Heuchelei! – Gegenrufe: Unerhört! – Ruhe, Ruhe! – Große Unruhe.)

Vors[itzender] N e u b a u e r: Genossen! Ich bitte doch, die Erklärungen in Ruhe anzuhören.

Willy B r a n d t: Ich habe es für richtig gehalten nach den Debatten, die in unserer Partei stattgefunden haben, mich der Aufforderung der acht Kreise, die mich für den ersten Wahlgang nominiert hatten, nicht zu entziehen. Ich danke den 143 Delegierten, die mir ihr Vertrauen gegeben haben. Ich habe die Bitte an Sie alle, an jeden einzelnen von Ihnen, nachdem diese Wahlentscheidung gefallen ist, Ihr Teil beizutragen zur Zusammenfassung der Kräfte der Partei in der Aktion. Ich meinerseits werde nicht versäumen, nach bestem Wissen und Gewissen zu einer solchen Zusammenfassung und Zusammenfügung der Kräfte im Interesse der Partei und unserer Ziele beizutragen. (Beifall.)

Vors[itzender] N e u b a u e r: Genossinnen und Genossen! Im Auftrage des Landesausschusses erteile ich nunmehr dem Genossen Otto Suhr das Wort.

Otto S u h r: Genossinnen und Genossen! Der Landesausschuß hat im Geiste der beiden Erklärungen, die Sie eben vom Genossen Neumann und vom Genossen Brandt gehört haben, sich verpflichtet gefühlt, Ihnen unter Wahrung Ihrer vollen Entscheidungsfreiheit und in Übereinstimmung mit den Vorschriften des Statuts nunmehr für die weitere Abwicklung der Wahlen für einen stellvertretenden Vorsitzenden folgendes vorzuschlagen:

1. Es werden die zwei stellvertretenden Vorsitzenden diesmal in zwei Wahlgängen gewählt.

2. Für den ersten Wahlgang empfiehlt Ihnen der Landesausschuß den Genossen Willy Brandt als Kandidaten.[15]

[...][16]

Nr. 23
Aus der Rede des Präsidenten des Abgeordnetenhauses von Berlin, Brandt, nach seiner Wahl
11. Januar 1955

Abgeordnetenhaus von Berlin, II. Wahlperiode, Stenographischer Bericht der 1. Sitzung vom 11. Januar 1955, I. Band, S. 2–4.

Meine sehr verehrten Damen und Herren! Den Dank für die übermittelten Glückwünsche darf ich damit verbinden, daß ich dem Herrn Alterspräsidenten für die würdevolle Art danke, in der er den ersten Teil der konstituierenden Sitzung des Abgeordnetenhauses der 2. Wahlperiode geleitet hat.[1] Mein Dank gilt darüber hinaus ihnen allen, durch deren Vertrauen ich dieses erste Amt übernehmen darf, das die Volksvertretung von Berlin zu vergeben hat. Ich begrüße sie herzlich zu gemeinsamer Arbeit für unsere Stadt und für unser Land. [...][2]

Es obliegt, meine Damen und Herren, dem Präsidenten, das Abgeordnetenhaus in allen Angelegenheiten zu vertreten. Er hat die Würde und die Rechte des Hauses zu wahren, seine Arbeiten zu fördern, die Verhandlungen gerecht und unparteiisch zu leiten. Ich werde mich bemühen, diesem Auftrag als ehrlicher Mittler nach bestem Wissen und Gewissen gerecht zu werden. Die Minderheit wird bei mir jenen Schutz finden, auf den sie in der Demokratie Anspruch hat. Im demokratischen Rechtsstaat gibt es eine Gemeinschaft und eine Verpflichtung, die umfassender ist als eine Kräftegruppierung, auf die sich die jeweilige Regierung stützt. Die in der Volksvertretung verkörperten demokratischen Kräfte unseres politischen Lebens stellen erst zusammen jenes gesellschaftliche Gesamtbild dar, in das wir alle eingeordnet sind. ([Zurufe:] Sehr gut!)

In den kommenden Monaten und Jahren werden wir hier über viele kleinere Fragen und über manch größeres Problem zu beraten und zu entscheiden haben. Möge es uns gelingen, den Geist der Sachlichkeit und der Toleranz auch dann wachzuhalten, wenn die unterschiedlichen Interessen und Meinungen aufeinanderprallen. Möge es uns vor allem auch bei scharfer Gegensätzlichkeit in der Sache gelingen, uns wechselseitig den Respekt vor der Persönlichkeit und ihrer Überzeugung zu bewahren.

Wir sind alle miteinander einem höheren Gesetz als dem unserer Person, unserer Gruppe oder unserer Partei unterworfen. Vor der Bevölkerung unserer Stadt müssen wir aber auch freimütig bekennen, daß es ohne das Ringen zwischen unterschiedlichen Meinungen und Interessen keine gesunde Demokratie, keine wirksame Kontrolle der Regierenden durch die Regierten, keine wirksame und saubere Verwaltung geben kann. Das Streben nach volklichen und staatlichen Gesamtbelangen vollzieht sich nicht auf einer Ebene allein. Das Erkennen des Gemeinwohls erwächst nicht aus farbloser Meinungslosigkeit. Wahrhaft staatspolitische Gesinnung ergibt sich weder aus dem Geist der Neutralität noch aus dem Ungeist der Standpunktlosigkeit; sie setzt einen festen Standort derer voraus, die zu besonderer staatsbürgerlicher Verantwortung und zum Ausgleich unterschiedlicher Interessen berufen sind.

Ich darf hinzufügen: Im Zusammenwirken mit dem Hause und mit seinen Fraktionen wird es mir ein besonderes Anliegen sein, den Kontakt zwischen der Volksvertretung und unserer Berliner Bevölkerung so eng wie möglich zu gestalten.

[...]³

Mit besonderer Freude darf ich feststellen, daß 7 Mitbürger aus dem Ostsektor zu Mitgliedern des Hauses gewählt worden sind und sich hier in unserer Mitte befinden.⁴ ([Zurufe:] Bravo!) Sie werden uns, sollten wir es irgendwann hintanstellen, immer wieder daran erinnern, daß wir dem ganzen Berlin verpflichtet sind, und hoffentlich wird es uns gelingen, die Verbindung zwischen dem Abgeordnetenhaus und der Bevölkerung im Ostsektor auch noch in anderer Weise zu verstärken.

Im Dezember 1954 wurde unseren Mitbürgern jenseits des Brandenburger Tores wiederum – wie im Dezember 1948 und im Dezember 1950 – das Recht der freien Wahlentscheidung verwehrt. Die Wähler im übrigen Berlin konnten ihnen nur die Genugtuung verschaffen, daß sie die Abstimmungskomödie des 17. Oktober vergangenen Jahres nachdrücklich entlarvten.⁵ Aber auch diesmal konnten nur 127 der in der Verfassung vorgesehenen 200 Abgeordneten bestellt werden. Unsere Mitbürger, die Berlinerinnen und Berliner im anderen Teil dieser einen, unteilbaren Stadt, sollen jedoch wissen, daß wir in unserer Arbeit nicht nur an sie denken werden; das ist nicht genug. Sie sollen wissen, daß wir uns stets bemühen, in ihrem Sinne mitzuentscheiden. Das gilt auch für unsere Landsleute in der ganzen sowjetischen Besatzungszone, von denen uns keine Macht dieser Welt trennen kann. (Beifall.)⁶

Unabhängig davon, meine Damen und Herren, wie lange noch das Schicksal willkürlicher und widernatürlicher Spaltung uns auferlegt sein mag, werden wir uns um den Zusammenhalt zwischen den Menschen in den beiden Teilen Deutschlands bemühen. Im konkreten Fall geht es darum, daß wir uns nicht innerhalb der Mauern ein und derselben Stadt auseinanderleben. Im politischen Katalog unserer Zeit darf es keinen Typus des „West-Berliner" im Gegensatz zum „Ost-Berliner" geben. ([Zurufe:] Sehr gut!) Den menschlichen Kontakt müssen wir unbeschadet aller Schwankungen der sogenannten großen Politik aufrechterhalten und pflegen, wenn wir ein Volk bleiben wollen; und das wollen wir.

Das Denken der Menschen dieser Stadt ist durch ein gemeinsames Leid, durch teuer gewonnene Erfahrungen geprägt worden. Uns ist aber auch der Stolz eigen, zu dem wir berechtigt sind, nachdem wir diesem Berlin im Zusammenwirken mit unseren Freunden draußen in der Welt und im deutschen Westen die Freiheit bewahren und seinen Wiederaufbau beginnen konnten. Für die Menschen dieser Stadt und für Millionen in aller Welt wird dieses Werk hartnäckigen Widerstandes und schöpferischen Aufbaus immer zuengst mit Ernst Reuters Namen verbunden bleiben. (Beifall.)

Was immer die demokratischen Kräfte dieser Stadt im einzelnen trennen mag: Wir verdienten nicht Vertreter des Volkes von Berlin zu sein, wenn wir nicht auch weiterhin alles für die Freiheit und den Aufbau Berlins einzusetzen bereit wären. Wir werden alles tun müssen, um zur Wiedervereinigung Berlins durch freie Wahlen und zur deutschen Einheit in Freiheit zu gelangen. Aber so sehr wir uns nach der Wiedervereinigung sehnen und so sehr wir bereit wären, Berlin im Zuge einer entsprechenden internationalen Entwicklung zu einem „Probefall", zur Vorstufe einer gesamtdeutschen Regelung werden zu lassen, so wenig gelüstet es uns nach der Rolle eines internationalen Versuchskaninchens; und nicht minder werden wir gerade hier in Berlin vor der gefährlichen Illusion warnen, anderen Völkern könnte ein Vorteil daraus erwachsen, daß unser Volk zerklüftet bliebe. (Beifall.) Berlin will frei sein, und Berlin will zur wieder zusammengefügten Hauptstadt eines dem Frieden der Welt und dem Wohlstand Europas dienenden Deutschland werden. Das war das Gemeinsame der vergangenen Jahre, und dabei sollte es bleiben.

Meine Damen und Herren! Ich übernehme das Amt als Präsident des Abgeordnetenhauses in der Überzeugung, daß diesem Berlin noch eine wichtige und vielleicht nicht immer leichte Rolle im Ringen unserer Zeit vorbehalten ist; in der Hoffnung, daß gemeinsame vaterstädtische und freiheitliche Ziele unserer gesamten Arbeit übergeordnet bleiben mögen, und in dem Willen, Ihr Sprecher in gemeinsamen Dingen zu sein und mit Ihnen Diener des arbeitsamen, unbeugsamen Volkes von Berlin. (Lebhafter allseitiger Beifall.)
[...][7]

Nr. 24
Schreiben des Präsidenten des Abgeordnetenhauses von Berlin, Brandt, an Luise und Max Köhler
7. Februar 1955[1]

AdsD, WBA, A 6, 16.

Liebe Beide,
Euren Brief vom 19. Januar mit Glückwünschen und Notizen sowie den wertvollen Hinweisen betreffend [Ernst] Reuter habe ich erhalten.[2] Wahrscheinlich werde ich nur am 18. und 19. Februar in Ko-

penhagen sein können und bin mit Verabredungen bereits reichlich eingedeckt. Sollte trotzdem noch Zeit bleiben, werde ich mich melden.[3]

Lasst mich bitte bis zum 15. d[es] M[ona]ts wissen, ob in der Frage der Pensionierung ein positiver Bescheid vorliegt. Falls nein, schickt bitte kurze, neutral gehaltene Zeilen mit Aktenzeichen etc.[4]

Die GEHAG-Geschichte ist wegen des grossen Andranges der Wohnungsuchenden nicht einfach.[5] Ich muss auch hier darum bitten, dass Ihr mir ein nicht zu persönlich formuliertes Schreiben schickt, in dem Ihr Eure Wünsche darlegt. Ich werde mich dann bei der Weiterleitung eines solchen Schriebs befürwortend einsetzen.

Beste Grüße[6]

Nr. 25
Aus der Rede des Präsidenten des Abgeordnetenhauses von Berlin, Brandt, auf dem Landesparteitag der Berliner SPD 22. Mai 1955[1]

Protokoll des 12. Landesparteitags der Berliner SPD am 21./22. Mai 1955, S. 181–190, in: FNA, NL Neumann IIb/17,2.

Willy B r a n d t: Genossinnen und Genossen! Ich möchte Euch zunächst den Entschließungsentwurf empfehlen, der Euch unter der Überschrift „Frieden, Freiheit, Wiedervereinigung" als ein einheitlicher Vorschlag des Landesausschusses unterbreitet worden ist, und ich möchte gern zu diesem Teil, der ja auch in dem Referat von Franz Neumann bereits eine beträchtliche Rolle gespielt hat, zu diesem Problem unserer Forderungen in der heutigen außenpolitischen Lage einige zusätzliche Bemerkungen machen und Betrachtungen anstellen und, falls ich die Geduld des Parteitages dann nicht auf eine zu harte Probe stelle, um eine verlängerte Redezeit bitten.[2]

Ich möchte sagen, daß mich dieser Tage bei der Durchsicht alter Papiere und Reden eine Rede Ernst Reuters aus der Zeit der Blockade besonders stark beeindruckt hat, in der er sagt: Wirkliche Politik besteht einmal darin, daß man sich darüber klar wird, was man will und was man für richtig hält.³ Aber sie besteht zum anderen darin, daß man die Welt, in der man lebt, die einen umgibt, immer wieder neu prüft, um zu erkennen, was möglich ist, und allein aus der Zusammenfügung dieses Richtigen und Möglichen ergibt sich erst eigentliche Politik. Und so wäre es auch nicht im Sinne z. B. Ernst Reuters, einfach mit den Vokabeln einer vergangenen Zeit die heutige meistern zu wollen, sondern aus deren Gesinnung, aus dem gleichen Geist heraus eine neue, eine, wie ich glaube, weitgehend völlig veränderte Weltlage zu betrachten.

Wir stehen – und das sollten wir nüchtern und illusionslos prüfen – der Tatsache gegenüber, daß bisher erstarrte Fronten in Bewegung geraten sind. Die Veränderungen im Verhältnis zwischen den Mächten und die Veränderungen von Standpunkten geschehen so rasch, daß es für jeden von uns schwer wird, sich von Tag zu Tag in der politischen Landschaft zurecht zu finden. Das beherrschende Element der heutigen internationalen Lage sind die vielfältigen Versuche, zum friedlichen Nebeneinanderleben in einer bisher vom Ost-West-Konflikt zerrissenen Welt zu gelangen. Dieser Umschwung ist nicht über Nacht eingetreten, und er ist auch heute noch nicht bis in alle Einzelheiten erkennbar. [...]⁴ Und nicht zuletzt die neuen Viermächteverhandlungen, wie sie die Sozialdemokraten, von vielen so verlästert, gefordert haben, die auf der Ebene sowohl der Außenminister wie der Regierungschefs stattfinden sollen.⁵ Es steht fest, daß dabei auch über Deutschland verhandelt werden wird. Es ist allerdings noch in keiner Weise klar, was dabei für Deutschland herauskommen wird. Damit wir nun nicht überschwenglich werden, hat man uns noch am Freitag das Vierertreffen in der russischen Botschaft zu Berlin ‹beschert›⁶. Der Sinn der sowjetischen Haltung dort schien klar zu sein. Sie wollen den Handlungs- und Verhandlungswert, um nicht zu sagen: den Handels- und Verhandelnswert Pankows steigern. Leider ist noch gar nicht abzusehen, wie man in der Frage der leidigen Gebühren[7] weiterkommt, und wir müssen wohl auch darauf gefaßt sein, daß uns hier gerade in Berlin trotz der aufgezeichneten internationalen Tendenz noch einige Nadelstiche und Störmanöver bevorstehen.

Die Frage ist nun, welches sind die eigentlichen Ursachen, die Gründe der Entwicklung, die mit dem Begriff der Koexistenz verbunden sind.[8] Die entscheidende Antwort lautet meines Erachtens zweifellos: Die Mächte dieser Welt, auch die Mächte dieser Welt scheinen zu der Erkenntnis gelangt zu sein, daß der dritte Weltkrieg nicht stattfinden darf. Mit der Freisetzung der Atomenergie hat eine neue Epoche in der Geschichte der Menschheit begonnen, und die Explosionen vom März 1954 haben noch einmal einen Einschnitt bedeutet. Es ist nicht zuviel gesagt, wenn man sagt, daß wir uns in raschem Tempo dem Punkt nähern, wo ein großer Krieg aufhört, das Mittel einer irgendwie gearteten Politik zu sein. In unserer Generation, Genossinnen und Genossen, wird über nicht mehr und über nicht weniger entschieden werden als darüber, ob die Menschheit weiter existieren wird oder nicht. [...][9] Die berechtigte Furcht der Menschen vor einem alles zerstörenden Krieg hat bereits eine Rolle gespielt. Darauf müssen auch die Staatsmänner Rücksicht nehmen, vor allem dann, wenn sie vor Wahlen stehen. Eine Rolle hat auch die Tatsache gespielt, daß nicht unbeträchtliche Kräfte zwischen den beiden Militärblöcken um eine Entspannung bemüht gewesen sind. Das gilt in Europa für Staaten wie Schweden und Jugoslawien, das gilt in Asien in stärkerem Maße für Staaten wie Indien, Burma, Indonesien. Die kürzlich in Bandung[10] durchgeführte Konferenz asiatischer und afrikanischer Staaten darf ohne Übertreibung als ein Ereignis von weltgeschichtlicher Bedeutung bezeichnet werden, und ich finde, wir deutschen Sozialdemokraten können uns ohne jeden Vorbehalt auf den Boden der fünf Grundsätze von Bandung stellen, die da lauten: Gegenseitige Achtung der Unabhängigkeit und Souveränität, nicht Aggression, Gleichberechtigung, Nichteinmischung in die Angelegenheiten fremder Staaten und Koexistenz.

Im Falle der Sowjetunion schließlich haben sich in den letzten beiden Jahren interessante Entwicklungen abgezeichnet. Das Gewicht der militärischen Führung hat offensichtlich zugenommen. Im ideologischen Bereich erleben wir den Versuch eines stärkeren Anknüpfens an Lenin. Das Führungsmonopol der Sowjetunion im kommunistischen Teil der Welt ist nicht mehr vorhanden, jedenfalls nicht mehr unumstritten. Die chinesische Führung ist durchaus selbstbewußt. Ihr Wort hat in Moskau stärkeres Gewicht als die Tiraden von Walter Ulbricht. Die Sowjets machen aber auch kein Hehl daraus, daß sie ökonomische Sorgen haben. Wirtschaftliche Notwendigkeiten bilden für Moskau wie für Peking einen Teil des Hintergrundes für die Politik der Koexistenz.

Und jetzt die Schlußfolgerung aus diesen Bemerkungen zur Lage: Von unserem, vom deutschen und sozialdemokratischen Standpunkt ist zu sagen, wir sagen ja aus Überzeugung und leidenschaftlich ja, wie wir es immer gesagt haben zu den Bemühungen um eine Verhinderung eines neuen Krieges. Insofern sagen wir auch ja zur Koexistenz, wenn sie Entspannung bedeutet, wenn sie bedeutet friedliche Regelung der Streitfragen, wenn sie bedeutet das Eingeständnis, daß mit den Mitteln des militärischen Kreuzzuges kein vernünftiges Ziel erreicht werden kann. Aber wir treten dieser neuen Lage ohne Illusionen, ohne falsche Hoffnungen gegenüber. Wir müssen wissen, daß das Ringen zwischen den Mächten, ihren Interessen, ihren Ideen und geistigen Kräften weitergeht. Wir müssen wissen: Diktatur bleibt Diktatur, Ausbeutung bleibt Ausbeutung. Unser Platz aber ist und bleibt auf der Seite der Freiheit und des sozialen Fortschritts, des Ringens um soziale Sicherheit und Vermenschlichung der menschlichen Gesellschaft. Geistige Neutralität gibt es für uns nicht und kann es nicht geben. (Beifall.) Sie wäre politisches Eunuchentum. Demokratische Sozialisten haben ihren festen Standort. Sie sind keine Wanderer zwischen den Welten. ([Zurufe:] Sehr richtig!)

Wir müssen jedoch der Gefahr ins Auge sehen – auch hier kann ich im Grunde nur unterstreichen und weiterführen den Gedanken, der im Einleitungsreferat enthalten war[11] –, daß der Begriff der Koexistenz heute von vielen in der Welt gleichgestellt wird mit dem Begriff des Status quo, der Hinnahme der bestehenden Zustände mit dem Schnitt quer durch Deutschland, der für uns eben nicht nur ein Strich auf der Landkarte ist, sondern ein Schnitt quer durch Millionen deutscher Familien und mitten durch das Herz eines Volkes. In diesem Sinne wäre Koexistenz No-Existenz für das gesamte deutsche Volk. Damit können, wollen und werden wir uns nicht abfinden, und es wäre gut, wenn der Wille der Deutschen zur Wiederzusammenfügung so deutlich sichtbar gemacht werden würde, daß sich niemand draußen darüber im Zweifel sein kann. Deswegen ja zur Koexistenz, nein zum Status quo! (Beifall.)

Es ist wichtig, Genossinnen und Genossen, daß wir auf unser Recht pochen, es ist nicht minder wichtig, daß wir andere aus dem tragischen Mißverständnis befreien, als ob ihnen aus unserem Unglück ein Vorteil erwachsen könnte. Wer es ernst meint mit der Entspannung, muß an die Lösung der deutschen Frage heran. Denn wenn sie nicht gelöst würde, bliebe hier ein Unruhe- und Krankheitsherd, und der Sache des demokratischen Westens würde außerdem unermeßlicher Schaden zugefügt, wenn die Karte der Wiedervereinigung etwa in der Hand des politischen Ostens bliebe. ([Zurufe:] Sehr richtig!)

Worum geht es? Es geht heute und hier darum, nachzuweisen, daß eine Politik aktiver, schöpferischer Koexistenz sehr wohl zu vereinbaren ist, ja vereinbart werden muß mit der friedlichen Veränderung willkürlicher Festlegungen aus den hinter uns liegenden Jahren. Es geht darum, wieder geduldig, nachdrücklich und hartnäckig darum zu ringen, daß die deutsche Frage nicht beiseite geschoben wird, daß sie auch nicht nur pro forma auf eine Tagesordnung gesetzt wird, sondern daß sie echt einbezogen wird in die internationalen Verhandlungen, die begonnen haben und die vermutlich geraume Zeit in Anspruch nehmen werden. Es geht realpolitisch um die Wiedervereinigung der deutschen Menschen, wo sie heute leben. Ich bitte, meine Worte so genau verstehen zu wollen, wie ich sie mir zu diesem Punkt überlegt habe. Beim Friedensvertrag wird versucht werden müssen, durch friedliche Verhandlungen eine Modifizierung der willkürlich gezogenen Grenzen, eine gerechtere Regelung als die des Jahres 1945 zu erreichen. Es hat jedoch überhaupt keinen Sinn und kann sogar zu sehr negativen Auslegungen veranlassen, wenn falsche Parolen zur Oder-Neiße-Linie zum falschen Zeitpunkt und in falscher Form das internationale Gespräch stören, statt es im Sinne der Wiedervereinigung zu fördern. (Beifall.)

Es dürfte sich mittlerweile herumgesprochen haben, daß die Dinge nicht so einfach sind, wie es die Interpreten der Politik des Bundeskanzlers sich vorgestellt haben: einige Divisionen und die Tornister packen und dann abhauen. Das glaubt ja wohl heute keiner mehr. Die internationale Debatte zeigt, wie wenig wir uns heute stützen können auf eine Wiederholung der Begründungen der Verträge der vergangenen Jahre. Auch die Freunde des Bundeskanzlers werden sich etwas Neues einfallen lassen müssen. Auch ihnen kann nicht entgangen sein, daß dieser Tage sogar Präsident Eisenhower von der Möglichkeit gesprochen hat, mit den Sowjets die Stellung Deutschlands und anderer europäischer Staaten außerhalb des militärischen West- und Ostblocks zu erörtern. Auch auf diesem Gebiet sind die Dinge in Fluß. Aber, Genossinnen und Genossen, bitte, und das ist im Sinne der Entschließung, die hier vorliegt, bitte keine Spielereien mit dem Begriff der Neutralisierung, der Waffenlosigkeit und eines Sondergeschäfts mit Moskau! Meiner Überzeugung nach geht es nicht um eine isolierte Lösung der deutschen Frage, und es wird sie nicht geben. Deutschland ist ein wichtiger Teil dessen, was geordnet werden muß, wenn die Spannungen ernsthaft vermindert werden sollen. Aber es geht nicht allein, es geht um viel mehr als um Deutschland, und es gibt für Deutschland nur eine Lösung, die den Interessen der Deutschen und der anderen gerecht wird. Von innen her gesehen, natürlich nur über freie Wahlen.[12] Aber was nützen uns freie Wahlen, die nie stattfinden werden? Was nützt uns die viel zitierte Handlungsfreiheit einer gesamtdeutschen Regierung, die es nie geben wird? Man wird das eine nicht ohne das andere haben können. Und darum muß in der gleichen Runde parallel über das eine wie über das andere eine Verständigung erzielt werden.

Kann und soll der Status eines wiedervereinigten Deutschlands dem von Österreich, der Schweiz, Schwedens, Jugoslawiens, Finnlands entsprechen? Wobei zu beachten wäre, daß jedes dieser Länder sich von den anderen genannten unterscheidet, daß keines genau den gleichen Status wie das andere hat. Ich finde, wir sollten uns vor unzutreffenden Vergleichen hüten. Deutschland hat seiner Lage, seiner Größe und seiner wirtschaftlichen Bedeutung wegen ein zu großes spezifisches Gewicht. Das Mißtrauen derer in Ost und West untereinander und den Deutschen gegenüber ist außerdem wahrscheinlich zu groß, als daß ein wiedervereinigtes Deutschland aus den internationalen Zusammenhängen herausgelöst und isoliert werden könnte. Wir wollen auch nicht herausgelöst werden und ein isolierter Puffer sein, und wir sollten wissen, daß man aus Europa und aus der Welt nicht austreten kann wie aus einem Kegelklub. Zwei Dinge gilt es festzuhalten. Einmal: eine waffenlose Neutralisierung steht – man mag das bedauern – überhaupt nicht zur Diskussion. Zum anderen: Die gefährlichste Form der Neutralisierung wäre die einer Vereinbarung über zwei deutsche Teilstaaten, die sich als halbbewaffnete ‹Clans der Weltpolitik›[13] die Stange zu halten hätten. Und ein weiteres: Wenn man von einem Gürtel, einer Gruppe europäischer Staaten spricht, die weder dem atlantischen System noch dem militärischen Ostblock angehören sollten, dann rechnet man doch von vornherein damit, daß diese Staaten bestimmten Verpflichtungen unterliegen und bestimmte Verpflichtungen übernehmen. Verlieren wir, Genossinnen und Genossen, den springenden Punkt nicht aus dem Auge! Es geht darum, das deutsche Problem unter dem Gesichtspunkt tatsächlicher oder vermeintlicher Sicherheit mit den Interessen der anderen auf einen Nenner zu bringen, durch ein System gegenseitiger Garantien womöglich einzubauen in ein umfassenderes System, an dem dann aber sowohl die Sowjetunion wie andere Länder beteiligt sein könnten.

Und nun noch eins. Wir sollten, glaube ich, wissen, daß ein Alleingang mit Moskau, der in der deutschen Debatte immer wieder eine Rolle spielt, uns nicht zum Ziele führt. Das ändert nichts daran, daß wir normale Beziehungen der Bundesrepublik zur Sowjetunion befürworten wie zu allen anderen Staaten. Aber, wie wir in unserer Entschließung sagen, die der deutschen Politik gestellten Aufgaben sind weder durch einen verantwortungslosen Alleingang noch durch eine unentschlossene Schaukelpolitik zu lösen. Niemand im Westen kann uns einen Vorwurf daraus machen, wenn wir uns den Kopf über unsere eigenen Dinge zerbrechen; denn sie tun es ja auch. Niemand kann uns einen Vorwurf daraus machen, wenn wir sagen: die Westverträge dürfen kein Selbstzweck werden, ebenso wenig wie es die Bundesrepublik sein darf. Wir hier in Berlin haben außerdem nicht vergessen, wer uns geholfen hat in den hinter uns liegenden Jahren, und wir werden das nie vergessen. Wir möchten mit unseren Freunden im Westen beraten, mit ihnen einig werden, mit ihnen gemeinsam in die neue Phase der Auseinandersetzungen hineingehen. Wir haben auch hier in Berlin – darin unterscheiden wir uns von manchen andersartigen Argumenten – Zutrauen zu den demokratischen Kräften im deutschen Parlament, und wir wissen, daß sie durch die Wiedervereinigung nicht geschwächt, sondern gestärkt werden. (Beifall.)

[...][14]

Und wir sollten uns schließlich noch darüber einig sein, glaube ich, daß wir in Berlin wissen müssen, daß wir in diesen Auseinandersetzungen, an deren Beginn wir erst stehen, eine große, wichtige, weitreichende Rolle zu spielen haben. Aber, Genossinnen und Genossen, wir sollten eher auf der Hut sein, wenn in den vor uns liegenden Wochen und Monaten scheinheilige Pläne einer Sonderregelung für Berlin und einer etwaigen Internationalisierung Berlins aufgeworfen werden. (Lebhafte Zustimmung.)

Wir waren immer für freie Wahlen, das ist richtig, aber wir sind – so kann ich es sagen – nicht für eine Sonderlösung Berlins, die die Vorstufe zur Einverleibung Berlins in die Ostzone wäre. Es gibt schon keine isolierte Lösung für Deutschland, geschweige denn eine isolierte Lösung für Berlin. Wir gehören zum Bund, und wir müßten, wenn es mit rechten Dingen zuginge, viel fester zu ihm gehören. Aber wir gehören auch zu den Menschen in der uns umgebenden Zone. Aus dieser Doppellage ergeben sich unsere großen Aufgaben, deren Lösung uns niemand abnimmt. An uns – laßt mich das zum Schluß sagen – ist es nicht und war es nie, mit den Waffen anderer zu klirren. Wir arbeiten weiter im Vertrauen auf unser Recht, auf unsere gute Sache und im Vertrauen auf die Verpflichtungen, die andere feierlich uns gegenüber übernommen haben. Wir bleiben – und darin sind wir sicher alle miteinander einig –, was wir waren: geschmeidig in der Form, maßvoll in den Worten, aber fest [und] unerschütterlich in der Sache. (Lebhafter Beifall.)

Nr. 26
Schreiben des Präsidenten des Abgeordnetenhauses von Berlin, Brandt, an den Landessekretär der Berliner SPD, Thiele
19. Oktober 1955[1]

AdsD, WBA, A 6, 165.

Lieber Theo,
Du wirst aus der Presse gesehen haben, dass ich am Montag die Einladung von Bischof Dibelius zu einer Feier in der Marien-Kirche aus Anlass des 10jährigen Bestehens des Evangelischen Hilfswerks angenommen hatte.[2] Der Ordnung halber möchte ich den Landesvorstand von folgendem in Kenntnis setzen:

Eine Teilnahme erschien mir nicht zuletzt auch deswegen ratsam, nachdem Dr. [Eugen] Gerstenmaier die Einladung angenommen hatte. Otto Suhr, der für seine Person verhindert war, hatte mir auch die Teilnahme nahegelegt.

Ich habe dann am Nachmittag den Vorstand unserer Bundestagsfraktion um seine Meinung befragt und die ging einhellig dahin,

Auch als Regierender Bürgermeister setzte Willy Brandt zu offiziellen Anlässen seine Besuche in Ostberlin fort: Willy Brandt und der Bundesminister für gesamtdeutsche Fragen, Ernst Lemmer, am 21. Februar 1960 nach einem Besuch in der Ostberliner Marienkirche anlässlich der Eröffnung der gesamtdeutschen Synode der Evangelischen Kirche in Deutschland

dass ich zu dieser Veranstaltung hinübergehen sollte.³ Ich habe mich davon überzeugen können, dass sich die dort versammelten Mitbürger über unser Erscheinen offensichtlich gefreut haben. Eine Kontrolle durch die Vo[lks]po[lizei] fand weder auf der Hin- noch auf der Rückfahrt statt.
Freundliche Grüsse⁴

195   Brandt an Thiele, 19. Okt 1955

Nr. 27
Aus einem Vermerk des Regierenden Bürgermeisters von Berlin, Brandt, für den Journalisten Thayer über die Ereignisse am 5. November 1956
2. April 1958

AdsD, WBA, A 6, 27.

Vermerk[1]
1. Es trifft zu, dass ich bei der Kundgebung am 5. 11. 56, zu der Senat und Abgeordnetenhaus aufgerufen hatten, nicht als Redner vorgesehen war. Es trifft jedoch nicht zu, dass ich die Kundgebung vom

Willy Brandt als Präsident des Berliner Abgeordnetenhauses im Gespräch mit dem Regierenden Bürgermeister von Berlin, Otto Suhr (l.), und dem Vorsitzenden der Berliner SPD, Franz Neumann (r.), während einer SPD-Kundgebung am 19. Oktober 1956 in Berlin-Schöneberg

Zimmer meines Büros aus beobachtet hätte. Ich war unten auf der Treppe vor dem Rathaus, beobachtete den unglücklichen Gang der Ereignisse und kam auch noch ausserhalb des Programms kurz zu Wort, bevor die Verbindung zum Mikrophon gebrochen wurde.[2]

2. Nachdem die Aufforderung „zum Brandenburger Tor" ergangen war, konnte man unten am Rathaus nicht mehr durch das Mikrophon sprechen. Ich wurde informiert, dass sich oben auf dem Balkon des Rathauses ein intaktes Mikrophon befände und habe dann von dort aus appelliert, nicht unverantwortlichen Parolen zu folgen, sondern mit mir zum Steinplatz zu gehen.[3]

3. Wir[4] sind nicht zum Steinplatz gefahren, sondern an der Spitze des Demonstrationszuges zum Steinplatz mitgegangen.

4. Nach der improvisierten Kundgebung am Steinplatz wurde ich zu einer großen Ansammlung gerufen, die sich zwischen der Siegessäule und dem russischen Denkmal[5] ergeben hatte. Dort war es auch zu Zusammenstössen zwischen der Polizei und den Demonstranten gekommen. Nachdem die Dinge dort beruhigt worden waren, habe ich unmittelbar vor dem Brandenburger Tor ‹noch einmal›[6] gesprochen, aber nicht über ein Mikrophon, weil dort kein Lautsprecherwagen verfügbar war.

[...][7]

‹Br[andt]›[8]

Nr. 28
Aus einem Artikel des Präsidenten des Abgeordnetenhauses von Berlin, Brandt, für die *Berliner Stimme*
10. November 1956

Berliner Stimme, Nr. 45 vom 10. November 1956, S. 1.

Lehren des 5. November[1]

Die Berliner Bevölkerung, vor allem auch die Jugend, hat auf die Ereignisse in Ungarn leidenschaftlich reagiert. Das ist kein Grund zur Besorgnis. Im Gegenteil, es hat sich gezeigt, daß die Berliner keineswegs träge geworden, sondern daß sie lebendig geblieben sind und zur Aktivität drängen.

Wenn eine Kundgebung des freien Berlin unzureichend vorbereitet und ausgestaltet war, so müssen wir die Lehren daraus ziehen, die wir für kürzere oder längere Zeit eine besondere Verantwortung für Berlin zu tragen haben.[2] Wir wären schlecht beraten, wenn wir die Verantwortung auf diejenigen abschieben wollten, die sich in ihrer zugleich leidenschaftlichen und ohnmächtigen Empörung nicht recht angesprochen fühlten.

Hitzköpfe gibt es überall, und es gibt natürlich auch in Berlin Gruppen, die zum Radikalismus neigen.[3] Man sollte sich jedoch vor Verallgemeinerungen hüten und den Herren Ebert und Co. steht die von ihnen in Anspruch genommene biedermännische Rolle in keiner Weise zu.[4] Es war kein Pöbel, der die unverantwortliche Aufforderung befolgte, zum Brandenburger Tor zu ziehen. Es waren erregte Mitbürger. Es waren Menschen, die ganz überwiegend guten Willens sind. Menschen, die vernünftigen Argumenten zugänglich waren, wo immer man mit ihnen ins Gespräch kommen konnte.

Übersehen wir nicht, daß eine neue Generation begonnen hat, das politische Leben unserer Stadt mit zu beeinflussen. An sie werden wir bei unserer Aussage in besonderem Maße zu denken haben. Sie ist verständlicherweise am Ausblick auf 1966 mehr interessiert als am Rückblick auf 1946.

Die Machthaber jenseits des Brandenburger Tors – und die im Kreml – werden die Stimme des Volkes von Berlin kaum mißverstehen können. Sie wissen genau so gut wie wir, daß es dieser Tage Demonstrationen in aller Welt gegeben hat, sogar solche, die viel weiter gingen als die in Berlin. Sie sollten auch wissen, daß die Sowjetunion in die Gefahr erneuter Isolierung gerät, wenn sie den in Ungarn beschrittenen Weg nicht wieder verläßt. Die Parolen von der Nichteinmischung in die inneren Angelegenheiten anderer Staaten und vom friedlichen Nebeneinanderleben der Völker sind unglaubwürdig geworden.[5] Und es erhebt sich die bange Frage, ob die Hoffnungen der vergangenen Wochen bereits im Blut erstickt worden sind.

[...][6]

Die Weltereignisse haben in Teilen der Bevölkerung zwar nicht Panik, aber doch ein gewisses Gefühl der Unsicherheit aufkommen lassen. Manchen hat man fragen hören, was denn aus uns werden soll. Dazu seien zwei Feststellungen getroffen:

1. Es unterliegt keinem Zweifel, daß die Garantien für die Freiheit und die Sicherheit Berlins heute und morgen genau so gelten, wie sie gestern gegolten haben.

2. So verworren sich die politische Lage im Augenblick darstellen mag, spricht doch vieles dafür, daß sich – trotz allem doch auch durch die osteuropäische Entwicklung – neue Möglichkeiten für das Ringen um die deutsche Einheit ergeben können.

Im Anschluß an den vergangenen Montag haben die Diskussionen in den Betrieben und Büros, in den Hochschulen und Freundeskreisen angedauert. Wenn hier und da das Wort von einer Vertrauenskrise gefallen ist, wird man den Dingen auf den Grund gehen und sich um sachliche Antworten bemühen müssen.[7] Aber es ist dringend zu wünschen, daß wir in dem weitverzweigten Gespräch zurückfinden zum Sinn für das Wesentliche und für das, was uns vereinen muß, wenn wir unserer Aufgabe nicht untreu werden wollen.

Nr. 29
Aus dem Schreiben des Präsidenten des Abgeordnetenhauses von Berlin, Brandt, an den Journalisten Schulz
16. Januar 1957[1]

AdsD, WBA, A 6, 24.

Lieber Klaus-Peter!
Du musst wirklich entschuldigen, dass ich erst heute auf Deine letzten Briefe antworte. Neben allem anderen habe ich während dieser Wochen versucht, mit dem Reuter-Manuskript fertig zu werden und ich bitte um Nachsicht, da ich ganz allgemein mit meiner Korrespondenz im Rückstand bin.[2]

Über Deine Glückwünsche zu meinem Geburtstage und über die Grüße zum Neuen Jahr habe ich mich gefreut. Ich erwidere sie herzlich und wünsche Dir, Deiner Frau und den Kindern alles Gute.
[...][3]

Die „Krise der Berliner SPD" ist ja ein altes und mittlerweile langes Kapitel.[4] Die Unruhe nach der Ungarn-Kundgebung spielte für manche nur die Rolle des berühmten Tropfens. F[ranz] N[eumann] hat nichts eigentlich Falsches gesagt, seine Rede war auch nicht schlechter als manche frühere. Aber er hat nicht das gesagt, was an diesem Tage erforderlich war, und es ist natürlich ein ernstes Ereignis, wenn der Führer der größten Partei in Berlin an einem solchen Tag am Weiterreden gehindert wird.[5] Die Auseinandersetzungen in unserem Verein haben sich dann zum großen Teil darum gedreht, ob wir nicht schon seit Jahr und Tag versäumt haben, unsere Arbeit und unsere Aussage an den sich wandelnden Notwendigkeiten zu orientieren. Mit anderen Worten: Es ist die alte Frage, ob wir Bewegung bleiben bzw. es wieder werden wollen oder ob wir mehr und mehr dahin neigen, bestimmte Positionen zu monopolisieren und von solchen Monopolpositionen aus „Politik" zu machen.

Die Debatte ist zunächst wieder stecken geblieben und beide Seiten waren der Meinung, dass man am 6. 1. [1957] nach außen hin so etwas wie einen Burgfrieden zur Schau tragen müsste.[6] Darüber, ob sich in der Vertretung der Berliner Partei nach außen Veränderungen ergeben, wird allein der kommende Landesparteitag entscheiden können. Was mich selbst angeht, so möchte ich nicht gern noch einmal antreten. Man kommt dadurch leicht in die Rolle desjenigen, der nicht nur von Ehrgeiz, sondern auch von Hass geleitet sei. Außerdem wäre es außerordentlich schwierig, gestützt auf eine knappe Mehrheit den Verein wieder in Ordnung zu bringen. Mein Bestreben wird allein dahin gehen, wenn irgend möglich eine dritte Kandidatur zu fördern und man muss insofern damit rechnen, dass schließlich doch wieder alles beim Alten bleibt.[7]

O[tto] S[uhr] sieht nicht gut aus, aber er wirkt gegenwärtig viel munterer als vor einigen Monaten.[8] Auf dem Parteitag hat er erklärt, dass er zurücktreten werde, wenn er sich nicht mehr kräftig genug fühlen sollte, sein Amt auszuüben. Meine Einschätzung der Führungseigenschaften von O[tto] S[uhr] ist immer ein wenig skeptisch gewesen, und wir haben es auch persönlich nicht sehr leicht miteinander, auf der gleichen Welle zu verkehren. Nichtsdestoweniger werde ich während dieser Zeit alles unterlassen, was mich dem Verdacht aussetzen könnte, dass ich die schlechte Gesundheit von O[tto] S[uhr] ausnutzte oder gar zu seiner vorzeitigen Ablösung beitrüge. Was später einmal werden wird, muss sich zeigen. Auch hier haben sich meine Voraussetzungen etwas geändert. Ich würde mich einer Aufforderung eines genügend grossen Teiles der Partei nicht entziehen können, aber über die Zeit, in der ich glaubte, dass ich diese Aufgabe übernehmen müsste, bin ich mittlerweile hinweg. Es wird in den kommenden Jahren auch noch andere Aufgaben geben. – Die Schwierigkeiten im eigenen Verein werden zu einem gewissen Teil dadurch aufgewogen, dass ich immer wieder spüre, in welch starkem Masse man mir draußen in der Bevölkerung Vertrauen entgegenbringt. Insbesondere erfahre ich durch eine Vielzahl von Besuchern und auch von Briefen, dass das Wenige, was ich der Zone sagen kann, dort wohl verstanden wird.

Es wäre verlockend, im Laufe des Winters einmal zum Skilaufen bei Euch im Allgäu aufzukreuzen.[9] Aber ich fürchte, daraus wird

nichts werden. Wir werden froh sein, wenn wir ein oder zweimal im Laufe des Winters übers Wochenende in den Harz fahren können.
Herzliche Grüsse
Dein[10]

Nr. 30
Aus der Rede des Präsidenten des Abgeordnetenhauses von Berlin, Brandt, auf dem Landesparteitag der Berliner SPD
11. Mai 1957

Protokoll der 1. Tagung des 14. Landesparteitags der Berliner SPD am 11./ 12. Mai 1957, S. 95 – 101, in: FNA, NL Neumann, IIb/19,1.

B r a n d t: Liebe Genossinnen und Genossen! Ich möchte ein grundsätzliches und ein persönliches Wort sagen.[1]

Die Debatte heute, soweit sie sich auf die Fragen der geistigen Auseinandersetzung in unserer Partei bezog, hat mich außerordentlich interessiert. [...][2] Jede Meinungsäußerung von einer noch so kleinen Gliederung der Partei muß mit dem Ernst beraten werden, der jeder solchen Äußerung zukommen muß. Wir sind uns hoffentlich auch darüber im klaren, daß die Resolutionitis allein nicht die Antwort auf das Erfordernis der innerparteilichen Demokratie ist, sondern gerade in einer Zeit, in der die politischen und gesellschaftlichen Zusammenhänge, wie wir alle wissen, noch immer schwieriger, noch immer komplizierter werden, da spitzt sich das Problem der demokratischen Kontrolle in den Parteien immer mehr zu auf die Frage: Wie kontrolliere ich den Gewählten? Das heißt, eine innerparteiliche Demokratie, die nicht nur eine Sache des Buchstabens im Statut ist, wird immer mehr eine Angelegenheit, die damit steht und fällt, ob man jemand für diese oder jene Funktion, für dieses oder jenes Parlament wählt, überwacht und dann auch den Mut hat, nicht wiederzuwählen, wenn man glaubt, daß es erforderlich ist. Das heißt, die innerparteiliche Demokratie gerade mit ihren Auswirkungen auf die staatlichen Parlamente, auf die Mandatsträger in Landtag[en] und nationalen Parlamenten ist nur dann zu realisieren, wenn man den Mut hat, Mandatsträger auch dann einmal nicht wiederzuwählen, wenn sie keine silbernen Löffel gestohlen haben ([Zurufe:] Sehr gut!), sondern unter Umständen auch dann ganz einfach nicht wiederzuwählen, wenn man meint, die Sache, die zu vertreten ist, erfordert andere Leute. Es ist keine Schande, dabei auszuscheiden und andere, neue Kräfte, auch jüngere mal hineinwachsen zu lassen. (Beifall.)

Genossinnen und Genossen! Eigentlich geht es aber bei diesem Teil der Debatte um die geistige Regsamkeit in der Partei. Dabei geht es ja eigentlich noch um etwas anderes. Es geht nebenbei gesagt, glaube ich, nicht um links oder rechts. Manchmal bin ich in der Versuchung, ganz besonders darüber zu lachen, wer sich gelegentlich links nennt, aber es gibt ja die eigentümlichsten Standortverirrungen. (Lachen.)

Der eine oder andere glaubt, es sei radikal, wenn man rechts sitzt. Lassen wir das beiseite. Es ist auch keine Schande, diese oder jene Standortbestimmung einmal irrtümlich anzuwenden. Ich glaube, es geht um wichtigere Dinge dabei. Um was es eigentlich geht, das sollte uns, glaube ich, bewußt werden, wenn wir jetzt manchmal herumhören und hören, in manchen Abteilungs- und Kreisdiskussionen taucht gelegentlich noch immer mal wieder das Wort von der Reuter-Politik auf. Reuter ist noch gar nicht so lange tot. Manches wird ‹realistisch›[3] bleiben von dem, was er gemacht hat, und da stößt man auf die eigenartige Auffassung bei manchen, Reuter-Politik sei notwendigerweise so gewesen, als ob ‹es zu›[4] ein‹em Evangelium gehöre, mit anderen Parteien eine Koalition zu machen›[5]. Welch groteskes Mißverständnis! Das hat sich festgesetzt bei dem einen oder anderen als Reuter-Politik in Anführungszeichen, weil wir darum gestritten haben gelegentlich. Das hat mit dem Gehalt dessen, was er dieser Stadt und dieser Partei zu vermitteln hatte, überhaupt nichts zu tun, sondern die Frage, ob man mit anderen Parteien zusammengeht, ist eine Frage der praktischen Politik, war es, ist es und wird es bleiben, obgleich in den Ländern wie in den Gemeinden immer mehr dahin gehende Tendenzen vorhanden sind, in der Entwicklung zu gehobenen Selbstverwaltungskörpern zu werden, die verschiedenen demokratischen Kräfte möglichst stark zu beteiligen.

Aber Genossinnen und Genossen, das was sich mir gerade rückblickend als das dargestellt hat, was ich heute noch eine Reuter-Politik nennen möchte, das ist nicht Koalition, sondern das ist das Ausrichten der Politik an großen geistigen und moralischen Impulsen, die Kampfansage an jede Neigung zum bloßen Arrangieren und zum bloßen Die-Dinge-Hinzudeuteln und zum bloßen Die-Positionen-Besetzen und statt dessen die Schleusen aufzumachen in der Partei für die Auseinandersetzung und die Orientierung an den angedeuteten Zielen. Nun hat man gesagt und als eine Art Rezept angedeutet, es bedürfte wieder so etwas wie einer Gläubigkeit und grundsätzlicher Leitbilder jenseits der Tagespolitik. [...][6] Und schließlich zu diesem Punkt – ich wiederhole es immer wieder –: Hüten wir uns, einen Gegensatz zu konstruieren zwischen der Tagesarbeit und dem Sich-Orientieren an den geistigen Leitbildern und den moralischen Grundwerten. Denn sobald wir es trennen, wird unsere Tätigkeit auf der zweiten Ebene zur Tätigkeit einer Sekte, einer Weltverbesserersekte, sondern bemühen wir uns, unsere Tagesarbeit – und dazu ist eine Partei da – zu tun, wie sie hier und jetzt und in der Generation [sic], in der sie wirkt, den Menschen zu helfen, ihnen zu einem sicheren Leben zu verhelfen und den Übergang finden zu helfen in eine andere Gesellschaftsordnung.

Genossinnen und Genossen! Gestattet mir bitte noch ein paar Sätze. Ich sagte, ich wollte eine grundsätzliche und eine persönliche Bemerkung machen. Gestattet mir bitte, diese persönliche Bemerkung heute; ich würde sie sonst morgen gemacht haben müssen. Der Genosse Weiß hat sie insofern herausgefordert, als er mit Recht Bezug genommen hat auf manche Darstellungen von Geistern, die sich wieder mausig machen und die Luft verpesten. Ich muß dazu, weil sich einiges davon hier in Berlin von einer bestimmten Clique aus auf mich bezogen hat, vor diesem Parteitag einige Sätze sagen, nicht zuletzt deswegen, weil, wenn das stimmte, was diese Kreise vorgebracht haben, der Parteitag mich morgen nicht wählen dürfte, wenn über unsere Spitzenfunktionäre entschieden wird.[7]

Die Gruppe um den ehemaligen Innensenator Hermann Fischer hat in dieser Periode, in der sie sich auf das Bündnis mit der Deutschen Partei, der ja in Berlin sehr eindeutig abgestempelten Partei, orientiert, schon seit einiger Zeit, statt sich mit meiner Arbeit und mit meinen Auffassungen auseinanderzusetzen und mit dem, was ich mache und was ich gesagt und getan habe, versucht, herumzugeheimnissen an einem Tatbestand, der wohl niemand anders angeht als mich selbst.[8] Denn wen geht im Grunde an, wie meine damals unverheiratete Mutter hieß, als ich 1913 in Lübeck geboren worden bin? Man spricht über solche Dinge nicht gern, aber ich bin gezwungen, das zu tun. Ich habe unter dem Namen, unter dem man mich kennt – unter dem Ihr mich kennt, den ich seit 1933, also seit meinem 19. Lebensjahr führe, mithin seit 24 Jahren – Hunderte von Artikeln und ein Dutzend Bücher geschrieben. Wenn ich vor diesem Namen hätte weglaufen wollen, dann hätte ich ja wohl nicht darauf bestanden, ihn in aller Form zu legalisieren. Der Name, unter dem ich draußen gelebt habe, im Ausland, ist der gleiche, unter dem ich hier weiter wirke.

Dann haben diese noblen Leute jetzt, während ich weg war, in die Welt gesetzt, der Mann, der hier zur Zeit Präsident des Abgeordnetenhauses ist, führe eine wilde Ehe. Und er habe eine Sache in einem dänischen Blatt verbreitet, die das deutsche Ansehen im Ausland schädige. Ich will Euch mal dieses Beispiel mit ein paar Daten klarmachen. Am 26. März d[es] J[ahres] hat die große dänische Zeitung „Politiken" durch ihren Bonner Korrespondenten einen größeren Artikel über mich verbreitet – zum Teil stützte er sich auf eine Unterhaltung mit mir, aber fälschlich aufgemacht als Interview, übrigens nicht aus bösem Willen. Dieser Artikel erschien, wie gesagt, am 26. März. Am 28. März erschien ein Auszug daraus im rosa DPA-Dienst. Am 30. März, zum frühesten für mich möglichen Zeitpunkt, habe ich über DPA, d.h. auf dem gleichen Wege, eine Erklärung abgegeben, daß dieser Artikel Irrtümer enthalte und meine Auffassung zu verschiedenen Fragen falsch wiedergebe, am 30. März![9] Am 29.

April erscheint trotz dieser Erklärung ein Angriff im „Montags-Echo", und am 6. Mai, am letzten Montag, ein zusammengestoppelter Auszug aus einem Artikel, von dem ich mich deutlich abgegrenzt hatte. Das sind Methoden!

Und schließlich: Hermann Fischer hat in einer öffentlichen Versammlung und im „Montag-Echo" vom 29. April an mich die Frage gerichtet, ob ich während meiner Zeit in Skandinavien einer norwegischen Widerstandsgruppe „Augustin" angehört habe, ob ich mir im klaren gewesen sei über die Ziele dieser Widerstandsgruppe usw. Ich habe dazu folgendes festzustellen und habe das heute dem „Montags-Echo" mitgeteilt:

1. Ich bin stolz auf meine Teilnahme ‹am Widerstand›[10] gegen das Hitler-Regime in Deutschland und auch in Norwegen, das mir zur zweiten Heimat geworden ist. (Lebhafter Beifall.)

2. Den Kampf gegen die Volksverderber und für die Freiheit habe ich mit den mir zur Verfügung stehenden politischen und publizistischen Mitteln geführt.

3. Die von Herrn Fischer erwähnte „Gruppe Augustin" ist mir nicht bekannt, und ich kann ihr also auch nicht angehört haben.

4. Bis zum Beweis des Gegenteils darf ich annehmen, daß Herr Fischer einer Provokation aus Kreisen der ehemaligen Gestapo aufgesessen ist.

Die ‹Clique›[11], mit der ich mich auseinanderzusetzen Anlaß hatte, hat angeberisch kolportiert, daß diese noble Tätigkeit im Einvernehmen mit dem einen oder anderen Mitglied unserer Partei erfolge.[12] Ich bin überzeugt, daß es sich dabei um ‹eine dreiste›[13] Lüge handelt und daß ich mich auf die solidarische Unterstützung meiner Partei gegenüber solchen Methoden verlassen kann. (Starker Beifall.)

Nr. 31
Aus dem Protokoll einer Sitzung des SPD-Parteivorstandes
18. September 1957

AdsD, SPD-PV, PV Protokolle 1957.

Berlin[1]

[Franz] Neumann: Der Genosse ‹Swolinzky›[2] sollte inzwischen der SPD-Fraktion als Hospitant beitreten, womit wir wieder eine Mehrheit für die Bürgermeisterwahl im Abgeordnetenhaus gehabt hätten. Leider ist dieses Vorhaben von einer Gruppe in der Partei zerschlagen worden. Die von der Presse zitierte Äusserung, er sei gegen Brandt und für einen Verwaltungsfachmann, stamme nicht von ihm. Er sei gefragt worden, ob [Carlo] Schmid oder [Fritz] Erler Anwärter für die Bürgermeisterposition seien. Das habe er für erwägenswert erklärt, da beide Verwaltungsfachleute sind. Doch habe er eine Meinungsäusserung abgelehnt. Die Kandidatur Brandt[s] ist von der bürgerlichen Presse herausgebracht worden. Er hätte einen Bürgermeister gewünscht, der keiner Gruppe angehört, sondern 90 % der Delegierten zu sammeln in der Lage gewesen wäre. Die CDU wünscht einen Bürgermeister mit völlig geklärter Vergangenheit, da dieser auch ‹Bundesratspräsident›[3] wird. Willy Brandt hat einen Prozess laufen, der angesichts der Erfahrungen unseres Genossen von Knoeringen sicher von der Justiz nicht erfreulich behandelt werden wird.

Brandt: Er akzeptiere zur Presseveröffentlichung,[4] was Franz Neumann dazu erklärt. Bis zur Stunde wissen weder er noch der Landesvorstand Berlin, wen Franz Neumann denn nun am Freitag als Bürgermeisterkandidaten vorschlagen wird. Er habe erklärt, dass er das Bürgermeisteramt annehmen werde, wenn man es ihm von der Partei anträgt. – Der dänische Botschafter Wass soll der ‚Neuen Zürcher Zeitung' einen Bericht zum Fall Brandt gegeben haben. Vielleicht könne Erich Ollenhauer das einmal klären. Er sei bereit, von der Kandidatur zurückzutreten, wenn es einen anderen Kandidaten gibt, der mehr als die 75 % der Stimmen sammeln könne, die jetzt ihn vorschlagen.

Der Landesvorsitzende der Berliner SPD, Franz Neumann, gratuliert Willy Brandt zu seiner Nominierung als Regierender Bürgermeister durch den SPD-Landesparteitag am 30. September 1957

Erler: Er habe nie eine Kandidatur angeboten bekommen und würde sie auch nicht annehmen. Zum Kapitel Verleumdungen haben wir heute früh erklärt, dass es uns sehr gut bekommt, wenn sich die Partei vor den angegriffenen Genossen stellt.

[Ella] Kay: bedauert, dass Brandt so argumentiert und schon jetzt von einer Parteimehrheit spricht. Wir sollten dem Landesparteitag die Möglichkeit einer freien Wahl lassen. Scheusslich sei die Klage Brandt/Fischer, das allein bereite Sorge.[5]

[Erich] Ollenhauer: Die Partei wählt den Kandidaten. Die Vorwürfe der anderen gegen Willy Brandt können uns nicht berühren. Berlin ist keine Lokalangelegenheit. Wenn jetzt mit einer Kampfabstimmung der Bürgermeister gewählt wird, ist die nächste Wahl in Berlin bereits verloren. Franz Neumann will Adolf Arndt vorschlagen, der annehmen würde.

Schmid: Adolf Arndt ist krank und es wäre sein Tod, wenn man ihn nach Berlin schickte. Er sei sein Freund und darum sage er dies. – Zu den Verleumdungen über Willy Brandt wolle er erklären, dass wir uns hinter ihn stellen müssen, selbst wenn er mit der Waffe in der Hand auf norwegischer Seite gekämpft hätte.

Heinrich Albertz: ist sehr bedrückt wegen der Berliner Situation. Es kommt dort auf eine breite Mehrheit für die Bürgermeisterwahl an. Er fürchte, dass es richtig ist, was Schmid über Arndt gesagt hat. Wenn kein überzeugenderer Vorschlag kommt, kann es nur bei Willy Brandt bleiben.

Erler: fragt, ob es denn nicht möglich ist, dass Franz Neumann mit seiner Autorität sich für Willy Brandt einsetzt. Dann wäre der Fall ja entschieden.

Schmid: Wir können hier keinen Beschluss fassen, aber wir können doch Franz Neumann bitten, das zu tun.

Neumann: weiss nicht, wie die Situation im Landesvorstand sein wird. Erst danach könne er sein Verhalten einrichten.[6]

Ollenhauer: stellt abschliessend fest, dass es der ausdrückliche Wunsch des P[artei]V[orstandes] ist, dass sich ‹die›[7] massgeblichen Instanzen vor dem Parteitag auf einen Kandidaten einigen, damit es nicht zu einer Kampfabstimmung kommt.[8]

Nr. 32
**Aus der Erklärung des Regierenden Bürgermeisters von Berlin, Brandt, über die Richtlinien der Regierungspolitik
17. Oktober 1957**[1]

Abgeordnetenhaus von Berlin, II. Wahlperiode, Stenographischer Bericht der 69. Sitzung vom 17. Oktober 1957, III. Band, S. 459–465.

[...][2]

Was nun neben diesen praktischen Arbeitsaufgaben die allgemeinpolitisch uns gestellten Fragen angeht, so ist es seit der Gründung der Bundesrepublik Deutschland die erklärte Politik aller demokratischen Parteien unserer Stadt, Berlin in rechtlicher, finanzieller und wirtschaftlicher Beziehung als Land des Bundes anerkannt zu wissen. Der Senat wird diese Politik fortsetzen, obwohl sie unmittelbar leider noch nicht dem ganzen Berlin zugute kommen kann. Unser Standpunkt wird gestützt durch die Entscheidung des Bundesverfassungsgerichts vom 21. Mai dieses Jahres[3], daß Berlin ein Land der Bundesrepublik Deutschland i s t und nicht nur wirtschaftlich, sondern auch politisch und rechtlich zu ihr gehört.

Aufgabe des Senats wird es also sein, die Politik der Eingliederung in den Bund konsequent fortzusetzen. Unserer Überzeugung nach werden die Rechte der alliierten Mächte dadurch nicht berührt; das heißt:

1. Die Ausübung der obersten Gewalt durch die Besatzungsmächte in Berlin bleibt bestehen;

2. die Besatzungsmächte werden weiterhin Streitkräfte in Berlin unterhalten;

3. Berlin wird das von den Besatzungsmächten vorgeschriebene Verfahren zur Inkraftsetzung von Bundesgesetzen einhalten.

In Übereinstimmung mit dem, was die Sprecher aller Parteien hier an dieser Stelle am 15. September [1957] bei der Wahl unserer Bundestagsabgeordneten erklärt haben, muß erreicht werden, daß den Berliner Bundestagsabgeordneten und den Vertretern des Landes Berlin im Bundesrat künftig das Stimmrecht zumindest für die Gesetze gewährt wird, die mit einer Berlin-Klausel versehen sind und somit von unserer Stadt übernommen werden. Es ist auf die Dauer nicht zu rechtfertigen, daß ein Teil des freien Deutschlands, der zum einheitlichen Rechts-, Währungs- und Wirtschaftssystem des Bundes gehört und in dem der weitaus überwiegende Teil der Bundesgesetze Geltung hat, bei der Abstimmung über diese Gesetze nicht mitwirken kann. (Beifall bei der SPD und der CDU.)

Gleichzeitig gibt der Senat seinem Wunsch Ausdruck, daß das Abgeordnetenhaus das ihm seit geraumer Zeit vorliegende Gesetz zur vereinfachten Übernahme von Bundesgesetzen verabschieden möge. ([Zuruf:] Sehr gut!)

Der Senat bestätigt im übrigen, daß Berlin außenpolitisch durch die Bundesrepublik Deutschland vertreten wird. Er erwartet, daß er auch in Zukunft bei außenpolitischen Erörterungen und Maßnahmen, die die Belange Berlins berühren, konsultiert wird.

Wenn an anderer Stelle in meiner Erklärung von den besonderen Rechten und Pflichten der alliierten Mächte in Berlin die Rede war, soll hier bekundet werden, daß wir die vertrauensvolle Zusammenarbeit mit den in der Alliierten Kommandantur vereinigten Vertretern Großbritanniens, Frankreichs und der Vereinigten Staaten nicht nur fortführen, sondern wo immer möglich noch vertiefen möchten.

Der Senat weiß dabei sehr wohl um jene Abmachungen über Berlin und Deutschland, die seinerzeit von den Westmächten und der Sowjetunion getroffen worden sind und auf die auch wir uns berufen dürfen, wenn es sich um unsern Anspruch auf die Einheit dieser Stadt und die Einheit der auseinandergerissenen Teile Deutschlands handelt.[4] (Beifall.)

Alles, was wir von Berlin aus zur Debatte um die deutsche Außenpolitik beizutragen vermögen, wird daran gemessen werden, ob es die Freiheit sichert und uns der Wiederherstellung der staatlichen Einheit näher bringt. Berlin ist und bleibt aufgerufen, nicht nur für sich selbst zu sprechen, sondern auch für die Millionen der zum

Schweigen verurteilten Landsleute in der uns umgebenden Zone. Berlin hat gewiß keine eigene Außenpolitik zu betreiben; aber es hat Erfahrungen zu vermitteln, die sich aus seiner Lage und seinem Schicksal ergeben.

Wir spüren die Wandlungen in der uns umgebenden Welt. In den letzten Jahren haben wir erlebt, daß auch die östliche Welt kein in sich geschlossener Block ist. Denn auch dort melden die Völker ihren Anspruch auf ein besseres Leben, ein Leben in größerer Freiheit an. Wir wissen, daß Europas Grenze nicht an der Elbe liegt und daß die Zeiger der Weltuhr nirgends stehenbleiben. Wenn unser Wort Gewicht haben soll, dürfen wir die Erkenntnisse der hinter uns liegenden Jahre nicht vergessen. Im Gedankenaustausch und im unzertrennlichen Zusammenwirken mit unseren Freunden in der westlichen Welt werden wir uns jedoch auch zu bemühen haben, die neue Wirklichkeit zu verstehen, den Kraftlinien weltpolitischen Geschehens nachzuspüren, um aus neuen Erkenntnissen gegebenenfalls neue Konsequenzen ziehen zu können. Die Gesamtentwicklung drängt zu neuen Lösungen, bei denen die wohlverstandenen Interessen aller berücksichtigt werden. Die Völker verlangen mit Recht, daß die neuesten Errungenschaften der Wissenschaft und der Technik der friedlichen Nutzung und dem Wohlstand aller zugeführt werden, anstatt in einen kollektiven Selbstmord der Menschen auszumünden.[5] ([Zuruf:] Sehr gut!)

Es gilt zu erkennen, und wir hier in Berlin müssen es immer wieder sagen, daß in Europa ein Herd der Unruhe und des Unfriedens bestehen bleibt, solange Deutschland geteilt und Berlin auseinandergerissen sind [sic]. Wir wissen, daß die Lösung des deutschen Problems nur Hand in Hand und Zug um Zug mit der Lösung der die Welt und insbesondere Europa belastenden Probleme erfolgen kann. Wir wissen aber auch, daß die Wiederherstellung unserer staatlichen Einheit im wohlverstandenen Interesse aller liegt.

Leider begegnet das deutsche Volk in manchen Kreisen des Auslandes noch immer jenem Mißtrauen, das als eine der Folgen eines wahnwitzig heraufbeschworenen Krieges übrig geblieben ist. An uns in Berlin wird es nicht fehlen, immer wieder zu zeigen, daß unser

Antrittsbesuch der drei westalliierten Stadtkommandanten bei dem Regierenden Bürgermeister, Willy Brandt, am 9. Oktober 1957 im Rathaus Schöneberg

Der Regierende Bürgermeister, Willy Brandt, nach einem Besuch bei dem sowjetischen Stadtkommandanten, Tschamow, in Berlin-Karlshorst am 10. Januar 1958: Verabschiedung vom sowjetischen Begleitoffizier

Volk friedlich und gutnachbarlich mit allen anderen Völkern zusammenleben möchte. Auch im Kreml wird man sich zu gegebener Stunde der Erkenntnis nicht verschließen können, daß die Spaltung Deutschlands vom Übel ist, während ein wiedervereinigtes Deutschland zu einem Faktor der Beständigkeit und des Friedens werden wird.

Auch wir in Berlin möchten unseren Beitrag dazu leisten, die Staatsmänner und die Völker der Welt davon zu überzeugen, daß unser Wille zur Wiedervereinigung stärker ist als alle Gewalt, die sich auf machtpolitische Gegebenheiten des Augenblicks stützt. Unsere Nachbarn, gerade auch die im Osten, und die Völker der Welt sollten wissen, daß es einen großen Schritt zur Befriedung der Welt bedeuten würde, wenn sich die Staatsmänner darauf einigten, einen Friedensvertrag mit dem ganzen Deutschland abzuschließen.

Der Senat ist schließlich davon überzeugt, daß es eine isolierte Lösung der Berliner Frage nicht gibt.[6] Die großen Fragen unserer Stadt können nur im Zusammenhang mit dem Streben unseres ganzen Volkes nach Selbstbestimmung und Wiedervereinigung unseres Vaterlandes gelöst werden.

Der Senat, für den zu sprechen ich die Ehre habe, hat sein Mandat von dem aus freien Wahlen hervorgegangenen Abgeordnetenhaus erhalten. Unsere Beschlüsse, unsere Gesetze gelten zur Zeit nur in den Westsektoren von Berlin. Und doch soll noch einmal bekundet werden, daß wir – Abgeordnetenhaus und Senat – uns als die verantwortlichen Sachwalter des ganzen Berlin fühlen. [...][7]

Unbeschadet der jüngsten Ereignisse[8] wiederholen wir auch heute, daß der Senat jederzeit bereit ist, jede sinnvolle Möglichkeit zu nutzen, um die Folgen der unglückseligen Spaltung zu mildern, ohne allerdings auf politische Bedingungen einzugehen. Der Senat setzt sich nach wie vor dafür ein, das Leben der Bevölkerung in allen Teilen unserer Stadt zu erleichtern. Wenn in diesen Bemühungen bisher kein Fortschritt erzielt werden konnte, so liegt das an dem mangelnden Willen der Machthaber jenseits des Brandenburger Tores.

Der Senat erklärt sich dennoch erneut damit einverstanden, daß Vertreter entsprechender technischer Behörden der beiden Seiten Gespräche führen können mit dem Ziel, beispielsweise
1. die Telephonnetze miteinander zu verbinden;
2. einen durchgehenden Straßenbahnverkehr wieder herzustellen; (Zuruf: Sehr gut!)
3. die städtebauliche Planung auf beiden Seiten in Einklang zu halten;
4. den Berlinern den Besuch wenigstens der Randgebiete ihrer Stadt ohne Kontrolle und den Kleingärtnern und Siedlern wieder die Nutzung der Grundstücke im Ostsektor und in den Randgebieten zu ermöglichen;
5. allgemein die Verbindung der Menschen über die Sektorengrenzen hinweg und in die Zone zu fördern.

Lassen Sie mich, meine Damen und Herren, schließen mit der Versicherung, daß all unser Handeln von dem Bestreben geleitet sein wird, nicht nur den West-Berlinern, sondern allen Berlinern zu dienen und zugleich auch für die Zone zu sprechen. Diesem Auftrag, zusätzlich zu den vielfältigen Aufgaben unseres Aufbaus, werden wir jedoch nur dann gerecht werden können – und damit kehre ich zum Ausgangspunkt zurück –, wenn wir uns auf das Vertrauen dieses Hohen Hauses und auf die Unterstützung des Volkes von Berlin stützen können.

[...][9]

Nr. 33
Schreiben des Regierenden Bürgermeisters von Berlin, Brandt, an den Vorsitzenden des Kreises Steglitz der Berliner SPD, Hoefer
25. November 1957[1]

AdsD, WBA, A 6, 165.

Lieber Genosse Hoefer,
Deinem Brief vom 21. November [1957] entnehme ich, daß Euer Kreis beabsichtigt, mich als Kandidaten für den Vorsitz des Landesverbandes zu benennen.[2] Ich danke für Euer Vertrauen, möchte aber nicht verhehlen, daß ich einer solchen Kandidatur nur unter gewissen Voraussetzungen näher treten könnte. Dabei denke ich nicht in erster Linie an die zusätzliche arbeitsmäßige Belastung. Der Regierende Bürgermeister sollte jedoch nicht ohne zwingenden Grund durch innerparteiliche Streitigkeiten in Anspruch genommen werden.[3]

Bei meiner Nominierung zum R[egierenden] B[ürgermeister] habe ich dem Landesparteitag das Versprechen gegeben, daß ich mich nicht als Vertreter einer „Gruppe" fühle, sondern unserer ganzen Partei verpflichtet bin. Daran möchte ich mich halten, und ich werde es – in welcher Funktion auch immer – als meine besondere Aufgabe empfinden, alle Kräfte innerhalb der Berliner Sozialdemokratie zusammenfassen zu helfen.

Sollte ein großer Teil der Organisation der Auffassung sein, mir im Hinblick auf die kommende Wahl den Vorsitz zu übertragen, so würde ich diese zusätzliche Aufgabe wohl zu übernehmen haben. Der ordentliche Parteitag im Frühjahr 1959 würde dann Gelegenheit haben, die Frage der Landesvorsitzenden neu zu entscheiden.
Mit freundlichem Gruß
⟨Br[andt]⟩[4]

Nr. 34
Schreiben des Regierenden Bürgermeisters von Berlin, Brandt, an den Landesvorsitzenden der Berliner SPD, Neumann
27. November 1957[1]

FNA, NL Neumann, X 12,1.

Lieber Genosse Neumann,
in meinem Rechtsstreit mit [Hermann] Fischer[2] spielt ganz am Rande auch die falsche Behauptung des „Montags-Echo" eine Rolle, daß sich selbst der Landesvorstand der Berliner SPD in dieser Kontroverse nur mit knapper Mehrheit hinter mich gestellt hätte. Ich habe Theo Thiele, unseren Landessekretär, als Zeuge für die Unrichtigkeit dieser Behauptung benannt. Der Tatbestand selbst dürfte allen Beteiligten noch in Erinnerung sein: Der Landesvorstand hat sich zunächst auf einer Sitzung in der Zietenstraße – vermutlich am Montag, dem 13. 5. 57 – mit den Angriffen gegen mich befaßt, ohne daß Beschlüsse gefaßt wurden. Am 14. 5. traten die erreichbaren Mitglieder des L[andes]V[orstandes] im Rathaus zusammen und formulierten einstimmig die der Presse übergebene Erklärung.[3]

Fischer hat nun in einem ersten Schriftsatz Dich als Zeugen für seine unwahre Behauptung benannt. Er faselt in einem zweiten Schriftsatz davon, daß von 12 Anwesenden sieben für die Entschließung gestimmt und die anderen entweder dagegen gestimmt oder sich der Stimme enthalten hätten. Er erwähnt nun auch dem Gericht gegenüber ein Schreiben, das Du in dieser Sache am 15. 5. an Dr. Schwennicke gerichtet hättest. Ich wäre Dir dankbar, wenn Du mir vom Inhalt dieses Schreibens Kenntnis und mir vielleicht auch darüber hinaus Hinweise geben könntest, wie Fischer zu jenen falschen Informationen gelangen konnte, zu deren Bestätigung er Dich in Anspruch nehmen möchte.[4]

Bei dieser Gelegenheit möchte ich nicht versäumen, Dich auch davon in Kenntnis zu setzen, daß mir die Behauptung zugetragen worden ist, der inzwischen verurteilte Nachrichtenhändler [Werner-

Heinz] Stephan hätte mit Dir parteiinterne Vorgänge erörtert und das Ergebnis solcher Unterhaltungen möglicherweise in der ihm eigenen Form Herrn Fischer übermittelt. Ich darf wohl unterstellen, daß es sich hierbei um ein haltloses Gerücht handelt?[5]

Vor einiger Zeit war mir außerdem zu Ohren gekommen, Du hättest Dich noch nach dem Beginn der Fischer-Kampagne gegen mich an Kollegen der Bundestagsfraktion mit der Aufforderung gewandt, Dir etwaiges „belastendes" Material aus meiner Emigrationszeit zur Verfügung zu stellen.[6] Es wäre gut, wenn ich mich darauf verlassen könnte, daß auch diese Information falsch ist.
Mit freundlichen Grüßen
‹Willy Brandt›[7]

Nr. 35
Schreiben des Regierenden Bürgermeisters von Berlin, Brandt, an den Zeitungsverleger Brost
2. Dezember 1957[1]

AdsD, WBA, A 6, 22.

Lieber Erich,
fast meine gesamte Korrespondenz ist in den letzten Wochen liegengeblieben. So komme ich denn auch erst heute dazu, Dir für Dein Telegramm und vor allem auch für den Brief vom 3. Oktober sehr herzlich zu danken.[2]

Daß Adenauer mir mit beträchtlichem Vorurteil begegnete, war mir aus verschiedenen Andeutungen und auch aus eigener Erfahrung bekannt.[3] Ob sich das ändern wird, bleibt abzuwarten. Bei den beiden Gesprächen, die ich nach meiner Wahl mit ihm gehabt habe, war er verhältnismäßig aufgeschlossen. [Ernst] Lemmer sagte mir, der Alte habe mich schon vor einigen Jahren und auch kürzlich wieder als früheren Kommunisten bezeichnet. Inzwischen wissen wir ja, daß der Nachrichtenhändler Stephan 1953/54 u. a. auch über mich „Berichte" an das Bundeskanzleramt verkauft hat.⁴ Eigentlich müßte Adenauer, dem die Dinge damals durch [Otto] Lenz oder [Hans] Globke vorgelegt worden sind, daraus Folgerungen ziehen.

Die neue Aufgabe ist anstrengend, aber befriedigend. Ich habe nicht die Absicht, mich von der „großen Politik" fernhalten zu lassen.⁵ Aber erst muß ich hier festen Boden unter den Füßen gewinnen, und dazu wird es wohl des nächsten Jahres bedürfen.
Herzliche Grüße
‹Dein Br[andt]›⁶

Nr. 36
Aus der Rede des Regierenden Bürgermeisters von Berlin, Brandt, auf dem Landesparteitag der Berliner SPD
12. Januar 1958

Protokoll der 5. Tagung des 14. Landesparteitags der Berliner SPD vom 12. Januar 1958, S. 31–51, in: AdsD, SPD-LV Berlin, 410.

Willy Brandt: Liebe Genossinnen und Genossen! Wir stehen am Ende eines wichtigen, jedenfalls eines bewegten Abschnitts unserer innerparteilichen Diskussion.¹ Im Verlauf dieser Diskussion – und damit möchte ich mich zunächst befassen – ist verschiedentlich die Meinung geäußert worden, es bestehe eine Art naturgegebener Widerspruch zwischen dem, was die Sozialdemokratie an sich, und dem, was sie in der Regierungsverantwortung darstellt. Wir sollten dieses Problem – so möchte ich meinen – trennen von der Beantwortung der reinen Zweckmäßigkeitsfrage, ob ein Regierungschef gleichzeitig oder zeitweilig auch Parteivorsitzender ist, sein kann. Eine Frage, die ich nicht verneine; denn sonst würde ich die mir von der Mehrheit der Kreisdelegierten angetragene Kandidatur, über die heute nachmittag zu befinden sein wird, nicht angenommen haben. Ich möchte

Willy Brandt und Franz Neumann auf dem Landesparteitag am 12. Januar 1958 nach der Wahl Brandts zum neuen Landesvorsitzenden der Berliner SPD

mich zu diesem Problem, durch das Franz Neumann und ich nun mal auch persönlich berührt sind, nicht weiter äußern, außer zwei Bemerkungen zu machen.

1. Der eigentliche Gegenspieler des Regierungschefs, wenn wir ihn stellen, ist der Fraktionsvorsitzende.

2. Wenn man aus einer Kopplung, die aus Zweckmäßigkeitsgründen bejaht und verneint werden kann, so weitreichende Schlüsse zieht, wie sie hier angedeutet wurden in bezug auf die Rolle der Partei und ihrer Unabhängigkeit in der parlamentarischen Demokratie, so fällt man dazu ein allzu hartes Urteil über Sozialdemokraten in den deutschen und außerdeutschen Ländern, wo man es anders macht. ([Zuruf:] Sehr gut!)

Im übrigen aber, Genossinnen und Genossen, sollten wir losgelöst von diesem personellen Problem erkennen, daß eine demokratische Massenpartei im Grunde so viel oder so wenig bedeutet, wie sie in der Auseinandersetzung mit dem Problem der politischen Macht zu realisieren vermag. Versagt sie in dieser Auseinandersetzung, so versagt sie überhaupt. Es kann deshalb auch keine doppelte Buchführung geben in bezug auf das, was die Partei in der Regierungsverantwortung tut und was sie sonst tut. Gewiß gibt es für unsere Partei auch andere, sogar sehr wichtige Aufgaben als die, die in der Regierung oder im Parlament angepackt werden können. Es gibt einmal die Arbeit an den sehr grundsätzlichen Fragen, die ‹Wahrung›[2] und Weiterentwicklung jenes Gedankenguts, das von den Menschheitszielen des ‹Humanismus›[3] handelt, und es gibt zum anderen die Notwendigkeit, sachlich und beharrlich in der Öffentlichkeit zu entwickeln, welche über die Politik des Tages hinausreichenden Aufgaben die Partei anpacken würde, wenn sie sich auf eine noch stärkere Basis in der Bevölkerung stützen könnte, wobei allerdings gleich hinzuzufügen wäre, daß es sich nicht um nebelhafte Versprechungen, sondern um konkrete Forderungen handeln muß, die sich aus einer gewissenhaften und gründlichen Prüfung der Notwendigkeiten und der Möglichkeit ergeben. Meiner Meinung nach kann es keine sozialdemokratische Politik geben, die dem entgegengerichtet ist, was wir in der Regierungsverantwortung betreiben, denn sonst würde die Partei mit zwei Zungen sprechen, und sie würde dadurch unglaubwürdig werden. (Beifall.)

Es würde dann auch zwei Arten von Repräsentanten sozialdemokratischer Politik geben, gewissermaßen unbefleckte Hüter der Parteidoktrin einerseits und mehr oder weniger andere Vertreter von Regierungsgeschäften andererseits. Es kann jedoch nur eine in sich geschlossene sozialdemokratische Politik geben bei aller Notwendigkeit innerparteilicher Debatten über nicht nur grundsätzliche Fragen, sondern tagespolitische Forderungen. Die Notwendigkeiten, denen sich die Partei, ob als Mehrheit oder sonst in der Koalition, die Notwendigkeiten, denen sie sich in der Regierungsverantwortung gegenübersieht, müssen von der Partei in ihrer Gesamtheit erarbeitet und mit verantwortet werden. Alle Schritte, die von unseren Vertretern in der Regierung unternommen werden, müssen von den Gremien der Partei mit beraten und gegenüber der Öffentlichkeit mit vertreten werden. Wenn die Partei glaubt, irgendwann nicht mehr das verantworten zu können, was ihre Vertrauensleute in der Regierung tun, dann ist daraus die einzige mögliche Konsequenz zu ziehen. Die Vertretung sozialdemokratischer Forderungen in einer Regierung ist also nicht nur die Pflicht derjenigen Sozialdemokraten, die in der Regierung sitzen, sondern ebenso sehr Aufgabe derer, die die Partei in anderer Eigenschaft vertreten. Andererseits ist die Vertretung weiterreichender sozialdemokratischer Forderungen und sozialistischer Zielvorstellungen ‹kein Privileg›[4] von Vertrauensleuten, die nicht in der Regierung sitzen. Dazu können und sollen sich alle mit gleichem Recht und in gleicher Verantwortung äußern dürfen. Daß das wirkungsvoll geschehen kann, das haben die österreichischen Sozialisten ebenso bewiesen wie unsere Freunde in Großbritannien und in den skandinavischen Ländern. Der Sache der Partei wird, wenn auch unbeabsichtigt, zweifellos Schaden zugefügt, wenn sie sich nicht zu ihren wirklichen Leistungen bekennt, wenn neben dem Unerreichten das Erreichte vergessen wird, wenn einzelne einer Versuchung der Schwarzweißmalerei unterliegen, statt den Gesamtzusammenhang der ökonomischen und sozialen Entwicklung verständlich machen zu helfen und wenn übertriebene Forderungen mit der Vorstellung verknüpft werden, schon allein mit Hilfe einer parlamentarischen Mehrheit könne die Welt gewissermaßen aus den Angeln gehoben werden. Wir können in Berlin manches tun, aber in unserer Begrenzung und ihrer Isoliertheit würden wir vieles leider selbst dann nicht erreichen können, wenn wir uns auf eine sehr starke parlamentarische Mehrheit stützen könnten.

Zunächst einmal haben wir jedoch alle Ursache, uns hier in Berlin und als Berliner Sozialdemokraten mit Stolz auf die Leistungen der letzten Jahre zu berufen. Glücklicherweise haben diejenigen Unrecht bekommen, die seinerzeit prophezeiten, daß die Zustände immer schlechter werden würden. Sie sind, wie wir alle wissen, erheblich besser geworden, obwohl gewiß, wie wir ebenso gut wissen, noch unendlich viel zu tun übrig bleibt und uns immer noch eine Unsumme von Sorgen und Not umgibt. Gerade dann jedoch, Genossinnen und Genossen, wenn wir unsere Möglichkeiten vernünftig einschätzen, gilt es hinzuzufügen, daß Berlin als maßgebende politische Kraft einer starken sozialdemokratischen Partei bedarf. Diese Partei als führender politischer Faktor ist unerläßlich für die Freiheit, für den Aufbau, für den sozialen Ausgleich in Berlin. Aber in unserer gespaltenen Stadt bedarf es auch weiterhin der Einsicht, daß die demokratischen Kräfte, was immer sie sonst trennen mag, in wesentlichen Fragen, ob in[ner]- oder außerhalb einer Regierung, vernünftig zusammenwirken müssen. Ich möchte festhalten, daß die besonderen Parteiaufgaben nicht vernachlässigt werden dürfen. Ich meine darüber hinaus, daß wir im innerparteilichen Leben ruhig ein bißchen frischen Wind gebrauchen können. ([Zuruf:] Sehr richtig!)

Ich bin auch der Meinung, daß wir in der Partei sogar noch ein bißchen lebendigere innerparteiliche Demokratie gebrauchen könnten, eine solche Form des Mitwirkens, die sich nicht in statutenmäßigen Vorgängen erschöpft und bei der Gremien nicht erst dann mit heiklen Fragen befaßt werden, wenn das Kind in den Brunnen gefallen ist. (Beifall.)

[. . .][5]

Wenn ich nun, Genossinnen und Genossen, zu einigen außenpolitischen Fragen komme, so möchte ich sagen, daß es heute schon so ist wie zu Zeiten Ernst Reuters, daß nämlich das weltpolitische Geschehen unser Schicksal ist. Laßt mich einige Gedanken in die Debatte werfen.

1. Wenn es richtig ist – und es ist richtig –, was George Kennan, der frühere amerikanische Botschafter in Moskau, kürzlich sagte,[6] daß die Zukunft Berlins von entscheidender Bedeutung für die Zukunft Gesamtdeutschlands ist, dann ergibt sich daraus u. a., daß gerade wir ein überragendes Interesse an einer friedlichen Lösung der die Welt bewegenden Fragen haben.

2. Wenn wir auch keine eigene Außenpolitik betreiben können und wenn wir auch aus Überzeugung die Ansicht vertreten, daß es für die uns in Berlin auf den Nägeln brennenden Probleme jenseits der Lösung des deutschen Problems keine Sonderantworten geben kann, so entbindet uns das nicht von der Verpflichtung, gerade von dieser Stadt aus unüberhörbar zu erklären, daß wir selbst und unser Volk uns niemals mit einem Status quo abfinden werden, dessen Grundlage die Spaltung Deutschlands und Berlins ist.

3. Aufgabe gesamtdeutscher Politik muß es sein und bleiben, auch die Vertreter der sowjetischen Weltmacht schließlich davon zu überzeugen, daß die Wiedervereinigung Deutschlands im allgemeinen Interesse und sachlichen Interesse des Friedens liegt. Über alle Streitfragen im großen geistigen Ringen dieser Zeit bleibt es wahr, daß die Lösung des deutschen Problems weder ohne noch gar gegen Moskau möglich ist.

‹4.›[7] Wir müssen stets daran denken, daß uns Deutschen durch geographische Bedingtheiten besonders schwere Aufgaben erwachsen. Wir müssen uns klar darüber sein, daß das deutsche Volk auch gegenüber seinen westlichen Nachbarn, die Völker der Sowjetunion eingeschlossen, die Pflicht hat, die Sicherheit zu geben, daß es mit allen Nachbarn verträglich zusammenleben will. Wir müssen aber auch unmißverständlich sagen, daß uns das Recht auf Selbstbestimmung dabei unverzichtbar ist.

5. Die Wiedervereinigung Deutschlands stellt kein von den großen Fragen der Weltpolitik isoliertes Problem dar. Den Bemühungen, das Spannungsfeld, in dem wir leben, politisch und militärisch zu entschärfen, muß unsere besondere Aufmerksamkeit gewidmet sein. Franz [Neumann] hat ja hier auf die Bemühungen meiner Freunde, politischer und persönlicher Freunde Gerhardsen und Hansen hingewiesen.[8] Bloßer Antibolschewismus und Furchtkomplexe sind keine Politik. ([Zuruf:] Sehr richtig!)

Wir sind brennend daran interessiert, daß den Kapiteln ungenutzter Chancen keine neuen hinzugefügt werden. (Beifall.)

Wir sind es vielmehr den Landsleuten in der Zone wie unseren Kindern schuldig, daß wir jeden Plan und jeden Vorschlag sorgfältig prüfen, der Ansatzpunkte für die Lösung der internationalen Probleme und der deutschen Frage in sich bergen könnte.

6. Das Terrorgleichgewicht in der Welt, das heute auf Wasserstoffbomben, morgen auf Raketenwaffen und übermorgen vielleicht schon auf Sputniks basiert,[9] muß früher oder später durch neue Ordnungselemente in der internationalen Politik abgelöst werden, wenn die Menschheit der totalen Vernichtung entgehen will. Das wird heute auch in solchen Kreisen eingesehen, die etwa noch während des letzten Bundestagswahlkampfes erklärten, in der Welt sei alles beim alten geblieben.

7. Wir können es – so möchte ich meinen – nur dankbar begrüßen, wenn die Forderung erhoben wird, so auch jüngst durch den Bundespräsidenten, sich von der Diplomatie auf dem Marktplatz zu entfernen.[10]

8. Es ist höchste Zeit, daß mit einer durch starke Worte getarnten Politik des Nichtstuns Schluß gemacht wird, einer Politik des Nichtstuns, die wir nach den Juni-Ereignissen des Jahres 1953 und nach der ungarischen Tragödie[11] alle als so bedrückend empfunden haben. Es ist unsere Pflicht, immer wieder zu prüfen, wie wir im Interesse der Erhaltung des Friedens auf die internationale Entwicklung, wenn auch mit bescheidensten Mitteln, einwirken können. Wir werden uns auch an der Frage nach dem sogenannten Preis für die Wiedervereinigung nicht vorbeidrücken können. Der Kreml und alle

Beteiligten müssen allerdings wissen, daß wir niemals bereit sein werden, die Einheit Deutschlands und die Freiheit Deutschlands als Preis zu zahlen.

9. Dem freien Berlin werden in dieser Periode der sogenannten Koexistenz besondere Aufgaben zufallen. Wir werden alles versuchen müssen, um in Berlin insofern zu einer gewissen Normalisierung zu kommen, als wir besonders unsinnige Auswüchse des Kalten Krieges beseitigen helfen. Wir haben früher in dieser Hinsicht Angebote an die andere Seite gemacht. Wir werden sie wiederholen.[12] Das hysterische Geschrei eines Waldemar Schmidt kann uns von diesem Weg nicht abbringen.[13] Daß wir uns auf dem richtigen Weg befinden, beweist gerade die nervöse Reaktion der SED-Leute, der SED-Führer jenseits des Brandenburger Tores auf jeden Schritt, den wir unternehmen oder zu unternehmen versuchen, um das Leben unserer Mitbürger zu erleichtern.

10. Von dem Erwiderungsbesuch, den ich vor ein paar Tagen dem sowjetischen Kommandanten gemacht habe, ist reichlich viel Aufhebens gemacht worden. Es liegt nicht im Sinne der bei solchen Gelegenheiten geführten Gespräche, darüber vor aller Öffentlichkeit zu berichten und sich etwa andeutende, wenn auch noch so schwache Möglichkeiten zu zerstören.

Zu einigen Zeitungskommentaren möchte ich zwischendurch folgendes bemerken. Ich halte es nicht für nötig, mich in eine Diskussion darüber einzulassen, ob in Karlshorst ein Wodka mehr oder weniger eingeschenkt oder geleert worden ist.[14] (Beifall.) Ich wundere mich nur über einige Gerüchteschmiede, die es mir ankreiden, wenn ich eine sogenannte gute Presse habe, und sich plötzlich auf die sogenannte bürgerliche Presse berufen, wenn mir etwas unterstellt wird, was so nicht stimmt. (Zuruf: Wer hat das getan?)

Ich darf hinzufügen, daß es sich am Freitagvormittag um ein in der Sache hartes Gespräch gehandelt hat, bei dem ich mit meiner Meinung nicht hinter dem Berg gehalten habe. Im übrigen brauche ich, Genossinnen und Genossen, kaum hinzuzufügen, daß das vertrauensvolle Zusammenwirken mit den Westmächten die entscheidende Grundlage unserer Arbeit bleibt. Da mag man uns mit noch so viel Schimpfwörtern in der Ostpresse belegen. Wir stehen zu denen, die in schwerster Stunde zu uns standen und weiterhin unsere Unversehrtheit garantieren, ohne daß daran gedeutelt werden kann. Soweit die seinerzeit zwischen den vier Besatzungsmächten getroffenen Abmachungen noch in Kraft sind, kann es keine einseitigen Auslegungen geben. Insbesondere müssen und werden wir darauf bestehen, daß die den Berlin-Verkehr betreffenden Abkommen aus dem Jahr 1949 strikt eingehalten werden.

[...][15]

Ich möchte jetzt, Genossinnen und Genossen, einige Bemerkungen über unsere Arbeit im Ostsektor machen. Denn wir sollten uns vielleicht wieder stärker darauf besinnen, daß unserer Partei dort im anderen Teil der Stadt eine besondere und eine besonders schwere Aufgabe gestellt ist. Unsere Freunde in den acht Ostkreisen arbeiten unter ungewöhnlich schwierigen Bedingungen. Von öffentlicher Tätigkeit sind sie seit vielen Jahren ausgeschlossen und trotzdem haben sie voll ihre Stellung behauptet. Sie sind treu geblieben und bei der Sache geblieben trotz Verhaftungen, Erpressungen durch den SSD, Bespitzelung und Maßregelung. Die Sozialdemokraten im Ostsektor von Berlin haben am besten erfahren, was die SED mit der Aktionseinheit der Arbeiterklasse meint. Sie wissen am besten, was von den Leuten um Ulbricht zu halten ist, die jeden Tag von Frieden reden, aber nicht bereit sind, den Frieden mit der eigenen Bevölkerung herzustellen.[16] (Beifall.)

Jetzt steht vor uns die große Aufgabe, die Partei in ganz Berlin, in Ost- <u>und</u> West-Berlin mit jenem Rüstzeug auszustatten, dessen sie bedarf, um der Wirklichkeit von heute und morgen entsprechend die geistige Auseinandersetzung mit den Ostproblemen erfolgreich zu bestehen. ([Zuruf:] Sehr gut!)

[...][17]

Ich hoffe, Genossinnen und Genossen, es ist in unseren Reihen nicht mehr ernsthaft umstritten, daß Berlin unbeschadet seiner geographischen [Lage] und Sonderstellung zur Bundesrepublik gehört. Die Politik der Integrierung in den Bund hat sich als richtig erwiesen, und sie wird auch von der überwiegenden Mehrheit der Berliner Bevölkerung bejaht. Nur auf dieser Grundlage konnten wir in den hinter uns liegenden Jahren unsere Aufgaben lösen. Die Bejahung dieser Politik bedeutet ja gewiß nicht, daß wir als Sozialdemokraten den Inhalt jedes einzelnen in Berlin geltenden Bundesgesetzes gutheißen. Gleich unseren Freunden in Hessen, in Hamburg oder in Bremen sind wir der Auffassung, daß manches Gesetz besser oder anders hätte sein müssen. Doch ebenso wenig wie unsere Freunde in den westdeutschen Ländern vermögen wir, vom Bundesgesetzgeber geregelte Materien nach unseren eigenen politischen Vorstellungen zu gestalten. Erst eine Verschiebung der innenpolitischen Kräfteverhältnisse in der Bundesrepublik würde solche Möglichkeiten bieten. [...][18]

Aber ich möchte mich der Frage des Stimmrechts zuwenden und sagen, wir haben seit Jahren den Standpunkt vertreten, daß die Gewährung eines wenn auch limitierten Stimmrechts ein Zug demokratischer Rechtsstaatlichkeit ist. Wenn es noch eines Beweises bedurft hätte, daß der gegenwärtige Zustand auf die Dauer untragbar ist, so hat diesen Beweis die Abstimmung im Bundesrat am 20. Dezember [1957] über das Selbstverwaltungs- und Krankenversicherungsangleichungsgesetz geliefert. Diesem Gesetz, das reine Berliner Fragen regelt, hat der Bundesrat mit 21 gegen 20 Stimmen zugestimmt und die von Berlin gewünschte, von der Mehrheit des Senats gewünschte und vom zuständigen Ausschuß empfohlene Anrufung des Vermittlungsausschusses abgelehnt. Wären die dem Land Berlin zustehenden vier Stimmen mitgezählt worden, hätte sich der Bundesrat mit 24 gegen 21 Stimmen für die Anrufung des Vermittlungsausschusses ausgesprochen. Durch die Gewährung des begrenzten Stimmrechts wird weder die Sonderstellung unserer Stadt berührt, noch werden die Rechte der Alliierten beeinträchtigt. Denn sie haben auch dann weiterhin die Möglichkeit, im Einzelfall die Übernahme von Bundesgesetzen auf Berlin zu verhindern. Wir wissen, daß es dazu einer Verständigung mit den drei Mächten bedarf, und zur Klärung dieser wichtigen Frage sind Besprechungen mit dem Bundesinnenminister und mit den Botschaftern der drei Mächte in Aussicht genommen. Es kann jedoch nicht Aufgabe der deutschen Politik sein, die Entscheidung dieser Frage lediglich den Alliierten zu überlassen. Niemand hindert nämlich die Bonner Mehrheiten im Bundestag und Bundesrat daran, Gesetze, deren Geltung in Berlin vorgesehen ist, als nicht zustande gekommen zu betrachten, wenn diese bei Berücksichtigung der Berliner Stimmen nicht verabschiedet worden wären.

Nun zu der größten ‹Sorge›[19] interner Art, die mich seit meinem Amtsantritt als Regierender Bürgermeister beschäftigt und die die Partei in vollem Umfang kennen muß. Ich denke an die Sicherung unseres Haushalt[s], an die bevorstehenden Verhandlungen mit dem Bundesfinanzminister[20], für die es seit langem keine so schwierige Ausgangslage gegeben hat wie in diesem Jahr. Ihr wißt wahrscheinlich alle, daß wir in Bonn um über 170 Millionen [DM] mehr als in diesem Haushaltsjahr zu verhandeln haben, wobei dann immer noch ein Defizit von gut 100 Millionen verbleibt. Der Bundesfinanzminister hat seine eigenen Probleme, und er möchte über den jetzigen Ansatz nicht hinausgehen. Ich muß jedoch um der Sache Berlins willen darauf bestehen, daß zwei Gesichtspunkte anerkannt werden:

1. Der Ausbau der Hauptstadt Berlin ist und bleibt bei der bisherigen politischen Situation der stärkste Beweis für den Willen zur Wiedervereinigung, und wir berufen uns ausdrücklich auf den Beschluß des Bundestages vom Februar 1957.[21] Alle solche Aussagen haben nicht die Aussagekraft wie das, was im freien Berlin gebaut und gestaltet wird. Daher kann man den Etat unserer Stadt nicht nur mit kommunalen Maßstäben messen. Berlin kann auch seine Funktion, Klammer und lebende Brücke zu sein zwischen den Menschen in den beiden Teilen Deutschlands, nur dann wirklich erfüllen, wenn es finanziell gesichert ist.

2. Das Dritte Überleitungsgesetz beinhaltet nicht nur die Verpflichtung Berlins, Bundesgesetze zu übernehmen, sondern es stellt auch eine Verpflichtung des Bundes dar, ausreichende Hilfe im Hinblick auf die besondere Lage Berlins und seine Aufgaben als Hauptstadt zu leisten. Außerdem ist dem Pariser Vertragswerk eine Berlin-Erklärung beigefügt, in der die Verpflichtung der Bundesrepublik,

Berlin finanziell und wirtschaftlich zu helfen, gegenüber den drei Mächten besonders hervorgehoben worden ist.[22]

[...][23]

Und jetzt zu einigen abschließenden Bemerkungen. Am Ende der hinter uns liegenden Wochen und vor Beginn eines, wie wir hoffen müssen, neuen Abschnitts unserer Partei darf ich die Aufmerksamkeit auf zwei Gefahren lenken, denen wir wiederholt begegnet sind. Ich denke dabei erstens an die Gefahr, daß der Blick für die großen Linien der Politik leicht getrübt werden kann. Zweitens aber haben wir erlebt, daß die Formel von der Erneuerung der deutschen Sozialdemokratie gelegentlich und auch im ersten Referat heute hier so ausgelegt worden ist, als handele es sich darum, sozialistisches Gedankengut aufzugeben und sozialistische Grundsätze über Bord zu werfen. Ich protestiere gegen eine solche Auslegung. (Beifall.) Ich möchte mit aller gebotenen Deutlichkeit erklären, daß ich erstens auf der Seite derer bin, die sich weiterhin an den großen Linien orientieren möchten und eine über den Augenblick hinaus wirkende Politik gestalten wollen, und daß ich zweitens zu denen zähle, die nicht Grundauffassungen des demokratischen Sozialismus preisgeben wollen, sondern die sie weiter entwickeln und anwenden wollen auf eine sich rasch, rapide wandelnde Wirklichkeit.

[...][24]

Es geht also um ein zusätzliches Verstehen, nicht um ein Überbordwerfen sozialistischen Gedankenguts. Es geht vielmehr darum, die sozialistischen Ziele so zu konkretisieren, daß sie der Mehrheit des Volkes als Ausdruck ihrer Interessen und Wünsche nahegebracht werden können. (Beifall.)

Die Diskussion um die Reform oder die Erneuerung der Sozialdemokratie darf nicht am Rande der eigentlichen Probleme dahinplätschern. Sie darf sich vor allem nicht an Einzelheiten und aus dem Zusammenhang gerissenen Zitaten erhitzen, sondern sie muß sich am Wesentlichen und am Grundsätzlichen orientieren. Drei Voraussetzungen sind von uns selbst zu erfüllen, soll diese Diskussion fruchtbar werden. Wir müssen wieder mehr miteinander reden und weniger mit vorgefaßten Meinungen aneinander vorbeireden. (Beifall.) Wir müssen gute Argumente gelten lassen und keinen Beitrag anerkennen, der aus bloßen Behauptungen oder gar Verdächtigungen besteht. ([Zuruf:] Sehr richtig!) Und wir müssen in der Partei eine Atmosphäre schaffen, in der diese Diskussion möglich ist.

Solche Voraussetzungen können nur dann erfüllt werden, wenn gewisse, eigentlich selbstverständliche Regeln des innerparteilichen Lebens von allen Beteiligten beachtet werden. Ich möchte einige nennen, die für Brandt-Männer und Neumannianer scherzhaft Gültigkeit haben sollten, wobei ich gleich hinzufügen darf, daß ich in der Vergangenheit gegen meinen Wunsch zum sogenannten Chef einer Gruppe gestempelt worden bin und jedenfalls in der vor uns liegenden Zeit meinen Beitrag leisten werde, um gruppenmäßiges Gegeneinander und cliquenmäßige Verkrampfung überwinden zu helfen ([Zuruf:] Sehr gut!)

[...][25]

Vors[itzender] G a n s c h o w: Genossinnen und Genossen! Sie haben das Stimmergebnis gehört. Es waren 293 Stimmen abgegeben, davon waren 6 Enthaltungen. Damit wäre – die 6 sind ja gültige Stimmen – also die absolute Mehrheit 147. Der Genosse Brandt hat 163 Stimmen erhalten, der Genosse Franz Neumann 124. Damit hat der Parteitag Willy Brandt zum ersten Landesvorsitzenden gewählt.

Ich möchte hier im Namen des Parteitages sagen, wenn wir heute auch keine Aussprache durchgeführt haben, die Partei hat sich wochenlang mit diesem Problem beschäftigt, der Parteitag hat entschieden, und ich glaube, im Namen des Parteitages Willy Brandt den herzlichen Glückwunsch aussprechen zu können zu seiner Wahl zum ersten Vorsitzenden. (Beifall.)[26]

Nr. 37
Schreiben des Regierenden Bürgermeisters von Berlin, Brandt, an Irmgard Enderle
15. Januar 1958[1]

AdsD, WBA, A 6, 25.

Liebe Irmgard,
vielen Dank für Deinen Brief vom 3. Januar. Es freut mich, daß Euch das Reuter-Buch gefallen hat. Leider habe ich mich um die Werbung gar nicht kümmern können, und der Verlag scheint auch nicht viel zu tun.[2]

Inzwischen ist ja nun unser Landesparteitag über die Bühne gegangen. Es war unvermeidlich, die Dinge hier einmal zur Entscheidung zu bringen. Es wird noch eine Reihe von Schwierigkeiten geben; aber ich hoffe, daß wir damit fertig werden.[3] Aus der westdeutschen Partei gibt es eine ganze Reihe positiver Äußerungen. Aber „die Baracke" scheint nicht begeistert zu sein.[4]

Lass bitte rechtzeitig von Dir hören, bevor Du das nächste Mal nach Berlin kommst, damit wir einen Termin ausmachen können. Wenn wir nicht gerade anderen Besuch haben, kannst Du natürlich auch bei uns wohnen.

Wegen der Norditalienreise (aus der bei Dir durch einen Tippfehler eine Morditalienreise geworden war) bin ich ein bißchen neidisch. Ich muß mich selbst im nächsten Monat mit einem offiziellen USA-Programm von zwei Wochen und im März mit fünf Tagen England begnügen.[5]
Euch Beiden
herzliche Grüße[6]

Nr. 38
**Aus dem Vortrag „Betrachtungen zur internationalen Politik"
des Regierenden Bürgermeisters von Berlin, Brandt, vor der
Steuben-Schurz-Gesellschaft Berlin
17. Januar 1958**

AdsD, WBA, A 3, 84.[1]

Meine sehr verehrten Damen und Herren![2]
Gestatten Sie mir, daß ich meinen Betrachtungen eines Bürgermeisters einer Stadt drei Vorbemerkungen vorausschicke. Die erste Vorbemerkung ist diese: Jeder von uns, der sich mit dem weltpolitischen Geschehen befaßt, empfindet immer wieder seine Hilflosigkeit, und ihn überkommt immer wieder ein Gefühl der Ohnmacht, wenn er sich zwischendurch fragt: machst du dir wirklich deine Überlegungen in Kenntnis aller wichtigen Tatbestände? Und wenn man dann sagen muß, sich selbst sagen muß: nein, das tust du ja gar nicht, denn du sprichst über die Dinge, über Dinge heutzutage, von denen du zum Teil nichts weißt oder wissen kannst!

Was will ich damit sagen? Wir reden zum Beispiel über die Vorschläge, die der frühere amerikanische Botschafter in Moskau, George Kennan, neulich, als er in England war, im Rahmen einer Vortragsserie der BBC unterbreitet hat, und die in der ganzen Welt diskutiert worden sind – beachtliche Gedanken, wie ich glaube.[3] Um einen Punkt herauszugreifen: George Kennan empfiehlt in Übereinstimmung mit zahlreichen Menschen in Europa, mit manchen Amerikanern, aber auch im Gegensatz zu vielen Amerikanern, eine Entschärfung der militärpolitischen Lage auf dem europäischen Kontinent. Nun ist die Debatte in Gang zwischen Leuten, die dafür sind, und solchen, die dagegen sind, und die ihre Verzierungen anbringen zu dem, was er vorgebracht hat. [...][4]

[...] Ich finde, daß auch jemand, der in einer Stadt wie Berlin Verantwortung trägt und der seine politische Heimat in einer der großen Parteien hat, das Recht haben muß, seine eigene Meinung zu diesen Dingen vorzutragen. (Beifall.) Ich finde auch, daß wir beginnen sollten bei der Frage, ob es denn auch nur annähernd, auch nur andeutungsweise richtig ist, daß sich in diesen letzten Jahren, sagen wir mal in den Jahren seit dem Koreanischen Krieg[5], nichts Wesentliches verändert hätte in dieser Welt. Ich finde, verändert hat sich Wesentliches, zumindest auf drei Gebieten:

Erstens: Die Welt ist in den Jahren seit dem zweiten Weltkrieg und vor allem noch einmal seit 1950/52 buchstäblich sehr viel farbiger geworden.[6]

Zweitens: Die militärtechnischen und strategischen Voraussetzungen zur Zeit des Koreanischen Krieges und zur Zeit unserer deutschen Debatten um die Europäische Verteidigungsgemeinschaft stimmen heute durchweg nicht mehr.[7]

Drittens: Die Entwicklung oder die sich andeutende Entwicklung in der Sowjetunion selbst und im übrigen kommunistisch regierten Teil der Welt berechtigen nicht nur, nein, sie verpflichten zu anderen Überlegungen als sie angestellt wurden zu jener Zeit, in der man glaubte, daß die Weltenuhr dort stillstehen bleibe, wo ein kommunistisches Regime begonnen habe, ein Land zu regieren.

[...][8]

Wenn wir uns jetzt auf folgendes verständigen können: daß man nicht glaubt, eine Entwicklung im bolschewistischen Rußland und im übrigen kommunistisch regierten Teil der Welt ist nur dann eine Entwicklung, wenn sie eine Entwicklung zu uns hin ist. Es gibt manche, die so denken, aber es ist nicht ganz vernünftig, so zu denken. Schön wäre es vielleicht. Aber woher nehmen wir eigentlich das Recht zu glauben, daß die Regierungsformen, die sich für 20 Prozent der Menschheit infolge eines geschichtlichen Entwicklungsprozesses herausgebildet haben, nun mir nichts dir nichts zum allein zu befolgenden Vorbild für die übrige Menschheit gemacht werden müssen? Das ist noch ein sehr langsamer, langwieriger Prozeß zur Selbstregierung der Völker hin. Jedenfalls gibt es Entwicklungen aus diesen Regimen selbst heraus. Zwei darf ich hier andeuten. Es ließe sich zu beiden, wenn man wollte, den ganzen Abend reden und sogar verhältnismäßig Vernünftiges sagen. Das eine ist dies: Die Sowjet-

union selbst bringt aus ihren eigenen Gegebenheiten neue Probleme hervor, einfach deswegen, weil sie zur zweiten Industrienation der Welt geworden ist. Das mag uns auch nicht passen.
[...][9]

Meine Damen und Herren! Sie spüren vielleicht, daß ich bei diesem dritten Punkt auf ein Gebiet gekommen bin, das mich etwas leidenschaftlicher beschäftigt als die anderen. Aber wie sollte das anders sein, wenn man hier in Berlin sitzt und versucht, sich eine Vorstellung davon zu machen, was denn unsere Lage hier bedeutet, was denn unsere Rolle sein kann? Natürlich ist es schon eine schöne, eine wichtige Aufgabe, und ich verkenne sie gewiß nicht, für die Mitbürger Häuser zu bauen, die Schornsteine rauchen zu lassen, Hochschulen zu errichten und die Sachen, die uns jeden Tag alle miteinander, den einen auf diesem Gebiet, den andern auf jenem Gebiet, beschäftigen, zu bewältigen. Aber es geht um etwas mehr. Es geht zum Beispiel schon seit einiger Zeit darum, ob wir nicht finden, daß die deutsche Politik irgendwann auch mal das andere Bein heruntersetzen sollte. Was will das sagen? Die deutsche Außenpolitik steht seit 1949 auf einem Bein. Das war verständlich, und wer immer in Bonn regiert hätte in diesen Jahren, hätte es, richtig verstanden, als seine Aufgabe betrachten müssen – über Nuancen kann man streiten –, unser Verhältnis zur westlichen Welt, zu Amerika und zu Westeuropa einschließlich England, in Ordnung zu bringen. Aber da lauert nun die andere Aufgabe, nicht im Gegensatz dazu und nicht im Sinne einer Schaukelpolitik, die man uns mit Recht ankreiden würde, sondern gestützt auf die Freundschaft mit dem Westen und jeden Schritt abgesprochen mit unseren westlichen Freunden, doch auch das andere Bein – und das heißt Ostpolitik – herunterzusetzen. Meine Damen und Herren, verzeihen sie den ketzerischen Satz, den ich jetzt sagen werde: Bei allem Respekt, den man vor allen vom Bundesratspräsidenten[10] gegenüber den Institutionen, die vorübergehend in Bonn am Rhein tätig sind, erwarten darf, glaube ich, daß die Notwendigkeit für ein Land, das zwischen Ost und West liegt, trotz der Zugehörigkeit zur westlichen Gemeinschaft eine Ostpolitik zu entwickeln, eben in Berlin auf Grund seiner Lage stärker empfunden wird als am linken Ufer des Rheins. (Beifall.) Nicht aus bösem Willen der Beteiligten, sondern ich glaube in der Tat, daß hier die geographischen Bedingtheiten auch politische Konsequenzen nach sich ziehen und daß uns hier, ohne daß wir allzu viel miteinander streiten, die Aufgabe zufällt, im innerdeutschen Gespräch dem etwas hinzuzufügen, was ja schon in der Entwicklung begriffen ist. Die Aktivierung der deutschen Ostpolitik hat nun zunächst mit dem Abbruch der Beziehungen zu Jugoslawien begonnen![11] Es wird auf diesem Gebiet sicher noch manches neu zu überlegen sein. Unsere Aufgabe in Berlin kann nicht darin bestehen, so etwas wie eine eigene Außenpolitik machen zu wollen. Wir wären Narren, wenn wir diesen Versuch unternehmen wollten. Wir gehören zu einem einheitlichen Gebiet, wirtschaftlich, finanziell und politisch – rechtlich ist das ein bißchen umstritten. [...][12]

Oder noch anders gesagt: Wir können in Berlin nicht den Ehrgeiz haben, uns als außenpolitische Querfeldeinmarschierer zu betätigen, sondern wir müssen unsere Aufgabe darin sehen, unsere gedanklichen Beiträge in Bonn an den Mann zu bringen, dort mit in die Debatte zu werfen. Und dort, wo wir eigene kleine Schritte, Sondierungen oder was auch immer unternehmen, können sie nur das Ergebnis vorheriger vertrauensvoller Aussprache und Verständigung mit den bundesrepublikanischen Faktoren wie mit unseren westlichen Freunden sein. Das heißt, ich wollte weiterhin lieber für eine Weile auf für notwendig gehaltene Initiativen verzichten, wenn ich befürchten müßte, daß sie, isoliert in Angriff genommen, das Vertrauensverhältnis erschüttern müßten, auf das wir angewiesen sind. Auf das wir uns sicher nicht aus opportunistischen Gründen berufen wollen, sondern das wir zu einer indiskutablen Grundlage unseres Wirkens machen wollen.

[...][13] Seien Sie davon überzeugt, daß diejenigen, die für kürzere oder für längere Zeit für Berlin zu sprechen haben, in ihrer täglichen Arbeit und in ihren Kontakten, die mit den bevorstehenden Auslandsreisen zusammenhängen, sich von dem Bestreben leiten lassen werden, die Zusammenarbeit, die sich in schwerster Zeit bewährt hat, nicht erschüttern zu lassen, sondern noch zu festigen. Aber diese Zusammenarbeit auch als Grundlage freier Aussprache aufzufassen. Zu der Erörterung der Probleme, die vor uns liegen, gehört neben dem immer wieder neuen Überprüfen der Möglichkeiten, wie der Friede bewahrt werden kann, vor allem auch, ob nicht etwas mehr als bisher geschehen kann, um mit politischen Mitteln durch geistige Anstrengungen manches von dem etwas mehr in Bewegung zu bringen, was viele vor einigen Jahren noch für unveränderlich hielten. Was dessen ungeachtet aber schon jetzt, bis heute nicht unverändert geblieben ist.

Ich danke für die Aufmerksamkeit.

Nr. 39
Aus dem Schreiben des Regierenden Bürgermeisters von Berlin, Brandt, an den Vorsitzenden der SPD, Ollenhauer
21. April 1958

AdsD, SPD-PV, Bestand Ollenhauer, 221.

Lieber Erich,
[...][1] Inzwischen möchte ich mich zu einigen schwebenden Fragen äußern:

1. Wir haben vorgestern den zweiten Teil unseres Parteitages hinter uns gebracht und dabei mit großer Mehrheit eine Entschließung angenommen, die ich Dir im Wortlaut beifüge.[2] Eine wesentliche Meinungsverschiedenheit ergab sich darüber, ob wir uns zu diesem Zeitpunkt auf eine Volksbefragung festlegen sollten oder nicht. Dafür sprach der verständliche Wunsch vieler Genossen, nicht beiseite zu stehen, nachdem die Partei im Bundesgebiet diese Aktion gestartet hat.[3] Aber es koppelten sich damit bei einigen Beteiligten auch Motive, die mit diesem Gegenstand an sich nichts zu tun haben, und auf die ich auch an dieser Stelle nicht näher einzugehen brauche. Gegen eine Festlegung auf eine Volksbefragung in Westberlin

spricht vor allem, aber nicht allein, die Unmöglichkeit, hier im Bewußtsein der Öffentlichkeit in eine „Aktion" gemeinsam mit der SED hineingedrängt zu werden.[4] Im Interesse der Partei wäre es besser gewesen, wenn die „Kampfabstimmung" nicht stattgefunden hätte. Sie hätte auch nicht stattzufinden brauchen, wenn die gegen nur zwei Stimmen vom Landesausschuß empfohlene Resolution von allen Beteiligten loyal vertreten worden wäre.

Ich würde es sehr begrüßen, wenn allen Mitglieder des Parteivorstandes und des Fraktionsvorstandes eine Abschrift unserer Resolution zugehen könnte; denn sonst besteht wohl doch die Gefahr, daß sich auf Grund der unvollständigen und zum Teil auch tendenziösen Presseberichterstattung hier und da Mißverständnisse geltend machen. Ich würde es darüber hinaus begrüßen, wenn der Parteivorstand noch einmal unterstreichen würde, daß er seinerseits nicht die Absicht hatte, Berlin in diesem Augenblick in die Aktion der Volksbefragung einzubeziehen.

[. . .][5]

2. Am Sonnabend war Botschafter Lahr bei mir, um im Auftrag von [Außenminister] Brentano über die Auswirkung der Verträge mit der Sowjetunion auf Berlin zu sprechen.[6] Ich hatte mich meinerseits darauf beschränkt, auf unserem Landesparteitag am vorigen Sonntag im Rahmen meiner Eröffnungsrede ein paar Bemerkungen zu machen, von denen ich ebenfalls in der Anlage Kenntnis gebe.[7]

Persönlich war und bin ich an einer öffentlichen Erörterung dieses Gegenstandes nicht interessiert, weil keine Aussicht besteht, unsere Berliner Interessen gegenüber den in der Bundesrepublik vorherrschenden Interessen zum Durchbruch zu bringen, weiter weil mir nicht daran liegt, die Menschen hier zu beunruhigen, und auch weil mir nicht daran liegen kann, negative russische Stellungnahmen herauszufordern. Dennoch habe ich Herrn Lahr darauf hingewiesen, daß die vom Auswärtigen Amt gewählte Form nicht tragbar sei. Als ich am 28. März [1958] bei Brentano war, hatte er mir zugesagt – wovon ich Dir dann ja auch am gleichen Nachmittag berichtete –, daß die Paraphierung der Verträge zunächst nicht stattfinden werde und daß er meine Bedenken wegen der Nichterwäh-

Willy Brandt nach der Rückkehr von seiner Weltreise am 6. März 1959 im Gespräch mit Erich Ollenhauer während eines Senatsempfangs in Berlin

nung Berlins teile. Der Paraphierungsstop ist dann nach der Unterhaltung zwischen Scherpenberg und Euch – aber ‹ohne›[8] nochmalige Fühlungnahme oder auch nur Unterrichtung Berlins – aufgehoben worden.[9]

Es hat meines Erachtens keinen Sinn, die eingetretene Lage zu verniedlichen.[10] Der Tatbestand ist einfach der, daß der bisherige Grundsatz der außenpolitischen Vertretung Westberlins durch die Bundesrepublik gegenüber den westlichen und den neutralen Staaten (auch gegenüber Jugoslawien) durchgesetzt werden konnte, bei den Verhandlungen mit der Sowjetunion jedoch aufgegeben werden mußte oder jedenfalls aufgegeben worden ist. Schon bei der Aufnahme der diplomatischen Beziehungen 1955 ist ja gar nicht ernsthaft der Versuch gemacht worden, Berlin einzubeziehen.[11] Wir müssen nun damit rechnen, daß der Vertrag mit der S[owjet]U[nion] für den kommunistischen Teil der Welt eine Art von Mustervertrag darstellen wird, und ich sehe auch vom Grundsätzlichen her bestimmte Auswirkungen auf das allgemeine Verhältnis Bund-Berlin.

Zum anderen kann man auch nicht einfach die Äußerung übersehen, die Semjonow dem deutschen Delegationsführer gegenüber gemacht hat, nämlich daß über Berlin an anderer Stelle gesprochen werden müsse, da es dort eine Reihe ungelöster Probleme gebe. Es ist nicht ohne weiteres erkennbar, was sich hinter dieser Ansicht verbirgt.

Im übrigen müssen wir natürlich versuchen, praktisch zu einer so befriedigenden Lösung wie möglich zu gelangen. Das wird beim Handelsabkommen noch am ehesten möglich sein, und auch was die konsularische Vertretung angeht, sind wohl zunächst keine Schwierigkeiten zu erwarten. Für die weitere Entwicklung hat uns jedoch auch Lahr nichts anderes als Hoffnungen in Aussicht stellen können.[12]

3. Am Rande möchte ich noch eine Bemerkung zum 17. Juni machen, denn es kann keine Rede davon sein, daß wir Euch in dieser Frage „in den Rücken gefallen" seien. Der Senat hat nichts anderes beschlossen, als eine Kommission einzusetzen, die sich um unsere diesjährigen Veranstaltungen kümmert. Bei dieser Gelegenheit habe

ich allerdings mit meiner eigenen vom Senat geteilten Meinung nicht hinter dem Berg gehalten, daß man die Frage des Feiertages überhaupt überprüfen sollte. Hiervon hat Günter Klein auch in einem Brief an Herbert Wehner Kenntnis gegeben. Aber es war nie unsere Meinung, hierzu mit öffentlichen Erklärungen hervorzutreten. Meine Meinung ist auch völlig unabhängig von dem, was Oberländer und andere von sich gegeben haben, zumal ich meine Bedenken schon in früheren Jahren anmeldete.[13] Ich bin wirklich der Meinung, daß es unangemessen ist, auf dem Buckel unserer Landsleute in der Zone aus dem 17. Juni einen zusätzlichen Feier- und Freudentag zu machen. Wir sind uns sicherlich darin einig, daß es nicht gelungen ist, dem 17. Juni einen wirklichen Inhalt zu geben. Hier in Berlin muß es geradezu empörend wirken, wenn beispielsweise Arbeiter von ‹Hennigsdorf›[14], die am 17. Juni [1953] ihre Haut zu Markt getragen haben, ‹in der S-Bahn›[15] denjenigen Westberlinern begegnen, die am 17. Juni an den Müggelsee fahren. Deshalb schien es mir als durchaus erwägenswert, von der bisherigen Regelung abzugehen. Mag sein, daß sich das jetzt nicht ‹mehr›[16] machen läßt.[17] Aber Du wirst mir zugeben, daß wir von unserem Berliner Standpunkt aus hierzu bestimmte Gesichtspunkte geltend zu machen haben, die vielleicht nicht in gleichem Maße für die Verhältnisse im Bundesgebiet zutreffen.

* * *

Wir hatten darüber gesprochen, daß ich vor dem Parteiausschuß über die Lage Berlins sprechen sollte. Ich werde am 2. Mai zum Bundesrat in Bonn sein und muß abends eine Veranstaltung mit dem Bundespräsidenten wahrnehmen. Am Vormittag des 3. [Mai] komme ich nach Berlin zurück und stehe dann für die Berichterstattung vor dem Parteiausschuß am Sonnabendnachmittag zur Verfügung.[18]
Herzliche Grüße
‹Willy Brandt›[19]

Nr. 40
Schreiben aus dem Büro des Regierenden Bürgermeisters von Berlin, Brandt, an die „Verwaltung des Ostsektors von Berlin"
16. Juni 1958

LAB, B Rep 002/10978.[1]

Sehr geehrte Herren,
im Auftrag des Regierenden Bürgermeisters Willy Brandt gestatte ich mir, anliegende „10 Fragen an die Verwaltung des Ostsektors von Berlin" zu übermitteln.[2] Ich bin weiter beauftragt, Sie davon zu unterrichten, daß Bevollmächtigte des Senats von Berlin am Montag, dem 30. Juni 1958, 10 Uhr, im Rathaus Schöneberg, Zi[mmer] 1110, zu einer Erörterung zur Verfügung stehen, falls sich die Verwaltung des Ostsektors in der Lage sieht, auch nur einige der gestellten Fragen positiv zu beantworten. Über das Ergebnis wird dem Abgeordnetenhaus von Berlin in seiner nächstfolgenden Sitzung berichtet werden.[3]
Hochachtungsvoll
Im Auftrage
‹Horst Schultze›[4]
(Regierungsrat)

Anlage

10 Fragen an die Verwaltung des Ostsektors von Berlin[5]
1.) Ist die Verwaltung des Ostsektors bereit,
   a) sich bei den Behörden der Sowjetischen Besatzungszone dafür einzusetzen, daß die in den Strafanstalten sich noch immer befindlichen Verurteilten des 17. Juni 1953 endlich freigelassen werden?
   b) sich wenigstens dafür einzusetzen, daß die erkrankten politischen Häftlinge beschleunigt begnadigt werden?
2.) Ist die Verwaltung des Ostsektors bereit, sich bei den Behörden der Sowjetischen Besatzungszone dafür einzusetzen, daß

a) die Erteilung von Genehmigungen für Besuche Westberliner bei ihren Verwandten in der Zone erleichtert wird?
b) für Besuche der Friedhöfe in der Umgebung unserer Stadt durch Westberliner Dauergenehmigungen erteilt werden?
c) den Bewohnern des Ostsektors Erleichterungen bei der Ausstellung von Reisegenehmigungen nach Westdeutschland gewährt werden?

3.) Ist die Verwaltung des Ostsektors bereit, sich bei den Behörden der Sowjetischen Besatzungszone dafür einzusetzen, daß
a) die Wasserstraßennutzungsgebühren durch eine Vereinbarung über etwaig auftretende Schäden bei der Errichtung des Stauwerks Geesthacht abgelöst werden?
b) die Autobahnnutzungsgebühren durch eine globale Regelung, die zwischen den zuständigen Verwaltungen auf beiden Seiten zu treffen wäre, abgelöst werden?

4.) Ist die Verwaltung des Ostsektors bereit, sich bei den Behörden der Sowjetischen Besatzungszone dafür einzusetzen, daß den Kleingärtnern und den Siedlern das ihnen seit 1952 verwehrte Betreten und die ihnen seit diesem Jahr vorenthaltene Nutzung ihrer Grundstücke in den Randgebieten Berlins endlich wieder ermöglicht werden?

5.) Ist die Verwaltung des Ostsektors bereit, sich bei den Behörden der Sowjetischen Besatzungszone und deren Sicherheitsorganen dafür einzusetzen, daß
a) die aus politischen Gründen getroffenen Maßregelungen in Ostberliner Betrieben aufhören?
b) die gleichfalls aus politischen Gründen vorgenommenen Erschwernisse für die sogenannten Grenzgänger in beiden Richtungen beseitigt werden?

6.) Ist die Verwaltung des Ostsektors bereit, sich bei den Behörden der Sowjetischen Besatzungszone dafür einzusetzen, daß die an den Sektoren- und Zonengrenzen unserer Stadt in letzter Zeit verschärft vorgenommenen entwürdigenden Handtaschen- und Personalkontrollen aufhören?

7.) Ist die Verwaltung des Ostsektors bereit, zuzustimmen, daß die im Gebiet von Berlin zur Zeit erscheinenden Zeitschriften und Zeitungen in den beiden Teilen unserer Stadt ungehindert zum Kauf angeboten und bezogen werden können?
8.) Ist die Verwaltung des Ostsektors bereit, sich bei den Behörden der Sowjetischen Besatzungszone dafür einzusetzen, daß der Telefonverkehr zwischen den beiden Teilen unserer Stadt wieder aufgenommen wird?
9.) Ist die Verwaltung des Ostsektors bereit, zuzustimmen, daß ein ungehinderter Straßenbahn- und Omnibusverkehr für ganz Berlin wieder aufgenommen wird?
10.) Ist die Verwaltung des Ostsektors bereit, sich an der Lösung von städtebaulichen Fragen, die ganz Berlin betreffen, zu beteiligen?

Berlin, den 16. Juni 1958

Nr. 41
Hs. Vermerk des Regierenden Bürgermeisters von Berlin, Brandt, über eine Besprechung mit dem Bundeskanzler, Adenauer
2. Oktober 1958

AdsD, WBA, A 6, 66.

Wir sprachen zunächst über den zweckmässigen Verlauf der für den gleichen Tag vorgesehenen Sitzung mit dem Senat von Berlin.[1]

Ich brachte die Dulles-Äusserungen betr. „Quemoy-Berlin" zur Sprache. Der B[undes]k[anzler] wollte hierüber mit Botschafter Bruce sprechen.[2]

Ich informierte über die Schwierigkeiten der ärztlichen Versorgung in der Zone + über die Möglichkeit, dass wir in Berlin besondere Hilfsmassnahmen einleiten müssen.

Erörtert wurde weiter die Frage des Stimmrechts und insbesondere die von uns jetzt angestrebte „kleine Lösung" im Bundesrat. Der B[undes]k[anzler] äusserte gewisse Bedenken hinsichtlich des Mitstimmens im „ersten Durchgang". Er wollte sich hierzu noch näher informieren, dann geg[ebenen]falls mit Botschafter Steel sprechen und mich unterrichten.³

Im weiteren Verlauf des Gesprächs äusserte der B[undes]k[anzler] u. a. seine Sorge darüber, dass Adlai Stevenson (wie Bu[ndes]min[ister] Oberländer nach einer Begegnung in der Schweiz geäussert hatte) so unzulänglich über die Lage in der Sowjetunion unterrichtet sei. Er entwickelte die bekannte Theorie – u. a. unter Bezugnahme auf Gespräche mit Chruschtschow⁴ in Moskau Herbst [19]55 –, dass die S[owjet]U[nion] einem zunehmenden Druck von seiten Chinas ausgesetzt sein + daher vielleicht geneigter sein werde, sich mit dem Westen zu arrangieren.

‹Br[andt]›⁵

Nr. 42
Erklärung des Regierenden Bürgermeisters von Berlin, Brandt, zum Berlin-Ultimatum des sowjetischen Ministerpräsidenten, Chruschtschow
27. November 1958

*Pressedienst des Senats von Berlin, Nr. 276 vom 27. November 1958, S. 1 f.*¹

Die in der Note der UdSSR an die Zonenbehörden aufgeworfenen Fragen erfordern eine eingehende Erörterung mit den drei westlichen Alliierten sowie mit den zuständigen Stellen im Bund, betonte der Regierende Bürgermeister von Berlin, Willy Brandt, am Donnerstag, dem 27. November, in einer ersten Stellungnahme. Der Regierende Bürgermeister Willy Brandt traf im einzelnen folgende Feststellungen:²

Willy Brandt als Redner auf der ersten großen Kundgebung der Berliner Bevölkerung nach dem Chruschtschow-Ultimatum mit dem Motto „Berlin bleibt frei" am 1. Mai 1959 auf dem Platz der Republik in Berlin

1. Der Plan, aus Westberlin eine „entmilitarisierte freie Stadt" zu machen, ist in seiner Absicht eindeutig. Er läuft darauf hinaus, daß Westberlin von alliierten Truppen geräumt, jedoch von sowjetischen Divisionen umgeben bliebe. Er bedeutet ferner, daß die rechtliche, die finanzielle und die wirtschaftliche Zugehörigkeit Berlins zur Bundesrepublik Deutschland zerschnitten und durch eine einseitige Abhängigkeit vom Ostblock ersetzt werden würde. Das ist unerträglich.

2. Diesem Plan steht die Tatsache entgegen, daß die Westmächte zu wiederholten Malen feierlich versichert haben, ihre Rechte und Pflichten in Berlin bis zur Überwindung der Spaltung Deutschlands auszuüben.

3. Es gibt keine isolierte Lösung der Berliner Frage. Wenn ein Beitrag zur Entspannung und zur Wiedervereinigung Deutschlands geleistet werden soll, wie es in der sowjetischen Note unter anderem heißt, dann handelt es sich hier und jetzt nicht um die Berliner Frage,

sondern um die Überwindung der Spaltung Deutschlands. Darüber muß verhandelt werden und nicht über die Änderung des Status quo von Berlin.

4. Es ist das erkennbare Ziel der kommunistischen Politik, ganz Berlin in die sogenannte „DDR" einzugliedern. Alles Gerede kann davon nicht ablenken.

5. Die Berliner lassen sich deshalb auch jetzt nicht verwirren. Sie werden weiter arbeiten am Aufbau der Hauptstadt Deutschlands und ihren Beitrag dazu leisten, daß in Berlin die Rechtssicherheit gewahrt und die freiheitlich-demokratische Ordnung erhalten bleiben. Das Volk von Berlin vertraut gerade jetzt auf seine Freunde in aller Welt. Es geht in den kommenden Wochen nicht nur um das Schicksal unserer Stadt, sondern um das des deutschen Volkes. Deshalb erwarten wir zuversichtlich, daß unsere befreundeten Mächte die Zeit nutzen.

Nr. 43
Aus der Rede des Regierenden Bürgermeisters von Berlin, Brandt, auf dem Landesparteitag der Berliner SPD
28. Dezember 1958

Protokoll der 3. Tagung des 15. Landesparteitags der Berliner SPD am 28. Dezember 1958, S. 8–28, in: AdsD, SPD-LV Berlin, 412.

Willy B r a n d t: [...][1]
Heute vor drei Wochen fiel die Wahlentscheidung.[2] Meine Aufgabe ist es nicht, eine eingehende Analyse des Wahlergebnisses vorzutragen. Ich beschränke mich auf vier Feststellungen, die auch im ersten Teil einer innerpolitischen Entschließung enthalten sein werden, die hier nachher neben einer außenpolitischen Entschließung des Landesausschusses verteilt werden und dem Parteitag zur Beurteilung überlassen werden wird. Diese vier Feststellungen in bezug auf das Wahlergebnis des 7. Dezember sind folgende:

1. Die vernichtende Niederlage der kommunistischen Einheitspartei einerseits und der Sieg des freiheitlichen Berlin andererseits, die Tatsache zugleich, daß mit den Wahlen zum Abgeordnetenhaus die Berlinerinnen und Berliner im freien Teil unserer Stadt sich mit 98 gegen 2 – wir sind dabei großzügig: wir runden auf von 1,9 auf 2 – zugleich gegen das sowjetische Ultimatum ausgesprochen haben.[3]

2. Die Tatsache, daß die CDU ihr Wahlziel, führende Partei dieser Stadt zu werden, nicht erreicht hat. Ihre bundespolitischen Importe haben nicht gezogen[4], und die CDU hat auch insofern verloren, als die Wähler der Forderung, der Hauptforderung ihres Wahlprogramms „Gebt uns mehr Vertrauen" nicht entsprochen haben.

3. Die Tatsache, liebe Freunde, die lehrreiche Tatsache auch für unsere eigenen Freunde in anderen Teilen Deutschlands, daß die außerordentlich hohe Wahlbeteiligung bei einem höheren Anteil von weiblichen Wählern als irgendwo sonst in Deutschland – ich wiederhole, daß die hohe Wahlbeteiligung, daß der Mißerfolg, nein, das Aufgesogenwerden der kleineren Parteien und daß drittens auch das massive Einwirken von außen unseren Erfolg nicht nur nicht beeinträchtigt, sondern eindrucksvoll unterstrichen hat. Und wenn ich vom massiven Einwirken von außen spreche, dann meine ich damit einerseits und in erster Linie das Einwirken durch die Reden und Noten aus Moskau,[5] und ich meine damit andererseits eine gewisse Gleichschaltungspropaganda, die von Bonn ausgegangen ist. Uns haben auch solche Gruppen ihr Vertrauen ausgesprochen, die sich bisher anders entschieden hatten. Aber, was wichtiger ist und sich aus dem eben erwähnten Punkt 3 ergibt, ist dieses: Das verständliche Sicherheitsverlangen unserer Menschen in dieser Zeit, die gewiß zu mancherlei Befürchtungen Anlaß gibt, hat sich nicht in Berlin in einen CDU-Sog umgesetzt, sondern die Wähler dieser Stadt trauen in ihrer eindeutigen Mehrheit uns zu, daß wir den unserer Stadt drohenden Gefahren mindestens so gut gewachsen sind, wie man es am Rhein mit einem gewissen Monopolanspruch sonst von sich behauptet.

Und die vierte Feststellung ist diese: Das Wahlergebnis bringt zum Ausdruck die Bestätigung, daß der bisherige Kurs unserer Berlin-

Willy Brandt spricht nach dem großen Wahlerfolg der Berliner SPD im Dezember 1958 auf dem Landesparteitag am 28. Dezember 1958

Politik richtig war, und den Auftrag an uns, erneut die Verantwortung für diese Stadt zu übernehmen, ihre Freiheit und ihre Sicherheit, für den weiteren Auf- und Ausbau Berlins und für ein Höchstmaß an sozialer Gerechtigkeit.

Die Resolution, Genossinnen und Genossen, die Euch vorgelegt werden wird, enthält noch einen weiteren Hinweis am Rande, wenn sie vom Wahlergebnis des 7. Dezember spricht. Sie enthält auch in einem Satz den Hinweis, daß das Ergebnis auch zum Ausdruck bringe ein persönliches Vertrauen zum Regierenden Bürgermeister dieser Stadt. Dieser Satz in der Resolution stammt nicht von mir. Aber ich glaube, er stimmt, und ich darf in aller Bescheidenheit sagen, daß ich mit all den anderen vielen Hunderten und Tausenden in der Partei in dieser Auseinandersetzung, die hinter uns liegt, meinen Beitrag geleistet habe. Ich möchte, daß die Genossen, heute vor allen Dingen die Parteitagsdelegierten, wissen, daß ich weder Mitleid erwarte wegen der Pflichten, die in solcher Zeit auf einem lasten, noch daß ich Schonung erwarte dafür, schon gar kein Ja sage [sic] in den Auseinandersetzungen, die es in unserer Partei gegeben hat, hat geben müssen, aber daß ich erwarten darf, daß wir einander in dieser Partei offen und kameradschaftlich begegnen, daß wir einander so sehr wie möglich helfen und einander so wenig wie möglich Knüppel zwischen die Beine werfen. (Beifall.)

[...]⁶

Wir stehen einer brutalen Bedrohung gegenüber, einer Bedrohung, die sich gegen unsere Arbeit, unsere Existenz, unser Leben richtet, nicht mehr und nicht weniger, und möchten das hier bei allen Erörterungen zu anderen Themen in den kommenden Wochen richtig mit in Rechnung stellen. Hier handelt es sich um eine unglaubliche machtpolitische Erpressung und die Ankündigung eines glatten Rechtsbruches, um das private, einseitige Aussteigen aus internationalen Verträgen. Ich sage, ein solcher Schritt der Sowjetunion ist durch nichts gerechtfertigt, auch nicht durch Hinweise auf die Wiederbewaffnung der Bundesrepublik. Denn es bedarf keiner neuen Untersuchungen, um festzustellen, daß es seinerzeit die sowjetzonale Seite gewesen ist, die dieses Unheil der doppelseitigen militärischen Entwicklung in den beiden Teilen Deutschlands, damals noch als „Volkspolizei" camoufliert, in der Zone in Gang gesetzt hat. Im übrigen sind die Thesen nicht neu, die uns in den Reden Chruschtschows und in den Noten vom 27. November [1958] unterbreitet werden, die Thesen nämlich, daß die Westmächte hier gar nichts zu suchen hätten, sondern nur als Gast der Sowjetunion hereingelassen worden wären, die Thesen, daß ganz Berlin zur Zone, heute zur DDR, gehört, daß die Sowjetunion in dieser Beziehung Ordnung schaffen werde. Das kennen wir alles schon aus dem Jahre 1948,[7] das war genauso im Jahre 1948 schon einmal da und ist 1948 nicht wieder abgesetzt worden, weil sich ein anderer Rechtsstandpunkt in Moskau durchgesetzt hätte, sondern weil die weltpolitischen Tatsachen es damals nicht ermöglicht haben, das durchzusetzen, was diese Thesen enthielten.

Unsere Aufgabe ist es, dazu beizutragen, soweit wir es können, solche weltpolitischen Tatsachen zu schaffen, die es auch diesmal unmöglich machen, daß die Sowjetunion das Ziel ihrer Berlin-Politik erreicht. Das ist ganz nüchtern die Aufgabe. (Beifall.)

Neu ist lediglich – aber das ist eine Verzierung und keine Veränderung in der Sache –, daß man in den Noten sagt, eigentlich gehört ganz Berlin zur Zone und ist ihre Hauptstadt. Aber bis auf weiteres – so heißt es gewissermaßen – geben wir Westberlin den Status einer freien Stadt – wie ich sagen möchte, eines ungesicherten und lebensunfähigen Spree-Danzig. Dazu haben wir Nein gesagt, ohne lange herumzufragen. [...][8]

Wir haben unmittelbar nach den russischen Reden und Noten gesagt, diesem Ultimatum gegenüber kann es nur ein Nein geben. Aber wir haben zum zweiten gesagt, wir hoffen, daß es unabhängig von diesem Ultimatum möglich sein wird, zu ernsthafteren Auseinandersetzungen zu gelangen zwischen West und Ost über die Fragen der europäischen Sicherheit einschließlich des deutschen Problems. [...][9]

Ich möchte hier ein drittes hinzufügen. Neben dem klaren Nein zum Ultimatum und dem Ja zu ernsthaften Verhandlungen über die Fragen der Sicherheit ist es erforderlich – und auch wir dürfen, weil wir nicht auf dem Mond leben, unseren Kopf nicht in den Sand stecken –, es ist erforderlich, daß der Westen die letzte Ernsthaftigkeit seiner Position in bezug auf Berlin nach allen Seiten und nicht zuletzt auch auf diplomatischem Wege sichtbar macht. Es ist erforderlich, nicht um mit dem Säbel zu rasseln, sondern um ein schreckliches Unheil abzuwenden, es ist erforderlich, daß der Westen es noch deutlicher macht, als es schon gemacht wurde, daß er es mit Berlin bitter ernst, daß er es mit Berlin todernst meint. Es ist schon früher in der Welt manchmal ein Unglück dadurch entstanden, daß die eine Seite in Unkenntnis der Haltung der anderen Seite gehandelt hat oder in die Erklärungen der anderen Seite in der Weltpolitik etwas anderes hineininterpretiert hat, als was dort hineingehörte. Darum müssen wir auf die letzte Klarheit drängen, dürfen uns um diese Dinge, auch wenn sie unangenehm sind, nicht herumdrücken, weil wir wissen, der Frieden und die Freiheit Berlins bleiben nur dann gewahrt, wenn die angreifende Seite – und hier ist doch wohl für jeden sichtbar die Sowjetunion das, was man in der Charta der Vereinten Nationen einen Aggressor nennt – weiß, daß sie bei Verfolgung dieser Politik das letzte Risiko läuft. Nur wenn sie das erkennt, besteht die berechtigte Hoffnung, daß sie abgeht von ihrem Vorhaben, weil wir vermuten dürfen, daß beide Seiten in der Weltpolitik im Grunde nicht daran interessiert sind, daß die Welt in die Luft fliegt und sie mit. Zugleich aber muß bei jeder solchen Betrachtung unsererseits mitklingen und mitschwingen unsere ganze Sorge als freiheitliche Sozialisten, unsere ganze Sorge um den Bestand und um die Zukunft der Menschheit. Und ich finde, hier müßten auch neue Töne angeschlagen werden, auch neue Töne erkennbar werden in den Stellungnahmen des Westens. [...][10]

Ich weiß, mancher unserer Delegierten möchte, wenn er sich die Resolution anguckt und mir zuhört, im Grunde, daß mit Adenauer noch ein bißchen schärfer abgerechnet wird, und ich gebe zu, zum Thema der Versäumnisse und der Phantasielosigkeit der deutschen Außenpolitik ließe sich eine ganze Menge sagen. Ich habe nur darauf aufmerksam machen wollen, daß der Landesausschuß Euch keine allgemeine Entschließung zur Weltpolitik unterbreitet, sondern eine

Entschließung zur Lage Berlins, und daß, wie Aneurin Bevan einmal gesagt hat in einer ähnlichen Debatte in der britischen Arbeiterpartei, es zum A und O jeder wirklichen Politik gehöre, Politik zum Unterschied vom bloßen Diskutieren, sich über die Prioritäten zu verständigen, d. h. über die Reihenfolge und die Rangordnung der zu lösenden Probleme. Hier geht es um die Auseinandersetzung nicht mit einem Adenauer-Ultimatum, sondern mit einem russischen Ultimatum gegen Berlin. Und hier geht es darum, daß man nicht bei jeder Gelegenheit alles zu allem sagen kann, sondern daß man sich konzentrieren muß auf das, was sozusagen von der Geschichte auf die Tagesordnung gesetzt ist. Auch dieses Thema der Versäumnisse und der Phantasielosigkeit ist interessant. Aber ich will hier offen bekennen, weil ich dafür bin, daß wir solche Dinge einander offen sagen: Ich bin nicht erschreckt, wenn auch mal irgendwo ein Punkt der Einigkeit zwischen den beiden Hauptlagern der deutschen Politik festgestellt wird. Und wenn das mal in einem Falle geschieht, dann sucht man nicht daraufhin nach einem Ausweg, um möglichst rasch von dort wegzukommen, sondern ich versuche, aus dieser Einigkeit etwas zu entwickeln im Sinne unserer Vorstellungen. Um es noch deutlicher zu machen: Ich fürchte mich nicht, und ich finde, wir sollten uns alle nicht fürchten vor einem Stück gemeinsamen Weges der deutschen Politik in der Berlin-Frage und ich weigere mich ganz einfach, und wir sollten uns alle miteinander weigern, das Bonner Schema des tiefen Grabens zwischen den Deutschen, das Bonner Schema der zusätzlichen Spaltung Deutschlands im Innern als der Weisheit letzten Schluß zu akzeptieren. (Beifall.)

Und hier auch ein Wort, das sich auf eine innerparteiliche Diskussion bezieht: Wer lieber heute als morgen Amerika und Chruschtschow an einem Tisch haben will, für den darf es nicht ein so absurder Gedanke sein, daß auch mal Adenauer und Ollenhauer miteinander sprechen. (Beifall.)

[...][11]

Nur zweierlei gilt es zu berücksichtigen vom Berliner Standpunkt, aber auch vom Standpunkt der ganzen deutschen Sozialdemokratie: Erstens, wenn wir nicht ins Rutschen kommen wollen, dann müssen alle Modifikationen der westlichen Politik, dann muß alles, was neue Lösungen zum Gegenstand hat, zunächst in der westlichen Gemeinschaft erörtert werden und muß als Ergebnis gemeinsamer Überlegungen des Westens auf die internationale ‹Propaganda›[12] kommen, denn sonst läuft alles auseinander, und der lachende Dritte sitzt dort, wo er es nicht gut mit uns meint.

Zweitens müssen wir uns als Berliner und als Berliner Sozialdemokraten auch zu dem Grundsatz bekennen, daß wir nichts befürworten können, was die Sicherheit des Westens einseitig schwächt, d. h., daß alle neuen Lösungen, die diskutiert werden, auch unter diesem Gesichtspunkt geprüft werden müssen.

[. . .][13]

Ich glaube, Genossinnen und Genossen, daß es keine befriedigende Lösung mit dem Status quo Berlins ist [sic]. Ich sagte es schon. Aber wenn wir nicht verbesserte Verhältnisse erreichen und wenn wir, womit leider zu rechnen ist, auch nicht in wenigen Monaten eine grundlegende Veränderung der europäischen Lage zu erwarten haben, dann muß hart auf dem Status quo beharrt werden mit allen Konsequenzen, und das heißt eine klare, feste Politik gegen eine einseitige Veränderung des Status quo zugunsten des einen und zuungunsten der anderen einschließlich derer, die in dieser Stadt leben und auf deren Leben es ja wohl auch noch mit ankommt.

[. . .][14]

Nr. 44
Manuskript der Erklärung des Regierenden Bürgermeisters von Berlin, Brandt, für eine Sitzung der SPD-Fraktion des Berliner Abgeordnetenhauses
29. Januar 1959[1]

AdsD, WBA, A 6, 124.

1. Nachdem die Fraktion den von mir vorgeschlagenen Kandidaten für das Amt des Sozialsenators erneut abgelehnt hatte, habe ich erklärt, daß ich mir die weiteren Schritte vorbehalten müßte.[2]
Zu diesen Schritten gehört nicht, daß ich ein Vertrauensvotum der Fraktion beantragt habe oder heute erbitte. So sehr ich es zu würdigen weiß, daß die Haltung der Fraktion zum Reg[ierenden] Bürgermeister in der Stellungnahme zur Regierungserklärung erneut unterstrichen werden soll, darf ich doch auch darauf hinweisen, daß ich mich auf das Vertrauen der Berliner Wähler und des Landesparteitages berufen darf.
Die Kompetenzen und die kontrollierenden Aufgaben der Fraktion werden hiermit nicht in Frage gestellt, und an meiner Bereitschaft zu sachlicher Zusammenarbeit wird es auch weiterhin nicht fehlen.
2. Die Entscheidung der Fraktion in der Frage des Sozialsenators war meiner Meinung nach – dabei muß ich bleiben dürfen – sachlich nicht gerechtfertigt, menschlich bedauerlich und in der Wirkung nach außen nicht gerade zuträglich.[3]
Ich weiß, daß ein Teil derjenigen, die ihre Zustimmung versagten, gewiß keine über den Einzelfall hinausreichende Entscheidung hat fällen wollen. Ich muß trotzdem bedauern, daß der einzige neue personelle Vorschlag abgelehnt worden ist. Auf sich daraus ergebende Folgerungen wird zurück zu kommen sein.
Zu gegebener Zeit werde ich die Fraktion davon unterrichten, wen ich nach weiteren Überlegungen zum Senator für Arbeit und

Sozialwesen vorschlage. Mit den Vertretern der Gewerkschaften werde ich, wie es auch diesmal geschehen war, Fühlung nehmen.[4]
3. Unabhängig von dem hier erörterten Einzelfall möchte ich meiner Besorgnis darüber Ausdruck geben, daß es einige Fraktionskollegen gibt, die das von den Wählern erteilte Mandat anders auffassen und auslegen, als ich es für gerechtfertigt halte. Leider scheint es auch Fraktionsmitglieder zu geben, die der Fraktion gewisse politische Erkenntnisse vorenthalten, die sie an anderer Stelle zum besten geben.
4. Ich möchte der Fraktion sagen, daß ich mich weder politischen Debatten noch sachlicher Kritik zu entziehen gedenke und um Verständnis dafür bitte, daß auch ich nur ein Mensch mit menschlichen Reaktionen bin. Aber ich bitte herzlich, mich nicht in einen Kleinkrieg zu verwickeln, in dem sich schon andere verbraucht haben und der mich von den eigentlichen Aufgaben ablenken würde.[5]

Der von uns zu verfolgende Kurs ist von den Wählern bestimmt und vom Landesparteitag bestätigt worden. Die Fraktion kann auf meine volle Mitwirkung rechnen, wenn es sich darum handelt, an diesem Kurs festzuhalten und ihn vor willkürlichen Korrekturen zu bewahren.

Nr. 45
Vermerk des Regierenden Bürgermeisters von Berlin, Brandt, über ein Treffen mit dem österreichischen Staatssekretär für auswärtige Angelegenheiten, Kreisky
6. März 1959[1]

AdsD, WBA, A 6, 66.

Während der Zwischenlandung in Wien am 6. d[e]s M[ona]ts hatten Dr. G[ünter] Klein und ich ein kurzes Gespräch mit Staatssekretär Dr. Kreisky.[2]

K[reisky], der um absolute Vertraulichkeit bat, berichtete:

Anläßlich einer Zusammenkunft mit sowjetischen Vertretern nach seiner Rückkehr aus Berlin (Dezember 1958)[3] sei ihm in einem Gespräch erklärt worden, „daß man Willy Brandt für einen ausgesprochen westlich orientierten Politiker halte, was übrigens aus seinem Reiseprogramm hervorgehe". Er, K[reisky], habe damals gemeint, er hätte das Gefühl, „daß Brandt, wenn man von russischer Seite das Bedürfnis habe, mit ihm ein Gespräch zu führen, ein solches nicht ablehnen werde". Anfang der voraufgegangenen Woche habe ihn der sowjetische Botschafter Lapin mit Bezug auf das seinerzeitige Gespräch gefragt, ob er bereit wäre, Brandt mitzuteilen, „daß Chruschtschow gern mit ihm zusammentreffen wolle". Hierfür käme Leipzig in Frage; sollte dies aber aus begreiflichen Gründen nicht gehen, dann bestünde in Berlin die Möglichkeit zu einem zwanglosen Meinungsaustausch.[4]

K[reisky] fügte hinzu, daß er Senator Lipschitz telefonisch in vorsichtiger Form von der vorstehenden Möglichkeit unterrichtet habe, damit dieser mich – für den Fall, daß eine Begegnung zwischen K[reisky] und mir in Wien nicht zustande gekommen wäre – nach meiner Ankunft in Berlin verständigen könne.

Ich äußerte in dem kurzen Gespräch auf dem Wiener Flugplatz Zweifel in bezug auf die Ernsthaftigkeit der sowjetischen Andeutungen und in bezug auf den möglichen Nutzen eines informatorischen Gespräches zwischen mir und Chruschtschow. Ich könnte dazu überhaupt nur und erst dann Stellung nehmen, wenn ich etwa eine Einladung des Botschafters in Ost-Berlin – in dessen Eigenschaft als „Hochkommissar für Berlin" – erhielte. Senator [Günter] Klein und ich betonten, daß eine etwaige Einladung – abgesehen von unseren eigenen Erwägungen – nur angenommen werden könne, falls eine Verständigung darüber mit der Bundesregierung und mit den westalliierten Vertretern in Berlin erfolge. Von „Wünschen" meinerseits oder seitens des Senats von Berlin ist auch nicht andeutungsweise die Rede gewesen.[5]

Am Abend des 6. März fand in meiner Wohnung über Vorstehendes ein Gespräch zwischen Klein, Lipschitz und mir statt. Wir kamen überein, daß für den – von uns allerdings nicht wahrscheinlich gehaltenen – Fall einer Einladung nur nach Befragung der Bundesregierung und der Alliierten entschieden werden könne.[6]

Berlin, den 10. März 1959

‹Br[andt]›[7]

Nr. 46
Aus hs. Vermerken des Regierenden Bürgermeisters von Berlin, Brandt, über seine Gespräche vor und nach der Absage des Treffens mit dem sowjetischen Ministerpräsidenten, Chruschtschow
8.–19. März 1959

AdsD, WBA, A 6, 66.

Sonntag 8/3[1]

ca. 13.30 : E[rich] O[llenhauer] über Besuch am kommenden Vormittag[2]
Er habe Brent[ano] Dienstag informiert
Sache solle noch vertraulich bleiben

	Ich erzähle von Gespr[äch] mit B[runo]K[reisky], von dem ich allerdings nicht glaube, dass es Folgen nach sich ziehen werde
Nachmittags:	
	Anfragen von Journ[alisten], ob es zutreffe, dass E[rich]O[llenhauer], ich oder wir beide zu einem Gespräch bei Chr[uschtschow] gewesen seien
ca. 19.30 :	E[rich] O[llenhauer] habe sich entschlossen, eine Presseverlautbarung herauszugeben Darin habe er erwähnt, dass Brentano + ich informiert worden seien

Montag 9/3

Mittags	:	Prot[okoll]chef teilt mit, dass sich sowjet[ischer] Prot[okoll]chef zu 15.00 angesagt[3]
14.30	:	Besprechung mit Amrehn betr. E[rich] O[llenhauer]s Mitteilung gestern " sowjet[ischer] Prot[okoll]chef – mögliche Einladung Falls ja, Bund + Alliierte Neige selbst eher zum Nein
– " –	:	Weis[un]g an Bleibtreu, sowjet[ischen] Boten zu befragen, in wessen Auftrag er komme[4]
15.00	:	Besuch des sowjet[ischen] Prot[okoll]chefs Hierzu: Aktenvermerk W[alter] Klein

| – " – | : | E[rich] O[llenhauer] vor Fraktion + L[andes]A[usschuss]
anschliessend E[rich] O[llenhauer] bei mir:[5]
Eindruck, Chr[uschtschow] wolle es über B[er]l[i]n zu keinem Konflikt kommen lassen
Chr[uschtschow] habe für Westb[er]l[i]n von Garantien
der 4 Mächte (auch Truppen) [gesprochen],
weiter Garantie durch DDR
Kontrolle, einsch[ließlich] Zufahrtswege, durch UN
kein Ultimatum
Falls Separat-Friedensvertrag + Aufgabe der Besatzungsrechte, würde sich die Lage ändern
↓
[hierzu später: Kurzbericht über Chr[uschtschow] Rede]
Mein Einwand betr. Kommuniqué:
„Liquidierung des Bes[atzungs]regimes in Westb[er]l[i]n"[6]

16.30 : Stellv[ertretende] Kommandanten[7]
Chalvron: wie werde Bevölkerung reagieren?
Tomlinson: könne sich erst nach Rückfrage bei seiner Regierung äussern
↓
hierzu später: Bescheid von Botschafter Steel, Aktenvermerk[8]
Gufler: a) Erschütterung des Vertrauens in den USA
empört, dass nur „inclined

to say No"⁹
warum ich überhaupt frage
b) rechtlich: R[egierender]b[ürger]m[eister]
habe nicht dies[es] Recht
auch nicht zum Botschafter
un[ter] d[en] Linden (vgl. früheren
Rat des A[uswärtigen] A[mtes])
↓

Gufler, später abends:
Botschafter billige Empfehlung
des Nein
Rege an, Chr[uschtschow] evtl. in
Rathaus einzuladen¹⁰

17.30 : <u>Senat</u>
überwiegend für Nein
Telefonbescheid von <u>Brentano</u>,
aus dem F[ern]S[chreiben] durch G[ünter] Klein:
eher für Ja – Sache liege
beim B[undes]K[anzler]¹¹

ca. 19.00 : L[andes]V[orstand] + F[raktions]V[orstand] der Spd
Meinungen geteilt / Kressm[ann] dagegen
nicht gegen Empfe[h]l[un]g USA
später abends: trotz einzelner Bedenken
für Nein

später abends: F[ern]S[chreiben] von <u>Brentano</u>, (Limburg)
telefonisch abgeschwächt betr.
Amerikaner
Chefred[akteure] Meyer-D[ietrich],
Dr. Beer eher ←
für Hingehen¹²

Formulierung des Sen[ats]standp[unkts]
Überbringung durch Prot[okoll]chef
Unterrichtung der Presse¹³

Dienstag 10/3
vormittags : Anruf B[runo] Kr[eisky]
mittags : Senat
Erklärung vor dem Abg[eordneten]haus[14]

abends (während bei der Fernsehsendung am
Reichskanzlerplatz beschäftigt):
Benachrichtigung betr. Äusserung
von Chr[uschtschow] über angebliche
„Vereinbarung" auf nicht-
deutschem Boden
Kettlein an dpa: Der R[egierende]b[ürger]m[eister] von
B[er]l[i]n, W[illy]B[randt], erklärt, dass die Behaupt[un]g des M[inis-
ter]P[räsidenten] der S[owjet]U[nion], Nikita Chr[uschtschow], es sei
eine Vereinbarung zwischen ihm und dem R[egierenden]b[ürger-]
m[eister] von Berlin über ein Treffen „auf nichtdeutschem Boden abgeschlossen" worden, nicht zutrifft. Weder auf deutschem noch auf
nichtdeutschem Boden sei eine derartige „Vereinbarung" getroffen
worden.[15]

ca. 23.30 Anruf von Harpprecht: Westd[eutscher]
Rundfunk habe private Nachricht aus
B[er]l[in], der amerik[anische] Verb[indungs]offizier
habe erklärt, man würde geg[ebenen]falls
vom Bes[atzungs]recht Gebrauch ge-
macht + den R[egierenden]b[ürger]m[eister] am Besuch
gehindert haben[16]
BBC hatte Meldung, dass die
Engl[änder] eher zugeraten hätten

Mittw[och] 11/3
Presse, u. a. über Rat des
Bundesaussenmin[isters]

Botschafter Bruce
    a) richtig, nicht zu gehen
       mein Hinweis auf Harppr[echt]-
       Mitteilung
    b) vielleicht voreilig, neue sowjet[ische]
       Vorschläge gleich abzulehnen
       Mein Hinweis auf tatsächl[ichen] Text
    c) Maximalvorschläge, z. B. betr.
       „grosse" freie Stadt
    d) Fragen betr. Indien + evtl.
       Tätigwerden der UN

Botsch[after] Steel
    a) sowjet[ische] Vorschläge nicht voreilig
       ablehnen
       MacMillan hatte neue Vorschläge
       Bonn mitgeteilt
    b) Status quo oder Klärung des status quo
       auf längere Sicht
       UN-Lösung, Hereinnahme weiterer
       Mächte?
    c) Disengagement oder limitierte
       verdünnte Zone[17]

Gespräch mit Dr. W[alter] Klein betr. Bruno Kr[eisky]
nachm[ittags]: Besuch bei Bu[ndes]prä[sidenten]
abends: Mitteilung über anonymen
         Anruf bei dpa betr. Kreisky[18]
         Wiederholung der Mitteilung vom
         Vortag. Hinzufügung, dass keine
         Initiative von uns ausgegangen

         Essen bei **Bundeskanzler** mit
         Brentano
         (keine Nachricht von Engländern

über neue Berlin-Vorschläge)
Gespräch mit Harpprecht,
[Fritz René] Al[l]eman[n] etc.

Donnerstag 12/3
Frühstück   Duckwitz + Eckardt
        "   war für
            Formel „nicht inopportun"
            mit Bu[ndes]ka[nzler] abgestimmt[19]

P[artei]V[orstand] der Spd[20]
Gerstenmaier
Abends: Sportpalast-Rede[21]

Freitag 13/3
mittags: Gespräch mit Gufler im Am[erika]-Haus
          betr. Harppr[echt]-Mitteilung
          Vertrauen?
          wünscht Gespräch

Gespr[äch] mit Thalberg wegen Treffen B[runo]K[reisky]/Klein
Amrehn: Warum nicht über B[runo]K[reisky] unterrichtet
          Hätte J[oachim]L[ipschitz] Mitteilung machen müssen?

Gespräch Klein/Bleibtreu:
          Brief B[runo] Kr[eisky] vom 13/3[22]

Sonnabend 14/3
Bescheid, B[runo]K[reisky] Donnerstag in Bonn[23]

Montag 16/3
L[andes]V[orstand]: betr. Ostpresse-Äusserungen von Neumann, Grunner u. a.[24]
abends: Auslandspresse

Dienstag 17/3
Bericht im Senat
Anruf K[urt]M[attick] aus Bonn: Attacke Neumanns in B[undes]T[ags]-Fraktion²⁵

Donnerstag 19/3
W[alter] Klein berichtet von ind[ischer] Party
       a) Russen hätten Thema angeschnitten
           Er: habe sie angegriffen
       b) Gufler habe gesagt, er würde zugeraten
           haben, falls er von voraufgegangenem
           Gespräch (Wien) gewusst hätte

Nr. 47
Schreiben des Regierenden Bürgermeisters von Berlin, Brandt, an den britischen Unterhaus-Abgeordneten der Labour Party Zilliacus 28. April 1959¹

AdsD, WBA, A 6, 162.²

Werter Mr. Zilliacus!
Der Brief, den Sie und sieben Ihrer Kollegen mir geschickt haben, ist erst gestern in meine Hände gelangt. Ich kannte ihn zunächst nur aus der Wiedergabe im „Neuen Deutschland", dem Zentralorgan der kommunistischen SED, vom 25. April.³ Die gleiche Zeitung enthielt ebenso phantasievolle, wie wahrheitswidrige Ausführungen darüber, dass es zwischen Mitgliedern der Labour-Führung, insbesondere Aneurin Bevan, und mir zu „schweren Meinungsverschiedenheiten" gekommen sei.⁴

    Ich stimme mit Ihnen darin überein, dass ernsthaft versucht werden sollte, zwischen den Machtblöcken im Verhandlungsweg eine Entspannung herbeizuführen, und ich teile die Ansicht, dass den

Vorschlägen der Labour Party und der SPD in diesem Zusammenhang wesentliche Bedeutung zukommt.

Auf der andern Seite muss ich Sie aber auf folgendes hinweisen: Sie gehen fehl in der Annahme, dass irgendeiner meiner Gesprächspartner in London mit dem Gedanken des Atomkrieges gespielt habe. Wohl aber haben einige der Gesprächspartner und ich uns gemeinsam daran erinnert, dass schon weniger furchtbare Kriege, als es ein künftiger Weltkonflikt sein würde, ausgebrochen sind, weil eine Seite das Handeln der anderen falsch eingeschätzt hatte.

Ich verstehe ausserdem nicht recht, wie Sie zu der Ansicht kommen, die Lage in Berlin sei „wirklich anomal und gefährlich" und müsse „irgendwie zu einem Ende gebracht werden"? Was würden Sie sagen, wenn der nationalen Krise eines anderen Volkes oder einer anderen Hauptstadt mit ähnlichen Hinweisen begegnet worden wäre?

Tatsache ist, daß wir trotz der Sonderlage unserer Stadt mit Erfolg an den Wiederaufbau gegangen sind. Tatsache ist weiter, dass noch grössere Fortschritte erzielt worden wären, wenn wir nicht von Zeit zu Zeit immer wieder durch künstliche Krisen gestört würden.

Die sogenannte Berlinkrise muss nicht „irgendwie" zu einem Ende gebracht werden, sondern die hier eingegangenen rechtlichen Verpflichtungen und auch die militärische Sicherung Berlins müssen aufrechterhalten bleiben. Mit einer isolierten Scheinlösung wäre weder der Bevölkerung dieser Stadt noch der Lösung der deutschen Frage noch den Interessen des Friedens gedient. Die sowjetischen Berlin-Forderungen können deshalb nicht akzeptiert werden.

Ich meine schliesslich, dass das Recht auf Selbstbestimmung auch für die Deutschen gelten muss, selbst wenn es den Interessen des Ulbricht-Regimes und derjenigen, die es stützen, nicht passt. Berlin ist nicht die Ursache, sondern eine Folge dessen, dass es bisher nicht gelungen ist, die deutsche Frage im Einklang mit dem Recht auf Selbstbestimmung und mit den Interessen der europäischen Sicherheit zu lösen.

Mit freundlichen Grüßen
Ihr[5]
(Willy Brandt)

Nr. 48
Schreiben des Regierenden Bürgermeisters von Berlin, Brandt, an den österreichischen Außenminister, Kreisky
8. August 1959[1]

AdsD, WBA, A 6, 174.

‹Lieber Freund,›[2]
Ich habe im Kreis der Gratulanten gefehlt, und Du hast das hoffentlich nicht missverstanden.[3] In Wirklichkeit war ich ja schon in meinem letzten Brief davon ausgegangen, dass die Leitung des Aussenressorts auf Dich zukommen würde. Ich kann mir sogar vorstellen, dass Dir das mehr Freude macht als die andere Aufgabe, um die gestritten wurde. Jedenfalls wünsche ich Dir von Herzen viel Erfolg.

Vor einigen Wochen las ich in der „Welt" ein Interview, und ich habe es dankbar registriert, dass Du Dich dort in so freundlicher und freundschaftlicher Weise über unser Verhältnis geäussert hast. An anderer Stelle, ich glaube, es war die „Schweizer Weltwoche", fand ich den Hinweis auf unsere langjährige freundschaftliche Verbindung ergänzt durch Deinen Hinweis darauf, dass im März dieses Jahres durch eine Begegnung mit Chruschtschow vermutlich mehr zu erreichen gewesen wäre, als in den Verhandlungen zwischen den Alliierten jemals noch erreicht werden könnte. Nun wird sich ja niemals genau klären lassen, ob damals wirklich eine Chance verpasst wurde.[4] Tatsache ist, dass wir auch so über die Runden gekommen sind. Ich habe mich während der zweiten Phase der Genfer Konferenz mit Nachdruck dafür eingesetzt, lieber einen weiter andauernden Schwebezustand für Berlin hinzunehmen, als solchen Konzessionen zuzustimmen, die als ein Anfang vom Ende hätten aufgefasst werden können.[5] Rückschauend darf man vielleicht doch auch sagen, dass unsere feste Haltung nicht nur dazu beigetragen hat, die schreckliche Gefahr, die der Bevölkerung meiner Stadt drohte, bis auf weiteres abzuwenden, sondern dass wir auch die Kriegsgefahr vermindert haben.

Nun werden durch die Besuchsdiplomatie auf höchster Ebene neue Fragen aufgeworfen.[6] Ich sehe nicht geringe Chancen – aber auch beträchtliche Gefahren. Es wäre gut, wenn wir darüber in näherer Zukunft einmal miteinander sprechen könnten.
Herzliche Grüsse von Haus
zu Haus
Dein ‹Br[andt]›[7]

Nr. 49
Schreiben des Regierenden Bürgermeisters von Berlin, Brandt, an den stellvertretenden Vorsitzenden der SPD von Knoeringen 27. August 1959[1]

AdsD, NL Knoeringen, 34.

Lieber Freund!
Habe herzlichen Dank für Deinen Brief vom 17. August [1959] aus Klagenfurt.[2] Auch meine Frau hat sich über Eure Grüße gefreut. Uns hat es in Oberbayern sehr gut gefallen, ich habe nur bedauert, daß wir uns nicht gesehen haben. Ich war auf Günter Kleins Jagdhütte, habe aber weder einen kapitalen, noch überhaupt einen Bock geschossen, denn ich bin zum Unterschied von Klein Angler, aber nicht Jäger.[3]

Dein Bonner Büro hat mir die Unterlagen geschickt, die ich mit Interesse und – was die Zielrichtung Deiner Vorstellungen angeht – mit starker Zustimmung gelesen habe.

Einverstanden bin ich im besonderen damit, daß es gerade jetzt in einer Zeit rascher Wandlungen auf außenpolitischem Gebiet, auf eine klare Abgrenzung gegenüber dem Kommunismus als Ideologie und Machtsystem ankommt. Die dazu gemachten Ausführungen würden wohl an dieser und jener Stelle noch einer Ergänzung bedürfen.

Was unsere wirtschaftspolitischen Vorstellungen angeht, so sehe ich gute Chancen in Verbindung mit dem neuen Grundsatzprogramm.⁴ Was dazu jetzt ausgeführt ist, wird uns weiterhelfen. Vielleicht kann man ein paar Punkte sogar noch etwas klarer machen.

Mir schwebt vor, daß wir mit dem Parteitag so etwas wie eine Offensive starten und uns dabei sehr stark auf die Wirtschafts-Politik und die Kultur-Politik andererseits stützen. In der Außenpolitik wird uns der große Wurf nicht gelingen, sondern wir werden uns aus mancherlei Gründen vorsichtig vortasten müssen.

Abgesehen davon, habe ich eine gewisse Scheu vor dem Perfektionismus. Du weißt so gut wie ich um die Skepsis, die vor allem großen Teilen der jungen und mittleren Generation eigen ist. Wie schwierig außerdem ein noch so ernsthaftes Ringen um eine Gesamtschau ist, zeigt gerade das Grundsatzprogramm.⁵ Mir will scheinen, daß wir klar erkennbar Grundüberzeugungen sichtbar machen und den Menschen in einer Haltung begegnen ‹müssen›⁶, die dieser Zeit entspricht. Dann schadet es nicht, wenn die Menschen spüren, daß wir selbst suchen und uns nicht einbilden, schon alle Antworten parat zu haben.

Dir schwebt vor, daß wir die verschiedenen Elemente unserer Politik zusammenordnen sollten. Das ist ein richtiger Grundgedanke, aber ich weiß nicht recht, ob der Deutschlandplan dadurch organisch eingeordnet werden kann. Ich neige eher dazu, daß wir einige Dinge neu zu Papier bringen.⁷

Die Disengagement-Vorstellungen, die dem ersten Teil des Deutschlandplans zugrunde liegen,⁸ werden doch wohl – so wie die Dinge liegen – entweder durch Vereinbarungen der beiden Weltmächte auf höchster Ebene überspielt, oder aber man wird mit sehr viel bescheideneren Versuchen eines Auseinanderrückens der Machtblöcke beginnen. In beiden Fällen wird die erwünschte Koppelung mit politischen Lösungen jedenfalls auf kürzere Sicht kaum zu erreichen sein. Mag sein, daß hier Chancen verspielt wurden, aber das hilft uns nicht weiter.

Der zweite Teil des Deutschlandplans führt uns in die Irre, solange ein nicht unwesentlicher Teil unserer Freunde meint, man könnte Ulbricht durch geschicktes Manövrieren oder durch ‹Gutzureden›⁹ zur Selbstliquidierung veranlassen. Den Gefallen wird er uns nicht tun. Er oder seinesgleichen werden dranbleiben, bis die Sowjetunion aus Gründen, die heute leider weniger zu erkennen sind als vor einigen Jahren, einmal grünes Licht für die Wiederherstellung unserer staatlichen Einheit geben wird. Wenn man aber heute alle greifbaren Äußerungen zusammenlegt, ergibt sich der bittere Schluß, daß die Sowjetunion in der gegenwärtigen Lage und für die jetzt vorausschaubare Zukunft nicht gewillt ist, an einer annehmbaren Lösung der Deutschlandfrage mitzuwirken. Das ist eine böse Feststellung, Du wirst auch nicht vermuten, daß sie mich zur Resignation veranlaßt, ganz im Gegenteil. Ich bin nur dafür, daß wir uns auch zu diesem Punkt in unseren Reihen bemühen, auszusprechen, was ist.

Ich hoffe, daß ich am nächsten Donnerstag an der Parteivorstandssitzung teilnehmen kann. Vielleicht ergibt sich dann die Möglichkeit eines Gesprächs. Heinrich Albertz und ich wollten uns ohnehin um den Termin einer Unterhaltung zu einem anderen Gegenstand, nämlich den künftigen Status unserer Berliner Universitäten, bemühen.
Herzliche Grüße auch an Juliane
Dein
‹Willy Brandt›[10]

Nr. 50
Schreiben des Regierenden Bürgermeisters von Berlin, Brandt, an den SPD-Bundestagsabgeordneten Kalbitzer
10. September 1959[1]

AdsD, WBA, A 6, 29.

Lieber Hellmut!
Auf Deinen Brief vom 3. Dezember v[origen] J[ahres] hatte ich Dir nur eine Zwischenantwort gegeben. Die Absicht einer ausführlichen Beantwortung wurde immer wieder verschoben, und ich kann dafür nur um Nachsicht bitten.[2]

Du hattest damals gemeint, ich solle nicht nur in die USA, sondern auch in die Sowjet-Union reisen. Deine Hauptthese war, wir müßten „mit beiden Seiten verhandeln, mit den Amerikanern und den Russen".

Ich weiß nicht im einzelnen, was ich gemacht hätte, wenn ich eine entscheidende Verantwortung für die deutsche Politik zu tragen gehabt hätte. Allerdings würde wohl auch dafür gegolten haben und weiter gelten, daß sinnvolle Verhandlungen mit den Sowjets für uns einer Deckung durch den Westen, vor allem durch die USA, bedürfen. Mit anderen Worten: Wir operieren im luftleeren Raum, wenn wir bei den Russen etwas „verkaufen" wollen, was uns nicht auch im Westen abgenommen wird.

Meine besondere Verantwortung war und ist jedoch nicht die für die deutsche Politik im allgemeinen; sie erstreckt sich auf diese Stadt und hier unterliegt es nun keinem Zweifel, daß unsere Manövrierfähigkeit geringer war und ist, als es manche unserer Freunde angenommen haben mögen. Es kam und kommt darauf an, die Amerikaner so stark an uns zu binden, daß sie – was Berlin angeht – selbst nicht auf dumme Gedanken kommen könnten. Diese – wenn Du so willst – einseitige Orientierung war z. B. eine Garantie dafür, daß in Genf kein fauler Kompromiß geschlossen worden ist. Demgegenüber habe ich eher das Risiko eines weiteren Schwebezustandes hingenommen; oder, wie ich es in Genf intern und dieser Tage auch hier vor dem Abgeordnetenhaus öffentlich gesagt habe, lieber keine Vereinbarung als eine schlechte.[3]

Nach dem Rat, den Du mir im Dezember [1958] gegeben hattest, bist Du wahrscheinlich im März besonders entsetzt darüber gewesen, daß ich die Aufforderung Chruschtschows zu einem Gespräch in Ost-Berlin nicht angenommen habe.[4] Ich war damals gerade von meiner Reise zurückgekehrt, die mich ja nicht nur nach Amerika, sondern auch – was die Russen genau beobachtet hatten – nach Asien geführt hatte. Im Anschluß daran war es verlockend, Chruschtschow unseren Standpunkt gewissermaßen Auge in Auge darzulegen. Hätte es sich nur um eine Temperamentssache gehandelt, dann hätte es auch überhaupt keinen Zweifel gegeben. Wenn ich darauf verzichtete, dann nicht nur wegen der völlig unmöglichen Form, die von sowjetischer Seite gewählt worden war, auch nicht nur wegen gewisser alliierter Bedenken, die nicht ohne weiteres beiseite geschoben werden konnten, und schließlich auch nicht nur, weil der Besuch, den Erich Ollenhauer am gleichen Tage gemacht hatte, nicht eigentlich ermutigend wirkte; sondern vor allem, weil Berlin in diesem Sinne eigentlich gar nicht Partner war und weil man niemand draußen glauben lassen durfte, man könne sich einer eigenen Verantwortung durch den Hinweis darauf entziehen, daß die Berliner selbst bereits in Anlehnung an die Freistadt-These mit der russischen Regierung zu verhandeln begonnen hätten. Ich sah meine Aufgabe so, daß alles darauf ankam, diese Stadt möglichst heil durch die Krise hindurchzubringen – und zwar nicht nur wegen der Menschen, die hier leben – sondern auch wegen des unvorstellbaren Unglücks, das sich aus einer Fehleinschätzung der Zusammenhänge hätte ergeben können.

Du hast sicherlich Recht mit dem Hinweis, daß es maßgeblichen Leuten in Bonn schließlich egal ist, was aus Berlin wird. Andererseits fürchte ich, daß es eine isolierte Lösung der deutschen Frage heute noch weniger gibt als vor einigen Jahren – falls es die echte Chance einer isolierten Lösung überhaupt jemals gegeben hat. Ich fürchte, daß die Russen nicht mehr interessiert sind an dem, was wir ihnen über den künftigen Status Gesamtdeutschlands nahebringen möchten. Denn wenn man alles zusammenfügt, was einem in der letzten Zeit an Äußerungen und Informationen zugänglich gewesen ist, so ergibt sich, daß in der gegenwärtigen Lage keine Formel erkennbar ist, mit deren Hilfe ein sowjetisches Mitwirken an der Lösung der deutschen Frage zu erlangen wäre. Das steht auf der einen Seite. Auf der anderen Seite steht die Erkenntnis, daß wir guten Gewissens nicht mithelfen dürfen, die Amerikaner aus Europa herauszudrücken. Bleibt nur die Hoffnung, daß – da die Weltgeschichte nicht stehen bleibt – von höchster Ebene aus, also von einer höheren als der der europäischen Sicherheit, neue Bedingungen auf uns zukommen mögen, die uns in die Lage versetzen, neue Ansatzpunkte für das Ringen um die Wiederherstellung unserer staatlichen Einheit zu entwickeln.

Vielleicht ergibt sich in nächster Zeit doch einmal die Möglichkeit eines Gesprächs in Bonn oder Berlin.
Mit den besten Grüßen
Dein[5]

Nr. 51
Schreiben des Regierenden Bürgermeisters von Berlin, Brandt, an den Bundeskanzler, Adenauer
28. Oktober 1959[1]

AdsD, WBA, A 6, 173.

Sehr verehrter Herr Bundeskanzler!
Der Senat hat sich in der letzten Zeit mehrfach mit der Situation befaßt, in der sich West-Berlin nach der Genfer Konferenz befindet.[2] Der Besuch des sowjetischen Ministerpräsidenten Chruschtschow hat zu einer Aussprache mit dem Präsidenten der Vereinigten Staaten geführt, in der die Berlin-Frage ausführlich erörtert wurde.[3] Aus den Verlautbarungen in der Presse, auf die der Senat im wesentlichen angewiesen ist, geht hervor, daß die Vier Mächte sich demnächst mit der Lage in West-Berlin erneut befassen werden. Der Senat von Berlin begrüßt es, daß die bevorstehenden Verhandlungen nicht mehr unter dem unmittelbaren Druck eines sowjetischen Ultimatums stehen. Wenn die neue Formel einen Sinn hat, so kann er nur darin gesucht werden, daß der Westen in seinen Entschließungen frei ist und einem neuen Berlinabkommen nur zuzustimmen braucht, wenn es den Auffassungen der westlichen Schutzmächte, der Bundesrepublik und der Bevölkerung West-Berlins entspricht.

Dem Senat von Berlin erscheint es notwendig, vor dem Beginn neuer internationaler Verhandlungen über das Berlinproblem zwischen der Bundesregierung und der Berliner Regierung über einige Grundauffassungen und Zielsetzungen eine volle Übereinstimmung sicherzustellen.⁴ Diese setzt voraus, daß Berlin, das auf die völkerrechtliche Vertretung durch die Bundesrepublik vertraut und angewiesen ist, über alle die Stadt und ihr Verhältnis zu den Vier Mächten interessierenden Vorgänge durch die Bundesregierung vollständig unterrichtet wird. Diese Information wird nicht erbeten, um eine „eigene Berliner Außenpolitik" zu betreiben, sondern sie ist erforderlich, um bei Unterbreitung von Vorschlägen des Senats an die Bundesregierung diejenigen Faktoren in Rechnung stellen zu können, deren Kenntnis bei der Beurteilung der Lage Berlins unerläßlich ist. Die Vertretung gemeinsamer Auffassungen setzt die Information des Senats von Berlin über außenpolitische Vorgänge voraus, die West-Berlin direkt betreffen oder die Rückwirkungen auf Berlin haben können.

Nach den Gesprächen zwischen dem Präsidenten der Vereinigten Staaten und dem sowjetischen Ministerpräsidenten dürfte sicher sein, daß die nächsten internationalen Konferenzen und Vorbesprechungen dazu als wichtigen Tagungsordnungspunkt die Berlinfrage enthalten werden. Ich habe deshalb mit dem Herrn Bundesaußenminister anläßlich der Sitzung des Bundesratsausschusses für gesamtdeutsche Angelegenheiten am 23. 10. 1959 in Berlin Fühlung genommen; er ist dadurch in großen Zügen von unserer Auffassung unterrichtet worden.⁵ Daran anknüpfend möchte ich mir erlauben, Ihnen den Standpunkt des Berliner Senats vorzutragen:

I.

Der Senat von Berlin hat von jeher den Standpunkt vertreten, daß die Berlinfrage nur im Zusammenhang mit der Deutschlandfrage gelöst werden kann. Nirgends in Deutschland wird der Zustand der Spaltung unseres Volkes drückender empfunden als in der alten Reichshauptstadt. Es bleibt Aufgabe der Bundesregierung, in internationalen Gesprächen auf die kommende explosive Situation hinzuweisen, die bei der Hinnahme der Zerlegung [sic] des deutschen Volkes, das in einem Staate leben will, entstehen würde.

Würde man die schon kaum tragbare Duldung der Spaltung, deren einziger Grund die willkürliche Aufteilung Deutschlands ohne

Befragung des deutschen Volkes ist, in Zukunft zu einer mehr oder weniger offenen Anerkennung dieses Zustandes werden lassen, so müssen im deutschen Volke Gefühle der Bitterkeit und des Ressentiments sich regen. Wenn in Deutschland die Hoffnung auf eine Wiedervereinigung durch eine allgemeine Vereinbarung schwindet, ist die Befürchtung einer Radikalisierung der deutschen Politik nicht unbegründet.

In der Sowjetzone befürchten unsere Landsleute, daß die Spaltung Deutschlands immer mehr vertieft wird. Entscheidungen, die zu Lasten Berlins gingen, würden dort das Gefühl der Hoffnungslosigkeit verstärken und geradezu in Verzweiflung münden können.

II.

Falls eine schnelle Lösung der deutschen Frage sich nicht ermöglichen läßt, und wenn das sowjetische Drängen nach einer „Liquidation des Besatzungsregimes in West-Berlin" nicht nachläßt, so müßten nach Ansicht des Senats von Berlin auf deutscher Seite folgende Richtlinien für die zu führenden internationalen Verhandlungen zugrunde gelegt werden:[6]

1. Jede Abmachung über West-Berlin müßte ausdrücklich bis zur Wiedervereinigung Deutschlands Geltung haben. Die S[owjet-]U[nion] erstrebte in Genf ein Abkommen für 18 Monate, nach dessen Ablauf die Vier Mächte zusammentreffen sollten, um neue Beschlüsse über West-Berlin zu fassen. Die sowjetische Auffassung ging davon aus, daß am Ende der vereinbarten Zeit ein Recht der Westmächte zur Aufrechterhaltung ihrer Position in West-Berlin verneint oder zumindest nicht mehr allseitig anerkannt werden würde.

Durch den Wegfall des sowjetischen Ultimatums ist für die Westmächte die Möglichkeit geschaffen worden, auf die Anerkennung ihrer Rechte in West-Berlin bis zur Wiedervereinigung Deutschlands zu bestehen und jede einengende Befristung abzulehnen.

2. Während der Genfer Außenministerkonferenz richtete sich der Hauptstoß der S[owjet]U[nion] gegen das Weiterbestehen der Be-

satzung in West-Berlin. Der Plan einer „Freien Stadt West-Berlin" diente gewissermaßen zur Begründung der Forderung nach Abzug der westlichen Truppen, später nach Herabsetzung der Truppenzahl auf eine symbolische Stärke.

Berlin hat mit den westlichen Besatzungsmächten niemals über die Truppenstärken verhandelt oder Vorstellungen in diesem Zusammenhang erhoben. Der Senat hält jedoch eine Reduzierung und erst recht eine vertragliche Festlegung der Truppenstärken für sehr bedenklich. Die S[owjet]U[nion] könnte hieraus ein bisher nicht vorhandenes Kontrollrecht ableiten.

Eine wesentliche Verringerung der gegenwärtigen Truppenstärken würde die Frage aufwerfen, ob das verbleibende Kontingent für den Schutz West-Berlins ausreicht. Wir wissen, daß weder 11 000 Mann[7] noch eine geringere Zahl Soldaten einem sowjetischen Angriff standhalten könnten und die eigentliche Funktion der westlichen Truppen in der Feststellung liegt, daß ein Angriff auf sie einen großen Konflikt auslösen würde. Hier ist eine gewisse Quantität zugleich die Gewähr für die Ernsthaftigkeit der den Sowjets bekannt gegebenen Ankündigung der Verteidigung West-Berlins mit allen Mitteln.

Eine besondere Variante besteht in der von der S[owjet]U[nion] in Genf erhobenen Forderung des Verbots der Bewaffnung der in Berlin stationierten Truppen mit Atomwaffen. Obwohl kein Mensch mit einer derartigen Bewaffnung der in Berlin stationierten Truppen rechnet oder sie fordert, muß auch hier auf das Bedenkliche einer förmlichen Vereinbarung aufmerksam gemacht werden. Die S[owjet-]U[nion] würde ein ständiges Kontrollrecht für sich in Anspruch nehmen und jede vermeintliche Verletzung der eingegangenen Verpflichtung mit der Drohung militärischer oder politischer Repressalien verbinden.

3. Es gibt eine Reihe von Äußerungen sowjetzonaler Funktionäre und sowjetischer Presseorgane, aus denen mit ziemlicher Sicherheit zu entnehmen ist, daß die S[owjet]U[nion] bei den künftigen Auseinandersetzungen um Berlin neben der bisherigen Forderung nach „Liquidation des westlichen Besatzungsregimes" nun auch die Lö-

sung der rechtlichen, finanziellen und wirtschaftlichen Verbindung West-Berlins mit der Bundesrepublik Deutschland in den Vordergrund stellen wird. So ist z. B. von sowjetischer Seite hervorgehoben worden, daß die Westmächte in Genf selbst erklärt hätten, zwischen West-Berlin und der Bundesrepublik bestünden keine staatsrechtlichen Beziehungen. Ulbricht hat unter Berufung auf den amerikanischen Publizisten Walter Lippmann vorgeschlagen, „West-Berlin zu einem staatsrechtlichen Gebilde nach dem Muster der Vatikan-Stadt" zu machen, wobei West-Berlin die Gesetze der sog[enannten] DDR zu „respektieren" habe, im übrigen aber ein eigenes Münzwesen, eigene völkerrechtliche Vertretungen, eine eigene Polizei und eigene Gerichte haben könne. Die in der ersten Phase der Genfer Konferenz von sowjetischer Seite vorgeschlagene Gründung einer „Freien Stadt West-Berlin" besagt im Grunde genommen dasselbe. Der sowjetische Plan sah vor, daß sich keiner der bestehenden deutschen Staaten in die inneren Verhältnisse der „Freien Stadt West-Berlin" einmischen dürfe.[8]

Der Vorschlag, die staatsrechtlichen Bindungen West-Berlins zur Bundesrepublik aufzuheben, ist der ernsteste Angriff gegen die Existenz des freien Berlin. Sie wissen, Herr Bundeskanzler, daß die Repräsentanten Berlins seit 1949 für die engstmögliche Angliederung West-Berlins an die Bundesrepublik eingetreten sind.[9] Wir haben damit niemals die Vorstellung verbunden, daß die Stellung der Westmächte in dieser Stadt geschwächt werden dürfte. Es kam uns im Gegenteil darauf an, die Bestimmungen des Grundgesetzes so weit wirksam werden zu lassen, wie es mit der „obersten Gewalt" der alliierten Schutzmächte vereinbar war. Auf diese Weise, so stellte es sich uns dar, sollten die Grundlagen für die Unantastbarkeit des freien Berlin geschaffen und solche Gefahren gebannt werden, wie sie uns heute begegnen.

Auf dem Wege der Einbeziehung Berlins nicht nur in das Währungs-, Finanz- und Wirtschaftssystem des freien Teils Deutschlands, sondern auch in das Rechtssystem und die politische Ordnung der Bundesrepublik sind im Laufe der hinter uns liegenden Jahre gewiß beachtliche Fortschritte erzielt worden. Es hilft in diesem Augenblick wenig, darüber zu rechten, ob nicht noch mehr hätte geschehen können und müssen, um West-Berlin fest in der Bundesrepublik zu verankern. Es darf jedoch festgestellt werden, daß die betonte Unterstreichung der Sonderstellung Berlins von der sowjetischen Seite nicht honoriert worden ist; das Gegenteil ist eingetreten.

Das freie Berlin kann nicht als drittes Staatsfragment leben. Es kann nur leben als ein – die übergeordneten alliierten Verantwortlichkeiten respektierender – Teil des freien Deutschland, der Bundesrepublik.

Die Moskauer und die Pankower Regierung wissen, daß West-Berlin weitgehend in die Bundesrepublik integriert worden ist. Mit einem Leugnen dieser Verbindungen ist nichts gewonnen. Die sowjetische Seite wird dadurch geradezu gereizt, ihre Forderungen wie die Bildung einer „Freien Stadt", einer „Vatikanstadt" oder ähnliches zu propagieren. Die offene Darlegung des Verhältnisses zwischen der Bundesrepublik und Berlin und der Hinweis auf die – bis zur Wiedervereinigung – Unabänderlichkeit der mit Billigung der Alliierten vollzogenen Entwicklung würde der sowjetischen Seite demhingegen zeigen, daß der Westen hier nicht zu Konzessionen bereit ist.

Aus Sorge um eine Entwicklung, deren Folgen nur unheilvoll sein können, hat der Berliner Senat in der zweiten Phase der Genfer Konferenz über das Auswärtige Amt den Westmächten eine Stellungnahme über die Zugehörigkeit West-Berlins zur Bundesrepublik Deutschland zugeleitet. Ich würde es für dringend erwünscht halten, daß die Bundesregierung im Hinblick auf die bevorstehenden Konferenzen in aller Offenheit darlegt, daß an dem tatsächlichen und rechtlichen Verhältnis des Landes Berlin zur Bundesrepublik nicht gerüttelt werden darf. Dabei bliebe es selbstverständlich, daß die Stellung der Westmächte in West-Berlin von deutscher Seite dadurch nicht in Frage gestellt worden ist und auch nicht in Frage gestellt werden wird.

4. Die S[owjet]U[nion] hätte keine Möglichkeit, in der Berlinfrage einen derartigen Druck auf die Westmächte auszuüben, wenn sie nicht im Besitz der Kontrolle über die <u>Zugangswege nach West-Berlin</u> wäre. Eine Erörterung dieser Frage hat die S[owjet]U[nion] in Genf

vermieden, offenbar in der Absicht, sich hinsichtlich der Zufahrtswege nach West-Berlin nicht weiter festzulegen, als es durch frühere Abmachungen der Fall gewesen ist. Es würde unverständlich sein, wenn die Westmächte der S[owjet]U[nion] Zugeständnisse in Bezug auf den Status von Berlin machten, ohne gleichzeitig darauf zu bestehen, daß die Frage des Zugangs geregelt wird. In dem Vorschlag der Westmächte vom 16. 6. 1959[10] an die S[owjet]U[nion] ist ausgeführt worden, den Zugang nach Berlin zu Lande, zu Wasser und in der Luft weiterhin frei und uneingeschränkt beizubehalten und die im April 1959 in Kraft befindlichen Verfahrensweisen auch künftig anzuwenden. Die Kontrolle über den Zugang sollte – unbeschadet bestehender Grundverantwortlichkeiten – von deutschem Personal durchgeführt werden. Streitigkeiten in diesem Zusammenhang sollten einer Viermächte-Kommission übertragen werden, die sich Sachverständiger aus beiden Teilen Deutschlands bedienen könnte.

Hierzu ist zu bemerken, daß die Formulierung im Vorschlag der Westmächte die Ungewißheit über die Zugangswege nach Berlin nicht ausräumt. Die Verfahrensweisen vom April 1959 sind in starkem Umfange durch einseitige Maßnahmen der Sowjetunion und der sog[enannten] DDR (Straßenbenutzungsgebühren, Wasserstraßengebühren, Kontrollausübung) entwickelt worden. Sie werden in Zukunft weitgehend der Pankower Regierung allein übertragen werden, zumal die Viermächte-Kommission, die bei Streitigkeiten einberufen wird, keinerlei Entscheidungsbefugnis hat.

Nach Meinung des Senats von Berlin sollte man in dieser zentralen Frage der Berliner Sicherheit zu konkreten Abmachungen der Vier Mächte kommen, um nicht jederzeit den Erpressungen der Sowjets ausgesetzt zu sein. Der Senat von Berlin hat die Vorstellung, daß die Vier Mächte alle getroffenen Vereinbarungen über den Zugang nach Berlin nicht nur bestätigen, sondern sie auch bei dieser Gelegenheit durch konkrete Abmachungen ergänzen und verbessern sollten. Dabei sollte man sich nicht auf allgemeine Formulierungen beschränken, die von den Sowjets oder den Zonenbehörden willkürlich und nach eigenem Ermessen ausgelegt werden.

Mit Rücksicht auf die Bedeutung der kommenden Konferenzen für das Schicksal West-Berlins würde ich es begrüßen, wenn eine baldige Aussprache zwischen Ihnen, Herr Bundeskanzler, Mitgliedern der Bundesregierung und Vertretern des Senats über die vorstehend niedergelegten Auffassungen stattfinden würde. Als Ziel unserer Besprechung möchte ich nochmals die Herstellung eines gemeinsamen deutschen Standpunktes bezeichnen. Sie würden mich zu Dank verpflichten, wenn Sie mich wissen ließen, wann eine solche Unterredung möglich ist. Ich würde mich hierfür ab 9. November zur Verfügung halten können.[11]
Mit vorzüglicher Hochachtung verbleibe ich
Ihr sehr ergebener
⟨gez. Willy Brandt⟩[12]
(Willy Brandt)

Nr. 52
Rede des Regierenden Bürgermeisters von Berlin, Brandt, vor dem Berliner Abgeordnetenhaus
11. Januar 1960

Abgeordnetenhaus von Berlin, III. Wahlperiode, Stenographischer Bericht der 28. Sitzung am 11. Januar 1960, II. Band, S. 43–45.

Brandt, Regierender Bürgermeister: Herr Präsident![1] Meine Damen und Herren! Ich möchte gerne Ihnen, verehrter Herr Bundeskanzler, Dank sagen dürfen für den Senat von Berlin und, ich glaube, in diesem Augenblick für die Gesamtheit der Mitglieder dieses Hohen Hauses dafür, daß Sie gerade zu diesem Zeitpunkt gekommen sind, daß Sie zu uns gesprochen haben.[2] Es hat ja auch andere gegeben, die behauptet haben, Sie dürften gar nicht hierher kommen, Sie dürften hier gar nicht sprechen; Berlin dürfe mit dem Bund gar nichts zu tun haben, der Bund dürfe in Berlin gar nicht tätig werden.

Nun, wie sieht das mit dem Tätigwerden des Bundes in Berlin aus? Wie hat es sich ausgewirkt? – Der Herr Bundeskanzler hat schon an die erschreckenden Ziffern der Arbeitslosigkeit im Jahre 1950 und an den niedrigen Stand unserer Produktion erinnert, die damals kaum ein Drittel des Vorkriegsstandes betrug.[3] Das Tätigwerden des Bundes hat zunächst einmal bedeutet, daß der Bund uns geholfen hat, um Menschen in Arbeit zu bringen, um die Stadt wieder aufzubauen, auch um unser wissenschaftliches Leben zu fördern – der Mensch lebt ja bekanntlich nicht vom Brot allein – und um die Kriegsfolgen in dieser Stadt beseitigen zu helfen.

Es ist behauptet worden, unsere Existenz und die Hilfe des Bundes gefährden den Frieden der Welt. Die das behaupten, unterstellen, daß der Friede gefährdet werde, wenn man Fabriken und Wohnungen baut, wenn man für Selbstverwaltung und demokratische Sauberkeit eintritt, wenn man internationale Abkommen respektiert und das Recht auf Selbstbestimmung auch für unser Volk verficht. Die Menschen dieser Stadt, Herr Bundeskanzler, und alle, die hier für sie wirken, möchten und werden das Werk des friedlichen Aufbaus und der freiheitlichen Existenz fortführen und vollenden. Sie werden sich selbst, Herr Bundeskanzler, heute und morgen in den Straßen unserer Stadt und an den Stätten unseres Wirkens davon überzeugen können, daß wir die Mittel des Bundes und die seinerzeit von unseren amerikanischen Freunden bereitgestellten Mittel, für die wir dankbar sind, gewissenhaft und sinnvoll verwendet haben und verwenden.

Sie waren so freundlich, Herr Bundeskanzler, sich auf die fünf Punkte zu beziehen, die ich am Donnerstag vergangener Woche hier noch einmal vor dem Hohen Hause vorgetragen habe und in denen ich versucht habe, zusammenzufassen, was Berlins wegen, aber nicht nur dieser Stadt wegen bei den kommenden internationalen Gesprächen und Konferenzen beachtet werden sollte. Ich brauchte dabei nur auf das zurückzugreifen, was wir seit Beginn der Berlin-Krise unverändert vertreten haben.[4] Wir befinden uns in Übereinstimmung, wenn es sich darum handelt, daß die alliierten Rechte in dieser Stadt gewahrt bleiben müssen. Sie müssen gewahrt bleiben nicht nur der Berliner wegen. Sie müssen gewahrt bleiben auch der treuhänderischen Pflichten wegen, die die Mächte in und für Deutschland übernommen haben, und sie müssen gewahrt bleiben auch wegen des eigenen Interesses der betroffenen Mächte. Berlin ist insoweit in der Tat ein Prüfstein. Und in dieser Stadt lebt das Wissen darum, daß alles, was wir haben schaffen können, sich unter dem Schutzdach der alliierten Mächte vollzogen hat und vollzieht. Hier wissen wir seit vielen Jahren, daß wir in e i n e m Boot sitzen.

Hier befinden wir uns auch in Übereinstimmung mit dem Bunde und der Bundesregierung, wenn es sich darum handelt, daß die Verbindungen zwischen dem freien Berlin und dem freien Teil Deutschlands nicht angetastet werden dürfen. Jedes Kind weiß – und man sollte meinen, es hätte sich bis in den entferntesten Winkel der Welt herumgesprochen –, daß Berlin zu Deutschland gehört und seine Hauptstadt ist, die Hauptstadt des völkerrechtlich nicht untergegangenen deutschen Staates, nicht jenes quasistaatlichen Gebildes, das weder deutsch noch demokratisch noch eine Republik genannt werden dürfte. (Lebhafter Beifall.)

Solange jedoch die Spaltung Deutschlands andauert, so lange muß Berlin, muß das freiheitliche Berlin ein integraler, ein integrierender Bestandteil des freien Deutschland bleiben bei voller Respektierung und Wahrung der Verantwortlichkeiten, die die Alliierten hier übernommen haben. So ergibt es sich aus dem Grundgesetz und aus der Verfassung von Berlin, aus den Beschlüssen des Bundestags und dieses Hohen Hauses, und so entspricht es dem Willen der Berliner und des deutschen Volkes.

Darum ist es die natürlichste Sache der Welt, daß Behörden und Gerichte des Bundes in Berlin vertreten sind. Darum ist es auch die natürlichste Sache der Welt, daß der gewählte Kanzler der Bundesrepublik Deutschland nach Berlin kommt und hier herzlich begrüßt wird, viel natürlicher jedenfalls, als daß im anderen Teil dieser Stadt eine sogenannte Regierung sitzen darf, die sich auf nichts anderes stützt als auf fremde Gewalt. (Starker Beifall.)

Unsere Zugehörigkeit zur rechtlichen und politischen Ordnung, zum Währungs-, Finanz- und Wirtschaftssystem des Bundes, unsere völkerrechtliche Mitvertretung durch den Bund, unsere Stellung, wenn man es so nennen will, als Bundesland besonderer Art: Das alles hat sich entwickelt unter dem Dach der alliierten Oberverantwortlichkeit für Berlin. Das alles hat sich aber auch entwickelt mit Wissen der Regierung der Sowjetunion. Die innerdeutsche Abgrenzung der Zuständigkeiten zwischen Bund und Land gilt auch für Berlin. Aus internationalen Vereinbarungen ergeben sich darüber hinaus Bereiche, in denen der Bund in Berlin nicht tätig wird und nicht tätig werden kann. Daraus haben sich andererseits für die Vertretung dieser Stadt Aufgaben und Pflichten ergeben, die über das hinausreichen, womit sich ein Land normalerweise zu befassen hat. Sie dürfen versichert sein, Herr Bundeskanzler: Wir haben uns in der Frage der Verantwortung für das Schicksal dieser Stadt, dieses Teils von Deutschland bisher nicht irgendeiner Pflicht und einer Mühe entzogen. Wir werden es in Zukunft nicht tun. Wir haben die Hände nicht in den Schoß gelegt. Wir werden weiter für unser Recht einstehen und alles tun, um mitzuwirken, daß ein einheitlicher deutscher Standpunkt positiv und klar zur Geltung kommt.

In internationalen Debatten wird gelegentlich gesagt, daß aus zusätzlichen Berlin-Vereinbarungen Verbesserungen – manchmal muß man an Verschlimmbesserungen denken – herauskommen könnten. Ich habe dazu am vergangenen Donnerstag gesagt und möchte hier heute noch einmal betonen, daß sich hier, wenn man es ernst und ehrlich meint, insbesondere das Gebiet der Verkehrsverbindungen anbieten würde. Wir sind uns auch hier einig – Berlin und Bonn –, daß nicht oft und deutlich genug erinnert werden kann an das, was die Vier Mächte im Juni 1949 in Paris beschlossen haben, nämlich daß die Verbindungen von und nach Berlin – dem ganzen Berlin – und zwischen den Zonen, zwischen den verschiedenen Teilen Deutschlands, nicht nur nach dem Stande vor der Blockade wiederhergestellt, sondern verbessert werden sollen.

Darf ich noch eins sagen, Herr Bundeskanzler. Unter uns hier sitzen Abgeordnete, die zwar wie wir alle in West-Berlin gewählt worden sind, die aber im Ostsektor dieser Stadt ihren Wohnsitz haben[5], und wir alle hier erinnern uns häufig jenes schändlichen Vorgangs vom 30. November 1948, als der Ostsektor widerrechtlich von uns, von einer für die ganze Stadt frei gewählten Vertretung und für die ganze Stadt wirkenden Verwaltung, abgespalten wurde. Das entsprach damals nicht und das entspricht auch heute nicht dem Willen der Bevölkerung. Die Bevölkerung hier in Berlin weiß ganz genau, was Rechtens und was insoweit auch normal ist. Sie weiß, daß **wir** in diesem Teil Deutschlands das Normale repräsentieren und umgeben sind vom Anomalen, gemessen an den Werten des Rechts, der Demokratie und der Selbstbestimmung. (Lebhafter Beifall.)

Die Berliner in Ost und West – ich sagte es schon auf dem Flugplatz, als Sie ankamen, Herr Bundeskanzler – lassen sich nicht auseinandersprengen. Wir möchten weiterhin alles nur Mögliche tun, um den Kontakt zwischen den Menschen, den Familien in dieser Stadt wachzuhalten, um Berlin auch eine lebende Brücke bleiben zu lassen zwischen den Menschen, den Familien im geteilten Deutschland und um von Berlin aus immer wieder die Stimme zu erheben für das Recht auf Selbstbestimmung in diesem Berlin und in unserem geteilten Vaterland.

Die politischen Konstellationen in Berlin, Herr Bundeskanzler, entsprechen nicht denen am Sitz der Bundesregierung. Die Opposition im Bundestag stellt die Mehrheit in diesem Hohen Haus. Aber beide Parteien in diesem Hause ziehen an einem Strang, wenn es sich um die entscheidenden Fragen dieser Stadt und unseres Volkes handelt. (Lebhafter Beifall.) In dieser Stadt lebt ein Gefühl dafür, daß das deutsche Volk den Frieden nach innen finden muß, um den Frieden nach außen gewinnen zu können. (Erneuter lebhafter Beifall.) Wir standen und stehen zusammen hier in dieser Stadt – beide großen Parteien, die hier vertreten sind – gegen die uns umgebende kommunistische Diktatur.

Wir stehen gleichfalls zusammen gegen jeden Versuch, den Nazivolksverrat wieder aufleben zu lassen. (Starker Beifall.) Das freiheitliche Berlin hat dieser Tage eine deutliche Sprache gesprochen.[6] Sie, Herr Bundeskanzler, haben das begrüßt, und darüber haben wir uns gefreut, und wir hoffen, daß diese Sprache überall, in Deutschland und außerhalb der deutschen Grenzen, verstanden worden ist.

Wir vertrauen darauf, daß die Bundesregierung das in ihren Kräften Stehende tun wird, um die Berlin-Krise endgültig zu den Akten legen zu helfen. Wir hoffen, daß neue Ansatzpunkte gefunden werden im Ringen um die Wiederherstellung unserer staatlichen Einheit als Beitrag zu einer Politik der dauerhaften Sicherung des Friedens. An dem ehrlichen Beitrag Berlins dazu wird es weiterhin nicht fehlen.[7] (Anhaltender lebhafter Beifall.)

Nr. 53
Artikel des Regierenden Bürgermeisters von Berlin, Brandt, für den *Telegraf*
28. Februar 1960

Telegraf, Nr. 50 vom 28. Februar 1960.

Ein neuer Ausgangspunkt[1]

Die Politik in Deutschland krankt seit Jahren an Mißtrauen und Rechthaberei. Was eine gemeinsame Politik in den Schicksalsfragen unserer Nation ausrichten könnte, ist nie erprobt worden. Inzwischen aber scheint es wenigstens allgemeine Überzeugung zu sein, daß gemeinsame Grundlagen in einigen Punkten nützlich wären.

Wir haben zu unserer großen Genugtuung feststellen können, daß in der Frage Berlin zwischen der Bundesregierung und dem Senat, zwischen den beiden großen Parteien, ein Maß von Übereinstimmung erreicht werden konnte, wie wir es uns schon in den vergangenen Jahren gewünscht hätten.[2]

Diese Gemeinsamkeit der Haltung sollte als neuer Ausgangspunkt verstanden werden. Das würde bedeuten, daß nun mindestens in den Berlin betreffenden Fragen jenes Maß von gegenseitiger Unterrichtung und Beratung einsetzen müßte, das in anderen Fragen fehlt. Vertrauen und Gemeinsamkeit ist eine Sache auf Gegenseitigkeit.

Der Vorsitzende der Sozialdemokratischen Partei Deutschlands hatte das sogenannte Smirnow-Memorandum der Bundesregierung weitergegeben. „Parteipolitik" konnte es in einer solchen Sache nicht geben.[3]

Aber es konnte sich auch nicht darum handeln, die Übermittler lediglich als treue Boten zu betrachten. Die große Oppositionspartei im deutschen Westen – Mehrheitspartei in Berlin – hatte ein berechtigtes Interesse daran, wie diese uns alle berührende Sache weiter behandelt werden würde.

Auch außerhalb der Sozialdemokratischen Partei hat es Stimmen gegeben, die es aus einem Gefühl der Verantwortung für richtig gehalten hätten, wenn der direkte Adressat unmittelbar auf das Smirnow-Memorandum reagiert hätte. Das hätte die offizielle Außenpolitik in keiner Weise zu stören brauchen. In einem Land, in dem nicht jeder Schritt und jede Äußerung der Opposition „von oben" verdächtigt wird, wäre in einem solchen Fall vermutlich anders als bei uns verfahren worden.

Einigkeit besteht darin, daß das Smirnow-Memorandum keine Verhandlungsgrundlage bietet. Die „Freie Stadt Westberlin" ist als Vorschlag und Idee nach allem, was wir von sowjetischer Seite gehört haben, unakzeptabel. Wir werden weder unseren Rechtsstandpunkt aufgeben, noch haben wir die Neigung, Experimente zu machen.

Berlin wird frei bleiben in dem Sinne, den wir unter Freiheit verstehen. Die Wortgleichheit mit östlichen Vorschlägen kann uns keinen Augenblick täuschen. Wir werden in jedem Falle untersuchen, was hinter den Worten steht.

Hier geht es beispielsweise um die Frage, ob den Erklärungen über den garantierten freien Verkehr zwischen der Bundesrepublik und Berlin mehr als propagandistische Bedeutung beizumessen ist. Es geht auch um die andere Frage, ob man inzwischen eingesehen hat, daß es unrealistisch wäre, Berlin aus der gegebenen Rechts-, Währungs- und Wirtschaftsordnung herausbrechen zu wollen.

Die Sowjetregierung weiß, daß Westberlin nicht in die militärischen Verpflichtungen der Bundesrepublik einbezogen ist und daß von diesem Teil der Hauptstadt Deutschlands nichts gefährdet werden wird, was einer ehrlichen Politik der Entspannung dient. Sie muß auch wissen, daß sie größere Dinge gefährdet, wenn sie das Berlin-Thema wieder hochspielt. Das Recht der Berliner stimmt überein mit dem Interesse der Westmächte und mit den wohlverstandenen Interessen einer friedensbewahrenden Politik.

Jedermann weiß, daß die sowjetische Seite nur selten ihre Karten auf den Tisch legt. Sie arbeitet bewußt mit Kautschuk-Formulierungen und in verschwommenen Andeutungen. Gerade weil wir wissen, daß es zu Verhandlungen kommen wird, und gerade weil wir wissen müssen, was sich hinter verlockend-nichtssagenden Formulierungen verbirgt, wäre es interessant gewesen, zu einigen Punkten des Smirnow-Memorandums zusätzliche Erläuterungen zu bekommen; und zwar durchaus nicht in der Erwartung, daß solche Erläuterungen in unserem Sinne liegen müßten. Für den eigenen Standpunkt ist es wichtig, auch die Negationen der anderen Seite soweit wie möglich auszuleuchten.

In unserer heutigen Situation kann das weder durch eine öffentliche Diskussion noch durch einen Husarenritt geschehen. Die Aufgabe der Klärung kann der zuständigen Regierung nicht abgenommen werden. Aber wenn die Gemeinsamkeit um Berlin nicht eine bloße Durchgangsstation bleiben soll, möchte ich hoffen, daß auch die weiteren Schritte in den kommenden Wochen und Monaten zwischen allen Beteiligten besprochen werden. Daraus könnte sogar mehr erwachsen als die bisherige im wesentlichen auf Berlin beschränkte Einheitlichkeit der deutschen Politik.

Nr. 54
**Aus dem Protokoll der Sitzung des Parteivorstandes der SPD
12. März 1960**

AdsD, SPD-PV, PV Protokolle 1960.

Politische Informationen[1]

Erich Ollenhauer gibt einen einleitenden Bericht und geht zunächst noch einmal auf das sog[enannte] Smirnow-Memorandum ein.[2]

Die Bundesregierung habe den Standpunkt vertreten, dass in dem Memorandum nichts Neues enthalten sei und sich deshalb Verhandlungen darüber nicht lohnen würden. Das sei eine bedauerliche Haltung, da die Gefahr bestehe, dass letzte Möglichkeiten verschüttet würden. Willy Brandt habe in einem Brief an Adenauer ein Gespräch zwischen Brentano und Ollenhauer angeregt.[3] Brentano habe sich nicht gemeldet. Erich Ollenhauer sieht nur die Möglichkeit, die Bundesregierung zu veranlassen, die Klärung einiger Fragen zu erreichen. Er hält es für möglich, dass die Sowjets nach einem Weg suchen, der den jetzigen Status von Westberlin nur wenig verändert, bei dem sie aber doch ihr Gesicht wahren können.

Erich Ollenhauer geht kurz auf die mit Bruno Kreisky gehabte Unterredung ein.[4] Dieser habe auf Grund seiner Erfahrungen aus Verhandlungen mit den Sowjets den Standpunkt vertreten, dass man jede Äußerung der Sowjets auf ihren Gehalt hin prüfen müsse. Man müsse versuchen, sie ständig zu zwingen, das zu sagen, was sie konkret meinen. Zur Vorbereitung der Gipfelkonferenz seien bisher konkrete Vorstellungen der Bundesregierung nicht sichtbar geworden. Der Bericht von Brentano[s] im auswärtigen Ausschuss des Bundestages habe keine Anhaltspunkte über die Absichten der Bundesregierung enthalten. Herters Vorschlag, eine Volksabstimmung in beiden Teilen Deutschlands durchzuführen,[5] würde von den Russen kaum akzeptiert werden. Erich Ollenhauer glaubt, dass die Sicherheitsfrage für Russland nach wie vor interessant ist. Das gehe auch aus Äußerungen von Kreisky hervor. Deshalb sollte an dieser These festgehalten werden.

Erich Ollenhauer stellt fest, dass der Kern des vor etwa einem Jahr herausgegebenen Deutschlandplans richtig war und noch ist. Er schlägt vor, dass eine kleine Kommission Vorschläge zur Gipfelkonferenz erarbeitet.[6]
Dadurch können
1. die These, beim Deutschlandplan handele es sich um ein Dogma, entkräftet werden und
2. würde dadurch deutlich herausgestellt werden können, was für die Gipfelkonferenz vorgeschlagen werden kann.

Herbert Wehner sei bereit, diese Arbeit federführend zu übernehmen. Die Vorschläge dieser Kommission sollten in der P[artei-]V[orstands]-Sitzung am 5. 5. 1960 zur Beratung anstehen.[7] Es müsse dann auch überlegt und entschieden werden, in welcher Form sie Verwendung finden sollen.

Willy Brandt bedauert, dass man kein klares Bild über die Vorkommnisse in den Arbeitsgruppen in Washington bekommen kann.[8] Einiges Material hat er allerdings von den Alliierten, nicht von der Bundesregierung, bekommen. Im Unterausschuss Deutschland ‹und›[9] Berlin hat die Bundesregierung Vorschläge eingebracht, die mit Berlin abgestimmt wurden.

Ein zweites Dokument, das sich mit den Verkehrsproblemen befasst, wurde von Berlin entworfen und von der Bundesregierung übernommen. Er stellt 4 Punkte als wesentlich für die weiteren Beratungen heraus:
1. In Berlin keine atomaren Waffen.
2. Die Westmächte sollten feststellen, dass die Bundesregierung in Berlin nicht tätig geworden ist und nicht tätig wird.
3. Neufassung der Bestimmungen über die Propagandatätigkeit in Berlin. Vereinbarungen müssten von UN-Beobachtern überwacht werden.
4. Vorstellungen über ein Verkehrsabkommen und andere technische Fragen. (Von den Amerikanern ist schon etwas zu diesen Fragen angedeutet worden.)

Den Vorschlag Herters zur Volksabstimmung sollten wir nicht einfach ablehnen, auch wenn er unrealistisch erscheint.[10] Wir sollten ja sagen und unsere Forderungen daran knüpfen. Das Selbstbestimmungsrecht sollte immer wieder erwähnt und daran festgehalten werden.

Willy Brandt bringt seine Sorge über das Verhalten einiger Labour-Abgeordneter zum Ausdruck. Die Erarbeitung unserer Vorstellungen hält er für richtig. Sie sollten jedoch so kurz wie möglich sein.

Carlo Schmid bringt zum Ausdruck, dass Chruschtschow kaum bereit sein werde, über die deutsche Frage zu verhandeln. Er wird nach wie vor die These vertreten: Das ist Sache der Deutschen. Er glaubt, dass die Sowjets nach der Gipfelkonferenz einen Friedensvertrag mit der DDR abschliessen. Das würde auch für Berlin Konsequenzen haben. Er meint weiter, dass die Frage einer atomwaffenfreien und entmilitarisierten Zone für die Sowjets heute nicht mehr sehr interessant sei. Die Lage habe sich verändert, und er glaubt, eine Chance auch für Berlin darin zu sehen, wenn wir die Zweistaatentheorie anerkennen. Er glaubt, dass sich die Welt langsam an die Fakten gewöhnt, davon in politischen Fragen ausgeht und darauf aufbaut.

Adolf Arndt übt Kritik an den Presseverlautbarungen, die über das Smirnow-Memorandum nach der letzten Vorstandssitzung herausgegeben wurden.

Zu Punkt 3 der Vorschläge von Willy Brandt meldet er Bedenken an. Ein solches Abkommen würde zu ständigen Reibereien führen. Wenn aber schon ein solches Abkommen geschaffen würde, müssten auch die Verfahrensfragen festgelegt werden. Falls es zu einer Anerkennung der Zweistaatentheorie in der Weltöffentlichkeit und bei anderen Mächten komme, müsse das noch in die Regierungszeit Adenauers fallen.

Im übrigen warnt er Carlo Schmid, seine Äusserungen in der Öffentlichkeit zu machen.

Waldemar v. Knoeringen warnt vor einer neuen Dokumentation. Er befürchtet eine öffentliche Diskussion gegen die Partei, der

Deutschlandplan werde verraten und die Gegner erhielten Argumente gegen uns.

Fritz Erler stellt fest, dass es sich bei der Erarbeitung unserer Vorstellungen in dieser Zeit nicht um eine zweite Auflage des Deutschlandplanes handeln könne. Es müssen Vorschläge der SPD zur Gipfelkonferenz sein. Diese Vorstellungen müssten in internationalen Gesprächen vertreten werden. Eine innenpolitische Kampagne sollte man nicht entwickeln.

Willy Brandt möchte nicht wie Waldemar v. Knoeringen so weit gehen. Man müsse versuchen, den Genossen in der Öffentlichkeit klar zu machen, dass es ganz natürlich ist, dass ‹sich›[11] die Situation ändere und man sich ständig neu damit befassen muss.

Mit Carlo Schmid stimmt er nicht überein.[12]

Egon Franke spricht sich für die Erarbeitung neuer Vorstellungen aus, meint aber, dass es falsch ist, auf den Deutschlandplan Bezug zu nehmen. Das würde tatsächlich Verwirrung stiften.

Vom Beitrag Carlo Schmids in bezug auf die Zweistaatentheorie ist er überrascht und verweist auf den Vortrag von Adolf Arndt, den dieser kürzlich vor der Fraktion gehalten hat.

Willi Eichler hat für die Äußerungen von Carlo Schmid Verständnis, weil seine Sorge sicher die Sorge vieler ist. Leider wird die Adenauer-Politik schwere Konsequenzen haben. Er schlägt vor, die Zweistaatentheorie und die Hallstein-Doktrin ständig anzugreifen.

Den Punkt 3 der Vorschläge von Willy Brandt hält er für sehr problematisch.

Die Haltung einiger Labour-Abgeordneter bedauert er sehr. Gespräche könnten nützlich sein.

Erich Ollenhauer: Die innerparteilichen Schwierigkeiten in der Labour-Party nach dem Wahlausgang spielen sicher eine Rolle für das in der Diskussion kritisierte Verhalten. Er verweist auf die geplanten Gespräche in Königswinter. Darüber hinaus bestehe die Absicht, mit der Labour-Führung ein Gespräch zu führen. Eine gemeinsame Erklärung müsse erreicht werden, mit der man hier operieren könne.

Die Hallstein-Doktrin haben wir immer angegriffen und werden sie weiter angreifen. Ihre Anwendung sei schon im Falle Jugoslawien sehr problematisch gewesen. Ein Abbruch der Beziehungen mit Guinea sei sehr problematisch.¹³ Man dürfe die jungen Staaten Afrikas nicht brüskieren.

Er bittet, die Diskussion als vertraulich zu behandeln. Besonders betrifft das die Äusserungen von Carlo Schmid, aber auch die Informationen, die durch Willy Brandt gegeben wurden.

[...]¹⁴

Nr. 55
Schreiben des Regierenden Bürgermeisters von Berlin, Brandt, an das Ehepaar Löwenthal
14. März 1960¹

AdsD, WBA, A 6, 32.

Liebe Lotte, lieber Rix,
auf die Karte von Eurer Norwegen-Reise habe ich nie geantwortet und auch sonst nichts von mir hören lassen. Aber Ihr werdet Euch denken können, daß es hier an Arbeit nicht fehlt.²

In der letzten Nummer des „Monat" habe ich mit Interesse den sehr aufschlußreichen Aufsatz von Rix gelesen.³ Wir fragen uns hier natürlich immer wieder, was im Mai in Paris werden wird. Ich habe den Eindruck, daß einige Illusionen inzwischen überwunden werden konnten.⁴ Der Westen müßte den Mut haben, eine Krise der Konferenz schon am ersten oder zweiten Tag in Kauf zu nehmen. Dann wird sich vermutlich herausstellen, daß Nikita [Chruschtschow] doch an einer Erörterung der eigentlichen Probleme gelegen ist und daß er bereit sein würde, den Status quo in Berlin im wesentlichen hinzunehmen. Über Verschiebungen läßt sich reden, sogar über einige praktische Verbesserungen. Nicht reden läßt sich über eine substantielle Veränderung. Sie würde verhängnisvolle Folgen haben. Ganz abgesehen von den lokalen Sorgen würde es sich dabei um den

Anfang vom Ende handeln, was die Zugehörigkeit der Bundesrepublik zur westlichen Gemeinschaft angeht.[5]

Meine eigenen Probleme sind dadurch nicht geringer geworden, daß ohne eigenes Zutun immer mehr die Rede davon ist, mir die „Führung" einer sozialdemokratischen Mannschaft für den nächstjährigen Wahlkampf anzuvertrauen. Es wird dabei letzten Endes zwischen Carlo [Schmid] und mir zu wählen sein. Selbst habe ich mir die Entscheidung offen gehalten und erklärt, daß ich mich von der Berliner Aufgabe nicht trennen lassen werde.[6]

Es wäre nett, einmal von Euch zu hören und dabei auch zu erfahren, wie die Arbeit vorangeht und wie Eure weiteren Pläne aussehen.

Herzliche Grüße

Euer[7]

Nr. 56
Hs. Vermerk des Regierenden Bürgermeisters von Berlin, Brandt, über ein Gespräch mit dem Bundeskanzler, Adenauer
5. April 1960[1]

AdsD, WBA, A 6, 70.

Gespräch mit dem Bundeskanzler in
Bonn, 5. 4. 1960, 17.00 [Uhr]

Der B[undes]k[anzler] hatte darum gebeten, dass wir uns vorweg unter vier Augen unterhielten.[2]

Er bezeichnete es als die entscheidende Frage, dass die Westmächte auf ihre originären Rechte in Berlin festgelegt würden. Es seien immer wieder Neigungen festzustellen gewesen, diese originären Rechte gegebenenfalls durch einen Vertrag mit der Sowjetunion abzulösen. In diesem Sinne habe sich auch Eisenhower auf der westlichen Gipfelkonferenz in Paris (Dezember [19]59)[3] ausgesprochen, sei hiervon allerdings nach den klaren Äusserungen, die de Gaulle in Übereinstimmung mit Adenauer gemacht habe, wieder abgegangen. (Der Bundeskanzler hatte mir hiervon bei seinem Berlinbesuch im Januar [1960] erzählt.[4]) Nach Abschluss der Pariser Dezember-Konferenz habe Herter gegenüber Herrn v. Borch von der „Welt" Äusserungen gemacht, die eine Geneigtheit zum Abschluss eines die originären Rechte ablösenden Vertrages erkennen liessen.

B[undes]k[anzler] unterstrich, wie bei früheren Gelegenheiten, sein volles Vertrauen zu de Gaulle. Dieser sei für Berlin – und für die Wiedervereinigung –, weil er erkannt habe, dass dies auch den französ[ischen] Interessen entspreche. Kritisch äusserte sich der Kanzler über Eisenhower und Herter. Persönlich sei sein Verhältnis zu E[isenhower] sehr gut, aber dieser sei doch etwas „weich", und Herter sei kein Dulles.[5] Viel kritischer waren die Äusserungen über Macmillan. Dieser habe ‹seit›[6] dem Tode von Dulles versucht, die Führung der westlichen Politik an sich zu reissen. Von seiner Russlandreise im vorigen Frühjahr habe er seine Verbündeten erst im letzten Augenblick verständigt.[7] Es sei auch bezeichnend, dass sich die Engländer in der Washingtoner Arbeitsgruppe[8] bisher so gut wie nicht zu Berlin geäussert hätten und dass sie ihren Vertreter jetzt sogar durch einen Mann hätten ablösen lassen, der mit der Materie nicht vertraut sei.

Man müsse erkennen, dass es aus sprachlichen und geschichtlichen Gründen viele Verzahnungen zwischen Amerika und England gebe. Es könnte sich immer wieder die Gefahr ergeben, dass wir als das schwarze Schaf betrachtet würden, das man anderen Interessen zuliebe opfern könne. – Aus all diesen Gründen sei es nützlich, den Alliierten Korsettstangen einzuziehen. Ein solches Mittel sei eine Volksabstimmung in Westberlin zugunsten der originären Rechte der Westmächte.[9]

Das Kabinett habe sich am Vormittag einmütig auf seinen Standpunkt gestellt, auch die CDU/CSU-Bundestagsfraktion habe ihm zugestimmt. Aber es handle sich nur um einen – freilich ernst und nachdrücklich vorgebrachten – Rat der Bundesregierung. Die Entscheidung müsse der Senat treffen.

Über die Idee, eine Befragung durch die Parteien durchführen zu lassen, brauchten wir nicht weiter zu reden. Wenn eine andere, gesetzliche Form gefunden werde, sei ihm das nur recht.

Ich wies zunächst darauf hin, dass eine Volksbefragung unter den jetzt gegebenen Aspekten wie eine Bekundung von Misstrauen gegenüber den Alliierten wirken könnte. Verschiedene alliierte Vertreter hätten sich nicht sehr freundlich geäussert (Kommandanten und Stellvertreter). Dowling habe mir gesagt, man solle das Mittel der Abstimmung jetzt nicht verbrauchen, sondern für die Konferenz oder für spätere Fälle vorbehalten.[10] Ausserdem müsste über eine solche Sache in der Washingtoner Arbeitsgruppe gesprochen werden.

Der B[undes]k[anzler] meinte, man solle sich durch alliierte Einwände nicht beeinflussen lassen. Die Franzosen seien sicherlich dafür. Wenn die Amerikaner im Augenblick Bedenken hätten, würden sie später erkennen, dass wir ihnen einen Dienst erwiesen hätten. Mit den Engländern habe es keinen Sinn darüber zu reden. Sollten wir Schwierigkeiten mit den Alliierten bekommen, werde er uns helfen.

Den Hinweis, dass auch die Bevölkerung auf die Notwendigkeit einer „Notbremse" nicht vorbereitet sei (Chefredakteurbesprechung), zumal nach den optimistischen Berichten über die Amerika-Besprechungen des B[undes]k[anzlers][11], hielt er nicht für erheblich. Es sei auch gar nicht entscheidend, ob die Mehrheit so überzeugend sei wie bei den Wahlen im Dezember [19]58, auch 75 Prozent wären genug.[12]

Ich setzte mich mit der vom B[undes]k[anzler] genannten Themenstellung auseinander und betonte, die eigentliche Frage müsste lauten, ob wir, bis zur Wiedervereinigung und unter Beachtung der alliierten Verantwortlichkeiten, wirtschaftlich und rechtlich mit dem Bund verbunden bleiben wollen. Dies sei aber im Grunde nicht nur eine Berliner Sache, sondern hierüber müssten die Wähler im ganzen freien Deutschland befinden, also im westlichen Bundesgebiet und Westberlin.

Der B[undes]k[anzler] hielt meine Erwägungen zur Fragestellung für völlig abwegig. Das habe er am Vormittag auch schon sehr deutlich Herrn Vockel gesagt, der Ähnliches vorgebracht hätte. Das Kabinett sei mit ihm der Meinung, es sei nicht sinnvoll, den Gedanken einer Befragung in Westberlin und der Bundesrepublik weiter zu verfolgen.

Der B[undes]k[anzler] war im Endergebnis trotzdem entgegenkommender als in der folgenden Gruppenbesprechung.[13] Er bat mich, die Sache noch einmal zu überlegen. Das Einbringen eines Gesetzes, andere Formen einer Berliner Manifestation vor dem 16. Mai [1960] und ein Vorbehalten der Befragung für einen späteren Zeitpunkt wurden von ihm als eine mögliche Alternative betrachtet.

Zum Schluss fragte mich der B[undes]k[anzler], ob ich etwas dagegen hätte, dass das folgende Gespräch stenografisch aufgenommen würde. Ich erhob keine Bedenken. – Hierzu teilte Min[ister] Lemmer später mit, der B[undes]k[anzler] habe in der Kabinettssitzung gesagt, er werde das Gespräch mit den Berliner Herren wörtlich festhalten lassen, um später geg[ebenen]falls dokumentieren zu können, dass er rechtzeitig gewarnt habe.

‹Br[andt] 7/4›[14]

Nr. 57
Hs. Schreiben des Regierenden Bürgermeisters von Berlin, Brandt, an den Senator für Bundesangelegenheiten, Klein
22. Mai 1960[1]

AdsD, WBA, A 6, 164.

Lieber Günter,
es war gut, Dich am Freitag voriger Woche wiederzusehen – nur schade, dass kaum Zeit zu einem Gespräch unter vier Augen blieb. In den letzten Tagen haben wir ein paar Mal versucht, Dich telefonisch zu erreichen, anscheinend warst du ausgeflogen. Hoffentlich übernimmst Du Dich nicht![2]

Vor uns liegen zwei entscheidende Aufgaben: a) das erneute Durchdenken aller mit der Berlin-Frage verbundenen Gesichtspunkte und der Möglichkeiten, die uns bis zu einem Gipfeltreffen – etwa im Frühjahr nächsten Jahres – gegeben sein könnten, b) die gedankliche Vorplanung der innerpolitischen Entscheidung des nächsten Jahres, die nicht nur eine innerpolitische sein wird. Auf beiden Gebieten kommt Deinem Wort grosse Bedeutung zu.

Aller Wahrscheinlichkeit nach werden wir über die Pfingsttage in Berlin sein (vom 1. – 3. Juni [1960] bin ich zum Städtetag in Augsburg[3]), so dass sich die Gelegenheit bieten wird, losgelöst vom Bürobetrieb über alle schwebenden Fragen zu sprechen. Lass' mich allerdings vorweg sagen, dass es solchen Gesprächen bekömmlich ist, wenn sie durch Vorwürfe möglichst wenig belastet werden. Du weisst, dass ich zuhören kann und im Grunde nicht überempfindlich bin. Es ist allerdings gut, wenn man seinen Freunden nicht nur guten Willen, sondern auch ein Minimum an Verstand zubilligt. Im Ernst meinst Du natürlich selbst nicht, dass immer nur _einer_ Recht haben kann. – Wiederholte Hinweise auf einen möglichen Rücktritt sind auch nicht geeignet, die sachliche und vertrauensvolle Aussprache zu fördern.[4]

Was Paris angeht, so habe ich heute den durch Dich übermittelten Bericht der drei Herren erhalten. Von dem, was wir direkt aus Paris erhielten, war ich nicht sonderlich beeindruckt, aber das ist sicherlich nicht den uns vertretenden Herren anzulasten. – Wir sind uns einig darin, dass auch in dieser Runde richtig blieb: Keine Lösung ist besser als eine schlechte.[5] Man kann aber auch der Meinung sein, dass die westliche Position in der Berlin-Frage diesmal etwas besser aufeinander abgestimmt war als zum Zeitpunkt der vorjährigen Genfer Konferenz. Dies ist jedoch keine Garantie für die Zukunft. Ich fürchte, dass uns nichts anderes übrig bleibt, als die bisherigen Antworten zu wiederholen. Wir sollten uns nur darüber im klaren sein, wo die schwachen Punkte sind. Vielleicht gibt es auch doch noch den einen oder anderen neuen Gesichtspunkt, der in den Kreis der Betrachtungen einbezogen zu werden verdient.

Spaziergang des Regierenden Bürgermeisters, Willy Brandt, mit dem Berliner Senator für Bundesangelegenheiten, Günter Klein, am 9. November 1958

Nikita [Chruschtschow] hat mich – was nicht schlecht ist – in seiner Freitagrede erheblich aufs Korn genommen.[6] Die Chance grösserer Gemeinsamkeit in aussenpolitischen Fragen – zwischen SPD und CDU – ist gewachsen, wird aber in der nächsten Runde doch wohl nur in verstärktem Gezänk enden. Adenauer hat bereits erklärt, wir bräuchten doch nur anzuerkennen, wie grossartig seine Politik bisher gewesen sei. Dabei wird immer klarer, wie steril die Politik derer ist, die glauben, die Welt bestünde nur aus Washington und Moskau. Erstens ist der Westen etwas recht Differenziertes (gottseidank gibt der Ausgang von Paris den Bemühungen um stärkeres westliches Zusammenrücken eine gewisse Chance). Zweitens gibt es zwischen West und Ost Kräfte von zunehmendem weltpolitischen Gewicht. Drittens ist das kommunistische Weltreich kein monolithischer Block, was uns noch allerlei Probleme aufgeben wird.

Ich nehme an, Du hast rückblickend grösseres Verständnis für die Haltung, die ich gegenüber dem Adenauerschen Volksbefragungs-Manöver eingenommen habe. Die verschiedenen Berliner Bemühungen vor der Gipfelkonferenz – einschliesslich der Senatoren-Reisen! – haben ihren Sinn gehabt. Unsere publizistische Wirksamkeit ist noch nie so gross gewesen wie in den letzten Wochen; Egon Bahr hat daran seinen Anteil.[7]

Übermorgen werde ich mit Adenauer zusammentreffen.[8] Ich weiss nicht, was er will. Mir käme es jetzt allein darauf an, eine gewisse Gemeinsamkeit gerade auch auf diese Weise öffentlich zu unterstreichen. Natürlich hätte ich mich kürzlich in Essen mehr zurückhalten können.[9] Aber ich werde mich nicht davon abhalten lassen, dem „grossen" Ehrabschneider gelegentlich ein deutliches Wort zu sagen. Im übrigen ist es im Hinblick auf das nächste Jahr nur gut, wenn die CDU das Visier öffnet.

Wie Du Dir denken kannst, machen mir die mit den Wahlen zusammenhängenden Fragen viel Sorgen. Es ist mehr drin, als manche meinen. Aber meine eigene Bewegungsfreiheit ist geringer, als mancher meint. Gerade über diese Fragen müssen wir in Ruhe sprechen. Du darfst nicht unterstellen, dass ich mir keine Gedanken mache oder dass gewisse Ergebnisse meiner Überlegungen auf Mangel an Konsequenz oder „Mut" beruhten.[10]

Was den Mist der Geschäftsordnung angeht, hast Du natürlich Recht, dass es grössere Sorgen gibt.[11] Nur bleibt festzuhalten, dass mir auch im Bereich meiner Verantwortung an etwas mehr Ordnung gelegen sein muss, und dass ich Dich schon gelegentlich gefragt hatte, ob Du nicht im Bereich Deiner Verantwortung zweit- und drittrangigen Dingen zuweilen eine übergebührliche Bedeutung und Beachtung zukommen lässt.

Aufgrund Deiner Einwände hatte ich den Abschnitt über den Bundessenator völlig ausgeklammert. Es wird wohl auch nichts anderes übrig bleiben, als auch die ganze Behandlung der Bundesratssachen auszuklammern (wobei eine Zustimmung der anderen Senatoren von vornherein sicher ist). Leidenschaftslose Betrachtung ergibt, dass die Anregungen für eine Neuregelung dem Bundessenator eine viel stärkere Stellung gegeben haben würde, als es nach der jetzt gültigen Fassung (aus der Zeit des Reuter-Senats) der Fall ist. Aber, wie gesagt, lass' uns die ganze Sache vergessen bzw. auf Eis legen. – Einige andere Dinge wie Stellung der Senatsdirektoren, Verkehr mit dem Abgeordnetenhaus etc. müssen und können jetzt geregelt werden.

Und nun möchte ich hoffen, dass Du Dich mit neuen Kräften und ohne allzuviel Groll ausstattest, wenn Du nach Berlin kommst. Du wirst mit Deinen Kräften haushalten müssen, aber Du wirst in den vor uns liegenden Jahren noch Wichtiges anpacken, dem Leben hoffentlich auch manches von seinen angenehmeren Seiten abgewinnen können.

Rut und die Kinder grüssen Dich herzlich. Von mir nimm in wirklicher Freundschaft alle guten Wünsche entgegen.
Dein
Willy Brandt

Nr. 58
Vermerk des Regierenden Bürgermeisters von Berlin, Brandt, über ein Gespräch mit dem Chefkorrespondenten von CBS, Schorr
20. Juni 1960[1]

AdsD, WBA, A 6, 61.

Heute besuchte mich Mr. Schorr, Chefkorrespondent von CBS in Deutschland. Er hat den Bundeskanzler kürzlich in Cadenabbia interviewt.[2] Dieses Interview ist dem Programm angefügt worden, das zum größten Teil aus dem Gespräch zwischen Ed Murrow und Ernest Leiser einerseits und mir andererseits bestand.[3]

In diesem Interview hat Schorr den Bundeskanzler gefragt, ob er es für eine Katastrophe halten würde, wenn ein Mitglied einer anderen Partei eines Tages sein Amt übernehmen würde. Adenauer habe geantwortet, natürlich würde er das für eine Katastrophe halten, was man denn anderes von ihm erwarte.

Im Gespräch mit Schorr hat Adenauer zu erkennen gegeben, daß er meine Erklärungen im Gespräch mit ihm am Tage vor seiner Reise nach Cadenabbia (betr. Kempski-Artikel) als nicht befriedigend betrachtet habe.[4] Er habe weiter ausgeführt, Willy Brandt sei an einem Interimsabkommen über Berlin gelegen, weil nur das ihm die Möglichkeit verschaffe, sich ernsthaft um die Kanzler-Kandidatur zu bemühen. Ohne ein Interimsabkommen werde Brandt in beziehungsweise an Berlin gebunden bleiben.

‹Br[andt]›[5]
(Willy Brandt)

Nr. 59
Vermerk zur Berlinfrage
27. Juni 1960[1]

AdsD, SPD-LV Berlin, 115.

Bemerkungen zur Berlinfrage

Das Scheitern der Pariser Konferenz hat die Sorgen der Menschen und die Unsicherheit in aller Welt vergrössert. Die Lage ist fürwahr ernst genug. Und doch kann die Alternative der gescheiterten oder nicht stattgefundenen Gipfelkonferenz nur darin liegen, weiterhin mit Zähigkeit und Geduld zu versuchen, Ordnungselemente zwischen den Staaten und zwischen den Blöcken zu entwickeln, um zu verhindern, dass es zur Massenvernichtung der Völker kommt.

Diese Wahrheit gilt auch für die Sowjetunion. Die jüngsten Erklärungen des sowjetischen Ministerpräsidenten, daß Kriege zwischen den Staaten nicht unvermeidbar seien, lassen hoffen, daß auch er sich dieser Wahrheit nicht entzieht.[2] Allerdings kann auf diese Hoffnung allein die westliche Politik nicht aufgebaut werden.

Die Pariser Konferenz ist in Wirklichkeit nicht an der Berlinfrage gescheitert. Die Ereignisse im Zusammenhang mit dem Nicht-Gipfel haben unsere Auffassung bestätigt, daß Berlin nicht Ursache, sondern Ausdruck der tiefgreifenden Spannungen zwischen Ost und West ist. Aus dieser Erkenntnis sollte auch die Sowjetunion Folgerungen für ihre praktische Politik ziehen, was zum Nutzen für alle Beteiligten wäre.

Wir betonen erneut, dass die Berlinfrage nur ein Teil der deutschen Frage ist; sie bleibt unlöslich mit ihr verbunden und kann deshalb nur mit ihr gemeinsam gelöst werden.

Wir verkennen hierbei durchaus nicht, daß die Deutschlandfrage auf das engste mit anderen Problemen der Weltpolitik verknüpft ist – mit Fragen der europäischen Sicherheit, mit der Frage der Abrüstung und mit einer Verbesserung der allgemeinen Beziehungen zwischen Ost und West schlechthin. Wir sind weiterhin davon überzeugt, daß Fortschritte auf dem Gebiete der kontrollierten Abrüstung mehr als alle anderen Maßnahmen geeignet sein könnten, dem Ziele einer internationalen Entspannung und damit auch der Regelung der deutschen Frage näherzukommen.

Die deutsche Frage selbst kann nur unter Beachtung des Selbstbestimmungsrechts des deutschen Volkes gelöst werden. Scheinlösungen des Deutschlandproblems würden eine latente Gefahr für Europa und die Welt bedeuten. Wir erkennen berechtigte Interessen anderer Staaten durchaus an. Sie dürfen aber kein Vorwand dafür sein, das deutsche Volk daran zu hindern, sein Recht auf eigene Gestaltung seiner politischen und gesellschaftlichen Ordnung auszuüben.

Das deutsche Volk will den Frieden mit allen Völkern, nicht zuletzt auch mit seinen Nachbarn im Osten. Es sträubt sich gewiss nicht gegen den Abschluss eines Friedensvertrages, aber dieser Friedensvertrag kann nur mit einem wiedervereinigten Deutschland abgeschlossen werden.

Der Abschluss eines separaten Friedensvertrages[3] zwischen der Sowjetunion und Pankow wäre kein echter Vertrag, sondern ein Abkommen, das die Sowjetunion mit sich selbst abschließt. Er würde keinen Frieden, sondern neue zusätzliche Spannungen in Deutschland und Europa bringen und die Gefahr von Handlungen in sich bergen, die ein Eigengewicht bekommen und sich jeder Kontrolle zu entziehen drohen. Daran kann auch die Sowjetunion kein Interesse haben.

Solange die deutsche Frage nicht unter Beachtung des Selbstbestimmungsrechts gelöst ist, besteht keine Veranlassung, den Status Berlins zu ändern oder aufzuheben. Der gegenwärtige Status Berlins steht einer Verbesserung der internationalen Beziehungen durchaus nicht im Wege.

Es ist heute noch so wahr wie am ersten Tage des sowjetischen Vorstosses gegen die Stadt, dass Berlin keinen Gefahrenherd für den Weltfrieden darstellt. Die Berliner haben durch ihre friedliche Aufbauarbeit und durch ihr tägliches Verhalten der Welt bewiesen, dass sie keine Verschärfung, sondern eine Entschärfung der internationalen Situation wünschen. Es gibt wohl keine Stadt in der ganzen Welt, deren Menschen bei aller Entschlossenheit, ihre Freiheit zu verteidigen, so sehnsüchtig auf eine weltweite Entspannung hoffen. Sie wenden sich jedoch mit Leidenschaft und Entschlossenheit gegen die sowjetische Forderung, den Status von Berlin als Vorleistung für eine internationale Entspannung zu verschlechtern oder gar zu opfern.

Berlin muss vielmehr auch weiterhin Prüfstein dafür sein, ob und wieweit die Sowjetunion gewillt ist, ihre Politik im konkreten Einzelfall den Vorstellungen einer Entspannung einzuordnen.

Berlin hält daran fest, dass auch in Zukunft weder die Rechte der Westmächte in der Stadt noch die anderen Grundpfeiler des Status von Berlin bei Verhandlungen in Frage gestellt werden dürfen, sondern dass es nur darum gehen kann, die Ausübung dieser Rechte in gewissen Punkten zu präzisieren oder zu interpretieren.

Etwaige ergänzende Vereinbarungen der Großmächte dürften sich nicht auf Westberlin beschränken, sondern müssten beide Teile der Stadt umfassen. Denn es gibt keine Vier-Mächte-Vereinbarungen über Westberlin, sondern nur solche über ganz Berlin.

Der Graben, der gegen den Willen der gesamten Bevölkerung durch Berlin gezogen ist, darf nicht noch tiefer und breiter werden. Berlin muß weiterhin seine Funktion als Klammer zwischen den beiden Teilen Deutschlands ausüben und Stätte der menschlichen Begegnung bleiben können.

Wer die menschliche Not unseres gespaltenen Volkes kennt, wer insbesondere um die seelische Not unserer Landsleute in der Zone weiß, wird sich immer und immer wieder fragen, ob nicht während der Fortdauer der politischen Spaltung unter der Verantwortung der Vier Mächte wenigstens solche technischen Dinge zwischen beiden Teilen Deutschlands geregelt werden können, die im Interesse der Menschen liegen und die die Auswirkungen der Spaltung mildern.

Es muss sichergestellt werden, dass die mit Wissen und Billigung der Drei Mächte durchgeführte Einbeziehung Westberlins in das Rechts- und Finanzsystem des Bundes, seine Zugehörigkeit zum westdeutschen Währungs- und Wirtschaftsgebiet sowie seine politische Zugehörigkeit zum freien Teil Deutschlands erhalten bleiben. Diese Bindungen sowie ein freier Zugang von und nach Berlin stellen neben den Rechten der Westmächte in Berlin die Grundpfeiler für die freiheitliche Existenz der Stadt und seiner [sic] Bevölkerung dar.

In diesem Rahmen wird sich Berlin ergänzenden Vereinbarungen der Großmächte nicht verschliessen.

Berlin wird auch in der vor uns liegenden Zeit nichts tun, was eine Belastung der weltpolitischen Lage darstellen könnte. Es wird sich bemühen, weiterhin ein Beispiel von Geduld, Nüchternheit und Festigkeit zu bleiben.

Wir können nicht mit raschen Veränderungen zum Besseren rechnen, wir vertrauen aber weiterhin auf unsere Schutzmächte und darauf, daß es auch in Zukunft nicht zu einer Fehlentscheidung in der Berlinfrage kommt. Eine solche würde sich nicht nur auf Berlin und Deutschland auswirken, sondern weltweite verhängnisvolle Folgen haben.

Nr. 60
Schreiben des Regierenden Bürgermeisters von Berlin, Brandt, an den Publizisten Mogens
3. Januar 1961[1]

AdsD, WBA, A 6, 37.

Sehr geehrter Herr Victor Mogens,
ich danke Ihnen für den interessanten Brief vom 5. 12. 60 und bedauere nur, darauf nicht so ausführlich eingehen zu können, wie es der Gegenstand eigentlich verdient.[2]

Vielleicht können wir uns vorweg auf drei Prämissen verständigen:

1) Die Geschichte kennt ein Niemals ebenso wenig wie ein Immer. Darauf weisen Sie auch im zweiten Teil Ihres Briefes selbst hin. Persönlich halte ich weitreichende Wandlungen in der Sowjetunion in den vor uns liegenden Jahrzehnten für nicht unmöglich. Solche Wandlungen – zusammen mit dem von der chinesischen Großmacht ausgehenden Druck – können erheblichen Einfluß auf die weitere Gestaltung der europäischen Dinge ausüben.

2) Die deutsche Frage ist nicht isoliert zu sehen. Sie ist in größere Zusammenhänge eingebettet. Konkret kommt es darauf an, welchen Kurs die neue amerikanische Regierung im Verhältnis zur Sowjetunion bestimmt und welche Rolle die deutschen Dinge dabei spielen können. Ich werde bemüht sein, mir möglichst bald – auch an Ort und Stelle – ein Bild von den Vorstellungen des neuen Präsidenten und seiner außenpolitischen Mitarbeiter zu machen und mich mit dem gebotenen Takt in die interne westliche Diskussion einzuschalten.[3]

3) Es ist wahr, daß die Stellung Deutschlands in der Welt bei weitem nicht so stark ist, wie es sich manchem meiner Landsleute in den vergangenen Jahren darstellen mochte. Ziemlich sicher ist, daß harte Entscheidungen auf die deutsche Politik zukommen. Aber sicher ist auch, daß dem Frieden der Welt nicht mit Schein-

lösungen gedient ist, die in sich den Keim neuer Verwicklungen enthalten.

Sie dürfen davon überzeugt sein, daß ich allen Erwägungen aufgeschlossen bin, die ernsthaft darauf abzielen, den Menschen in der Sowjetzone zu staatsbürgerlicher Freiheit zu verhelfen. Auch der Gedanke, daß die Wiederherstellung der staatlichen Einheit nur das Ergebnis eines Entwicklungsprozesses sein kann, ist mir keineswegs fremd. Ich kann mir jedoch schwer vorstellen, daß „Freiheit für die Ostzone" unter den heute gegebenen Bedingungen leichter zu erreichen sein sollte als „Wiedervereinigung".

Selbstverständlich müssen wir davon ausgehen, daß vom sowjetischen Standpunkt aus militärpolitische Interessen auf dem Spiel stehen. Sie nicht erkennen und ihnen nicht in angemessenem Rahmen Rechnung tragen zu wollen, wäre wirklichkeitsfremd. Das politische Prestigeinteresse, das sich zu Gunsten des miserablen Ulbrichtregimes auswirkt, würde jedoch mit der Losung „Freiheit für die 17 Millionen" ebenso wenig zu vereinbaren sein, wie mit Lösungen, deren Ergebnis die Wiederherstellung der staatlichen Einheit sein würde.

Der Gesichtspunkt, daß es nicht leicht sein wird, den sowjetischen beziehungsweise den polnischen Standpunkt in der Frage der Ostgrenze aufzulockern, ist manchem von uns nicht fremd. Aber abgesehen davon, daß hier ja bis auf weiteres nicht die Grenze der Bundesrepublik in Frage steht, kann man von deutschen Politikern nicht gut erwarten, daß sie hinter eine Position zurückgehen, die auf der Potsdamer Konferenz sogar von den westlichen Siegermächten bezogen wurde. Persönlich halte ich gewisse Modifikationen für erreichbar. Ich mache bewußt einen Unterschied zwischen der Wiedervereinigung im Sinne eines Zusammenführens der Menschen, wo sie heute leben, und dem Ringen um eine möglichst vernünftige Regelung der Grenzfrage. Die Regelung dieser Frage, so schwer sie auch bleibt, könnte erleichtert werden, wenn sie im Zusammenhang mit der Wiederherstellung der staatlichen Einheit erfolgte. Inzwischen sollte gewiß alles mögliche versucht werden, um das Verhältnis zu Polen zu entlasten.[4]

Was Berlin angeht, scheint es mir für die nächste Runde darauf anzukommen, daß sich die Amerikaner (und mit ihnen der ganze Westen) hier nicht eine Niederlage zufügen lassen, die vieles Weitere vorbelasten müßte. Ebenso bedeutsam ist es, daß die lebenswichtigen Beziehungen zwischen Berlin und der Bundesrepublik gewahrt bleiben.
Mit vorzüglicher Hochachtung
‹(Willy Brandt)›[5]

Nr. 61
Schreiben des Regierenden Bürgermeisters von Berlin und Kanzlerkandidaten der SPD, Brandt, an den Bundesminister für Verteidigung, Strauß
7. März 1961

AdsD, WBA, A 6, 173.

Sehr geehrter Herr Bundesminister,
der „Deutschen Zeitung" vom 4./5. 3. [19]61 entnehme ich, daß die CSU den Wortlaut Ihrer Ausführungen am 15. Februar 1961 in Vilshofen veröffentlicht hat.

Dieser Wortlaut ist mir bei meinen Ausführungen vor dem Presseclub in Bonn am 1. März [1961] nicht bekannt gewesen. Vielmehr habe ich mich auf die „Frankfurter Allgemeine Zeitung" vom 16. 2. [19]61 gestützt, die gleich anderen Zeitungen Ihre Ausführungen über meine Person wie folgt wiedergegeben hat: „Eines aber wird man doch Herrn Brandt fragen dürfen: Was haben Sie 12 Jahre lang draußen gemacht? Wir wissen, was wir drinnen gemacht haben."

Diese Wiedergabe unterscheidet sich, wie Sie mir zugeben werden, sowohl im Wortlaut als auch im Sinn von der nunmehr veröffentlichen Äußerung.[1]

Ich darf Ihnen versichern, daß ich bei Kenntnis dieses Wortlautes davon abgesehen hätte, auf Ihre Ausführungen in Vilshofen in kritischem Sinne Bezug zu nehmen. Im Gegenteil begrüße ich es sehr, daß Sie sich entschieden gegen einen Schmutzkampf in der Politik und gegen persönliche Herabsetzungen ausgesprochen haben.[2]
Ich erlaube mir, Abschrift dieses Briefes dem Vorsitzenden des Presseclubs in Bonn zu übersenden.
Mit vorzüglicher Hochachtung
gez.[3]
(Willy Brandt)

Nr. 62
Schreiben des Regierenden Bürgermeisters von Berlin, Brandt, an den Bundeskanzler, Adenauer
6. April 1961

StBKAH, I/12.28.

Sehr geehrter Herr Bundeskanzler!
Nach meiner Rückkehr aus den Vereinigten Staaten habe ich – wie Ihnen sicher mitgeteilt worden ist – Ihren Vertreter im Amt, Herrn Bundesminister Prof. Dr. Erhard, aufgesucht und ihm einen kurzen Bericht über die Gespräche gegeben, die ich mit dem Präsidenten der Vereinigten Staaten und mit Mitgliedern seiner Regierung führen durfte.[1] In diesem Bericht habe ich auch erwähnt, daß Präsident K e n n e d y sehr freundlich auf den Hinweis reagiert habe, er möchte bei seiner nächsten Europareise an einen Abstecher nach Berlin denken. Inzwischen liegt der Termin des Besuches von Präsident Kennedy in Paris fest.[2]
Ich darf deshalb Sie, sehr verehrter Herr Bundeskanzler, sehr dringend darum bitten, falls Sie Präsident Kennedy zu einem Besuch in Bonn einladen, diese Einladung auch auf einen Besuch des Präsi-

Der Präsident der USA, John F. Kennedy, und Willy Brandt am 13. März 1961 im Weißen Haus

denten in Berlin auszudehnen. Dafür würde ein halber Tag genügen. Ich brauche nicht zu betonen, welche politische Bedeutung ein solcher Besuch des Präsidenten der Vereinigten Staaten in der deutschen Hauptstadt hätte.[3]

Wenn ich auch die Möglichkeit hätte, auf mein Gespräch mit dem Präsidenten noch einmal unmittelbar zurückzukommen, so läge mir doch sehr daran, daß der Wunsch Berlins durch den deutschen Bundeskanzler übermittelt werden könnte.

Mit den verbindlichsten Empfehlungen
Ihr sehr ergebener
‹Willy Brandt›[4]

Nr. 63
Hs. Vermerk des Regierenden Bürgermeisters von Berlin und Kanzlerkandidaten der SPD, Brandt, über ein Treffen mit Kardinal Döpfner
22. April 1961

AdsD, WBA, A 6, 176.

Ich suchte heute vormittag Kardinal Döpfner in dessen Residenz auf und hatte mit ihm ein gut einstündiges Gespräch unter vier Augen.[1] Einleitend wies ich darauf hin, dass ich aus ernster Sorge und mit der Bitte um einen Rat zu ihm komme. Der beginnende Bundestagswahlkampf zeige an manchen Orten eine Voreingenommenheit katholischer Repräsentanten, die mich recht traurig stimme. Es gehe mir jetzt gar nicht um die Wahlen, sondern darum, dass wir in diesem Staat miteinander leben müssen. Ich verwies auf die Neubestimmung unserer Standorte, wie sie im Godesberger Programm ihren Niederschlag gefunden hat, und bat um Hinweise, was wir nach Meinung des Kardinals tun könnten, um unnötige Hindernisse beiseite räumen zu helfen.[2]

Obwohl ich betont hatte, dass es hierbei nicht um meine Person gehe, äusserte sich der Kardinal zunächst zu diesem Punkt. Kein Bischof könne mir Vorhaltungen machen, sondern es müsse mir bestätigt werden, dass ich mich um ein anständiges Verhältnis zwischen den Trägern staatlicher und kirchlicher Verantwortung bemühe. Andererseits sei nun einmal der Wahlkampf angelaufen, und da gehe es gewiss nicht immer fein zu. Er bedaure, wenn dabei nicht gewisse Grenzen gewahrt würden. Seines Wissens habe sich kein Bischof in einem mir feindlichen Sinne geäussert. Die Kirchenleitung billige nicht alles, was auf lokaler Ebene oder von Vertretern katholischer Organisationen gesagt oder geschrieben werde.

Kardinal D[öpfner] nahm dann auf eine grundsätzliche Aussprache Bezug, die wir im Herbst 1958 in meiner Wohnung gehabt hatten. Er hatte damals betont, dass es falsch wäre, wenn die Kirche nicht den Klärungsprozess im sozialistischen Lager aufmerksam verfolge oder wenn sie ihn gar erschweren würde. Aber er müsse offen sagen, dass auch die Formulierungen des Godesberger Programms noch viele Fragen offen liessen. Er gehe wohl auch nicht fehl in der Annahme, dass es bei uns weiterhin einen starken marxistischen Flügel gebe und dass sich andere durch taktische Erwägungen leiten liessen. Gelegentlich fürchte er auch, dass die klare Luft der Auseinandersetzung, die dem Christen gut bekomme, durch ein unklares Etwas ersetzt werden könnte.

Die Bedenken uns gegenüber seien beim jetzigen Stand der Entwicklung weiterhin so gewichtig, dass es der Kirche nicht möglich sei, die Haltung einer wohlwollenden Neutralität einzunehmen. Das sei eben, trotz mancher Einwände im einzelnen, bei der CDU anders. Er wolle aber ausdrücklich betonen, dass es nicht im Interesse der Kirche liege, mit einer politischen Gruppe identifiziert zu werden.

Zum Konkreten bezog sich der Kardinal auf die bekannten Forderungen zur Schulfrage und auf die Einstellung zu den verschiedenen Aspekten der Sozialarbeit. Wo wir kommunale oder staatliche Verantwortung trügen, sei immer wieder zu spüren, dass wir möglichst alles kommunal oder staatlich verwalten möchten und gegen die freien kirchlichen Einrichtungen eingestellt seien. Dies sei beispielsweise auch bei der Regierung ‹Hoegner›³ der Fall gewesen.

Er riet, wir sollten in diesen Monaten vor der Wahlentscheidung nichts unternehmen, was uns als blosse Taktik ausgelegt werden würde. Wir müssten uns auf beiden Seiten bemühen, in sauberem Anstand durch die vor uns liegenden Monate zu kommen, um dann weiterzusehen.

Wir sprachen dann noch über das deutsch-polnische Verhältnis. Der Kardinal bemerkte schliesslich, dass sein Name in Verbindung mit der Nachfolge von Kardinal Wendel genannt werde.⁴ Wenn es nach ihm ginge, würde er gern in Berlin bleiben.

Br[andt]⁵

Nr. 64
Aus dem Protokoll der Sitzung des Landesvorstandes der Berliner SPD
8. Mai 1961

AdsD, SPD-LV Berlin, 308.

[. . .]¹

Willy Brandt: [. . .] Ich halte den Verlauf des Parteitages für einen ungewöhnlich ernsten Vorgang in der Entwicklung der Berliner Partei und noch mehr in der Entwicklung der Gesamtpartei.² Mein Entsetzen ist mit dem Zeitabstand nicht geringer geworden, sondern hat nur noch zugenommen. Seit vielen Jahren habe ich nicht an der Zukunft der Partei gezweifelt und an ihrer Position in dieser Stadt. Auf dem Parteitag ist sehr viel Schaden angerichtet worden, und das bekommen wir noch in den nächsten Wochen und Monaten zu spüren. Die westdeutsche CDU-Presse ist schon mitten in der Debatte. In Westdeutschland wird der Parteitag eine verheerende Auswirkung haben und in Berlin tritt eine sehr ernste Pressesituation zutage.³

Das erste Erfordernis scheint mir die innerparteiliche Klärung zu sein. Der neue Landesvorstand muß dafür Sorge tragen, daß die Unterrichtung der Mitglieder in allen Kreisen unter Beteiligung der Mitglieder des Landesvorstandes erfolgt, damit alle wissen, was sich wirklich abgespielt hat. Ich habe einen Brief von [Josef] Grunner erhalten, in dem in einer unverständlichen Art alles umgedeutet wird, was er auf dem Parteitag gesagt hat. Er habe alles ganz anders gemeint, als ich es als Vorsitzender aufgefaßt und darauf reagiert habe.[4] [Werner] Stein hat sich bei mir angemeldet, aber diese Debatte kann ich im Augenblick rein zeitlich nicht führen.[5]

Der Brief von Grunner zeigt, daß, wenn nicht für eine objektive Berichterstattung gesorgt wird, die Dinge falsch in den Kreisen wiedergegeben werden. Über den 1. Mai hat er sagen wollen, wie stolz wir immer darauf gewesen sind, daß die Menschen freiwillig kommen und auch jeder das Recht hat, sich den Tag so zu gestalten, wie er es für richtig hält.

In Bonn ist eine Pressekonferenz mit einem Sprecher des Parteivorstandes erforderlich geworden, um der Presse gegenüber zu den Vorgängen auf dem Berliner Landesparteitag Stellung zu nehmen.[6]

Zu der innerparteilichen Auswertung, die so sauber wie möglich erfolgen sollte, gehört außer dem, was in den Kreisen geschieht, auch die „B[erliner] S[timme]" dazu. Wir müssen überlegen, wie wir die „BS" noch mehr aufmöbeln können. Ich muß mir entgegenhalten lassen, daß ich selbst F r i e d a g[7] in den Wahlkampf schickte. Man muß die Frage neu überlegen. Die „BS" braucht einen Chefredakteur, der sich voll darum kümmert.

Die Reaktion der Presse hat in Berlin eine besondere Bedeutung für uns. Die beiden Zeitungen, die in Massenauflage erscheinen (BZ und Morgenpost) nehmen einen sehr unfreundlichen Standpunkt ein, der uns belastet. Die Morgenpost bewegt sich seit einiger Zeit so, als sei sie ein Parteiorgan des rechten Flügels der CDU. Auch der Leitartikel nach dem außerordentlichen Kongress in Bonn war gehässig. Das ist offenbar von der Redaktionsführung so gefordert worden. Es ist ein ernster Vorgang. Bei der „BZ" kann man nicht sagen, daß sie von vornherein eindeutig gegen uns Stellung bezieht. Aber in

Willy Brandt im Gespräch mit dem späteren Berliner Senator für Kunst und Wissenschaft, Adolf Arndt, am 6. Mai 1961 auf dem Landesparteitag der Berliner SPD

dieser Geschichte sind die beiden Wies[s]ner-Artikel nicht nur kritisch, sondern unfreundlich. Kein Wort über das, was wirklich vor sich gegangen ist, wird berichtet. Und das sind die Zeitungen mit Massenauflage. Dann haben wir den „Tag", den wir seiner geringen Auflage wegen fortlassen können, und auch den „Kurier". „Der Tagesspiegel" hat seit Monaten einen viel stärkeren CDU-Kurs als früher und auch im Grunde schon im Hinblick auf die kommenden Berliner Wahlen. Das wirklich ernsteste Problem sind die Ullstein- und Springer-Zeitungen. Es gibt sicher keine ad hoc-Lösung. Für Spandau ist das „Spandauer Volksblatt" ein wichtiger meinungsbildender Faktor, mit Artikeln von einem Mann, der schreibt, als sei er ein Agent.[8] Und so reiht sich eins ans andere. Es gibt da keine Patentmedizin.

In der Frage der Kandidatur als Bundeskanzler im Zusammenhang mit dem hiesigen Amt ist es uns nicht gelungen, aus der Schußlinie herauszukommen.[9] Ich fürchte, daß Fehler, die bei uns selbst liegen, mit dazu beigetragen haben. Aber das hilft uns heute nicht mehr weiter. Eine kleine Maßnahme ist, daß wir wieder einen Pressesekretär im Landesverband haben müssen. Das Verhalten eines nicht unbeträchtlichen Teils unserer Genossen hat nicht dazu beigetragen, uns glaubwürdiger zu machen.

Ich hätte noch vorzubringen, daß wir uns mit einigen personellen Dingen befassen müssen. Es muß die Möglichkeit gefunden werden, einige Genossen, die nicht wieder in die Gremien gewählt worden sind, mit Aufgaben zu betrauen und sie weiterhin im Landesverband mit heranzuziehen. Das sollte eine Aufgabe sein, die ein Vorstand nach einem Landesparteitag zu tun hat.

Kurt Mattick: Bei den Überlegungen, wie wir die Berichterstattung über den Parteitag anfassen, würde ich vorschlagen, ein sehr ausführliches, ein wörtliches Protokoll der Diskussion und des Schlußwortes von Willy Brandt in der „BS" zu veröffentlichen.[10] Wir müssen diese sogenannte „Linke" in der Partei isolieren. Das können wir am besten, wenn wir jedem Mitglied den Wortlaut vom Verlauf des Parteitages in die Hand geben. Die Berichterstattung allein hilft uns nicht viel weiter, da sie bereits in den nächsten Tagen in den

Abteilungen beginnt. Wir sollten einen Beschluß fassen, daß Kreisdelegierten-, Funktionär- oder Mitgliederversammlungen durchgeführt werden.

Wir können gegen Grunner keinen Ausschlußantrag stellen; aber wir müssen ihn und seine „Genossen" isolieren, um die gutwilligen Genossen von ihnen zu trennen. Das kann nur gelingen, wenn man mit offenem Visier kämpft. Deshalb schlage ich vor, den Wortlaut in der „BS" zu bringen, die Auflage zu erhöhen und jedem Abteilungsleiter zur Verteilung 15 bis 20 Exemplare zusätzlich zur Verfügung zu stellen. Ferner Kreisveranstaltungen, um mit dem Landesvorstand zu diskutieren. Wir sollten auch überlegen, wie wir bezüglich der Pressesituation die Dinge anfassen können. Ich habe mich einmal mit Egon B a h r unterhalten. Er bedauerte, daß ihm die Zeit fehlt, um mit den Presseleuten eingehende Gespräche zu führen. Deshalb wäre es gut, wenn wir in der Zietenstraße einen brauchbaren Pressechef haben.

Willy Brandt: Ich möchte ganz nachdrücklich vor einer wortwörtlichen Veröffentlichung der Diskussion in der „BS" warnen. Das ist nach meiner Meinung der falsche Weg; denn auf dem Parteitag haben sich einige hinreissen lassen, das Werk von Parteischädlingen zu spielen, aus übersteigerter persönlicher Verärgerung. Dann hat ein Vorstand das Recht, seine Meinung zu sagen. Er muß in der Darstellung seiner Meinung das anprangern, was er anprangern will. Aber wir dürfen nicht deren Reden weitergeben.

Eberhard Hesse: Wir werden das Protokoll vom Parteitag recht schnell anfertigen lassen, damit sich die Sprecher auf den tatsächlichen Verlauf stützen können.

Zur Pressesituation: Wenn wir einen neuen Mitarbeiter haben, müssen wir ein Schwergewicht darauf legen, daß sich unsere sozialdemokratischen Mitglieder und Funktionäre nicht mehr widerspruchslos in den Artikeln beschimpfen lassen, sondern möglichst zahlreiche Zuschriften senden.

Willi Urban: Ich bedauere ganz besonders, daß sich nicht einmal das Mitglied des Senats, Ella K a y, zu unserer Berlin-Politik bekannt hat. Auch Schellenberg hat geschwiegen, obgleich er Parteivorstandsmitglied ist.¹¹ Dieser Tiefschlag auf dem Parteitag ist keine Entgleisung, sondern gezielte Politik. Die Initiatoren haben gewußt, daß die Partei insgesamt getroffen wird. Als Landesvorstand dürfen wir zu diesen Dingen nicht schweigen. Wir müssen den Mut haben, diese Elemente zu entfernen. Wo sind denn noch gemeinsame Wege? Sie spritzen ihr Gift aus, das geht so weit, daß sie sogar sagen: man muß in der Übergangszeit vom Kapitalismus zum Sozialismus KZ's haben. Jawohl, das hat ein Mitglied der Partei gesagt. Wir haben uns zu solchen Dingen in den letzten zwei Jahren völlig passiv verhalten. Man muß sich von diesen Genossen trennen.

Kurt Neubauer: Aufgabe des Landesvorstandes ist es, der Mitgliedschaft die Dinge klarzumachen und die Betreffenden zu fragen: was wollt ihr eigentlich, wo sind die Punkte, in denen wir uns unterscheiden? Es wird nichts Politisches dabei herauskommen. Sie haben vor dem Parteitag geschwiegen, und nur in einigen kleinen Abteilungen gewagt, den Mund aufzumachen und zu sagen, was sie meinen. Da haben sie das Godesberger Programm zerfetzt, z. B. Ristock und Wetzel. Wetzel hat zum Kampf dagegen aufgerufen. Ich beantrage,

> daß der Vorstand einen Brief an alle Kreisvorstände des Inhalts schreibt, der Landesvorstand wünscht nach Ablauf dieses Parteitages, daß Kreisdelegierten- oder Mitgliederversammlungen einberufen werden. Der Landesvorstand wird einen Referenten dazu benennen.

Das Hinterhältigste auf dem Parteitag war, was Stein gesagt hat: sie seien die disziplinierten Genossen – im Gegensatz zu uns.¹² Das ist ein Argument, auf das wir antworten müssen. Dazu ist nötig, daß wir uns im Vorstand einig sind. Der gesamte Vorstand muß sich dafür zur Verfügung stellen. Er muß bereit sein zu kämpfen. Eine Reihe unserer Genossen haben geglaubt, das mit einigen Bemerkungen abtun zu können.

Die Berichterstattung in den Kreisen muß durch Berichterstatter des Landesvorstandes erfolgen. Die Mitglieder des Landesvorstandes sollten möglichst im Laufe dieser Woche Wort-Protokolle bekommen, um das noch einmal durchzuarbeiten. Wenn wir das stichhaltige Material in der Hand haben, können wir sagen: Nein, nicht das hast Du gemeint, sondern das und das hast Du gesagt.

[Siegfried] Aufhäuser: Über die Wirkung der würdelosen Ausführungen von Grunner möchte ich mich nicht weiter verbreiten. Ich möchte nur sagen, daß auch die bürgerliche Presse samt und sonders das Auftreten von Grunner unter der Überschrift gebracht hat „Tumult".[13] Grunner hat sich selbst mit dieser skandalösen Rede gerichtet.

Wichtig ist, was macht der Landesvorstand? Was geschieht, um die Atmosphäre, in der der Parteitag geschlossen hat, möglichst schnell zu entgiften. Tatsache ist, daß der Anlaß eine innerpolitisch üble Auseinandersetzung gewesen ist, die nun auf der ganzen Partei – insbesondere in Berlin – lastet. Ich bin nach wie vor der Meinung, wir müssen in solchen Fällen nicht nur richtig stellen, sondern wir müssen eine solche Aktion verbinden mit einer verstärkten Aktivität in den Punkten, die auf diesem Parteitag durch die Redner der sogen[annten] Opposition aufgeworfen wurden. Die Aktion, die jetzt notwendig ist, kann nur in einer verstärkten Aktivität des Eingreifens der Berliner Bewegung in den Bundestagswahlkampf liegen.

Wir dürfen nicht warten, bis die ganze Berichterstattung durch alle Abteilungen und Kreise gelaufen ist, sondern nach diesem Parteitag muß in irgendeiner Form, am besten in der einer Funktionärversammlung, geklärt werden:

1. Das Verhalten von Köhler,
   den Falken und
   das Auftreten einiger Genossen auf dem Landesparteitag[14]
2. Ein Referat zum Regierungsprogramm,
   am besten Deist bitten, das Referat zu übernehmen.

Klaus Schütz: Die innere Stärke der Partei muß nach außen demonstriert werden, auch vor den eigenen Mitgliedern. Das wirkt sich auch auf die Berliner Wahlen aus. Meine Befürchtung ist, daß es bei dem üblichen „Bla-bla" bleibt. In den Kreisen haben die Betreffenden die Diskussion ganz anders geführt, weil wir vor Delegiertenwahlen zum Parteitag standen. Es ist ein Nachteil, daß wir jetzt nicht vor Wahlen stehen. Mir genügt die Forderung an die Kreise, daß Mitglieder des Landesvorstandes den Standpunkt erläutern, allein nicht. Der Landesvorstand sollte in jede Kreisdelegiertenversammlung mit einem konkreten Antrag gehen, der diesen Parteitag beinhaltet und die Genossen in einer Diskussion auffordert, ihre Meinung zu sagen, wie sie zu diesem Antrag stehen. In der „BS" muß so etwas wie der Auszug von der Erklärung, die Willy Brandt gegeben hat, stehen. Mir geht es darum, daß diesen Burschen klar wird, der Landesvorstand ist nicht in sich aufsplitterbar. Wir sollten prüfen, ob nicht ein Teil der Werbemittel, die die Bonner Partei in den Bezirken herausgibt, auch an die Berliner Bevölkerung verteilt werden sollte, damit auch die Berliner das Gefühl bekommen: Wir haben etwas mit dem Bundestagswahlkampf zu tun.[15] Auch die FDP hat ihr Plakat mit Heuß und Mende in Berlin anschlagen lassen.

Margarete Berger-Heise: Ich bin nicht damit einverstanden, daß die Diskussion in der „BS" abgedruckt wird und auch nicht mit einer zentralen Veranstaltung (etwa in Form einer Funktionärkonferenz). Es war ein sehr primitiver Parteitag.

[Joachim] Lipschitz: Im Falle Wetzel habe ich Euch vor Jahren auf einen Vorgang aufmerksam gemacht, als er auf einer Tagung des Bundesjugendringes als einziger einem Bekenntnis zu Berlin nicht zugestimmt hat.

Willy Brandt hat bereits von der Schlappe gesprochen. Es muß sehr deutlich gesagt werden, zumal sich diese Art von Politik in der Partei nicht auf Berlin beschränkt, was sich hier wirklich abspielt. Es ist übrigens ein Witz, daß Beck sich hinstellt und auf Frankfurt verweist. In der Partei ist eine Gruppe am Werk, die auf die Niederlage im Wahlkampf hinarbeitet, um dem jetzigen Kurs der Partei die Schuld in die Schuhe zu schieben. Es ist bemerkenswert, daß auf dem Parteitag mit den gleichen Argumenten wie in Westdeutschland gearbeitet wurde. Es ist eine politische Erpressungsmethode, zu sagen, den Zeitpunkt, wann etwas gesagt wird, bestimmen wir (wie es Karnatz in einem Zwischenruf sagte).

Für die Veröffentlichung in der „BS" bin ich nicht, denn selbst die schlimmsten Reden nehmen sich auf dem Papier anders aus. Der tollste Beitrag kam von Stein, er war gefährlich. Aber jedenfalls, unvorbereitet war das ganze nicht, das ist schon daraus zu ersehen, daß Ristock von einem Manuskript ablas. Man sollte zum Ausdruck bringen, daß die Diskussion nach dem Wehnerschen Referat hätte erfolgen müssen. Da hat man aber geschwiegen, weil die Nominierung der Abgeordneten zum Bundestag bevorstand und man die erst abwarten wollte.

Ich bin nicht dafür, daß sich der Landesvorstand mit Punkten „Köhler, 1. Mai und Falken etc." auf einer Funktionärkonferenz beschäftigt. Wie wäre es, wenn wir die Delegiertenversammlungen der acht Ostkreise zusammenfassen und vor ihnen die Dinge vorbringen? Die Stimme der Ostberliner Sozialdemokraten hat ein eigenes Gewicht. Dazu kann jeder kommen, der interessiert ist. Ich glaube, man muß die erhöhte Verantwortung den Ostkreisen gegenüber ausdrücken. Die 12 Westkreise sollten aufgefordert werden, im Sinne Neubauers vorzugehen, und die acht Ostkreise werden gemeinsam zusammengerufen.

Die Presse konzentriert sich auf die beiden Punkte: Nachfolge und Unklarheit, ob Bonn oder Berlin.[16] Zum ersten Punkt hat sich Willy Brandt geäußert, zum letzten nicht, weil nichts zu sagen war, denn er wechselt dieses Amt in Berlin nur mit dem des Bundeskanzlers. Der letzte Punkt kann z. B. bei den Delegiertenversammlungen noch einmal klargestellt werden. In der Nachfolgefrage werden wir noch ein paar Mal in die gleiche Situation kommen. Jetzt können wir jedenfalls gar nicht anders, als an dieser Linie festhalten. Und das können wir auch vertragen.

Innerparteilich sollte überall herausgestellt werden: Wer jetzt nicht Farbe bekennt, setzt sich dem Verdacht aus, an der Niederlage der Partei bei den Bundestagswahlen zu arbeiten, um nachträglich dies der Parteilinie in die Schuhe zu schieben. Das sollte eindeutig klar gemacht werden. Da gibt es nur zwei Möglichkeiten: Wer weiter schweigt, hat sich diese Auslegung selbst zuzuschreiben, oder er muß aussprechen, was er meint.

Irene Fleischhauer: Ich habe von verschiedenen Nicht-Mitgliedern gehört, die gesagt haben, es war gut, daß sie (damit meinen sie uns) endlich einmal auf die Pauke gehauen haben.

Kreisveranstaltungen möchte ich bejahen. Ich befinde mich in einem Kreis, wo ich weiß, wie es bei solchen Versammlungen zugeht. Wir sollten versuchen, den „Telegraf" zu veranlassen, daß er in etwa die Dinge in gerade Form bringt.

[Eberhard] Hesse: Verteilung von Wahlkampfmaterial finde ich gut. Dann können wir in der Berliner Partei das Bewußtsein stärken, daß es bei der Bundestagswahl viel mehr um Dinge geht, die uns betreffen. Wir könnten die Illus der „Morgenpost" usw. beilegen.[17] Aber es geht auch um finanzielle Fragen. In der „BS" muß laufend über den Wahlkampf berichtet werden. Wir können auch mit Arno Scholz vereinbaren, daß er gegen eine Anerkennungsgebühr im Telegraf 6 bis 8 Sonntage hintereinander eine Anzeige zum Bundestagswahlkampf aufnimmt.

Wir wollen versuchen, das Protokoll vom Parteitag so schnell wie möglich zu erhalten. Aber der Stenograf kann nur abends daran arbeiten, weil er am Tage berufstätig ist. Jedoch die Schlußrede von Willy Brandt liegt morgen vor, so daß sie allen Delegierten zugestellt werden kann.

[Heinrich] Albertz: In der Beurteilung stimme ich mit Lipschitz überein. Ich habe nach dem Parteitag lange überlegt und muß zugeben, daß der erste Vorwurf mich selbst trifft, denn ich habe zu denen gehört, die daran mitgewirkt haben, [Franz] Neumann und [Edith] Krappe auf die Bundestagsliste zu setzen.[18] Ich bedaure das tief. Das berührt die Seite des Tatbestandes, die wir noch vor uns haben, daß wir denen, die solche Reden auf dem Parteitag gehalten haben, in wichtigen vertrauensvollen Funktionen gegenübersitzen. Wenn wir morgen Fraktionsvorstandssitzung gehabt hätten, wäre ich gezwungen gewesen, dieser Korona gegenüberzusitzen. Ich brauche den Katalog nicht durchzugehen. Ich will nur darauf hinweisen, daß wir alle miteinander von einer Praxis wegkommen müssen, in dem wir glauben, die Dinge durch alle möglichen Kungeleien hinter oder zwischen den Türen beizubiegen. Darum bitte ich zu erwägen, ob wir uns nicht eine etwas andere Praxis angewöhnen müssen. Ich hatte schon überlegt, wenn die Fraktionsvorstandssitzung morgen stattgefunden hätte, dem Fraktionsvorstand einen Brief zu schreiben, daß

ich als Chef der Senatskanzlei nicht verpflichtet bin, zu erscheinen. Als PV-Mitglied kann ich aber nur teilnehmen, wenn ich überzeugt sein kann, daß ich Sozialdemokraten gegenübersitze. Auf alle Fälle kämen wir durch Zurückhaltung wieder in eine Schlidderei der Dinge hinein. Ich kann keine praktischen Vorschläge im Einzelnen machen, aber wir sollten keinerlei Kameraderie zeigen. Was das Verhältnis Senat zum Abgeordnetenhaus angeht, bei denen wir sicher sein können, wes Geistes Kind sie sind, ihre Abgeordneten vorladen und sich berichten lassen, wie sie sich in der Fraktion verhalten haben? Wir müssen Möglichkeiten schaffen, um bestimmten Leuten auf die Füße zu treten. Ich möchte herzlich bitten, daß wir uns diese Seite der Sache überlegen und meine, daß das ebenso wichtig ist, wie die Wirkung von Delegiertenversammlungen.
[...][19]

Nr. 65
Schreiben des Regierenden Bürgermeisters von Berlin, Brandt, an den Theologieprofessor der Freien Universität Berlin Gollwitzer
5. Juni 1961

AdsD, WBA, A 6, 36.

Sehr verehrter Herr Professor!
Für Ihren freundlichen Brief vom 15. Mai [1961] danke ich Ihnen.
    Ich habe es sehr bedauert, daß sie auf Grund Ihrer Klausurtagung nicht an dem anregenden und, wie ich glaube, auch fruchtbaren Gespräch in Bonn haben teilnehmen können.[1]
    Ihre mit großem Ernst ausgesprochene Sorge über den Ausschluß von Herrn [Max] Köhler aus der SPD hat mich beeindruckt.[2] Ich darf Ihnen jedoch versichern, daß der Ausschluß von Herrn Köhler nicht erfolgte, um dem „Odium einer angeblichen antikirchlichen Einstellung der SPD entgegen zu arbeiten", sondern weil Herr Köhler

mit seinem Artikel in der „Stimme des Freidenkers" Nr. 2 vom Februar 1961 ein besonders grobes Beispiel von Intoleranz gegeben und gleichzeitig dem innenpolitischen Gegner billige Wahlargumente geliefert hat.[3]

Die Sozialdemokratische Partei hat sich – wie Sie wissen – in ihrem Godesberger Programm ausdrücklich dazu bekannt, daß „nur eine gegenseitige Toleranz, die im Andersglaubenden und Andersdenkenden den Mitmenschen gleicher Würde achtet, eine tragfähige Grundlage für das menschlich und politisch fruchtbare Zusammenleben bietet". Dadurch werden das Gewissen des Einzelnen und seine weltanschauliche Überzeugung nicht gebunden. Auch eine Kritik an dem Christentum und der Kirche wird dadurch nicht eingeengt. Man wird von jedem Mitglied auch nicht erwarten können, daß es kritische Äußerungen immer in der geeigneten Form vorbringt. Der Aufsatz von Herrn Köhler geht jedoch weit über das Maß des Vertretbaren hinaus.

Ich darf Ihnen sagen, daß auch der Freidenkerverband Berlin Herrn Köhler wegen seines intoleranten Verhaltens durch ein Schreiben vom 16. Februar 1961 ausgeschlossen hat, in dem es u. a. wie folgt heißt:

„‹...›[4] Der Verband ist eine Kultur-Organisation und übt anderen Weltanschauungen gegenüber Toleranz, fordert selbst Toleranz und achtet den Andersdenkenden. Die „Stimme des Freidenkers" soll unser freigeistiges Gedankengut verkünden und unserer Kulturauffassung dienen. Zur Vertiefung freigeistigen Wissens wird die Zeitschrift an die Jugendweihe-Kinder und an die Schulkinder verteilt, die am Lebenskunde-Unterricht teilnehmen.

Das wurde Dir neben anderen Richtlinien, zuletzt in der Vorstandssitzung, am 5. Dezember 1960, auseinandergesetzt. Unsere Zeitung sollte nicht auf den Tiefstand eines Hetzblattes hinabsinken. Dein Artikel läßt diese Richtlinien unbeachtet. Er stellt darüber hinaus auch eine Verletzung der Gefühle solcher Staatsbürger dar, die zwar noch Anhänger einer Kirche sind, aber uns bisher mit Toleranz begegneten.

Die genannten Gründe zwingen dazu, hiermit Deinen Ausschluß auszusprechen, und Dir ab sofort die Redaktion der Zeitschrift zu entziehen, weil Dein Verhalten verbandsschädigend ist <...>".[5]
Herr Köhler hat gegen seinen Ausschluß das nach dem Statut vorgesehene Rechtsmittel der Beschwerde eingelegt, über die nunmehr der Parteivorstand in Bonn zu entscheiden hat.[6]

Sie können versichert sein, daß die SPD eine Partei der geistigen Freiheit und der lebendigen Auseinandersetzung bleibt.
Mit verbindlichen Empfehlungen
Ihr[7]
(Willy Brandt)

Nr. 66
Erklärung des Regierenden Bürgermeisters von Berlin, Brandt, vor dem Berliner Abgeordnetenhaus
13. August 1961

Pressedienst des Landes Berlin, Nr. 173 vom 13. August 1961, S. 3–8.

Die vom Ulbricht-Regime auf Aufforderung der Warschauer Paktstaaten verfügten und eingeleiteten Maßnahmen zur Abriegelung der Sowjetzone und des Sowjetsektors von West-Berlin sind ein empörendes Unrecht.[1] Sie bedeuten, daß mitten durch Berlin nicht nur eine Art Staatsgrenze, sondern die Sperrwand eines Konzentrationslagers gezogen wird.

Mit Billigung der Ostblockstaaten verschärft das Ulbricht-Regime die Lage um Berlin und setzt sich erneut über rechtliche Bindungen und Gebote der Menschlichkeit hinweg.

Der Senat von Berlin erhebt vor aller Welt Anklage gegen die widerrechtlichen und unmenschlichen Maßnahmen der Spalter Deutschlands, der Bedrücker Ostberlins und der Bedroher West-Berlins.

Lassen Sie mich zu den Verlautbarungen und den Maßnahmen der Zonenbehörden folgendes feststellen:

1. Durch die grundlegenden Vereinbarungen der Hauptsiegermächte des letzten Weltkrieges vom 12. September 1944, 14. November 1944 und 5. Juni 1945 ist Berlin als ein selbständiges Besatzungs- und Verwaltungsgebiet gebildet worden. Die Behauptung der Sowjetzonenmachthaber, daß Berlin seinerzeit zur sowjetischen Besatzungszone geschlagen worden sei, wird durch den eindeutigen Wortlaut des Londoner Protokolls vom 12. September 1944 widerlegt. In jenem Protokoll ist unter Ziff. 2 das Gebiet der Ostzone genau begrenzt worden, und die Beschreibung endet mit den Worten: „Mit Ausnahme des Berliner Gebietes, für das ein besonderes Besatzungssystem nachfolgend vorgesehen ist." Hieraus ergibt sich eindeutig, daß Berlin niemals Bestandteil der sowjetischen Besatzungszone gewesen ist und daß demzufolge die Machthaber der sowjetischen Besatzungszone keinerlei Befugnisse in Berlin besitzen.

Nach den genannten Abkommen sollte Berlin einheitlich verwaltet werden. Freier Verkehr innerhalb Berlins war selbstverständlicher Inhalt dieser Vereinbarungen.[2]

2. Durch den Beschluß des sog[enannten] „Ministerrats der DDR" vom 12. August 1961[3], eine solche Kontrolle an den Grenzen der Zone einschließlich der Grenze zu den Westsektoren von Groß-Berlin einzuführen, wie sie angeblich an den Grenzen jedes souveränen Staates üblich ist, wird nunmehr Ostberlin von den Organen der Zone voll beansprucht. Das widerspricht der bisherigen Praxis, wonach Ostberlin eine gewisse Sonderstellung gegenüber der Zone hatte. Der Beschluss des Ministerrats kommt einer Annexion eines Teils des unter Vier-Mächte-Verwaltung stehenden Gebiets von Berlin durch das Zonenregime gleich. Dieser Akt enthält zugleich eine Verletzung der Vier-Mächte-Abkommen durch die Sowjetunion, weil die Maßnahmen der Sowjetzonenregierung zurückgehen auf die Empfehlung sämtlicher Warschauer Paktstaaten, zu denen die Sowjetunion gehört.

3. Der freie Personenverkehr innerhalb Berlins resultiert aus den Vier-Mächte-Vereinbarungen, nach denen Berlin eine verwaltungs-

mässige Einheit bildet. Der Grundsatz des freien Personenverkehrs innerhalb Berlins ist in den letzten 16 Jahren durch ständige Übung bestätigt worden. Selbst in der Zeit der sowjetischen Blockade Berlins (1948/49) ist er bestehen geblieben.

Das New Yorker Vier-Mächte-Kommuniqué vom 4. Mai 1949 über die Aufhebung der Blockade besagt über den Verkehr innerhalb Berlins nichts, weil seinerzeit dieser Verkehr keinen Beschränkungen unterworfen war. Der Aussenministerrat der Vier Mächte, der vom 23. Mai bis zum 20. Juni 1949 in Paris tagte, hat jedoch allgemein eine Verbesserung der Verkehrsverhältnisse beschlossen. Es heisst in dem Beschluss der vier Aussenminister: „Die Regierungen Frankreichs, der Sowjetunion, Grossbritanniens und der Vereinigten Staaten sind sich darin einig, dass das New Yorker Abkommen vom 4. Mai 1949 aufrechterhalten werden soll. Zur weiteren Förderung der obenerwähnten Ziele und zur Verbesserung und Ergänzung dieses und anderer Abkommen sowie der Vereinbarungen hinsichtlich des Güter- und Personenverkehrs und der Verbindungen zwischen der Ostzone und den Westzonen und zwischen den verschiedenen Zonen und Berlin, ferner in bezug auf den Transitverkehr werden sich die Besatzungsbehörden, jede in ihrer Zone, dazu verpflichten, die erforderlichen Massnahmen zur Sicherung der normalen Funktion und Verwendung des Bahn-, Wasser- und Strassenverkehrs für den Personen- und Güterverkehr sowie der Post-, Telefon- und Telegraphenverbindungen zu ergreifen."

Die vom Innenminister der sogenannten „DDR" am 12. August [1961] erlassene Anweisung gestattet den Bewohnern des Ostsektors das Überschreiten der Sektorengrenze nur mit einer besonderen Genehmigung der zuständigen Polizeidienststelle.[4] Über die Ausgabe der Genehmigung soll erst noch eine besondere Bekanntmachung erfolgen. Die Einführung dieser Genehmigungspflicht verstösst eindeutig gegen den Grundsatz des freien Personenverkehrs innerhalb Berlins.

4. Nach der allgemeinen Erklärung der Menschenrechte der Vereinten Nationen vom 10. Dezember 1948 soll jeder Mensch das Recht auf Freizügigkeit und freie Wahl seines Wohnsitzes innerhalb

Ansprache des Regierenden Bürgermeisters, Willy Brandt, auf der Protestkundgebung der Berliner Bevölkerung vor dem Rathaus Schöneberg am 16. August 1961

seines Staates haben. Ferner soll jeder Mensch berechtigt sein, jedes Land, einschliesslich seines eigenen, zu verlassen sowie in sein Land zurückzukehren (Artikel 13). Diese Erklärung bildet eine internationale Richtschnur für das Verhalten der Regierungen. Durch die Förderung der Abschnürungsmassnahmen zwischen dem sowjetisch besetzten Gebiet und Berlin hat die Sowjetunion als Mitgliedsstaat der Vereinten Nationen krass gegen die Deklaration der Vereinten Nationen verstossen.

5. Ein Verstoss gegen den anerkannten Grundsatz des freien Personenverkehrs liegt ferner darin, dass der Beschluss des „Ministerrats" nur sogenannten „friedlichen Bürgern von West-Berlin" das Passieren der Übergangsstellen zum Ostsektor gestattet. Durch diese Vorschrift ist einer willkürlichen Verweigerung des Zutritts nach Ost-Berlin durch die östlichen Kontrollorgane Tür und Tor geöffnet.[5]

Wie sieht nun auf dem Hintergrund dieser Dokumente des Unrechts die Wirklichkeit der Hauptstadt Deutschlands seit heute nacht aus?[6] Seit 2.00 Uhr morgens erreichten uns die ersten Meldungen über die Sperrung der Sektorengrenze für Bewohner des Ostsektors, ab 3.48 Uhr die ersten Funksprüche, daß die Sektorenübergänge durch Stacheldraht gesperrt werden. Zur gleichen Zeit liefen die ersten Meldungen über eine erhebliche Verstärkung der östlichen Kontrollorgane durch Volkspolizei, Angehörige der Nationalen Volksarmee und durch die sogenannten Kampfgruppen ein. Diese militärischen oder halbmilitärischen Formationen sind mit Karabinern bzw. mit Maschinenpistolen bewaffnet. An verschiedenen Stellen der an die Sektorengrenze heranreichenden Straßen des Ostsektors wurden Panzerfahrzeuge beobachtet. An einigen besonders markanten Sektorübergängen wurde in den frühen Morgenstunden mit dem Einrammen von Betonpfählen entlang der Sektorengrenze begonnen, die inzwischen mit Stacheldrahtverhauen ausgefüllt worden sind. Der S-Bahnverkehr wurde heute morgen auf Grund der vorhin erwähnten Anordnungen der Zonenorgane so unterbrochen, daß ein unmittelbarer Übergang von West- nach Ostberlin oder von den Zonenrandgebieten nach Berlin unmöglich wurde. Am Bahnhof Friedrichstraße ist praktisch eine Menschenschleuse errichtet worden, durch die sowohl für den S-Bahnverkehr wie für den Interzonenverkehr dem Bürger des östlichen Teils unserer Stadt und den Bewohnern der sowjetisch besetzten Zone der Übergang nach West-Berlin unmöglich gemacht wurde. Eine Reihe von an der Sektoren-[grenze] liegenden S- und U-Bahnhöfen wurde geschlossen oder nur mit ihrem westlichen Zugang offengehalten. Außerdem wurden an verschiedenen Stellen Straßen, die die beiden Teile der Stadt verbanden, von Organen des Zonenregimes aufgerissen oder durch spanische Reiter gesperrt.

Das furchtbare Ergebnis dieser fast lückenlosen Sperre zwischen den beiden Teilen der Stadt und an den Zonenübergängen vom Osten nach Berlin ist der drastische Rückgang der Flüchtlingsziffern. Während von gestern mittag um 12.00 Uhr bis heute früh um 10.00 Uhr 3190 Menschen um Aufnahme nachsuchten, meldeten sich dann bis 16.00 Uhr noch weitere 800 Flüchtlinge. Sie haben nach ihren eigenen Aussagen sich nur über Ruinengrundstücke, schwimmend durch Kanäle und Flüsse oder wenig übersichtliche Geländestreifen in den freien Teil der Stadt durchschlagen können.[7]

Für West-Berliner und Westdeutsche ist auf Grund der unrechtmäßigen Verordnung vom 30. 9. vergangenen Jahres der Verkehr zwischen den beiden Teilen der Stadt im wesentlichen unbehindert gewesen. Eine Auswirkung der vorhin erwähnten Sortierung zwischen friedliebenden und anderen in West-Berlin wohnenden Mitbürgern ist offensichtlich mangels der noch fehlenden Durchführungsverordnungen noch nicht spürbar gewesen. Der Interzonenverkehr auf der Straße, zu Wasser und in der Luft läuft nach den bisherigen Berichten normal. Jedoch wird auch die Ostschiffahrt vor Erreichen West-Berliner Gewässer in Nedlitz festgehalten. Die Interzonenzüge haben bisher planmäßig im Bahnhof Zoologischer Garten gehalten.

Lassen Sie mich, meine Damen und Herren, auch diesen nüchternen und leidenschaftslos vorgetragenen Teil des Berichtes, der sich aus unzähligen Einzelmeldungen unserer Polizei- und Zollorgane zusammensetzt, mit dem einen Satz beschließen: Die kalten Betonpfähle, die unsere Stadt durchschneiden, sind mitten ins Herz der deutschen Einheit und in den lebendigen Organismus unserer einen Stadt Berlin gerammt worden.

Was können wir tun, was hat der Senat getan? Der Senat ist heute früh zu einer Sondersitzung zusammengetreten. Er hat alle erforderlichen Maßnahmen eingeleitet.[8]

Wir haben uns unverzüglich mit den Herren Kommandanten unserer Schutzmächte in Verbindung gesetzt. Dabei habe ich ‹sie›[9] darum ersucht, im Gebiete ihrer eigenen Verantwortung tätig zu werden und ihren Regierungen vorzuschlagen, daß energische Schritte gegenüber der Regierung der Sowjetunion unternommen werden. Die Westmächte müssen unserer Meinung nach darauf bestehen, daß die rechtswidrigen Maßnahmen rückgängig gemacht werden und die Freizügigkeit wiederhergestellt wird.[10] Es kann nicht meine Aufgabe sein, den Entscheidungen der für unsere Sicherheit verantwortlichen Regierungen vorzugreifen. Aber ich spreche sicherlich im Sinne dieses Hohen Hauses und im Namen der gesamten Berliner Bevölkerung, wenn ich der Meinung Ausdruck gebe, daß es mit bloßen Protesten nicht sein Bewenden haben sollte.

Die Maßnahmen des Zonenregimes richten sich in erster Linie gegen die Deutschen im sowjetischen Machtbereich. Aber soweit wir hier in West-Berlin davon betroffen sind, sind wir nicht weniger betroffen als die drei Westmächte. Ich begrüße die Anwesenheit der Herren Kommandanten bei der heutigen Sitzung des Abgeordnetenhauses ganz besonders, nicht nur, weil damit der Rechtsstatus und die Verantwortlichkeit in unserer Stadt unterstrichen wird, sondern weil damit dokumentiert wird, daß wir Freunde haben, die wissen, daß wir in einem Boot sitzen. Selbstverständlich hält der Senat die Bundesregierung unterrichtet. Ich habe unmittelbar vor dieser Sitzung noch mit dem Bundesminister des Auswärtigen gesprochen, der mir enges Zusammenwirken in dieser kritischen Situation zugesagt hat.[11]

Es ist möglich, daß der Bundestag in den nächsten Tagen zusammentreten wird, um dem Willen der freigewählten deutschen Volksvertretung Ausdruck zu verleihen.[12] An alle Landsleute in der Bundesrepublik möchte ich den Appell richten, Solidarität mit Berlin und mit den Landsleuten in der Zone zu üben. Jede Teilnahme an Veranstaltungen des Zonenregimes muß angesichts dieser Situation abgesagt werden.

Für den freien Teil unserer Stadt haben wir die Maßnahmen getroffen, die im Interesse der öffentlichen Ordnung erforderlich sind. Ich kann die Bevölkerung nur herzlich darum bitten, bei all der Empörung, die uns vereint, Besonnenheit zu zeigen und den Anweisungen der Polizei zu folgen. Unüberlegte Handlungen helfen nicht unserer Stadt und auch nicht den von uns abgetrennten Landsleuten.

Der Senat hat heute früh ausdrücklich darauf hingewiesen, daß für die Grenzgänger die in Westberlin bestehenden Rechte gewahrt bleiben.[13]

Diejenigen Berliner, die sich wegen ihres Urlaubs oder aus anderen Gründen in der Bundesrepublik oder im Ausland aufhalten, haben wir darauf hingewiesen, daß der Verkehr zwischen Westdeutschland und Westberlin von den neuen Maßnahmen der Zonenmachthaber nicht betroffen wird.

Es mag notwendig werden, daß wir – unter Umständen sehr schnell – unsere Bevölkerung rufen werden, um gemeinsam unserer Empörung gegen Unrecht und Unmenschlichkeit Ausdruck zu verleihen.

Zahlreiche Telegramme haben uns heute im Laufe des ganzen Tages erreicht. Ich nenne hier ein Telegramm des Vizepräsidenten und des Hauptgeschäftsführers des Deutschen Städtetages:

„In diesem tragischen Augenblick, in dem die gewaltsame Zerreißung unseres Vaterlandes und unserer mehr denn je geliebten Hauptstadt Berlin abermals verschärft wird, drängt es uns, Ihnen als unserem Präsidenten und unserer Mitgliedstadt Berlin ein Wort der Verbundenheit zu sagen."

Wir danken für dieses und andere Zeichen der Verbundenheit. Die Beschlüsse und Verordnungen des kommunistischen Regimes atmen den Geist der Lüge und des Unrechts. Sie werden gedeckt durch eine Erklärung der Regierungen der Warschauer Pakt-Staaten, die das Recht und die Wahrheit verhöhnen.

Ich weise es auf das schärfste zurück, daß West-Berlin als Zentrum angeblicher Wühlarbeit hingestellt wird.[14] West-Berlin ist heute noch mehr als gestern die einzige normale Stadt hinter dem Eisernen Vorhang, und sie wird es bleiben. Diese Maßnahmen des Unrechts sind der schlagende Beweis dafür, daß nicht West-Berlin die Ursache ist, wenn die Welt heute erneut in Unruhe versetzt wird. Die Störenfriede sitzen jenseits des Brandenburger Tores. Für die Verschärfung der politischen Spannung sind allein die verantwortlich, die diese Beschlüsse und Verordnungen erlassen haben. Diese Verantwortlichkeit reicht bis Moskau. Sie gilt für alles, was sich daraus entwickeln mag.

Aber es geht hier und heute nicht nur um Paragraphen, es geht um Menschen. Ich möchte in dieser Stunde ein besonderes Wort an unsere Landsleute in der Zone und an unsere Mitbürger in Ostberlin richten. Sie sind am schwersten betroffen. Ich weiß, wie es jetzt in ihren Herzen aussieht. Ich weiß, daß sie hin- und hergerissen werden zwischen Empörung und Verzweiflung. Wer in aller Welt wollte heute nicht verstehen, daß die ungeheure Menschenverachtung, die sich wieder einmal manifestiert hat, die Empörung rechtfertigt. Ich bitte Sie, mir zu glauben, daß es mir ungeheuer schwer fällt, diesen Satz zu sagen: Lassen Sie sich nicht fortreißen, so stark und berechtigt die Erbitterung auch sein mag. Ergeben Sie sich nicht der Verzweiflung. Noch ist nicht aller Tage Abend. Die Mächte der Finsternis werden nicht siegen. Noch niemals konnten Menschen auf die Dauer in der Sklaverei gehalten werden. Wir hier im freien Teil dieser Stadt und – ich bin tief überzeugt – die Menschen in Westdeutschland, wir alle werden Sie nicht abschreiben, wir werden uns niemals mit der brutalen Spaltung dieser Stadt, mit der widernatürlichen Spaltung unseres Landes abfinden. Und wenn die Welt voll Teufel wär'!

Ich habe schon angedeutet, daß diese Maßnahmen des kommunistischen Regimes sich unmittelbar gegen unsere Landsleute in der Zone und in Ostberlin richten. Aber auch auf uns und unser Verhalten in West-Berlin kommt es in diesen Stunden an. Wir haben zu unserem Teil zu beweisen, daß West-Berlin wie bisher ein Hort des Friedens und der Besonnenheit ist. Jeder einzelne trägt seinen Teil der

Verantwortung. Das wird uns nicht davon abhalten, leidenschaftlich Anklage gegen die brutale Zerreißung dieser Stadt zu erheben, gegen einen Akt, der Recht und Gerechtigkeit Hohn spricht.

In Wahrheit hat das kommunistische Regime in den letzten 48 Stunden das Eingeständnis dafür geliefert, daß es selbst Schuld ist für die Flucht von Deutschen nach Deutschland. Eine Clique, die sich Regierung nennt, muss versuchen, ihre eigene Bevölkerung einzusperren. Die Betonpfeiler, der Stacheldraht, die Todesstreifen, die Wachtürme und die Maschinenpistolen, das sind die Kennzeichen eines Konzentrationslagers.

Es wird keinen Bestand haben. Wir werden in Zukunft noch sehr viel mehr Menschen als früher nach Berlin bringen, aus allen Teilen der Welt, damit sie die kalte, die nackte, die brutale Wirklichkeit eines Systems sehen können, das den Menschen das Paradies auf Erden versprochen hat.

Unseren Landsleuten in der Bundesrepublik aber müssen wir von Berlin aus sagen, daß seit heute die eigentliche Bewährungsprobe für unser Volk begonnen hat. Hier kann niemand gleichgültig bleiben. Das geht uns alle an. Wir alle müssen jetzt zusammenstehen, hier in Berlin und in West-Deutschland. Nur darin kann die sinnvolle Antwort auf diesen Anschlag liegen.

Wir wollen ein Volk bleiben. Wir werden von unserem Recht auf Selbstbestimmung nicht ablassen. Damit dienen wir auch dem Frieden der Welt.

Nr. 67
Fernschreiben des Regierenden Bürgermeisters von Berlin, Brandt, an den Bundesaußenminister, von Brentano
14. August 1961[1]

AdsD, WBA, A 6, 173.

Sehr geehrter Herr Bundesaußenminister[2],
die Regierung der sog[enannten] „DDR" hat auf Ersuchen der im Warschauer Pakt verbundenen Staaten unter Führung der Sowjetunion Maßnahmen im sowjetisch besetzten Sektor Groß-Berlins angeordnet und durchgeführt, die im Ergebnis auf die Beseitigung des Vier-Mächte-Status Groß-Berlins hinauslaufen.[3] Die Maßnahmen richten sich sowohl gegen den freien Verkehr innerhalb der Stadt Berlin wie gegen die freie Wahl des Arbeitsplatzes. Im Endeffekt stellen die deutsch-sowjetischen Anordnungen ein wesentliches Glied in der Kette der vom Ministerpräsidenten der UdSSR angekündigten sowjetischen Schritte zur Bildung einer sog[enannten] „Freien Stadt West-Berlin" dar. Nachdem Ostberlin nunmehr fast vollständig der Regierung der sog[enannten] „DDR" unterstellt und die Sektorengrenze zu einer rigoros aufgezwungenen Staatsgrenze gemacht wurde und nur noch ein im wesentlichen genehmigungspflichtiger und kontrollierter Personenverkehr zwischen West-Berlin und Ostberlin stattfindet, ‹sind die Reste dessen verschwunden, was den beiden Teilen Berlins ihre Sonderstellung gab.›[4]

Der Senat von Berlin erwartet und hofft, daß die Bundesregierung mit ihm der Ansicht ist, daß die Westmächte auf der Rückgängigmachung dieser für Berlin unannehmbaren Regelung bestehen und auch vor fühlbaren Maßnahmen gegenüber den Initiatoren dieser Willkürmaßnahmen nicht zurückschrecken werden.

Nach Ansicht Berlins kommen folgende Maßnahmen in Betracht:
1.) Ein gemeinsamer Schritt der drei Botschafter der Westmächte in Moskau. ‹Dieser Schritt sollte noch heute erfolgen.›[5]

2.) Es darf nicht mit diesem Protest sein Bewenden haben. Wir sind der Meinung, daß auch wirtschaftliche Maßnahmen sowohl gegen die Initiatoren der Anordnungen in Ostberlin wie auch gegen die sog[enannte] „DDR" notwendig sind. Wenn es bei dem bloßen Protest bliebe, würde der zweite Schritt, ein sog[enannter] Friedensvertrag zwischen den Ostblockstaaten und der sog[enannten] „DDR", sehr bald folgen. Die Ostblockstaaten würden durch das verhältnismäßig passive Verhalten des Westens zu diesem Schritt sogar ermutigt werden.

Der Senat verzichtet darauf, Einzelheiten vorzuschlagen und verweist auf Vorschläge, die bereits von der Arbeitsgruppe der Vier Mächte in Paris angedeutet wurden und z. Z. ausgearbeitet werden.[6] Worauf es dem Senat in diesem Augenblick ankommt ist, über die bloße Verkündung einer Solidarität hinaus der Sowjetunion zu zeigen, daß sie in Bezug auf Berlin nicht freie Hand hat und mit jedem weiteren Schritt erhebliche Risiken eingeht.

Senator Dr. Klein wird Ihnen morgen über die heutige Senatssitzung berichten und an Vorschlägen mitarbeiten, die notwendig sind.[7] Er wird Ihnen auch Anregungen des Senats über Maßnahmen zur Verurteilung des östlichen Vorgehens vor einem geeigneten internationalen Forum sowie unseren Standpunkt zur Frage einer Volksabstimmung unterbreiten.

Mit besten Empfehlungen Ihr gez.[8] Willy Brandt

Nr. 68
Schreiben des Regierenden Bürgermeisters von Berlin, Brandt, an den Präsidenten der Vereinigten Staaten von Amerika, Kennedy
15. August 1961[1]

AdsD, WBA, A 6, 126.

Sehr verehrter Herr Präsident!
Nach den Entwicklungen der letzten drei Tage in meiner Stadt möchte ich Ihnen in diesem persönlichen und informellen Schreiben einige der Gedanken und Gesichtspunkte mitteilen, die mich bewegen.

Die Maßnahmen des Ulbricht-Regimes, gestützt durch die Sowjetunion und den übrigen Ostblock, haben die Reste des Vier-Mächte-Status nahezu völlig zerstört. Während früher die Kommandanten der alliierten Mächte in Berlin bereits gegen Paraden der sogenannten Volksarmee protestierten, haben sie sich jetzt mit einem verspäteten und nicht sehr kraftvollen Schritt nach der militärischen Besetzung des Ostsektors durch die Volksarmee begnügen müssen.[2] Die illegale Souveränität der Ostberliner Regierung ist durch Hinnahme anerkannt worden, soweit es sich um die Beschränkung der Übergangsstellen und des Zutritts zum Ostsektor handelt. Ich halte dies für einen ernsten Einschnitt in der Nachkriegsgeschichte dieser Stadt, wie es ihn seit der Blockade nicht mehr gegeben hat.

Die Entwicklung hat den Widerstandswillen der Westberliner Bevölkerung nicht verändert, aber sie war geeignet, Zweifel in die Reaktionsfähigkeit und Entschlossenheit der drei Mächte zu wecken. Dabei ist ausschlaggebend, daß der Westen sich stets gerade auf den existierenden Vier-Mächte-Status berufen hat.

Ich weiß wohl, dass die gegebenen Garantien für die Freiheit der Bevölkerung, die Anwesenheit der Truppen und den freien Zugang allein für West-Berlin gelten.[3] Dennoch handelt es sich um einen tiefen Einschnitt im Leben des deutschen Volkes und um ein Herausdrängen aus Gebieten der gemeinsamen Verantwortung (Ber-

lin und Deutschland als ganzes), durch die das gesamte westliche Prestige berührt wird. Die politisch-psychologische Gefahr sehe ich in doppelter Hinsicht:
1.) Untätigkeit und reine Defensive könnten eine Vertrauenskrise zu den Westmächten hervorrufen.
2.) Untätigkeit und reine Defensive könnten zu einem übersteigerten Selbstbewußtsein des Ostberliner Regimes führen, das heute bereits in seinen Zeitungen mit dem Erfolg seiner militärischen Machtdemonstration prahlt.

Die Sowjetunion hat die Hälfte ihrer Freistadt-Vorschläge durch den Einsatz der deutschen Volksarmee erreicht. Der zweite Akt ist eine Frage der Zeit. Nach dem zweiten Akt würde es ein Berlin geben, das einem Ghetto gleicht, das nicht nur seine Funktion als Zufluchtsort der Freiheit und als Symbol der Hoffnung auf Wiedervereinigung verloren hat, sondern das auch vom freien Teil Deutschlands abgeschnitten wäre. Dann könnten wir statt der Fluchtbewegung nach Berlin den Beginn einer Flucht aus Berlin erleben.

Ich würde es dieser Lage für angemessen halten, wenn die Westmächte zwar die Wiederherstellung der Viermächteverantwortung verlangen, gleichzeitig aber einen Drei-Mächte-Status Westberlins proklamieren würden.[4] Die drei Mächte sollten die Garantie ihrer Anwesenheit in West-Berlin bis zur deutschen Wiedervereinigung wiederholen und gegebenenfalls von einer Volksabstimmung der Bevölkerung in West-Berlin und der Bundesrepublik unterstützen lassen.[5] Es bedarf auch eines klaren Wortes, daß die deutsche Frage für die Westmächte keineswegs erledigt ist, sondern daß sie mit Nachdruck auf einer Friedensregelung bestehen werden, die dem Selbstbestimmungsrecht des deutschen Volkes und den Sicherheitsinteressen aller Beteiligten entspricht. Außerdem würde ich es für gut halten, wenn der Westen das Berlin-Thema durch eigene Initiative vor die Vereinten Nationen brächte[6], mindestens mit der Begründung, die Sowjetunion habe in eklatanter Weise die Erklärung der Menschenrechte verletzt. Es scheint mir besser zu sein, die Sowjetunion in einen Anklagezustand zu versetzen, als dasselbe Thema nach Anträgen anderer Staaten diskutieren zu müssen.

Ich verspreche mir von derartigen Schritten keine wesentliche materielle Änderung der augenblicklichen Situation und kann nicht ohne Bitterkeit an die Erklärungen denken, die Verhandlungen mit der Sowjetunion mit der Begründung abgelehnt haben, man dürfe nicht unter Druck verhandeln. Wir haben jetzt einen Zustand vollendeter Erpressung, und schon höre ich, daß man Verhandlungen nicht werde ablehnen können. In einer solchen Lage ist es umso wichtiger, wenigstens politische Initiative zu zeigen, wenn die Möglichkeit der Initiative des Handelns schon so gering ist.

Nach der Hinnahme eines sowjetischen Schrittes, der illegal ist und als illegal bezeichnet worden ist und angesichts der vielen Tragödien, die sich heute in Ostberlin und in der Sowjetzone Deutschlands abspielen, wird uns allen das Risiko letzter Entschlossenheit nicht erspart bleiben. Es wäre zu begrüßen, wenn die amerikanische Garnison demonstrativ eine gewisse Verstärkung erfahren könnte.[7]

Ich schätze die Lage ernst genug ein, um Ihnen, verehrter Herr Präsident, mit dieser letzten Offenheit zu schreiben, wie sie nur unter Freunden möglich ist, die einander voll vertrauen.[8]

Nr. 69
Schreiben des Regierenden Bürgermeisters von Berlin, Brandt, an den indischen Premierminister, Nehru
17. August 1961

LAB, B Rep 002/7993 b.
Übersetzung aus dem Englischen: Wolfram Hoppenstedt

Sehr geehrter Herr Premierminister,
in Erinnerung an unsere Gespräche und das Interesse, das Sie dabei immer wieder an der Entwicklung des deutschen Problems gezeigt haben, erlaube ich mir, Ihnen diesen persönlichen Brief zu schreiben.[1]

Das deutsche Problem und die Berlin-Frage haben sich in den letzten Tagen gefährlich verschlimmert. Jene Aktionen, zu denen die Staaten des Warschauer Pakts aufgerufen und die die Sowjetzone und den östlichen Sektor von den Westsektoren Berlins abgeriegelt haben, haben nicht nur Abkommen der Vier Mächte über Berlin verletzt. Diese Maßnahmen verletzen auch die Erklärung der Allgemeinen Menschenrechte der Vereinten Nationen vom 10. Dezember 1948.

Die einschließenden Mauern eines Konzentrationslagers sind nunmehr innerhalb Berlins errichtet worden. Stacheldraht, Beton-Hindernisse, Panzer und ein breiter Gürtel von Kontrollen haben die wachsende Welle von Flüchtlingen unterdrückt, von denen allein im Zeitraum vom 7. bis zum 12. August 1961 11 548 nach West-Berlin gekommen sind. Die Bewegungsfreiheit innerhalb Berlins ist beseitigt worden. Mehr als 50 000 Bewohner des Ost-Sektors sind erneut daran gehindert worden, ihre Arbeitsstätten in West-Berlin zu erreichen.

Diese Aktionen sowie die fortdauernde Bedrohung von West-Berlin können zu einer wirklichen Bedrohung für den Frieden werden. Und wenn der Frieden bedroht ist, werden die Interessen aller Nationen berührt. Ich begrüße die Tatsache, dass die Nationen, die sich am 1. September 1961 in Belgrad treffen werden, auch wünschen, sich mit der deutschen Frage zu beschäftigen[2], und ich bin Ihnen ganz besonders dankbar, dass Sie sich, so weit die Berlin-Frage betroffen ist, dazu bereit erklärt haben, als Vermittler aufzutreten.[3] Ich würde mich sehr glücklich schätzen, wenn Ihnen die folgenden Überlegungen bei der Vorbereitung der Konferenz von Nutzen sein könnten, wobei ich es ganz Ihrer Entscheidung überlassen möchte, welchen Gebrauch Sie davon machen wollen.[4]

1. Der Frieden ist nicht gesichert, so lange dem deutschen Volk nicht das Recht eingeräumt wird, die von ihm gewünschte Regierungsform zu wählen.
2. Die Spannungen können durch einen separaten Friedensvertrag oder durch eine Beibehaltung des Zustandes in und um Berlin, der durch die neuesten Maßnahmen geschaffen

wurde, nur verschärft werden. Diese Dinge sind für eine überwältigende Mehrheit des deutschen Volkes inakzeptabel und werden es bleiben.
3. Nicht die Lage in West-Berlin gefährdet den Frieden. Anormal sind nicht Bedingungen hier; die Situation in Ost-Berlin und in der sogenannten DDR ist anormal.

Ich erlaube mir, Ihnen die Gründe darzulegen, weshalb wir den sowjetischen Vorschlag einer „Freien Stadt West-Berlin" für unannehmbar halten, und weise dabei zugleich auf den unglücklichen Ausgang anderer Versuche von Freistadtlösungen hin, wie das bei Danzig der Fall war.

a) Das würde einen dritten deutschen Teilstaat zusätzlich zur augenblicklichen deutschen Spaltung schaffen.
b) Dadurch würden die Bindungen zwischen dem freien Teil Berlins und der Bundesrepublik zerstört, die allein Berlin lebensfähig halten.
c) Die Zugangsrechte nach Berlin würden der einseitigen Kontrolle der sogenannten DDR unterstellt, deren willkürliche Aktionen schon bei mehreren Gelegenheiten bedrohliche Situationen provoziert haben.
d) Die Maßnahmen, die am 13. August 1961 eingeleitet wurden, sind nicht dazu geeignet, das Vertrauen in neue Abmachungen zu bestärken.

Verschiedene Berichte deuten darauf hin, dass es denkbar ist, die deutsche Frage in absehbarer Zukunft auch vor die Vereinten Nationen zu bringen. Sollte dies geschehen, werden auch hier die neutralen Länder eine wachsende Rolle spielen, wo immer die Bemühungen um eine Reduzierung der Spannungen in Mitteleuropa betroffen sind, und ich bin ganz zuversichtlich, dass Ihre Stimme, sehr verehrter Herr Premierminister, ein ganz besonderes Gewicht haben wird, wenn dieser Fall eintritt.

In den letzten Wochen habe ich wiederholt die Auffassung zum Ausdruck gebracht, dass die gegenwärtige Lage entspannt und ein natürlicher Ausweg gefunden werden könnte, sofern die Gegner Deutschlands aus dem letzten Krieg zu einer Konferenz zusammenkommen würden, um einen Friedensvertrag zu entwerfen oder zumindest einen vorzubereiten.⁵ Dabei könnte es sich als vorteilhaft erweisen, wenn dieser Vorschlag von solchen Nationen unterstützt würde, die nicht direkt betroffen sind.

Die Behörden in West-Berlin sind Anhänger des Friedens. Einseitige Gewaltakte und die Verweigerung des Rechts auf Selbstbestimmung können in der Tat den Frieden gefährden. Was mich jedoch zum gegenwärtigen Zeitpunkt am meisten berührt, sind die zahllosen menschlichen Tragödien, die sich im östlichen Teil meiner Stadt und in ihrem Umland abspielen. Ich bin mir sicher, dass Sie in gleicher Weise empfinden. Sie werden sicherlich ebenso verstehen, dass ich eine internationale Diskussion und eine Untersuchung dieser flagranten Verletzungen von Menschenrechten begrüßen würde.⁶

Ich versichere Sie meiner Hochachtung
(Willy Brandt)⁷

Nr. 70
Vermerk des Regierenden Bürgermeisters von Berlin, Brandt, über den Besuch des Vizepräsidenten der Vereinigten Staaten von Amerika, Johnson, in Berlin
19./20. August 1961

AdsD, WBA, A 6, 75.

1. Die öffentlichen Erklärungen des Vizepräsidenten und der allgemeine Verlauf des Besuchs – bei ungewöhnlich starker Beteiligung der Bevölkerung – werden als bekannt unterstellt. Die amerikanischen Gäste waren von der Haltung der Berliner Bevölkerung außerordentlich beeindruckt.¹

2. Eine am Nachmittag des 19. August [1961] vorgesehene Besprechung mit Mitgliedern des Berliner Senats konnte wegen ver-

späteter Ankunft des Vizepräsidenten nicht stattfinden.² Die Möglichkeit zu einem ersten Gedankenaustausch zwischen dem Vizepräsidenten und mir ergab sich beim Abendessen am 19. 8. Am Vormittag des 20. 8. fand in der Berliner Residenz des amerikanischen Botschafters eine Unterhaltung mit mir statt, an der neben dem Vizepräsidenten seine Begleiter, Botschafter Bohlen und General Clay sowie Botschafter Dowling, teilnahmen. Am Nachmittag des 20. 8. fand im Rathaus eine Besprechung mit den Botschaftern Bohlen und Dowling sowie dem Gesandten Lightner statt, an der von Berliner Seite außer mir Bürgermeister Amrehn, Senatsdirektor Albertz und Senatsdirektor Dr. Klein teilnahmen. Am Abend des 20. 8. hatten Bürgermeister Amrehn und ich Gelegenheit zu mehr persönlichen Gesprächen mit dem Vizepräsidenten und General Clay.

3. Vizepräsident Johnson berichtete über die Behandlung meines Briefes an Präsident Kennedy und über die Entschlüsse des Präsidenten, die zur Reise des Vizepräsidenten und zur Verstärkung der amerikanischen Garnison in Berlin führten.³ Dies seien die „politischen Aktionen", die im Augenblick für möglich und zweckmäßig gehalten worden seien.

General Clay führte sinngemäß aus: Die Übermittlung eines Briefes des Präsidenten durch den Vizepräsidenten stelle in sich selbst eine politische Aktion dar und unterstreiche, [für] wie wichtig die USA die Berlin-Position halten. Eine Kampfgruppe von 1500 Mann sei zwar eine begrenzte Einheit. Wenn sie jedoch in dieser Form auf Befehl des Präsidenten nach Berlin verlegt und hier vom Vizepräsidenten empfangen werde, käme das fast dem Wert einer Armee gleich.

4. Von unserer Seite ist neben dem wiederholten Dank an den Präsidenten und die von ihm entsandten Vertreter darauf hingewiesen worden, daß wir an der Ernsthaftigkeit der amerikanischen beziehungsweise alliierten Garantien für Westberlin nie gezweifelt hätten, die erneute Unterstreichung aber für sehr erwünscht hielten, und zwar nicht nur wegen der Wirkung auf die Westberliner Bevölkerung.

Als Auffassung des Präsidenten wurde vorgetragen, daß es sich bei der Verstärkung der Garnison nicht allein um einen symbolischen Akt handele, sondern auch um eine bewußte Stellungnahme zu den sowjetischen Forderungen betreffend Abzug der westlichen Garnisonen aus Berlin.

Von Bürgermeister Amrehn und mir wurde darauf hingewiesen, daß jede Schwächung der alliierten Position in Westberlin oder des freien Zugangs nach Westberlin unweigerlich eine schwere psychologische Erschütterung nach sich ziehen würde.

5. Der Vizepräsident übergab mir mit persönlichen Grüßen des Präsidenten dessen als „Geheim" bezeichneten Antwortbrief vom 18. 8. 1961. In den Erläuterungen dazu wurde betont, daß sich der Regierende Bürgermeister jederzeit vertrauensvoll an den Präsidenten wenden könne.

Ich wies darauf hin, wie peinlich es mir sei, daß mein Brief an den Präsidenten vom 15. (eigentlich 16. 8. [1961]) veröffentlicht und zum Gegenstand innerdeutscher Politik gemacht worden sei. Eine Untersuchung sei eingeleitet worden, um festzustellen, wie es zu diesem Vertrauensbruch habe kommen können.[4]

6. Zu Berlin betreffenden Sachfragen wurde folgendes erörtert:

a) Zusammenhang zwischen Vier-Mächte-Vereinbarungen und Drei-Mächte-Verantwortlichkeiten:

Nachdem von amerikanischer Seite betont worden war, daß nicht die Basis verlassen werden dürfte, von der aus gegen die Abriegelung der Stadt protestiert werden kann, ergab sich in der Sache selbst Übereinstimmung.

Botschafter Bohlen wurde ein Vermerk übergeben, in dem meine erläuternden Ausführungen auf der Kundgebung am 16. 8. [1961], vor dem Bundestag am 18. 8. [1961] und vor dem Verein der ausländischen Presse in Bonn am gleichen Tag festgehalten sind.[5] Ich wies insbesondere darauf hin, daß bei den kommenden Verhandlungen nichts geschehen dürfe, um die Verbindungen Westberlins zum Bund zu lockern, weil sonst das Vertrauen in die Zukunft der Stadt tödlich getroffen werden könnte.

b) Erörterung vor dem Forum der Vereinten Nationen betreffend Verletzung der Menschenrechte in der Sowjetzone und Ostberlin:

Hierzu ließ der Präsident mitteilen, daß die Frage noch Gegenstand von Erörterungen sei. Botschafter Bohlen wies darauf hin, daß wegen der Behandlung des Bizerta-Konflikts bei den UN im Augenblick ein schlechtes Klima herrsche.[6]

c) Möglichkeit einer Volksabstimmung:
Hierzu knüpfte ich an die Rede von Präsident Kennedy an und bezog mich auf die letzte Unterredung mit dem Bundesaußenminister (westlicher Vorschlag für eine Volksabstimmung in ganz Deutschland und ganz Berlin, gegebenenfalls koordinierte Volksabstimmung in Westberlin und der Bundesrepublik.)[7] Botschafter Bohlen gab der Meinung Ausdruck, daß die Frage einer Volksabstimmung erwägenswert, aber nicht spruchreif sei. Im Zusammenhang mit oder nach kommenden Verhandlungen könne dieses Mittel eine wichtige Rolle spielen.

d) Zukunft Westberlins:
Hierzu wurde als Meinung des Präsidenten vorgetragen, die Vereinigten Staaten seien bereit, an der Lösung der neuen Aufgaben mitzuwirken und alle Vorschläge wohlwollend zu prüfen, die die Verbindungen zwischen Westberlin und der freien Welt verstärken würden. Von unserer Seite wurde die weitere Entwicklung auf Grund der veränderten Funktion Westberlins skizziert. Es wurde vereinbart, daß diese Fragen mit Botschafter Dowling und seinen Vertretern in Berlin im einzelnen besprochen werden sollen.

7. Zu den Maßnahmen vom 13. August [1961] wurde als Meinung des Präsidenten vorgetragen, daß es vermutlich kein anderes Mittel als das einer kriegerischen Auseinandersetzung gegeben habe, um gegen diese Maßnahmen wirksam einzuschreiten.[8] Botschafter Bohlen führte zusätzlich aus, man habe – zumal angesichts der rapide steigenden Flüchtlingszahl – mit einem Schließen des Ostzugangs nach Westberlin rechnen müssen. Daß dies geschehen sei, habe in Washington weniger überrascht als die Vehemenz, mit der die Westberliner darauf reagiert haben. Von unserer Seite wurde den Gesprächspartnern dargelegt, was der 13. August tatsächlich bedeutet:

a) in menschlicher und nationaler Hinsicht,

b) als Ausdruck dessen, daß die Westmächte auf Beschluß der Warschauer Paktstaaten aus der Mitverantwortung für Gesamtberlin (vermutlich auch für Deutschland als ganzes) herausgedrängt worden sei[en],

c) als Quelle der Befürchtung, daß die Westmächte weitere Statusverschlechterungen ohne wirksame Gegenwehr hinnehmen könnten.

In diesem Zusammenhang wurde über die verspäteten alliierten Proteste ebenso gesprochen wie über die Möglichkeit, nichtmilitärische Sanktionen zeitlich so anzuwenden, daß sie noch einen entsprechenden Eindruck machen würden. Es wurde von mir auch die Frage aufgeworfen, ob nicht Verhandlungen, auf die man sich ohnehin vorbereite [sic], vor den Abschnürungsmaßnahmen noch eine verzögernde oder mildernde Rolle hätten spielen können.

8. Botschafter Dowling stellte die Frage, welche weiteren östlichen Schritte wir in der Berlinfrage erwarteten. Er meinte, falls sich die Meldungen über einen „toten Streifen" durch Berlin bestätigten, könnte dies darauf hindeuten, daß für die nächste Zeit keine weiteren Schritte zu erwarten seien. Von uns aus wurde darauf hingewiesen, daß die reibungslose Abwicklung der Maßnahmen des 13. August den Osten auch zu weiteren Vorstößen ermuntern könne. Wir verwiesen hierbei u. a. auf die herausfordernden Äußerungen Ulbrichts am 18. 8. [1961].[9]

9. Der amerikanischen Seite wurde dargelegt, daß der 13. August einen tiefen Einschnitt im Leben unseres Volkes bedeutet und daß weder die psychologischen Auswirkungen noch die veränderten weltpolitischen Bedingungen des Ringens um die Wiedervereinigung Deutschlands bisher abzusehen seien. Aus zeitlichen Gründen war es nicht möglich, dieses Thema im einzelnen zu behandeln.[10]

10. Vizepräsident Johnson äußerte sich mit Freimut über verschiedene Gegebenheiten der amerikanischen Innenpolitik sowie über die Notwendigkeit verstärkter gemeinsamer Anstrengungen auf den Gebieten der militärischen Sicherheit und der Auslandshilfe.

Berlin, den 22. August 1961

(Willy Brandt)[11]

Nr. 71
Schreiben des Regierenden Bürgermeisters von Berlin, Brandt, an den Bundesaußenminister, von Brentano
14. September 1961

LAB, B Rep 002/7993 b.

Sehr geehrter Herr Bundesaußenminister!
Ihr Brief vom 8. September 1961, in dem Sie zu meinem Brief an den Präsidenten der Vereinigten Staaten vom 15. August 1961 Stellung nehmen, bedarf in mehreren Punkten einer Klarstellung.[1] Ich möchte Ihnen daher nachstehend meinen Standpunkt darlegen:
    1. Der Brief wurde am 15. August 1961 konzipiert und am 16. August ins Reine geschrieben. Er wurde dem politischen Berater des US-Kommandanten von Berlin, Gesandten Allan Lightner, gezeigt, und dieser übernahm es, den Text des Briefes dem Präsidenten der Vereinigten Staaten zu übermitteln. Meines Wissens ist die Übermittlung noch am 16. August 1961 geschehen. Am 17. August vormittags ist Ihnen der Text des Briefes durch die Vertretung des Landes Berlin in Bonn überbracht worden.[2]
    Ich glaube, daß die Information so schnell erfolgte, wie es nach Lage der Dinge möglich war.
    Aus jahrelanger Zusammenarbeit wissen Sie, wie sehr ich bemüht bin, in allen außenpolitischen Angelegenheiten das Auswärtige Amt zu informieren und ihm die Initiative zu überlassen. Allen Bestrebungen des Berliner Senats nach einer weitergehenden Integrierung Westberlins in die Bundesrepublik ist die Bundesregierung mit dem Hinweis auf die Verantwortlichkeit der Besatzungsmächte für Westberlin begegnet. Der Berliner Senat hat immer wieder eine stärkere Verknüpfung Westberlins mit der Bundesrepublik gefordert.
    Im vorliegenden Fall entstand in Berlin aus der fast widerspruchslosen Hinnahme einer in das Leben der Berliner tief einschneidenden Maßnahme eine begreifliche Erregung, die sich zu einer großen Vertrauenskrise auszuweiten drohte. In dieser außerge-

wöhnlichen Situation, in der mir aus Bonn nur bekannt wurde, daß die Bundesregierung mit dem Botschafter der UdSSR übereingekommen sei, „das Streitobjekt nicht auszuweiten",[3] fühlte ich mich nicht nur berechtigt, sondern auch verpflichtet, mich an den obersten Repräsentanten derjenigen Macht zu wenden, der die Hauptverantwortung für Westberlin unmittelbar zufällt. Die Berliner haben es dankbar begrüßt, daß der Präsident der Vereinigten Staaten im Anschluß daran den Vizepräsidenten J o h n s o n mit General C l a y und Botschafter Charles B o h l e n nach Berlin entsandte, die sich an Ort und Stelle unterrichten sollten. Die guten Erklärungen, die Vizepräsident Johnson im Namen der Vereinigten Staaten abgab, haben zweifellos die Stimmung in Berlin günstig beeinflußt. Insofern, glaube ich, sollte das Interesse der Bundesrepublik mit dem Interesse Berlins übereinstimmen. Ein Grund zum Bedauern des Ablaufs dieser Ereignisse liegt m[eines] E[rachtens] weder für die Bundesregierung noch für Sie, sehr geehrter Herr Bundesaußenminister, vor.

Bei meiner Aufforderung an den Präsidenten der Vereinigten Staaten, gegen die sowjetischen Unrechtsakte politische Initiative zu entwickeln, glaubte ich, mich in Übereinstimmung mit der Bundesregierung zu befinden. Ich kann mir nicht vorstellen, daß dies nicht der Fall wäre.

2. Sie erwähnen in Ihrem Brief meinen Hinweis auf einen möglichen Dreimächte-Status in Westberlin.[4] Ich habe inzwischen bei mehreren Gelegenheiten eine Interpretation dieses Vorschlags gegeben, die m. E. die Zustimmung aller finden muß. In meinem Brief habe ich die Weiterexistenz des Viermächte-Status für ganz Berlin hervorgehoben und nur für den Fall, daß er nicht wieder hergestellt wird, einen Dreimächte-Status für Westberlin angeregt. Hierunter verstehe ich die unverrückbare Forderung, daß die Sowjetunion keine zusätzlichen Rechte in den Westsektoren erhält und Westberlin fest in der Hand der Westmächte bleibt. Dieser Standpunkt findet die einmütige Billigung des Berliner Senats und ist die Grundlage der Berliner Politik. Ich würde es für eine verhängnisvolle Entwicklung halten, wenn die in Genf und später erhobene Forderung der Sowjetunion, sich nach der Zerstörung des Viermächte-Status für ganz Berlin einen neuen

Viermächte-Status lediglich für Westberlin bestätigen zu lassen, Erfolg haben würde. Ihre Auffassung, daß die Sowjetunion selber den Viermächte-Status für Berlin noch nicht aufgekündigt habe, kann ich nicht teilen. Sowohl die Note vom 27. November 1958[5] wie das brutale Vorgehen am 13. August 1961 und die dem zugrunde liegende Erklärung der Staaten des Warschauer Paktes zeigen, daß die Sowjetunion sich an diesen Viermächte-Status für Berlin nicht mehr hält und ihn zerstört hat. Ich bin weit davon entfernt, die Gewaltmaßnahmen gegen die deutsche Bevölkerung und gegen die Abmachungen der Siegermächte für legal zu halten. Tatsache ist aber, daß gegen diese Gewaltmaßnahmen nichts Durchgreifendes unternommen worden ist.

3. In Ihrem Schreiben bringen Sie im Zusammenhang mit meinem Brief die Sprache auf die völkerrechtliche Vertretung des Landes Berlin. Ich glaube, oben schon dargelegt zu haben, daß in diesem Fall die Verantwortung der Besatzungsmächte für Berlin, verbunden mit der Situation nach dem 13. August, eine Rechtfertigung meines Schrittes enthält. Im übrigen stimme ich Ihrer Auffassung über die Berechtigung und Verpflichtung der Bundesrepublik zur Vertretung Westberlins in internationalen Verträgen in vollem Umfange zu. Die Verpflichtung der Bundesregierung zur Einbeziehung Berlins in völkerrechtliche Verträge ist so zwingend und stark, daß die Bundesrepublik einen Vertrag, der seiner Natur nach auf Berlin angewendet werden kann, ablehnen muß, wenn der Partner der Einbeziehung Berlins nicht zustimmt. Ich habe diesen Gesichtspunkt beim Abschluß des deutsch-sowjetischen Handelsvertrages und des Konsularvertrages stark vertreten und nicht verstanden, daß Herr Staatssekretär van Scherpenberg in einem Antwortschreiben auf meinen Brief vom 5. Mai 1958 zu diesem Fragenkomplex mitteilte, daß die Bundesrepublik bestrebt sei, Berlin so weit wie möglich in die internationalen Verpflichtungen der Bundesrepublik einzubeziehen. Diese Einschränkung in der Vertretung Berlins beruhte auf der Weigerung der Sowjetunion, die völkerrechtliche Vertretung Berlins durch die Bundesrepublik anzuerkennen. Sie bezog sich auf einen Vertrag, der seiner Natur nach auf Berlin hätte angewendet werden können. Ich kann für eine solche Einschränkung in der Vertretung

Berlins kein Verständnis aufbringen. Sie mögen aber aus diesen Bemerkungen ersehen, wie sehr Westberlin zu einer Zeit, als die heute von den Sowjets aufgeworfenen Fragen noch nicht diskutiert wurden, auf seiner Vertretung durch die Bundesrepublik bestanden hat.[6]

Diese Bemerkungen darf ich machen, obwohl mein Brief an den Präsidenten der Vereinigten Staaten mit der völkerrechtlichen Vertretung Berlins durch die Bundesrepublik nicht im Zusammenhang steht. Davon gehen Sie wohl auch selbst aus, wenn Sie schreiben, daß das Recht des Regierenden Bürgermeisters, sich mit bestimmten konkreten Anliegen an die Repräsentanten der drei Westmächte in Berlin zu wenden, unbestritten sei.

4. Die Veröffentlichung des Briefes an den Präsidenten der Vereinigten Staaten in der Frankfurter Allgemeinen Zeitung beruht auf einem bisher unaufgeklärten Vertrauensbruch. Der Senat von Berlin hat sich bisher vergeblich bemüht, die Quelle dieses Vertrauensbruches zu ermitteln. Der Brief war nicht zur Veröffentlichung bestimmt.[7]
Mit vorzüglicher Hochachtung
Ihr
‹gez.›[8]
(Brandt)

Nr. 72
Schreiben des Regierenden Bürgermeisters von Berlin, Brandt, an den Bundeskanzler, Adenauer
16. November 1961

AdsD, WBA, A 6, 115.

Sehr geehrter Herr Bundeskanzler,
ich bedaure, Sie vor Ihrer Reise nicht mehr sprechen zu können und darf mir erlauben, Ihnen brieflich einige Gesichtspunkte zu übermitteln.[1]

Wir sind uns sicher darin einig, daß der ernste Versuch gemacht werden muß, eine einheitliche westliche Verhandlungsposition zu entwickeln. Das ist aber nur zu erreichen, wenn vorhandene Zweifel über die deutsche Haltung ausgeräumt werden.

Ich will jetzt darauf verzichten, mich mit Versäumnissen und ungeklärten Fragen im Zusammenhang mit den Ereignissen des 13. August [1961] zu befassen.[2] Aber ich darf an den Bericht erinnern, den ich nach meinem kurzen Amerikabesuch Anfang Oktober [1961] gegeben habe.[3] Damals herrschte in manchen Kreisen der Eindruck vor, die Berlin-Frage werde von den Deutschen selbst nicht ernst genug genommen. Inzwischen wird von ausländischen Journalisten und Diplomaten in Bonn erzählt, maßgebliche Mitglieder der Bundesregierung hätten noch vor wenigen Wochen der Meinung Ausdruck gegeben, Berlin sei eine verlorene Sache bzw. eine Schwächung der westlichen Verteidigung.[4] Es liegt auf der Hand, daß solche Berichte eine verheerende Wirkung haben können. Den Urhebern muß energisch entgegengetreten werden. Das gilt auch für die kurzsichtige Auffassung, es gebe eine Berlin ausklammernde Sicherheitspolitik der Bundesrepublik. Es gilt vor allem für die verfassungswidrige Haltung, über Berlin könne verfügt werden, als ob es nicht zur Bundesrepublik gehöre.

Man hilft Berlin auch nicht, wenn man so tut, als handele es sich um die Bewahrung des Status quo und des vielzitierten Viermächtestatus.

Erstens handelt es sich in mehrfacher Hinsicht um einen Status quo minus, mit dem wir es heute zu tun haben. Das gilt nicht nur für die Schandmauer und die übrigen Auswirkungen der Annexion Ostberlins durch das Zonenregime, die am 13. August erfolgte. Es gilt auch für die Zurücknahme gewisser deutscher Positionen. Ich denke daran, daß Bundestag und Bundesrat seit Jahr und Tag nicht mehr in Berlin gewesen sind und daß sogar öffentliche Erörterungen darüber stattgefunden haben, ob die einzelnen Bundesbehörden in Berlin notwendig seien.

Zum anderen gibt es keine genaue Beschreibung der Grenzen, deren Überschreitung die Westmächte unter keinen Umständen hinnehmen werden. Die an sich richtigen Formulierungen wie „freier Zugang" und „Lebensfähigkeit West-Berlins" bieten keine ausreichende Sicherheit gegen die Salamitaktik der östlichen Seite. Ohne sehr genaue Konkretisierung helfen uns diese Formeln nicht weiter.

Meiner Meinung nach sollten Sie in Washington – ebenso wie in London und Paris – dafür eintreten,
   daß die Bindungen zwischen der Bundesrepublik und Berlin nicht gelockert, sondern daß sie verstärkt werden,
   daß die Annexion des Ostsektors nicht hingenommen, sondern dafür eingetreten wird, die Verantwortlichkeit der Vier Mächte für ganz Berlin wieder herzustellen,
   und daß die Berlin-Frage nicht isoliert behandelt wird, sondern in den Rahmen der deutschen Frage eingeordnet bleibt.
Die Lebensfähigkeit West-Berlin[s] steht und fällt – abgesehen vom alliierten Schutz – mit der Zugehörigkeit zum freien Deutschland. Falls daran gerüttelt würde, bestünde die Gefahr, daß die Deutschen hier das Vertrauen in die Zukunft ihrer Stadt verlören. Unsere Verbündeten müssen erkennen, daß es in unserem gemeinsamen Interesse liegt und auch ihre Verhandlungsposition nur stärken kann, wenn eine einheitliche Rechtsauffassung vertreten wird, die davon ausgeht, daß es sich hier um einen Teil der Bundesrepublik handelt, der freilich wegen der alliierten Schutzaufgaben besonderer Bedingungen unterliegt.

Die Alliierten werden gewiß einsehen, daß es sich auch um das Selbstbestimmungsrecht der unmittelbar betroffenen Bevölkerung handelt. Die Berliner Bevölkerung hat ihren Willen mehr als einmal unmißverständlich bekundet. Sie würde das auch durch eine Volksabstimmung bestätigen, wie wir sie mehrfach erörtert haben. Eine solche Volksabstimmung hat nur dann einen Sinn, wenn sie sich auf den entscheidenden Punkt bezieht und nicht etwa noch ungewollt zur Isolierung West-Berlins beiträgt.

Ich bin im übrigen der Meinung, daß der Gedanke von Präsident Kennedy wieder aufgegriffen werden sollte, eine Volksabstimmung für ganz Deutschland vorzuschlagen.[5] Wenn das abgelehnt wird,

Willy Brandt zusammen mit dem Bundesminister für Wirtschaft, Ludwig Erhard (r.), und dem Berliner Senator für Bundesangelegenheiten, Günter Klein (M.), am 18. Oktober 1961 während der Verhandlungen über die Berlin-Hilfe

sollte eine Abstimmung im freien Teil Deutschlands durchgeführt werden, um den Wunsch nach einem Friedensvertrag und den Willen zur friedlichen Herstellung der deutschen Einheit vor aller Welt zu bekunden. In West-Berlin könnte gleichzeitig die für hier in Betracht kommende Sonderfrage gestellt werden. Außerdem könnte man auf dem Wege dorthin auch noch eine Abstimmung für ganz Berlin vorschlagen.

Was wir nicht gebrauchen können, ist ein auf West-Berlin reduzierter „Viermächte-Status". Uns hilft auch nicht das Schlagwort einer „Internationalisierung" West-Berlins.[6] Internationale und europäische Organisationen sind uns willkommen, aber Berlin ist eine deutsche Stadt, es muß im Bewußtsein unseres Volkes die deutsche Hauptstadt bleiben.

Es steht nicht im Widerspruch zu dem, was für West-Berlin erforderlich ist, wenn der Westen die Wiederherstellung der Viermächte-Verantwortlichkeit für ganz Berlin verlangt. Die Mauer darf nicht hingenommen, sie darf auch bei Verhandlungen nicht übergangen werden. Sollte sich der Westen dennoch bis auf weiteres mit der Mauer abfinden müssen, würde er weit mehr als den „Preis" bezahlt haben, von dem in der Pressediskussion immer wieder die Rede ist. Als Zwischenlösung sollte ein begrenzter, kontrollierter Personenverkehr zwischen den beiden Teilen Berlins, wie ich ihn mit den Alliierten erörtert habe, mit Nachdruck verlangt werden. Die gegenwärtige Abriegelung bedeutet eine schwere seelische Belastung für die Menschen auf beiden Seiten der Mauer.

Wenn man auf einen modus vivendi abzielt, dann sollte man alles daran setzen, um ihm gewisse Bestandteile zuzuordnen, die sich auf den Ostsektor bzw. auf ganz Berlin beziehen. Besondere Sorgfalt sollte darauf verwendet werden, die Regelungen über den Personen- und Güterverkehr von und nach Berlin bis in alle Einzelheiten zu Papier zu bringen. Es sollten jene Fragen genau untersucht werden, an deren Lösung möglicherweise auch die andere Seite Interesse haben könnte, um – zusätzlich zu den Luftkorridoren – dem Gedanken einer korridorartigen Regelung für mindestens eine Landverbindung möglichst nahezukommen. Es dürfte sich hier um jenes Sachgebiet handeln, auf dem relativ leicht Absprachen zwischen Experten der deutschen Verwaltungen getroffen werden könnten, falls hierzu ein Auftrag der Westmächte einerseits und der Sowjetunion andererseits vorliegen würde.

Von besonders großer Bedeutung scheint es mir zu sein, unsere Verbündeten davon zu überzeugen, daß es unseren gemeinsamen Interessen widerspricht, wenn eine weitere Isolierung des Berlin-Themas eintritt. Das gemeinsame Interesse spricht dafür, die deutsche Frage nicht von der Tagesordnung der internationalen Politik verschwinden zu lassen. Ich würde es für richtig halten, wenn im Rahmen der westlichen Gemeinschaft noch einmal geprüft würde, ob es nicht doch vorteilhaft wäre, den Vorschlag einer großen Friedenskonferenz aufzugreifen.[7] Gewiß würden selbst im günstigsten Falle nur sehr bescheidene Erfolge erzielt werden, aber es wäre an sich schon ein Erfolg, wenn der Westen die politische Initiative ergriffe. Dazu würde gehören, daß die Grundsätze eines Friedensvertrages von westlicher Seite entwickelt und mit den Sicherheitsfragen in den rechten Zusammenhang gesetzt werden müssten.

Sie wissen, sehr geehrter Herr Bundeskanzler, daß ich – über die Berlin-Frage hinaus – für ein möglichst enges Zusammenwirken aller verantwortlichen Kräfte in den Lebensfragen unseres Volkes eintrete. Ob sich ein solches Zusammenwirken erreichen läßt, wird die weitere Entwicklung zeigen müssen. Es wird sich jedenfalls nicht auf das Berlinthema beschränken lassen. Andererseits wird man in Berlin eine über das Kommunalpolitische hinausgehende Verantwortung nur dann tragen können, wenn man darüber ausreichend unterrichtet und an der Meinungsbildung über das zu Verantwortende beteiligt ist. Ich bin auch in den letzten Wochen über wichtige, Berlin berührende Verhandlungen nur unzureichend – teils durch die Presse, teils durch außer-deutsche Kontakte – unterrichtet worden.[8] Es wird institutioneller Änderungen bedürfen, zu denen ich, falls Sie es wünschen, Ihnen gern meine Vorschläge machen würde.
Mit verbindlichen Empfehlungen
Ihr sehr ergebener
(Willy Brandt)[9]

Nr. 73
Hs. Vermerk des Regierenden Bürgermeisters von Berlin, Brandt,
über ein Gespräch mit dem Bundeskanzler, Adenauer
5. Dezember 1961

AdsD, WBA, A 6, 71.

Gespräch mit Dr. Adenauer in Bonn
5. 12. 1961, ca. 1 Stunde:

Die Vieraugen-Gespräche mit Kennedy hätten sich nicht in erster Linie mit deutschen Fragen, sondern mit der Weltpolitik befasst. Die Niederschriften der Dolmetscher seien in Gegenwart der Gesprächspartner zerrissen worden.[1]

Er habe sich davon überzeugt, dass die USA für Berlin notfalls das letzte Mittel einsetzen würden. Das Kräfteverhältnis habe sich allerdings zugunsten der S[owjet]U[nion] verändert.

Rusk sei damit einverstanden, dass man das Mittel des Embargo[s] gegenüber der S[owjet]U[nion] ernsthaft ins Auge fasse.

Er, A[denauer], verstehe nicht, wieso ich etwas dagegen haben könne, dass man zunächst allein über Berlin verhandle.[2] Die Lage in Berlin drohe doch ohne ein Abkommen unhaltbar zu werden. Mit der Wiedervereinigung komme man erst voran, wenn auf dem Wege über die kontrollierte Abrüstung eine Entspannung erzielt sei. Ad personam wolle er bemerken, dass es eine grosse Sache sei, wenn es uns beiden gelänge, eine Stabilisierung in und für Berlin zu erreichen.

Ich sagte, wir stimmten überein in Bezug auf die amerikanische Entschlossenheit und auch in Bezug auf das Wünschenswerte eines Modus vivendi. Aber es bleibe doch höchst bedenklich, dass die seit Beginn der Berlin-Krise gemeinsam geführte Politik (Verklammerung von Berlin- und Deutschlandfrage) aufgegeben werde und die Verhandlungen sich auf dem für den Westen schon geografisch schwächsten Punkt beschränken sollten. Er, A[denauer], habe dagegen früher selbst die schwersten Bedenken erhoben.

A[denauer] antwortete, die Russen seien aber stärker geworden. Auf meine Frage fügte er hinzu, er habe den Eindruck gewonnen, dass die Russen gleichwohl zu einem akzeptablen Berlin-Abkommen bereit sein könnten.

Ich betonte, dass für mich das Grunderfordernis der Lebensfähigkeit weitgehend identisch sei mit der Bindung Westberlins an die Bundesrepublik. Ad[enauer] bemerkte, auch seiner Meinung nach müssten die politischen Bindungen erhalten bleiben. Über die Einzelheiten sei in den Gesprächen mit Kennedy nicht viel gesagt worden. Es sei wohl möglich, dass die Amerikaner die Bedeutung dieser Frage noch nicht voll erkannt hätten. Wegen der Bundestagsdebatte am kommenden Tag sagte Ad[enauer]: Fordern Sie ruhig etwas mehr, aber versuchen Sie, direkte Gegensätze zwischen uns zu vermeiden.[3]

Auf Amerika zurückkommend, meinte Ad[enauer], wir seien dort beide gut gelitten, aber es gebe doch noch starke Vorbehalte gegenüber den Deutschen. Diese Vorbehalte seien durch den Eichmann-Prozess verstärkt worden.[4]

Sonnabend werde er de Gaulle besuchen und hoffe, ihn davon überzeugen zu können, dass Verhandlungen erforderlich seien.[5]

Ich fragte (wie schon bei Min[ister] Schröder), ob Presseberichte zutreffen, denen zufolge Botsch[after] Kroll in seinem Gespräch mit Chruschtschow einen Vertrag u. a. zwischen Westberlin und der Zone vorgeschlagen und von einem Abbau von Propagandatätigkeiten gesprochen habe.[6] Ad[enauer] sagte, er könne sich hieran nicht erinnern.

Ad[enauer] sagte, er werde nach mir den sowjet[ischen] Botschafter Smirnow empfangen.[7]

(Am nächsten Morgen – Mittwoch – sagte der Bundeskanzler mir im Bundeshaus, das Gespräch mit Smirnow sei sehr interessant gewesen. Er wolle mir dazu noch Näheres sagen. Die Information ist, da ich nach Berlin zurückfahren musste, am Donnerstagnachmittag in einem Gespräch mit Senator Klein erfolgt)
Br[andt][8]

Nr. 74
Schreiben des Regierenden Bürgermeisters von Berlin, Brandt, an den Senator für Bundesangelegenheiten, Klein
5. Januar 1962

AdsD, WBA, A 6, 164.

Lieber Günter Klein,
Deinen Brief vom 31. 12. [19]61 habe ich erhalten. Die guten Wünsche zum neuen Jahr möchte ich bestens erwidern.[1]

Mir ist von mehr als einer Seite gesagt worden, daß Du Dich in den letzten Wochen an verschiedenen Stellen in einem mir schwer verständlichen Sinne geäußert hast. Ich will jetzt auf Einzelheiten überhaupt nicht eingehen, sondern würde es nur für richtig halten, daß Du das alles einmal in Ruhe überlegst und Dich selbst fragst, ob die auf diesem Wege fast unausweichlichen Konsequenzen notwendig sind.

Mir will es nicht einleuchten, daß unser persönliches Verhältnis in so ungewöhnlichem Maße Schaden leiden soll. Ich werde mich übrigens auch durch keinerlei Äußerungen davon abbringen lassen, Deine Verdienste um Berlin richtig einzuschätzen und zu würdigen. Darum habe ich mich übrigens auch in der bisherigen Zusammenarbeit mit den Kollegen im Senat stärker bemüht, als es Dir klar geworden sein mag.[2]

Ich verstehe die Schwierigkeiten, die sich in Verbindung mit dem Ausscheiden aus dem Amt ergeben haben. Im besonderen verstehe ich, daß Dir die Wahl des Nachfolgers „schon" am 21. 12. [1961] nicht zugesagt hat. Man könnte aber ebenso gut sagen „erst am 21. 12. [1961]". Du hattest das Amt doch unmittelbar nach dem 17.9. [1961] zur Verfügung gestellt, und wir waren übereingekommen, daß der 31. 12. [1961] der letzte Zeitpunkt für das Ausscheiden sein sollte. Nachdem die Nominierung des Nachfolgers am 19. 12. [1961] erfolgt war, wollte ich die Neuwahl am 4. Januar [1962] vornehmen lassen. Das wurde von seiten der Fraktionen abgelehnt. Der dann in Betracht kommende Januar-Termin war für mich nicht tragbar wegen meiner Urlaubspläne.

Du wirst gewiß zugeben, daß Dir niemand das Bundestagsmandat aufgezwungen hat. Du hast es gewollt, und ich habe geholfen, daß es dafür eine Basis bei den Delegierten des Landesparteitages gab.³ Darum hatte ich mich auch 1953 bemüht. Aber damals scheiterte das, wie Du Dich erinnern wirst, an dem in jenen Zeiten ungewöhnlichen gemeinsamen Widerstand von Reuter und Lipschitz. Du hattest nach dem 17. 9. [1961] durchaus die Möglichkeit, Dich für die Nichtannahme des Mandats zu entscheiden. Wenn ich richtig informiert bin, hat Dir das auch mehr als einer gesagt. Ich habe Dich selbst deshalb zuletzt Ende November [1961] in meiner Wohnung gefragt.

Daß Du meinen Vorschlag für die Person Deines Amtsnachfolgers nicht für gut hieltest, war Dein gutes Recht. Im Fraktionsvorstand habe ich Dich ausdrücklich aufgefordert, Deine Meinung dazu zu sagen. Die Art, wie Du es dort und noch prononcierter an anderer Stelle getan hast, wird mir in nicht sehr angenehmer Erinnerung bleiben. Es war nun einmal meine Aufgabe, einen Nachfolger vorzuschlagen. Du hast mir keinen besseren Vorschlag machen können. Ich fürchte, daß Du den Start für Klaus Schütz schwerer gemacht hast, als es notwendig war, und das ist nicht gut.⁴

Wenn ich diesen Brief schon schreibe, dann muß ich wohl auch sagen, wie sehr ich mich darüber gewundert habe, daß Du seit Monaten, und zwar weit über die Partei hinaus, vor allem in Bonn sowohl an mir selbst als auch an meinen engsten Berliner Mitarbeitern eine zuweilen nicht nur heftige, sondern auch unsachliche und herabsetzende Kritik geübt hast. Sehr subjektive Äußerungen Bonner Presseleuten gegenüber in der ersten Hälfte des vergangenen Jahres haben der gemeinsamen politischen Sache während des Vorwahlkampfes wirklich geschadet. Ich bedaure, hinzufügen zu müssen, daß auch die Zusammenarbeit auf der Senatsebene in zunehmendem Maße durch unsachliche Gesichtspunkte belastet wurde.⁵

Es geht auf die Dauer nicht gut, wenn man so gut wie alle – außer sich selbst – für geistig minderbemittelt hält. Es hält auch keiner objektiven Prüfung stand, wenn man glaubt, man allein hätte Berlin retten können und alle anderen seien an den ungewöhnlichen Schwierigkeiten unserer Stadt mehr oder weniger mitschuldig.

Wenn man von einer Schuld sprechen will, dann liegt sie übrigens nicht zuletzt auch bei einigen der von Dir im besonderen Maße geschätzten und befürworteten Repräsentanten westdeutscher und westalliierter Politik in den hinter uns liegenden Jahren.

Ich gehe jetzt für drei Wochen nach Tunesien und höre, daß Du eine Reise nach Ostafrika vorhast. Das ist gut, denn es gibt uns beiden die Möglichkeit, den Kopf freizubekommen und Abstand zu gewinnen. Nachdem wir beide wieder im Lande sind, bin ich zu einer Aussprache gern bereit. Sie hat aber wohl nur dann einen Sinn, wenn Du Dich darum bemühst, vom Persönlichen einmal ganz abgesehen, zu einer sachlicheren Haltung zurückzufinden. Hier geht es um Fragen der Selbstachtung und der Selbstprüfung. Ich kann mir jedenfalls nicht gleichzeitig in den Hintern treten lassen und mich trotzdem dafür verwenden, daß Du in der Partei und für Berlin Aufgaben wahrnimmst, die nun einmal ein gewisses Maß an Vertrauen voraussetzen.[6]
Trotz allem mit freundlichen Grüßen
Dein
⟨Br[andt]⟩[7]

Nr. 75
Aus dem Interview des Regierenden Bürgermeisters von Berlin, Brandt, für *Der Spiegel*
10. Januar 1962

Der Spiegel, Nr. 1/2 vom 10. Januar 1962, S. 30–34.

„Ich bin bereit, mit Ostberlin zu verhandeln"[1]

SPIEGEL: Herr Bürgermeister, Sie haben als Parole für 1962 ausgegeben: „Die Mauer muß weg!" Wie soll das geschehen?[2]
BRANDT: Von mir aus bedeutet die Forderung „Die Mauer muß weg!" zweierlei: einmal das Aussprechen dessen, was die Menschen in dieser Stadt bewegt. Denn hier wirkt die Mauer ja nicht nur ein auf die

hinter der Mauer, wie man im Ausland vielfach meint, sondern die negativen Wirkungen der Mauer sind ja auch in diesem Teil der Stadt zu spüren. Aber außerdem bedeutet „Die Mauer muß weg!", daß die Westmächte die Mauer, diesen tiefen Einschnitt und diese Einengung ihrer Rechte in bezug auf Berlin als Ganzes, zum Punkt internationaler Verhandlungen machen müssen.[3]

SPIEGEL: Verhandeln heißt, jeder Verhandlungspartner fordert etwas und bietet als Preis dafür etwas anderes an. Wenn der Westen fordert, der Osten solle die Mauer wegräumen, müßte er dafür einen Preis bieten. Welchen?

BRANDT: Natürlich ist es richtig, daß man bei Verhandlungen immer von einem gewissen Geben und Nehmen auszugehen hat. Nun hat der Osten bereits, wie ich meine, gegen bestehende Vereinbarungen etwas genommen; und wogegen ich mich wehre, womit ich mich nicht abfinden möchte, ist, daß man nun sagt: Fangen wir an mit der Wirklichkeit des 14. August [1961]! Ich meine, man muß anfangen zumindest mit der Wirklichkeit des 12. August [1961]; das heißt, einer Situation, in der zwar Ostberlin wie die Zone unter sowjetischer Kontrolle und unter kommunistischer Führung war, wo aber Berlin faktisch doch eine offene Stadt war.

SPIEGEL: Das hieße, daß die Mauer vor den Verhandlungen abgetragen werden muß?

BRANDT: Ich würde das sehr gern sehen, aber ich halte das nicht für sehr realistisch. Es sind zwei ganz verschiedene Dinge, ob man sagt, die Mauer muß weg, bevor wir reden; oder ob man sagt, über die Mauer muß jedenfalls geredet werden. Man muß versuchen, einen freien Personenverkehr wieder zu erreichen. Das würde also heißen: eine Lösung ohne Mauer. Wenn das auf kurze Sicht nicht möglich ist, dann muß man zumindest einen begrenzten kontrollierten Personenverkehr wiederherzustellen versuchen.

SPIEGEL: Das wären dann ein paar Löcher in der Mauer.

BRANDT: Das würde bedeuten, die Mauer bis zu einem gewissen Grade transparent zu machen.

SPIEGEL: Sie haben sich um diese Transparenz schon bemüht, ehe noch Ost-West-Verhandlungen begonnen haben. Sie wollen den

Verkehr zwischen Ost- und Westberlin wieder in Gang bringen – zusammen mit den Behörden der Sowjetzone.[4]
BRANDT: Zusammen mit jedem, der daran mithelfen könnte. So unwahrscheinlich das im Augenblick sich für manche anhören mag: Ich bin überzeugt davon, die Behörden in Ostberlin, nicht nur die in Westberlin, wissen, wie schwierig diese Lage ist, daß die Mauer durch Hunderttausende von Familien geht. [. . .][5]
SPIEGEL: Sie selbst sind jedenfalls bereit, mit diesen Behörden zu verhandeln.
BRANDT: Dazu haben wir ja unsere Bereitschaft erklärt.
SPIEGEL: . . . zu verhandeln über das Rote Kreuz.
BRANDT: Wir hatten das Rote Kreuz gebeten, und es hat sich dieser Aufgabe unterzogen, die Behörden auf der anderen Seite davon zu verständigen, daß der Berliner Senat bereit ist, einen seiner Beamten, der auch namhaft gemacht wurde, mit zuständigen Beamten der anderen Seite über die Regelung solcher praktischen Fragen sprechen zu lassen. Genau das ist übermittelt worden. Wir haben nicht die Absicht gehabt, das Rote Kreuz für Verhandlungen selbst in Anspruch zu nehmen.[6]
SPIEGEL: Sie würden sich nicht daran stoßen, wenn diese zuständigen Ostberliner Stellen Regierungsstellen der DDR und nicht etwa des Ostberliner Magistrats wären?
BRANDT: Unsere Kontaktstelle ist die Ostberliner Verwaltung. Wenn sich aus den dortigen Gegebenheiten entwickelt hat, daß hier und da die Zonenregierung direkt hineinwirkt in die Ostberliner Verwaltung, dann ist das ein Zustand, den wir für falsch halten mögen, aber der nicht in jedem Fall nun uns daran hindern kann, eine entsprechende Stelle für technische Kontakte zu haben. Ich denke vergleichsweise an die Handelsangelegenheiten. Da haben wir auch keine Entsprechungsnummer auf der Ostberliner Ebene, sondern da ist das zusammengefaßt in einer Instanz, die für das Gesamtgebiet zuständig ist.
SPIEGEL: . . . und die Ministerium heißt.
BRANDT: Ich denke, ja.
[. . .][7]

SPIEGEL: Verhandlungen nur über die Berlin-Frage.

BRANDT: Ich habe nicht darüber zu bestimmen, worüber die Mächte verhandeln wollen oder sollen, und ich weiß nicht, ob denjenigen, die darüber bestimmen, die Auffassung und der Rat des Berliner Bürgermeisters besonders wichtig ist. Aber ich bin weiterhin der Meinung, daß es höchst bedenklich ist, das Thema übergebührlich einzuengen.[8]

SPIEGEL: Sie würden sich aber ein Vier-Mächte-Arrangement vorstellen können, das sich nur mit Berlin befaßt?

BRANDT: Ich habe den Zusammenhang zwischen der Berliner Frage und den weiteren Fragen – Deutschland, europäische Sicherheit – oft genug betont. Aber ich muß zur Kenntnis nehmen, daß es kaum irgend jemand heute in der Welt gibt, der geneigt ist, auf der Grundlage einer solchen Zusammenfügung der Dinge zu verhandeln.

SPIEGEL: Auch nicht in Bonn.

BRANDT: Ich glaube, gerade in Bonn hat man große Sorgen gegenüber einem solchen Zusammenfügen von Verhandlungselementen.

SPIEGEL: Sie teilen diese Sorgen nicht?

BRANDT: Ich muß sagen, es gibt Sorgen, die ich, wenn ich für die Bundesregierung zu sprechen hätte, wahrscheinlich auch teilen würde; aber sie würden mich nicht dazu veranlassen, nun so zurückhaltend in der Erörterung der deutschen Frage zu sein.

SPIEGEL: Sie waren doch in Amerika, Sie haben auch dort gesprochen. Haben Sie das Gefühl, daß Sie mit Ihren Vorstellungen bei den Amerikanern unter Umständen Verständnis gefunden hätten?

BRANDT: Ja. Die Amerikaner haben im Sommer und im Frühherbst den Versuch gemacht – vielleicht nicht immer genügend durchdacht, nicht immer klar genug und manches auch ein bißchen zu früh auf den Markt getragen –, aber sie haben den Versuch gemacht, verschiedene Fragen, die mit dem Deutschland-Problem zusammenhängen und mit dem Problem der europäischen Sicherheit, in der westlichen Welt vorzubereiten für eine etwaige Aussprache mit dem Hauptpartner der östlichen Welt.[9]

SPIEGEL: Woran meinen Sie, ist dieser Versuch gescheitert?

BRANDT: Ich weiß nicht, ob man die Schuld, wenn man es Schuld nennen will, nur an einer Stelle suchen kann. Aber ich glaube, Washington ist zu einem bestimmten Zeitpunkt zu dem Ergebnis gekommen: Immer wenn die Engländer ja sagen, sagen die Deutschen nein, und umgekehrt, um hier nur zwei wesentliche Partner zu nennen. Und sie haben dann etwas resignierend festgestellt, daß es, so wie die Dinge jetzt liegen, leider kaum eine Möglichkeit gibt, eine gemeinsame westliche Verhandlungsbasis für umfassende Gespräche mit dem Osten zu schaffen. Das ist eine bittere Einsicht, zu der die amerikanischen Verbündeten gekommen sind.
SPIEGEL: Wollen Sie damit sagen, daß am Bonner Veto Erörterungen über Gesamtdeutschland und die europäische Sicherheit gescheitert sind und das Bonner Veto jetzt die isolierte Berlin-Diskussion heraufbeschworen hat?
BRANDT: Ich weiß nicht, ob man es einfach ein Veto nennen kann. Aber bestimmte, besonders große Bedenken der Bundesregierung haben mit dazu geführt, daß bestimmte Themen jedenfalls gegenwärtig nicht weiter erörtert worden sind.
SPIEGEL: Wir stehen also heute vor der Notwendigkeit, nur isoliert über Berlin zu verhandeln...
BRANDT: Das wollen wir erst einmal abwarten. Eine eigentliche Lösung der Berlin-Frage ist doch losgelöst von den deutschen Dingen nicht möglich. Aber man könnte praktische Punkte anpacken, um zu einem Modus-vivendi-Abkommen zu gelangen. Ich würde hier nicht auf Perfektion ausgehen.
[...][10]
SPIEGEL: Man käme also in der Frage „Berlin und seine Zufahrtswege" lediglich zu einer vertraglichen Fixierung dessen, was ist? Also des Status quo?
BRANDT: Im wesentlichen denke ich: ja.
SPIEGEL: Des Status quo mit Mauer!
BRANDT: Auch wenn es bei der Mauer bleibt, auch wenn sie bis auf weiteres nur bedingt durchlöchert werden kann, müssen hier weiter über zwei Millionen Menschen leben, durchweg tüchtige Menschen; dieses Westberlin hat ein höheres Sozialprodukt als Griechenland –

ein Fünftel der Mitgliederstaaten der Vereinten Nationen stehen der Einwohnerzahl und dem Sozialprodukt nach hinter Berlin, was nun aber nicht bedeutet, daß Berlin auch noch ein Uno-Staat werden will. Das will es gerade nicht.
SPIEGEL: Sie lehnen eine Freistadt-Lösung ab?
BRANDT: Entschieden, ja. Wir wollen kein eigenes völkerrechtliches Staatsgebilde werden.
[...][11]
SPIEGEL: Ihre Prognose für Berlin – ist sie eher optimistisch oder pessimistisch?
BRANDT: Ich bin überzeugt davon, daß Westberlin mit dem größeren Teil des freien Deutschland fest verbunden bleibt. Ich hoffe, daß wir Fortschritte erzielen werden, was den Verkehr innerhalb der Stadt angeht. Ich halte es nicht für ausgeschlossen, daß wir im Laufe des Jahres noch manche Zuspitzung erleben werden. Aber ich bin fest davon überzeugt, daß die alliierten Rechte und Pflichten gegenüber Berlin gewahrt bleiben und daß wir ohne Ausweitungen, die den Weltfrieden gefährden könnten, über die Runden kommen. Ich bin davon überzeugt, daß wir Fortschritte machen werden auf den eben erörterten Gebieten, nämlich Ausbau Berlins als Wirtschaftszentrum, als Kulturzentrum, selbst wenn die Mauer bleibt.
SPIEGEL: Bietet die Mauer den Westberlinern nicht geradezu Schutz, wenn man sich auf diese Art Berlin-Lösung einrichtet?
BRANDT: Schutz vor wem?
SPIEGEL: Die Mauer ist doch ein deutliches Zeichen dafür, daß sich Ulbricht und Genossen selbst eine Grenze gesetzt haben.
BRANDT: Ja, das ist bei so einer Mauer das Problem, ob man sich selbst einmauert, ob man andere ausmauert. Im Ausland gibt es immer wieder diese vereinfachte Vorstellung: Sie waren ja vorher schon unter kommunistischer Herrschaft, insofern hat sich nicht viel verändert, außer daß sie nicht mehr flüchten können. Was ja schon weitreichend genug ist in seinen Konsequenzen! Dabei ist es doch so, daß der menschliche Schmerz, das menschliche Leid, das von dort ausgeht, sich auf beide Seiten erstreckt. Aber ich glaube, Sie haben recht. Es ist im wesentlichen eine Einmauerung des Zonenregimes.

Vielleicht wird man später einmal sagen: Das war der Punkt, an dem der Kommunismus auf deutschem Boden sich selbst seine Grenzen gesetzt hat. Aber auch das ist nur ein schwacher Trost.
SPIEGEL: Herr Bürgermeister, wir danken Ihnen für dieses Gespräch.

Nr. 76
Vermerk über ein Gespräch des Regierenden Bürgermeisters von Berlin, Brandt, mit dem Bundeskanzler, Adenauer
19. Juni 1962[1]

AdsD, WBA, A 6, 72.

Die Unterredung war auf Wunsch des Regierenden Bürgermeisters nach den Unterhaltungen in Berlin aus Anlaß der Feiern zum Tag der Deutschen Einheit zustande gekommen. Es wurden im wesentlichen zwei Problemkreise behandelt:[2]
1. Vorbereitung des Besuchs des amerikanischen Außenministers,[3]
2. Stand und Schicksal der Hallstein-Doktrin.[4]

ZU 1.:
Der Bundeskanzler erklärte, wie schwer es ihm sei, sich mit der amerikanischen Politik zurechtzufinden. So viel er auch nachdenke, sei es sehr schwer, die wirklichen Motive und die Bedeutung der amerikanischen Politik zu bestimmen.

Für ihn werde es immer klarer, daß der Wahlkampf für die Novemberwahlen in den USA die gesamte Politik der Kennedy-Verwaltung bestimme.[5] Er verwies auf seinen ersten Eindruck vom Weißen Haus: Auf die Frage an Kennedy, wo all die vielen Leute, die im Weißen Haus herumliefen, herkämen, habe der amerikanische Präsident geantwortet, der größte Teil seien Journalisten. Die Konzentration von Propaganda und Publizität sei offensichtlich. Der Bundeskanzler habe zwei lange Briefe erhalten – mit einigen persönlichen handgeschriebenen Bemerkungen des Präsidenten –, die sich allein mit dem Problem des Geflügel-Überschusses in einigen amerikanischen Bundesstaaten beschäftigen.

Der Bundeskanzler warnte davor, die deutschen, insbesondere aber die Berliner Fragen zum Streitpunkt des Wahlkampfes in Amerika werden zu lassen. Die Republikaner seien sehr darauf aus, Schwächen und Fehler der Administration in der Berlin-Frage wahlkampfmäßig zu nutzen. Andererseits wollte aber sicher die demokratische Verwaltung bis zu den Wahlen einen – wenn auch bescheidenen – Erfolg bei den Verhandlungen mit der Sowjetunion vorweisen können. Das würde den Bundeskanzler bestimmen, in der Zugangsfrage den amerikanischen Vorstellungen stärker nachzukommen.

Der Regierende Bürgermeister erklärte, daß er ein Interesse an einer vernünftigen Zugangsregelung habe. Aus diesem Grunde unterstütze er die amerikanischen Bemühungen. In den Details sehe alles nicht so gut aus, wie es sein sollte. Er glaube immer noch mit dem Senat von Berlin, daß eine Vier-Mächte-Lösung für die Zugangsbehörde besser wäre.[6]

Der Bundeskanzler stimmte dem Regierenden Bürgermeister zu.

zu 2.:

Der Bundeskanzler hatte bei den Unterhaltungen in Berlin die Frage aufgeworfen, ob die Hallstein-Doktrin nicht fallengelassen werden sollte. Er kam auf diesen Punkt in der Unterhaltung mehrmals zurück.

Der Bundeskanzler verwies darauf, daß im Jahre 1955 die Herren von Brentano und Hallstein – „fast kniefällig" – ihn gebeten haben, keine diplomatischen Beziehungen mit der Sowjetunion aufzunehmen. Aber es wäre damals um 30 000 Menschen gegangen. Da habe sein Gewissen ihm diese Entscheidung vorgeschrieben.[7]

Jetzt gehe es darum, daß die Hallstein-Doktrin auszutrocknen drohe oder unwirksam zu werden. Ehe dieser Zustand eintrete, meine er, müsse versucht werden, im Austausch etwas Wertvolles zu erhalten:

Erleichterungen in der Zone, Erleichterungen für West-Berlin und Regelung für den Verkehr zwischen Ost- und West-Berlin.

Der Regierende Bürgermeister erklärte, daß er an der Diskussion dieser Frage interessiert sei. Er stehe jederzeit zur Verfügung und werde selbstverständlich für die notwendige Diskretion dieser Unterhaltung Sorge tragen.

Er habe sich im übrigen schon immer gefragt, ob es nicht auch in den vergangenen Jahren eine andere Möglichkeit des Kontaktes mit den Ostblockstaaten gegeben hätte, als allein die diplomatische Anerkennung. Der Regierende Bürgermeister wies auch auf die innenpolitische Schwierigkeit dieses Problems hin.

Zum Abschluß erklärte der Bundeskanzler, wie tief beeindruckt er von dem Besuch aus Anlaß des Tages der Deutschen Einheit in Berlin gewesen ist und wie gern er an diese Stunden zurückdenke. Er bat den Regierenden Bürgermeister, sich insbesondere der amerikanischen Gewerkschaftsführer, die in den kommenden Tagen in Berlin sein werden, anzunehmen.[8]

⟨+ Frage eines Berat[ungs] Gremiums Bonn-Berlin⟩[9]

Nr. 77
Hs. Schreiben des Landesvorsitzenden der Berliner SPD, Brandt, an den stellvertretenden Vorsitzenden der Berliner SPD, Mattick
30. Juli 1962

AdsD, NL Mattick, 92.

Lieber Kurt,
wir sind hier nun schon über zwei Wochen in der wirklich erholsamen Einsamkeit der norwegischen Berge.[1] Aber die Gedanken sind natürlich immer wieder in Berlin. Was werden die nächsten Monate bringen? Vielleicht nun doch den Separatvertrag.[2] Das wird ernste Fragen selbst dann aufwerfen, wenn Moskau – was ich für

wahrscheinlich halte – Westberlin ausklammert, um einen ernsten Konflikt zu vermeiden.

Wenn ich am 12. 8. [1962] zurückkomme, wirst Du Deinen Urlaub angetreten haben.³ Wir sollten uns deshalb schon jetzt darauf verständigen, dass wir möglichst bald nach dem Urlaub eine Art von Klausurtagung durchführen, auf der genügend Zeit zur Aussprache und Meinungsbildung ist. Über die Zusammensetzung wird noch zu sprechen sein: erweiterter L[andes]V[orstand], L[andes]A[usschuss] oder ein noch etwas grösserer Kreis. Gestützt auf gründlich vorbereitete Berichte bzw. Kurzreferate sollte gesprochen werden über

a) die aussen- und innenpolitischen Aspekte der Berlin-Krise,
b) die Durchführung des Berlin-Treffens,
c) die Vorbereitung des Wahlkampfes.⁴

Heute möchte ich einige Bemerkungen zur Kressmann-Angelegenheit machen, die mir viel Kopfzerbrechen bereitet hat. Ich betrachte sie als den ernstesten Rückschlag im Innern, den wir seit Jahren erlitten haben. Und ich sehe noch keinen Ausweg, denn wir sind nicht frei in der Wahl unserer legitimen Mittel.⁵

Leider haben wir über den Verlauf der Kreuzberger Delegierten-Konferenz nicht mehr miteinander sprechen können.⁶ Ich habe mich am 12. [Juli 1962], dem Tage meiner Abfahrt, um ein Gespräch mit Dir und/oder Kurt Neubauer bemüht, aber ich konnte keinen von Euch erreichen. Seitdem war ich zu meiner Unterrichtung allein auf Pressekommentare angewiesen, wenn ich von der Schrift des L[andes]V[orstandes] für das Ordnungsverfahren absehe, die ich vor einigen Tagen von Margot Schubert erhielt. Am 16. [Juli 1962] habe ich vorsorglich durchsagen lassen, dass ich von übereilten Schritten – wie etwa Sofortausschluss – abrate und der Meinung sei, dass nun erst das Ordnungsverfahren abrollen müsse.

Wir haben uns zunächst, glaube ich, ganz nüchtern darüber Rechenschaft abzulegen, dass die Beschlüsse des L[andes]V[orstandes] in Bezug auf ihre Durchführbarkeit und Auswirkungen nicht genügend durchdacht waren. Das wird besonders deutlich, wenn wir uns daran erinnern, mit welcher Entschiedenheit mehrere unserer Freunde meiner Warnung wegen der pressemässigen Auswirkung widersprachen. Hier geht es nicht um Rechthaberei und erst recht nicht darum, dass wir uns das Leben durch überflüssige Vorwürfe zusätzlich erschweren. Es geht allein darum, dass eine Führungskörperschaft in der Lage sein muss, die Konsequenzen ihrer Beschlüsse einigermassen zu berechnen. Dazu gehört als Minimum auch eine bessere Kenntnis der pressemässigen Gegebenheiten, als sie in zwei der L[andes]V[orstands]-Sitzungen, an denen ich teilnahm, zu Tage trat.

Das Berliner Presseecho war in Wirklichkeit katastrophal – ganz abgesehen davon, dass einem bei solchen Gelegenheiten auch immer wieder der ganze Jammer unserer eigenen Pressesituation in Berlin bewusst wird.[7] Aber es handelt sich ja nicht allein darum, was in Berliner Zeitungen gestanden hat. Auch in einer Reihe westdeutscher Zeitungen war die Version zu finden, dass es sich hier um einen „Racheakt" handle und dass ein „tüchtiger Bürgermeister" wegen seiner „Popularität" gemassregelt werden solle.[8] Für einen nicht geringen Teil der westdeutschen Öffentlichkeit ist die Frage aufgeworfen worden, wie weit es in Berlin einen einheitlichen politischen Willen gibt und wie weit in der Berliner Sozialdemokratie eine gegensätzliche Konzeption befürwortet wird. Ich habe mich davon überzeugen müssen, dass diese letztere Version auch in einer Anzahl ausländischer Zeitungen Eingang gefunden hat. Eine zusätzlich negative Wirkung trat dadurch ein, dass verschiedenen Teilnehmern am IBFG-Kongress der Eindruck vermittelt worden ist, der Senat bzw. die SPD bzw. Willy Brandt sprächen nicht für Berlin, sondern nur für einen Teil, während ein anderer Teil etwa auf der Linie der englischen „Linken" liege.[9]

Man kann sagen, das hätte anders ausgesehen, wenn die Kreuzberger Delegiertenversammlung anders ausgegangen und wenn es gelungen wäre, einen Abberufungsbeschluss in der Öffentlichkeit politisch zu begründen. Aber so sind die Dinge eben nicht gelaufen. Im politischen Leben gibt es bekanntlich immer wieder Situationen, in denen man verschiedene Gefahren gegeneinander abwägen muss. Ich fürchte, das ist in diesem Fall nicht geschehen.

<u>Eine</u> Gefahr war durch Kressmann selbst gegeben, eine ernste, wenn auch nicht akute Gefahr. Das Element der Kressmann'schen

Illoyalität ist nicht neu, ebensowenig sein Versuch, sich politische Einzeltouren vorzubehalten. Mehrere seiner Äusserungen in Amerika waren völlig unmöglich.[10] Aber daneben steht die Tatsache, dass sie nirgends in Amerika veröffentlicht wurden. Er wurde im Grunde nicht ernst genommen. Deshalb erschien es mir zunächst angemessen, es mit der Zurechtweisung vor dem Abgeordnetenhaus genug sein zu lassen. Und deshalb meine ich noch heute, dass es allgemeinpolitisch in der gegenwärtigen Lage wenig opportun war, K[ressmann] zu mehr zu machen, als er ist. Es hätte mehr dafür gesprochen, ihn lächerlich zu machen.

Die andere Gefahr ist dadurch eingetreten, dass K[ressmann] durch Ungeschicklichkeiten unseres Vorgehens und durch die Haltung eines nicht unmassgeblichen Teils der Berliner, westdeutschen und ausländischen Presse zu der „Gegenfigur" geworden ist, die er in diesem Sinne vorher gar nicht war. Sein „Gewicht" hat sich zeitweilig verstärkt, wenn auch nicht durch eigene Leistung.

Ich bezweifle, ob man mit dieser Lage dadurch fertig wird, dass im Ordnungsverfahren mit Mehrheit durchgesetzt wird, was den Kreuzbergern am 11. [Juli 1962] vorgeschlagen worden war. Anders sieht die Sache natürlich aus, wenn sicherheitsmässige Dinge vorgebracht werden können, die hieb- und stichfest sind. Joachim [Lipschitz] hatte über diese Seite der Sache mit mir gesprochen, aber Heinrich [Albertz] glaubt nicht, dass verwendbares, einwandfreies Material vorliegt.

Um es so zu sagen: Einer akuten Gefahr begegnet man, wenn es sein muss, mit disziplinarischen bzw. statutenmässigen Mitteln; einer latenten bzw. potentiellen Gefahr begegnet man besser mit politischen Mitteln. Diesen Gesichtspunkt sollten wir nicht aus dem Auge verlieren. Aber wie nun aus der reichlich verfahrenen Lage heraus prozediert werden sollte, weiss ich, wie gesagt, auch noch nicht.

Unabhängig davon erscheinen mir jedoch folgende Maßnahmen erforderlich:

1.) Eine konzentrierte, aber genaue Presseanalyse zum Fall K[ressmann]. Aus ihr werden sich gewisse Anhaltspunkte für unsere pressemässige Situation im Wahlkampf ergeben. Es wird zu prüfen sein, in welchen Fällen Gespräche mit Chefredakteuren oder Verlagen in Betracht kommen. Vor allem aber bedarf es eines Plans für Einzelgespräche mit Journalisten, denen wirklich erklärt werden muss, worum es in diesem Fall ging und geht.

2.) Genaue Registrierung der Gruppen, die sich im Fall K[ressmann] engagiert haben, und Prüfung der Frage, welche Motive dem im einzelnen zugrunde lagen: die P[olitisch]R[assisch]V[erfolgte]-Gruppe und die „Liga", die zur Sympathiedemonstration aufgerufen haben, SDS und andere Jugendgruppen, Kreis um „Evangelische Akademie" usw. In diesem Zusammenhang ist auch ein bei der Senatskanzlei befindlicher Bericht interessant, demzufolge [Hermann] Fischer auf einer C[hristlich]N[ationale]P[artei]-Versammlung antiwestliche Töne angeschlagen hat.[11]

3.) Sorgfältige Beobachtung und Beeinflussung der Meinungsbildung in den eigenen Reihen. Der L[andes]V[orstand] müsste eine Übersicht bekommen, welche Reaktionen aus der Partei überhaupt vorliegen.

4.) Zusätzliche Aufklärung über die Amerikareise, vor allem über die angebliche Äusserung von [Foy] Kohler, K[ressmann] sei der erste Berliner bzw. Deutsche, der die Notwendigkeit eines Kompromisses eingesehen habe. Ich habe Klaus Schütz gebeten, dieser Sache nachzugehen.[12]

Ja, dies ist nun ein ziemlich langer Schrieb geworden. Aber es handelt sich ja auch um eine zugleich wichtige und schwierige Sache, um einen Vorgang, der die Partei und die Berliner Politik gleichermassen betrifft und von dem sich so oder so Auswirkungen auf den Wahlkampf ergeben.

Ich werde Kurt Neubauer eine Kopie schicken, damit er über meine Sorgen gleichzeitig unterrichtet ist. Ich weiss nicht, ob Eberhard[13] und wer sonst im Hause ist. Jedenfalls schöne Grüsse!

Dir selbst herzliche Grüsse und die besten Urlaubswünsche, auch von Rut
Dein
Willy Brandt

Nr. 78
Schreiben des Regierenden Bürgermeisters von Berlin, Brandt, an den Bundeskanzler, Adenauer
22. August 1962

LAB, B Rep 002/7965 a.

Sehr geehrter Herr Bundeskanzler!
Ich komme zurück auf unser Gespräch vom 17. August [1962].[1] Es ist gut, daß wir angesichts der augenblicklichen Lage der Deutschland- und Berlinfrage den Kontakt so eng wie möglich gestalten. Ich stehe selbstverständlich für jedes erforderliche Gespräch und zu jedem gewünschten Zeitpunkt zur Verfügung. Besonders dankbar bin ich für Ihre Zusage, daß in aller Kürze ein Beratungsgremium geschaffen wird, in dem Vertreter der Bundesregierung und des Senats alle Berlin betreffenden Fragen erörtern können. In der Tat bedarf es dringend einer derartigen, alle Bemühungen koordinierenden Stelle. In regelmäßigen Beratungen können in der notwendigen, vertrauensvollen Zusammenarbeit alle Probleme bearbeitet werden. Ich denke hierbei nicht zuletzt an die „Eventual-Planung" des westlichen Verhaltens auf Aktionen der Sowjets in und um Berlin sowie auch an die Fragen des Interzonenhandels.[2]

Die gegenwärtige Lage erfordert es, daß eine Reihe von Maßnahmen ergriffen bezw. eingeleitet werden. Unser gemeinsames Ziel muß sein, durch eigene Aktivität Freund und Feind – vor allem auch den Berlinern – Selbstvertrauen und Führung zu demonstrieren. Es darf uns – so wichtig das auch ist – nicht genügen, auf die Eventualitäten „vorbereitet" zu sein. Wir müssen uns bemühen, unsere eigenen Initiativen deutlich und allen klar erkennbar aufzuzeigen. Wie wichtig dies ist, haben gerade die vergangenen Tage mit der starken Erregung der Berliner Bevölkerung gezeigt.

Meine Bemerkungen beziehen sich auf vier Fragenkreise:
    1) Beurteilung und Beeinflussungsmöglichkeiten der gegenwärtigen Verhandlungslage;

2) Probleme des militärischen und zivilen Zuganges von und nach Berlin;
3) notwendige innere Regelungen im freien Teil Berlins;
4) Probleme der Lebensfähigkeit West-Berlins.

Zu 1) Beurteilung und Beeinflussungsmöglichkeiten der gegenwärtigen Verhandlungslage

Das Berlin-Gespräch der Großmächte ist offensichtlich in eine Sackgasse geraten.³ Die sowjetische Ablehnung einer Konferenz der Außenminister-Stellvertreter ist schlecht. Wir sollten bei den Westmächten anregen, den Sowjets die Einschaltung der Botschafter – unter möglicher Heranziehung deutscher technischer Experten – vorzuschlagen.

Der Senat von Berlin hat keinen Grund, über die routinemäßige Vertretung der Berliner Belange durch die Botschaften in Washington, London und Paris Klage zu führen. Zuweilen entsteht jedoch der Eindruck, daß die detaillierte Sachkenntnis zu speziellen Berlin-Fragen von hohem politischen Rang (z. B. S-Bahn) zu wünschen übrig läßt.⁴ Von ihrer Behandlung hängt die psychologische Haltung der Berliner, die für die Zukunft noch ausschlaggebender als bisher sein wird, mehr ab als von der Betonung der selbstverständlichen großen Linie. Deshalb bitten wir zu prüfen, ob nicht zur Verstärkung unserer diplomatischen Missionen in den drei genannten Hauptstädten je ein mit den Detailkenntnissen am Ort eng vertrauter Berliner Beamter abgestellt werden sollte. Auf alle Fälle sollte das Informationszentrum in New York für die Dauer der UN-Vollversammlung – wie schon im Jahre 1960 – durch einen Berliner Herrn verstärkt werden.

Auf einen Vorstoß der Sowjetunion in den Vereinten Nationen müssen wir weiterhin vorbereitet sein. Wir begrüßen, daß die deutschen diplomatischen Missionen bei den Regierungen, bei denen sie akkreditiert sind, den Standpunkt der Bundesregierung in der Deutschland- und Berlin-Frage erneut vorgetragen und erläutert haben. Wir hoffen, daß unsere Botschaften zusätzlich in kürzester Zeit und in der jeweiligen Landessprache eine Dokumentation über die Lage in Berlin – insbesondere über die Lage an der Mauer – erhalten werden.

Wir bitten – gerade auch nach dem schrecklichen Geschehen an der Berliner Mauer vor wenigen Tagen[5] – noch einmal eindringlich zu überprüfen, ob nicht doch auch die Menschenrechtskommission der Vereinten Nationen mit der Lage an der Mauer und im anderen Teil Berlins und Deutschlands befaßt werden soll. Dieser Vorschlag ist bisher vom Auswärtigen Amt abgelehnt worden. Die dazu gegebene Begründung hat uns nicht überzeugt.

‹Uns will scheinen, daß verhindert werden muß, daß die Berlin-Frage auf der Ebene der Vereinten Nationen gegen uns und gegen unsere Freunde ausgeschlachtet wird. Deshalb wird erneut zu überlegen sein, welche Schritte geeignet sein können, auch hier die Initiative zu behalten bzw. sie wiederzugewinnen.›[6]

Der Senat von Berlin wird seinen Beitrag in einer verstärkten Öffentlichkeitsarbeit von Berlin aus und für Berlin in den verbündeten, aber auch in den neutralen Ländern zu leisten haben. Wir überlegen unsererseits, ob nicht in einer demonstrativen Form die Lage der Stadt erläutert werden sollte. Hierbei ist an eine zeitlich geschlossene Aktion gedacht, an der die Mehrheit der Mitglieder des Senats beteiligt ist. Mit dem Bundespresseamt und mit dem Auswärtigen Amt würde über die Einzelheiten noch zu sprechen sein.

Wir sind uns darin einig, daß dem Plan einer östlichen „Friedenskonferenz" starke Kräfte entgegengesetzt werden müssen. Für den Fall eines Separatfriedensvertrages ist es von entscheidender Bedeutung, daß der Westen nicht nur seiner Verpflichtung, in Berlin zu bleiben, gerecht wird, sondern auch seinen Willen unterstreicht, weiterhin um die Lösung der deutschen Frage bemüht zu bleiben.

‹Gelegentlich hat es den Anschein, als hätten sich die Westmächte bereits mit einem separaten Friedensvertrag abgefunden, wenn nur ihre Rechte in West-Berlin dadurch nicht berührt werden. Diese rein defensive und restriktive Einstellung wird als Verzagtheit empfunden, die weitere Einbußen in der westlichen Position zur Folge haben kann. Ohne Zweifel hat in der Bevölkerung das Gefühl der Bedrückung seit dem Herbst [1961] wieder zugenommen. Deshalb sollten alle diplomatischen Kräfte mobilisiert werden, den separaten Vertrag zu verhindern, und zwar durch Anprangerung als Rechtsbruch, durch eine Erklärung über die Unverbindlichkeit für das deutsche Volk, aber auch durch die Ankündigung möglicher Sanktionen.

Hiergegen läßt sich nicht der Einwand vorbringen, daß ein bloßes Stück Papier nicht die tatsächliche Lage, auf die es allein ankomme, zu verändern brauche. Ist dies an sich schon zweifelhaft, muß mit absoluter Sicherheit vorausgesehen werden, daß der „Friedensvertrag" den Sowjets als Vorwand für zahlreiche Salami-Scheiben tatsächlicher Veränderungen dienen wird, von denen keine dem Westen die gleichen Möglichkeiten der Rechtfertigung weitreichender Gegenmaßnahmen so an die Hand geben wird wie der Abschluß des Vertrages selbst.

Heute wissen wir, daß die böse Entwicklung vom August 1961 in Berlin ihren Anfang bereits 1948 genommen hat, als die West-Alliierten es nicht für möglich gehalten haben, dem Berliner Stadtparlament die Freiheit und Sicherheit des Tagungsortes in Ostberlin zu gewährleisten. Künftig darf es nicht heißen, daß der separate Friedensvertrag oder das Stadium davor nicht zur Ergreifung und Ankündigung drastischer Schritte dagegen genutzt worden sei und alles andere sich zwangsläufig und unwiderstehlich daraus ergebe. Auf die umstrittene Frage des richtigen taktischen Verhaltens zu der vom Osten propagierten „Friedenskonferenz" möchte ich an dieser Stelle nicht eingehen.›[7]

Zu 2) Probleme des militärischen und des zivilen Zuganges von und nach Berlin

Aus tatsächlichen und psychologischen Gründen ist es von großer Bedeutung, daß die Westmächte ihre Rechte auf den freien und unkontrollierten militärischen Zugang gerade in den vor uns liegenden Wochen noch einmal klar demonstrieren. Wir in Berlin haben den Vorschlag von General Clay begrüßt, bewaffnete Militärflugzeuge sollten wieder in den Luftkorridoren fliegen; und wir meinen, das sollte auch geschehen, ‹mindestens dann, wenn bewaffnete Flüge der Sowjets in den Korridoren gemeldet werden›.[8] Darüber hinaus müssen wir darauf dringen, daß wieder stärkere konvoiähnliche Truppenbewegungen auf der Straße durch unsere westlichen Freunde vorgenommen werden. Wir erinnern an die psychologisch wie tatsächlich hervorragende Wirkung der Verlagerung einer Kampfgruppe nach Berlin am 20. August 1961.[9]

Der Senat von Berlin ist froh, daß wir zu einer Einigung über die Registrierung des zivilen Verkehrs auf der Straße gekommen sind. Wir wissen um die Schwierigkeiten und wissen daher die Unterstützung der Bundesregierung besonders zu schätzen. Die beteiligten Stellen des Senats von Berlin werden kurzfristig mit dem Bundesinnenministerium die Verwirklichung dieses Projektes besprechen.

Die Drohung eines möglichen Paß- und Visumszwanges beschäftigt uns immer wieder. Wir waren uns in der Besprechung am 17. d[es] M[onats] einig, daß – so ernst dieser Vorgang an sich sein würde – die Antwort nicht schematisch gefunden werden kann.[10] Entscheidendes Kriterium wird sein müssen, ob die materielle Substanz des „freien Zugangs" angerührt wird oder nicht. Vor allem muß weiterhin geprüft werden, über welche Möglichkeiten zur Verhinderung wirklicher Störmaßnahmen von östlicher Seite wir verfügen. Vielleicht kann der Interzonenhandel als Instrument unserer Politik stärker eingesetzt werden. Auf keinen Fall darf dabei wieder zugelassen werden, daß Westdeutsche und Westberliner eine verschiedenartige Behandlung erfahren.[11] Durch das Verlängerungsabkommen war als Voraussetzung für die Fortführung westlicher Lieferungen das Recht zum Betreten des Ostsektors für Westdeutsche verabredet worden. Daran hält man sich auch noch. Von Westberlinern war dabei keine Rede, weil das Recht für die selbstverständlich war. Nach ihrer Aussperrung aus Ostberlin hätten Restriktionen in der westlichen Warenlieferung angedroht werden müssen. Das ist nicht geschehen. Formal konnte der Osten sich auf den Standpunkt stellen, über die Westberliner sei keine Verabredung getroffen. Das darf sich nicht wiederholen. Bei jedem weiteren Schritt muß gesichert werden, daß die Rechte der Westberliner nicht geringer sein dürfen als die der Westdeutschen. Besonders wichtig scheint uns zu sein, daß die Maßnahmen gegen eine Behinderung des Zuganges von und nach Berlin nicht isoliert auf den Interzonenhandel abgestellt werden. Hier wird es um eine Kombination von Sanktionen auf wirtschaftlichem Gebiet gehen müssen. Dabei wird der Interzonenhandel als Teil des gesamten Osthandels der NATO-Staaten zu betrachten sein.

Eine Selbstblockade kann nicht im Interesse des Westens liegen, der bekanntlich die Erhaltung und den Ausbau der „Lebensfähigkeit" des freien Teils Berlins zu einem Zentralpunkt seiner Politik erklärt hat.

Zu 3) Notwendige innere Regelungen im freien Teil Berlins

Die Alliierte Kommandantur hat dem Senat von Berlin – wie Sie wissen – die Möglichkeit gegeben, „unerwünschte Tätigkeiten" östlicher Kultur-, Wirtschafts- und Reiseorganisationen zu unterbinden. Selbstverständlich werden wir dabei im Einzelfall immer nur nach Absprache mit der Bundesregierung – in diesem Falle mit dem Auswärtigen Amt – tätig werden. Das Auswärtige Amt wurde unterrichtet, daß wir zunächst eine dieser sowjetischen Tätigkeiten, nämlich die des Reisebüros „Intourist" in West-Berlin, einzustellen gedenken.

Besonders schwierig gestalten sich unsere Gespräche mit den Schutzmächten über das Gelände und die Betriebsanlagen der ehemaligen Deutschen Reichsbahn. Diese Frage macht uns große Sorgen. Wir sind hier immer noch gezwungen, kommunistische Agentenzentralen in unserem Verantwortungsbereich zu dulden. Das ist auf die Dauer unerträglich. Beispielsweise ist es bis heute nicht möglich, daß unsere Polizei eine verantwortungsvolle und umfassende Überwachung dieses von den Kommunisten verwalteten Großobjektes in West-Berlin vornehmen kann. Wir haben jetzt die Zusage der Alliierten, einem Teil unserer Forderungen Rechnung zu tragen, aber es wird weiterer Bemühungen bedürfen, um zu einer vernünftigen Lösung dieser Frage zu gelangen. Die klare Verantwortlichkeit des Berliner Senats auf dem gesamten Gebiet des freien Teils der Stadt – unter der selbstverständlichen obersten Gewalt der Schutzmächte – muß sichergestellt werden.

Zu dem Zeitpunkt unseres Zusammentreffens – am Nachmittag des 17. August 1962 – hat es jenen entsetzlichen Zwischenfall an der Mauer gegeben, bei dem ein junger Flüchtling aus Ostberlin zusammengeschossen wurde und dann vor den Augen unserer Polizei und unserer amerikanischen Freunde verbluten mußte. Dieser Vorfall macht noch einmal die Belastung deutlich, der unsere Polizei und alle, die in Berlin Verantwortung tragen, durch die Mauer unterworfen sind.

Wir hoffen, mit den unmittelbaren Schwierigkeiten fertig geworden zu sein. Und wir haben große Anstrengungen gemacht, um einen Vertrauenseinbruch im Verhältnis zu den amerikanischen Freunden aufzufangen. Aber es wird erforderlich sein, daß wir die Alliierten erneut an ihr Engagement an der Mauer erinnern. Das Unerträgliche des gegenwärtigen Zustandes ist in den letzten Tagen besonders deutlich geworden. Es kommt nicht nur darauf an, daß die westlichen Schutzmächte ihre Hoheitsrechte im Gebiet von West-Berlin wahrnehmen. Sie haben auch eine Mitverantwortung für die Verhältnisse in ganz Berlin.

Zu 4) <u>Probleme der Lebensfähigkeit West-Berlins</u>

In den Bemühungen, die Lebensfähigkeit unserer Stadt zu erhalten und auszubauen, sind wir in diesem Jahr mit tatkräftiger Hilfe des Bundes ein gut Stück vorangekommen. Die wirtschaftlichen Förderungsmaßnahmen laufen an. Die kulturellen Planungen des Senats werden – wie ich überzeugt bin – erfolgreich sein. Trotzdem sind wir nicht frei von Sorgen. Die Sowjets beobachten sehr sorgfältig unsere Bemühungen. Sie scheinen – nach den uns vorliegenden Äußerungen – die Lebensfähigkeit West-Berlins vor allem an zwei Kriterien zu messen: Arbeitskräfte und Auftragseingänge. Gerade auf diesen beiden Gebieten liegen tatsächlich unsere besonderen Probleme.

Der Arbeitskräftemangel bedrückt uns. Viele Menschen sind trotz allem nach Berlin gekommen, aber es sind noch nicht genug. Wir hoffen, ein verstärkter Wohnungsbau wird uns die Schwierigkeiten – wenn auch nicht sofort, so doch in der weiteren Entwicklung – überwinden helfen. Hier vertrauen wir auf die weitere Hilfe der Bundesregierung.

Die Auftragslage der Industrie unserer Stadt ‹könnte besser sein›.[12] Der Präsident des Bundesverbandes der Deutschen Industrie wird – wie wir hoffen – baldmöglichst ein Treffen führender Männer der Wirtschaft zustande bringen. Ziel muß sein – wie bei der Konferenz eines gleichen Kreises in Altena im Dezember 1958 –, eine erneute Verpflichtung der deutschen Industrie zur Auftragsvergabe nach Berlin herbeizuführen.

Anläßlich der Veranstaltungen zum 17. Juni hatten wir gemeinsam mit Prof[essor Karl] Schiller vereinbart, möglichst noch in der ersten Julihälfte eine Konferenz führender Wirtschaftler auf Ihre Einladung in Bonn zustande zu bringen, um vor allem über die Themen westdeutscher Führungskräfte und Investitionen für Berlin zu sprechen. Mir wird mitgeteilt, daß Sie erst in der zweiten Oktoberhälfte zu einer derartigen Besprechung glauben einladen zu können. Ich möchte Sie auf Grund unserer Lage bitten, noch einmal diese Entscheidung zu überprüfen. Ein Treffen zu einem früheren Zeitpunkt hätte eine ganz andere Wirkung.

Sie wissen, wie wichtig für die Lebensfähigkeit dieser Stadt es ist, daß die Bevölkerung sich eingebettet fühlt in das größere Gemeinwesen. Die ‹Zusammengehörigkeit›[13] des Landes Berlin mit der Bundesrepublik bedarf in diesen Tagen besonderer Unterstreichung.

Wir meinen, daß es notwendig ist, weiterhin und in verstärktem Maße die führenden Männer der freien Welt nach Berlin zu bringen. Wir bedauern deshalb, daß es nicht möglich war, dem Präsidenten der Französischen Republik bei seinem Deutschlandbesuch – wenn auch nur für kurze Zeit – den freien Teil Berlins zu zeigen.[14] Ich wäre Ihnen dankbar, wenn anläßlich solcher Staatsbesuche alle Möglichkeiten genützt würden, um in sichtbarer Form deutlich zu machen, daß Berlin zur Bundesrepublik gehört.

Ich habe diese Zusammenstellung nach unserem Gespräch vorgenommen, um in möglichst konzentrierter Form einige der augenblicklichen Erfordernisse aufzuzeigen. Die vor uns liegenden Schwierigkeiten werden wir nur – das ist meine Überzeugung – meistern, wenn wir so eng wie möglich zusammenarbeiten.

Ich darf Ihnen, sehr geehrter Herr Bundeskanzler, nochmals für das Verständnis danken, das Sie den besonderen Problemen unserer Stadt in dieser bedrängten Lage entgegenbringen. Ich möchte meinen Wunsch wiederholen, daß es neben den jetzt angelaufenen ständigen Kontakten in dem vorgesehenen Beratungsgremium zu einem möglichst regelmäßigen persönlichen Gespräch kommen möge.[15]

In vorzüglicher Hochachtung verbleibe ich
Ihr
(Willy Brandt)[16]

Nr. 79
Vermerk über ein Gespräch des Regierenden Bürgermeisters von Berlin, Brandt, mit dem Präsidenten der Vereinigten Staaten von Amerika, Kennedy
5. Oktober 1962

AdsD, Dep. Bahr, 1/EBAA 000855.

Vermerk[1]
über das Gespräch, zu dem der Präsident der Vereinigten Staaten in Anwesenheit von Mr. Hillenbrand und Professor Kaysen[2] den Regierenden Bürgermeister, begleitet von Botschafter Knappstein und Herrn Bahr, am 5. Oktober 1962 empfing.

Professor Kaysen und Herr Bahr machten Notizen.[3]

Der Präsident erkundigte sich nach den Erwartungen des Regierenden Bürgermeisters für die Entwicklung der nächsten Monate.

Der Regierende Bürgermeister entwickelte, dass er eine Konzentration der Krise auf dem Gebiete des Zugangs für wahrscheinlich halte. Jedenfalls könne eine derartige Aktion auch vor einem separaten Friedensvertrag eintreten.[4]

In dem Gespräch wurde klargestellt, dass es sich dabei hauptsächlich um die Einführung von Visas handeln würde.[5]

Der Präsident fragte, wie der Westen darauf antworten solle. Der Regierende Bürgermeister entgegnete, es gäbe noch kein beschlossenes deutsches Votum dafür. Nach einer Erörterung der damit im Zusammenhang stehenden Fragen kamen beide Herren zu dem Ergebnis, dass jedenfalls eine Selektion der östlichen Seite von Waren oder Personen nicht hingenommen werden könne.[6]

Es blieb offen, ob das Papier als solches oder ein Aufdruck bereits Gegenmassnahmen auszulösen hätte.

Der Präsident machte dabei auf die Gefahren einer Selbstblockade aufmerksam, in die man unter Umständen schnell hineinkäme. Dabei mass er im Gegensatz zu einigen Äusserungen aus dem State Department dem zivilen Zugang ein grösseres Gewicht bei als dem militärischen. Die Sowjets wüssten, dass der militärische Transport auch auf dem Luftwege vor sich gehen könne. Das wäre für den Transport von Menschen auch auf dem zivilen Sektor kein Problem. Aber der Strom von Waren und Rohstoffen, an dem die Lebensfähigkeit der Stadt hinge, sei nur auf dem Landweg denkbar. Auch er möchte natürlich kein Papier, sähe aber im Augenblick noch keine Vereinbarung über ein westliches Verhalten in einem solchen Falle.

Der Regierende Bürgermeister erklärte, er überlege die Nützlichkeit einer deutschen Agentur für diese Fragen als Ergänzung oder Parallele zu der bereits vorhandenen Treuhandstelle für den innerdeutschen Handel. Der Präsident erkundigte sich, welche Papiere die Deutschen zurzeit vorzuweisen haben, wenn sie die Zone[ngrenze] passieren.

Der Regierende Bürgermeister griff nochmals die Möglichkeit von deutschen Beauftragten gerade für den Fall eines separaten Friedensvertrages auf.

Der Präsident erklärte, er würde nicht bis zum Friedensvertrag warten. In dieser Frage hätten die Deutschen die Spitze zu nehmen. Er wurde sehr entschieden, als er entwickelte, dass die Vereinigten Staaten für ihren Vorschlag einer Zugangsbehörde von Bonn und Paris nur gehört hätten, dieser Vorschlag sei unakzeptabel. Die Vereinigten Staaten würden in dieser Beziehung jetzt gar keine Vorschläge mehr machen. Es sei jetzt an der anderen Seite, insbesondere an der Bundesrepublik, einen Vorschlag zu entwickeln, zu dem die Vereinigten Staaten dann Stellung nehmen würden.

Der Regierende Bürgermeister erklärte, er könne auch im Namen des Senats nur hoffen, dass die Idee der internationalen Zugangsbehörde noch einmal aufgenommen würde. Sie fände die Unterstützung Berlins. Man sollte das Instrument des Handels einsetzen. Die andere Seite sei daran interessiert, obwohl im Falle eines entschlossenen Vorgehens die sowjetische Seite das Risiko von Handelsabbrüchen sicher einkalkuliert hätte. Es sei auch zu überlegen, ob man für derartige Gespräche nicht die drei westlichen Botschafter und den sowjetischen in Ost-Berlin als Ebene etablieren könnte, die dann deutsche Experten beauftragen könnten.[7]

Der Präsident hielt das für möglich, ‹fand› aber ‹Fragen der Methode nicht so wichtig wie solche des Inhalts›.[8] Es sei schliesslich eine deutsche Sache, um die es hier auch gehe. Alles, was die Vereinigten Staaten sagten, würde missverstanden und verdreht, als ob die USA daran dächten, Ulbricht zu unterstützen. „Wir denken nicht mehr daran, auf diesem Gebiet auch nur noch einen Vorschlag zu machen". Hillenbrand machte darauf aufmerksam, dass es noch kein deutsches Gesetz gäbe, das im Falle der Einführung von Visa anwendbar wäre und die Benutzung der Interzonenstrasse unterbinden könnte.

Der Präsident drängte darauf, dass jetzt darüber entschieden werden müsse, d.h. vor dem Abschluss eines Friedensvertrages. Er machte, nicht zum ersten Mal in diesem Gespräch, darauf aufmerksam, dass die Geographie im Falle Berlins gegen den Westen sei und die Geographie sei nicht zu verändern. Das Wort „Anerkennung de jure" sei eine Formalität. Sie käme nicht in Frage, aber er möchte wissen, was es unterhalb dieser Formalität gäbe, was akzeptabel sei.

Er griff dann das Thema einer Volksbefragung auf und äusserte sich sehr positiv. Sie bringe den Westen in eine stärkere Position. Das Gespräch zwischen Rusk und dem Regierenden Bürgermeister war dem Präsidenten bekannt.[9]

Der Regierende Bürgermeister sprach sich ebenfalls dafür aus. Er habe die Grundsatzfrage auch mit dem Bundeskanzler erörtert. Die Frage, ob eine derartige Abstimmung für ganz Berlin vorgeschlagen werden solle, wollte der Präsident nicht sofort beantworten.[10] Darüber müsse weiter nachgedacht werden. Nach einer Erörterung des Für und Wider des Zeitpunkt[es] einer derartigen Volksbefragung wurde deutlich, dass für den Präsidenten nicht mehr das Ob, sondern nur noch taktische Gesichtspunkte des Wann und Wo zur Diskussion stehen und er dazu neigt, sie nach einem Auftreten Chruschtschows vor den Vereinten Nationen, evtl. auch unter einer Überwachung der Vereinten Nationen stattfinden zu lassen. Diese Fragen sollten in den nächsten Tagen zwischen den Regierungen vereinbart werden.

Der Präsident glaubt, daß Chruschtschow in die USA reisen werde und nimmt an, Ende Oktober [1962] genaues zu wissen.[11]

Er erkundigte sich dann nach der Moral der ostdeutschen Armee. Der Regierende Bürgermeister machte klar, dass der Zonenstaat ohne die Anwesenheit der sowjetischen Armee überhaupt nicht zu halten sei und sprach sich nach einer Erörterung der verschiedenen Gesichtspunkte dafür aus, dass es psychologisch wirksamer sei im Ernstfalle, wenn die sogenannte Volksarmee Soldaten der Bundeswehr gegenüberstünde. In diesem Zusammenhang erläuterte der Regierende Bürgermeister seine Auffassung, notfalls die Zone zum Aufstand zu rufen.[12]

Der Präsident akzeptierte diese Gesichtspunkte. Er hoffe, dass der Regierende Bürgermeister voll über die contingency-Pläne unterrichtet werde. Er entwickelte dann noch einmal die Notwendigkeit, sich bald schlüssig zu werden über das Verhalten des Westens in verschiedenen Lagen. Wenn die Vereinigten Staaten ihre Entschlossenheit zu einem nuklearen Risiko für bestimmte Fälle klar machten, dann sähe es dumm aus für den Westen, wenn Tage nach bestimmten Ereignissen noch immer nichts geschähe. Das würde den Zweifel an ‹der›[13] Ernsthaftigkeit des westlichen Entschlusses aufkommen lassen. Berlin sei ein Schlüsselpunkt für Europa, aber Europa habe nicht die Entschlossenheit der Vereinigten Staaten gezeigt.[14] Seine Bevölkerung sei stärker als die der Sowjetunion oder der Vereinigten Staaten, aber wenn Chruschtschow auf Europa blicke, müsse er an der Ernsthaftigkeit der Bereitschaft zum letzten Risiko zweifeln. Die Vereinigten Staaten hätten Geld ausgegeben und Reserven zusammengerufen. Er sei dafür, Vorschläge zu erarbeiten, die den Frieden erhalten könnten, wenn das möglich sei. Die bisherigen amerikanischen Vorschläge seien entweder für die Sowjetunion oder für Bonn oder Paris unannehmbar gewesen. Es gebe zurzeit keine richtigen Verhandlungen mit der Sowjetunion. Die Situation entwickele sich auf einem Kollisionskurs. Wenn Chruschtschow glaubt, es käme zum Krieg, dann könne es wieder Verhandlungen, auch über die Zugangsfrage, geben. Die Amerikaner müssten die anderen Partner fragen, ob sie ihre Verpflichtungen voll erfüllen. Die Sowjetunion müsse fühlen, dass der Westen es ernst meint. Er, der Präsident, sei für jeden vernünftigen Schritt, den Krieg und moralische Niederlagen zu vermeiden. Deshalb sei er dafür, sich lieber heute die Köpfe zu zerbrechen, als im Augenblick weiterer vollendeter Tatsachen. Entscheidungen der letzten Minute seien schlecht. Nicht verhandlungsfähig sei die Anwesenheit der Truppen. Aber ohne Vorschläge gebe es keinen Fortschritt und auch kein gutes Ergebnis. Chruschtschow wird Vorschläge machen oder er wird weitere Schritte unternehmen. Und ich möchte nicht nach einer Periode „des Nichtstuns unter Zeitdruck geraten".

Der Regierende Bürgermeister machte darauf aufmerksam, dass der Westen weder die gesamtberliner Karte noch die eines stärkeren Anschlusses an den Westen ‹gespielt hat›[15], sondern durch die blosse Beharrung auf dem Status quo einen Status quo minus erhalten hätte. Der Präsident erwiderte, das sei genau seine Auffassung und er müsse fragen: wie soll die Geographie überspielt werden, an welchem Punkte sei ‹auf› die Ostseite ‹Druck auszuüben›[16] und wie weit solle der Westen gehen in den Zugangsfragen? Aber diese Antworten müssten zuerst aus Deutschland kommen.

Er nahm den Regierenden Bürgermeister dann beiseite zu einem 20minütigen Gespräch unter vier Augen, über das der Regierende Bürgermeister folgende Notizen gemacht hat:[17]

Kennedy äusserte sich skeptisch über die Möglichkeit, in den nächsten Jahren einen Zusammenprall mit der Sowjetunion vermeiden zu können. Aber man müsse sich eben darum weiter bemühen. Er denke nicht daran, sich durch extreme rechts gerichtete Kreise das Gesetz des Handelns vorschreiben zu lassen.

In diesem Zusammenhang traf er die Feststellung, er habe auf eine Intervention in Kuba wegen der wahrscheinlichen Rückwirkungen auf Berlin verzichtet.[18]

K[ennedy] äusserte noch deutlicher als im grösseren Kreis seine Enttäuschung darüber, daß die meisten Vorschläge aus Washington von europäischer Seite zerredet oder sogar verdächtigt worden seien. Es gebe Kreise, die nur zu leicht geneigt seien, ihr Nichtstun durch Kritik an den Vereinigten Staaten zu kompensieren bzw. alle Verantwortung auf die Amerikaner abzuladen.[19]

Während der Präsident Berlin als einleuchtendes und vordringliches Problem betrachtet, sieht er keine Möglichkeit zur deutschen Wiedervereinigung in den nächsten Jahren. Er fragte, was Wiedervereinigung für die Deutschen wirklich bedeute. Ich legte ihm dar, daß der Wunsch zur Überwindung der Spaltung jedenfalls in der Jugend ein beherrschendes Element bleiben werde und die Jugend dieses Problem mit grosser Unbefangenheit und unbelastet durch die Bürde der Nazizeit nähre [sic].

Auf Wunsch des Präsidenten erläuterte ich ihm meine Auffassungen
    a) zu der Notwendigkeit, die Forderung nach einem Friedensvertrag nicht der sowjetischen Propaganda zu überlassen,
    b) zu der Präsentation der Mauer weniger als politisches denn vor allem als menschliches Problem,

c) zu meinen Vorstellungen, diese Seite vor die Weltöffentlichkeit und in geeigneter Weise auch vor die Vereinten Nationen zu bringen,
d) zu der Möglichkeit, durch Erweiterung der Treuhandstelle für den Interzonenhandel zu einer Einrichtung zu gelangen, die auch andere praktische Fragen regeln könnte.[20]

Nr. 80
Vermerk über die Unterredung zwischen dem Regierenden Bürgermeister von Berlin, Brandt, und dem Bundeskanzler, Adenauer
9. Oktober 1962

AdsD, WBA, A 6, 72.

V e r m e r k[1]
über die Unterredung zwischen dem Bundeskanzler und dem Regierenden Bürgermeister am 9. Oktober 1962.
An der Besprechung nahmen teil:
Bundeskanzler Adenauer
Bundesminister Krone
Staatssekretär Globke
und von Berlin
Regierender Bürgermeister Willy Brandt
Senator für Bundesangelegenheiten Klaus Schütz.

Der Regierende Bürgermeister gab einen Bericht über seine Gespräche und seine Eindrücke in den Vereinigten Staaten, seine Eindrücke vom gegenwärtigen Stand des deutsch-amerikanischen Verhältnisses und den Notwendigkeiten in der augenblicklichen Situation. Dem Bundeskanzler sind die Vermerke über die Besprechungen des Regierenden Bürgermeisters mit Präsident Kennedy und Aussenminister Rusk nachträglich zugestellt worden.[2]

Die allgemeine Lage wird von den verantwortlichen Männern in den USA sehr ernst eingeschätzt. Man befürchtet, dass die S[owjet-]U[nion] sogar soweit gehen wird, die Ernsthaftigkeit der militärischen Garantien der Westmächte zu erproben. In einem Gespräch mit Gromyko wurde dem österreichischen Aussenminister [Bruno Kreisky] erklärt, dass der „gordische Knoten" jetzt durchschlagen werden müsste. Einwände Kreiskys über die Gefährlichkeit solcher Unternehmungen wischte Gromyko mit dem Hinweis beiseite, dass derartige Warnungen auch im August 1961 ausgesprochen worden sind. Nichts ist dann allerdings später geschehen.[3]

Der amerikanische Präsident beurteilt die Entwicklung der vor uns liegenden Jahre besonders ernst. Er befürchtet, dass wir noch in diesem Jahrzehnt, vielleicht sogar schon in den nächsten 1 1/2 Jahren zu kriegerischen Auseinandersetzungen in grossem Ausmasse kommen werden.

In der 2. Hälfte November [1962] wird mit dem Besuch Chruschtschows[4] bei den Vereinten Nationen gerechnet. Die Amerikaner meinen, Ende Oktober Bescheid zu wissen. Sie haben versucht, sich auf dieses Ereignis vorzubereiten.

Kennedy selbst hat – ich verweise hier auf den Vermerk über die Unterredung – seine Unzufriedenheit mit den europäischen Bündnispartnern zum Ausdruck gebracht. Die Unzufriedenheit wird allgemein begründet mit den unzulänglichen Verteidigungsleistungen. Konkret auf die Berliner Situation angewandt, ist der Grund der Unzufriedenheit in der ständigen negativen Reaktion auf amerikanische Vorschläge von Seiten Bonns und von Seiten Paris zu sehen. Alle Vorschläge wurden abgelehnt. Jetzt ist man nicht mehr bereit, neue Vorschläge vorzulegen, jetzt wartet man auf die Vorschläge der Bundesregierung. Allgemein verlangt man verstärkte Leistungen im Rahmen der Verteidigungsgemeinschaft.

In der gegenwärtigen Situation werde die Zugangsfrage zum eigentlichen Konzentrationspunkt aller Schwierigkeiten. Um die Rechtslage gibt es keine einheitliche Auffassung. Die meisten Amerikaner meinen, dass für den zivilen Zugang nicht die gleiche Rechtsgrundlage vorhanden sei wie für den militärischen. Sie sind in den Gesprächen nicht nur auf die allgemeine Verantwortlichkeit der Besatzungsmächte gegenüber der Zivilbevölkerung hingewiesen worden, sie sind auch auf Sinn und Wortlaut der Pariser Abmachungen, die die Blockade 1949 beendeten, hingewiesen worden.

Besonders auf dem Gebiet des Zugangs stehen wir vor der notwendigen weiteren Definition. Das Essential „ungehinderter Zugang" erfordert eine klare Bestimmung. Gerade auf diesem Gebiet muss man mit Teilmassnahmen der Sowjets rechnen. Diese Teilmassnahmen müssen auf eine genau definierte Vorstellung dessen treffen, was ein ungehinderter Zugang genannt wird. Der Gedanke der internationalen Zugangsbehörde sollte noch einmal aufgegriffen werden.[5] Der Bundeskanzler unterstützte diesen Vorschlag besonders. Er verwies darauf, dass die Tatsache der Mitarbeit von Sowjetzonenbeamten nicht davon abhalten sollte, diese Behörde weiter vorzuschlagen. Wir müssen überhaupt in den vor uns liegenden schwierigen Monaten alle Möglichkeiten leidenschaftslos dahin prüfen, wie wir die Freiheit in West-Berlin am besten sichern können. Der Bundeskanzler hielt den Gedanken einer Treuhandstelle für Verkehrsfragen für ausgesprochen erwägenswert.

Es wird verstärkt darauf ankommen müssen, über die Initiative des Kuratoriums Unteilbares Deutschland hinaus den menschenrechtswidrigen Aspekt der Mauer stärker ins Bewusstsein der Weltöffentlichkeit zu bringen.[6] Der Regierende Bürgermeister verwies auf amerikanische Meinungen, dass die Vereinten Nationen stärker in diese Aufklärungskampagne einbezogen werden.

Der Gedanke einer Volksabstimmung in Berlin ist bei den führenden Amerikanern ausgesprochen auf Zustimmung gestossen. Man glaubt, es sei ein hervorragendes Mittel, um die Diskussionen und Auseinandersetzungen in den Vereinten Nationen zu beeinflussen. Über den Termin ist keine abschliessende Entscheidung gefallen. Es wird versucht werden müssen, die Volksabstimmung in Beziehung zum Besuch Chruschtschows in den Vereinten Nationen zu setzen.[7]

Der Bundeskanzler und der Regierende Bürgermeister waren sich einig darüber, den bestehenden Kontakt weiter zu pflegen. In den vor uns liegenden schwierigen Monaten ist es notwendig, dass zwischen der Führung der Stadt und dem Bundeskanzler die Verbindung aufrechterhalten bleibt.
‹ S c h ü t z ›[8]

Nr. 81
Schreiben des Regierenden Bürgermeisters von Berlin, Brandt, an die Tochter von Albert Speer, Hilde Schramm
25. Oktober 1962

AdsD, WBA, A 6, 41.

Sehr verehrte gnädige Frau,
haben Sie Dank für Ihren Brief vom 8. Oktober [1962].[1] Ich habe die Sache an maßgebender Stelle in Washington zur Sprache gebracht und sie auch hier den Vertretern der drei Mächte gegenüber erörtert.[2] Irgendeine begründete Hoffnung kann ich Ihnen im Augenblick nicht machen. Aber Sie dürfen davon überzeugt sein, daß ich unser Gespräch in lebhafter Erinnerung haben werde.[3]
Mit freundlichen Grüßen
Ihr sehr ergebener
(Willy Brandt)[4]

Nr. 82
Schreiben des Regierenden Bürgermeisters von Berlin, Brandt, an den Präsidenten der Vereinigten Staaten von Amerika, Kennedy
29. Oktober 1962

AdsD, WBA, A 6, 126.

Verehrter Herr Präsident!
Ich möchte Sie beglückwünschen. Ihre Entscheidungen haben der Sowjetunion klargemacht, wie ernst das Wort der Vereinigten Staaten zu nehmen ist.[1] Ich glaube, das wird in der ganzen Welt nützliche Wirkungen haben; die West-Berliner Bevölkerung hat jedenfalls sehr positiv reagiert. Es mag uns überhaupt vor schwereren Belastungen und Opfern bewahren.

Aber auch wenn sich im Zusammenhang mit Kuba keine weiteren dramatischen Entwicklungen ergeben sollten, würde ich dafür plädieren, die vorher als richtig und notwendig erkannten Entscheidungen in Bezug auf Berlin – insbesondere in Richtung auf eine weitere Präzisierung der Zugangsfrage, aber auch in Bezug auf ein Referendum zum geeigneten Zeitpunkt – doch zu fassen.[2] Vielleicht ist es nicht völlig unmöglich, daß die Sowjetunion heute auch über Berlin zu sachlicheren Gesprächen bereit ist, als es vor einer Woche der Fall war.

Vielen Dank für Ihre Nachricht vom 24. 10. [1962], die mir Mr. Lightner überbrachte[3], und mit freundlichen Grüßen
Ihr
(Willy Brandt)[4]

Nr. 83
Vermerk über ein Treffen des Regierenden Bürgermeisters von Berlin, Brandt, mit dem Bundeskanzler, Adenauer
9. November 1962

StBKAH III/50.

Am 9. 11. 1962 von 11.30 bis 12.30 Uhr empfing der Herr Bundeskanzler den Regierenden Bürgermeister Brandt. An dem Gespräch nahmen außerdem teil: Der Bundesbevollmächtigte v[on] Eckardt, Senator Schütz und der Unterzeichnete.[1]

Der Herr Bundeskanzler eröffnete das Gespräch mit der Bemerkung, daß über die sowjetischen Absichten widersprechende Nachrichten vorlägen. In Kuba sehe es – entgegen den Zeitungsnachrichten – nicht gut aus. Die Frage der Bodenkontrolle sei noch nicht gelöst. Es lägen glaubhafte Meldungen vor, wonach viel Kriegsmaterial von Castro verborgen werde.

Sein Gespräch mit Kennedy werde sich in erster Linie auf die Deutschlandfrage beziehen, auf Verteidigungsmaßnahmen, auf die Reorganisation der Nato und die weltpolitische Lage im allgemeinen.[2] Von den die Herren interessierenden Fragen würden aber sicherlich zwei besprochen werden; nämlich die Volksabstimmung (Zeitpunkt?) und die Zugangsbehörde.[3]

Er glaube, daß die Amerikaner durch die Kuba-Krise innerlich stärker geworden seien; über die Briten habe Herr Brandt die neuesten Eindrücke; de Gaulle sei in der Berlin- und Wiedervereinigungsfrage immer sehr fest gewesen, und zwar weil es im Interesse Frankreichs liege, möglichst viel Raum zwischen sich und der SU zu schaffen.

Er, der Herr Bundeskanzler, halte eine unmittelbare Gefahr für Berlin nicht für gegeben. Es dürfe allerdings nicht über Berlin allein verhandelt werden, das werde er auch gerade den Amerikanern mitteilen.

Herr Brandt machte einige Bemerkungen über seinen Besuch in London. Macmillan sei vor allem an den menschlichen Aspekten interessiert gewesen, so wie sie der Herr Bundeskanzler im Foreign Affairs und in der Regierungserklärung habe anklingen lassen. Shuckburgh sei wie der Herr B[undes]K[anzler] der Auffassung, daß man nicht über Berlin isoliert sprechen dürfe, man müsse nach Bereinigung der Kuba-Krise vielmehr auf Rüstungsbeschränkungen, Maßnahmen gegen Überraschungsangriffe usw. ausgehen.[4]

Hinsichtlich der Volksabstimmung wolle er, Brandt, sich nicht auf einen Zeitpunkt festlegen. Als er mit Kennedy und Rusk gesprochen habe, habe er noch an einen Zeitpunkt in diesem Jahr gedacht.[5] Wenn die SU stillhalte, bestehe für uns aber kein Grund, diese Angelegenheit anzupacken. Das Instrument müsse nur so vorbereitet sein, daß es jederzeit benutzt werden könne. Dabei gehe es um den Wortlaut der Fragestellung. Die Berliner möchten ihrem Wunsch und Willen Ausdruck geben, daß die Alliierten in Berlin bleiben sollen; sie möchten gleichzeitig aber auch aussprechen, daß sie die bestehenden Bindungen zwischen Berlin und der BRD mindestens so eng erhalten möchten wie bisher. Botschafter Dowling habe ihm vor einiger Zeit gesagt, daß die Amerikaner den zweiten Teil der Fragestellung nicht wünschten.[6] Das Auswärtige Amt habe Verständnis für den Berliner Wunsch gezeigt; nach einer Besprechung in Bonn zwischen A[uswärtigem]A[mt] und Alliierten sei ihm, Brandt, jedoch von amerikanischer Seite gesagt worden, das Auswärtige Amt wünsche den zweiten Teil der Fragestellung ‹nun ebenfalls›[7] nicht. Den Wortlaut im einzelnen könne man noch festlegen. Entscheidend sei lediglich, daß die Berliner sich zu beiden o.a. Punkten äußern könnten. Man könne für den zweiten Teil vielleicht die Formulierung von Herrn Rusk (bei der Nato-Tagung in Athen) benutzen, wo er von „gewachsenen Bindungen" gesprochen habe.

Wegen des Zugangs habe ihm Botschafter Steel[8] gesagt, die Berliner bräuchten sich nicht zu sorgen; bei der Behinderung des Güterverkehrs würde man mit Beschränkungen des Interzonenhandels antworten; bei der Behinderung des Personenverkehrs würde man mit einem Einreisegesetz für die Leute aus der SBZ antworten. Beide Vorschläge seien natürlich viel zu wenig. Er, Brandt, sei heute für schärfere Kontrollen der aus der SBZ Einreisenden als früher – dies sei aber natürlich keine wirksame Gegenmaßnahme!

Auch er sei der Ansicht, daß für Berlin keine direkte Gefahr bestehe.

Bei diesem Punkt warf der Herr Bundeskanzler ein, daß Chruschtschow[9] in einem Gespräch mit einem Amerikaner geäußert haben soll, daß er wegen Berlin kein großes Risiko einzugehen brauche, da es ihm eines Tages sowieso zufalle. Das Entscheidende für ihn, den Herrn Bundeskanzler, sei die Frage, was man tun könne, um den Durchhaltewillen der Berliner Bevölkerung stark zu erhalten. Er habe mit Herrn Berg gesprochen, der im Dezember in Hagen dafür sorgen will, daß die Junior-Partner aller deutschen Firmen eine gewisse Zeit in Berlin arbeiten sollen.[10] Derartige Maßnahmen würden helfen, entscheidend bleibe aber der Widerstandswille der Berliner.

Herr Brandt erwiderte, daß er in dieser Hinsicht ruhiger sei als noch vor Wochen. Während der Kuba-Krise hätten sich die Berliner sehr gut verhalten (was er an dem Beispiel der Berliner Sparkassen erläuterte). Wenn es demnächst auch gelinge, einige Erleichterungen auf dem Leopold-Weg[11] zu erreichen, so werde das sehr helfen. Schließlich wäre eine internationale Zugangsbehörde, die eine gewisse Gewähr vor allem für die Stabilität der Zugangsverhältnisse darstellen würde, von großem Wert.

Die Frage des Herrn Bundeskanzler, ob er Kennedy den Rat geben solle, diese Zugangsbehörde vorzuschlagen, bejahte Herr Brandt. Der Vorschlag müsse von dem einfachen Satz ausgehen: Der Verkehr nach West-Berlin ist frei und darf nicht gehindert werden. Die Behörde solle sich nicht darum kümmern, wer reisen darf oder wer nicht reisen darf, sondern solle nur für den reibungslosen Ablauf sorgen. Die Engländer wünschten nur die vier Mächte in dieser Zugangsbehörde und deutsche Sachverständige. Aber aus der Zusammensetzung der Zugangsbehörde sollte man keine Grundsatzfrage machen. Eine begrenzte Beteiligung von Zonenbehörden sei noch nicht als Anerkennung aufzufassen.

Der Herr Bundeskanzler und Bundesminister Krone warfen in diesem Zusammenhang die Frage des Visumszwangs auf, die von dem Auswärtigen Amt für eine sehr wichtige Maßnahme gehalten werde. Herr Brandt erwiderte, daß er keine großen Bedenken hätte, wenn das Visum nur eine Art Ersatz für den Laufzettel darstelle. Wenn es allerdings ein Zeichen dafür wäre, daß man hier staatliche Gewalt ausübe – und darauf wollte die SBZ wohl hinaus –, dann sei die Sache schon ernster zu nehmen.

Der Herr Bundeskanzler kam dann auf eine Bemerkung Kennedy's gegenüber Grewe zu sprechen, woraus man schließen könne, daß Kennedy glaube, die SU werde für die Anerkennung der SBZ einen hohen Preis zahlen. Herr Brandt erwiderte, daß Kennedy ihn immer nur gefragt habe, was man unterhalb der Grenze noch machen könne, die wir „Anerkennung" nennten. Der Herr Bundeskanzler kam darauf zu sprechen, daß sich die Ausländer schon SBZ-Visen ausstellen lassen. Senator Schütz meinte, daß die Westmächte wahrscheinlich bereit wären, bei ihrem Verkehr einen SBZ-Stempel zu akzeptieren, wenn das Verfahren sich im übrigen nicht ändere. Dann sei es aber schwer vertretbar, daß wir wegen einer sehr ähnlichen Sache sehr ernste Schritte unternehmen sollten. Herr Brandt nahm hierzu nicht Stellung, sondern sagte, daß diese Frage ja nur wichtig werde, wenn man keine internationale Zugangsbehörde bekomme und wenn die Leopold-Fragen nicht voran kämen. Beides hoffe er aber. Bedenken habe er gegen das Ausweichen in die Luft; es könnte dann u. U. sehr schwer werden, wieder auf den Boden zurückzukommen. Der Herr Bundeskanzler betonte, daß bei all diesen Fragen dafür gesorgt werden sollte, daß die Zone nicht anerkannt werde. Auf der anderen Seite dürfe das Schicksal Berlins aber nicht wegen irgendwelcher büromäßiger Formeln gefährdet werden.

Herr v[on] Eckardt erwähnte sodann, daß bei dem heutigen Staatssekretär-Ausschuß über die Leopold-Sache gesprochen werde. Die SBZ wolle eine Erhöhung des Swings auf 600 Mio DM; unser Angebot liege vorläufig bei 350 Mio; Herr Leopold sei der Meinung, daß bei 400 Mio der Zuschlag erfolge. Dafür erhielten wir die Familienzusammenführung, die Erleichterungen mit den jugendlichen Häftlingen, Medikamentensendungen, Möglichkeit der Übersiedlung alter Leute und vor allem die Öffnung West-Berlins nach Ost-Berlin hin. Der Herr Bundeskanzler war sehr dafür, diesen Vorschlag zu unterstützen. Es werde Chruschtschow dann schwerfallen, sehr rasch wieder gemein zu werden. Senator Schütz fragte, ob der Westen nicht noch mehr heraushandeln könne; insoweit sollen Gespräche mit dem Berliner Senat stattfinden. Herr v[on] Eckardt wies darauf hin, daß von diesen Plänen nichts bekannt werden dürfe und daß vor allem jede Andeutung vermieden werden müsse, als verkaufe die SBZ politische Erleichterungen für die Erhöhung des Swings. Er strebe an, daß die SBZ die o.a. Maßnahmen von sich aus ergreift und daß dann einige Wochen später unsererseits die Erhöhung des Swings bekannt gemacht wird, ohne irgendwie Bezug auf die SBZ-Maßnahmen zu nehmen. Senator Schütz versprach, im gegebenen Zeitpunkt die Redakteure so zu unterrichten, daß sie die Sache nicht falsch darstellten. Der Herr Bundeskanzler sagte, daß dies seit Jahren die erste gute Nachricht für die Berliner und die erste Rücknahme einer östlichen Verschärfungsmaßnahme sei. Er fragte Brandt, ob Herr v[on] Eckardt bei den Staatssekretären verkünden könne, daß der Herr Bundeskanzler einverstanden sei und daß auch Herr Brandt die Ansichten des Herrn Bundeskanzler teile. Herr Brandt bejahte das.

Herr v[on] Eckardt erwähnte dann, daß auch er mit führenden Wirtschaftsleuten gesprochen habe, um sie zu bewegen, einen zweiten Wohnsitz in Berlin zu errichten. Er habe hier schon Teilerfolge gehabt. Auch er halte die internationale Zugangsbehörde für eine außerordentliche Erleichterung für die Berliner, denen es eine Beruhigung sei, auch einen Schweizer für den Zugang verantwortlich zu wissen und nicht nur die Polizei der SBZ, die täglich wechselnde Weisungen bekomme.

Auf eine Frage des Herrn Bundeskanzler sagte Herr v[on] Eckardt, daß die o.a. Maßnahmen in einer Woche wirksam werden könnten, wenn der Staatssekretärausschuß heute zustimme. Der Herr Bundeskanzler wiederholte seinen Wunsch, die Entscheidung gemäß dem Leopold-Vorschlag zu treffen.

Herr Brandt fragte dann, ob die Bundeswehr sich bei der Verteidigung Berlins beteilige, wenn es wieder zu einem Kollisionskurs kommen sollte. Senator Albertz habe mit hohen Offizieren der Bundeswehr hierüber gesprochen und ihm einen sehr geheimen und sehr bedrückenden Bericht gemacht, nicht von der Gesinnung dieser Offiziere, sondern vom Stand der Vorbereitung, wonach Bundeswehreinheiten erst eingesetzt werden an der Grenze der BRD. Der Herr Bundeskanzler sagte, daß er schon bei seinem letzten Besuch Herrn Kennedy gesagt habe, daß, wenn es hart auf hart komme, die Bundeswehr nicht nur dabei, sondern sogar an der Spitze sein werde.

Nach einigen Bemerkungen über die Information des Senats (die als sehr gut geschildert wurde) und die Konsultation (die als weniger gut bezeichnet wurde – Herr Brandt verwies auf seinen Brief vom 22. August an den Herrn Bundeskanzler, auf den er bisher nur einen Zwischenbescheid bekommen habe, und auf eine Anfrage vom 30. August an das Auswärtige Amt wegen der Notstandsplanung)[12] sowie auf die Anregung von Herrn Brandt, einen Berliner Herrn mit nach Washington zu senden, (was der Bundeskanzler ablehnte), endete das Gespräch.

‹Osterheld 9/XI›[13]

Nr. 84
Vermerk des Regierenden Bürgermeisters von Berlin, Brandt, über ein Telefonat mit dem Bundeskanzler, Adenauer, wegen eines Treffens mit dem sowjetischen Ministerpräsidenten, Chruschtschow
17. Januar 1963[1]

AdsD, WBA, A 6, 177.

R[egierender]B[ürger]m[eister]: gestern keine eindeutige Empfehlung, kann nur mit Zustimmung des Mannes entscheiden, der die Richtlinien der Politik bestimmt.[2]
B[undes]K[anzler]: Verstehe, daß ich in schwieriger Lage.
Was haben die Alliierten gesagt?

R[egierender]B[ürger]m[eister]: Alliierte raten nicht ab.[3]
B[undes]K[anzler]: So würde ich auch sagen: „Wir raten nicht ab." Sie können die Sache am besten überblicken. Glaube nicht, daß Chr[uschtschow] Ihnen etwas Günstiges zu bieten hat. Sie würden nichts mit nach Hause bringen. Das würde von Ihrem Standpunkt dagegen sprechen.

Wenn Sie andererseits sagen, Sie seien nicht zu sprechen, lösen Sie u. U. einen Krach aus.

Sprechen hilft ja manchmal die Dinge klären.

Wenn ich mich in Ihre Lage versetze, glaube ich, Sie sollten hingehen.

Wir werden Sie nicht tadeln.

R[egierender]B[ürger]m[eister]: Wenn die andere Seite falsche Folgerungen in Bezug auf Freistadt-These vorbringt, müssen wir dem von Bonn und Berlin aus gemeinsam entgegentreten.[4]

B[undes]K[anzler]: Ja.

R[egierender]B[ürger]m[eister]: Wir haben gemeinsam mit Min[ister] Barzel überlegt, ob man Herrn von Eckardt als Begleiter vorschlagen sollte.[5]

B[undes]K[anzler]: Nein.

Aber Min[ister] Schröder hat mir berichtet, daß er Ihnen einen Dolmetscher zur Verfügung stellt.

Dann haben Sie einen erfahrenen Mann und Zeugen dabei.[6]

Nr. 85
Manuskript der Erklärung des Regierenden Bürgermeisters von Berlin, Brandt, zur Absage des Gesprächs mit dem sowjetischen Ministerpräsidenten, Chruschtschow
18. Januar 1963¹

Pressedienst des Landes Berlin, Nr. 13 vom 18. Januar 1963.

Gestern habe ich mich am späten Nachmittag entschieden, ein mit dem sowjetischen Ministerpräsidenten verabredetes Gespräch abzusagen. Diese Absage für den gestrigen Abend habe ich bedauert. Ich habe mein außerordentliches Bedauern auch den sowjetischen Ministerpräsidenten wissen lassen.²

Telegramme, Briefe und Anrufe nicht nur aus der Berliner Bevölkerung, sondern aus allen Teilen der Bundesrepublik zeigen mir, daß dieser Vorgang starke Beachtung gefunden hat.³ Lassen Sie mich deshalb folgendes feststellen:

Die Entscheidung ist mir nicht leicht gefallen. Ich glaube, daß sie so und nicht anders gefällt werden mußte, weil ich niemandem die Freude machen wollte, daß an einem beabsichtigten Gespräch mit Chruschtschow die Zusammenarbeit der beiden großen Parteien in Berlin zerbricht. Und weil es nicht gut gewesen wäre, mit einer eben zerbrochenen Regierung im Rücken die Sektorengrenze zu überschreiten und dem sowjetischen Ministerpräsidenten gegenüberzutreten. Mit anderen Worten: es waren diese staatspolitischen Überlegungen, die mir diese Entscheidung aufzwangen.

Ich mußte sie allerdings erst anstellen nach der Erklärung des kleineren Koalitionspartners, der seinen unmittelbaren Rücktritt ankündigte. Dieses Verhalten der CDU-Vertreter im Berliner Senat nach der abgeschlossenen Konsultation mit der Bundesregierung, mit den drei Schutzmächten und zuletzt noch einmal mit dem Bundeskanzler in einem persönlichen Gespräch kam völlig überraschend.⁴

Meine Bereitschaft zu einem Gespräch mit dem sowjetischen Ministerpräsidenten, wenn damit keine unannehmbaren Bedingungen verknüpft sind, habe ich öfter erklärt.⁵ Diese Erklärungen sind seit Tagen bekannt. Am Freitag vergangener Woche habe ich dieses Thema – wenn auch in allgemeiner Form – in Bonn erörtert.⁶ Nicht ein einziges Mal ist in all den Tagen auch nur angedeutet worden, daß diese Sache für die andere Partei eine Koalitionsfrage sein würde. Ich halte die gestern von der CDU im Berliner Senat eingenommene Haltung für schwer verantwortbar. Jedenfalls ist dieses Verhalten nicht so, wie man es nach langjähriger Zusammenarbeit erwarten kann. Darüber wird noch zu sprechen sein. Denn so kann man keine Politik machen.⁷

Im Augenblick will ich nur noch eins sagen: Ich möchte in aller Form erklären, daß die sowjetische Seite sich korrekt verhalten hat. Alles, was man nach Form, Zeitpunkt oder Inhalt für ein solches Gespräch billigerweise erwarten konnte, ist billigerweise auch geschehen. Ich bin nach wie vor davon überzeugt, daß die Bereitschaft zu einer derartigen illusionslosen Begegnung mit dem Ministerpräsidenten der Sowjetunion richtig war und richtig bleibt.⁸

Nr. 86
Schreiben des Regierenden Bürgermeisters von Berlin, Brandt, an den Senator a. D. Herbert Hausmann
28. Januar 1963

AdsD, WBA, A 6, 43.

Lieber Herbert Hausmann,
habe Dank für Deinen freimütigen Brief vom 23. Januar. Ich verstehe durchaus die darin angestellten Erwägungen.¹

Folgenden Gesichtspunkt, den ich öffentlich nicht erörtern kann, mußt Du bitte in Deine Überlegungen noch mit einbeziehen: An jenem Donnerstagabend handelte es sich nicht allein darum, daß ich Chruschtschow mit einer eben geplatzten Koalition gegenübergetreten wäre. Es war auch so, daß in dem zur Verfügung stehenden Kreis unserer Freunde die Meinungen geteilt waren. Es waren zwar alle der Meinung, daß meine Initiative richtig war, aber nur die Hälfte neigte dazu, den Besuch an jenem Tag trotz des massiven Einspruchs des Koalitionspartners durchzuführen. Ich berichte Dir das nicht, um mich zu „entlasten", zumal wir uns versprochen haben, die im internen Kreis vertretene Auffassung gegenseitig zu respektieren. Aber ich glaube doch, daß ich Dir diese Aufklärung geben sollte.

Es trifft wohl auch zu, daß einige unserer Freunde in Bonn nur lauwarm bei der Sache waren, aber das hat an jenem Tag für meine Entscheidung kaum eine Rolle gespielt.[2]

Im übrigen ist nicht zu revidieren, was geschehen ist. Ich muß selbst sehen, wie ich mit dieser Geschichte fertig werde. Es würde mich sehr wundern, wenn sich hieraus nicht Konsequenzen nach dem 17. Februar ergeben würden.[3]
Mit herzlichen Grüßen
Dein[4]

Nr. 87
Schreiben des Regierenden Bürgermeisters von Berlin, Brandt, an den Präsidenten der Vereinigten Staaten von Amerika, Kennedy
7. Februar 1963

AdsD, WBA, A 6, 126.

Dear Mr. President[1],
Sie wissen, daß ich nicht für die deutsche Regierung sprechen kann. Aber ich möchte Sie durch diese persönlichen Zeilen wissen lassen, daß wir in Berlin niemals die Freunde vergessen, die uns schützen

und die in kritischen Tagen notfalls allein neben uns gestanden hätten.

In der vorigen Woche habe ich die Fehlentscheidung von Brüssel öffentlich als einen schwarzen Tag für Europa und damit auch für Berlin bezeichnet.[2] Ich werde in diesem Monat noch Gelegenheit haben, dem Gefühl der Verbundenheit mit den Vereinigten Staaten unüberhörbar Ausdruck zu verleihen und von Berlin aus um ein Höchstmaß an europäischer Zusammenarbeit und Atlantischer Partnerschaft zu bitten. Dies ist der Wunsch der überwältigenden Mehrheit der Berliner.

Ich hoffe, daß uns eine Zerreißprobe des westlichen Bündnisses erspart bleibt und daß die gegenwärtige Lage Chruschtschow nicht zu einem neuen Vorstoß auf Berlin ermuntert.[3]

Meiner Überzeugung nach muß die von Ihnen angebotene atlantische Partnerschaft unverändert das Ziel aller Bemühungen bleiben. Hierzu habe ich mich Anfang Oktober auch in meinen Harvard Lectures bekannt, die dieser Tage in deutscher Übersetzung erscheinen.[4]

Sie wissen, Mr. President, daß die bei meinem ersten Besuch 1961 ausgesprochene Einladung immer besteht.[5] Ich wiederhole sie deshalb nicht und weiß – wie ich auch Ihrem Vertreter hier sagte –, daß Sie kommen werden, wenn es sich mit Ihren Dispositionen vereinbaren läßt.[6]

Mit den besten Grüßen
Ihr
gez.
(Willy Brandt)[7]

Nr. 88
Regierungserklärung des Regierenden Bürgermeisters von
Berlin, Brandt, vor dem Berliner Abgeordnetenhaus
18. März 1963[1]

Tatsachen – Argumente, Nr. 59 vom März 1963.

Der 17. Februar 1963 hat gezeigt, wie fest die Demokratie in unserer Stadt verwurzelt ist.[2] Die Wahlen zum neuen Abgeordnetenhaus haben in der ganzen Welt Beachtung gefunden. Wir wissen aus dem Echo von jenseits der Mauer, daß wir auch für die Menschen drüben abgestimmt haben und stellvertretend für sie handeln. Die Wahlen haben die politischen Gewichte in diesem Hohen Hause verändert. Sie haben auch einen neuen Senat in einer neuen Zusammensetzung und mit veränderten Geschäftsbereichen entstehen lassen.[3]

Die Entscheidung, die politische Zusammensetzung des Senats zu verändern, lag zuerst bei der Partei, die bisher an den Regierungsgeschäften teilgenommen hat und die sich nun zu entschließen hatte, ob sie unter den veränderten Mehrheitsverhältnissen die engere Verantwortung einer Regierungspartei weitertragen wolle. Ich respektiere die Entscheidung des Landesverbandes und der Parlamentsfraktion der CDU, unserer Stadt durch ihre Oppositionsstellung in diesem Hause zu dienen.

Wir sind uns darüber einig, daß Regierung und Opposition in ihren verteilten Rollen der gleichen Sache verpflichtet sind. Wir haben dies bei der ersten offiziellen Besprechung nach den Wahlen gemeinsam festgestellt. Wir haben vereinbart, in einem Ständigen Ausschuß zwischen dem Regierenden Bürgermeister und den Fraktionsvorsitzenden alle die Fragen freimütig und offen zu besprechen, die die Existenz unserer Stadt berühren. Ich bin der Fraktion der CDU dankbar dafür, daß sie diesen meinen Vorschlag aufgegriffen hat. Die Gemeinsamkeit der uns alle bindenden Verantwortung steht deshalb auch bewußt am Anfang der ersten Regierungserklärung des neuen Senats.

Gratulation zu Willy Brandts 50. Geburtstag am 18. Dezember 1963 im Rathaus Schöneberg: Es gratulieren die Senatoren Exner, Schiller, Evers und Bürgermeister Albertz

Der Senat hat sich auf meinen Vorschlag und durch die Wahl dieses Hohen Hauses in einer Partnerschaft zusammengefunden, in der die sozialdemokratischen Senatoren mit den Kollegen der Freien Demokratischen Partei – wie die ersten Tage der Zusammenarbeit vor aller Öffentlichkeit bewiesen haben – schnell und energisch zusammenarbeiten.[4] Diese für Berlin neue Verbindung, die sich in den beiden anderen Stadtstaaten seit Jahren bewährt hat, wird gewiß auch über unsere Stadt hinaus politische Impulse ausstrahlen können.

Der neue Senat hat bereits in seiner ersten konstituierenden Sitzung eine Reihe von Veränderungen der Geschäftsbereiche und Verantwortlichkeiten beschlossen. Sie alle sollen der Straffung und Übersichtlichkeit in der Spitze der politischen Verantwortung dieser Stadt dienen.

Berlin braucht alle Kräfte, um mit einer gestrafften, verjüngten, gut zusammenarbeitenden Mannschaft die großen

Aufgaben zu bewältigen, die wir der Nation schuldig sind. Unsere Stadt braucht diese Kräfte auch, um manche Lethargie, manches kleinmütige Zögern, manches dieser Stadt nicht angemessene, nur auf sich selbst bezogene Denken zu überwinden. Das ist der innere Feind in unserer Stadt, der durch alle Schichten und Gruppen geht; der Konkurrenz und frischen Wind fürchtet; der scheinbar vergessen hat, daß wir von der Hauptstadt des Landes nicht in Sonntagsreden zu sprechen haben, sondern damit einen Anspruch erheben, der weitgeöffnete Fenster, internationale Gesinnung und die Verbindung mit allen Teilen der Welt erfordert.

Wir müssen die Gefahr insularer Gesinnung überwinden. Wir begrüßen jeden, der bei uns leben und arbeiten will. Wir sperren auch niemanden hier ein, denn wir sind keine Festung, sondern die Stadt, in der sich das Schicksal Deutschlands entscheidet. Niemand hat hier einen Vorrang, weder wer in Berlin geboren, noch immer in Berlin gewesen ist, noch wer als neuer Freund zu uns kommt, sondern wir alle arbeiten zusammen in und mit dieser Stadt. Berliner zu sein ist keine Frage des Geburtsscheines, sondern der Gesinnung.

[. . .][5]

Außenpolitisch wird Berlin durch die Bundesregierung vertreten. Insofern gibt es für Berlin keine eigene Außenpolitik.[6]

Der Senat wird die Grundlinien der bisherigen, vom Abgeordnetenhaus gebilligten, Berlin-Politik unverändert fortsetzen, die wiederholt die ausdrückliche Zustimmung der Bundesregierung und des Bundestages gefunden haben. Ihre Richtigkeit ist durch die Erfahrungen der vergangenen Jahre bestätigt worden.

Ausgangspunkt dieser Politik ist die Erkenntnis, daß es eine isolierte Berlin-Frage nicht gibt. Sie war von Anfang an ein – wenn auch wesentlicher – Teil des deutschen Problems und wird mit ihm unlösbar verbunden bleiben. Das muß auch die Sowjetunion wissen. Ihr Vorstoß gegen Berlin richtet sich nicht nur gegen die Stadt selbst, sondern gegen das freie Deutschland überhaupt und damit auch gegen die westliche Gemeinschaft und die freie Welt schlechthin. Die Berlin-Frage ist von der sowjetischen Seite mit Hilfe ihrer ultimativen Drohungen zu einem Weltproblem hochgespielt worden. Die sowjetische Seite wollte durch den Druck auf Berlin eine machtpolitische Verschiebung in Deutschland zu ihren Gunsten erreichen.

Der Status dieser Stadt und die Situation in ihr sind nicht Ursache, sondern nur eine der Auswirkungen der Gegensätze und Spannungen zwischen Ost und West. Dieser Status steht Bemühungen um eine internationale Entspannung durchaus nicht im Wege. Im Gegenteil: In Berlin ist politisch ablesbar, wieweit die Sowjetunion tatsächlich an einer Entspannung der internationalen Lage – vor allem in Europa – interessiert ist.

Der Senat hält mit Entschiedenheit an der Auffassung fest, daß keine Veranlassung besteht, vor einer Friedensregelung für Deutschland den Status Berlins zu ändern. Es gibt aber keinen Weg einer Friedensregelung für ganz Deutschland, der an dem Selbstbestimmungsrecht des deutschen Volkes vorbeigeht. Solange dem ganzen deutschen Volk die Ausübung des Selbstbestimmungsrechts durch die Sowjetunion verwehrt wird, gibt es keine wirkliche Lösung der Berlin-Frage.

Bis zu diesem Zeitpunkt müssen die Westmächte an dem Rechtstitel auf ganz Berlin festhalten. Ihre originären Rechte in Berlin gelten bis zu einer Friedensregelung für Deutschland. Diese Rechte können nicht einseitig durch die Sowjetunion aus der Welt geschafft werden.

Gleichwohl darf jedoch der fundamentale Unterschied zwischen den übergeordneten Rechtstiteln und der politischen Wirklichkeit in dieser Stadt nicht übersehen werden:

Der Vier-Mächte-Status Berlins ist durch einseitige und unrechtmäßige Maßnahmen der Sowjetunion bis zum äußersten ausgehöhlt worden.

Die Errichtung der Mauer stellt den schwersten Verstoß gegen den Vier-Mächte-Status der Stadt dar. Sie bedeutet praktisch die von der Sowjetunion gewollte und geförderte de-facto-Annexion des Ostsektors durch das Zonenregime.

Die Westmächte sind gegenwärtig nur in der Lage, ihre vollen Rechte und Verantwortlichkeiten in und für West-Berlin auszuüben.[7]

Die für West-Berlin geltenden Garantien drücken diese besondere Verantwortung der Drei Mächte für West-Berlin aus. Sie ist die stärkste Säule unserer Sicherheit und unseres freiheitlichen Lebens. Ihr sichtbarster Ausdruck liegt in der Anwesenheit der westlichen Truppen. Diese Verantwortung muß in vollem Umfang erhalten bleiben.

Das kann und darf die Bundesregierung nicht hindern, politisch und praktisch die Verantwortung für das freie Berlin mitzutragen. Ihr uneingeschränktes Engagement schwächt nicht, sondern stärkt die Position des Westens in Berlin.

Einen Viermächte-Status, beschränkt auf West-Berlin allein, kann und darf es nicht geben. Die Sowjetunion darf in West-Berlin nicht mehr Rechte erhalten und ausüben, als den Westmächten im Ostsektor der Stadt eingeräumt werden.

Die Westmächte sind das denkbar stärkste Engagement für das freie Berlin eingegangen. Sie haben in der Festlegung und wiederholten Bekräftigung der drei Grunderfordernisse unmißverständlich zum Ausdruck gebracht, daß sie bereit sind, ein äußerstes Risiko einzugehen, wenn es gilt, die Anwesenheit ihrer Truppen in der Stadt, den freien Zugang nach Berlin sowie die Freiheit und Lebensfähigkeit der Bevölkerung sicherzustellen.

Der Beweis der Festigkeit, den die Vereinigten Staaten während der Kuba-Krise erbracht haben, ist ein für allemal gültig. Er wirkt so selbstverständlich auch für Berlin, daß er künftig jede Diskussion ausschließt, ob und wie oft noch die Amerikaner und ihr Präsident ihr endgültiges Schutzversprechen wiederholen sollten. Wir können hoffen, daß die Klärung der Lage nach der Kuba-Krise auch Berlin zugute kommt, ohne allerdings zu vergessen, daß die deutsche Frage und mit ihr, als Teil davon, die Berlin-Frage nach wie vor ungelöst sind.

Wir leben heute weltpolitisch nicht mehr in der Phase, die durch das sowjetische Ultimatum und den 13. August [1961] charakterisiert war. Das bedeutet: die im November 1958 entfesselte Berlin-Krise ist in ihrem damaligen Kern weitgehend überstanden. Heute weiß die Welt: West-Berlin ist keine vogelfreie Stadt, ist kein eigenes Staatsgebilde auf deutschem Boden, ist keine Stadt ohne westliche Truppen; daran wird sich auch in Zukunft nichts ändern, solange das deutsche Problem ungelöst bleibt.

Die sowjetische Führung hat vier Jahre nach der Eröffnung ihrer politischen Generaloffensive gegen das freie Berlin zwei Dinge zur Kenntnis nehmen müssen:

    a) **Berlin ist eine Stadt des Westens. Die westlichen Truppen bleiben in Berlin, bis die Mauer fällt und bis die Lösung der deutschen Frage in Frieden und Freiheit erreicht sein wird. Sie stehen hier kraft Vertrag und Überzeugung und weil die Berliner das wünschen.**

    b) **Berlin ist ein deutsches Bundesland.**[8] **Der Selbstbehauptungswille seiner Menschen und die Lebensfähigkeit des freien Berlin lassen sich weder im frontalen politischen Angriff oder durch propagandistisches Trommelfeuer brechen noch mit taktischen Umgehungs- und Störmanövern, subversiver Tätigkeit, Lockungen und Drohungen unterhöhlen.**

Neue Sondierungsgespräche zwischen den Vereinigten Staaten und der Sowjetunion stehen bevor.[9] Solche Gespräche haben im Jahre 1962 schon einmal stattgefunden. Sie hatten damals keine Basis für Berlin-Verhandlungen ergeben. Es muß abgewartet werden, ob auf Grund der veränderten weltpolitischen Situation und einer Neueinschätzung der Lage durch die Sowjetunion die neuen Sondierungsgespräche in Verhandlungen einmünden werden.

Keine etwaigen Berlin-Verhandlungen können an der Tatsache des unlöslichen Zusammenhangs zwischen der Deutschland- und Berlin-Frage vorbeigehen. Aber leider muß hinzugefügt werden, wenn wir ehrlich sein wollen: Niemand von uns sollte sich dem Wunschtraum hingeben, daß in nächster Zukunft eine Lösung der deutschen Frage erreichbar ist. Gegenstand von Verhandlungen zwischen den Westmächten und der Sowjetunion über Deutschland und

Berlin – oder allein über Berlin – würde deshalb allenfalls eine tragbare Zwischenlösung sein können. Dabei ginge es um die Frage, ob die aus dem Verlauf der Berlin-Krise gezogenen Erkenntnisse und Erfahrungen zu Papier zu bringen sind.

Der Senat von Berlin unterstützt das Ziel der deutschen Politik, wie der Bundesaußenminister es in der Einleitung zum letzten Jahresbericht des Auswärtigen Amtes formuliert hat, ein Modus-vivendi-Abkommen zu erreichen. Unter einem solchen Abkommen verstehen wir eine tragbare, die deutsche Frage offenhaltende Zwischenlösung. Berlin würde ein Modus-vivendi-Abkommen ablehnen, wenn es praktisch ein Schließen des Buches über die deutsche Frage bedeutete.

Der Senat von Berlin ist bereit, an einer Zwischenlösung mitzuwirken, die die Grundlage der Existenz dieser Stadt unangetastet läßt und das Leben ihrer Bürger erleichtern hilft.

Nach Auffassung des Senats müssen folgende Voraussetzungen in jeder möglichen Zwischenlösung gewahrt werden:

1. Die USA, Großbritannien und Frankreich müssen ihre Truppen in Berlin stationiert halten und die volle Verantwortung für die Sicherheit Berlins tragen, bis die Mauer fällt und die deutsche Frage gelöst sein wird.
2. West-Berlin ist mit Billigung der Drei Mächte, mit Wissen der Sowjetunion und durch den Willen der betroffenen Bevölkerung in den vergangenen 15 Jahren wirtschaftlich, finanziell, rechtlich und politisch fest mit der übrigen Bundesrepublik zusammengewachsen. Diese gewachsenen Bindungen sind lebensnotwendig. Sie sollten verstärkt werden, soweit dies international-rechtlich und sicherheitsmäßig möglich ist.
3. Niemals darf das Recht der betroffenen Bevölkerung außer acht gelassen werden, über ihre eigenen Angelegenheiten selbst zu entscheiden und über ihre Zukunft frei zu bestimmen.

In der Öffentlichkeit ist zuweilen Berlin auch mit den Vereinten Nationen in Verbindung gebracht worden.[10] Der Senat vertritt dazu die

Auffassung, daß es unseren Interessen nicht zuwiderliefe, wenn diese große Weltorganisation ein aktives Interesse an der Verletzung der Menschenrechte nähme. Aber grundlos, unrealistisch und gefährlich wäre es, Frankreich, Großbritannien und die USA in ihrer Schutzaufgabe abzulösen.

Wir sehen folgende Erfordernisse, die auch unabhängig von einer eventuellen Zwischenlösung ihre Gültigkeit haben:

4. **Die besonders unmenschlichen Auswirkungen der Mauer müssen gemildert werden.** Für den Zugang nach Ost-Berlin müssen die West-Berliner jedenfalls mit allen anderen Menschen gleichgestellt werden. Niemand wird das Thema von der Tagesordnung streichen können, im Interesse der Menschlichkeit und der Vernunft die willkürlich zerrissenen familiären und freundschaftlichen Bindungen zwischen den beiden Teilen der Stadt wieder herzustellen.

5. Der freie Zugang nach Berlin muß ebenso wie heute auf dem Luftwege auch auf dem Landweg verwirklicht und garantiert werden. Eine internationale Zugangsbehörde – auf der Grundlage des freien Verkehrs – könnte eine wesentliche Verbesserung des gegenwärtigen Zustandes bedeuten.

6. Überholte Ansprüche sowjetzonaler Stellen sind – wie wir den alliierten Schutzmächten vertrauensvoll dargelegt haben – durch Regelungen zu ersetzen, die den Bedürfnissen West-Berlins gerecht werden. Dies gilt insbesondere für den Komplex der ehemaligen Deutschen Reichsbahn und damit auch für die S-Bahn. Die einseitigen und unrechtmäßigen Veränderungen in Gesamt-Berlin haben den ursprünglichen Befugnissen sowjetzonaler Verwaltungen in West-Berlin den Boden entzogen.

Der Senat wird jeden Versuch der anderen Seite entschieden zurückweisen, das Leid unserer Mitbürger in beiden Teilen der Stadt als Mittel der politischen Erpressung zu benutzen. Verhandlungen zwischen Berlin und den sowjetzonalen Stellen, als ob es sich dabei um völkerrechtlich selbständige Größen handelte, wird es nicht geben; auch keine Verhandlungen, die als Anerkennung durch die Hintertür mißdeutet werden könnten. Hier trägt Berlin eine Verantwortung nicht nur für sein eigenes Schicksal. Der Senat ist sich seiner Verantwortung auch für unsere Landsleute jenseits der Mauer stets bewußt.

Er bekräftigt seine Bereitschaft, technische Fragen innerhalb Gesamtberlins vernünftig regeln zu helfen. Hierfür bieten sich vor allem bereits bestehende, ausbaufähige Institutionen zwischen den beiden deutschen Währungsgebieten an.[11]

[...][12]

Wirklichkeitsnahe deutsche Initiativen in eigener Sache sind unerläßlich. Niemand wird sich auf die Dauer den Kopf der Deutschen mehr zerbrechen, als sie es selber tun. Berlin hat deutlich genug erfahren, daß Nichtstun andere noch lange nicht dazu zwingen kann, ebenfalls untätig zu bleiben.

[...][13]

Das Zusammenwirken zwischen Berlin und Bonn in allen Fragen der Berlin-Politik soll nicht lockerer sondern noch enger werden. Zur Bundestreue gehört unsere Treue zum Bund ebenso wie die Treue des Bundes zu Berlin. Das gemeinsame Arbeitsgremium, das auf unsere Anregung dem Senat zugestanden worden ist, sollte intensiv tätig werden.

Der Bund hat die Verpflichtung übernommen, Berlin völkerrechtlich zu vertreten. Dazu gehört die Einbeziehung Berlins in die außenpolitischen Verträge. Die fortlaufende Konsultation ist nicht nur nützlich, sondern auch geboten. Die sachliche Einbeziehung Berlins in Verträge auch mit osteuropäischen Ländern ist nicht verzichtbar.

Die selbstverständliche und notwendige Einordnung Berlins in die Entscheidungen des Bundes darf und wird nicht eine politische Abstinenz bedeuten. Angesichts der weltpolitischen Lage und der besonderen Erfahrungen in dieser Stadt werden wir auch weiterhin einen Beitrag Berlins zur außenpolitischen Meinungsbildung leisten und unsere Interessen bei jeder sich bietenden, sinnvollen Gelegenheit vertreten.

Es wird richtig verstanden werden, wenn gerade aus dieser Stadt mit Sorge jede Entwicklung verfolgt wird, die geeignet ist,

die westliche Gemeinschaft zu schwächen, während wir alle Bemühungen um einen Ausbau der westlichen Gemeinschaft mit größter Anteilnahme verfolgen. Die Barrieren innerhalb Europas, seien sie alt oder seien sie neu geschaffen, müssen weggeräumt werden. Es kann keine Stadt geben, in der man glühender den Zusammenschluß eines freien Europa wünscht; denn hier in Berlin wissen und sehen wir, daß es Wichtigeres gibt als die Rivalitäten im westlichen Lager. Wir wünschen, auch Berlins und Deutschlands wegen, die größtmögliche europäische Gemeinschaft und eine atlantische Partnerschaft im Zeichen von Freiheit, Frieden und Wohlstand.

Diese Stadt wird von gemeinsamen Bemühungen des freien Teiles unseres Volkes und unserer Freunde in der freien Welt gehalten. Diese Stadt steht für die gemeinsamen Ideale. Sie mahnt Europa und den Westen, zusammenzustehen, eins zu werden, das Gestrige hinter sich zu lassen und die Aufgaben von morgen anzupacken.

Nr. 89
Schreiben des Regierenden Bürgermeisters von Berlin, Brandt, an die Zeitung *Berliner Sonntagsblatt Die Kirche*
21. März 1963

AdsD, WBA, A 6, 42.

Sehr geehrte Herren!
Lassen Sie mich Ihnen offen sagen, daß Ihr Schreiben vom 13. März 1963 bei mir einige Verwunderung hervorgerufen hat.[1] Die ganze Stadt weiß, daß ich mich als evangelischer Christ empfinde.[2] Über meine Stellung zu den Kirchen habe ich mich oft genug öffentlich geäußert. Ich habe dem nichts hinzuzufügen. Wenn es sich aber um die Konfessionsstatistik der Mitglieder des Abgeordnetenhauses

handelt, so möchte ich – abgesehen von allen verfassungsrechtlichen Bedenken – auf die offenkundige Gefahr hinweisen, die jede solche Liste enthält. Hier hat bekanntlich die formale Zugehörigkeit zu einer Kirche mit der Gesinnung, der Haltung und damit auch den politischen Entscheidungen des einzelnen wenig oder gar nichts zu tun. Darum verstehen Sie bitte, daß ich von solchen Rundfragen nicht sehr viel halte. Dies schreibe ich – ich wiederhole es – nicht nur als Regierender Bürgermeister, sondern als ein Mann, der sich bemüht, ein evangelischer Christ zu sein.
Mit freundlichen Grüßen
(Willy Brandt)[3]

Nr. 90
Vermerk des Regierenden Bürgermeisters von Berlin, Brandt, über ein Gespräch mit dem französischen Präsidenten, de Gaulle
24. April 1963

AdsD, WBA, A 6, 74.

de Gaulle: heisst den R[egierenden]B[ürger]m[eister] willkommen.[1]
R[egierender]B[ürger]m[eister]: dankt für die Möglichkeit dieser Begegnung und knüpft an die letzte Unterhaltung mit dem Staatspräsidenten im September 1962 in Bad Godesberg an;[2] seit damals sei eine gewisse Stabilisierung in West-Berlin zu verzeichnen. Bittet den General drei Wünsche vortragen zu dürfen:
    1.) Ein künftiger Besuch des Staatspräsidenten in Berlin könne von grosser Bedeutung sein. Die französische Position in Berlin würde dadurch stark unterstrichen werden. Der Präsident sollte sich auch den persönlichen Eindruck jenes einzigartigen Vorgangs in der modernen Geschichte, der in Berlin abzulesen sei, nicht entgehen lassen.

2.) West-Berlin wolle nicht nur vegetieren, sondern sich entwickeln, und dabei spielten die kulturellen Dinge eine wichtige Rolle. Ohne in Details zu gehen, möchte er sich auf die Autorität des Generals berufen können, wenn es um einen verstärkten französischen Beitrag zum kulturellen Ausbau Berlins sich handle.[3]

3.) Er wünsche sich einen besonderen französischen Beitrag, wo es um die unmenschlichen Auswirkungen der Mauer und der Spaltung Deutschlands gehe. Die Sowjets warteten immer mit einer Reihe offensiver Punkte auf. Die politische Bewegungsfreiheit des Westens sei eingeengt. Aber zusätzlich zum Behaupten westlicher Rechte in Berlin müsse immer wieder nach Mitteln und Wegen gesucht werden, um die menschliche Situation zu erleichtern. Auch wenn man wenig erreiche, würden die Menschen jenseits der Mauer spüren, dass sie nicht vergessen sind.

de Gaulle: nimmt den Wunsch nach Berlin-Besuch zur Kenntnis und sagt nicht nein. Das letzte Mal sei es ihm nicht möglich erschienen. Ausserdem sei er von der deutschen Regierung nicht um einen Besuch in Berlin gebeten gewesen [sic]. Seine Reise sei „sentimentaler" geworden, als er gedacht hätte.[4] Er hatte sie als diplomatische Antwort auf die Besuche des Bundespräsidenten und Bundeskanzlers geplant. Es werde wohl auch das nächste Mal noch nicht für Berlin reichen, da es sich dabei um eine Arbeitstagung handeln werde, falls es zur Ratifizierung des Vertrages komme. Ausserdem sei der amerikanische Präsident vorher in Deutschland und in Berlin, der nicht dieselben Erwägungen habe wie der General. Es sei eine Frage der Gelegenheit.[5]

R[egierender]B[ürger]m[eister]: gibt zu erwägen, ob ein Besuch, beispielsweise im Frühjahr 1964, mit einer grösseren kulturellen Manifestation im Rahmen der deutsch-französischen Zusammenarbeit verbunden werden könne.

de Gaulle: schliesst eine solche Möglichkeit nicht aus, man solle das weiter überlegen. Völlig einverstanden mit dem, was R[egierender] B[ürger]m[eister] über die kulturellen Dinge gesagt hat.

Alles, was aus Berlin kommt, vor allem auch auf kulturellem und intellektuellem Gebiet, wird von ihm wohl aufgenommen werden.

Die Stellung Frankreichs zu Berlin stehe im übrigen ausser Zweifel. Es sei die Politik Frankreichs, nichts aufzugeben, was die freie Welt besitzt.

Man sollte, soweit es möglich ist, die Menschen in Ost-Berlin und in der Zone ermutigen, nicht zu verzweifeln. Wenn es Möglichkeiten der Erleichterung und Ermutigung für die Menschen in der Zone gibt, durch das Internationale Rote Kreuz oder auf andere Weise, so ist der General dafür aufgeschlossen. Sollte der R[egierende]B[ürger]m[eister] dazu praktische Vorschläge haben, bittet der General, sie ihm zu übermitteln.[6]

Die Gespräche der Amerikaner befriedigen ihn nicht, da als Ergebnis immer zu befürchten ist, dass wesentliche Positionen gefährdet werden könnten.[7] Vor den Vereinten Nationen müsse man be-

Willy Brandt zusammen mit dem Präsidenten der USA, John F. Kennedy (l.), und dem Bundeskanzler, Konrad Adenauer (r.), am 26. Juni 1963 bei der Fahrt durch Berlin

sonders auf der Hut sein, besonders wegen der neutralen Staaten, die eine für die Sowjetunion bequeme Haltung einnehmen würden. Daraus ergibt sich: keine Änderung des Status von Berlin. Dieser Status kann auch noch weitere 18 Jahre dauern; dann werde man sehen, wo die Russen stehen.

Die Menschen in West-Berlin dürfen nicht an Frankreich zweifeln, das nicht allein da sei und auch nicht die stärkste westliche Macht darstelle.

R[egierender]B[ürger]m[eister]: werde sich erlauben, auf die Fragen der menschlichen Erleichterungen zurückzukommen.

de Gaulle: habe im vorigen Jahr eine Flucht aus Berlin befürchtet. Freue sich, dass eine Stabilisierung zu verzeichnen sei.[8]

R[egierender]B[ürger]m[eister]: nennt Ziffern über die Zuwanderung aus West-Deutschland. Hoffnungen der Sowjetunion haben sich nicht bestätigt. Möchte sich nun noch als einer von denjenigen äussern, die über Berlin hinaus in Deutschland politische Verantwortung tragen. Er spreche nicht für die deutsche Regierung, aber für 40 Prozent der deutschen Wähler. Alle oder fast alle verantwortlichen Kräfte in der Bundesrepublik sind sich darin einig, dass die deutsch-französische Aussöhnung und enge Zusammenarbeit von zentraler Bedeutung ist. Er wisse auch um die historische Rolle des Generals. Aber er müsse offen sagen dürfen, dass man das deutsche Volk nicht in unnötige Konflikte bringen darf; dies gilt besonders für das Verhältnis zu den Vereinigten Staaten, die für die Nachkriegsentwicklung von so entscheidender Bedeutung gewesen sind und es immer noch sind.[9]

de Gaulle: Frankreich will keineswegs eine Trennung von der Atlantischen Allianz oder den USA, denn es ist genauso bedroht wie Deutschland. Die Erhaltung des gegenwärtigen Status und des Friedens sei nur mit amerikanischer Hilfe möglich gewesen. Es wäre kindisch, etwas anderes zu denken. Aber wenn wir Europa wollen, muss es auch Europa sein, sonst wäre es nur Amerika plus einzelne Staaten, wie Deutschland, Frankreich und England, ein vages Gebilde, das nicht zusammenhält. Wir wollen mit den Amerikanern als Europa verhandeln, und das ist nur möglich, wenn es einen wirklichen dauernden Ausgleich zwischen Deutschland und Frankreich gibt. Ohne das kann keine Gemeinschaft ins Leben gerufen werden oder von Bestand sein.

Europa ist noch nicht geschaffen worden, weil Deutschland und Frankreich bisher noch dagegen waren. Jetzt ist es soweit, aber Europa ist nicht eine Sache der Technokraten.

Die deutsche Reaktion auf den Vertrag hat den General etwas gestört, denn er hat auf französischer Seite auch erst nach Überwindung der Vergangenheit gestaltet werden können. Die Reaktion der Liberalen, von Teilen der CDU und der Sozialisten war nicht angenehm. Man muss abwarten, was sich daraus ergeben wird.

R[egierender]B[ürger]m[eister]: geht davon aus, dass die Ratifizierung mit grosser Mehrheit erfolgen wird. Er bittet um Verständnis, wenn gleichzeitig durch eine Präambel oder auf andere Weise klargestellt wird, dass die Verbindungen zum Atlantischen Bündnis bzw. zu den Vereinigten Staaten und die Verpflichtungen aus dem Vertrag von Rom durch den deutsch-französischen Vertrag nicht beeinträchtigt werden dürfen.

de Gaulle: misst der praktischen Zusammenarbeit beider Länder noch mehr Bedeutung zu als den Buchstaben des Vertrages. Feindseligkeiten müssen abgelegt werden. Es könne natürlich auch schiefgehen.

R[egierender]B[ürger]m[eister]: betont, dass die jetzt heranwachsende Generation einen neuen Konflikt mit Frankreich als absurd betrachtet. Sie steht aber auch zu den Fragen ihres Vaterlandes unbefangen und selbstbewusster als diejenigen, denen soviel verziehen werden musste aus der Vergangenheit. Die neue Generation werde nicht verzichten auf die Sorge um den von der Bundesrepublik getrennt gehaltenen Volksteil.

de Gaulle: Er habe für diese Haltung durchaus Verständnis. Im übrigen: Entweder wird es Krieg geben und dann weiss niemand, wie die Zukunft aussieht. Oder die Sowjetunion wird neuen Problemen gegenüberstehen. Bereits heute ist der Kommunismus als Doktrin und als Regime im eigenen Lande und in den osteuropäischen Staaten incl. „Preussen und Sachsen"¹⁰ schwerer haltbar geworden und weniger überzeugend als zu Stalins Zeiten.

Die Rolle Berlins sei wichtig, und der R[egierende]B[ürger-]m[eister] habe daran einen bedeutenden Anteil.

R[egierender]B[ürger]m[eister]: dankt für Gespräch und sagt dem General seine guten Wünsche.

de Gaulle: beauftragt R[egierenden]B[ürger]m[eister], den Berlinern seine herzlichen und vertrauensvollen Grüsse und den Ausdruck seiner guten Gefühle übermitteln zu wollen.¹¹

Nr. 91
Hs. Vermerk des Regierenden Bürgermeisters von Berlin, Brandt, über Gespräche mit dem Präsidenten der Vereinigten Staaten von Amerika, Kennedy
25./26. Juni 1963

AdsD, WBA, A 6, 74.

Vertraulich
Vermerk
betr. Unterhaltung mit Präs[ident] Kennedy am 25. 6. 63, 8.15¹

1.) Der Präsident fragte mich zunächst nach meiner Meinung über die Wahlchancen 1965 und über Erhard. Er äusserte sich über das stark ausgeprägte Misstrauen Adenauers.²
2.) K[ennedy] fragte mich nach Anregungen für seine Berlin-Rede am folgenden Tag (hierüber hatte ich am Abend des 23. schon mit Sorensen gesprochen). Ich empfahl, an das Selbstbewusstsein der Berliner zu appellieren und den menschlichen Aspekt besonders zu berücksichtigen.³ Hiermit verband ich Hinweise auf eventuelle Möglichkeiten stufenweiser Veränderungen in Berlin und Deutschland. K[ennedy] wies, was den nächsten Schritt angeht, auf die Schwierig-

keit hin, dass wir Ostberliner nicht durch die Polizei zurückbringen lassen können.

3.) K[ennedy] fragte mich nach meiner Meinung über das Projekt einer MLF (multi-lateral force); bei den Besprechungen mit dem Bundeskanzler habe man sich darauf verständigt, eine Studien-Gruppe einzusetzen.

Ich bezweifelte den militärischen Nutzen der MLF, fügte jedoch hinzu, dass meine Freunde und ich die politische Motivierung verstehen und uns deshalb einer sachlichen Prüfung nicht entziehen.[4]

K[ennedy] zitierte diejenigen seiner Mitarbeiter, wie vor allem Rostow, die das Projekt vor allem deshalb befürworten, weil sie befürchten, dass es sonst zu einem deutschen Verlangen nach eigener Nuklearrüstung kommen werde. Die Sache sei allerdings jetzt nicht spruchreif: da sie nicht auf deutsch-amerikanischer Basis angefasst werden könne. – Wilson vertrete eine Lösung im Rahmen der Nato; leider verwende er gelegentlich Formulierungen, die wie eine Diskriminierung der Deutschen aufgefasst werden könnten.[5]

4.) Ich unterrichtete K[ennedy] über meine Vorstellungen, wie man die Europapolitik aktivieren könne: Druck aus den Völkern auf die Regierungen, hierzu

    a) Besprechung Mitte Juli in Schweden mit europäischen und amerikanischen Freunden[6], (K[ennedy] war informiert),

    b) Sachberatung im Rahmen des Monnet-Komitees,[7]

    c) Tagung der Ebert-Stiftung im Oktober in Berlin,

    d) Zusammenkunft mit jüngeren europäischen Politikern in Berlin.[8]

Ich erörterte auch die Möglichkeit, hierzu eine gewisse Mitwirkung aus dem fortschrittlich-gaullistischen Lager zu erzielen.

K[ennedy] äusserte sich zunächst über den Schaden, den de Gaulle angerichtet habe.

Im übrigen gebe es in den nächsten zwei–drei Jahren grossartige Chancen für die Zusammenarbeit USA–Europa: meine Freunde und ich hätten die Möglichkeit massgebenden Einflusses in Deutschland. Wilson werde es in England schaffen.[9] Gemeinsam mit den Skandinaviern könne man Gutes leisten.

Sehr besorgt sei er allerdings wegen der Volksfront-Neigungen bei den französischen Sozialisten und wegen der unklaren politischen Lage in Italien.

Beim <u>Mittagessen</u> im Rathaus <u>am 26. 6.</u> kam K[ennedy] zurück auf das Misstrauen Adenauers. Es äussere sich auch in der Form, dass er mir im Fall der Regierungsverantwortung einen „Handel" mit den Russen unterstelle.[10]

K[ennedy] liess sich erklären, worauf rückschauend meine Einwände gegen die Politik Adenauers beruhten.[11]

Br[andt][12]

Nr. 92
Rede des Regierenden Bürgermeisters von Berlin, Brandt, im Politischen Club der Evangelischen Akademie Tutzing
15. Juli 1963

Tatsachen – Argumente, Nr. 66 vom Juli 1963.

„Denk ich an Deutschland..."[1]

In den zurückliegenden Wochen wurde in der internationalen Presse viel darüber geschrieben, die Bundesrepublik sei aufgewertet worden. Die Bundesrepublik sei im Begriff, der Schlüssel zur Einheit des Westens zu werden. Die Bundesrepublik könne sich zum europäischen Pol der Atlantischen Gemeinschaft entwickeln.

Die meisten dieser Betrachtungen sind von einem Gefühl des Mißbehagens begleitet. Manchmal braucht man nicht einmal zwischen den Zeilen zu lesen, um dieses Unbehagen festzustellen. Mancher Kommentator findet, die Bundesrepublik Deutschland habe mehr als die Bedeutung bekommen, die sie nach dem Willen ihrer Verbündeten bekommen sollte.

In früheren Jahren hat es eine ähnliche Diskussion gegeben, als es um die Wiederbewaffnung ging. Damals wurde das Problem auf die kürzeste Formel gebracht: Die Bundesrepublik sollte militärisch stark genug werden, um die Sowjetunion in Schach zu halten, aber militärisch nicht gefährlicher als Luxemburg.

Diese ganze Diskussion zeigt, daß die Decke des Vertrauens noch immer dünn ist und daß die Bundesrepublik an manchen Stellen weniger freundlich und verständnisvoll als offiziell und kritisch betrachtet wird.

Unsere Menschen sind sich über diesen Tatbestand vielfach nicht im klaren. Es geschieht auch nicht genug, um ihnen ein richtiges Bild von der Stellung Deutschlands in der Welt zu vermitteln. Vor allem vergessen wir allzu leicht, daß das Mißtrauen nicht nur anderen anzulasten ist, daß es immer wieder virulent wird bei den nicht seltenen Anlässen, die wir selbst dazu bieten.

Versäumnis der deutschen Innenpolitik

Die Bundesrepublik hat häufig keine glückliche Hand gehabt, wenn es darum ging, dem Ausland klar zu machen, daß die Schatten der Vergangenheit eben nur Schatten sind, ohne Kraft, ohne wirkliches Leben und ohne Zukunft. Umgekehrt: Wir haben in dieser Beziehung dem kommunistischen Regime in der Zone[2] zuviel Raum für ihr [sic] falsches Spiel gelassen. Die Beachtung, die die sogenannte DDR im Ausland gefunden hat, wurde weitgehend auf einer antinazistischen Welle erreicht. Und diese Propagandawelle stieß im Ausland auf objektiv unbegründete, aber subjektiv vorhandene Befürchtungen.

Ich hätte mir eine Haltung gewünscht, in der es den Machthabern in Ost-Berlin schwerer gewesen wäre, solche Kampagnen mit – leider – teilweisem Erfolg zu führen. Wenn man von Versäumnissen spricht, dann ist dies wohl eines der Hauptversäumnisse in der deutschen Innenpolitik der Nachkriegszeit.[3]

Wahrscheinlich wird es einmal als ein Hauptverdienst des Bundeskanzlers Adenauer gewertet werden, daß er wesentlich dazu beigetragen hat, das Auseinanderbrechen unseres Volkes an den Fragestellungen über die dunkle Zeit vor 1945 zu verhindern. Daß viel Zeit gewonnen wurde, die böse Vergangenheit verblaßte und von Jahr zu Jahr die Zahl derer wuchs, auf die die alten Fragestellungen schon generationsmäßig nicht mehr paßten.

Unsere Geschichte ist eine Einheit, der man nicht entfliehen kann

Aber dieser Erfolg ist durch ein weithin opportunistisches Verhalten erreicht worden. Er ist nicht das Ergebnis einer in die Tiefe gehenden Auseinandersetzung. Er bedeutet daher leider auch noch keine Aussöhnung unseres Volkes mit sich selbst und mit seiner Vergangenheit.

Die kleinliche Naziriecherei der ersten Jahre fand bald ihr Gegenstück in einem Verhalten, das den Eindruck vermittelte, es werde der Mantel einer überbeanspruchten Nächstenliebe über Fälle gebreitet, bei denen es gar nicht mehr in unserer Hand liegt, zu verhindern, daß sie draußen als symptomatisch angesehen werden. Es hat keine deutsche Selbstreinigung gegeben, und es hat die Kraft gefehlt, das Volk in aller sachlichen Härte und menschlichen Offenheit mit seiner Vergangenheit zu konfrontieren. Nicht, damit wir diese Vergangenheit im verständlichen Sinne dieses Wortes bewältigen, sondern damit unser Volk seine Geschichte auch mit ihren Tiefen als Einheit begreift. Als Einheit, der man nicht entfliehen kann, sondern die man tragen muß.

Die Geschichte entläßt uns nicht, man kann ihr nicht entkommen, auch nicht durch Wohlstand. Bismarck und Bebel gehören dazu, Hindenburg und Ebert, Goerdeler und Leber, Adenauer und Schumacher. Aber eben auch Hitler und Ulbricht.[4]

Es war ein großer Irrtum, daß das Jahr 1945 so etwas wie eine Stunde Null in unserer Geschichte sein könnte. Dies war nicht der Irrtum einer politischen Richtung. Und es waren nicht die Schlechtesten, die ihre Hoffnungen auf eine Stunde Null gesetzt hatten.

Den Frieden mit sich selbst zu machen, ist unserem Volk bisher nicht gelungen. Wir haben alte Gräben noch nicht zugeschüttet, und man ging munter daran, neue auszuheben. Auch wenn dies in der Tagespolitik nicht dauernd offenbar wird, tragen wir hier eine Bürde mit uns, die uns noch schwer werden wird. Wir sind im Begriff, sie auf die Schultern einer Generation zu laden, die sie nicht tragen will.

Bundeskanzler Adenauer hat es verstanden, durch persönliche Autorität und durch Ansehen, das er sich selbst erwarb, Vertrauen in der Welt zu gewinnen. Er hat es kaum verstanden, dieses Vertrauen auf das deutsche Volk zu übertragen. Er hat im Gegenteil voller Sorge von der Zeit gesprochen, in der er die Zügel nicht mehr in den Händen halten wird. Es kam hinzu, daß aus innenpolitischen Überlegungen die zweite große demokratische Partei viele Jahre lang als unzuverlässig oder gar gefährlich bezeichnet wurde, was natürlich auch nicht dazu beitragen konnte, im Ausland Vertrauen in die Stabilität der deutschen Demokratie zu verbreiten.

Ich finde, es darf nicht dahin kommen, daß die junge Generation von den Fehlern ihrer Väter verbittert wird. Es wäre verhängnisvoll, wenn auf die junge Generation ein Mißtrauen übertragen würde, das die Frucht der bösen Vergangenheit ist.

Freilich muß sich die junge Generation in unserem Lande bewußt sein, daß auch sie aus der Geschichte ihres Volkes nicht austreten kann. Auch sie ist ein Glied in einer langen Kette. Subjektiv kann sie sich unbelastet fühlen und frei von jeder Schuld an der Hitlerei, aber objektiv hat sie eben doch ihr Teil zu tragen.

Die Basis des Vertrauens zu Deutschland muß vertieft werden

Unseren Freunden draußen in der Welt müssen wir sagen, sie möchten bitte nicht vergessen, daß ein Drittel unseres Volkes die Hitler-Jahre nicht mehr mit Bewußtsein erlebt hat. Eine Generation ist herangewachsen, die der Umwelt viel unbefangener gegenübertritt. Selbst wenn man nicht zu den glühenden Anhängern Hitlers gehört hat, kann man sich von der Last des Erlebten nicht lösen. Sie schwingt mit und belastet auch unausgesprochen jede Begegnung draußen. Davon ist die junge Generation frei. Das muß man im Ausland sehen, und man muß verstehen, wenn sie selbstverständlicher und sogar wenn sie fordernder als Gleicher unter Gleichen auftreten wird. Ich kann mich zum Thema des persönlichen Vertrauens, das der heutige Bundeskanzler im Ausland genießt, ohne Minderwertigkeitskomplex äußern. Aber ich muß hinzufügen, daß es eine der großen Aufgaben der kommenden Jahre sein wird, die Basis des Vertrauens, das Deutschland draußen entgegengebracht wird, zu verbreitern und zu vertiefen.

Wenn man untersucht, warum die Aussöhnung unseres Volkes mit sich selbst unterblieben ist, dann stößt man immer wieder auf dieselben Gründe. Entweder war die deutsche Politik zu sehr mit dem Tag beschäftigt oder es schien nicht opportun, und zwar in einem ganz handfesten innenpolitischen Sinn. Wir sind damit bei einem Punkt, den ich als Krebsschaden unserer Nachkriegspolitik betrachte: Das Diktat kleiner oder sogar kleinlicher Zweckmäßigkeitserwägungen. Es gibt bei uns zu Lande zu viel Opportunismus und zu wenig Mut, sich auch unangenehmen Wahrheiten zu stellen.

Bitte, betrachten Sie dies nicht als eine parteipolitische Aussage. Wir alle haben Fehler gemacht, wenn auch nicht die gleichen. Wir alle haben uns immer wieder zu prüfen, und wir haben alle auf der Hut zu sein, damit nicht der begrüßenswerte Trend zur Entideologisierung des deutschen Parteienwesens mit dem Preis der Grundsatzlosigkeit bezahlt wird.[5]

Das innere Gefüge ist nicht im Lot

Ich bin der Letzte, der etwa die Erfolge, die wir in der Bundesrepublik erreicht haben, schmälern wollte. Wir haben schwer gearbeitet. Wir haben einen Lebensstandard erreicht, der sich sehen lassen kann. Wir haben die Vertriebenen integriert. Wir haben keine erwähnenswerte rechts- oder linksextreme Gefährdung. Wir sind eingegliedert in das Bündnissystem des Westens. Unsere Währung ist gewiß nicht schwächer als die anderer Länder. Wir haben weniger Arbeitskampf als viele der mit uns befreundeten Staaten, und die Wirtschaft floriert.

Wenn man sich an diesen Größenordnungen allein orientieren wollte, dann müßten wir zufrieden sein und brauchten keine größeren Sorgen zu haben als alle anderen Völker, die sich um das Auf und Ab der Konjunktur ihre Gedanken machen. Wir wissen, daß das Denken in diesen Größenordnungen, so wichtig sie sind, nicht ausreicht. Wir müssen uns viel mehr eingestehen, daß das innere Gefüge nicht im Lot ist.

Wir alle erinnern uns an die Appelle zum Maßhalten. An die Warnungen, die Bundesrepublik dürfe nicht zu einem Gefälligkeitsstaat ausarten, die [sic] jeweils der Gruppe nachgibt, die den größten Druck auszuüben versteht oder eine beachtliche Zahl von Wählerstimmen repräsentiert. Das Wohlstands-Prestige ist sehr lange von oben gefördert worden, und das Ergebnis war ein zuweilen erschreckender Wohlstandsegoismus. Niemand darf sich eigentlich darüber wundern, wenn eine im Grunde egoistisch-materialistische Gleichung nicht zu moralischen Musterergebnissen führt.

Vernachlässigung der Gemeinschaftsaufgaben

Es ist versäumt worden, den Menschen klarzumachen, daß ihr persönliches Wohlergehen gefährdet sein muß, wenn die Aufgaben der Gemeinschaft vernachlässigt werden. Es ist versäumt worden, den Menschen die Gemeinschaftsaufgaben klarzumachen und diese Aufgaben energisch anzupacken.

Es ist beispielsweise ganz einfach eine Tatsache, daß wir an die Fragen der Bildung und der Wissenschaft weder mit dem nötigen Ernst herangegangen sind, noch mit dem Schwung, der erforderlich ist, wenn wir verhindern wollen, daß Deutschland im kommenden Jahrzehnt hinter den vergleichbaren Industrienationen zurückbleibt. Unseren Menschen ist vielfach gar nicht bewußt, was es bedeutet, wenn Frankreich 1970 doppelt so viel Studenten haben wird wie die Bundesrepublik.

Es ist eine Tatsache, daß wir auf dem Gebiet der Volksgesundheit hinter den Notwendigkeiten zurückgeblieben sind. Und dabei geht es hier neben den Bildungsinvestitionen um das wertvollste Vermögen der Nation.

Es ist auch eine Tatsache, daß wir rückständig sind, wo es um die Erneuerung unserer Städte und außerstädtischen Gemeinden geht, um die Verkehrsplanung und die Zusammenhänge zwischen Arbeitsplatz und Wohnung, um die Reinerhaltung des Wassers und der Luft. Einige möchten allerdings nicht mehr an den dummen Hohn erinnert werden, mit dem sie glauben [sic], mich überschütten zu können, als ich vor gut zwei Jahren davon sprach, der Himmel über dem Ruhrgebiet müsse wieder blau werden.

Mangelnde gedankliche Klarheit und mangelnde Offenheit drohen für einen wichtigen Zweig unserer Volkswirtschaft zu bösen Folgen zu führen. Wir wissen, daß es nach den bestehenden Verträgen vom Jahre 1965 an einen Gemeinsamen Markt auch auf dem Gebiet der Landwirtschaft geben wird. Unsere deutsche Landwirtschaft ist darauf völlig ungenügend vorbereitet. Die Notwendigkeiten einer zielbewußten Strukturpolitik wurden lange verkannt oder hintangeschoben, und es fragt sich, wie das Versäumte überhaupt noch nachgeholt werden soll.

Dogmatischer Widerstand gegen vernünftige Strukturplanung

Ich muß mit der Möglichkeit rechnen, daß mir planökonomische Voreingenommenheit unterstellt wird. Solche Unterstellungen sind unberechtigt. Es ist bekannt, daß meine politischen Freunde eine stärkere Orientierung an volkswirtschaftlichen Gesamtzielen für wünschenswert gehalten haben. Es ist ebenso bekannt, daß meine politischen Freunde ein modernes wirtschaftspolitisches Programm entwickelt haben und weiter entwickeln. Die Grundsätze der Marktwirtschaft sind nicht umstritten, auch wenn zuweilen noch etwas anderes behauptet wird. Umstritten ist, ob der dogmatische Widerstand gegen jede „planification", zu dem Professor Erhard erst kürzlich wieder aufgerufen hat, den Notwendigkeiten dieser Zeit gerecht wird.[6]

Nicht nur in Frankreich, sondern auch in England und in Amerika finden wir Strukturplanungen, die die Konturen künftiger Entwicklung abstecken und damit dem Unternehmergeist eine

Richtung weisen. Auf diese Weise wird die Gefahr von Überkapazitäten und von Fehlinvestitionen vermieden. Auf diese Weise werden Vorstellungen entwickelt, die heutzutage als Zielplanung, beispielsweise gerade auf den Gebieten der Erziehung und der Forschung, immer unentbehrlicher werden. Die Methodik hat sich in Frankreich offensichtlich bewährt. Das französische Wunder ist ohne sie nicht erklärbar. Sie läßt dem Einzelnen nicht nur die freie Konsumwahl, sondern auch die Freiheit seiner Initiative, allerdings im Rahmen des für die Gemeinschaft als sinnvoll oder notwendig Erkannten.

Niemand ist gezwungen, sich an die entwickelten Vorstellungen zu halten, aber es ist für die Einzelinitiative ebenso wie für die Gesamtheit nützlich, wenn der gesteckte Rahmen nicht ignoriert wird. Die Träger der Volkswirtschaft wissen dann, wie die wissenschaftlich erarbeiteten Ziele aussehen. Bei uns wissen sie es nicht.

Je enger Europa zusammenwächst, je mehr die europäische Gemeinschaft verwirklicht wird, je stärker die atlantische Partnerschaft greifbar wird, um so unausweichlicher wird es für die Bundesrepublik werden, moderne Methoden zur Korrektur von Fehlentwicklungen zu finden. Selbst auf die Gefahr hin, böswillig mißverstanden zu werden, stehe ich zu der Meinung: Die eindeutige Ablehnung jeglicher Zwangswirtschaft darf nicht bedeuten, daß ein sinnvolles und vernünftiges Vorausdenken unterbleibt; denn wenn es weiter unterbliebe, würde die Bundesrepublik Schaden nehmen. Dogmatische Sturheit und überhebliche Enge dürfen nicht dazu führen, daß die Bundesrepublik den Anschluß an das Denken und Handeln in anderen Ländern verliert.

Überwinden einer selbstgefällig erstarrenden Politik

Wir müssen überhaupt eine Haltung überwinden, die geprägt wurde durch die fatale Aufforderung: keine Experimente.[7] Wer in der Wissenschaft darauf verzichten wollte, würde ausgelacht werden. Das langjährig benutzte Schlagwort „keine Experimente" ist die Kurzformel einer selbstgefällig erstarrenden Politik.[8]

Ich will nicht so ungerecht sein, diese Haltung als konservativ zu bezeichnen; denn der Konservative ist weder denkfaul noch gedankenarm. In einer demokratischen Ordnung bedürfen wir des konservativen Elements. Und es ist ganz natürlich, daß es immer eine beträchtliche Zahl von Menschen gibt, die meinen, die Welt sei im großen und ganzen gut, wie sie ist; man brauche nur weiterzumachen wie bisher; und man müsse dem Drang zur Veränderung durch ein natürliches Beharrungsvermögen Einhalt gebieten.

Ebenso natürlich gibt es die andere Grundhaltung, die sehr viel stärker ausgeht von der Unvollkommenheit dessen, was ist. Dieses mehr progressive Element möchte weiter gesteckte Ziele anvisieren und es kann für sich ins Feld führen, daß die Welt ohne Kampf gegen die Selbstgenügsamkeit noch nicht vorangekommen ist.

Die Spannung zwischen Beharrung und dem Drang zu neuen Horizonten liegt in der Brust jedes einzelnen. Und jeder einzelne tendiert in verschiedenen Zeiten stärker in die eine oder andere Richtung. Beide Richtungen korrigieren sich und sorgen dafür, daß die Erstarrung ebenso wie die Jagd nach der Utopie vermieden werden.

Die Bundesrepublik leidet nicht an konservativer Unterernährung. Die Bundesrepublik bedarf der kontinuierlichen Bewegung, der verantwortlichen Weiterentwicklung. Ich habe während des vorigen großen Meinungsstreits, im Frühjahr und Sommer 1961, offen gesagt, bei uns müsse nicht alles anders, aber vieles besser gemacht werden.

Wir brauchen zielbewußte Aktivität

Wir haben aus dem freien Teil Deutschlands noch nicht das gemacht, was notwendig und möglich ist. Korrekturen sind deshalb erforderlich. Ich meine, wir müssen zu neuen Anstrengungen aufrufen. Die geistigen und ethischen Werte müssen dabei vor denen des bloßen Gewinnstrebens rangieren.

Wir haben die Mittel auf dem Gebiet der Technik und der Wirtschaft, um weiter voranzukommen. Wir haben die Menschen und das Wissen, um unsere Ziele weiterzustecken, um die erforderlichen Korrekturen an der Vergangenheit vorzunehmen.

Wir müssen die vernachlässigten Gemeinschaftsaufgaben sichtbar machen und sie anpacken, damit unser Volk den Anschluß bekommt an eine Welt, die in einem stärkeren Wandel begriffen ist, als der geisttötende Slogan „keine Experimente" wahrhaben will. In unser Volk muß im guten Sinne des Wortes Bewegung kommen. Wir brauchen keine Betriebsamkeit um ihrer selbst willen; wir brauchen zielbewußte Aktivität.

Unseren Menschen muß klar werden, daß es nicht allein auf den individuellen Lebensstandard ankommt, sondern auch auf den gesellschaftlichen Lebensstandard. Daß es auf die Dauer dem Einzelnen nicht gut gehen kann, wenn es dem Ganzen nicht gut geht. Niemand kann es sich auf die Dauer ungestraft auf Kosten der Gemeinschaft wohl sein lassen. Und ebenso wie sich der Einzelne ein Auto kaufen kann, aber nicht die dazu gehörigen Straßen, wird es keinem etwas nutzen, wenn der Einzelne reich ist und die Gemeinschaft arm.

Es hat den Anschein, als ob wir im Begriff sind, in der Bundesrepublik so etwas wie eine Götzendämmerung zu erleben. Damit meine ich allerdings nicht jene, die aus dem einen Extrem, Adenauer sei ein Geschenk Gottes für das deutsche Volk, in das andere fallen. Ich finde, man ist in manchen Kreisen neuerdings reichlich undankbar gegenüber dem Kanzler. Gerade wer sich bisher immer auf ihn verlassen hat, ihm fast alles überließ, sich kaum in geistige Unkosten stürzte, kaum eine eigene Meinung wagte – gerade wer sich so still verhielt, der sollte jetzt nicht so tun, als sei Adenauer nichts mehr wert. Das ist eigentlich nicht würdig. Das ist auch undankbar.

Der alte Herr ist auf ein Podest gestellt worden, das unangreifbar sein sollte. Und wir wissen, er hatte seine Partei wirklich in der Hand; er war wirklich der Erste. Man soll dem Volk nun nicht weismachen wollen, als ob es nichts wäre, wenn der alte Herr mehr heruntergeschoben wird, als daß er selbst geht.

Es ist, ob man das überall sieht oder nicht, nun einmal ein Einschnitt in der deutschen Nachkriegsgeschichte, wenn ein Mann geht, der vierzehn Jahre lang weithin souverän die Richtlinien der Politik bestimmte. Ihre wirkliche Struktur, innerpolitisch und parteipolitisch, wird die Bundesrepublik erst nach Adenauer gewinnen. Auch hier gibt es keine Stunde Null und dennoch eine große Verantwortung für alle Handelnden.

Eine faire Chance für den Kanzlernachfolger

Der Nachfolger hat für die Übergangszeit bis zur nächsten Wählerentscheidung Anspruch auf den Respekt, den wir alle einem rechtmäßig berufenen Chef der Bundesregierung schuldig sind. Er hat Anspruch auf eine faire Chance.[9] Aber wir müssen uns darüber im klaren sein, daß dieser Nachfolger vor einer schweren Entscheidung steht. Er hat diese Entscheidung selbst zu fällen, aber sie geht uns alle an. Es ist die Frage, ob alles nur weiter wie bisher gemacht werden soll, nachdem doch auch Professor Erhard zu verstehen gegeben hatte, daß er manches anders gestaltet und geordnet sehen möchte. Wer nur „weiter wie bisher" sagt, wird nicht den Aufgaben von morgen gerecht, nicht einmal der Situation, in der sich die Bundesrepublik heute befindet. Wer neue Ziele anvisiert, wird zugeben müssen, daß nicht mehr alles stimmt, was bis gestern als letzte Wahrheit verkündet wurde.

Entgiftung des politischen Klimas ist unerläßlich

Ich bin überzeugt, selbst wenn das Schwergewicht auf der Erhaltung des Bewährten liegen sollte, wird sich ein gewisser Katzenjammer nicht vermeiden lassen. Auch deshalb, weil wir die peinlichen Stilverirrungen nicht werden durchhalten können, die unser politisches Klima zu lange vergiftet haben. Der Stil der Verunglimpfung, der Verdächtigung, der Diffamierung muß überwunden werden.

Wir erinnern uns natürlich noch an die Erklärungen, daß es den Untergang Deutschlands bedeutete, wenn die Sozialdemokraten an der Regierung teilhaben würden. Im vergangenen Spätherbst hat der Bundeskanzler dann trotzdem zwei Herren beauftragt, vorbereitende Gespräche über eine Große Koalition zu führen. Und zur

Feier des Hundertjährigen Gründungstages[10] bekamen die Sozialdemokraten einen Brief, in dem ihnen der Bundeskanzler die Verdienste für unser Volk bestätigte, die niemand schmälern könne. Im Augenblick stehen zwar keine allgemeinen Wahlen an, aber es wäre schön, wenn die Wahrheit nicht von Terminen abhängig gemacht würde.

Lassen Sie mich in diesem Zusammenhang, über den man Bücher schreiben könnte, nur noch das Eine sagen: Ich hätte bis vor einer Woche nicht geglaubt, daß – nach alldem, was geschehen ist, jemand in München sagen kann: „Wer mich einen Lügner nennt, ist selbst ein Lügner." Das war wahrlich kein Ruhmesblatt in unserer Nachkriegsgeschichte. Das war im Gegenteil eine mutwillige Herausforderung der vielen einzelnen, die sich Ende vorigen Jahres völlig losgelöst vom Parteienstreit unüberhörbar geäußert hatten, weil sie Grundelemente unserer Rechtsstaatlichkeit, unserer staatsbürgerlichen und geistigen Freiheit in Gefahr sahen.[11]

Ich glaube auch nicht, daß es so einfach ist, wie es sich der geschäftsführende Vorsitzende der CDU [Dufhues] gemacht hat, als er vor einiger Zeit einen neuen Stil des Geistes empfahl und dabei erklärte: „Das Schlagwort ‚keine Experimente' zieht nicht mehr." Das heißt doch wohl: Es hat seine Wirkung verloren, es taugt nicht mehr. Man kann damit nicht mehr den Anspruch rechtfertigen, die Wahrheit zu besitzen, immer das Richtige zu tun. Also überdeckt man dieses Schlagwort, um ein neues zu suchen.

Was sollen aber die Menschen denken, mit denen so umgegangen wird? Und wo soll unser Staat hinkommen, wenn der Eindruck aufkommt, er werde zum Instrument einer Partei? Es ist schon problematisch genug, als Maxime gelten zu lassen: right or wrong, my country. Völlig unerträglich ist der Grundsatz: right or wrong, my party.

Das Schema politischer Vereinfachung paßt nicht mehr

Wir sind nicht nur an der Halbzeit einer Legislaturperiode, wir stehen vor einer gewissen Zäsur in der deutschen Nachkriegsentwicklung. Dabei haben sich alle demokratischen Kräfte Rechenschaft abzulegen darüber, wo sie stehen und wo wir miteinander stehen.

Ich könnte sehr viel schärfer sein, wenn ich mich hier nur als Mann meiner Partei betrachtete. Aber ich bin der Überzeugung, es ist zunächst notwendig, daß jeder Politiker in Deutschland seinen Beitrag zur Bestandsaufnahme für das Ganze leistet. Daß wir allzumal Sünder sind, wird man gerade an diesem Ort aussprechen dürfen. Daß die Sozialdemokraten, wie alle anderen, Irrtümern unterlegen sind, wer wollte das leugnen? Aber es muß doch auch in allem Ernst ganz schlicht festgestellt werden, daß die erste Verantwortung naturgemäß bei denen liegt, die formell und tatsächlich die Verantwortung für die Regierungsgeschäfte in diesen Jahren getragen haben. Anders verlöre die Demokratie ihren Sinn.

Dabei ist das freie Deutschland in nicht geringem Maße von der harten Hand eines Mannes geprägt worden – mit seinen Vorzügen und mit seinen Fehlern. Durch ihn ist eine Personifizierung der Politik gefördert worden, die zur Folge hatte, daß sich das deutsche Parteileben nur beschränkt entwickelte und die Struktur unserer politischen Landkarte durch relativ einfache Züge gekennzeichnet war.

Die zuweilen beneidenswerte Einfachheit spiegelte sich nicht nur in einem außenpolitischen Schwarz-Weiß wider, sondern auch in einem innenpolitischen Freund-Feind-Verhältnis. Die notwendige und mögliche Gemeinsamkeit der demokratischen Parteien blieb lange Zeit auf einen Antikommunismus beschränkt, dem die konstruktiven Züge fehlten, und er wurde ansonsten dem innenpolitischen Schema des pro und contra geopfert.

In Wahrheit hat sich die außenpolitische Wirklichkeit der Bundesrepublik verändert und wird diesem Schema nicht mehr gerecht. In Wahrheit ist auch die innenpolitische Wirklichkeit in der Bundesrepublik längst über dieses Schema hinausgegangen. Aber diese Wahrheit einzugestehen, fällt vielen nicht leicht. Wir kranken hierzulande daran, daß man sich an liebgewordenen Dogmen, an geläufige Schlagworte so sehr gewöhnt, daß der Abschied furchtbar schwer fällt.

Aber mit den Formeln der fünfziger Jahre können wir den Aufgaben der sechziger Jahre weiterhin nicht mehr gerecht werden. Aus manchem, was einmal wahr gewesen sein mag, sind inzwischen Halbwahrheiten geworden. Worte und Haltung stimmen häufig nicht mehr überein. Allzu leicht spekuliert man auf die Vergeßlichkeit und übersieht dabei, daß das notwendige Vertrauen zwischen Regierung und Volk über Gebühr belastet werden kann.

Innenpolitisch wie außenpolitisch geht es meiner Meinung nach nicht um umwälzende Veränderungen. Es geht um Korrekturen und neue Akzente. Gott sei Dank! kann man sagen, denn wäre das nicht so, dann wäre eine der Voraussetzungen einer revolutionären Situation gegeben.

Gemeinsame Bestandsaufnahme ist erforderlich

Am Anfang des neuen Prozesses hat das mühsame und undankbare Geschäft zu stehen, das alle Träger politischer Verantwortung in der Bundesrepublik gemeinsam anpacken sollten: eine ehrliche Bestandsaufnahme zu machen und den Mut zu haben, unser Volk auch mit unangenehmen Wahrheiten vertraut zu machen. Ein latentes Unbehagen gerade in den geistig aufgeschlosseneren Kreisen der Bundesrepublik scheint mir zu zeigen, daß unsere Menschen aufnahmebereit sind für ein offenes Wort. Es ist besser, wenn wir diesen Prozeß selbst beginnen, als daß er uns von draußen aufgezwungen wird. Die Zeit einer auch schmerzhaften Selbstüberprüfung wird kommen, weil wir uns allesamt der Wirklichkeit zu stellen haben. Dabei wird die außenpolitische Wirklichkeit schneller sichtbar als die innenpolitische.

Für die deutsche Außenpolitik galt als oberstes Prinzip die Sicherung des Restes. Dieses Prinzip ist das beherrschende Dogma gewesen, auch wenn man es in keiner Regierungserklärung nachlesen kann. Alles andere wurde ihm untergeordnet. Nun, die Sicherung des freien Restes war erforderlich. Ich sage das als nüchterne Feststellung. Die Aussöhnung mit den ehemaligen Gegnern im Westen, die Einbeziehung in die westliche Gemeinschaft waren die unerläßlichen Mittel einer solchen Politik. Der Kanzler stellte sich dabei auf den Standpunkt, daß es auf ein paar Schönheitsfehler nicht ankomme, daß deutsche Vorleistungen sich zuletzt als deutsche Pluspunkte erweisen würden und daß die deutsche Einheit sich mit einer gewissen Folgerichtigkeit dann auch einstellen würde. Aber ohne jeden Zweifel wurde das Ringen um Selbstbestimmung für das ganze Volk der Sicherung des freien Teils nachgeordnet.

Keine klare Definition der deutschen Politik

Ich gehe davon aus, daß die meisten wirklich an das geglaubt haben, was sie damals sagten. Sie haben geglaubt, daß Integration und Wiederbewaffnung uns auch die Einheit unseres gespaltenen Volkes und Landes bringen würden. Heute weiß jeder, daß es einen solchen Automatismus nicht gab und nicht gibt.

Und wenn man heute nach der Definition dessen fragt, was oberstes Ziel der deutschen Politik sein sollte, so heißt es in der vorletzten Regierungserklärung vom 29. November 1961 dazu lediglich, daß „die Wiederherstellung der Einheit Deutschlands in Frieden und Freiheit das unverrückbare Ziel der deutschen Politik bleibt, auch wenn wir heute noch keinen Zeitpunkt für seine Verwirklichung angeben können". Das ist ein nützliches Bekenntnis, aber gewiß kein Programm. In der Regierungserklärung vom 9. Oktober vergangenen Jahres wurde dieses Bekenntnis nicht noch einmal ausdrücklich wiederholt.

Dort hieß es: „Solange die Sowjetunion auf der Teilung Deutschlands besteht, West-Berlin unterjochen und die Bundesregierung neutralisieren will, so lange haben die meisten Initiativen, zu denen man getrieben werden soll, keinen Sinn". Dem wird man kaum widersprechen können. Aber wenn dieser Satz einen Sinn hat, dann doch nur den, daß einige wenige Initiativen Sinn haben könnten. Über solche Initiativen hätte man gern mehr gehört. Denn wir dürfen bestimmt nicht darauf hoffen, eines Morgens aufzuwachen, um über das Ergebnis bisher unbekannter Initiativen in der Zeitung zu lesen.

Es hat keinen Sinn, die Schlachten der vergangenen Jahre noch einmal schlagen zu wollen. Niemand, der Einfluß und Gewicht hat, kann und will die außenpolitischen Entscheidungen der zurückliegenden Jahre rückgängig machen. Es geht auch nicht darum, sie neu zu fällen. Wir haben von dem auszugehen, was heute ist und unsere Vorstellungen darüber zu entwickeln, welchen Weg Deutschland weitergehen soll.

Das Dogma von der Sicherung des Restes ist keine alles beherrschende Leitlinie, sondern die selbstverständliche Basis, von der aus wir politisch wirken. Wir dürfen die Bundesrepublik nicht verspielen. Aber sie ist noch nicht des Deutschen Vaterland. Sie ist unsere freie Heimat, aber sie muß auch unser Mittel sein zum Ziel der deutschen Selbstbestimmung.

Wir dürfen uns dabei nicht irre machen lassen von den Einwänden jener Realisten, die uns klarmachen, daß dies keine aktuelle Frage sei. Das wissen wir ohnehin. Aber in den großen Zielen darf man nicht zu klug sein wollen, weil man sonst vergißt, sie sich zu setzen. Wenn wir diese Ziele nicht ins Auge fassen und wenn wir uns nicht so verhalten, als stünden wir täglich einer aktuellen Frage gegenüber, dann werden wir nie erreichen, was wir erreichen wollen; niemand wird es an unserer Stelle tun.

Den status quo militärisch fixieren um ihn politisch zu überwinden

Am 25. November 1960, also vor fast drei Jahren und vielleicht ein wenig zu früh, habe ich auf dem Parteitag der SPD in Hannover[12] folgendes gesagt: „Wir werden uns daran gewöhnen müssen, im Gleichgewicht des Schreckens zu leben, in einem Zustand, der weder Krieg noch Frieden ist, im klassischen Sinn. Die Welt ist dabei, für diesen unheimlichen und ihr neuen Zustand auch neue politische Spielregeln zu finden. Es gibt keine Alternative, da es den Krieg nicht geben soll.

Das Problem ist, den status quo militärisch zu fixieren, um die notwendige Bewegungsfreiheit zu bekommen für die politische Überwindung des status quo. Wir brauchen, ohne daß es unsere Sicherheit gefährdet, Raum, um die politischen Kräfte zur Wirkung zu bringen, um den Immobilismus und den ideologischen Grabenkrieg zu überwinden.[13]

Wir haben uns militärisch zu sichern. Wir haben uns gegen einseitige Machtveränderungen durch den Ostblock zu wehren, aber wir haben zugleich die Voraussetzungen zu schaffen für jede Auseinandersetzung außer der des Krieges. Die Bundesrepublik darf nicht stehenbleiben.[14] Unsere Verbündeten erwarten für die neue weltpolitische Phase einen deutschen Beitrag."[15]

Das entspricht nun auch einer amtlichen deutschen Politik. Die Bundesregierung hat am 24. Juni verlautbaren lassen, sie stimme mit der von Präsident Kennedy entwickelten Strategie des Friedens überein. Der Bundesverteidigungsminister ist dann allerdings beträchtlich übers Ziel hinausgeschossen. Er erklärte auf einer Parteiversammlung, der Besuch des amerikanischen Präsidenten habe die Richtigkeit der CDU-Politik bestätigt. Das war kein sehr intelligenter Kommentar.

In Wirklichkeit geht es um die simple Erkenntnis, daß es keine andere Aussicht auf die friedliche Wiedervereinigung unseres Volkes gibt als den nicht erlahmenden Versuch, die Erstarrung der Fronten zwischen Ost und West aufzubrechen. Gerade weil das Deutschlandproblem so sehr in das Verhältnis zwischen Ost und West eingebettet ist, gibt es für uns keine Hoffnung, wenn es keinen Wandel gibt. Das bloße Beharren bietet keine Perspektive.

Das Gleichgewicht des Schreckens soll zurücktreten hinter einen illusionslosen Versuch zur friedlichen Lösung von Problemen. Das ist die Strategie des Friedens. Und darin hat das Deutschlandproblem seinen unentbehrlichen Platz. Auf diese Weise wird es von einem wenig verpflichtenden Bekenntnis zu einem wesentlichen Teil einer aktiven westlichen Politik.

Ich bitte um Verständnis, wenn ich mich hier noch einmal selbst zitiere. Ich habe mich zu diesen Fragen Anfang Oktober vergangenen

Jahres in der Harvard-Universität geäußert, und wer sich dafür interessiert, kann es in der Broschüre „Koexistenz – Zwang zum Wagnis" nachlesen.[16] Dort heißt es:

„Die Geschichte entwickelt sich nicht so, wie sie das nach der kommunistischen Theorie tun müßte. Vor allem: Sie entwickelt sich nicht einheitlich. Trotz der Machtkonzentration in Washington und Moskau, die heute die Welt in Atem hält, gibt es auch eine Tendenz zur Dekonzentration der Macht. Diese Entwicklung wird weitergehen.[17] Neue Magnetfelder der Macht entstehen. Das kommunistische Konzept einer monolithischen Welt wird ad absurdum geführt.

Diese Entwicklung birgt Gefahren. Sie scheint jedoch unaufhaltsam. Wir haben uns ihr zu stellen, denn es gibt nur die Alternative, sie zu formen oder von ihr überrannt zu werden. Das ist das Ende jeden Isolationismus. Ein Auseinanderrücken im eigentlichen Sinne des Wortes wird nicht einmal mehr geistig und psychologisch möglich sein."

Weiter:

Politische und ideologische Mauern ohne Konflikt abtragen

„Wir haben die Formen zu suchen, die die Blöcke von heute überlagern und durchdringen. Wir brauchen soviel reale Berührungspunkte und soviel sinnvolle Kommunikationen wie möglich.

Wir brauchen uns vor dem Austausch von Wissenschaftlern und Studenten, von Informationen, Ideen und Leistungen nicht zu fürchten. Entscheidend sollte für uns sein, daß es sich um vernünftige Vorhaben in verantwortlichen Formen handelt. Gemeinsame Projekte dieser Art zwischen Ost und West sollten uns willkommen sein. Insoweit bin ich[18] für so viele sinnvolle Verbindungen auch zum kommunistischen Osten, wie jeweils erreichbar sind.

Eine solche Konzeption kann zu einer Transformation der anderen Seite beitragen. Das verstehe ich unter einer aktiven, friedlichen und demokratischen Politik der Koexistenz. Wir sollten uns darauf konzentrieren, eine Entwicklung zu unterstützen, die uns mehr verspricht als bloße Selbstbehauptung, die dazu beitragen kann, eine friedliche und dynamische Transformation zu fördern. Auf dieser Ebene der Auseinandersetzung sind wir jedenfalls viel erfahrener und weniger verwundbar als die andere Seite."

Und an gleicher Stelle:

„Es geht um eine Politik der Transformation. Wirkliche, politische und ideologische Mauern müssen ohne Konflikt nach und nach abgetragen werden. Es geht um eine Politik der friedlichen Veränderung des Konfliktes, um eine Politik der Durchdringung, eine Politik des friedlichen Risikos; des Risikos deshalb, weil bei dem Wunsch, den Konflikt zu transformieren, wir selbst für die Einwirkung der anderen Seite auch offen sind und sein müssen.

Das ist nur möglich, wenn wir uns unserer eigenen Werte sicher sind. In dieser Beziehung aber bin ich optimistisch.[19] Wir wissen, warum wir auf dieser Seite leben wollen. Unser System ist trotz aller Mängel stärker und überzeugender. Wir brauchen keine Gegenideologie, kein Anti-Dogma. Es ist unser großer politischer ‹Traum›[20], daß weite Lebensbereiche von jeder politischen Wirkung frei sind. Freiheit ist ‹stark›[21]."

Vertrauen in die realen Gegebenheiten der westlichen Stärke

Wir können, wie ich glaube, insofern mit Zuversicht nach vorn blicken, als wir gerade nach dem Kennedy-Besuch und nach den gewichtigen Kennedy-Reden eine zunehmende Identität der amerikanischen und deutschen Interessen feststellen. Die gemeinsame Politik muß darauf ausgehen, die Sowjetunion zu der Einsicht zu bringen, daß ein Wandel in ihrem eigenen Interesse liegt. Eine derartige Anschauung, wie sie der amerikanische Präsident in seiner Rede vor den Berliner Studenten ausgeführt hat, erfordert naturgemäß von uns, daß wir unfruchtbare frühere Vorstellungen überprüfen und überwinden. Sehr viel von dem Streit darüber, ob der Osten wirklich ein Sicherheitsbedürfnis hat oder nicht, fiele beispielsweise weg, wenn man beginnt und wenn es gar gelingt, die gemeinsamen Sicherheitsinteressen zum Gegenstand von West-Ost-Besprechungen zu machen.[22]

Eine solche Politik steht und fällt mit dem Vertrauen in die realen Gegebenheiten der westlichen Stärke und mit dem Vertrauen auf die realen Gegebenheiten der westlichen Verpflichtungen. Wir können vermutlich bis zum St. Nimmerleinstag warten, bis alle Kommunisten ihre ideologischen Ziele aufgeben. Aber es spricht heute viel dafür, daß die Enkel Chruschtschows sich möglicherweise noch Kommunisten nennen, aber in Wirklichkeit keine mehr sein werden.

Es gibt keine ideologische Koexistenz, sondern nur die ideologische Auseinandersetzung. Darin stimme ich mit Chruschtschow überein. Aber dazu muß man den Raum haben. Unsere Alternative zur Mauer ist die Fähigkeit zu dieser offenen und aktiven Auseinandersetzung und unsere ernste Bereitschaft, unser Teil dazu beizutragen, daß der Frieden gesichert wird.

Dazu gehört als Voraussetzung und als Alternative ein Höchstmaß westlicher Geschlossenheit – natürlich nicht im Sinne eines monolithischen Blocks, sondern im Sinne der Einheit in Vielfalt. Die deutsche Politik wird zusätzliche Anstrengungen darauf zu konzentrieren haben, auch um den Preis von Opfern, alles zu fördern, was das Zusammenwachsen des Westens fördert. Diese Geschlossenheit des Westens ist eine Voraussetzung auch für jede realistische Erwartung, mit der Lösung des deutschen Problems weiterzukommen.

Alles, was eine Desintegration des Westens bedeutet oder auf dem Wege über Volksfrontkoketterie die Unterwanderung einzelner europäischer Länder durch die Kommunisten begünstigt, muß die Dynamik der Strategie des Friedens hindern oder gar lähmen.

Leider nutzen auf diesem harten und steinigen Gebiet keine Beschwörungen. Aber wir müssen uns voll auf die Formel einstellen, die es in dieser Klarheit erst in Verbindung mit der Strategie des Friedens gibt: Es gibt keinen Gegensatz zwischen der Wiedervereinigung und der Einheit im Westen. Nur über die wachsende Geschlossenheit des Westens wird das deutsche Recht auf Selbstbestimmung erreichbar sein.

Zur deutschen Europa-Politik

Wenn das stimmt, so ergeben sich daraus Folgerungen für die deutsche Europa-Politik. Dabei kann man anknüpfen an eine Wahrheit, die Professor Hallstein einmal gesagt hat, als er noch Staatssekretär war, und die manche heute nicht mehr gern hören möchten: „Entweder geht die Integration weiter oder es wird keine wirkliche Einheit Europas geben. Entweder wir bekommen auch die politische Gemeinschaft oder die wirtschaftlichen Gebilde werden wieder verkümmern."

Bei uns zulande wird von Europa gesprochen, besser gesagt: zuweilen weitergesprochen, als ob nichts geschehen sei. In Wirklichkeit hat etwas von dem Prozeß begonnen, den Hallstein befürchtet hat. Für mich gibt es in der Frage Europa gegenwärtig vor allem drei Gesichtspunkte:

Der erste gilt der Frage der bestehenden Organisationen. Hier sehe ich die Notwendigkeit, zäh und beharrlich weiterzuarbeiten, die Verschmelzung der Behörden vorzubereiten, die Stellung des Europäischen Parlaments zu verstärken und nicht zuletzt auch den mühsam gefundenen und leider noch sehr schwachen Ausgangspunkt für Konsultationen mit Großbritannien und möglichst auch mit anderen weiterzuentwickeln. Nur in dem Maße, in dem diese Bemühungen gelingen, werden wir die bestehenden Institutionen vor einem Verkümmern bewahren.

Die Idee der politischen Integration ist einstweilen aufgelaufen.[23] Es wird keine Integration mit bundesstaatlicher Zielsetzung geben, solange die Politik dominiert, die unserem französischen Nachbarland heute den Stempel aufdrückt. Und es wird sie nicht von heute auf morgen geben, wenn wir auf dem Wege zum freien Europa über die sechs Partner des Gemeinsamen Marktes hinaus vorankommen wollen; und das wollen wir, weil es dem allgemein-westlichen ebenso wie dem deutschen Interesse entspricht. Aber hieraus folgt für mich keine Resignation, sondern nur die Aufforderung, nach den neuen Formen zu suchen, durch die wir das erreichen können, was auf der Schnittlinie zwischen dem Notwendigen und dem Möglichen liegt.

Die Sache Europas in die Hand der Völker legen

Mein zweiter Gesichtspunkt ist aktuell politischer Art. Die Europabewegung ist ausgegangen von einzelnen Männern. Sie hat starkes Echo gefunden bei aufgeschlossenen Menschen der europäischen Nationen. Dieses Echo hat die Idee getragen, bis sie in dem Gestrüpp von Paragraphen, Interessen und historischen Belastungen auf ihren heutigen Stand gekommen ist. Viele Europäer empfinden es heute so und müssen es so empfinden, daß ihr Vertrauen, man könne den Regierungen den Wunsch zur Schaffung Europas übergeben, getrogen habe.

Deshalb scheint es mir erforderlich, die Sache Europas wieder in die Hand der Völker zu legen. Wir brauchen eine neue Bewegung von unten. Wir müssen die Menschen wieder mobilisieren, um einen Druck auf die retardierenden Kräfte auszuüben und den Regierungen zu helfen oder sie zu veranlassen, über Hürden zu springen, die sich in den vergangenen Monaten als unübersteigbar erwiesen haben. Der Ausweg aus dem gegenwärtigen Dilemma ist die Flucht nach vorn, ein neuer kraftvoller Anlauf.

Dabei sollte es nicht stören, wenn der Ruf diesmal aus Deutschland kommt. Es lag in der Entwicklung der vergangenen Jahre, daß der Anstoß zum Bau Europas von England, von Frankreich ausgegangen ist und bei uns ein positives Echo fand. Die Bundesrepublik ist erwachsen genug, die Verantwortung und die Sorge für die eigene Initiative zu übernehmen, zu der sich – über die parteipolitischen Gruppierungen in den einzelnen Ländern hinweg – verantwortungsbewußte Menschen zusammenfinden sollten.

Der dritte Gesichtspunkt befaßt sich mit der zukünftigen Rolle Europas. Am 4. Juli des vergangenen Jahres hat Präsident Kennedy die Atlantische Partnerschaft angeboten und die Bereitschaft der Vereinigten Staaten erklärt, volle internationale Verantwortung zu übernehmen und der Rolle des Ersten unter Gleichen in der westlichen Gemeinschaft nicht auszuweichen. Das ehrwürdige Prinzip der nationalen Unabhängigkeit wurde verbunden mit dem neuen Erfordernis der gegenseitigen Abhängigkeit.[24]

Kennedys Angebot der Atlantischen Partnerschaft blieb ohne Antwort

Die Vereinigten Staaten hatten uns Europäer also die Atlantische Partnerschaft angeboten, und zwar für positive Aufgaben, die – nicht nur im Verhältnis zu den Entwicklungsländern – weit über den Kalten Krieg hinausführen. Aber erschreckend genug – dieses Angebot blieb ohne angemessene Antwort durch einen der verantwortlichen europäischen Staatsmänner. Ich habe mehr als einmal daran gedacht, daß erst das europäische Echo, vor allem durch den damaligen Außenminister Ernest Bevin, aus einer Rede Marshalls die großartige Politik des europäischen Hilfsprogramms werden ließ. Diesmal war Europa offensichtlich zu sehr mit sich selbst beschäftigt.

Kennedy hat am 25. Juni in der Paulskirche eine Rede gehalten, aus der überwiegend eine Abrechnung mit de Gaulle herausgelesen wurde.[25] Natürlich wurden die unterschiedlichen Standpunkte klar. Aber ich finde, daß der amerikanische Präsident bei dieser Gelegenheit dem französischen Staatspräsidenten einen großen Schritt entgegengekommen ist. Davon kann Europa profitieren. Kennedy hat erklärt, daß die Vereinigten Staaten ihre Hoffnungen auf ein einiges und starkes Europa setzen, das eine gemeinsame Sprache spricht und mit einem gemeinsamen Willen handelt; in eine Weltmacht, die im Stande ist, die Weltprobleme als vollgültiger und gleichberechtigter Partner anzupacken. Das ist die weitestgehende Formulierung, die die amerikanische Europa-Politik jemals gefunden hat.

Ich weiß um de Gaulles Gedanken, daß Europa nicht in eine Rolle kommen sollte, die es als Ganzes oder in seinen Teilen in ein Verhältnis minderen Ranges gegenüber den Vereinigten Staaten kommen läßt. Dieser Vorstellung wird das Wort von der Weltmacht Europa durchaus gerecht. So gesehen, gibt es auch keinen Raum für Sorgen, Deutschland könnte vor eine Wahl zwischen der Freundschaft mit Frankreich und der Freundschaft mit den Vereinigten Staaten gestellt sein. Solange die Weltmacht Europa noch Vision ist, bleibt nach dem deutschen Interesse und dem Willen des deutschen

Gesetzgebers unsere Beziehung zu den Vereinigten Staaten ohnehin der Eckpfeiler unserer Politik.

Aber die Vision des amerikanischen Präsidenten und sein Angebot dürfen nicht wieder ohne eine angemessene Antwort aus Europa bleiben. Wir wissen, daß der Weg weit ist, aber wir müssen ihn gehen wollen. Es ist in der Tat nicht zu früh, gesamteuropäisch zu denken. Die Intelligenz, der Fleiß und die Arbeitskraft Europas haben mit der Hilfe der Vereinigten Staaten eine neue Blüte gebracht. Die sachlichen und die objektiven Voraussetzungen sind vorhanden, daß Europa eine größere Rolle spielt, eine größere Verantwortung übernimmt und die amerikanische Bruderhand ergreift, die uns über den Atlantik entgegengestreckt wird.

Ablehnung eines Europa als „dritte Kraft"

Wir befinden uns in einer erregenden Periode weltpolitischer Wandlungen, die neue Horizonte eröffnet. Was man vor wenigen Jahren oder gar wenigen Monaten nur ahnen konnte, das bekommt Kontur und rückt in greifbare Nähe. Ich habe immer Europa als ‚dritte Kraft' abgelehnt, weil diese Vorstellung den Gedanken einer Konkurrenz zu den Vereinigten Staaten und die Gefahr des schwankenden Schilfes enthielt. Aber es ist sehr wohl vorstellbar, daß sich in den nun vor uns liegenden Jahren neue Konstellationen ergeben. Unser Europa hat nur die Chance, als Einheit eine Rolle zu spielen. Sonst wird es zwangsläufig zu einer Ansammlung weltpolitisch drittklassiger Gebilde absinken.

Niemand vermag heute zu sagen, ob wir nicht, ohne es zu wissen, schon Zeugen der Stunde geworden sind, seit der es zwei kommunistische Imperien gibt, mit nicht nur ideologischen Gegensätzen. Jedenfalls hat es den Anschein, daß wir im Jahre 2000 weder auf ein amerikanisches noch auf ein sowjetisches Jahrhundert zurückblicken werden.

Die Amerikaner und die Engländer untersuchen gegenwärtig in Moskau, ob erste Schritte einer friedensbewahrenden Politik durch Vereinbarungen mit der Sowjet-Union möglich sind. Sollten sie möglich sein, dann kann sich der Gesprächsrahmen ausweiten, dann können auch deutsche Fragen bald im wörtlichen Sinne des Wortes auf der Tagesordnung stehen. Das muß nicht in jedem Punkt problematisch sein, aber man muß jedenfalls darauf vorbereitet sein.

In diesem Zusammenhang möchte ich eine Bemerkung zur Methode des deutschen Verhaltens machen. Es ist manchmal der Eindruck entstanden, als ob das offizielle Bonn einen Wettlauf zu gewinnen hätte, immer am schnellsten und am entschiedensten Nein zu sagen zu jedem Hinweis, der aus dem Osten kommt, weil er aus dem Osten kommt. Dabei sind wir dann in der Gefahr, nicht ganz ernst genommen zu werden. Ein typisches Beispiel dafür war die Rede des sowjetischen Ministerpräsidenten [Chruschtschow] in Ost-Berlin mit seinem darin enthaltenen Vorschlag über einen Atomversuchsstop. In Bonn wurde dieser Vorschlag zunächst abgelehnt. Ein Sprecher der Bundesregierung erklärt ihn als ‚bezeichnend für die sowjetische Politik'. Chruschtschow wolle westliche Zugeständnisse ohne geringste eigene Leistung kassieren. Die Vereinigten Staaten haben sich demgegenüber 48 Stunden Zeit genommen und sind nach sorgfältiger Prüfung zu der Auffassung gekommen, daß der Vorschlag Chruschtschows positive Elemente enthalten und eine Gesprächsbasis darstellen könnte. Ich finde, wir sollten jeden Anschein vermeiden, als hätten wir zwei Dinge noch nicht begriffen: Daß Abrüstung nur die andere Seite der Sicherheitspolitik ist. Und daß Deutschland an der Entspannung und nicht an der Spannung interessiert ist.

Kein multilateraler Ehrgeiz

Ein Wort möchte ich hier einfügen zum Thema einer multilateralen Atomstreitmacht.[26] Ein Politiker ist gerade auf diesem Gebiet auf den Rat von verläßlichen Fachleuten angewiesen. Ich habe mit deutschen und mit alliierten Generalen gesprochen, und ich habe mich davon überzeugt, daß die militärische Zweckmäßigkeit dieses Vorhabens umstritten ist. Das ist auch einleuchtend, zumal es sich ja nicht um zusätzliche atomare Waffen handeln würde, sondern um die Neuorganisation eines kleinen Teils des bestehenden Potentials.

Bleibt der politische Sinn. Wenn ich es recht verstanden habe, so gehen die Amerikaner davon aus, daß der Drang zu nationaler Entfaltung auf dem Gebiet der Atomwaffen aufgefangen werden sollte, und daß bei dieser Gelegenheit nicht zuletzt auch einem erwarteten deutschen Verlangen nach Gleichberechtigung Rechnung getragen werden sollte. In Deutschland haben wir andererseits geglaubt, den amerikanischen Vorschlag nicht einfach ablehnen zu dürfen. Ich meine, diese Haltung war richtig und ist insoweit noch immer richtig. Wir dürfen uns einer unvoreingenommenen Erörterung nicht verschließen.

Unsere Regierung hatte Anfang des Jahres noch ein zusätzliches Motiv für ihre positive Haltung. Sie wollte die ungünstige Wirkung, die die Unterzeichnung des deutsch-französischen Vertrages wegen Form, Zeitpunkt und Begleitumständen hervorgerufen hätte, zu einem Teil auffangen. Inzwischen ist klar geworden, daß über das Projekt einer multi-lateralen Atommacht jedenfalls nicht in den nächsten Monaten entschieden werden wird.

Wir Deutsche sollten es in jedem Falle so klar wie möglich werden lassen, daß uns atomarer Ehrgeiz fremd ist und daß wir uns das übergeordnete Interesse zu eigen machen, die Zahl der nuklear gerüsteten Mächte möglichst zu begrenzen. Wir sollten es darüber hinaus klar werden lassen, daß der Grundsatz der Gleichberechtigung den deutschen Besitz von Atomwaffen oder ein deutsches Bestimmungsrecht über sie nicht verlangt.

Das Prinzip einer Gemeinschaft ist die Arbeitsteilung. Die Arbeitsteilung gerade auf diesem Gebiet ist eine der starken praktischen Bindungen der Vereinigten Staaten an Europa. Es ist ein logischer Irrtum, daß es eigene Atombomben in Europa fertigbringen könnten, die Amerikaner zu etwas zu zwingen, wozu sie sonst nicht bereit wären. Eigene Atombomben in Europa könnten im Gegenteil dazu führen, daß es statt des gemeinsamen Risikos ein geteiltes Risiko gäbe. Wer sicherer gehen will, als es ihm durch die amerikanische Abschreckung geboten ist, geht in Wirklichkeit einen unsicheren

Weg, denn sein Ausgangspunkt ist das Mißtrauen in die Bündnistreue und in die Funktionsfähigkeit des Bündnisses, und Mißtrauen kann niemals binden.

Möglichkeiten und Aufgaben deutscher Politiker immer neu durchdenken

Ich will jetzt nicht untersuchen, welche neuen Fragestellungen sich ergeben mögen, wenn aus Europa eine Weltmacht und ein gleichwertiger Partner der Vereinigten Staaten geworden sein wird. Für die unmittelbar vor uns liegende Zeit bleibt die Frage nach der deutschen Gleichberechtigung. Diese Frage ist positiv zu beantworten auf dem Wege über eine volle deutsche Beteiligung am Erarbeiten der atlantischen Strategie und der westlichen Planungen. Das ist das Feld, auf dem die wesentlichen Entscheidungen fallen, und auf diesem Feld müssen wir uns wegen unserer eigenen Existenz und wegen der Sicherung von Freiheit und Frieden bewähren.

Dies ist nur ein aktuelles Beispiel dafür, daß es der deutschen Politik gut tut, wenn sie bereit ist, ihre Möglichkeiten und ihre Aufgaben immer wieder neu zu durchdenken. Dabei werden wir auf Positionen stoßen, die unveränderte Grundprinzipien bleiben. Wir werden aber auch auf andere Positionen stoßen und möglicherweise neue Antworten auf alte Fragen zu geben haben. Wir werden dazu bereit sein müssen, wenn wir unserer Verantwortung als der größere, freie Teil eines großen Volkes im Herzen Europas gerecht werden wollen, und wenn wir den Anschluß behalten wollen an eine Welt, in der sich so einschneidende Veränderungen vollziehen.

Neue Wege zur Lösung der deutschen Frage suchen

Das deutsche Problem hat eine weltpolitische Seite, eine europäische, eine der Sicherheit, eine menschliche und eine nationale. In Übereinstimmung mit dem Bundeskanzler setze ich die Frage der Menschlichkeit noch vor die nationale. Für menschliche Erleichterungen im Interesse unserer Landsleute müssen wir – so hat es auch die Bundesregierung gesagt – bereit sein, über vieles mit uns reden zu lassen. Wir können nicht auf dem offenen Markt ausbreiten, was dieses Viele sein könnte. Aber man sollte sich jedenfalls intern darüber verständigen.

Viele von uns sind offensichtlich bereit, unsere Wirtschaftskraft auch östlichen Projekten zuzuwenden. So hat es jedenfalls der Bundesminister für gesamtdeutsche Fragen kürzlich in Hamburg erklärt. „Wer nicht handelt, wird behandelt. Gesamtdeutsche Politik ist mehr als bloßes Reagieren, Archivieren, Notieren, Protestieren." Das war eine harte Kritik des Ministers. Er machte sich auch die Auffassung zu eigen, daß aus einem wiedervereinigten Deutschland niemand einen einseitigen militärischen Vorteil ziehen solle. Das waren bemerkenswerte Töne. Und es bedarf gewiß gemeinsamer, ernster Überlegungen, wie konkrete Abrüstungsschritte zu verbinden wären mit Bemühungen um eine schrittweise Lösung der deutschen Frage.

Es wird darauf ankommen, jeweils möglichst mehrere der verschiedenen Seiten der deutschen Frage miteinander zu verzahnen. Aber zunächst kommt es natürlich immer wieder darauf an, was die deutsche Politik selbst zu den deutschen Fragen zu sagen weiß. Die Anregung einer Friedenskonferenz kann wieder sinnvoll werden, aktuell ist sie nicht. Aber es ist längst an der Zeit, daß wir auf deutscher Seite unsere Vorstellungen von einem Friedensvertrag entwickeln und zu Papier bringen. Daß wir auf der deutschen Seite unsere Vorstellungen darüber entwickeln, welche Möglichkeiten sich auf der deutschen Ebene aus der und für die Strategie des Friedens ergeben.

Ich halte es für entscheidend, daß wir bei unseren Freunden wie bei unseren Widersachern glaubwürdig bleiben, indem wir nachweisen, wie ernst es uns ist mit unserer eigenen Sache. Nur dann bekommt es politisch einen Sinn und erscheint nicht als bloße Resignation, wenn wir sagen: Bei aller gesamtdeutschen Ungeduld, deren Berechtigung nach 18 Jahren uns niemand absprechen kann, wird es Zeit brauchen, bis alle Beteiligten ihr Interesse begreifen, daß es wichtiger ist, mit 70 Millionen Deutschen verträglich auszukommen, als Sonderinteressen gegenüber einem Teil unseres Volkes zu vertreten.

Es gibt eine Lösung der deutschen Frage nur mit der Sowjetunion, nicht gegen sie.[27] Wir können nicht unser Recht aufgeben, aber wir müssen uns damit vertraut machen, daß zu seiner Verwirklichung ein neues Verhältnis zwischen Ost und West erforderlich ist und damit auch ein neues Verhältnis zwischen Deutschland und der Sowjetunion. Dazu braucht man Zeit, aber wir können sagen, daß uns diese Zeit weniger lang und bedrückend erscheinen würde, wenn wir wüßten, daß das Leben unserer Menschen drüben und die Verbindungen zu ihnen erleichtert würden.

Untereinander verständigen und gemeinsam handeln

Die deutsche Politik hat ihre Energien in den zurückliegenden Jahren fast ausschließlich nach Westen gerichtet. Auf dieser Basis und in voller Kontinuität wird sie sich künftig stärker um unsere Interessen gegenüber dem Osten kümmern müssen. Es sollte unnötig sein, aber ich füge es des beliebten und bereits abgehandelten Stils der Mißverständnisse wegen hinzu: das geht nur als verantwortlicher Partner der westlichen Gemeinschaft, im Interesse der gemeinsamen westlichen Politik und in Abstimmung mit unseren Freunden, entsprechend unserer gewachsenen Verantwortung als Gleicher unter Gleichen.

Es wäre ein Segen, wenn die politischen Kräfte in der Bundesrepublik sich auf eine gemeinsame Anschauung der deutschen Rolle verständigten. Dafür scheint es Aussichten zu geben. Außenminister Schröder hat kürzlich in einer Rede in Düsseldorf dazu gesagt: „Aus dem Nachkriegsstadium, lediglich Objekt der Weltpolitik zu sein, über das verhandelt wurde, das aber nicht handeln konnte, sind wir heraus. Für den Zusammenhalt und die Sicherheit Europas ist unsere Mitarbeit von entscheidender Bedeutung." Das trifft sich durchaus mit meiner Auffassung, die ich im November 1960 in einem Aufsatz für die „Außenpolitik" in die Worte gekleidet habe: „Die deutsche Außenpolitik muß die verbliebenen Eierschalen der ersten Nachkriegsjahre abstreifen. Man hat uns auf den Weg geholfen, aber nun müssen wir selbst gehen. Die Bundesrepublik darf nicht dadurch zu einer Belastung werden, daß sie über Gebühr auf die Marschhilfe anderer rechnet. Wir werden das Vertrauen unserer Freunde nur bewahren oder neu gewinnen, wenn sie wissen, daß wir mit ihnen unsere selbständig erarbeiteten Anregungen, Einwände und Vorschläge besprechen, um dann unser Gewicht vollen Herzens in die Waagschale werfen zu können."[28]

Die eigentliche Bewährungsprobe liegt noch vor uns

Ich komme damit zurück auf die am Anfang erwähnte Diskussion über die Bedeutung und die Rolle, die der Bundesrepublik zukommen mag. Wir sind weder Zünglein an der Waage noch amerikanischer Gegenpol noch Speerspitze des kalten Krieges, sondern die Bundesrepublik hat ihren eigenen Part im Konzert des Westens zu spielen und ihren eigenen Beitrag zu leisten entsprechend der ihr nicht abzunehmenden Verantwortung. Die eigentliche Bewährungsprobe der deutschen Außenpolitik liegt noch vor uns.[29]

Es würde vieles leichter sein, wenn die maßgebenden Kräfte der deutschen Politik für eine gewisse Zeit und zur Bewältigung bestimmter großer Aufgaben zusammengefaßt und vor den einen Wagen der Regierungsverantwortung gespannt würden. Diese Chance ist im Herbst 1961 verspielt worden. Damals hätte, als Antwort auf die Mauer und in Respekt vor der Wählerentscheidung, eine Bundesregierung der nationalen Konzentration gebildet werden können. Ein solches Zeichen wäre weithin gesehen und verstanden worden. Das läßt sich jetzt nicht nachholen. Ich sehe insoweit auch keine Bereitschaft, den alten Trott aufzugeben und auf eine außergewöhnliche Situation mit außergewöhnlichen Mitteln zu reagieren. Ich kann meinen politischen Freunden auch nicht empfehlen, hinter anderen herzulaufen. Es scheint nichts anderes übrig zu bleiben, als den Prozeß der Umschichtung sich noch weiter entwickeln zu lassen und auf die nächste große Wählerentscheidung zu vertrauen. Aber die Notwendigkeit und die Pflicht zum Zusammenrücken in den Existenzfragen des Volkes ist auch bis dahin gegeben. Niemand darf sich dieser Notwendigkeit und dieser Pflicht entziehen.

Nr. 93
Rede des Regierenden Bürgermeisters von Berlin, Brandt, in der Sendereihe „Wo uns der Schuh drückt" des SFB
22. Dezember 1963

Pressedienst des Landes Berlin, Nr. 253 vom 23. Dezember 1963.

Meine lieben Hörerinnen und Hörer,
in dieser Stunde sitzen Tausende von Berlinern im Ostteil unserer Stadt beieinander.[1] Zum ersten Male nach 28 langen Monaten haben sie ihre Angehörigen wiedersehen können. Viele Tausende werden den Heiligen Abend und die Feiertage bei den Familien in Ostberlin sein können.

Hunderttausende werden in diesen Tagen Ostberlin wieder besuchen können. Von dieser Tatsache, die kein Zufall war, sondern das Ergebnis zäher Bemühungen, müssen alle in unserem Volk und draußen in der Welt Kenntnis nehmen. Die Berliner sind eine große Familie in einer großen unmenschlich geteilten Stadt geblieben.

Heute vor einer Woche wußte noch keiner, ob das Bemühen um Erleichterungen für die Weihnachtszeit Erfolg haben würde. Wir konnten es nur hoffen. Am Dienstag wurde diese Übereinkunft unterzeichnet. Am gleichen Tage wurde Theodor Heuß, der erste Bundespräsident, unser Ehrenbürger und väterlicher Freund, in Stuttgart zu Grabe getragen. Am Donnerstag gaben wir in Bonn dem Vorsitzenden der Sozialdemokratischen Partei, Erich Ollenhauer, der aus Magdeburg kam und uns Berlinern so eng verbunden war, das letzte Geleit.[2] Unser Abgeordnetenhaus hat den Berliner Haushalt für das kommende Jahr verabschiedet. Am Freitag haben wir auch einen neuen Abschnitt der Stadtautobahn dem Verkehr übergeben können. Es war eine Woche der Trauer und der Hoffnung, des Nachdenkens und der unzerstörbaren Lebenskraft.

Ich kann alle verstehen, die gezweifelt haben, ob wir eine Passierscheinregelung erreichen würden.[3] Ich kann auch alle verstehen, die danach die Sorge hatten, ob wir nicht für eine zeitlich begrenzte Regelung zu weit entgegengekommen seien. Ich stelle mich diesen Fragen und Zweifeln in der festen Überzeugung, daß wir diese Möglichkeit nutzen mußten. Der Senat hat sich um das bemüht, was beschlossene Politik war, was die Berliner wünschten und wollten. Der Senat hat gehandelt in vollem Einverständnis mit der Bundesregierung und den alliierten Schutzmächten. Es ist klargestellt, die andere Seite hat es sogar bestätigt, und es entspricht dem Text der erzielten Übereinkunft, daß es sich um keine Vereinbarung internationalen oder zwischenstaatlichen Charakters handelt. Hier wurde keine Anerkennung ausgesprochen. Die Übereinkunft war nur zu erzielen, weil die entscheidenden politischen und rechtlichen Standpunkte, die einander entgegenstehen, ausgeklammert wurden.[4] Die Behörden im anderen Teil der Stadt haben bei uns keine Hoheitsbefugnisse erlangt. Das ist im übrigen zum Teil die Ursache mancher technischer Schwierigkeiten, die wir in Kauf genommen haben. Wir wollten und wollen keine „Passierscheinstellen der DDR in West-Berlin", wie es die Zeitungen drüben nennen. Wir haben bisher die umständliche Prozedur hingenommen, mit Annahme der Anträge hier, Ausstellung der Passierscheine drüben und Ausgabe der Passierscheine dann wieder bei uns.

In der Presse wurde berichtet, daß ein mit den Berliner und gesamtdeutschen Fragen durchaus vertrauter Bundestagsabgeordneter dieser Tage gesagt habe, die Berliner nähmen die Sicherheit von den Amerikanern, das Geld von Bonn und die Passierscheine vom Osten. Das war weder witzig noch besonders scharfsinnig. Brennende innerdeutsche Fragen sind nicht mit Schaum zu löschen. Passierscheine können wir in der Tat weder von Washington noch von Bonn bekommen. Konrad Adenauer und Carlo Schmid konnten die Kriegsgefangenen 1955 auch nur von Moskau bekommen. Worauf es ankommt, ist die volle Abstimmung unserer Bemühungen mit den Alliierten und mit dem Bund.

Natürlich sind wir alle der Meinung, daß Passierscheine in Berlin im Grunde eine Zumutung sind und daß es einen freien Personenverkehr geben müßte. Von West nach Ost und von Ost nach West. Nicht nur in Berlin. Aber die Welt ist noch nicht so schön wie sie sein könnte.

Natürlich müssen wir aufpassen und passen wir auf, damit die getroffene Regelung nicht falsch ausgelegt wird. Aber man darf auch nicht so viel Angst haben, daß man überhaupt nichts erreicht.[5]

Sie werden verstehen, meine lieben Hörerinnen und Hörer, daß wir mit Ihnen nicht unbeschwert froh sein können über die erreichte Teilregelung, solange der Zustand an den Passierscheinstellen dem gewünschten Ergebnis nicht entspricht, ja ihm widerspricht. Denn es ist grotesk, wenn eine Regelung im Dienst der Menschlichkeit unmenschliche Anstrengungen verlangt. Und das ist der Punkt, wo uns in Berlin im Augenblick der Schuh besonders drückt. Die Vereinbarungen sind gesichert, darüber braucht sich niemand Sorgen zu machen. Die reibungslose Abwicklung ist nicht gesichert, und darüber müssen wir uns Sorgen machen.

Die andere Seite hat auf unser Drängen hin die Zahl der Postangestellten seit dem ersten Tag bis gestern abend verdoppelt. Wir haben die Zusicherung, daß die Zahl sich noch einmal erhöhen wird, am Montag. Wir müssen uns jedoch klarmachen, daß das Problem nicht gelöst ist, indem man mehr Postangestellte nach West-Berlin schickt. Es entsteht gleichzeitig das Problem, daß die Arbeitsergebnisse in einer Nacht und in einem Vormittag in Ostberlin in Passierscheine verwandelt werden müssen. Ein Postbeamter kann viel schneller Anträge annehmen als Passierscheine drüben ausgestellt werden. Jede Vermehrung der Postleute hier erfordert eine vielfache Vermehrung der Bearbeiter drüben. Das würde uns nicht anders gehen – oder es würde uns eben nur deshalb anders gehen, weil wir nicht die Ausstellung von Passierscheinen verlangen, wenn Ostberliner zu uns kommen könnten. An den großen Unterschieden hat sich nichts geändert. Das wird selbst noch an den Passierscheinen deutlich.

Aber die Besprechungen, über die mir berichtet wurde, haben gezeigt, daß die andere Seite sich Mühe gibt. Wir haben nicht den Eindruck, daß man die Besucherzahl drosseln will. Die Zahlen haben sich von Tag zu Tag erhöht, und verschiedene praktische Vorschläge, die wir gemacht haben, sind angenommen worden. Es kommt jetzt alles auf den Erfolg im Interesse der getrennten Familien an. Daraus ergeben sich unsere Vorschläge, nicht nur die Zahl der Postangestellten weiter zu vermehren, sondern auch die Zahl der Ausgabestellen zu erhöhen und die Dienstzeiten zu verlängern.

Um – sofern es irgendwie möglich ist – Ungerechtigkeiten abzumildern, haben wir alle Vorbereitungen getroffen, damit von morgen an überall Kontrollnummern ausgegeben werden können. Dadurch hoffen wir, die Wartezeiten zu verringern, die Schlangen zu verkleinern und allen Betroffenen die Sorge zu nehmen, sie könnten vielleicht nicht mehr hinüberkommen.

Wenn die technischen Voraussetzungen weiter verbessert werden und wenn Sie, meine lieben Mitbürger in West-Berlin, Ruhe und Nerven bewahren, so gut es geht, und keinen unnötigen Andrang entstehen lassen, dann wird es möglich sein, daß alle einen Passierschein bekommen, die ihn im Rahmen der getroffenen Regelung jetzt haben können.

Es geht hier nicht um einen normalen Vorgang. Und insofern ist noch die Erleichterung, die jetzt eingetreten ist, ein Zeichen für die anomale Lage dieser Stadt. Es hat keinen Sinn, Maßstäbe anzulegen, an die wir uns gewöhnt haben und die sonst passen. Hätten wir die Abfertigung in den Händen, würde es besser klappen. Aber mit Anklagen und Vorwürfen ist jetzt niemandem gedient.

Lassen Sie mich, meine lieben Berlinerinnen und Berliner, hier und drüben, noch eine Bitte äußern: Wir wollen in diesen Tagen und Wochen zeigen, daß wir wirklich eine große Familie sind. Und ich weiß – nach vielen Beweisen in kritischen Situationen und in schwierigen Lagen –, daß wir auch eine helle Familie sind. Die Berliner verstehen schnell, worauf es ankommt. Sie alle, jeder einzelne, der hinübergeht, trägt eine Verantwortung. Die Verantwortung ist, nicht nur an sich selbst, nicht nur an den Nächsten, sondern an alle zu denken, damit wir beweisen: Diese große Begegnung kann trotz aller Schwierigkeiten und Härten ohne Zwischenfälle vor sich gehen. Und wenn wir das beweisen, dann muß es mit dem Deubel zugehen, wenn das nicht Folgen hat. Die Welt steht am 5. Januar nicht still. Es kommt alles darauf an, bis dahin zunächst diese Aufgabe zu meistern. Dann werden wir weitersehen. Unsere Ziele sind klar, im Kleinen und im Großen.[6]

Darf ich nun zum Schluß und ganz kurz mich auf diesem Wege bedanken für die vielen Glückwünsche, die ich zu meinem 50. Geburtstag erhalten habe. Ich bitte um Ihr Verständnis, daß ich nicht jedem antworten kann. Es ist viel zu tun zur Zeit.
Auf Wiederhören.

Nr. 94
Erklärung des Regierenden Bürgermeisters von Berlin, Brandt, im Rundfunk und im Fernsehen
28. Februar 1964[1]

Presse- und Informationsamt der Bundesregierung, Kommentarübersicht (Rundfunkdienst), Nr. 46 vom 29. Februar 1964, Anhang I.

Nach der Unterbrechung der Gespräche über eine Passierscheinregelung scheint es mir an der Zeit, daß die verantwortlichen Kräfte der deutschen Politik den Versuch machen, sich auf eine Konzeption zu verständigen.[2] Dazu muß über mehr beraten werden als über die Notwendigkeiten, die der Tag oder die jeweils nächste Besprechung verlangt. ‹Es ist gut, daß ein enges Einvernehmen zwischen Bundesregierung, Senat, Parteien und den für die Sicherheit Berlins zuständigen drei Mächten hergestellt werden konnte. Aber noch wichtiger ist jetzt Klarheit darüber›[3], wie wir unserer Verpflichtung gerecht werden wollen, den von uns getrennten Landsleuten Erleichterungen zu verschaffen und ihnen mit mehr als Worten zu helfen.

Ich schlage vor, daß die verantwortlichen Männer der Bundesregierung, des Berliner Senats und der drei Parteien‹, beziehungsweise ihrer Bundestagsfraktionen,›[4] zusammentreten in einer nicht zu großen Zahl, um sich über ihre Grundhaltung zu diesen Fragen zu verständigen.[5] Dabei bedarf es keiner besonderen Betonung, daß die Rechte und die Pflichten unserer Verbündeten, der drei Schutzmächte für Berlin, voll gewahrt bleiben müssen und ein solides Einvernehmen mit ihnen erreicht werden muß. Aber zunächst muß sich die deutsche Seite über ihre Haltung klarwerden. Dabei müssen die verschiedenen Fragen der technischen Kontakte zu einer Gesamtschau zusammengefügt werden. Für eine solche Sache muß Zeit sein; dies darf nicht an überfüllten Terminkalendern scheitern.

Wie ich aus unmittelbarem Miterleben weiß und wie der Ablauf der bisherigen Besprechungen zeigt, hat der Berliner Senat Disziplin geübt. Er hat Meinungsunterschiede zurückgestellt,

    1.) weil wir weiterhin dem gemeinsamen Gegner im Osten gegenüberstehen,

    2.) im Interesse der zähen und geduldigen Fortsetzung‹en›[6] jener Bemühungen, die im deutschen Interesse liegen, und damit

    3.) im Interesse der Menschen, für die etwas erreicht werden muß.

Gegenüber manchen selbstgerechten und unterkühlten Urteilen bleibe ich dabei, daß die Berliner Weihnachtsregelung nicht nur vertretbar war, sondern daß sie ein Erfolg für die Menschen und für die deutsche Sache gewesen ist. Sie war ein Ausgangspunkt für weitere, verbesserte Regelungen.

‹Leider ist es in diesem Zusammenhang zu sachfremden Vorwürfen und Verdächtigungen gekommen. Mir liegt daran, in aller Klarheit festzustellen: Der Senat ist kein verlängerter Arm der SPD. Ebensowenig darf die Bundesregierung zum verlängerten Arm der Berliner CDU gemacht werden. Die Frage der Verbindungen zu den Menschen im anderen Teil unseres Landes steht zu hoch, als daß daraus parteipolitische Auseinandersetzungen gemacht werden dür-

fen. Für weitere Gespräche und Regelungen ist unverändert von drei
Grundsätzen auszugehen:
1.) Die gewachsenen und verfassungsmäßig verankerten Bindungen zwischen Bonn und Berlin müssen ungeschmälert erhalten bleiben.
2.) Die Rechte und die Pflichten der Schutzmächte dürfen nicht angetastet werden.
3.) Es darf keine Regelung geben, die eine Anerkennung der Zone bedeutet.›[7]

Wir müssen an diese Fragen ohne Illusion herangehen, klar und fest in der Sache. Aber wir können nicht warten, bis Wunder geschehen. Jede mögliche Anstrengung muß unternommen werden, um im Kleinen aufzulockern und voranzukommen, solange größere Lösungen uns vorenthalten werden. Das Mögliche und das Verantwortbare muß den Spaltern unseres Volkes abgetrotzt werden.[8]

Nr. 95
Aus dem Vermerk über ein Gespräch des Regierenden Bürgermeisters von Berlin, Brandt, mit dem Bundeskanzler, Erhard
30. April 1964[1]

LAB, B Rep 002/12078.

[...][2]
Passierscheine:
R[egierender]B[ürger]m[eister]: Die Pause brauche kein Unglück zu sein.[3]
Bu[ndes]Ka[nzler]: verweist auf gemeinsames Kommuniqué.[4] Gefahr liege auf dem Felde der internationalen Rückwirkungen. Wenn man die Hallstein-Doktrin, die sich bewährt habe, nicht mehr wolle, müsse man darüber reden. Unsere Neigung zum Nachgeben könne

als Ermutigung anderer – zu Gesprächen mit der DDR mißdeutet werden. Die Penetranz zugunsten der Weihnachtsregelung beweise, dass die andere Seite mehr politischen als humanitären Willen hat.

R[egierender]B[ürger]m[eister]: Man könne bei verschiedenen Intentionen zu gleichen Schritten kommen. Unsere Härteregelung sei nicht abgelehnt worden. Die neuen Andeutungen enthielten interessante Elemente, zum Beispiel 2 x 4. Vielleicht komme man auf der formalen Seite etwas weiter.[5]

Bu[ndes]Ka[nzler]: Es gehe der anderen Seite um die Drei-Staaten-Theorie durch die Hintertür.

R[egierender]B[ürger]m[eister]: Der Begriff der Präsenz könne aufgegliedert werden, wenn man jetzt von den Tätigkeiten ausgehe.[6]

Bu[ndes]Ka[nzler]: widerspricht nicht, aber weist auf die Unterschriften hin.[7]

R[egierender]B[ürger]m[eister]: erwidert mit Hinweis auf unseren jetzigen Vorschlag. Man sollte die 6 Wochen Pause nützen, um über alles zu sprechen. Man könne jetzt Manövrierfähigkeit absehen und die Zusammenhänge mit anderen laufenden Angelegenheiten. Er weist auf die Wirkung in der Zone hin. Warum andere Maßstäbe für Handel als für Menschen? Der Senat ist nicht gegen Edelhagen, aber muss sich doch nach den Maßstäben fragen, die angelegt werden.

Bu[ndes]Ka[nzler]: erwidert mit dem Bolschoi-Ballett;[8] obwohl die Zusicherungen für den Auftritt in Berlin nicht zwingend seien, sei er dafür gewesen, weil man notfalls auf den Mißbrauch hinweisen könne. Im Interesse des sowjetischen Prestigebewußtseins die Sprachregelung: nicht soviel von Berlin sprechen.

R[egierender]B[ürger]m[eister]: hält das für richtig, aber die gemeinsame Haltung, die das Kulturabkommen verhindert hat, dürfe nicht zum Prinzip führen: alles, was in West-Deutschland ist, muss auch nach Berlin. An der Wissenschaft liege ihm noch mehr.

Bu[ndes]Ka[nzler]: bestätigt, aber Kulturabkommen müsse trotzdem Berlin einschliessen.[9]

R[egierender]B[ürger]m[eister]: unterstützt die Idee von Abkommen zwischen Trägerschaften, in denen Berlin Mitglied ist.[10]

Bu[ndes]Ka[nzler]: regt neues Treffen in der letzten Mai-Dekade an.
Über Berlin und deutsche Anliegen dürfe es keine unterschiedlichen
Auffassungen geben.
[...][11]
‹B[ahr]›[12] (Bahr)

Nr. 96
**Schreiben des Regierenden Bürgermeisters von Berlin, Brandt,
an den Direktor der Abteilung für internationale
Angelegenheiten der Ford Foundation, Stone**
2. Juni 1964

AdsD, WBA, A 6, 99.

Lieber Freund,
es braucht einige Zeit, bevor man die Fülle der Eindrücke einer solchen gedrängten Reise verarbeitet.[1] Du hast sicher verstanden, wie wertvoll für mich der Vormittag war, zu dem Du eine solche Zahl guter Köpfe zusammengeholt hattest.[2] Ich danke dafür noch einmal und würde mich freuen, das Zahlenwerk zu bekommen, das Professor Bell[3] mir in Aussicht gestellt hatte.

Übrigens habe ich auch an Mr. Heald[4] geschrieben, ihm gedankt und noch einmal gesagt, wie sehr ich es begrüßen würde, wenn er Berlin in das Programm eines seiner nächsten Europa-Besuche aufnehmen könnte.

Meine New Yorker Äußerungen über de Gaulle haben hier einen gewissen Wirbel verursacht. Ich werde mich zu diesem Komplex wahrscheinlich am 11. 6. in einem Vortrag vor der Gesellschaft für Außenpolitik noch äußern und Dir die Rede dann schicken.[5] Im übrigen ist es nun einmal so, daß ich keinen wesentlich größeren Einfluß auf de Gaulle habe als die Bundesregierung und die Regierung der Vereinigten Staaten! Meine Mitwirkung am Monnet-Komitee

Willy Brandt zusammen mit dem Senator für Bundesangelegenheiten, Klaus Schütz (2. v. l.), und dem Senatspressechef, Egon Bahr (l.), im Gespräch mit dem amerikanischen Präsidenten, Lyndon B. Johnson (r.), am 18. Mai 1964 im Weißen Haus anlässlich eines Besuchs in den USA

gestern und heute in Bonn wird auch die besorgtesten Freunde davon überzeugen können, daß es keine Änderung meiner Position in den Fragen der Europäischen Einigung und der Atlantischen Partnerschaft gibt.[6] – Ich habe mich noch einmal dafür zu bedanken, daß Du zu dem Essen am Abend des 15. Mai eingeladen hattest. Es tut mir leid, daß ich mich dort nicht besser verständlich machen konnte.[7]

Ich hoffe, daß wir Gelegenheit haben werden, Deine liebe Frau hier demnächst zu begrüßen. Das Fräulein Tochter soll wissen, daß sie nicht zögern darf, sich an mich beziehungsweise mein Büro zu wenden, wenn immer sie glaubt, daß wir ihr behilflich sein können.
Mit herzlichen Grüßen
Dein[8]

Nr. 97
Rede des Regierenden Bürgermeisters von Berlin, Brandt, vor der Deutschen Gesellschaft für Auswärtige Politik in Bad Godesberg 11. Juni 1964[1]

Pressedienst des Landes Berlin vom 12. Juni 1964, Anhang.

Grundgedanken deutscher Aussenpolitik

Ich möchte keinen Gang durch den ganzen aussenpolitischen Gemüsegarten unternehmen. Wir brauchen uns unter erwachsenen Männern auch nicht immer wieder zu versichern, dass wir an bewährten Grundsätzen festhalten.

Gestatten Sie mir, einen Grundgedanken zu äussern und ihn an einigen Aspekten unserer aussenpolitischen Lage durchzuführen. Mit dem Grundgedanken meine ich: Die Bundesrepublik muss, ob es uns gefällt oder nicht, mit einer immer spürbarer sich komplizierenden aussenpolitischen Situation fertig werden.

Die Aussenpolitik der Bundesrepublik wird auch künftig vom Ost-West-Verhältnis bestimmt bleiben. So sehr das stimmt, so sehr wird unsere Aussenpolitik der Tatsache Rechnung zu tragen haben, dass beide Weltmächte daran interessiert sind, eine nukleare Konfrontation zu vermeiden. Sie müssen deshalb die Spannungen mildern. Angesichts dieser Lage hat sich die westliche Führungsmacht das weiterreichende Ziel gesteckt, den Konflikt zu transformieren und dadurch den Frieden sicherer zu machen.

Dies ist das Ende jeder Politik des Alles oder Nichts. Sie ist aussichtsloser denn je. Und die Zeit einer krassen Schwarz-Weiss-Malerei ist vorüber.

Ich meine es gar nicht in einem abwertenden Sinn, wenn ich sage: die Zeit der grossen Vereinfachung ist vorbei. Der Stand der Dinge zwischen Ost und West ist nicht mehr ausschliesslich vom Freund-Feind-Verhältnis bestimmt. Es bleibt bei einigen überragenden Grundentscheidungen. Aber bei einer Vielzahl von Einzelbewertungen ist es nicht mehr so leicht, eindeutig Partei zu ergreifen.

Aus einem solchen Parteiergreifen entwickelten sich in der Vergangenheit mit einer gewissen Konsequenz die meisten aussenpolitischen Situationen. Viele hielten dieses Verhalten an sich schon für Aussenpolitik. Mit der einfachen Parteinahme – sei es aus Überzeugung, sei es aus Opportunismus – war es getan.

Jetzt werden die Fragen komplizierter. Damit werden auch die Antworten differenzierter sein müssen. Ich weiss durch meine letzten Besuche in Washington, dass auch gerade die westliche Führungsmacht mehr als „Yes, Sir" hören will. Sie will, dass ihre Freunde mitdenken, mithandeln, gemeinsame Verantwortung tragen. Das wird nicht einfacher oder leichter sein. Aber es wird politisch interessanter. Es ergibt sich eine Vielfalt von Möglichkeiten und Methoden.

Lassen Sie es mich nochmals betonen: an unserem Standort darf jetzt und in Zukunft nicht gezweifelt werden können. Aber an die Stelle eines Spiels mit zwei Kugeln tritt die Kunst, mit vielen Grössen und mit verschiedenen Grössen zu operieren.

In die Vorstellung von der Transformation des Konfliktes ist eingeschlossen: der Konflikt wird verändert, aber nicht aufgehoben. Kommunistische Staatsmacht und kommunistische Weltmacht verwandeln sich nicht in menschenfreundliche Einrichtungen. Grundlage und Voraussetzung einer jeden differenzierten Politik bleibt die militärische Sicherung des Westens. Hier liegt der Kern gerade der Kennedy'schen Formel einer „Strategie des Friedens".[2]

Wir wissen alle, dass in der Innenpolitik die Vereinfachung eine grosse Rolle spielt, nicht nur in Deutschland. Die Versuchung zum Vergröbern ist gross, und dieser Versuchung sind wir auch auf aussenpolitischem Gebiet immer wieder ausgesetzt. Hier handelt es sich sicherlich um ein besonderes Problem der Politik in einer freiheitlichen Staatsordnung. Ich glaube, wir müssen uns dieser Gefahr stärker bewusst werden.

Politik und Publizistik haben eine schwere und verantwortungsvolle Aufgabe. Sie müssen unserem Volk klarmachen, dass wir uns in einem Prozess der weltpolitischen und auch der europäischen Entwicklung befinden. Und dass es wichtiger als bisher sein wird, Nuancen zu verstehen und Akzente zu setzen.

Es wird viel darauf ankommen, nicht nur eine differenzierte Politik zu entwickeln, sondern diese Differenzierung auch unserem Volk zu erklären und begreiflich zu machen.

Das ist eine grosse Aufgabe. Sie liegt auch im Interesse der inneren Entwicklung der Bundesrepublik. Unser Einfluss auf die gesamtdeutschen Dinge hängt mit davon ab.

Niemand darf übersehen, wie stark unsere innere Entwicklung auf unsere aussenpolitische Geltung einwirkt. Wenn wir als Volk differenzierter zu denken und zu reagieren lernen, wird das einen unschätzbaren Nutzen für uns haben. Vielfalt, nicht Einfalt, ist ein Kennzeichen der Demokratie.

Lassen Sie mich, um ein Beispiel zu nennen, von einer Erfahrung sprechen, die ich nicht bereue – obwohl es für mich doch überraschend war, wieviel mehr Beachtung es findet, wenn man sich in New York statt in Bonn oder Paris über Präsident de Gaulle äussert.[3] Es hat sich so eingebürgert, dass man hierzulande entweder für ihn oder gegen ihn ist. Auch hier gibt es so etwas wie ein Alles oder Nichts. Dazwischen scheint es nichts zu geben, obwohl es eben in der politischen Wirklichkeit sehr wohl Positionen gibt, die weder durch ein einfaches Pro noch durch ein einfaches Kontra zu erfassen sind. Für mich gibt es drei Aspekte, wenn ich an den französischen Staatspräsidenten denke:

Der erste ist der einer grossen Hochachtung. Auch derjenige kann diesem Mann die staatsmännische Grösse nicht absprechen, der mit vielen seiner Entscheidungen nicht übereinstimmt. Und ich glaube, unser Volk verträgt die Offenheit des abgewogenen Urteils, die ein gutes Heilmittel ist gegen das Denken in blossen Klischees.

Der zweite Aspekt gegenüber de Gaulle liegt darin, dass ich wesentliche seiner Entscheidungen aus der Sicht der westlichen Gemeinschaft bedauere. Das gilt für Fragen der europäischen Einigung, der atlantischen Partnerschaft, auch der NATO und der nuklearen Verteidigung.

Die Sicherheit Westeuropas ist unteilbar. Sie beruht zuletzt auf der Glaubwürdigkeit des amerikanischen Engagements. Der Kitt des

Bündnisses ist Vertrauen. Und alles ist schlecht, was die Bindungen der Vereinigten Staaten oder ihr Interesse an Europa lockern könnte.

Der dritte Aspekt ist die Tatsache, dass de Gaulle auf seine Weise die durch das atomare Patt der Weltmächte gewonnene politische Bewegungsfreiheit nutzt. Bei uns zulande ist oft gesagt worden: Bewegung an sich sei noch nichts Gutes. Das stimmt natürlich. Aber es ist doch eben eines der Schlagworte, die nicht weiterhelfen. Denn Bewegungslosigkeit an sich ist auch noch nichts Gutes. Vor allem dann nicht, wenn eine festgefrorene Eisdecke bricht und die Schollen sich in Bewegung setzen.

Wie man diesen Vorgang nennt, ist im Grunde nicht so entscheidend. Entscheidend ist der Vorgang selbst, der damit zusammenhängt, dass sich die overkill capacities paralysieren und die militärische Auseinandersetzung als Mittel zur Lösung von grossen Problemen ausscheidet.

Ich sagte, de Gaulle mache auf seine Weise von dieser Lage Gebrauch. Und die Frage, warum eigentlich nur er, ist genau so zu verstehen, wie sie formuliert wurde. Die Amerikaner und die Engländer machen von der relativen Bewegungsfreiheit auf ihre Weise Gebrauch. Andere Staaten reagieren ebenfalls. Und was tun wir? Denn die Bundesrepublik kann natürlich nicht das machen, was man einen toten Käfer nennt. Weniger volkstümlich ausgedrückt: sie darf nicht den Anschein erwecken, als habe sie keine eigenen Interessen und keinen eigenen Willen.

Die Frage nach dem Nutzen der Bewegungsmöglichkeit stellt sich also auch für die Bundesrepublik. Aber es ist selbstverständlich nicht nur eine Frage und ein Problem für die Bundesrepublik. Und dabei ergibt sich der Sinn der respektvollen oder auch freundschaftlichen Warnung hinter der Frage: Warum eigentlich nur er?[4]

Grösse und Ehre einer Nation können in unserer Zeit nicht mehr der beherrschende Maßstab des Verhaltens sein. Im Westen haben wir eine Verteidigungsgemeinschaft, die die Sicherheit für alle garantieren muss. Wenn das nationale Interesse sich über den Sinn und über das Ziel dieser Gemeinschaft erhebt, dann müssen wir für eine Zersplitterung des Bündnisses fürchten.

Wenn ein Land auf eigene Faust in seinem vermeintlichen nationalen Interesse zu handeln beginnt und damit fortfährt, dann kann es nur eine Frage der Zeit sein, bis die Menschen in anderen Ländern sich fragen, ob das Bündnis nicht mehr beruhen soll auf den Prinzipien der gleichen Rechte, der gleichen Pflichten, der vernünftig verteilten Lasten. Das ist keine Frage des bösen Willens, sondern einer gewissen psychologischen Zwangsläufigkeit.

Wir dürfen uns dabei keiner Illusion hingeben. Frankreich ist nicht stärker als wir, aber seine politische Bewegungsfreiheit ist ungleich grösser als die der Bundesrepublik.

Frankreich hat seine nationale Einheit. Seine traditionelle Freundschaft mit den Vereinigten Staaten hat tiefere Wurzeln als die NATO. De Gaulle kann in der Welt auf einer starken Zuneigung zu Frankreich fussen. Die Bundesrepublik hat noch zusätzliches Vertrauen zu erwerben und das erworbene zu festigen. Auch wenn Frankreichs umstrittene Ziele und Methoden richtig wären – wir könnten sie nicht kopieren. Für uns wäre das halsbrecherisch.

Ich habe von drei Aspekten der gegenwärtigen französischen Politik gesprochen. Es kann nicht meine Aufgabe sein, hier über den Rahmen der Aussenpolitik hinauszugehen. Aber es wäre unaufrichtig, wenn ich nicht zumindest die Sorge über die innere Entwicklung in unserem grossen Nachbarstaat anklingen liesse. Es bliebe nämlich nicht ein innerpolitisches Problem, sondern es würde zu einem europäischen Problem, wenn sich Frankreich in eine „innenpolitische Wüste" verwandelte, wie es einer meiner Freunde in bewusster Zuspitzung genannt hat.

Unser Verhältnis zu Paris bleibt im übrigen bestimmt durch die deutsch-französische Freundschaft, die dem Wunsch und Willen der beiden Völker entspricht. Es bleibt weiterhin bestimmt durch unsere europäischen und atlantischen Verpflichtungen, die dem Freundschaftsvertrag nicht untergeordnet sind.

Der französische Staatspräsident und die anderen Verbündeten müssen wissen, dass ein Druck in Richtung auf nationale Einzelgänge hervorgerufen wird, wenn ein wichtiger Partner allein entscheidet und wenn die westliche Gemeinschaft auf die Frage nach dem Spielraum nicht gemeinsame Antworten findet.

„Warum eigentlich nur er?" – diese Frage enthält nicht nur die respektvolle oder auch freundschaftliche Warnung, von der ich spreche. Sie deutet zugleich die Notwendigkeit an, zwischen den Extremen der Bewegungslosigkeit und des überwiegenden Eigeninteresses jenen Weg zu finden, den einerseits die Bündnistreue und die europäische Perspektive, andererseits ein gesundes Selbstbewusstsein und auch die reale Kraft der Bundesrepublik gestatten.

Dazu gehört, dass innerhalb der westlichen Gemeinschaft offen gesprochen wird und dass wir nicht den vermeintlich bequemen Weg wählen, wo es um unsere vitalen Interessen geht. Durch Stillschweigen ist noch nichts Grosses erreicht worden. Auch nicht dadurch, dass man Merkposten als wirkliche politische Erfolge ausgibt.

Ich möchte hier einige Bemerkungen machen über die Tagung des Aktionskomitees für die Vereinigten Staaten von Europa – des sogenannten Monnet-Komitees –, die Anfang voriger Woche in Bonn stattgefunden hat. Drei der dort entwickelten Gedanken erscheinen mir besonders wichtig.[5]

Erstens geht es darum, nicht vor den Schwierigkeiten zu kapitulieren, die auf dem Wege der europäischen Einigung liegen. Wir dürfen es uns auch nicht so leicht machen, einfach nur auf besseres Wetter zu warten. Das Bemühen um die Festigung und Demokratisierung der bestehenden Gemeinschaften muss weitergehen. Und die Bereitschaft muss vorhanden sein, die Verhandlungen über die Mitarbeit der dazu bereiten Staaten wieder aufzunehmen, sobald das möglich sein wird. Das heisst, frühestens einige Zeit nach den englischen Wahlen.

Inzwischen sind Einrichtungen und Regelungen ins Auge zu fassen, durch die der Kontakt zwischen EWG und USA und zwischen EWG und EFTA von vermeidbaren Belastungen befreit und im Rahmen des Möglichen für positive Zwecke nutzbar gemacht wird.

Das Fortschreiten der politischen Integration Europas ist gegenwärtig blockiert. Das ist so – leider. Aber wir dürfen deshalb nicht resignieren. Wir dürfen das Ziel nicht aus dem Auge verlieren. Inzwischen wäre schon viel erreicht, wenn wir die Grenzen möglichst niedrig werden lassen. In die Richtung des heute und morgen Erreichbaren müssen unsere Bemühungen gehen.

Nach einem kurzen Besuch in Stockholm vor wenigen Tagen möchte ich übrigens auch hier noch einmal darauf hinweisen, wie wichtig es ist, dass wir Ländern wie Schweden, Österreich und der Schweiz mit einer fairen Einstellung begegnen. Sie müssen wissen, dass wir in der Europäischen Gemeinschaft Formen der Zusammenarbeit entwickeln wollen, die ihrem besonderen Status gerecht werden.

Zweitens haben wir uns im Monnet-Komitee – wenn auch zu diesem Punkt nicht einstimmig – dafür ausgesprochen, das Projekt einer multilateralen Atommacht auf seine Tragfähigkeit hin positiv zu prüfen. Und zwar deswegen, weil auf diese Weise einer weiteren Verbreitung von nationaler Verfügungsgewalt begegnet werden könnte. Und weil sich dieser Versuch politisch vor allem auch dann lohnt, wenn dadurch die Kräfte des Zusammenhalts in der NATO gestärkt und Voraussetzungen für die atlantische Partnerschaft gefördert werden.

Ich bin nicht in Atomwaffen vernarrt, und wir sollten alle miteinander Wert auf die Feststellung legen, dass uns Deutschen nuklearer Ehrgeiz fremd ist. Die MLF ist aber gerade interessant als ein Mittel, um Atomkrieger von lebensgefährlichem Spielzeug fernzuhalten. Positiv ausgedrückt: Wenn hier ein Instrument gemeinsamer Planung geschaffen wird, verbaut man nicht den Weg zur Begrenzung und Kontrolle der Rüstungen.

Zum dritten ist klar herausgearbeitet worden, dass die Europäische Gemeinschaft, in Partnerschaft mit den Vereinigten Staaten, die Verbindungen zur Sowjetunion so gestalten könnte, dass es nicht mehr eine Illusion zu sein brauchte, von einer friedlichen Koexistenz zu sprechen.

Und dass wir es hier mit <u>dem</u> Rahmen zu tun hätten, innerhalb dessen die legitimen Ansprüche des deutschen Volkes verwirklicht werden könnten: Selbstbestimmung und Zusammenführung der widernatürlich getrennten Volksteile.

In diesem Zusammenhang und auf dem Hintergrund eines Prozesses der Differenzierung in den Ländern zwischen Deutschland und Rußland – eines Prozesses, den wir nicht dramatisieren, aber auch nicht unterbewerten dürfen – stellt sich uns die Frage nach einem Europa, das nicht am Eisernen Vorhang endet.

Es geht zunächst vielleicht um nicht viel mehr als jenen Völkern die Hand entgegenzustrecken, die sich als Völker unseres alten Kontinents fühlen. Aber auch das ist nicht wenig.

Deutschland wird dabei ein Gefühl für seine nationale Aufgabe zu entwickeln haben, das gleichermassen frei ist von Nationalismus wie von der Negation des Nationalen. Wir haben es uns mit diesem Komplex nie leicht gemacht. Wir sind gern von einem Extrem ins andere gefallen. Für die demokratischen Parteien wird es eine Aufgabe der gemeinsamen Verantwortung sein, dieses Auf und Ab auszupendeln.

Die demokratischen Parteien werden auch in Zukunft dafür zu sorgen haben, dass auf dem Feld unserer Möglichkeiten nicht ein Sektor unbesetzt bleibt, den Feinde der Demokratie besetzen können.

Wir sollten unsere Beziehungen zu Osteuropa nicht hektisch entwickeln wollen. Aber wir sollten sie auch nicht als blosse Pflichtübung betrachten.[6]

Ich höre, dass in den Staatskanzleien und in den Aussenämtern vieler Mächte – bei unseren Freunden, aber auch in Moskau – das Thema der osteuropäischen Länder immer mehr Menschen und Zeit und Gedanken beansprucht. Gerade hier dürfen wir nicht unterentwickelt bleiben. Schon aus Gründen der Geographie kommt uns eine wichtige Rolle zu. Ein illusionslos sachliches und doch aufgeschlossenes Verhältnis zu diesem Fragenkomplex liegt im deutschen Interesse, im europäischen Interesse und im Interesse der weiteren Entwicklung zwischen Ost und West.

Es ist deshalb auch nicht zu früh, an einige technische, wirtschaftliche und wissenschaftliche Projekte zu denken, die vernünftigerweise zwischen West- und Osteuropa gemeinsam gelöst werden können. Es gibt dazu Überlegungen, die man im Interesse der Sache weiter reifen lassen sollte, ohne sie zu zerreden.

Der Marshall-Plan war bekanntlich nicht für West-Europa allein bestimmt. Seinen Ursprungsgedanken wieder aufzunehmen, wie es Kennedy und Johnson getan haben, ist keine Sensation, wenngleich es sehr schwierig sein wird. Die Amerikaner gehen davon aus, dies liege im Interesse des Westens. Unser Interesse dürfte sich damit decken.

Wir hatten Grund, die osteuropäischen Staaten als Positionen einer gegen uns gerichteten sowjetischen Politik anzusehen.

Hüten wir uns auch hier vor Wunschdenken und vor einem Denken in Extremen. Es kann nicht unsere Aufgabe sein, die osteuropäischen Staaten gegen die Sowjetunion auszuspielen. Unser Ziel muss es jedoch sein, zu diesen Völkern in ein Verhältnis der verträglichen Nachbarschaft zu kommen.

Wir sollten es anderen leicht und nicht schwer machen, sich nicht nur als Europäer zu fühlen, sondern auch als Europäer zu leben.

Man kann schliesslich ruhig darüber sprechen, dass die Wiedervereinigung nur im Zusammenhang mit einer weiterreichenden Änderung des Ost-West-Verhältnisses denkbar ist. Bis dahin ist es die praktische deutsche Aufgabe, unsere Kontakte zu den Menschen in der Zone zu erhalten, zu erweitern, auszubauen.

Hierzu gehört, den besonders unmenschlichen Auswirkungen der Teilung Berlins und der Spaltung Deutschlands mit allen vertretbaren Mitteln entgegenzuwirken.

Voraussetzung jeder Wiedervereinigungspolitik ist jetzt noch mehr als früher, dass es gelingt, die nationale Substanz unseres Volkes zu erhalten. Dies gilt für beide Teile unseres unteilbaren Volkes.

Ich höre den Einwand, dies habe doch nichts mit eigentlicher Aussenpolitik zu tun. Das ist formal richtig und real falsch. Formal richtig, weil wir innerdeutsche Regelungen nicht zu zwischenstaatlichen Angelegenheiten machen lassen wollen. Real falsch, weil die Erhaltung der volklichen, der nationalen Substanz von weitreichender aussenpolitischer Bedeutung ist.

Und ausserdem berührt alles, was mit der Zone zusammenhängt, direkt unser Verhältnis zur Sowjetunion.

Eine Aussenpolitik, die an den Realitäten der menschlichen Leiden und des Bemühens um ihre Milderung vorbeiginge, wäre blutleer. Die menschliche Seite der Spaltung unseres Volkes und vieler unserer Familien ist eines der stärksten Argumente bei der Vertretung unserer Interessen in der Welt.

Wir werden allerdings erst noch zu lernen haben, mehr von jener Selbstdisziplin und von jenem Vertrauen zueinander zu entwickeln, ohne die fortlaufend Punkte an die andere Seite verschenkt werden. Gerade in der Auseinandersetzung mit dem Regime, das dem anderen Teil unseres Volkes aufgezwungen wurde, bedarf es einer verantwortungsbewussten Meinungsbildung – frei von Gruppendenken und Intrigen.

Ich will natürlich nicht den Eindruck aufkommen lassen, als gäbe es meiner Meinung nach einen Ersatz für jenes Ziel, das durch den Begriff der Wiedervereinigung gekennzeichnet ist. Schrittweise Veränderungen und menschliche Erleichterungen stehen jedoch nicht im Widerspruch zu unserem nationalen Ziel, von dem wir wissen, dass es mit dem Interesse der Friedenssicherung zusammenfällt. Eine deutsche Deutschland-Politik braucht die eine Komponente ebenso wie die andere.

Lassen Sie mich abschliessend meiner Vermutung Ausdruck geben, dass Aussenpolitik in der jetzt vor uns liegenden Zeit weniger eine Sache glanzvoller Rezepte und perfekter Programme ist. Es wird einerseits um eine wirklichkeitsnahe Generaleinstellung gehen und andererseits um Fragen der Methoden und ihrer Erprobung. Es wird um differenzierte Versuche gehen, auf den verschiedensten Gebieten voranzukommen.

Und es wird darauf ankommen müssen, jeden Schritt in größtmöglicher Gemeinsamkeit der verantwortlichen Kräfte zu gehen. Solche Gemeinsamkeit kann man nicht befehlen. Aber man darf sie nicht unterschätzen oder gar verlachen. Das tut man wohl auch nicht mehr. Dafür ist unsere Lage zu ernst.

Dies ist meine Erfahrung: Jeder wirkliche und erfolgreiche Schritt ist in unserem Lande nur durch ein Zusammenwirken der verantwortlichen Kräfte möglich. Deklamationen und Proklamationen haben wir genug. Wir müssen uns nun auch und gerade um kleine Schritte, um graduelle Veränderungen bemühen. Daran wird unsere heutige Politik morgen gemessen.[7]

Das Ziel muss man freilich kennen, und man darf es nie aus dem Auge verlieren: die Freiheit sichern, den Frieden wahren und die deutsche Frage mit politischen Mitteln ihrer Lösung zuführen.

Nr. 98
Rede des Regierenden Bürgermeisters von Berlin, Brandt, vor dem Deutschen Historikertag in Berlin
8. Oktober 1964

Pressedienst des Landes Berlin vom 8. Oktober 1964.

Herr Vorsitzender, Magnifizenz, meine sehr verehrten Damen und Herren![1]

Ich habe die angenehme Aufgabe, heute vormittag für den Senat von Berlin dem 26. Deutschen Historiker-Tag, verbunden mit der Tagung des Verbandes der Geschichtslehrer Deutschlands, herzliche Grüße zu überbringen.

Apropos Geschichtslehrer. Ich habe gar keine Angst vor Ihnen, denn Sie waren so freundlich, mir bis zuletzt die besten Zensuren zu geben, die Sie zu vergeben hatten. Trotzdem möchte ich aber heute früh nicht eine zusätzliche Prüfung ablegen, sondern eigentlich nur, ähnlich wie es Magnifizenz getan hat, gute Arbeit wünschen und einen guten Aufenthalt wünschen in dieser Stadt.

Aber ich kann mich wohl doch nicht dem entziehen, wovon Professor Erdmann eben andeutungsweise sprach, worüber wir auch vor dieser feierlichen Eröffnungssitzung schon gesprochen hatten und wovon Herr Erdmann als Ihr Vorsitzender sagte, daß es mit den Ausschlag dafür gegeben habe, Berlin als Tagungsort zu wählen.[2] Es geht um jenes Generalthema, daß durch alle Perioden der Geschichte hindurch sich unter sehr verschiedenen Voraussetzungen immer wieder die Frage nach dem Verhältnis von Staaten und Staatengruppen zueinander gestellt hat, die in ihrer jeweiligen inneren Ordnung von gegensätzlichen Rechtsauffassungen und Grundüberzeugungen bestimmt waren. Es war hier in der Eröffnungsansprache davon die Rede, man würde davon ausgehen können, daß das gegenwärtige Koexistenz-Problem als Sonderteil einer umfassenderen historischen Problematik erscheint. Die Frage ging also an den, der hier jetzt spricht, ob er im Rahmen eines Grußwortes etwas sagen könne über ein paar Aspekte, die sich zu dieser Thematik für den Politiker aus der Erfahrung des geteilten Berlin ergeben.[3]

Jetzt mache ich etwas, meine Damen und Herren, was Ihnen als Kunstgriff erscheinen mag und was jedenfalls denjenigen nicht befriedigen kann, für den die geprüfte und die bestätigte Quelle, die heilige Quelle, sozusagen alles ist. Ich möchte einen fiktiven Rückblick anstellen, so als ob ich das, was uns dieser Tage beschäftigt, in zwanzig Jahren von jetzt ab zu betrachten hätte. So als ob ich wirklich auf das zurückblicken könnte, was in den letzten Jahren war und was heute ist. Und da sage ich aus solcher Rückschau, erstens:

Im Jahre 1948 ist in dieser Stadt Berlin Stalins Nachkriegsoffensive – europäische Nachkriegsoffensive – gescheitert am Selbstbehauptungswillen und am Widerstandswillen der schwergeprüften Berliner mit ihrem unbestrittenen Sprecher Ernst Reuter.[4] Da gab es natürlich auch einige andere „kleine" Faktoren, zum Beispiel das für damalige Verhältnisse technische Wunderwerk der Luftbrücke. Aber keine Technik, so wird man auch dann noch sagen, hätte damals ersetzen können, was von lebendigen Menschen gewählt wurde und durchgesetzt worden ist.

Dann kam zehn Jahre später, im November 1958, das zunächst auf sechs Monate befristete Berlin-Ultimatum eines neuen sowjetischen Regierungschefs. Ein Ultimatum, dem ein Berliner Nein entgegengesetzt wurde, ohne daß zunächst Washington oder Bonn befragt werden konnten.[5] Und wie immer es dann mit sonstigen Einzelheiten gewesen sein mag: Der Angriff auf Berlin wurde aufgefangen, das Festschreiben der Spaltung Deutschlands, das auch mit dem Ultimatum erstrebt wurde, konnte verhindert werden. Es konnte dafür gesorgt werden, daß der Anspruch auf Selbstbestimmung für das ganze deutsche Volk nicht unterging.

Dann wurde, drittens, im August 1961 jene Teilung versteinert, die zuvor schon politischen und administrativen Bestand hatte. Aber diese Versteinerung, diese Untermauerung der Teilung, ging gegen die Realität des Lebens, gegen den Strom der Geschichte, aber es bedeutete zunächst für viele Menschen zusätzliches Leid. Es war aber doch auch das Eingeständnis, daß eine importierte Zwangsgesellschaft keine tragfähige Plattform darstellte für eine wirkliche politische Konkurrenz und ökonomische Koexistenz. Da ging es eben bei dem besonderen, auch im Vergleich zu den osteuropäischen Regimen besonderen Charakter jener Herrschaften um diese importierte Zwangsgesellschaft im kleineren Teil eines gespaltenen Landes. Dies war, so wird man auch dann noch wissen, im Juni 1953 schon sehr deutlich geworden. Und es wurde dann immer wieder deutlich bis zur Massenflucht, daß ein so konstruiertes Regime nicht fähig sei, den von ihm selbst proklamierten Wettbewerb zu bestehen. Berlin jedenfalls behauptete sich, fing sich, festigte sich, wurde stärker und trug dazu bei, den Anschlag auf die Moral des deutschen Volkes abzuschlagen. Es verteidigte seinen eigenen hauptstädtischen Anspruch und damit den Anspruch auf die Einheit dessen, was zusammen gehört.

In allen drei Fällen – 1948, 1958, 1961 – wurde auch etwas getan, was notwendig war, um den Frieden bewahren zu helfen. Kuba, die Kuba-Krise vom Oktober 1962, so werden die Historiker kommender Zeiten vermutlich weiter sagen, war dann ein entscheidender Wendepunkt. Auch das konnte man, so werden sie sagen, in Berlin ablesen. Aber sie werden auch feststellen: In Berlin, an der Mauer und an der blutenden Zonengrenze um diese Stadt herum und quer durch Deutschland, von Lübeck bis Hof war abzulesen, daß wahre Koexistenz nicht einfach gleichbedeutend sein konnte mit der Erhaltung eines zufälligen status quo.

Die Sowjetunion, die große östliche Macht, glaubte, mit der Mauer den von ihr annektierten Teil Deutschlands retten zu können.

Aber Deutschland blieb doch die schwächste Stelle des Einflußbereiches dieser großen Macht.

Und dann werden die Historiker sich vielleicht im Anschluß daran fragen, was haben sich die Herren in Berlin und in Bonn und anderswo eigentlich dabei gedacht, als sie sich 1963/1964 nicht anstelle der Dinge, die sie bis dahin gesagt hatten, sondern ergänzend zu diesen, einließen auf das, was man als ein Ringen um kleine Schritte bezeichnet hat. Beispielsweise die Berliner Passierscheinübereinkünfte vom Dezember 1963 und vom September 1964.[6] Die Antwort wird dann lauten, so meine ich: Diese Männer hatten Grundsätze, sie hatten Ziele, aber sie meinten, die Grundsätze seien kein Kopfkissen zum Ausruhen, und große Ziele dürften keine Entschuldigung sein dafür, nicht das zu tun, was der Tag heute und der Tag morgen von einem verlangte. So waren diese Männer in Berlin und in Bonn eingeschworen auf die Werte und die Ansprüche der Freizügigkeit, der Selbstbestimmung – nicht auf Kosten anderer, aber für das eigene Volk ebenso wie für andere – auf die Wiederzusammenfügung des ganzen Volkes.

Aber es quälte sie die Frage in diesen Jahren 1963 und 1964 und vielleicht weiterhin, was sie tun könnten, ob sie etwas tun könnten auf dem Wege hin zur Erreichung dieser großen Ziele. Sie glaubten nicht, daß Erleichterungen, die sie durchsetzen konnten, wegen Veränderungen im anderen Teil der Welt und wegen ihrer eigenen Hartnäckigkeit, ein Ersatz seien für eigentliche Lösungen.

Natürlich ist die deutsche Frage nicht mit Passierscheinen zu lösen. Natürlich ist die deutsche Frage auch nicht mit Sonntagsreden zu lösen. Nichts ist mit Nichtstun zu lösen.[7]

Sie, die Verantwortung trugen in jenen Jahren 1963 und 1964 im Bund und in Berlin, wußten, daß diejenigen, die ihnen entgegenstanden im anderen Teil Deutschlands, überwiegend gestützt auf fremde Gewalt, eigene enge Machtbehauptungsinteressen vertraten. Aber diejenigen, die im freien Teil Deutschlands wirkten, waren davon überzeugt, daß sie die überlegenen Werte verfochten, und daß es sich lohnte, der einzelnen Menschen und des Bestandes der Nation wegen, Pfade und Gassen der Menschlichkeit zu bahnen, wenn und wo es immer möglich sei, durch Stacheldraht und Mauer hindurch.

Die künftigen Historiker werden unser Geschehen einzuordnen wissen in einen sich in diesen Jahren langsam wandelnden Ost-West-Konflikt. In den ideologischen und machtpolitischen Streit zwischen China und Russland, der sie auch dann noch beschäftigen wird, vielleicht noch mehr als uns heute. Sie werden es einordnen in das Wiedererwachen nationaler Identitäten in den Ländern zwischen Deutschland und Russland. In die Wandlungen der sowjetischen Gesellschaft fünfzig Jahre nach der Revolution, und in noch einiges mehr.

Und sie werden feststellen: Die deutsche Frage wurde dann gelöst, als der internationale Rahmen es zuließ und weil die Deutschen selbst sich nicht aufgegeben hatten und nach manchem Schwanken doch der Situation gewachsen gewesen waren.

Und dann wäre ich ganz froh über eine Fußnote, daß Berlin dabei in diesen Jahren versucht hat, seine Pflicht und Schuldigkeit zu tun, nicht seine „verdammte" Pflicht und Schuldigkeit, sondern seine liebgewordene Pflicht und seine gern gebrachte Schuldigkeit.

Ich danke Ihnen, daß Sie nach Berlin gekommen sind. Viele gute Wünsche für Ihre Tagung.

Nr. 99
Erklärung des Regierenden Bürgermeisters von Berlin, Brandt, vor der „Berliner Pressekonferenz"
29. Dezember 1964

Pressedienst des Landes Berlin, Nr. 253 vom 29. Dezember 1964.

Die traditionelle Schlußkonferenz der Berliner Pressekonferenz gibt den Anlaß für eine Bilanz des zu Ende gehenden Jahres und für einen Ausblick auf das neue Jahr.

In der Deutschland-Frage hat es 1964 leider keinen Fortschritt gegeben. Die Mauer in Berlin ist nicht niedriger geworden. Und trotzdem war dies für Berlin kein schlechtes Jahr. 1964 hat jene Berlin-Krise ihr Ende gefunden, die 1958 durch das sowjetische November-Ultimatum eingeleitet wurde. West-Berlin ist frei geblieben. Unsere Wirtschaft hat den Anschluß an die Entwicklung der übrigen Bundesrepublik gewonnen. Wir haben keine Arbeitslosigkeit, sondern Mangel an Arbeitskräften. Die Anziehung der deutschen Hauptstadt hat sich bewährt. Immer mehr Menschen treffen einander und treffen Deutschland in Berlin. Die kulturelle Geltung unserer Stadt hat sich bewährt und verstärkt.[1]

Eine unserer Hauptaufgaben bleibt, immer mehr Wohnungen zu schaffen, um über den Nachholbedarf hinaus immer mehr Menschen für Berlin zu gewinnen. Eine andere Hauptaufgabe liegt darin, die weltstädtischen qualitativen Ansprüche noch deutlicher zu machen.

1964 ist es auch nach mühsamen und zähen Verhandlungen gelungen, eine erweiterte Passierscheinregelung zu vereinbaren.[2] Wenn wir an die Menschenschlangen vor einem Jahr denken, an die notwendigen Improvisationen der Dienststellen und die Hilfe der Karitativen Verbände für die in der Kälte wartenden Menschen, dann kann heute niemand mehr übersehen, dass Verbesserungen gegenüber der ersten Passierscheinübereinkunft erreicht wurden. Gewiß kann der Übergang in den anderen Teil unserer Stadt durch einen Passierschein für uns niemals etwas Normales werden. Und trotzdem vollziehen sich die Besuche diesmal ohne viel Aufhebens. Dies gehört zur Doppelgesichtigkeit Berlins, die den unnatürlichen Zustand unseres Landes widerspiegelt, in dem wir leben müssen.

Die Tatsache, daß wir die Mauer nicht beseitigen konnten, hat uns nicht zu einer Einstellung des „Alles oder Nichts" veranlassen können. Sie hat uns schon gar nicht zu dem Entschluß bringen können, das Mögliche ungetan zu lassen.[3]

Aus dieser Einstellung haben wir in loyalem Meinungsaustausch mit der Bundesregierung und mit den Schutzmächten das entwickelt, was mit dem Etikett „Politik der kleinen Schritte" versehen worden ist. Dabei sind wir niemals auf den Gedanken gekommen, hierin einen Ersatz für die eigentlichen, größeren Lösungen zu sehen.

Große Schritte sind in den meisten Fällen besser als kleine. Aber kleine Schritte sind in der Regel besser als keine.

Es hat einige kleine Veränderungen gegeben, durch die vielen Menschen geholfen werden konnte und durch die der Zusammenhalt des geteilten Volkes gestärkt worden ist. Auf diesem Wege müssen wir weitergehen. Ich vermag beispielsweise nicht einzusehen, warum nicht alle West-Berliner Ostberlin besuchen können, was unseren westdeutschen Landsleuten möglich ist. Ich vermag auch nicht einzusehen, warum mindestens West-Berliner, die Verwandte in der Zone haben, diese dort nicht besuchen dürfen.[4] Oder weswegen nicht zwischen den beiden Teilen Berlins telefoniert werden kann.

Es wird Schwierigkeiten geben, wenn man an diese Fragen herangeht. Aber Schwierigkeiten können nicht dazu führen, solche einfachen und einleuchtenden Forderungen nicht aufzustellen. Wir lassen auch sonst nicht von Forderungen ab, nur weil sie im Augenblick noch nicht zu verwirklichen sind.

Es wird weiterhin nur im Zusammenwirken mit der Bundesregierung und den Schutzmächten möglich sein, durch technische Regelungen die Hindernisse zwischen den Menschen im geteilten Deutschland zu reduzieren. Dieses Zusammenwirken hat sich bewährt. Es wird sich auch in einem Wahljahr im Interesse der Menschen erneut zu bewähren haben. Die Berliner Erfahrungen sollten der ganzen Bundesrepublik nutzbar gemacht werden. Es sollte möglich sein, sich auf Initiativen zu verständigen, die darauf abzielen, die Verwandtschaftsbande entlang der Zonengrenze wieder fester zu knüpfen.

Dem Jahr 1965 sehe ich optimistisch entgegen. Nach allem, was im Augenblick zu übersehen ist, rechne ich nicht mit einer neuen krisenhaften Zuspitzung weder im allgemeinen Ost-West-Verhältnis, noch, was Berlin im besonderen angeht. Aber es besteht Grund genug, sich von „Deutschland-Initiativen" nicht zu viel zu versprechen und auch die Bedeutung von Erklärungen zur Deutschland-Frage nicht zu überschätzen.[5] Es ist immer klarer geworden, daß die deutsche Politik nur im Zusammenhang mit weltweiten Entwicklungen Fortschritte erzielen wird. Es gilt, dafür zu sorgen, daß Deutschland auf der Tagesordnung der Weltpolitik bleibt. Dafür bin ich, aber ich bin dagegen, daß wir uns selbst oder anderen etwas vormachen. Die Lösung der Deutschlandfrage ist leider nicht greifbar. Sollte es zu einem Viermächtegremium kommen, das sich mit unseren Sorgen beschäftigt, so wäre auch das zunächst nur eine Frage der Prozedur. Zum Inhalt würden wir gerade dann nach unseren deutschen Vorschlägen gefragt werden.

Die Bundesrepublik wird im Zeichen des Wahlkampfes stehen.[6] Nach deutschem Recht gehört Berlin zur Bundesrepublik, und alliierte Rechte sind bei dem Ringen der Meinungen vor der Bundestagswahl nicht berührt. Es muß kein Unglück sein, wenn die westdeutschen Auseinandersetzungen auch in Berlin ihren Niederschlag finden. Es gibt nur eine eiserne Grenze: Lebenswichtige deutsche Interessen dürfen nicht verletzt werden.

Im übrigen rechne ich damit, daß ich nächstes Jahr um diese Zeit viel in Bonn zu tun haben werde.[7] Aber ich werde auch dann immer wieder in Berlin sein, nicht nur zu Ihrer traditionellen Pressekonferenz. Es sei denn, Sie würden einer Einladung nach Bonn den Vorzug geben.

Nr. 100
Schreiben des Regierenden Bürgermeisters von Berlin und Vorsitzenden der SPD, Brandt, an den Schatzmeister der SPD, Nau
26. Januar 1965

AdsD, WBA, A 6, 167.

Lieber Alfred,
es ist sehr schade, daß wir nicht mehr miteinander sprechen können, bevor ich mit meiner Kur beginne. So muß ich Dir auf diese Weise noch einmal sagen, daß ich wegen der Entwicklung beim „Telegraf" ganz ernste Sorgen habe.[1]

Die Niederschrift über das Gespräch, das Du und Fritz Heine kürzlich mit Arno Scholz hattet, hat meine Sorgen leider nicht mindern können. Ich entnehme daraus vielmehr, daß keine Reform an Haupt und Gliedern vorgesehen ist. Und ich fürchte andererseits, daß die Krise weiter fortgeschritten ist, als wir bis vor kurzem angenommen hatten. So leid es mir tut: Ich muß deutlich machen, daß ich die ernstesten Bedenken anmelde, was die weiteren Verpflichtungen der Partei in diesem Zusammenhang angeht. Wir werden hierüber – nicht nur über einen etwaigen Chefredakteur – spätestens im März sprechen müssen.

Meine eigene Lage ist dadurch nicht einfacher geworden, daß ich einerseits um unsere finanziellen Engagements weiß und andererseits in „amtlicher" Eigenschaft von den Berliner Zeitungsverlegern einschließlich Arno Scholz in einem Ton angegangen werde, der kaum zu qualifizieren ist.[2] Das hat zusätzlich einen Sachverhalt geschaffen, mit dem ich mich nicht abzufinden brauche und auch nicht abfinden werde.

Es tut mir leid, daß sich die Dinge so zugespitzt haben. Nichts wäre mir lieber, als wenn sich doch noch ein vertretbarer Ausweg finden ließe.[3]

Beste Grüße
Dein
gez. W[illy] B[randt][4]

Nr. 101
Hs. Schreiben des Regierenden Bürgermeisters von Berlin, Brandt, an den Berliner Bürgermeister und Senator für Sicherheit und Ordnung, Albertz
13. Februar 1965[1]

AdsD, NL Albertz, 171.

Lieber Heinrich Albertz,
ich habe Herrn Kettlein meine Richtlinien und Hinweise zum Vorentwurf für die Halbzeit-Erklärung geschickt.[2] An sich ist es kein gutes Zeichen, dass eine grosse Senatskanzlei nichts Besseres auf den Tisch zu legen weiss. Ich habe diesen Vorentwurf als ein richtiges Armutszeugnis empfunden. Aber anstatt darüber zu jammern, möchte ich Dich herzlich bitten, zu folgenden Sachpunkten noch in diesem Monat (im Gespräch mit den beteiligten Kollegen, oder auch durch Besprechung im Senat) um gewisse Klärungen bemüht zu sein und den Schriftgelehrten von der Abt[eilung] III[3] zu den entsprechenden Texten zu verhelfen:

1.) „Kleine Schritte": Jetzt ist nur von einer möglichen Ausweitung des Passierscheinabkommens und von der unverminderten Bereitschaft zur Regelung technischer Fragen die Rede.

Frage a: Ist Anfang März der Zeitpunkt gekommen, um von den Anwälten zu sprechen, wobei wir wissen müssen, dass Kaul nicht populärer geworden ist?[4]

Frage b: Sollen ein paar praktische Beispiele – wie Telefon – genannt werden?[5]

2.) Unser Wunsch, zu vertraglichen Abmachungen mit den Kirchen zu gelangen. Hier müsste ein Text zwischen Dir und Stein abgesprochen und die „Billigung" einer solchen Ankündigung durch die evangelische und katholische Seite erreicht werden.

3.) Presse – Fernsehen: Wie immer der Stand der Arbeiten der Senatskommission [ist], muss hierzu eine Bemerkung gemacht werden.

4.) Festwochen, Filmfestspiele: Es muss möglich sein, gewisse Hinweise zu geben, wie es nun weiter gehen soll. Darüber muss sicher im Senat gesprochen werden.[6]

5.) Zum Thema „innerstädtischer Verkehr" wird die S-Bahn überhaupt nicht erwähnt. Ob sich das aus den uns unterbreiteten Statistiken ergibt oder nicht – ich habe den bestimmten Eindruck, dass der Boykott abbröckelt. Soll das einfach so laufen oder ist dies nicht eine Sache, für die man, wenn wir sie zum Gegenstand technischer Gespräche machten, noch etwas bekommen könnte?[7]

6.) Bei den Fachverwaltungen habe ich ein ausgesprochen schlechtes Gewissen wegen der Gesundheit, zumal ich in Westdeutschland damit hausieren gehe, dass wir diese Gemeinschaftsaufgabe ernster nehmen müssen.

Meine herzliche Bitte: gemeinsam mit ein paar Kollegen aus [dem] Senat (und geg[ebenen]falls Fraktion) überlegen, ob hier nicht doch etwas zusätzlich getan werden kann. Natürlich darf es finanziell nicht alles ins Rutschen bringen, und selbstverständlich geht es nur mit Hoppe.[8] Aber ich meine wirklich, dass wir es hier mit einem Missverhältnis zu tun haben (abgesehen davon, dass die positiven Dinge besser herauskommen könnten als es im Vorentwurf der Regierung[serklärung] geschieht).

7.) 8. Mai: Alle Würdenträger einschl[iesslich] der gesamtdeutschen Klugscheisser vom Kuratorium [Unteilbares Deutschland] scheinen sich jetzt darin einig zu sein, dass nichts anderes stattfinden soll als eine Fernseh-Ansprache von Erhard.[9]

Erwägung: Sollte der Senat nicht sagen, er erbittet für diesen Tag eine Sitzung des Abg[eordneten]hauses, damit Senat und Fraktionen das sagen können, was von Berlin aus an diesem Tage zu sagen ist? – Dies wäre übrigens kein schlechter Abschluss der Regierungserklärung.

<u>Unter uns</u>: Wir könnten dann sogar noch überlegen, ob dies nicht ein Tag wäre, an dem die Belegschaften zum Rathaus ziehen, um selbst zu hören, was an diesem Tage über Berlin und Deutschland gesagt wird.

Herzliche Grüsse!
Dein Willy Brandt

Nr. 102
Vermerk des Regierenden Bürgermeisters von Berlin, Brandt, über ein Gespräch mit dem französischen Präsidenten, de Gaulle 2. Juni 1965[1]

AdsD, WBA, A 6, 104.

Das Gespräch, das für 45 Minuten angesetzt war, dauerte 70 Minuten und wurde im wesentlichen ohne Dolmetscher geführt. In freundschaftlicher Atmosphäre und mit grosser Offenheit wurden folgende Themen erörtert:
1) Die deutsch-französischen Beziehungen,
2) Die westliche Allianz und die westlichen Sicherheitskonzeptionen,
3) Stand der europäischen Zusammenarbeit und ihre weiteren Möglichkeiten,
4) Das Verhältnis zu Ost-Europa und zur Sowjetunion,
5) Die Wiedervereinigung und die deutsche Friedensregelung,
6) „Das Weltgeschehen" und
7) Die Situation in Berlin.

Zu 1)

de Gaulle äusserte seine Befriedigung über das Zusammentreffen. Habe den Eindruck, dass man von Geschäften (affaires) sprechen sollte.

R[egierender]B[ürger]m[eister] dankte für Möglichkeit des Gesprächs. Sagte, dass er über Berlin später etwas sagen möchte. Zunächst liege ihm daran, seiner Sorge über Stand der deutsch-französischen Beziehungen Ausdruck zu geben. Er möchte den General fragen, wie er diese Frage sehe.

de Gaulle: Er habe den Eindruck gehabt, dass er sich mit Adenauer über die Elemente einer gemeinsamen Politik einig gewesen sei. Die Präambel des Bundestages habe den Vertrag weitgehend entwertet, denn sie habe das gemeinsame Handeln von anderen abhängig gemacht. Aus dem Vertrag sei eine mehr sentimentale als politische Angelegenheit geworden. – Er kam zu einer insgesamt sehr kritischen – um nicht zu sagen: negativen – Bilanz des Vertrages, ohne allerdings Folgerungen in Bezug auf den Bestand des Vertrages zu ziehen.

R[egierender]B[ürger]m[eister] warf die Frage auf, ob es nicht ein Vorteil wäre, über Meinungsverschiedenheiten (z. B. betr. Verteidigungskonzeption) offen zu sprechen und gleichwohl in praktischen Bereichen enger zusammenzuarbeiten (z. B. Forschungsvorhaben in der EWG oder Rüstungsvorhaben in der westlichen Allianz).

de Gaulle antwortete, dass man auf deutscher Seite solche Möglichkeiten nicht oder kaum wahrgenommen habe. Man habe sich insbesondere bei militärischen Aufträgen diesetwegen an die USA gehalten.

Zu 2)

de Gaulle gab seiner Sorge darüber Ausdruck, dass die Europäer die Opfer einer falschen amerikanischen Strategie werden würden. Man bereite sich auf eine Abwehr mit konventionellen bzw. mit sogenannten taktisch-atomaren Waffen vor. Leidtragend würden beide Teile Deutschlands sein, wahrscheinlich auch Frankreich. Erforderlich sei der amerikanische Entschluss zum totalen Gegenschlag mit nuklearen Waffen. SU und USA seien entschlossen, keinen Krieg gegeneinander zu führen.

R[egierender]B[ürger]m[eister] gab zu, dass die Frage der Verteidigungskonzeption geklärt werden müsse. Er bitte jedoch, davon auszugehen, dass er das Verhältnis zu den Auslandsfaktoren in Paris nicht anders erörtere als in Washington. Die beiden Faktoren seien für die deutsche Politik nicht auswechselbar. Er sei jedoch der Meinung, dass Garantie und Engagement der Vereinigten Staaten bis zu einer grundlegenden Veränderung der weltpolitischen Lage unerlässlich bleiben.[2]

de Gaulle: Man möge ihn nicht für töricht halten. Selbstverständlich sei auch er der Meinung, dass die atlantische Allianz bestehen bleiben müsse. Über Einzelheiten der Organisation werde zu sprechen sein. Aber wenn er grundsätzlich gegen die NATO sei, würde nicht in diesen Tagen die Konferenz der NATO-Verteidigungsminister in Paris stattfinden.

R[egierender]B[ürger]m[eister]: Der General habe uns Deutsche vielleicht in Verdacht, wir gefielen uns in der Rolle von „Satelliten der USA". Das wäre ein Irrtum. Er müsste die Nachkriegsentwicklung richtig verstehen und sollte nicht auch seinerseits dazu beitragen, dass Deutschland über Gebühr um seine Entscheidungsfreiheit gebracht werde.

de Gaulle antwortete, dass er die Lage Deutschlands und diese Hinweise durchaus zu würdigen wisse.

Zu 3)

de Gaulle: Er halte es für nicht ernsthaft (ridicule), an der Realität der europäischen Nationen vorbeizugehen. Dabei halte er es für durchaus möglich, dass die Entwicklung in Richtung auf eine Konföderation verlaufe. Als mögliche Partner, über die EWG-Länder hinaus, nannte er Großbritannien, die skandinavischen Staaten und Spanien.

R[egierender]B[ürger]m[eister] knüpfte an Strassburger Rede des Generals an und betonte, dass er einer föderativen Entwicklung den Vorzug geben würde, aber auch eine qualifizierte politische Zusammenarbeit wäre ein Fortschritt. Warf die Frage auf, ob man sich auch um Regelungen zwischen EWG und Großbritannien bzw. EFTA kümmern sollte. Britisches Aufnahmeersuchen würde möglicherweise zu zusätzlichen Belastungen zwischen Paris und Bonn führen. Ob es nicht besser sei, einen mehrjährigen Vorgang Platz greifen zu lassen, in dessen Verlauf die verschiedenen Staaten die ihnen gemässe Zuordnung finden könnten.

de Gaulle: Er stimme mit diesem Gedankengang überein. Die EWG sollte keine „Zitadelle" werden. Frankreich stehe positiv zur Kennedy-Runde.[3] Man solle sich um ein vernünftiges Verhältnis zwischen EWG und Großbritannien bzw. EFTA und zwischen EWG und USA bzw. anderen Auslandsfaktoren bemühen.

Zu 4)

de Gaulle erörterte seine Vorstellungen über Veränderungen in der kommunistischen Welt.

R[egierender]B[ürger]m[eister] wies auf seine Anregungen und auf die Schritte der deutschen Politik hin. Er betonte: Unsere Politik in Ost-Europa ist nicht die einer „Speerspitze der USA". Sie darf nicht so gestaltet sein, dass sich die Sowjetunion unnötig herausgefordert fühlt. General muss auch wissen, dass er Zusammenarbeit mit Deutschland braucht, wenn seine Politik nicht scheitern soll.

Zu 5)

de Gaulle äusserte sich mit einem gewissen Sarkasmus: Es habe die Periode von Dulles gegeben, in der es westliche Politik gewesen sei, die Sowjetunion zu besiegen und danach die deutsche Frage zu lösen. Heute scheine man in Deutschland zu meinen, die deutsche Frage werde dadurch gelöst, dass die drei Westmächte von Zeit zu Zeit mit einer Petition in Moskau vorstellig werden. Frankreich sei für die Wiedervereinigung, obwohl es mit einem vereinigten Deutschland keine besonders guten Erfahrungen gehabt habe. Man müsse jedoch auf deutscher Seite wissen, dass es keine Chance für die Wiedervereinigung gebe, wenn nicht die Grenzen gegenüber der CSR und Polen anerkannt würden.

R[egierender]B[ürger]m[eister] betonte, dass er deutsche Frage als Teil eines geschichtlichen Prozesses sehe und erläuterte seine bekannten Auffassungen zum Problem einer Friedensregelung. Er betonte in Bezug auf die Grenzfragen die rechtlichen, menschlichen und psychologischen Probleme (bezüglich der rechtlichen Probleme auch die Bindung Frankreichs durch den Deutschland-Vertrag). Er erwähnte die Vorschläge von Wenzel Jaksch als Präsidenten des Bundes der Vertriebenen über wirtschaftliche Zusammenarbeit mit Ost-Europa.[4] Ausserdem sei es von entscheidender Bedeutung, ob die Wiedervereinigung des Volkes gegenüber anderen Faktoren abzuwägen sei oder ob man nur „Vorleistungen" zu bringen habe. Er gebe im übrigen die Hoffnung nicht auf, dass sich in Bezug auf die Grenzziehung Modifikationen erzielen liessen. – Der General habe im Zusammenhang mit einer Friedensregelung auch von der Bewaffnung Deutschlands gesprochen. Dazu sei aus deutscher Sicht zu sagen: Selbstverständlich würde sich ein wiedervereinigtes Deutschland in die ausgehandelten Bedingungen eines europäischen Sicherheitssystems zu finden haben. Für die Bundesrepublik sei es jedoch unerlässlich, dass sie über ein Mitspracherecht in Bezug auf die nukleare Verteidigung der Allianz verfüge und ausserdem jene Erfahrungen einhole, die für die zivile Industrieproduktion von vitaler Bedeutung sind.

de Gaulle mokierte sich über den Ausdruck „Mitspracherecht". Ob [der] R[egierende]B[ürger]m[eister] ernsthaft glaube, dass eine Atommacht andere wirklich mitsprechen lasse. In Ost und West sei man sich im Grunde einig darüber, dass Deutschland besser aus der atomaren Rüstung herausbleibe.

R[egierender]B[ürger]m[eister] unterstellt, es gäbe eine russische Furcht, warum macht man nicht daraus einen Punkt der Verhandlung? Warum versucht man nicht, dafür einen zumindest bescheidenen politischen Fortschritt zu erzielen?

de Gaulle: Er habe doch – z. B. in seiner Pressekonferenz am 4. Februar – nichts anderes versucht, als die andere Seite wissen zu lassen, welche entscheidenden Fragen in eine Friedensregelung einbezogen werden müssen. Aber die Frage für ihn bleibe, ob die Deutschen daran wirklich interessiert seien. Frankreich könne zur Not auch mit einem geteilten Deutschland leben.

R[egierender]B[ürger]m[eister] schnitt in diesem Zusammenhang auch die Formel von einer sogenannten „Europäisierung" der deutschen Frage an, anerkannte das Interesse der west- und ost-europäischen Staaten, das allerdings die besondere Verantwortung der Vier Mächte nicht tangieren könne.[5]

de Gaulle widersprach dem nicht, fügte diesem Gegenstand auch nichts hinzu.

Zu 6)

de Gaulle machte Ausführungen über die Entwicklungen in Asien und Lateinamerika (ohne einzelne Länder zu nennen). Frankreich habe sich zur selbständigen Beurteilung weltpolitischer Vorgänge entschlossen. Die Bundesrepublik sei dazu offensichtlich nicht bereit. Als Beispiel führte er an: Wenn die Russen Druck auf Berlin ausüben, widersetzen wir uns dem. Nachdem sich ernste Differenzen zwischen Russland und China ergeben hatten, entschlossen wir uns, China anzuerkennen.

Zu 7)

R[egierender]B[ürger]m[eister] bezog sich auf Unterhaltung in St. Dizier vor zwei Jahren[6] und berichtete über
  a) Stabilisierung in Berlin,
  b) weiterbestehende Risiken, die aber wohl nicht zu dramatischer Zuspitzung führen würden,
  c) kleine Schritte zu menschlicher Erleichterung, von denen man jedoch keine eigentliche politische Veränderung erwarten dürfe.
de Gaulle äusserte sich sehr positiv – in deutscher Sprache – über die Politik der kleinen Schritte.

R[egierender]B[ürger]m[eister] erinnerte daran, dass General in Berlin immer willkommen sein würde. Vielleicht ergebe sich in absehbarer Zeit eine Situation, in der es nützlich sein könnte, von Berlin aus Dinge zu sagen, die für ganz Europa von Bedeutung sein würden.

de Gaulle widersprach dem nicht, entwickelte aber seine Reprise, dass er unter den gegenwärtigen Umständen nicht nach Berlin kommen könne, „um nicht die Mauer anzuerkennen".[7]
Paris, den 3. 6. 1965
Br[andt]/ki

Ergänzung zum Vermerk über Gespräch mit de Gaulle am 2. 6. 65[8]

Zu 2): Botschafter Klaiber sagte mir, die französische Niederschrift, die ihm vom dortigen Außenministerium zur Kenntnis gebracht wurde, habe eine negativere Tendenz, das heißt, sie spreche stärker davon, daß die amerikanische „Vorherrschaft" überwunden werden müsse.

Zu 5): Hierzu ist nachzutragen, daß de Gaulle seine Argumentation dahin zuspitzte, daß wir keine atomare Bewaffnung anstreben dürften, wenn wir die Wiedervereinigung erreichen wollten.

Zu 7): Betr. etwaigen Berlin-Besuch stellte de Gaulle Vergleiche mit Kennedy und der englischen Königin an. Er wiederholte nicht das Argument, das er mir vor zwei Jahren gesagt hatte, nämlich, daß die deutsche Regierung ihm nicht vorgeschlagen gehabt habe, Berlin zu besuchen.

‹Br[andt]›⁹

‹zu 1): Die Presse sollte sich mässigen. In Paris sei das weitgehend der Fall.›¹⁰

Nr. 103
Fernschreiben des Regierenden Bürgermeisters von Berlin, Brandt, an den Bundeskanzler, Erhard
22. Juni 1965¹

AdsD, WBA, A 6, 173.

Sehr geehrter Herr Bundeskanzler!
Wie ich erfahren habe, finden wegen der Flüge sowjetzonaler Hubschrauber über Berlin Konsultationen zwischen der Bundesregierung und den Alliierten statt.² Ich möchte darauf hinweisen, daß der Senat von Berlin diese Angelegenheit für sehr wichtig hält und dankbar wäre, wenn er über Verlauf und Ergebnis der Konsultationen unterrichtet werden würde.

Die Bestimmungen über die Flüge in der Berliner Kontrollzone sind in einem alliierten Dokument enthalten, das auch die Vorschriften über die Flüge in den Luftkorridoren regelt.³ Die Flüge der sowjetzonalen Hubschrauber über Berlin verletzen somit die Rechtsgrundlage, die für die Luftsicherheit bei Flügen von und nach Berlin gilt. Hinzu kommt die Beunruhigung, die durch das Überfliegen West-Berliner Territoriums hervorgerufen wird.

Wegen der grundsätzlichen Bedeutung der Angelegenheit und im Hinblick auf die Erfolglosigkeit der alliierten Proteste in der Berliner Luftsicherheitszentrale möchte ich zu erwägen geben, daß die Bundesregierung den alliierten Mächten rät, ihre Proteste auf höherer Ebene anzubringen. Da der erste Hubschrauberflug dieser Art am 25. März stattgefunden hat und seit Anfang diesen Monats eine Intensivierung solcher Flüge festzustellen ist, erscheinen Schritte unmittelbar gegenüber der Regierung in Moskau ratsam.⁴

Mit ausgezeichneter Hochachtung
Willy Brandt⁵

Nr. 104
Hs. Notizen des Regierenden Bürgermeisters von Berlin, Brandt, über den Bundeskanzler, Erhard
27. Juli 1965[1]

AdsD, WBA, A 3, 214.

Erhard
Aus Erhards permanenten Initiativen wurde eine permanente Abfuhr.

Wo immer er zu einem Schlag ausholte, wurde es ein Schlag ins Wasser.

Es ist notorisch, dass Erhard dem Ringen um die Passierscheine nur mit halbem Herzen zugestimmt hat.[2]

Eine schwülstige Sprache, quallige Redensarten zeugen von unklarem Denken. Mit einem „schwafelnden Regiment" ist Deutschland nicht zu führen. Sprüchemachen ersetzt keine solide Arbeit.

Gute Vorsätze ersetzen keine gute Führung. „Seelenschmalz" ist kein Ersatz für planvolles Handeln.³

Mangelnde Selbstkritik enthüllt sich im Schimpfen auf den Andersdenkenden. Erhards Ausbrüche zeugen von Unsicherheit und Unvermögen.

Erhard ist der Gefangene altmodischer Theorien. Deshalb warnt er angesichts der vernachlässigten Gemeinschaftsaufgaben vor „zu viel Staat". Es ist grotesk: der Chef der Regierung unterliegt antistaatlichen Gefühlen.

Noch auf dem CDU-Kulturkongress in Hamburg erklärte E[rhard], „das Gerede über einen angeblichen Bildungsnotstand" sei „masslos übertrieben".

Auf dem Deutschen Ärztetag (26. Mai 1965, Berlin) meinte er, es werde die Auffassung suggeriert, dass es um den Gesundheitszustand des deutschen Volkes schlecht bestellt sei. Und er bat die Ärzte, in diesem Sinne „aufklärend zu wirken".

Nr. 105
Schreiben des Regierenden Bürgermeisters von Berlin, Brandt, an den Botschafter im Ruhestand Duckwitz
26. Oktober 1965

AdsD, WBA, A 6, 49.

Sehr verehrter, lieber Herr Duckwitz,
haben Sie herzlichen Dank für Ihren Brief vom 25. September.¹

Sie mögen recht haben mit der Meinung, daß meine nach außen gewandte Wirksamkeit als Berliner Bürgermeister durch das starke innenpolitische Engagement seit 1960/61 beeinträchtigt worden ist.

Aber das war nicht zu umgehen, jedenfalls ist es nachträglich nicht mehr zu ändern. Ich kann auch in der gegenwärtigen Lage nicht aus dem Vorsitz meiner Partei ausscheiden. Damit würde ich zu viele meiner Freunde enttäuschen.[2] Die besondere Verantwortung des Berliner Bürgermeisters wird jedoch wieder deutlicher werden. Zu Tagesfragen werde ich mich seltener äußern. Da ich weiterreichende „Ambitionen" auf ein Staatsamt abgeschrieben habe, kann ich mich unbeschwerter und gelegentlich wohl auch unbequemer zu wesentlichen Fragen äußern.

Ich weiß es sehr zu schätzen, daß Sie mir Ihren Rat anbieten. Darauf möchte ich gern zurückkommen. Schon auf kurze Sicht bin ich für jeden Hinweis dankbar, der uns dabei hilft, Berlin in der sich wandelnden außenpolitischen Landschaft richtig zu placieren. Beispielsweise müßte diese Stadt in den zunehmenden Osthandel stark einbezogen werden, statt von ihm ausgeschlossen zu bleiben.[3] Es sollte auch versucht werden, gerade hier deutlich zu machen, wie sehr wir daran interessiert sind, die Lösung der deutschen Frage mit dem allgemeinen Friedensinteresse auf einen Nenner zu bringen.

Mit besten Grüßen
Ihr
(Willy Brandt)[4]

Nr. 106
Aus der Ansprache des Regierenden Bürgermeisters von Berlin, Brandt, vor dem Verein Berliner Kaufleute und Industrieller 1. Dezember 1965[1]

Berliner Aufgaben 1966. Die Ansprache des Regierenden Bürgermeisters von Berlin, Willy Brandt, am 1. Dezember 1965 vor dem „Verein Berliner Kaufleute und Industrieller e.V.". Hrsg. vom Presse- und Informationsamt des Landes Berlin, Berlin 1966.

[...][2]

Berlin ist die Hauptstadt

Ich halte die Vorstellung für abwegig, wir hätten zwischen den Begriffen und Aufgaben „Hauptstadt" und „Industriestadt" zu wählen. Im Bewußtsein der überwiegenden Mehrheit des deutschen Volkes ist Berlin die Hauptstadt. Indem wir uns als Industriestadt qualifizieren und unsere Wirtschaftskraft stärken, entsprechen wir nicht nur aktuellen Notwendigkeiten, sondern beeinflussen auch gesamtpolitische Entwicklungen. Aus dem hauptstädtischen Anspruch allein erwächst keine Wirtschaftskraft. Wenn wir aber zeigen, was die Deutschen unter den besonderen Bedingungen Berlins zu leisten imstande sind, erwachsen daraus Kräfte, die ganz Deutschland und seiner Hauptstadt zugute kommen.

Wie ist die Lage, in der wir uns bewegen? Wir sind etwas in den Windschatten der großen Politik geraten. Es gibt keine unmittelbare Bedrohung. Am europäischen Horizont sind keine Sturmzeichen erkennbar. Ohne Not möchten wir auch nicht wieder Gegenstand alarmierender Schlagzeilen werden. Wir sind nicht an Spannungen interessiert, sondern an einer Entspannung, die diesen Namen verdient.

Die direkte, akute Bedrohung wurde abgewehrt, aber damit ist die Stadt nicht „aus der Gefahrenzone". Es gibt eine andere Bedrohung, die man als zeitgeschichtliches Abstellgleis charakterisieren kann. Neue Entwicklungen können an uns vorbeilaufen. Ohnehin zeichnet sich ab, daß die Entwicklung zur Lösung der deutschen Frage anders verläuft, als viele von uns angenommen hatten. Neue politische Linien und Verbindungen, die sich zwischen Ost und West entwickeln oder entwickelt werden, könnten an unserer Stadt vorbeigehen oder bewußt um sie herumgeführt werden.

Ignoranz, Desinteresse und Routine können eine gegen uns gerichtete Politik des Status quo fördern. Dieser Gefahr gilt es zu begegnen. Nach innen und außen muß der Bedrohung entgegengewirkt werden, die durch ein Sichabfinden, durch Passivität und Treibenlassen entstehen kann.

Die früheren Rechnungen unserer Gegner sind durchkreuzt worden durch unser Verhalten, unsere Initiativen, mit Hilfe unserer Freunde. Jetzt spüren wir keine Hand an der Gurgel. Aber die sowjetische Politik bleibt – trotz der Sorgen, die sie mit China hat – bestrebt, uns zu isolieren; uns auf diese Weise zu schaden und auf diesem Wege deutsche, europäische und westliche Interessen zu schmälern. Die Formel von der „besonderen administrativen Einheit" wirkt harmlos. Sie trägt jedoch den realen Gegebenheiten nicht Rechnung. Es liegt an uns, dafür zu sorgen, daß auch die neuen Rechnungen nicht aufgehen.

Auf diesem Hintergrund halte ich neue, besondere Anstrengungen zur Stärkung Berlins für nötig. Berlin ist Deutschlands Hauptstadt, die den Krieg erfahren hat und die dem Frieden dienen will.

Berlin liegt in der Mitte Europas. Die geographische Lage muß nicht nur Last sein. Sie kann auch Vorteil sein, den es zur rechten Zeit zu erkennen und zu nutzen gilt.

Nicht isolieren lassen

Die Zukunft Berlins ist von der Zukunft Deutschlands nicht zu trennen. Dies bleibt der politische Ausgangspunkt. Doch der Ausbau Berlins muß unabhängig davon, wann die deutsche Frage gelöst werden kann, vorangetrieben werden, zumal sich greifbare Ansatzpunkte für eine solche Lösung noch nicht herausgebildet haben. In dieser Situation kommt es entscheidend darauf an, daß Berlin sich nicht isolieren läßt. Der Gefahr einer Isolierung muß in dreifacher Hinsicht begegnet werden:

Erstens im Verhältnis zur Bundesrepublik Deutschland, zu der wir nach eigenem Willen und nach deutschem Recht gehören.

Zweitens im Verhältnis zu den westlichen Schutzmächten, die hier ihr Wort verpfändet und uns verläßlich beigestanden haben; und die auch das Recht auf freien Zugang zu einem der wesentlichen Elemente, der „essentials", ihrer Berlin-Politik erklärten.

Drittens darf Berlin sich auch nicht isolieren oder isolieren lassen von den Ost-West-Beziehungen, die sich verändern. Auf diesen Punkt, der neu erscheinen mag, darf ich zurückkommen.

[...][3]

Den gesamtdeutschen Interessen dienen

Es bedarf hoffentlich keines Nachweises, daß die politische Führung dieser Stadt nicht aus Ignoranten besteht. Wir wissen um die Wandlungen, die die weltpolitische Landschaft verändern. Und wir haben kein Interesse daran, eine mögliche, zunehmende Entspannung zwischen Ost und West zu erschweren. Wir müssen leider ohnehin davon ausgehen, daß die Mauer nur im Zusammenhang mit größeren politischen Veränderungen wird überwunden werden können. Bei sorgfältiger Abwägung der Chancen und Risiken muß und wird unsere Stadt bestrebt sein, an einer sich ausweitenden Kommunikation mit dem Osten teilzunehmen. Dem einen oder anderen wird bekannt sein, daß ich meine Harvard-Vorlesungen im Herbst 1962 unter das Motto „Koexistenz – Zwang zum Wagnis" stellte, und daß ich in einer Ausarbeitung vom Sommer 1964 ein hohes Maß an illusionsloser, sachlicher Kooperation im gespaltenen Europa empfohlen habe.[4]

Im Verhältnis zur Sowjetunion und den osteuropäischen Staaten bedarf es langfristiger Bemühungen der deutschen Politik, um die

Beziehungen zu normalisieren. Aus Berliner Sicht kann nur dringend empfohlen werden, gesamtdeutschen Interessen auch dadurch zu dienen, daß sie mit ernsthaften Bemühungen um die Sicherung des Friedens auf einen Nenner gebracht werden.

Darf ich übrigens darauf hinweisen, daß die Berliner Tageszeitungen in dieser Woche die Aufmerksamkeit auf den Krieg in Vietnam gelenkt haben. Ich begrüße es, wenn gerade auch durch unabhängige Initiativen bei unseren Menschen der Zusammenhang der weltpolitischen Ereignisse wachgehalten wird, wenn gerade in Berlin die humanitären Werte gepflegt werden, ohne die uns das Leben nichts wert ist, und daß wir uns in dieser schweren Auseinandersetzung – das sage ich ganz bewußt – unseren amerikanischen Freunden ebenso verbunden fühlen wie mit dem leidgeprüften vietnamesischen Volk.[5]

Für eine Ausweitung des Interzonenhandels

Es wäre abwegig anzunehmen, wir wollten der Sowjetunion oder einem anderen Staat unseren Rechtsstandpunkt mit Kulturabkommen oder Wirtschaftsverträgen aufzwingen. In der Hoffnung auf tatkräftige Unterstützung aller Verantwortlichen in der Bundesrepublik werden wir uns aber auch energisch gegen alle Versuche zur Wehr setzen, uns mit Hilfe solcher Abkommen und Vereinbarungen aufs Kreuz zu legen. Wie die Erfahrung zeigt, kann man mit unterschiedlichen Rechtsstandpunkten eine ganze Weile nebeneinander und miteinander leben. Man darf nur nicht meinen, uns für dumm verkaufen zu können.

Der Handel zwischen Ost und West spielt heute eine wichtigere Rolle. Vermutlich wird er selbst dann an Bedeutung gewinnen, wenn wesentliche politische Fortschritte nicht erzielt werden sollten. Wir müssen wissen: ein um Berlin herumgeleiteter Ost-West-Handel würde zu einem Faktor zusätzlicher Isolierung werden.

Berlin kann aber auch seine insoweit günstige geographische Lage ins Feld führen und sich bewußter einschalten in die Handelsbeziehungen zwischen Ost und West. Hier liegt ein Feld für fruchtbare Zusammenarbeit zwischen Berliner und westdeutschen Betrieben. Hier bieten sich auch Möglichkeiten an Ort und Stelle, wenn sie rechtlich und politisch genügend abgesichert werden können. Vergleichbares gilt für die kulturelle und wissenschaftlich-technische Kommunikation.

Der Senat geht diesen Fragen nach – wir haben sie auch in unseren letzten Regierungserklärungen schon angedeutet – und wird um solche Antworten bemüht sein, die unserer Stadt zuträglich sind. Ich glaube, sie werden sich mit den Interessen derer in Einklang befinden, die für unsere Sicherheit einstehen. Daß wir nicht aus dem Gesamtrahmen der deutschen Politik ausbrechen, bedarf kaum einer Unterstreichung.

Unsere Auseinandersetzung mit dem Zonenregime, in der es keine ideologische Pause gibt, hat sich im Grundsatz nicht verändert. Sie ist mit dem Verhältnis zu den osteuropäischen Staaten nicht einfach auf einen Nenner zu bringen. Trotzdem bleiben wir verpflichtet, in allen den Formen um menschliche, technische, wirtschaftliche und kulturelle Bindungen im gespaltenen Deutschland bemüht zu sein, die keinen Zweifel an unserem Willen zur Einheit Deutschlands in gesicherter Freiheit aufkommen lassen. Der Handel zwischen den beiden deutschen Währungsgebieten interessiert Berlin natürlich in besonderem Maße. Es ist seit langem bekannt, daß wir – in Formen, die den beiderseitigen Interessen dienen – für eine Ausweitung des Interzonenhandels sind. Wir melden unsere Interessen auf diesem Gebiet erneut an und weisen auch mit Nachdruck auf die Zweckmäßigkeit hin, Fragen des Handels und des Verkehrs zwischen den beiden Teilen Deutschlands in dem gebotenen logischen Zusammenhang zu sehen.

Frei von Illusionen

Meine feste Überzeugung ist es, daß wir bei Wahrung unserer Grundsätze weiter beharrlich versuchen müssen, menschliche Erleichterungen im geteilten Berlin und im gespaltenen Deutschland zu erreichen.

Was man die Politik der kleinen Schritte nennt, hat bewiesen, daß begrenzte praktische Regelungen möglich sind. Von Illusionen sind wir frei: Kleine oder mittlere Schritte führen nicht automatisch auf den Weg zur deutschen Einheit. Über ihren Eigenwert für die betroffenen Menschen hinaus stärken solche Bemühungen jedoch den Zusammenhalt im gespaltenen Deutschland und erhalten den Willen zur Einheit lebendig.

Die Passierscheinfrage ist in ihrem Kern keine Frage der Außenpolitik, sondern eine Frage des innerstädtischen Verkehrs. Ohne unser Zutun und ohne Not ist sie sehr viel höher gespielt worden. Es bleibt bei unserer Entscheidung, keine Übereinkünfte gegen den Willen der Bundesregierung oder der Schutzmächte zu treffen. Diese Einschränkung entbindet uns jedoch nicht von der Verantwortung zur eigenen Initiative.

Die neue Passierscheinübereinkunft ist kein Anlaß zum Jubel.[6] Aber es ist gut, daß die Menschen zu Weihnachten und zu Neujahr mit ihren Angehörigen drüben zusammentreffen können und daß die Stelle für dringende Familienangelegenheiten ihre Tätigkeit wieder aufnehmen konnte. Anfang 1966 werden wir vor der Notwendigkeit stehen, uns um bessere Vereinbarungen zu bemühen. Ich kann nur hoffen, daß man bis dahin an mehr als einer Stelle aus den Vorgängen der letzten Monate gelernt haben wird. Daß unbefriedigende technische Regelungen mit den Behörden in Ostberlin nicht nur Zustimmung finden, sondern auch eine Quelle des Unbehagens sind, ist mir durchaus verständlich. Gefühlsbetonte Kommentare, die in der Sache nicht weiterhelfen, will ich auf sich beruhen lassen. Sie sollten nur nicht als eine nachträgliche Rechtfertigung jener Hilflosigkeit und Impotenz erscheinen, die wir aus der doppelten Mauer-Krise in trauriger Erinnerung haben. Von Kritikern, die ernst genommen werden wollen, kann man außerdem erwarten, daß sie sich sachkundig machen. Mit Kassandrarufen ist Berlin ebensowenig gedient wie mit Wunschdenken.

[...][7]

Nr. 107
Schreiben des Regierenden Bürgermeisters von Berlin, Brandt, an das Mitglied der SPD Repschläger
1. Februar 1966

AdsD, WBA, A 6, 54.

Lieber Genosse Repschläger,
Kurt Mattick hat mir Deinen Brief vom 3. Januar zur Kenntnis gegeben.[1]

Der Ausdruck „Hysterie" bezog sich auf Kreise, die – nicht zum ersten und wohl auch nicht zum letzten Mal – am Werk waren, um der Stadt ihren Willen aufzuzwingen. Mir behagen die politischen Aktivitäten von Wolfgang Neuss durchaus nicht.[2] Aber wo kämen wir hin, wenn draußen der Eindruck entstünde, wir würden dadurch umgeworfen, daß die Frau von Wolfgang Harich hier Songs vorträgt?[3]

Was die Aktivitäten angeht, die meine Söhne als Angehörige der „Falken" oder auf eigene Faust entfalten, so wird dadurch das uralte Problem der Generationen aufgeworfen. Es mag bedauerlich sein, daß meiner Überzeugungskraft in der eigenen Familie Grenzen gesetzt sind, aber so ist es. Ich möchte als Familienvater nicht ohne Not mit Zwang „regieren", sondern vertraue darauf, daß meine Söhne wie andere junge Leute schon den richtigen Weg finden werden, wenn sie ihre eigenen Erfahrungen gemacht haben.
Mit freundlichen Grüßen
gez. W[illy] B[randt][4]

Nr. 108
Erklärung des Regierenden Bürgermeisters von Berlin, Brandt, zu den Demonstrationen vor dem Berliner Amerika-Haus
5. Februar 1966

Pressedienst des Landes Berlin, Nr. 26 vom 7. Februar 1966.

Die große Mehrheit der Berliner ist nicht gewillt, das Ansehen dieser Stadt durch unverantwortliche Minderheiten in Gefahr bringen zu lassen.[1] Extremismus und Hysterie[2] widersprechen dem gesunden Menschenverstand und den Erfahrungen, die wir in langen Jahren gesammelt haben. Schande über Berlin bringen solche Gruppen, die das Vertrauen zu den Schutzmächten zerstören wollen und die deutsch-amerikanische Freundschaft besudeln. Alle Welt weiß, daß wir mit solchen Elementen und den sie unterstützenden SED-Leuten nichts zu tun haben.[3]

Da Berlin so sehr einbezogen ist in die Konflikte dieser Zeit, kann es selbstverständlich von dem damit verbundenen Streit der Meinungen nicht unberührt bleiben. Studenten und andere junge Menschen haben hier – angesichts der Mauer – das gleiche Recht wie anderswo unter den Bedingungen der Demokratie, ihre Meinung zu sagen, ihre Sorgen zu formulieren, ihren Weg zu finden. Das gilt besonders auch für den Frieden der Welt und für die Zukunft der Demokratie. Wem diese Sorgen am Herzen liegen, der wird vor falschen Freunden auf der Hut sein müssen.[4]

Man sollte einen deutlichen Unterschied machen zwischen kritischen Studenten und politischen Rowdies. Aber ich will keinen Zweifel daran aufkommen lassen, daß ich die Vietnam-Frage anders sehe als die insoweit kritische Studentenschaft.[5] Erstens erscheint mir der Friedenswille der amerikanischen Demokratie unbezweifelbar. Zweitens halte ich es für sicher, daß die umfassenden Verpflichtungen und die begrenzten Ziele der amerikanischen Politik in Südostasien dem gedeihlichen Zusammenleben der Völker dienen. Und drittens kann ich nur nachdrücklich davor warnen, daß wir Deutschen uns in der Weltpolitik als Lehrmeister aufspielen.

Nr. 109
Vermerk des Regierenden Bürgermeisters von Berlin, Brandt, über ein Gespräch mit dem Präsidenten der Vereinigten Staaten von Amerika, Johnson
23. Februar 1966

AdsD, WBA, A 6, 105.

Begegnung mit Präsident Johnson
New York 23. Februar 1966

Der Präsident hatte mich einladen lassen, ihn nach seiner Rede im Waldorf auf dem Weg zum Kennedy-Flugplatz zu begleiten.[1] In seinem Wagen fuhren außerdem Chief Justice Warren, Senator Robert Kennedy und Solicitor-General Marshall.[2] Auf dem Flugplatz bat mich der Präsident, zu einem zehnminütigen Vier-Augen-Gespräch im Wagen zu bleiben.

Zunächst dankte er dafür, daß ich an der zu seinen Ehren durchgeführten Veranstaltung (Freedom Award) teilgenommen hätte. Besonders erfreut zeigte er sich über die Rede, die der mir gut bekannte (und mit der Arbeit der Friedrich-Ebert-Stiftung verbundene) Farbigenführer Roy Wilkins[3] gehalten hatte. In seiner eigenen Rede und danach gab er zu erkennen, daß Dean Rusk und Arthur Goldberg[4] sein besonderes Vertrauen geniessen.

Die erste Frage des Präsidenten bezog sich auf die Lage in Berlin. Ich gab einen kurzen Überblick und fügte hinzu, daß ich in Berlin gesagt hätte, ich fahre nicht mit akuten Sorgen nach Amerika und möchte dem Präsidenten nicht zusätzliche Lasten auf die Schultern laden. Darauf erwiderte er, daß er Berlin nie als Last, sondern stets als etwas empfunden habe, was ihm Kraft gegeben und Freude bereitet habe. („You always gave me strength and pleasure")

Senator Kennedy stellte eine Zusatzfrage wegen des „Freikaufs" von politischen Gefangenen aus der Zone.[5]

Über den Vorfall vor dem Amerikahaus in Berlin am 5. Februar wurde kein Wort verloren. Man hat davon in den USA nicht oder kaum Notiz genommen. General Clay, den ich vormittags gesehen hatte und der an allen Berlin-Fragen unvermindert interessiert ist, hatte beispielsweise von jenem Vorfall, dessen Peinlichkeit auf dem Hintergrund der lebhaften Auseinandersetzungen in den Vereinigten Staaten doch stark relativiert wird, keine Ahnung.[6]

Der Präsident machte im weiteren Gespräch keinen Hehl daraus, daß seine Energie gegenwärtig ganz überwiegend durch Vietnam in Anspruch genommen ist. Er erwähnte eine noch nicht veröffentlichte Meinungsbefragung, aus der sich die aus seiner Sicht nicht unbedenkliche Tatsache ergebe, daß die „Falken" an Boden gewonnen hätten. Bis vor kurzem sei das Verhältnis etwa so gewesen: „Tauben" zehn Prozent, „Falken" 30 Prozent, „Wir" 60 Prozent. Jetzt hätten „wir" elf Prozent eingebüßt, ausschließlich zugunsten der „Falken". Dies sei vermutlich ein Ergebnis der Hearings in Washington. Er halte die öffentliche Auseinandersetzung nicht für schlecht, denn sie beteilige Millionen an der Willensbildung. Allerdings sei er darauf vorbereitet, daß die Kongreßwahlen im November den Demokraten eine Enttäuschung bereiten könnten. Es sei ohnehin normal, daß die regierende Partei bei den Zwischenwahlen Positionen einbüsse.

Der Präsident erzählte von seiner Unterhaltung nachmittags mit Hubert Humphrey („Your friend, the Vice-President"), der gerade von seiner Asienreise zurückgekehrt sei und mit besonderem Enthusiasmus an die nichtmilitärischen Aufgaben herangehe.[7] In diesem Zusammenhang erwähnte L[yndon]B[aines]J[ohnson], daß er die Mitwirkung der Bundesrepublik an dem Weltbank-Vorhaben in Manila dankbar begrüsse. (Die neuen Vorstellungen amerikanischer Regierungsstellen über „nation-building"-Programme in Südostasien hatte mir ein Beamter aus Washington vorher erläutert und deutlich gemacht, daß dies eine andere Dimension als die nur-humanitäre sei.)

Auf meine Frage, ob es irgendwelche Zeichen für ein Einlenken Hanois gebe, antwortete der Präsident, dies sei nicht der Fall („they ask us go to hell"). Am Tage vor Shastris Tod habe er die Hoffnung gehabt, daß sich aus dessen Gespräch mit Kossygin etwas Positives ergeben könnte, denn Kossygin habe in Aussicht gestellt gehabt, Shastris Anregungen durch Scheljepin weiterverfolgen zu lassen.[8] Nach dem jetzigen Stand müsse man sich auf einen langwierigen Konflikt einstellen. L[yndon]B[aines]J[ohnson] fragte beiläufig, wie das deutsche Volk auf Vietnam reagiere („Are they getting upset?"). Ich gab ihm hierzu einige Hinweise.[9]

In einem anderen kurzen Gesprächsteil äußerte sich L[yndon]B[aines]J[ohnson] kritisch über die Pressekonferenz des französischen Präsidenten. De Gaulles Reden seien nie besonders hilfreich gewesen. Er habe vergeblich gehofft, sie würden nach den Wahlen etwas mehr „sober" [„nüchtern"] werden.[10] – Einzelfragen der Allianz, wie ich sie am gleichen Tage mit Clay und vor allem mit McCloy erörtert hatte, kamen hier nicht zur Sprache. Gleichwohl wurde ich in meinem Eindruck bestärkt, daß unseren deutschen Fragen nur dann Beachtung geschenkt werden wird, wenn wir selbst sie in angemessener Weise aktualisieren und in die größeren Zusammenhänge einzuordnen verstehen.

Persönliche Fragen stellte der Präsident in bezug auf Dr. Adenauer und Botschafter McGhee.[11]

Im Vier-Augen-Gespräch kam L[yndon]B[aines]J[ohnson] auf Vietnam zurück. Er unterstrich seine Entschlossenheit, aber auch seine Hoffnung auf einen akzeptablen Frieden. Der Präsident machte einen beanspruchten, aber keinen gehetzten oder gesundheitlich überstrapazierten Eindruck.[12]

W[illy] B[randt][13]

25. Febr[uar] 1966

Nr. 110
Schreiben des Regierenden Bürgermeisters von Berlin, Brandt, an Norman Thomas
4. März 1966

AdsD, WBA, A 6, 105.

Lieber Norman Thomas,
zunächst meinen herzlichen Dank für die Aufrichtigkeit und Noblesse Ihres Briefes.[1]

Als einer der Träger des Freedom Award bin ich – wie im vorigen Jahr, als Harry S. Truman ihn bekam – zur Verleihung dieses Jahres eingeladen worden. Ich habe diese Einladung angenommen, weil sie Gelegenheit zu wertvollen Gesprächen bot und weil ich dem Präsidenten der Vereinigten Staaten meinen Respekt bekunden wollte.[2] Bei meiner Abreise aus Deutschland habe ich freilich noch nicht geahnt, wie tief, ernst und vielschichtig neuerdings die Debatte ist, die das amerikanische Volk über Vietnam führt. Der Umfang dieser Debatte ist uns in Deutschland, ich glaube in Europa, noch nicht genügend zum Bewußtsein gekommen.[3]

Meine Freunde in Amerika vertreten sehr unterschiedliche Haltungen über Zweckmäßigkeit, Sinn, Grenzen und Verantwortbarkeit der gegenwärtigen Vietnam-Politik der Vereinigten Staaten. Wir Deutsche sind keine Lehrmeister für Weltpolitik. Wir sollten aber gewiß auch nicht bloß Mitläufer sein, kein Satellit, der alles gut und schön findet, was die westliche Führungsmacht für richtig hält.

Ich wende mich insbesondere gegen vereinfachende, sachlich nicht fundierte Vergleiche zwischen Vietnam und Berlin.[4] Dennoch werden Sie sicher dafür Verständnis haben, daß für Deutschland und für die anderen Verbündeten und Freunde der Vereinigten Staaten ein Moment eine besondere Rolle spielt: Die Glaubwürdigkeit amerikanischer Garantien und eines gegebenen amerikanischen Wortes stehen auch in Vietnam auf dem Spiel. Die Verläßlichkeit der Vereinigten Staaten dort zu beweisen, hilft auch in anderen Teilen der Welt falsche Interpretationen oder Unterschätzungen der amerikanischen Festigkeit verhindern und damit den Frieden sichern. Gerade, wer wie ich, auf eine substantiierte Entspannung zwischen Ost und West hofft, kann nicht aus den Augen verlieren, daß in Vietnam auch darüber entschieden wird, ob die chinesische These vom amerikanischen Papiertiger und von der Möglichkeit begrenzter, stellvertretender Kriege gegen eine dagegen hilflose Atommacht die Oberhand behält.

Es kann sein, daß die Menschen in den Vereinigten Staaten erst in dieser Phase sich völlig bewußt werden und darüber erschrocken sind, welche Bürde es ist, Weltmacht zu sein, und daß damit leider häufig die Entscheidung für ein geringeres Übel verbunden ist. Mein Eindruck, daß Präsident Johnson einem Frieden unter vertretbaren Bedingungen zustrebt, hat sich nicht verändert.[5]

Meinen Freunden in Deutschland rate ich, sich von oberflächlichen und extremen Äußerungen fernzuhalten. Ihr Brief hat mich auch in den Punkten, mit denen ich nicht übereinstimme, darin bestärkt.

Mit herzlichen Grüßen, wie immer
Ihr
(Willy Brandt)[6]

Nr. 111
Vermerk des Regierenden Bürgermeisters von Berlin, Brandt, über ein Gespräch mit dem sowjetischen Botschafter in der Bundesrepublik Deutschland, Smirnow
21. März 1966

AdsD, WBA, A 6, 74.

Vermerk betr. Gespräch mit Botschafter Smirnow (+ Gesandten Kudriawzew) bei Berthold Beitz, Essen, 21. 3. 66[1]

S[mirnow]: Er bemühe sich bei bzw. mit Schröder um eine Verbesserung der Atmosphäre zwischen den beiden Staaten. Auf drei Dinge würde sich die S[owjet]U[nion] nicht einlassen: 1) direkte oder indirekte Einbeziehung Berlins in Handels- oder Kulturverträge („dann machen wir lieber keine Verträge"), 2) irgend etwas, was gegen die DDR gerichtet sei, 3) deutsche Teilnahme an atomaren Vorhaben.[2]
Auf Berlin bezogen: Es sei doch jetzt ruhig und gehe alles recht gut. Er wisse, die Lage sei für die Deutschen nicht ganz leicht. Aber dies sei nun einmal die Lage, die sich ergeben habe und mit der man leben müsse. Die Zukunft möge zeigen, was aus der Wiedervereinigung werde. SU sei für gute Beziehungen mit Bundesrepublik, auch mit West-Berlin. Auch die Westmächte würden das begrüssen.
Er werde in einigen Tagen zum Parteitag nach Moskau fahren, mit Kossygin, Breschnew etc. zusammentreffen und wolle hören, ob ich ihm vorher als Vorsitzender der SPD oder für Berlin etwas zu sagen habe. Betr. Berlin vor allem, ob wir zu staatlichen Kontakten mit der SU bereit seien.
Ich legte ihm dar:
1) Er kenne unsere Haltung und die der Alliierten zum Status Berlins. Wir könnten der SU unsere Überzeugung nicht aufzwingen, aber sie uns auch nicht die ihre. Wir würden uns vom Bund nicht trennen lassen. „Staatliche Kontakte" im Sinne der sowjet[ischen] Thesen seien nicht möglich. (S[mirnow]: Er nehme das zur Kenntnis.

Natürlich wüssten sie um die Beziehungen zwischen Berlin und Bonn, aber für sie sei West-Berlin ein besonderes Territorium.)³

2) West-Berlin sei tatsächlich in den Handel der B[undes]R[epublik] mit der SU einbezogen. Es sei nicht einzusehen, warum das nicht beibehalten und weiterentwickelt werden sollte. Er wisse, dass ich mich für einen möglichst grossen Berliner Anteil am deutschen Aussenhandel eingesetzt hätte. Die geografische Lage Berlins könnte im beiderseitigen Interesse genutzt werden, u. U. auch durch das in unserer Ordnung vorgesehene Instrument des Zollfreilagers. Ich wies S[mirnow] darauf hin, dass die Moskauer Staatsbank bei der Berliner Bank, deren Aufsichtsratsvorsitzender ich bin, ein Konto unterhält. Dies könnte ev[entuell] auch ein Anknüpfungspunkt sein. (S[mirnow] sagte, sie wüssten um die Bedeutung Berlins als Industriestadt. Für den Hinweis auf die Bank interessierte er sich und knüpfte daran eine ziemlich weitreichende Betrachtung: Sie hätten in London eine Niederlassung ihrer Bank, warum nicht auch in Berlin?)⁴

3) Wir begrüssten es, dass eine beginnende sowj[etische] Teilnahme an unseren internationalen Kulturveranstaltungen möglich gewesen sei. Ich hoffe, dass es bei Wahrung der beiderseitigen Standpunkte zu erreichen sei, Berlin in den künstlerischen und wissenschaftlichen Austausch einzubeziehen.⁵

4) Mir sei bekannt, dass er die DDR für souverän halte, aber er werde mir zugeben, dass der sowj[etische] Rat in Ostberlin Gewicht habe. Deshalb meine Bitte, dahin zu wirken, dass in erprobter Form weitere Erleichterungen für die Menschen erreicht würden. (Zu diesem Punkt äusserte sich S[mirnow] überraschend positiv bzw. aufgeschlossen.)⁶

Auf die SPD bezogen, machte S[mirnow] allgemeine Ausführungen über feindliche Haltung, besonders seit Ollenhauers Tod. Mit soz[ial]dem[okratischen] Parteien anderer Länder hätten sie sachliche Kontakte, z. B. mit den Engländern und Skandinaviern. Finnland zeige, wie sich Vertrauen entwickeln und auszahlen könne. Helmut Schmidt habe ihn wissen lassen, dass er Moskau besuchen wolle. Das sei gut, aber er hoffe, dass Schmidt nur ein Vorbote sein werde.⁷

Ich sagte, dass ich es begrüssen würde, wenn Schmidt möglichst viel sehen und erfahren würde, und stellte klar, dass ein Kontakt von

Partei zu Partei für uns nicht in Betracht komme. Schuldfragen wegen der Vergangenheit aufzuwerfen, sei nicht fruchtbar, auch nicht ein Verwischen von Gegensätzen. Dem stimmte S[mirnow] zu.

Eine Randerörterung bezog sich darauf, dass S[mirnow] sagte, er könne es schwer verstehen, wie man Röhrenembargo[8] und Lieferung eines Walzwerks an China auf einen Nenner bringen wolle. Sie würden übrigens Schadensersatz für das Embargo verlangen, nicht wegen des Geldes, sondern aus Grundsatz.

S[mirnow] sagte, er werde um den 18. 4. wieder in Bonn sein. Danach werde er von sich hören lassen. Vielleicht habe er dann einiges zu berichten, was mich interessieren könnte.

PS: Unsere Antwort auf den Offenen Brief der SED wurde nur beiläufig erwähnt. S[mirnow] meinte: „zu viel Polemik".[9]

22. 3. 66 ‹Br[andt]›[10]

Nr. 112
Vermerk des Regierenden Bürgermeisters von Berlin, Brandt, über ein Gespräch mit dem sowjetischen Botschafter in der DDR, Abrassimow
8. Mai 1966

AdsD, WBA, A 6, 74.

Vertraulich

Vermerk über
Gespräch mit Botschafter Abrassimov
8. Mai 1966[1]

Das zweieinhalbstündige Gespräch fand bei einem Frühschoppen statt, zu dem der schwedische Generalkonsul Backlund eingeladen hatte.[2]

A[brassimow] fragte mich zunächst nach dem Verlauf des Stockholmer Kongresses der Sozialistischen Internationale. Dann machte er längere Ausführungen über den 23. Parteitag der KPdSU, vor allem über die großen innenpolitischen Aufgaben. Entgegen ausländischen Voraussagen sei alles ganz unsensationell verlaufen.[3] Die Teilnahme von Vertretern von 86 Parteien anderer Länder habe die Einheit des sozialistischen Lagers unterstrichen; von der chinesischen Frage sei kaum gesprochen worden.

A[brassimow] knüpfte hieran Betrachtungen über den seinen Worten nach unbezweifelbaren Friedenswillen der Sowjetunion und über die angebliche Feindseligkeit der deutschen Politik: Nicht die Sowjetunion, sondern Deutschland habe den Krieg verloren. Die Opfer und Leiden des Krieges seien in der Sowjetunion unvergessen.[4] Die Bundesrepublik wolle die durch den Krieg geschaffenen Tatsachen nicht zur Kenntnis nehmen, sondern bedrohe den Frieden, indem sie auf den Grenzen von 1937 bestehe. Auch die sogenannte Friedensnote der Bundesregierung diene nicht dem Frieden.

Ich sagte A[brassimow], daß er irre, wenn er glaube, wir hätten die Schrecken des Krieges vergessen. Nach Hinweis auf den Rechtsstandpunkt zur Grenzfrage entwickelte ich, worin unser Anspruch auf die deutsche Einheit bestehe.[5]

A[brassimow] hielt dem die sowjetische These von den zwei deutschen Staaten entgegen, die sich verständigen müßten, es aber wohl wegen der Nichtvereinbarkeit von Kapitalismus und Sozialismus nur bis zu einem gewissen Grade könnten. Er widersprach nicht meinem Einwand, daß eine Lösung der deutschen Frage schon darum nicht allein eine Sache der Deutschen sein könne, weil es gleichzeitig um Sicherheitsinteressen der Mächte gehe.[6]

A[brassimow] meinte, es müsste doch möglich sein, daß sich die deutschen Staaten über gewisse praktische Fragen verständigten. In diesem Zusammenhang wurde die öffentliche Auseinandersetzung zwischen SPD und SED gestreift. A[brassimow] zeigte sein Interesse, hielt sich aber in Bezug auf Einzelheiten sehr zurück.

Bezüglich der „DDR" legte A[brassimow] großen Wert darauf, deren Souveränität zu betonen. Wenn er hätte diktieren wollen, würde er schon längst abberufen worden sein.[7]

Das Verhältnis zwischen Sowjetunion und Bundesrepublik bezeichnete A[brassimow] als höchst unbefriedigend. Wenn es die Bundesrepublik nicht anders wolle, würden eben andere Staaten das durch sie geschaffene Vakuum in den Wirtschaftsbeziehungen ausfüllen.[8]

A[brassimow] erkundigte sich nach der Stellung der SPD und meinte, das Verhältnis zu sozialdemokratischen Parteien anderer Länder sei wesentlich besser. Er äußerte sich auch im bekannten Sinne zum Verbot der KPD.[9]

Der letzte Teil des Gesprächs bezog sich auf Berliner Fragen. Dabei ergab sich, daß A[brassimow] eine völlig abwegige (wie ich ihm sagte: dogmatische) Vorstellung zum Thema der Präsenz von Bundestag und Bundesregierung in Berlin hat.[10]

Er dankte mir für die Worte, die ich für die beiden Flieger gefunden hatte, die ihre Maschine kürzlich in einen Berliner See steuerten. Dies gab mir die Gelegenheit, etwas über Luftübungen über dichtbesiedelten Gebieten zu sagen.[11] A[brassimow] versicherte, dies werde nur in notwendigen Fällen geschehen.

A[brassimow] sagte, die Wirtschaftsbeziehungen zwischen West-Berliner Firmen und der Sowjetunion seien ganz minimal.[12] Wenn man das ändern wolle, könne er nicht begreifen, warum wir einem Vertreter sowjetischer Unternehmen nicht die Möglichkeit geben wollten, sich mit einem kleinen Büro in West-Berlin zu etablieren, zumal dieser dem Zusammenhang zwischen West-Berliner und westdeutschen Firmen Rechnung tragen wolle.

Ich verwies einmal auf die Einheitlichkeit des Wirtschafts- und Währungsgebiets der DM-West, zum anderen auf den durch uns gebilligten Standpunkt der Westmächte, daß es keinen auf West-Berlin eingeengten Viermächtestatus geben könne, sagte aber zu, daß ich weiter darüber nachdenken wolle, wie der Anteil Berlins am deutschsowjetischen Handel gefördert werden könnte.[13]

Zum Kulturaustausch meinte A[brassimow], es sei eine Beleidigung, wenn jeweils nur ein paar Künstler seines Landes während der Berliner Festwochen auftreten dürften.[14] Ihm schwebe vor, daß einmal im Vierteljahr ein erstklassiger Beitrag zum West-Berliner Kulturleben geleistet werden könnte. Die alliierten Botschafter hätten ihm übereinstimmend gesagt, daß sie dagegen nichts einzuwenden hätten. Ich warf die Frage auf, ob man nicht ganz allein über nichtstaatliche Einrichtungen weiterkommen könne. A[brassimow] meinte, das ginge auch über Agenturen. Er sage bewußt, daß gewisse kulturelle und sportliche Beziehungen von Stadt zu Stadt doch leichter als andere Regelungen durchzuführen seien. Ich sagte, daß ich diesen Komplex noch einmal mit Senator Stein und mit den sonst zuständigen Stellen durchsprechen wolle.

Der Möglichkeit einer gelegentlichen Wiederholung einer privaten bzw. informellen Begegnung in West-Berlin habe ich nicht widersprochen. Demhingegen habe ich festgestellt, daß ich bis auf weiteres keine Möglichkeit sehen würde, einer Einladung des Botschafters zu einem Zusammentreffen in Ostberlin nachzukommen.[15]

Ich habe während des Gesprächs deutlich darauf abgehoben, daß ich den Botschafter als zuständig für Viermächte-Angelegenheiten betrachte.
8. 5. 66
(Brandt)[16]

Keine Publizität[17]
A[brassimow]: er werde Moskau berichten
Ego: Unterrichtung eng[ere] Parteiführung
   A[uswärtiges] A[mt]
   + Alliierte
A[brassimow]: ob ich überlegen will, einmal SU zu besuchen
Ego: kenne SU leider noch nicht
   bis auf weiteres keine Absicht
   Vogel fahre nach L[enin]grad
   Schmidt [nach] Moskau
   würde mir von beiden berichten lassen
A[brassimow]: Ich soll es mir überlegen
   + geg[ebenen]falls von mir hören lassen
   „Sie können selbst bestimmen"

Nr. 113
Vermerk des Regierenden Bürgermeisters von Berlin, Brandt, über ein Gespräch mit dem sowjetischen Botschafter in der DDR, Abrassimow
6. Juni 1966

AdsD, WBA, A 6, 74.

<u>Vermerk</u>
betr. Gespräch mit Botschafter <u>Abrassimov</u>, anläßlich eines Empfangs bei Generalkonsul Backlund zum „Tag der schwedischen Flagge", 6. Juni 1966[1]

In dem etwa einstündigen Gespräch zeigte A[brassimov] zunächst und vor allem sein Interesse am Verlauf des SPD-Parteitages in Dortmund.[2] Er verwies auch auf einen am gleichen Tage in der „Prawda" erschienenen Artikel. Ich stellte in Aussicht, ihm die wichtigsten Reden und Resolutionen zustellen zu lassen.[3]

A[brassimow] erwähnte den Angriff auf Herbert Wehner, der am gleichen Tage in „Neues Deutschland" veröffentlicht war.[4] Ich sagte, dies bedeute meiner Meinung nach den Beginn des Abrückens von den vorgesehenen Diskussionsveranstaltungen in Chemnitz und Hannover. Das könne er auch ruhig seinen Freunden von der SED sagen. A[brassimow] antwortete, dies sei eine Fehleinschätzung.[5] Beim Angriff auf Wehner handle es sich um eine Retourkutsche (Rede in Dortmund); außerdem habe man ja im Westen begonnen, die möglichen Redner zu sortieren. Er wollte noch wissen, ob die Alliierten wegen Chemnitz und Hannover interveniert hätten.[6]

In einem weiteren Teil des Gesprächs äußerte sich A[brassimow] über Möglichkeiten, ökonomische und kulturelle Verbindungen zwischen Berlin und der Sowjetunion zu verbessern.[7] Sein Land sei aufnahmefähig für alle Arten von Gebrauchsgütern. Unter Hinweis auf Helsinki und Leningrad meinte er, daß praktische Fragen auch zwischen Kommunalverwaltungen abgesprochen werden könnten.

Dann würden die politischen Positionen unberührt bzw. ausgeklammert bleiben. Ich erklärte, daß unsere Haltung bekannt sei und ich im übrigen über diese Fragen weiter nachdenken werde.

A[brassimow] ließ anklingen, daß er meine Frau und mich gern einmal zu Gast haben würde.[8] Ich sagte, dies sei schwierig, da es wie eine Privilegierung gegenüber meinen Mitbürgern erscheine. In Verbindung mit der bevorstehenden Privatreise von Helmut Schmidt in die Sowjetunion meinte A[brassimow], der SPD-Vorsitzende würde dort auch willkommen sein.[9] Er verwies auf Wilson und die skandinavischen Ministerpräsidenten.[10] Ich machte deutlich, daß ich eine solche Erwägung nicht als aktuell betrachten könne.

Schließlich kam A[brassimow] auf die im Januar 1963 nicht zustande gekommene Begegnung mit Chruschtschow zurück.[11] Er meinte, ich hätte damals einen taktischen Fehler gemacht, denn ich hätte Chr[uschtchow] nicht nur verärgert, sondern dieser hätte mir etwas Wichtiges zu sagen gehabt.
Br[andt][12]
Brandt
7. 6. 66

Nr. 114
Hs. Vermerk des Regierenden Bürgermeisters von Berlin, Brandt, über eine Entscheidung der Bundesregierung, die Übereinkunft über die „Härtestelle" nicht zu unterzeichnen
21. Juli 1966[1]

AdsD, WBA, A 6, 75.

Ohne Anhören des Senats von Berlin hat das Bundeskabinett am 4. Juli entschieden, dass die ausgehandelte Übereinkunft zur Weiterführung der „Härtestelle" nicht abzuschliessen sei.[2] Senator Schütz wurde nicht hinzugezogen, sondern über den gefassten Beschluss unterrichtet.

Seit dem 4. Juli hat der Bundeskanzler keine Veranlassung gesehen, die Meinungsverschiedenheit mit dem Reg[ierenden] Bürgermeister zu erörtern. Die sachliche Vorklärung zwischen Bundesminister Westrick und Senator Schütz ist dadurch entwertet worden, dass sie zum Gegenstand öffentlicher Erörterungen gemacht wurde.

Es ist verwunderlich[3], dass aus dem vorliegenden Anlass und in der in Bonn für richtig gehaltenen Art der Behandlung eine Sondersitzung des Kabinetts abgehalten wird: Es ist zu befürchten, dass die Chance, mindestens die „Härtestelle" in der bisherigen Form weiterzuführen, inzwischen vertan worden ist.[4]

Br[andt][5]

Nr. 115
Fernschreiben des Regierenden Bürgermeisters von Berlin, Brandt, an den Journalisten Hammer
3. Oktober 1966

FNA, NL Neumann, X 12/1.

Lieber Günter Hammer,
Ihr Telegramm hat mich nachdenklich gemacht und traurig gestimmt.[1]

Als ich meinen Brief an Frau Schramm mit einigen Blumen auf den Weg bringen ließ, bin ich nicht davon ausgegangen, daß sich hieraus ein öffentlicher Vorgang entwickeln würde.[2] Ich habe die Tochter von Speer lediglich wissen lassen wollen, daß ich davon beeindruckt gewesen sei, wie sie sich um ihren inhaftierten Vater bemüht hatte. Sie war auch bei uns im Rathaus Schöneberg gewesen, um sich für ihren Vater zu verwenden.[3]

Meldungen, daß ich einem der jetzt aus Spandau Entlassenen Blumen geschickt hätte, sind grotesk.[4] Meine Haltung zum Nationalsozialismus ist bekannt und bedarf keiner Rechtfertigung. Meine

Beurteilung der Rolle von Albert Speer steht in diesem Zusammenhang nicht zur Debatte.[5]

Ich achte diejenigen, die mich in diesem Falle nicht verstehen. Aber ich bitte um Verständnis dafür, daß eine menschliche Geste nicht wegen der Belastungen durch die vorige Generation unterblieben ist.[6]

Mit freundlichen Grüßen
Willy Brandt[7]

Nr. 116
Vermerk des Regierenden Bürgermeisters von Berlin, Brandt, über ein Gespräch mit dem sowjetischen Botschafter in der DDR, Abrassimow
12. Oktober 1966

AdsD, WBA, A 6, 74.

<u>Vertraulich!</u>

V e r m e r k
<u>betr. Unterhaltung mit Botschafter Abrassimow am Abend des 12. 10. 1966</u>[1]

A[brassimow] hatte mich mit meiner Frau zu einem Abendessen eingeladen. Hiervon hatte ich das Auswärtige Amt und die Alliierten am 11. 10. unterrichten lassen.

Mir war mitgeteilt worden, daß ich mit meinem Wagen den Übergang in der Friedrichstraße ungehindert und unkontrolliert passieren könne. Dies war auch der Fall.

Am Abendessen im privaten Teil der Botschaft Unter den Linden nahmen außer den Ehepaaren Abrassimow und Brandt teil: Der schwedische Generalkonsul Backlund mit Frau, der sowjetische Botschaftsrat Crustalov, der Cellist Rostropovich sowie der Dolmetscher des Botschafters und eine Dolmetscherin für die Damen. Nach dem Essen musizierte Rostropovich. Die Damen sahen sich Filme an, während die Herren ein aufgelockertes und teilweise lebhaftes Gespräch führten.

Zunächst wies ich A[brassimow] darauf hin, daß ich veranlaßt hätte, in West-Berlin folgende Meldung für die Presse herauszugeben: „Der Regierende Bürgermeister und Vorsitzende der SPD, Willy Brandt, ist heute einer Einladung des sowjetischen Botschafters P. A. Abrassimow zu einem Abendessen in Ostberlin gefolgt. Botschafter Abrassimow nimmt bekanntlich die Verbindungen zu den drei Botschaftern der West-Mächte in Fragen wahr, die sich aus den Beschlüssen der Vier Mächte über Gesamtdeutschland ergeben."[2]

A[brassimow] ließ sich den zweiten Satz mehrfach übersetzen. Ich machte ihn, was die Wortwahl angeht, auf die Verlautbarung des Ministerrats der UdSSR vom 20. 9. 1955 aufmerksam.[3]

Rut und Willy Brandt auf der Rückfahrt von einem Besuch beim sowjetischen Botschafter Abrassimow am 12. Oktober 1966 in Ostberlin am Sektorenübergang Checkpoint Charlie in Berlin-Kreuzberg

513 Vermerk über ein Gespräch mit Abrassimow, 12. Okt. 1966

Der Botschafter zeigte mir dann folgende, von seiner Presseabteilung zu verbreitende Mitteilung: „Heute fand im Gebäude der Sowjetischen Botschaft in der Deutschen Demokratischen Republik ein Treffen zwischen dem Botschafter der UdSSR in der DDR P. A. Abrassimow und dem Regierenden Bürgermeister von West-Berlin, Vorsitzenden der Sozial-Demokratischen [sic] Partei Deutschlands Willy Brandt statt.

In dem Gespräch fand ein offener Meinungsaustausch über Fragen von beiderseitigem Interesse statt."

Er hatte nichts dagegen einzuwenden, daß ich sagte: Auf diesen Text angesprochen, würde ich antworten, daß der erste Satz für mich laute: „Heute fand im Gebäude der Sowjetischen Botschaft Unter den Linden ein Treffen zwischen dem Botschafter der UdSSR P. A. Abrassimow und . . ."[4]

Im Verlauf der Unterhaltung kamen folgende Fragen zur Sprache:

1.) betr. Berlin

A[brassimow] freute sich über die gute Aufnahme, die die russischen Künstler im Rahmen der Festwochen gefunden hätten. Als ich – übrigens mit Unterstützung von Rostropovich – fragte, warum die sowjetische Presse bisher kein Wort über die Festwochen berichtet hätten, antwortete A[brassimow], dies werde bald nachgeholt.

Wie schon bei früherer Gelegenheit betonte der Botschafter sein Interesse an stärkerer Beteiligung West-Berlins auf dem Gebiet des Handels mit der Sowjetunion. Ich sagte, daß ich hierüber mit Senator König[5] sprechen werde, der bekanntlich für eine Steigerung unseres Exports in allen Richtungen sei und im Rahmen seiner Zuständigkeiten sicher auch zu Unterhaltungen mit einer kompetenten sowjetischen Persönlichkeit bereit sei. Ich machte deutlich, daß wir nichts mitmachen würden, was unsere Zugehörigkeit zum Währungsgebiet der DM-West in Frage stellt. A[brassimow] nahm dies ohne Widerspruch zur Kenntnis.

Zur Erörterung der Komplexe Lietzenburger Straße und Intourist[6] regte ich an, daß Herr Crustalov[7] Senator Schütz einmal darlegen möge, mit welchen Vorstellungen der sowjetischen Seite wir es gegenwärtig zu tun hätten. Crustalov gab seinem Botschafter zu bedenken, daß Schütz als Senator für Bundesangelegenheit doch vielleicht nicht der richtige Gesprächspartner sei. Nach meinem Hinweis, dies sei für uns keine Bundesangelegenheit, sondern ein informativer Vorgang, den ich den Senator wahrzunehmen bitten würde, wies A[brassimow] die Bedenken seines Mitarbeiters zurück.

Aus weiteren Äußerungen des Botschafters konnte man schließen, daß der Sowjetunion gegenwärtig nicht an zusätzlichen Spannungen in Berlin gelegen ist. Er fragte u. a., ob mir nicht bewußt geworden sei, daß er – veranlaßt durch meinen Hinweis und gegen beträchtliche Widerstände – dafür gesorgt habe, Lärmbelästigungen durch Düsenflugzeuge wesentlich zu reduzieren.

A[brassimow] warf auch die Frage wieder auf, ob wirtschaftliche und kulturelle Verbindungen auf kommunaler Basis gefördert werden könnten.

2.) betr. Wiedervereinigung

A[brassimow] gab durch nichts eine Änderung oder auch nur Modifizierung der bekannten sowjetischen Positionen zu erkennen. Er hörte es nicht gern, daß ich die Macht der Sowjetunion als den entscheidenden, dem Willen des deutschen Volkes entgegenstehenden Faktor bezeichnete.

Der Botschafter zeigte sich an der Diskussion über sachliche Regelungen zwischen den deutschen Gebieten interessiert. Er wollte zu erkennen geben bzw. den Eindruck erwecken, daß es sich hierbei um ein positives Interesse handle.

3.) betr. Beziehungen zwischen Bundesrepublik und UdSSR

A[brassimow] erörterte Fragen, die mit den Verhandlungen über ein neues Handelsabkommen zusammenhängen und schien sagen zu wollen, die Bonner Unterhändler seien relativ[8] entgegenkommend gewesen. Da ich nicht unterrichtet bin, konnte ich mich zum materiellen Inhalt nicht äußern und beschränkte mich auf den Hinweis, daß Berlin nicht außen vor bleiben dürfe.

Der Botschafter zeigte sich erstaunt, daß die deutsche Politik im allgemeinen und die SPD im besonderen bisher so wenig zum Thema einer europäischen Sicherheitskonferenz gesagt hätten. Er bezog sich auf die Bukarester Konferenz.

Zwischendurch gab es längere Ausführungen zum Verbot der KPD.[9]

Mit einem gewissen Nachdruck wollte A[brassimow] wissen, was mir Helmut Schmidt aus Moskau und Dr. Vogel über Leningrad berichtet hätten. Er meinte[10], es sei wichtig, daß die führenden Persönlichkeiten besser über die Lage und die Auffassungen im anderen Land unterrichtet seien.

Die Frage, wann man einander wieder begegnen würde, blieb offen.[11]

Br[andt][12]

Willy Brandt

Berlin, 13. 10. 66

Nr. 117
Vermerk über ein Gespräch des Regierenden Bürgermeisters von Berlin, Brandt, mit dem sowjetischen Botschafter in der DDR, Abrassimow
22. November 1966

AdsD, WBA, A 6, 74.

Vermerk
Essen des Regierenden Bürgermeisters Willy Brandt für
Botschafter Abrassimow, Menzelstraße, 22. Nov. 1966[1]

Teilnehmer: Botschafter Abrassimow und Frau
Botschaftsrat Belezki
R[egierender] B[ürger]m[eister] und Frau
der schwedische Generalkonsul Backlund und Frau
Senator Schütz und Frau
Herr Bahr und
zwei Dolmetscher

Nach dem Essen Gespräch ohne Damen.

A[brassimow] schnitt eine Reihe von außenpolitischen Fragen an, wie atomare Bewaffnung oder Besitz von Atomwaffen der Bundesrepublik, diplomatische Beziehungen zu osteuropäischen Ländern, insbesondere zur CSSR und die Ausklammerung der „DDR" bei Rüstungsbegrenzung und Gewaltverzicht.

Brandt erläuterte die Auffassung seiner Partei bzw. der deutschen Politik dazu und verwies auf die Veröffentlichungen der SPD, über die A[brassimow] nur ungenügend informiert war. Er betonte wiederholt, daß andere Auffassungen der Sowjetunion zu einer Reihe dieser Fragen die Auffassungen der SPD nicht verändern.

A[brassimow] deutete an, daß die Bundesregierung in Fragen des Gewaltverzichts (in Bezug auf die Zone) gesprächsweise weit über die Auffassung der SPD hinausgegangen sei. Er entwickelte den Gedanken, daß sich eine mit der Sowjetunion ausgetauschte Gewaltverzichtserklärung auch auf „Dritte" beziehen könnte.

Er äußerte sich besorgt über das Anwachsen der NPD und verwies auf das internationale Echo.² Brandt erklärte seine differenzierte Auffassung zur NPD, von der ihn schematisierte ausländische Einschätzungen nicht abbringen können.

A[brassimow] argumentierte über die Wiederzulassung der KPD, als ob diese vom Willen der Parteien im Bundestag abhänge, was mit dem Hinweis auf das Grundgesetz und die Kompetenzen des Bundesverfassungsgerichts korrigiert wurde.

Brandt verwies auf die intransigente Haltung Ostberlins in letzter Zeit, insbesondere in der Passierscheinfrage,³ sowie auf den untauglichen Versuch, zwischen führenden Persönlichkeiten der SPD zu differenzieren.⁴ A[brassimow] nahm dies zur Kenntnis.

Er erkundigte sich nach dem Stand der Regierungskrise in Bonn, den er als „sehr verwirrend" bezeichnete. Seine Ausführungen dazu ließen keine Präferenz erkennen.

A[brassimow] sagte, daß ein Besuch Brandts in der Sowjetunion begrüßt werden würde. Er verstand, daß wegen der gegenwärtigen zahlreichen Verpflichtungen des R[egierenden] B[ürger]m[eisters] und Parteivorsitzenden hierüber erst später gesprochen werden könnte.⁵

B[ahr]⁶

(Bahr)

Nr. 118
Aus dem Manuskript einer Rede des Vorsitzenden der SPD,
Vizekanzlers und Außenministers, Brandt, auf dem
Landesparteitag der Berliner SPD
10. Dezember 1966

AdsD, WBA, A 3, 244.

Liebe Freunde![1]
Dies ist keine Abschiedsrede von Berlin.

Für mich ist dies der Beginn eines neuen Abschnitts der Arbeit für Berlin, für Deutschland, für die Ziele unserer großen politischen Gemeinschaft, unserer Sozialdemokratischen Partei Deutschlands. Immerhin, ich spreche nicht mehr als Regierender Bürgermeister, wie ich es viele Jahre lang getan habe.

Aber ich spreche als ein Mann, der mit Verstand und Herz zu dieser Stadt gehört und immer zu ihr gehören wird. Ich bin gern Regierender Bürgermeister gewesen, und die Jahre der Verantwortung für diese Stadt haben mir viel gegeben.[2]

Nun spreche ich als der Vorsitzende unserer Partei, der Stellvertreter des Bundeskanzlers und Bundesaußenminister geworden ist, und der doch derselbe bleibt, als der er in dieser Stadt gewirkt hat. In diesen Wochen ist in Deutschland etwas abgeschlossen worden, und es hat ein neuer Abschnitt begonnen. Er hat anders begonnen, als es sich viele erhofft hatten, darum anders, weil die Bundestagswahlen vom September 1965 nicht nachträglich im November 1966 gewonnen werden konnten – das war nicht möglich –, und der Weg zur Neuwahl wurde durch alle anderen politischen Kräfte einschließlich der Freien Demokraten versperrt, ausdrücklich versperrt.

Nicht alle haben die Entscheidungen verstanden oder gebilligt, die die Partei getroffen hat, und die Gegengründe verdienten und verdienen weiterhin Respekt. Denn in einer ungewohnten, ja ungewöhnlichen Situation ist eine unkonventionelle Form der Regierungsbildung gewählt worden.[3] Daß ich es selbst nicht aus Voreingenommenheit gegenüber den Freien Demokraten entschieden habe, das dürfte gerade hier in Berlin bekannt sein. Daß ich persönlich denen nicht böse sein kann, sondern mich eigentlich noch einmal bei ihnen bedanken muß, die lieber einen sozialdemokratischen Kanzler als [einen] Vizekanzler gesehen hätten, das versteht sich wohl auch von selbst. Und trotzdem nehmt es mir bitte ab, ohne daß ich die Debatte deshalb neu aufrollen will: Ich war für ein vertretbares oder – wie man es in der Sprache der Strategen nennen könnte – kalkulierbares Risiko. Ich war nicht für ein Abenteuer, das ich später vor der Partei und vor der deutschen Öffentlichkeit nicht hätte vertreten können. Mittlerweile beginnen sich die Begriffe zu klären. Dabei zeigt sich auch für die Skeptiker: Wir sind nicht – natürlich nicht – in eine CDU-Regierung eingetreten, sondern wir haben eine neue Regierung gebildet und tragen sie maßgeblich mit, eine Regierung auf breiter Basis, um während einer begrenzten Zeit einige wichtige Aufgaben anzupacken, die anders nicht mehr angepackt werden konnten. Dies ist nicht das Fortsetzen einer gescheiterten Politik, sondern dies ist unter den Kräfteverhältnissen, die der Wähler bestimmt hat, der Beginn einer besseren Politik.

Zweitens: An Opposition wird es nicht fehlen, nur, liebe Freunde, ich habe mich manchmal gefragt, auch bei einigem von dem, was ich gelesen habe, und einigem von dem, was mir gerade auch befreundete Männer aus dem geistigen Deutschland geschrieben haben, daß alles sich um die Opposition drehte. Alles gut und schön, nur wollen wir uns erst einmal erinnern: erst braucht ein Staat eine Regierung – oder nicht? –, erst braucht auch aus sozialdemokratischer Sicht ein Staat eine Regierung und dann braucht er eine Opposition zur Regierung, und nicht umgekehrt. Deutschland hatte keine Regierung mehr, und ich hätte diejenigen sehen mögen – gerade die Männer aus den Gewerkschaften sind ja dann gekommen und haben es uns gesagt –, die nach einem weiteren Jahr ökonomischer Rezession in der Bundesrepublik uns gesagt hätten und gefragt hätten: Warum habt ihr nicht den ernsten Versuch gemacht, hier eine unheilvolle Entwicklung auffangen zu helfen, anstatt wo-

Willy Brandt zusammen mit Heinrich Albertz, seinem Nachfolger als Regierender Bürgermeister, am 10. Dezember 1966 auf dem Landesparteitag der Berliner SPD

möglich darauf zu warten, zu ernten, was sich aus Mißerfolgen anderer ergäbe?

Diese erste Theorie ist seit 1947 erprobt worden; sie hat nur bedingt Erfolge gebracht. Erst braucht ein Volk und ein Staat eine Regierung, und dann braucht es in der Demokratie nicht, wie man manchmal glaubt, nur das Wechselspiel Regierung und Opposition. Dies ist doch die verengte Fragestellung, wie sie sich aus dem verkrampften politischen Bild der Bundesrepublik Deutschland seit 1949 ergeben hat, wo die Regierungstruppen der Adenauer-Regierung und dann der Erhard-Regierung sich nicht als Parlament, sondern als Stütztruppe empfunden haben, so daß das, wovon eigentlich die parlamentarische Demokratie handelt, völlig verloren gegangen ist, auch jetzt in der Debatte fast weg war. Das Eigentliche ist nämlich das Wechselspiel Regierung/Parlament. Auch die Mehrheiten, die, mal stärker mal geringer, eine Regierung tragen, haben die kontrollierende Aufgabe, wie sie die Verfassung will, die kritisch begleitende Aufgabe. Soviel ist schon klar geworden, und das wird noch sehr viel klarer werden und vielleicht dann auch manchen Skeptiker beruhigen. Im Deutschen Bundestag wird es mit dieser Form von Regierungsbildung nicht langweiliger, sondern wesentlich lebendiger werden als bisher, das sage ich, ohne mich als Prophet aufspielen zu wollen.

Ich möchte noch einen Punkt vorbringen: Objektiv war die Lage so, daß die Sozialdemokraten nicht mehr ausgesperrt werden konnten von der Regierungsverantwortung. Sie konnten – ich sagte es schon – Neuwahlen nicht erzwingen. Aber sie konnten wesentliche, entscheidende Teile ihrer Vorstellungen, ihrer formulierten Vorschläge, ihrer Lösungsmodelle einbringen in das, was jetzt als Politik der neuen Regierung, der Regierung Kiesinger, dann zu Papier gebracht wird. Das wird sich zeigen, oder wir werden uns nicht mehr zeigen können. Das werden wir sehr bald sehen.

Was wird sich dabei zeigen? – Daß es jetzt vor allem anderen darauf ankommt, die öffentlichen Finanzen wieder in Ordnung zu bringen. Und nun sage ich das auch mal in Berlin, auch wenn ich nicht mehr Regierender Bürgermeister bin: Ich möchte mal den Regierenden Bürgermeister sehen oder den Senat oder das Abgeordnetenhaus in zwei, drei Jahren, und sehen, woher sie den Bundeszuschuß bekommen wollen, wenn es jetzt nicht gelänge, die Riesendefizite wegzudrücken.

Das ist eine erschreckende Situation, der wir dort gegenüberstehen. Es wird riesiger Anstrengungen bedürfen, und zu diesen Anstrengungen wird es in erster Linie gehören, daß das Sozialprodukt wieder wächst. Ich bin kein großer sozialpolitischer Experte, aber hier gibt es welche im Saal, die wissen, wie ich, und die anderen haben es durch die Sozialenquete noch einmal gelernt: Wenn wir nicht zu einer Mindeststeigerung von 4,5 % des Nettosozialproduktes im Jahre kommen – wieder kommen –, dann ist das System der sozialen Sicherung in der Bundesrepublik Deutschland nicht zu halten. Seht die Situation bitte so, wie sie ist!

Das heißt, Wirtschaftspolitik und Sozialpolitik gehören zusammen, und zwar doch nicht nur um zu halten, es gibt doch auch noch manches zu tun. Das heißt, hier geht es nicht nur darum, strukturelle Schwierigkeiten aufzufangen, wie im Ruhrgebiet, oder die Zeichen einer Rezession aufzufangen, wie wir sie gerade jetzt durch die Mitteilung der Kurzarbeit bei VW in besonders drastischer Form – sich wohl leider psychologisch fortpflanzender Form – erleben. Nein, es gilt – ich sage es noch einmal –, die öffentlichen Finanzen in Ordnung zu bringen, zu wirtschaftlicher Stabilität zu gelangen, hoffentlich schon im Laufe des kommenden Jahres – es wird in der Bundesrepublik erst noch etwas schlechter werden, bevor es besser wird –, um dann eine Politik entschlossenen, aber verantwortungsbewußten wirtschaftlichen Wachstums durchsetzen zu können. Dies ist das A und O, darum geht es jetzt vor allem anderen.

Dann geht es darum, ob wir außenpolitisch in eine Isolierung hineingeraten oder ob wir wieder ein ernst zu nehmender Partner werden, ohne uns zu übernehmen. Wenn wir die Dinge in Ordnung bringen, zu unseren Menschen sprechen wie zu mündigen Bürgern – sie sind es ja –, jedenfalls den Versuch machen, das Volk ins Vertrauen zu ziehen, aufhören mit dem Unsinn, aus Washington und Paris gleichermaßen zurückkommen zu wollen und zu tun, als sei man mit allen über alles einig. Das geht kaum, wenn sie nicht untereinander einig sind, dann kann man doch nur schwer mit allen gleichermaßen einig sein. Man muß doch sehen, es gibt auch in einer Allianz unterschiedliche Meinungen, Gott sei Dank mehr gemeinsame Überzeugungen, es gibt wesentlich unterschiedliche Meinungen, und die muß man auch vernünftig mit dem eigenen Standpunkt kombinieren. Man muß die Dinge nach Osten hin im Sinne des Abbaus der Vorbehalte, der Aussöhnung, der Normalisierung in Ordnung zu bringen suchen, und an die Spitze der deutschen Außenpolitik gehört das Bekenntnis, daß Deutschland seinen aufrichtigen Beitrag leisten will zur Entspannung in der Welt, zum Frieden, aber damit auch die Voraussetzungen zu schaffen für das Selbstbestimmungsrecht des deutschen Volkes.

Und dann geht es schließlich darum, in die deutsche Frage – oder sind es nicht in Wirklichkeit im Plural die deutschen Fragen? –, in die deutschen Fragen vernünftige Aktivität einzuführen. Ich sehe so gut wie alles bestätigt, was wir 1965 im Bundeswahlkampf – ja zum wesentlichen schon 1961 – gesagt haben, was wir in Dortmund auf unserem Parteitag im Juni dieses Jahres unterstrichen haben[4], sehe bestätigt, was wir entwickelt haben als Kriterien der zweiten Bewährungsprobe, die unser Volk zu bestehen hat. Wir haben als diese Kriterien bezeichnet die Demokratisierung, die Modernisierung der Bundesrepublik und das Erwachsensein der Deutschen in der Welt. Ich sehe bestätigt das Wort von dem unmöglichen Versuch, als Bundesrepublik Deutschland ökonomischer Riese und politischer Zwerg in einer Gestalt sein zu wollen.

Ich kann nichts dafür, daß andere das Bild seitdem auch aufgegriffen haben. Ich habe gehört, Strauß hat es jetzt aufgegriffen. Das hindert mich doch nicht daran, es weiter zu verwenden. Ich sehe bestätigt, was wir über die Notwendigkeit eines neuen Stils in der deutschen Politik entwickelt haben. Und jetzt hoffe ich sehr, liebe Freunde, so problematisch das alles bleibt – und wer mich kennt, der weiß doch, daß auch ich das Problematische an der so gebildeten Regierung sehe –: Gerade Berlin wird nicht bereuen, was in Bonn entschieden worden ist.

Auch hier, was den Bund und Berlin angeht, ist uns nicht mit alten Formeln gedient, wobei man allerdings nicht Grundsätze als alte Formeln abwerten darf. Das geschieht manchmal, da muß man also Einspruch erheben, Widerspruch geltend machen.

Ich denke, es geht um drei Dinge: 1962, das heißt im Jahr nach der Mauer, mußten wir unter ganz ungewöhnlich schwierigen Umständen, auch schwierigen psychologischen Umständen, eine ganze Reihe von Dingen tun, um die Wirtschaft nicht ins Rutschen kommen zu lassen. Jetzt müssen wir, Berlin und Bonn – und hoffentlich mit gutem Rat der Schutzmächte –, überlegen, was wir in einer Situation ohne akute Bedrohung von außen tun können, um durch neue Anstrengungen eine Stärkung der Vitalität, eine Stärkung der Wirtschaftskraft, eine Beschleunigung des Modernisierungstempos erreichen zu können, und in diesem Zusammenhang das noch stärkere Einbeziehen Berlins – mit voller Unterstützung des Bundes – in die wirtschaftlichen und kulturellen Entwicklungen zwischen Ost und West, in die diese Stadt, wie Deutschland, hineingehört.

Zweitens: Wie können wir die Stellung des Landes, wozu die halbe Stadt geworden ist, im Rechtsgefüge, im wirtschaftlichen Gefüge der Bundesrepublik Deutschland stärken, auch wo es um die Vertretung der gemeinsamen Interessen draußen in der Welt geht, und wo doch sehr viel dafür spricht, daß das, was abgemacht wird über Ökonomie oder über Kultur, für Berlin gilt, wenn man nicht ausdrücklich sagt, daß es nicht dafür gilt? Ich will jetzt den Vergleich wählen zu den Bundesgesetzen. Ich habe es ja selbst in den frühen Jahren dieses Parlaments mitmachen müssen.

Aber das mußte einfach auch gegen die Bundesbürokratie durchgesetzt werden.

Das muß auch dazu führen, daß noch einmal – auch mit den Schutzmächten – beraten wird, ob und wie die Mitwirkung Berlins in den gesetzgebenden Körperschaften des Bundes angehoben und verstärkt werden kann. Wenn der Ausdruck nicht verwegen wäre, würde ich es Aufwertung nennen, aber das könnte wie ein bitterer Hohn wirken. Ich glaube, daß einige alliierte und einige deutsche Kommentatoren – ich nenne sie der Einfachheit halber alle miteinander Kommentatoren – sich nicht in den letzten Wochen darüber im klaren gewesen sind, wie unmöglich es im Grunde ist, auch vom Einzelgegenstand abgesehen, im Jahre 1966 zu glauben, eine einfache Rückverweisung an die Militärgouverneure wie im Jahre 1959 sei mit der Würde dieses Volkes und seiner Stellung in der internationalen Zusammenarbeit zu vereinbaren. Das ist nicht damit zu vereinbaren!

Ich glaube, es wird bei näherem Überlegen noch mancher zu dem Ergebnis kommen, daß es unmöglich ist, ein unbestrittenes Statut für Berlin, die völlig unbestrittene Stellung der Westmächte, der Träger der obersten Gewalt – das liegt doch in unserem eigenen Interesse; wir wären Narren, wenn wir daran rütteln würden –, diese völlig unbestrittene Stellung der Schutzmächte in Berlin in Anspruch zu nehmen für die Regelung von Fragen, die ein souveränes deutsches Parlament entscheidet.

Was passierte dann? – Gut, lassen Sie mich es so vorsichtig sagen, wie ich es sagen kann: Ich bin ja selbst durch ein Zusammenwirken von juristischer Sterilität und politischer Bösartigkeit in Bonn in den letzten Wochen um die volle Handlungsfähigkeit gebracht worden. Trotzdem sage ich: Gerade jetzt bitte keinen Krampf! – Krampf ist nicht Aktivität – und kein Überspielenwollen der eigentlichen Status-Frage, kein Überspielenwollen der eigentlichen Status-Fragen.

Wenn ich schon über Bund und Berlin spreche: Ich hoffe, wir werden kein Gezerre mehr haben, auch wenn es auch viel Zeitverlust und Kräfteverschleiß gegeben hat. Ich denke, wir werden diese gemeinsame Politik entwickeln und dann auch durchführen, gerade dort, wo es sich darum handelt, innerdeutsche Regelungen anzustreben, die den Menschen im geteilten Deutschland dienen, die uns aber doch meiner Überzeugung nach nicht daran hindern – das sei ohne Aggressivität gesagt –, daß wir die politische Ordnung in Ostberlin und dem uns umgebenden Gebiet nicht als Ausdruck des Willens unserer Landsleute dort auffassen wollen, in einem eigenen Staat leben zu wollen. Das heißt weiter, daß wir jenes Gebiet und die Repräsentanz, die es heute hat, nicht als einen zweiten deutschen Staat sehen können. Und wer sie doch so sehen möchte, der – davon bin ich überzeugt – dient nicht der Entspannung, sondern der wirkt der Entspannung entgegen, um die sich die Bundesrepublik Deutschland bemüht, vor allen Dingen nach Osten, und auch im härteren realistischen Angehen der deutschen Dinge.

Berlin bleibt eine große und großartige politische Aufgabe. Ich freue mich, daß die Körperschaften des Landesverbandes Heinrich Albertz als Kandidaten für das Amt des Regierenden Bürgermeisters vorgeschlagen haben.[5] Ich kann hier nicht mit abstimmen. Aber ich möchte meine Stimme mit für diesen Vorschlag, für diese Empfehlung geltend machen, und damit für einen Mann, der mir in einer der schwierigsten Situationen, nämlich in den Monaten nach dem Chruschtschow-Ultimatum in der Senatskanzlei zur Seite getreten ist und dann einvernehmlich Ende 1961 die Aufgabe des Innensenators übernommen hat, der seit 1963 dann als Bürgermeister und Senator für Sicherheit und Ordnung und Ende 1965 – dies wieder mit dem Innenressort verbunden – mein engster Kollege im Rathaus und für die Arbeit des Senats in dieser Stadt gewesen ist und der es mir auch leichter gemacht hat, als es sonst gewesen wäre, während zweier nicht ganz unkomplizierter Wahlkämpfe 1961 und 1965 die Aufgabe wahrzunehmen, mit der mich die Gesamtpartei betraut hatte.

Ich möchte, daß wir auch den März 1967 in gemeinsamer politischer Verantwortung und als gute Freunde miteinander durchstehen und miteinander zu einem guten Erfolg führen.[6] Wenn Heinrich Albertz dann der Regierende Bürgermeister sein wird, dann werden Sie mir auch nicht nur als Mitglied des Abgeordnetenhauses von Berlin begegnen, sondern wir werden uns weiter wie bisher im Vorstand unserer Partei begegnen, dann auf anderer Ebene.

Ich bitte alle Berliner Freunde über diesen Saal hinaus, aber gerade auch hier: Übertragt das Vertrauen, wenn es um die Aufgaben des Regierenden Bürgermeisters geht, das Vertrauen zu mir auf Heinrich Albertz. Wir bleiben miteinander verbunden, und wir bleiben dann in der großen Gemeinschaft des Bundes und der Länder als Sozialdemokraten nicht nur von A bis B, sondern von A bis Z, von Albertz bis Zinn.

Hier in Berlin bleibt viel zu tun, vor allem gegen Selbstgenügsamkeit und Selbstisolierung. Die Neigung zu einer zu geringen Kragenweite oder einer zu kleinen Schuhnummer ist die eigentliche schleichende Gefahr dieser Stadt, fast ebenso groß wie früher die Gefahr durch die Kommunisten.[7]

Ich habe hier kein außenpolitisches Sonderreferat zu halten gehabt. Ich will auch jetzt nicht damit anfangen, sondern am Dienstag werden wir in Bonn eine Regierungserklärung abgeben. Im Laufe der Woche habe ich schon an einer Reihe von Konferenzen in Paris teilzunehmen. Ich werde dort meinen Kollegen, den Außenministern aus den Vereinigten Staaten, Frankreich, Großbritannien und anderen Ländern begegnen. Ich kann auch hier nur mitteilen, daß der neue Außenminister und Vizekanzler am Mittwoch mit dem französischen Staatspräsidenten de Gaulle zusammentreffen wird, weil wir den ernsten Versuch machen wollen, gerade auch die deutsch-französischen Beziehungen neu zu entwickeln und den Vertrag vom Januar 1963 mit so viel politischem Leben wie möglich anzufüllen.

Ich kann nicht erwarten, daß ich für das, was drüben ansteht, Vorschußlorbeeren bekomme; das wäre auch ganz falsch. Immerhin war interessant, was die „Prawda" über die Regierungsbildung zu schreiben hatte, und ich habe auch einige durchaus nuancierte Artikel aus Zeitungen aus europäischer Sicht zu diesem Gegenstand gelesen. Im Gegensatz dazu wirkt das, was in Ostberlin in diesen Tagen geschrieben wurde, so, als ob wir in den kältesten Jahren des Kalten Krieges lebten. Und das kennzeichnet die deutsche Situation.

Wenn wir uns durch böse Artikel im „Neuen Deutschland", durch unfreundliche Kommentare in der „Berliner Zeitung" hätten umwerfen lassen, dann hätten wir gar nicht erst das anzufangen brauchen, was wir in den letzten Jahren miteinander gemacht haben. Immerhin, das ist ja auch interessant, daß die in Ostberlin, die ihre Verantwortung tragen, auf den Vorgang, der sich jetzt bei uns in Bonn abspielt, durch die Kaltschnäuzigkeit reagieren, als die allein man ihr Verhalten zur Passierscheinfrage kennzeichnen kann.[8]

Es heißt so schön, daß man Berlin von der Ebene des Bundeskabinetts aus unterstützen will. Ich bitte, wenn auch in veränderten Relationen, um gute Zusammenarbeit. Diese Bitte geht vor allem an die Kollegen im Senat, im Abgeordnetenhaus, im ganzen Landesverband, unsere Partei und über unsere Reihen hinaus an die Bevölkerung: Ich bitte um Vertrauen zu Berlin und zu den Sozialdemokraten als der bewährten politischen führenden Kraft dieser Stadt.

Anmerkungen

Einleitung

1 Vgl. *Brandt, Willy:* Zwei Vaterländer. Deutsch-Norweger im schwedischen Exil – Rückkehr nach Deutschland 1940–1947, bearb. von *Einhart Lorenz*, Bonn 2000 (Berliner Ausgabe, Bd. 2), Nr. 26.
2 *Brandt, Willy:* Mein Weg nach Berlin. Aufgezeichnet von *Leo Lania*, München 1960, S. 25.
3 Schreiben von Annedore Leber an Brandt vom 6. Dezember 1946, zit. nach *Brandt, Willy:* Draußen. Schriften während der Emigration. Hrsg. von *Günter Struve*, München 1966, S. 346.
4 *Brandt, Willy:* Erinnerungen. Mit den „Notizen zum Fall G.", erw. Ausgabe, Berlin und Frankfurt/Main 1994, S. 149.
5 Nr. 1.
6 Vgl. *Andrzejewski, Marek/Rinklake, Hubert:* „Man muß doch informiert sein, um leben zu können". Erich Brost – Danziger Redakteur, Mann des Widerstandes, Verleger und Chefredakteur der „Westdeutschen Allgemeinen Zeitung", Bonn 1997, S. 144.
7 Vgl. Nr. 1.
8 Nr. 3.
9 Das Protokoll der Sitzung des SPD-Parteivorstandes ist zitiert nach *Albrecht, Willy* (Hrsg.): Die SPD unter Kurt Schumacher und Erich Ollenhauer 1946 bis 1963. Sitzungsprotokolle der Spitzengremien, Bd. 1: 1946 bis 1948, Bonn 1999, S. 298 f.
10 Nr. 1. Die Denunziationen gingen vor allem von Kurt Heinig in Stockholm aus, der schon seit längerem Stimmung gegen Brandt machte. Am 10. Juli 1946 hatte Heinig an Fritz Heine beim SPD-Parteivorstand in Hannover über Brandt geschrieben: „Nach meiner Auffassung gehört er zu jenen Typen, intelligent und gefühlsbetont, demagogisch und an gutem Leben interessiert, die man besser nicht in der deutschen Arbeiterbewegung hat. Seine Verbindungen sind außerdem zum Teil undurchsichtig." Siehe dazu AdsD, SPD-PV, Bestand Schumacher, 65. Heinig hat bis kurz vor seinem Tode versucht, Brandt vor allem in der Berliner SPD anzuschwärzen. Er lieferte dem damaligen Berliner Landesvorsitzenden Franz Neumann Material und warf diesem noch 1955 vor, nicht verhindert zu haben, dass ein „politischer Verbrecher" Präsident des Berliner Abgeordnetenhauses geworden sei. Siehe das Schreiben Neumanns an Oschilewski vom 1. Februar 1958, in: FNA, NL Neumann, IIa1/5–2.
11 *Brandt, Willy:* Auf dem Weg nach vorn. Willy Brandt und die SPD 1947–1972, bearb. von *Daniela Münkel*, Bonn 2000 (Berliner Ausgabe, Bd. 4), Nr. 2.
12 Siehe die Originale der mit der Überschrift „W.B. Bericht" versehenen Berichte – nicht vollständig erhalten –, in: AdsD, SPD-PV, Bestand Schumacher, 166–169; für die Durchschriften, auch nicht ganz vollständig, siehe AdsD, WBA, A 6, 55–58.
13 Vgl. Nr. 3–6.
14 Der Alliierte Kontrollrat (AK) mit Sitz in Berlin war seit August 1945 das oberste Regierungs-, Kontroll-, Koordinations- und Verwaltungsorgan der vier Besatzungsmächte in Deutschland. Die Arbeit des AK als Vier-Mächte-Verwaltung endete am 20. März 1948, als der sowjetische Vertreter den Kontrollrat verließ, ohne einen neuen Sitzungstermin zu vereinbaren. Auf der Arbeitsebene war die Sowjetunion noch bis zum August 1948 im Kontrollrat präsent. Vgl. *Mai, Gunther:* Der Alliierte Kontrollrat in Deutschland. Alliierte Einheit – deutsche Teilung?, München 1995. Die Alliierte Kommandantur, die die vier Stadtkomman-

danten der vier Berliner Sektoren bildeten, war das oberste Verwaltungs- und Kontrollorgan in Berlin. Auch nach dem Auszug des sowjetischen Vertreters im Juni 1948 hielten die drei westlichen Stadtkommandanten ihren formal-juristischen Anspruch auf die Mitsprache über ganz Berlin aufrecht, wenngleich sie die oberste Gewalt nur noch in Westberlin ausübten. Es gab jedoch noch Reste einer Vier-Mächte-Verwaltung Berlins, so bei der gemeinsamen Verwaltung des Kriegsverbrecher-Gefängnisses in Berlin-Spandau und bei der gemeinsamen Arbeit in der Luftsicherheitszentrale. Vgl. *Jeschonnek, Friedrich/Riedel, Dieter/Durie, William* (Hrsg.): Alliierte in Berlin 1945–1994. Ein Handbuch zur Geschichte der militärischen Präsenz der Westmächte, Berlin 2002.

15 Vgl. Berlin. Behauptung von Freiheit und Selbstverwaltung 1946–1948, hrsg. im Auftrage des Senats von Berlin, Berlin 1959, S. 512–528.

16 Zur Blockade allgemein vgl. *Tusa, Ann/Tusa, John:* The Berlin Blockade, London 1988.

17 Vgl. *Steege, Paul:* Totale Blockade, totale Luftbrücke?, in: *Ciesla, Burghard/Lemke, Michael/Lindenberger, Thomas* (Hrsg.): Sterben für Berlin? Die Berliner Krisen 1948:1958, Berlin 2000, S. 59–77.

18 Nr. 3.

19 Zum Wortlaut der Rede Reuters am 22. Juli 1948 während der Konferenz der elf Ministerpräsidenten siehe *Reuter, Ernst:* Schriften – Reden, hrsg. von *Hans E. Hirschfeld* und *Hans J. Reichhardt*, Bd. 3, Berlin 1974, S. 424–428. Vgl. auch *Barclay, David:* Schaut auf diese Stadt. Der unbekannte Ernst Reuter, Berlin 2000, S. 249 f.

20 Vgl. Berlin 1946–1948, S. 626 f. und Berlin. Ringen um Einheit und Wiederaufbau 1948–1951, hrsg. im Auftrage des Senats von Berlin, Berlin 1962, S. 44–93.

21 *Brandt, Willy:* Chinesische Mauer durch Berlin, in: *Sozialdemokratischer Pressedienst*, Nr. 142 vom 22. November 1948. Vgl. auch weiter unten.

22 Vgl. *Brandt* 1960, S. 257.

23 Vgl. Nr. 5.

24 Edith Krappe, die langjährige politische Weggefährtin Franz Neumanns, schrieb im August 1949, dass Brandt vor dem Landesausschuss über die Wahlen zum Bundestag berichtet habe: „Er gab einen ausgezeichneten Überblick über die Einzelheiten der Länder West-Deutschlands, und schloß sich daran dann auch eine ausgiebige und gute Diskussion [an]." Siehe das Schreiben Krappes an Neumann vom 22. August 1949, in: FNA, NL Neumann, IXa/14.

25 Vgl. Nr. 7.

26 Vgl. Nr. 4.

27 Zur Schilderung dieser Reise vgl. *Brandt, Willy:* Links und frei. Mein Weg 1930–1950, Hamburg 1982, S. 427. Vgl. auch Nr. 2, Anm. 5.

28 Nr. 2.

29 Vgl. „Ein Debüt aus Hannover", in: *Der Kurier* vom 13. März 1948.

30 Für eine ausführliche Beschreibung dieses ersten Auftretens und die andere Bewertung dieser Rede vgl. *Merseburger, Peter:* Willy Brandt 1913–1992. Visionär und Realist, Stuttgart und München 2002, S. 282 f.

31 Vgl. das Schreiben Brandts an Walcher vom 10. Juni 1946, in: Berliner Ausgabe, Bd. 2, Nr. 22.

32 Vgl. *Grebing, Helga* (Hrsg.): Lehrstücke in Solidarität. Briefe und Biographien deutscher Sozialisten 1945–1949, Stuttgart 1983, S. 40.

33 Vgl. *Heimann, Siegfried:* Politische Remigranten in Berlin, in: *Krohn, Claus-Dieter/von zur Mühlen, Patrick* (Hrsg.): Rückkehr und Aufbau nach 1945. Deutsche Remigranten im öffentlichen Leben Nachkriegsdeutschlands, Marburg 1997, S. 189–210.

34 Vgl. *Schlegelmilch, Arthur:* Hauptstadt im Zonendeutschland. Die Entstehung der Berliner Nachkriegsdemokratie 1945–1949, Berlin 1993, S. 355 ff.
35 Vgl. Nr. 9.
36 Vgl. Berliner Ausgabe, Bd. 4, Nr. 6.
37 Schreiben Brandts an Gayk vom 5. Juli 1949, in: AdsD, WBA, A 6, 5.
38 Siehe das Schreiben Brandts an Schumacher vom 5. Juli 1949, in: AdsD, SPD-PV, Bestand Schumacher, 169.
39 Siehe die Berichte Brandts vom 30. September, 14. und 20. November 1948, in: AdsD, SPD-PV, Bestand Schumacher, 169.
40 Vgl. Nr. 6.
41 Vgl. Dokumente zur Berlin-Frage 1944–1966. Hrsg. vom Forschungsinstitut der Deutschen Gesellschaft für Auswärtige Politik e.V., Bonn, in Zusammenarbeit mit dem Senat von Berlin, 4. Auflage (unveränderter Nachdruck der dritten durchgesehenen und erweiterten Auflage), München 1987, S. 123 ff.
42 Vgl. Nr. 8.
43 Nr. 10. Vgl. auch *Heimann, Siegfried:* Im Osten schikaniert, im Westen vergessen? Ostberliner Sozialdemokraten in den frühen fünfziger Jahren, in: *Ciesla/Lemke/Lindenberger* 2000, S. 153–168.
44 Vgl. *Barclay* 2000, S. 211 ff.
45 Siehe Brandts Beschreibung seines Verhältnisses zu Reuter in einem Vermerk für den Journalisten Charles Thayer im Jahre 1958, in: AdsD, WBA, A 6, 27; vgl. Nr. 27.
46 Für die Zeit 1945/46 vgl. *Hurwitz, Harold:* Demokratie und Antikommunismus in Berlin nach 1945, 4 Bde., Köln 1983–1990.
47 *Brandt* 1982, S. 432.
48 Siehe unten und vgl. Nr. 12–13.
49 Vgl. *Brandt* 1994, S. 25.
50 Diese Berichte setzte Brandt unter dem Titel „Brief aus Bonn" auch später in der *Berliner Stimme* fort.
51 Zur Diskussion auf dem Berliner SPD-Landesparteitag am 9. Juni 1951, in der Brandt „selbstkritische" Worte über seine Tätigkeit als Chefredakteur fand, siehe das Protokoll, in: FNA, NL Neumann, IIb2/12.
52 Vgl. Nr. 14.
53 Vgl. Berliner Ausgabe, Bd. 4, Nr. 10.
54 Vgl. ebd., Nr. 8.
55 Ebd., Nr. 10.
56 Vgl. Nr. 11.
57 Siehe das Protokoll einer Besprechung Schumachers mit Berliner Sozialdemokraten am 14. Oktober 1951 in Bonn, in: AdsD, WBA, A 6, 61.
58 Nr. 18.
59 Schreiben Brandts an Schumacher vom 23. Mai 1952, in: AdsD, WBA, A 6, 168.
60 Vgl. Nr. 19.
61 Vgl. ebd.
62 Vgl. Nr. 22.
63 Schreiben von Heinrich Albertz an Tage Hind vom 4. Oktober 1955, in: AdsD, NL Albertz, 166.
64 Nr. 25.
65 Brandt gewann gegen Kressmann mit 36 zu 25 Stimmen. Siehe das Protokoll der Fraktionssitzung vom 4. Januar 1955, in: AdsD, SPD-Fraktion Abgeordnetenhaus Berlin, 544.
66 Nr. 23.
67 *Der Tagesspiegel* vom 10. November 1956.
68 Vgl. Nr. 27.
69 Vgl. ebd., Anm. 1.
70 Vgl. Nr. 28–29.
71 Vgl. Nr. 31–32. Zum Versuch Neumanns, die Kandidatur Brandts zu verhindern vgl. *Gosewinkel, Dieter:* Adolf Arndt. Die Wiederbegründung des Rechtsstaats aus dem Geist der Sozialdemokratie (1945–1961), Bonn 1991, S. 433 f.

72 Zu Brandts Entscheidung, auch als Landesvorsitzender zu kandidieren, vgl. Nr. 33. Siehe das Schreiben von Klaus Schütz an Brandt vom 30. Oktober 1957 in Auszügen ebd., Anm. 3.
73 Nr. 37.
74 Vgl. Berliner Ausgabe, Bd. 4, Einleitung, S. 33.
75 Vgl. Nr. 32.
76 Vgl. Nr. 40.
77 Vgl. Dokumente zur Deutschlandpolitik, IV. Reihe, hrsg. vom Bundesministerium für innerdeutsche Beziehungen, Bd. 1: 10. November 1958 bis 9. Mai 1959, bearb. von *Ernst Deuerlein* und *Hannelore Nathan*, Frankfurt/Main und Berlin 1971, S. 157–191.
78 Nr. 42.
79 Zum Wahlausgang und zur Einschätzung Brandts vgl. Nr. 43.
80 Die Stationen seiner Weltreise ließ er in einer Dokumentation zusammenstellen. Sie war ihm in kommenden Wahlkämpfen sehr nützlich. Vgl. Willy Brandt ruft die Welt. Ein dokumentarischer Bericht von *Rudolf Kettlein*, Berlin 1959.
81 Vgl. Berliner Ausgabe, Bd. 4, Einleitung und Nr. 26.
82 Vgl. weiter unten und Anm. 204.
83 Vgl. Berliner Ausgabe, Bd. 4, Nr. 31 und 31 A.
84 Vgl. Nr. 44.
85 Schreiben von Albertz an Brandt vom 28. Januar 1959, in: AdsD, WBA, A 6, 171.
86 Siehe dazu die Berichte, in: *Der Tagesspiegel* vom 28. Januar 1959 und *Stuttgarter Zeitung* vom 30. Januar 1959.
87 Vgl. *Brandt* 1960, S. 322, und siehe die von Manfred Uhlitz verfasste ms. Ausarbeitung „Die Verleumdungskampagne gegen den Regierenden Bürgermeister und Kanzlerkandidaten Willy Brandt" (1965), in: AdsD, WBA, B 25, 159.

88 Nr. 35 und zur Gratulation Adenauers ebd., Anm. 3. Die diffamierenden Bemerkungen des Kanzlers über Brandt im CDU-Parteivorstand Mitte 1960 blieben Brandt unbekannt. Vgl. weiter unten und Anm. 204. Zum Verhältnis Adenauer-Brandt auch für die späteren Jahre vgl. *Küsters, Hanns Jürgen*: Konrad Adenauer und Willy Brandt in der Berlin-Krise 1958–1963, in: *Vierteljahrshefte für Zeitgeschichte* 40 (1992), 4, S. 483–542.
89 Vgl. Nr. 34. Damit war vor allem Franz Neumann gemeint. Dessen Unschuldsbeteuerungen waren damals schon für Brandt wenig überzeugend. Im Rückblick erweist sich die Skepsis als berechtigt. Neumann hatte seit 1948 in einem Dossier Material gegen Brandt gesammelt. Siehe FNA, NL Neumann, X 12,1.
90 Siehe das Schreiben Kreiskys an Paul Hertz vom 8. September 1959 einschließlich einer Kopie des Pamphlets, in: LAB, NL Hirschfeld, E Rep 200–18/27–2.
91 Siehe das Schreiben Herbert Warnkes an das Zentralsekretariat der SED vom 27. September 1948 und die darauf eingegangenen Berichte, u. a. von Karl Mewis vom Januar 1949, in: SAPMO-BArch, DY 90/IV2/11. Vgl. auch *Mewis, Karl*: Im Auftrag der Partei. Erinnerungen, Berlin 1971, S. 300 ff. Von einem Mitarbeiter gefertigte Exzerpte aus dem Buch kommentierte Brandt mit der Randbemerkung „Quatsch". Siehe AdsD, WBA, B 25, 164.
92 Vgl. „Ein gewisser Herr Brandt", in: *Neues Deutschland* vom 5. Februar 1950.
93 Siehe u. a. ein Exemplar des Pamphlets, in: AdsD, SPD-LV Berlin, 25. Zu der Veröffentlichung in der SDA-Zeitung vgl. die Materialsammlung in: SAPMO-BArch, DY 30/IV2/11/251. Vgl. auch *Freie Presse* (Ostberlin) vom 22. November 1958. Zur SDA vgl. *Heimann, Siegfried*: Die Sozialdemokratische Aktion (SDA) in Ostberlin,

in: Die Parteien und Organisationen der DDR. Ein Handbuch, hrsg. von *Gerd-Rüdiger Stephan, Andreas Herbst, Christine Krauss, Daniel Küchenmeister* und *Detlef Nakath*, Berlin 2002 [a], S. 426–447.

94 Vgl. *Nationalzeitung* (Ostberlin) vom 13. Februar 1959.

95 Gemeint sind die Mitteilungen von Susanne Sievers, einer Mitarbeiterin des DDR-Ministeriums für Staatssicherheit, über ihre Beziehungen zu Brandt. Siehe das „Ermittlungsverfahren über Susanne Sievers" vom 8. Oktober 1952, in: BStU, Zentralarchiv, 310/52. Vgl. auch *Merseburger* 2002, S. 334 ff. und S. 418 ff.

96 Siehe „Betr.: Bericht Willy Brandt über seine Reise nach den USA und dem fernen Osten", vom 10. März 1959, in: BStU, Zentralarchiv, HVA 181, Bd. 1. Der Klarname des Informanten „Claus" ist bislang nicht bekannt.

97 Vgl. *Rexin, Manfred:* Wer war Freddy? Bericht über einen Spionagefall in der Berliner Sozialdemokratie der Jahre 1947 bis 1966, mit einem Anhang: *Heimann, Siegfried:* Braun ein Doppelagent? Unveröffentlichtes Manuskript im Besitz des Verfassers.

98 Nr. 36.

99 So fand kurz vor dem Landesparteitag im Januar 1958 eine Zusammenkunft von SPD- und SED-Mitgliedern statt. Thema der Diskussion war, wie die Übernahme des Landesvorsitzes durch Brandt verhindert werden könne. Siehe den „Spitzelbericht" über dieses Treffen, in: SAPMO-Barch, DY 30/IV/2/1002/170.

100 Vgl. Nr. 24.

101 Siehe das Schreiben Brandts an Joachim G. Leithäuser vom 23. Februar 1961, in: AdsD, WBA, A 6, 37. Vgl. auch Nr. 65.

102 Vgl. *Günther, Klaus:* Sozialdemokratie und Demokratie 1946–1966. Die SPD und das Problem der Verschränkung innerparteilicher und bundesrepublikanischer Demokratie, Bonn 1979, S. 100 ff., und *Heimann, Siegfried:* Die Sozialdemokratische Partei Deutschlands, in: *Stöss, Richard* (Hrsg.): Parteien-Handbuch. Die Parteien der Bundesrepublik Deutschland 1945–1980, Bd. 2: FDP bis WAV, Opladen 1984, S. 2139 f.

103 *Soell, Hartmut:* Fritz Erler – Eine politische Biographie, Bd. 2, Berlin/Bonn 1976, S. 910.

104 Zur Sicht Brandts auf den „Fall Kressmann" im Jahre 1962 vgl. Nr. 77. Zur Sicht Kressmanns siehe die Zusammenstellung von Materialien, in: LAB, NL Kressmann, E Rep 200–88, 58.

105 Vgl. auch *Heß, Hans-Jürgen:* Innerparteiliche Gruppenbildung. Macht- und Demokratieverlust einer politischen Partei am Beispiel der Berliner SPD in den Jahren von 1963 bis 1981, Bonn 1984, S. 29 ff., und *Ristock, Harry:* Neben dem roten Teppich. Begegnungen, Erfahrungen und Visionen eines Politikers, Berlin 1991, S. 79 ff.

106 Zu den Auseinandersetzungen zwischen Brandt und Günter Klein vgl. Nr. 57 und 74. In einem Schreiben hatte sich Brandt im Frühjahr 1960 sehr verstimmt zu einigen Vorschlägen Kleins geäußert: „Die Vorstellung, daß der Senat – von einer Ausnahme abgesehen – nur aus politischen Idioten besteht, ist nicht haltbar." Schreiben Brandts an Klein vom 11. April 1960, in: AdsD, WBA, A 6, 164.

107 Heinrich Albertz übernahm 1959 von Hans Hirschfeld den Posten des Chefs der Senatskanzlei. 1960 wurde Hirschfeld auch als Chef des Presse- und Informationsamtes durch Egon Bahr abgelöst. Klaus Schütz wurde im Dezember 1961 Nachfolger des Senators für Bundesangelegenheiten Günter Klein. Mitarbeiter Brandts und Freund der Familie war Harold Hurwitz.

108 Für den ganzen Zeitraum der fünfziger Jahre vgl. *Schmidt, Wolfgang:* Kalter Krieg,

Koexistenz und kleine Schritte. Willy Brandt und die Deutschlandpolitik 1948–1963, Wiesbaden 2001, S. 168 ff.

109 Vgl. *Winkler, Heinrich August:* Der lange Weg nach Westen. Zweiter Band: Deutsche Geschichte vom „Dritten Reich" bis zur Wiedervereinigung, München 2000, S. 181. Die Bundesrepublik brach am 19. Oktober 1957 die diplomatischen Beziehungen zu Jugoslawien und am 14. Januar 1963 zu Kuba ab.

110 Vgl. *Brandt* 1994, S. 54.

111 Vgl. Nr. 25. Im Jahre 1961 gebrauchte Brandt eine sehr ähnliche Formulierung zum Zusammenhang von Wiedervereinigung und Grenzfrage. Vgl. Nr. 60.

112 Siehe das Schreiben Brandts an Olav Larssen vom 28. Dezember 1951, in: AdsD, WBA, A 6, 11.

113 Während die Verhandlungen über die Aufhebung des Besatzungsstatuts und über die Gründung der Europäischen Verteidigungsgemeinschaft (EVG), zu der auch ein westdeutscher Verteidigungsbeitrag gehören sollte, in ihre Endphase traten, bot die Sowjetunion in einer Note im März 1952 den Westmächten die Wiedervereinigung Deutschlands und ein nationales Truppenkontingent unter der Bedingung der deutschen Neutralität an. Vgl. *Zarusky, Jürgen* (Hrsg.): Die Stalin-Note vom 10. März 1952. Neue Quellen und Analysen, München 2002.

114 Vgl. *Brandt, Willy:* Schmalspur-Politik gefährdet Wiedervereinigung, in: *Neuer Vorwärts* vom 17. April 1953.

115 Vgl. *Brandt, Willy:* Brief aus Bonn, in: *Berliner Stimme* vom 26. April 1952.

116 Mit seiner Rede begründete er den Antrag der SPD-Fraktion, den 17. Juni zum Nationalfeiertag zu erklären. Vgl. Verhandlungen des Deutschen Bundestages, Stenographische Berichte, 1. Wahlperiode, 278. Sitzung vom 1. Juli 1953, S. 13883 ff. Die Rede löste „Tumulte" aus, die den Eindruck Brandts bestätigten, der Aufstand solle „ausgeschlachtet" werden. Vgl. „Brandt löst Tumulte aus", in: *Die Welt* vom 2. Juli 1953.

117 Nr. 21.

118 Vgl. Nr. 20–21.

119 Vgl. Berliner Ausgabe, Bd. 4, Nr. 12.

120 Siehe das Schreiben Brandts an Ollenhauer vom 28. Dezember 1952, in: AdsD, SPD-PV, Bestand Ollenhauer, 191.

121 Vom 25. Januar bis 18. Februar 1954 fand in Berlin die Konferenz der Außenminister der USA, Großbritanniens, Frankreichs und der Sowjetunion statt. Sie beschloss lediglich, eine weitere Konferenz zu Indochina und Korea durchzuführen. Vgl. *Katzer, Nikolaus:* „Eine Übung im kalten Krieg". Die Berliner Außenministerkonferenz von 1954, Köln 1994.

122 Vgl. Nr. 22.

123 Siehe die hs. Notizen Brandts vom 18. April 1954, in denen die hier zitierten Sätze unter der Überschrift „Nach der Berliner Konferenz" notiert sind, in: AdsD, WBA, A 3, 68. In der Notiz heißt es weiter, es gelte Mut zu haben, den „Tatsachen ins Auge zu schauen", aber auch den Mut zu haben, „aus den Erkenntnissen Konsequenzen zu ziehen".

124 Das Gipfeltreffen, an dem auch die Außenminister teilnahmen, fand vom 18. bis 23. Juli 1955 statt. Die Außenministerkonferenz tagte vom 27. Oktober bis 16. November 1955. Die beiden deutschen Staaten durften jeweils nur Beobachterdelegationen entsenden. Vgl. DzD, III. Reihe, hrsg. vom Bundesministerium für Gesamtdeutsche Fragen, Bd. 1: 5. Mai bis 31. Dezember 1955, bearb. von *Ernst Deuerlein* unter Mitwirkung von *Hansjürgen Schierbaum*, Frankfurt/Main 1961, S. 148–219 und S. 483–721.

125 Nr. 25.

126 Vgl. *Brandt, Willy:* Koexistenz – Hoffnung und Gefahr, in: *Telegraf* vom 19. April 1955.
127 Nr. 25.
128 Vgl. Berliner Ausgabe, Bd. 4. Nr. 17.
129 Ein Bild von den Demonstranten, die ein Plakat mit dieser Aufschrift trugen, ist veröffentlicht, in: *Stern, Carola:* Willy Brandt in Selbstzeugnissen und Bilddokumenten, Reinbek 1975, S. 47.
130 Vgl. Nr. 38.
131 Vgl. Nr. 36.
132 Zur Erläuterung seines Besuchs in Ostberlin siehe die Rundfunkrede Brandts am 12. Januar 1958, zitiert nach der Vorabveröffentlichung, in: *Pressedienst des Landes Berlin* vom 11. Januar 1958. Vgl. auch Nr. 36, Anm. 14.
133 Vgl. *Brandt, Willy:* Von Bonn nach Berlin. Eine Dokumentation zur Hauptstadtfrage in Zusammenarbeit mit *Otto Uhlitz* und *Horst Korber*, Berlin 1957.
134 Vgl. Nr. 39. Noch Jahre nach seiner Zeit als Regierender Bürgermeister wies Brandt darauf hin, dass die CDU als Regierungspartei im Bund bzw. die CDU-geführte Bundesregierung die Interessen Berlins nur zögernd und manchmal auch zum Schaden der Stadt vertreten habe: Im Jahre 1971 notierte Bundeskanzler Brandt in einem hs. Vermerk für Egon Bahr, dass bei der Arbeit am „Weißbuch" zur Deutschlandpolitik, das damals erstellt wurde, einige historische Zusammenhänge nicht unterschlagen werden dürften; so sollte im „Zusammenhang mit den Pässen bzw. der Auslandsvertretung [...] registriert werden, dass Berlin seinerzeit beim Konsularvertrag mit der S[owjet]U[nion] außen vor blieb [...]". Hs. Notiz Brandts für Bahr vom 22. August 1971, in: AdsD, Dep. Bahr 1/EBAA 000855.
135 Vgl. Nr. 45–46.
136 Vgl. *Küsters, Hanns Jürgen:* Der Integrationsfriede. Viermächte-Verhandlungen über die Friedensregelung mit Deutschland 1945–1990, München 2000.
137 Vgl. Nr. 48.
138 Vgl. Nr. 52.
139 Zum Misstrauen siehe den Bericht Brandts vor dem SPD-Parteivorstand vom 4./5. Dezember 1959, in: AdsD, SPD-PV, PV Protokolle 1959. Vgl. auch den Bericht des amerikanischen Gesandten Lightners vom 21. März 1960, in: Foreign Relations of the United States, 1958–1960, Vol. IX: Berlin Crisis 1959–1960; Germany; Austria, Washington D.C. 1993, S. 251 ff.
140 Vgl. Nr. 56–58. Nach dem Abschuss des amerikanischen Spionageflugzeuges „U 2" über der Sowjetunion am 1. Mai 1960 ließ Chruschtschow die vereinbarte Gipfelkonferenz in Paris jedoch „platzen". Vgl. *Winkler* 2000, Bd. 2, S. 202.
141 Der Deutschland-Plan der SPD vom 18. März 1959 ist abgedruckt, in: Jahrbuch der Sozialdemokratischen Partei Deutschlands 1958/59, Hannover-Bonn o. J., S. 397–401.
142 Nr. 49. „Illusionisten" in der Deutschlandpolitik ortete Brandt auch in der englischen Labour Party. Vgl. dazu Nr. 47.
143 Siehe das Schreiben Brandts an Walter Lowe vom 16. Juli 1959, in: AdsD, WBA, A 6, 29.
144 Vgl. *Soell* 1976, Bd. 1, S. 380.
145 Vgl. Nr. 52–53.
146 Vgl. *Brandt, Willy:* Außenpolitische Kontinuität mit neuen Akzenten, in: *Außenpolitik* 11 (1960), 11, S. 717–723. Siehe auch den Entwurf für diese außenpolitischen Überlegungen Brandts vom 4. Oktober 1960, in: AdsD, WBA, A 3, 107.
147 Brandt war auch informiert über „Gedankenspiele", die eine mögliche Einheit Berlins vor einer zuvor erreichte Einheit Deutschlands für möglich hielten. Es kursierten sehr weitgehende und detailreich ausgearbeitete Pläne über einen „3. Teilstaat Berlin", der allerdings „Großberlin", also

West- und Ostberlin umfassen sollte und als offensive Überlegung gegen die sowjetische Vorstellung einer „Freien Stadt Westberlin" gemeint war. Brandt beteiligte sich nach Auskunft Egon Bahrs nicht an solchen Diskussionen; nach dem 13. August 1961 waren sie überflüssig geworden. Siehe den Wortlaut einer sechsseitigen Ausarbeitung, in: AdsD, WBA, A 6, 115 und AdsD, NL Erler, 67 B.

148 Vgl. Nr. 66.

149 Vgl. *Brandt* 1994, S. 12.

150 Brandt war in dem Interview gefragt worden, ob die Massenflucht aus der DDR und eine „Abschließungs-Operation" nicht der eigentliche Grund der Berlin-Krise sei. Brandt verneinte das. Zum Wortlaut vgl. *Saturday Evening Post* vom 30. Mai 1959. Siehe auch das Schreiben von Peter Wyden an Bahr vom 30. Juni 1987, in: AdsD, WBA, B 25, 160. Das Bild von der „chinesischen Mauer durch Berlin" hatte Brandt bereits im November 1948 und mehrmals in den fünfziger Jahren verwandt. Vgl. Anm. 21 und *Schmidt* 2001, S. 141, 154, 214 und 216.

151 Siehe die hs. Ergänzungen Brandts im Entwurf einer Stellungnahme mit dem Titel „Zur deutschen Frage" vom 11. September 1960, in: AdsD, WBA, A 6, 115.

152 Vgl. Nr. 68.

153 Siehe das Schreiben John F. Kennedys an Brandt vom 18. August 1961, in: AdsD, WBA, A 6, 126.

154 Vgl. Nr. 70.

155 Vgl. Nr. 66.

156 Vgl. Nr. 69.

157 Siehe das Fernschreiben des Regierenden Bürgermeisters Brandt an die Ministerpräsidenten der Länder vom 5. September 1961, in: LAB, Dep. Hurwitz.

158 Vgl. Nr. 68, Anm. 4.

159 Siehe das „Memorandum" über Gespräche Brandts mit einflussreichen Persönlichkeiten in den USA vom 11. Oktober 1961, in: LAB, B Rep 002/10978. Der Entwurf dazu weist zahlreiche hs. Korrekturen Brandts auf, die belegen, wie wichtig ihm diese Ausarbeitung war. Siehe AdsD, WBA, A 6, 177.

160 Vgl. *Haftendorn, Helga:* Deutsche Außenpolitik zwischen Selbstbeschränkung und Selbstbehauptung 1945–2000, Stuttgart und München 2001, S. 174 f.

161 Vgl. *Grabbe, Hans-Jürgen:* Unionsparteien, Sozialdemokraten und Vereinigte Staaten von Amerika 1945–1966, Düsseldorf 1983, S. 380 ff.

162 *Brandt* 1994, S. 12.

163 Zu Auszügen der Rede vgl. „Willy Brandt vor der Berliner SPD", in: *Berliner Stimme* vom 1. September 1962.

164 Siehe das Manuskript der Rede Brandts auf einer Klausurtagung der Berliner SPD am 8. September 1962, in: AdsD, WBA, A 3, 142.

165 Vgl. Aufzeichnung des Legationsrats Oncken vom 13. Februar 1963 betr. „Von der Haltung der Bundesregierung abweichende Stellungnahmen des Berliner Senats in außenpolitischen Fragen", in: Akten zur Auswärtigen Politik der Bundesrepublik Deutschland 1963, bearb. von *Mechthild Lindemann* und *Ilse Dorothee Pautsch*, München 1994, S. 298 ff.

166 Zum diesem Gespräch mit de Gaulle vgl. Nr. 90.

167 Für die Aufzeichnungen Brandts über die Gespräche 1963 und 1965 vgl. ebd. und Nr. 102.

168 Vgl. *Mayer, Frank A.:* Adenauer and Kennedy: a study in German-American relations 1961–1963, New York 1996, S. 91–94.

169 Vermerk Egon Bahrs für Willy Brandt vom 11. Februar 1963, in: AdsD, Dep. Bahr 1/EBAA 000173.

170 Bereits im Frühjahr 1963 erschienen die beiden Harvard-Vorlesungen, ergänzt

um ein drittes, nicht gehaltenes Referat in Buchform. Vgl. *Brandt, Willy:* Koexistenz – Zwang zum Wagnis, Stuttgart 1963.
171 Vgl. DzD IV, Bd. 9: 1. Januar bis 31. Dezember 1963, bearb. von *Gisela Biewer* und *Werner John*, Frankfurt/Main 1979, S. 382–388.
172 Vgl. *Winkler* 2000, Bd. 2, S. 216 f.
173 Vgl. *Daum, Andreas W.*: Kennedy in Berlin. Politik, Kultur und Emotionen im Kalten Krieg, Paderborn 2003. Für die Gespräche zwischen Kennedy und Brandt während des Besuchs vgl. Nr. 91.
174 Vgl. „Berlin trauert um einen Freund", in: *Pressedienst des Landes Berlin*, Nr. 231 vom 23. November 1963.
175 Vgl. Nr. 92.
176 Zur Terminplanung siehe die Vermerke Bahrs vom 14. Juni und 3. Juli 1963, in: AdsD, WBA, A 6, 121.
177 *Brandt* 1994, S. 73.
178 Berliner Ausgabe, Bd. 4, Nr. 50.
179 Zur Resonanz der Tutzing-Rede siehe die gesammelten Presseausschnitte, in: AdsD, Dep. Bahr, 1/EBAA 000345. Siehe auch Brandts Bericht am 27. August 1963 vor dem Präsidium der SPD, in: AdsD, SPD-PV, Präsidium Protokolle 1963.
180 Vgl. Anm. 146.
181 Vgl. Nr. 92.
182 Vgl. Nr. 75.
183 Siehe das Protokoll der Vereinbarung, in: LAB, B Rep 002/11766.
184 Ausarbeitung Brandts vom 27. August 1990, in: AdsD, WBA, B 25, 180.
185 Vgl. Nr. 93.
186 Siehe den Wortlaut des Interviews Brandts in der ARD-Sendung *Panorama* am 30. Dezember 1963, in: AdsD, WBA, A 3, 170.
187 Vgl. „Gespräch des Bundeskanzlers Erhard mit dem amerikanischen Botschafter McGhee am 6. März 1964", in: AAPD 1964, bearb. von *Wolfgang Hölscher* und *Daniel Kosthorst*, München 1995, S. 300–305.

188 Es verwundert nicht, dass Brandt in privaten Aufzeichnungen über seinen Konkurrenten im Bundestagswahlkampf 1965 wenig freundliche Worte fand. Vgl. Nr. 104.
189 Nr. 91. Vgl. auch *Heimann, Siegfried:* Willy Brandt und Frankreich 1947–1966 (noch unveröffentl. Manuskript eines Vortrags bei der Tagung „Willy Brandt und Frankreich" im Institut für Zeitgeschichte München am 8./9. Mai 2003).
190 Zur Rede in New York vom 15. Mai 1964 siehe AdsD, WBA, A 3, 180. Zur Rede in Bad Godesberg vgl. Nr. 97.
191 Vgl. *Brandt, Willy:* Begegnungen und Einsichten. Die Jahre 1960–1975, Hamburg 1976, S. 141 f. Herbert Wehner sah de Gaulle sehr viel kritischer und wies auf einen weiteren Aspekt hin. Noch am Tag von Brandts Rede in Bad Godesberg schrieb er: „Lieber Willy, es tut mir leid, daß Du beim Denken an de Gaulle nur die drei Aspekte registrierst. Ich kann nicht daran vorbei, daß er Frankreich innenpolitisch zur Wüste macht. Das steht auch an. Vielleicht ist das kein besonderer Aspekt. Vielleicht ist es eine Begleiterscheinung von ‚grandeur'. Vielleicht willst Du aber nur nicht ‚innere französische Angelegenheiten' behandeln und berühren." Schreiben Wehners an Brandt vom 11. Juni 1964, in: AdsD, WBA, A 6, 153.
192 Zum Wortlaut siehe AdsD, WBA, A 6, 169.
193 Siehe das Schreiben Wehners an Brandt vom 27. Juli 1964 und die Antwort Brandts an Wehner vom 10. August 1964, in: AdsD, WBA, A 6, 169. Zum Entwurf Bahrs vom 14. Juli 1964 siehe AdsD, Dep. Bahr, 1/EBAA 000138.
194 Zu den Adressaten gehörten u. a. Heinrich Albertz, Klaus Schütz, Helmut Schmidt, Wenzel Jaksch, Richard Löwenthal und Kurt Mattick. Auch Bruno Kreisky, Halvard Lange, Shepard Stone, Walter Reu-

ther und Patrick Gordon-Walker erhielten ein Exemplar.
195 Vgl. „Über Beziehungen zu osteuropäischen Staaten und Völkern" (Aufzeichnung von Willy Brandt), in: *SPD Pressemitteilungen und Informationen*, Nr. 36/65 vom 25. Januar 1965.
196 Vgl. Nr. 46.
197 Vgl. Nr. 84–85.
198 Siehe die Aufzeichnung über das Gespräch des Bundeskanzlers mit Botschafter Smirnow am 2. Juli 1962, in: StBAH III/48.
199 Vgl. weiter unten.
200 Siehe die Gesprächsvermerke Walter Kleins vom 30. November 1962 und von Heinrich Albertz vom 1. August 1963, in: AdsD, WBA, A 6, 72 und 74. Albertz hatte darin schon die Formel gefunden, wie ein Besuch Brandts beim sowjetischen Botschafter in der DDR zu rechtfertigen sei: Der Botschafter sei in seiner Funktion, „die er noch immer für ganz Deutschland und für ganz Berlin" habe, zu sehen.
201 Vgl. Nr. 111.
202 Vgl. Nr. 112, 113, 116 und 117.
203 Zur Rede Adenauers vgl. *Westdeutsche Allgemeine Zeitung* vom 31. August 1961 sowie *Frankfurter Allgemeine Zeitung* vom 5. September 1961.
204 Adenauer: „... um den Frieden zu gewinnen". Die Protokolle des CDU-Bundesvorstands 1957–1961, bearb. von *Günter Buchstab*, Düsseldorf 1993, S. 709 ff.
205 Vgl. „Brandt verläßt Senat wegen Adenauers Äußerung", in: *Frankfurter Allgemeine Zeitung* vom 16. August 1961. Siehe auch die Presseerklärung Brandts vom 15. August 1961, in: AdsD, WBA, A 3, 122.
206 Vgl. Nr. 61. Siehe auch „Wahlkampfmatadore mit Samthandschuhen. Streitgespräch zwischen Brandt und Strauß", in: *Süddeutsche Zeitung* vom 13. Juli 1961.
207 Schreiben Brandts an Wehner vom 30. September 1965, in: AdsD, WBA, A 6, 171.
208 Vgl. oben.
209 Vgl. Nr. 85.
210 Zu den Telefonaten und Gesprächen mit Adenauer vgl. Nr. 84–85. Zum Vorwurf des „abgekarteten Spiels" siehe das Schreiben Bahrs an Carl Kaysen vom 8. Februar 1963, in: AdsD, Dep. Bahr, 1/EBAA 000173.
211 Vgl. Nr. 86, Anm. 3.
212 Vgl. Nr. 107.
213 Vgl. Nr. 108 und 110.
214 Vgl. Nr. 107.
215 Vgl. *Brandt, Willy:* Was tut Berlin? Kein Boden für den braunen Ungeist, in: *Sozialdemokratischer Pressedienst*, Nr. 27 vom 2. Februar 1960.
216 Vgl. Nr. 81 und 115.
217 Vgl. *Shell, Kurt L.:* Bedrohung und Bewährung. Führung und Bevölkerung in der Berlin-Krise, Köln und Opladen 1965, S. 20 ff.
218 Brandt schrieb im Frühjahr 1962 an Bruno Kreisky, dass der „Schock des 13. August" überwunden sei. „Die Wirtschaft ist intakt. Die Wanderungsbewegung ist ihrer besorgniserregenden Elemente entkleidet." Schreiben Brandts an Kreisky vom 5. März 1962, in: AdsD, WBA, A 6, 161.
219 Nr. 88.
220 Vgl. Nr. 106.
221 Siehe das Schreiben Brandts an Nabokov vom 8. Juli 1964, in: AdsD, WBA, A 6, 48.
222 Vgl. *Shell, Kurt L.:* Berlin – eine schwerkranke Stadt?, in: *Der Politologe* 8 (1967), 24, S. 7 ff., Zitat S. 11.
223 Vgl. *Bender, Peter:* Berlin – notwendiges Ärgernis, in: *Süß, Werner/Rytlewski, Ralf* (Hrsg.): Berlin. Die Hauptstadt. Vergangenheit und Zukunft einer europäischen Metropole, Bonn 1999, S. 188.
224 Vgl. *Münkel, Daniela:* „Alias Frahm" – Die Diffamierungskampagnen gegen Willy Brandt in der rechtsgerichteten Presse, in: *Krohn, Claus-Dieter/Schildt, Axel* (Hrsg.): Zwischen den Stühlen? Remigranten und

Remigration in der deutschen Medienöffentlichkeit der Nachkriegszeit, Hamburg 2002, S. 397–419.

225 Siehe die Zusammenstellung und die Einschätzung in einem Vermerk Bahrs für Brandt aus dem Jahre 1961 „Antwort auf die Verleumdungskampagne gegen W[illy-] B[randt]" vom 7. Januar 1961, in: AdsD, Dep. Bahr 1/EBAA 000157. Der Vermerk entwirft Grundzüge einer „Gegenkampagne".

226 Schreiben Brandts an das Berliner *Montags-Echo*, in dem er empört den Tenor eines Artikels in dieser Zeitung moniert, in: AdsD, SPD-PV 2/PV AJ0000015, Korrespondenz mit Brandt 1946–1957. Zu den zahlreichen Prozessen, die Brandt führen musste und die er allesamt gewonnen hat, siehe AdsD, WBA, A 2.

227 Zu dieser Einschätzung kommt Egon Bahr im Rückblick auf jene Jahre im Gespräch mit dem Bearbeiter am 29. Juli 2003.

228 Vgl. *Brandt* 1960, S. 112.

229 *Brandt* 1982, S. 450.

230 So nannte er Ernst Lemmer einen „Freund aus dem anderen politischen Lager", dessen Ausscheiden aus der Politik Brandt in einem persönlichen Brief bedauerte. Siehe das Schreiben Brandts an Lemmer vom 12. Dezember 1962, in: AdsD, WBA, A 6, 161.

231 Nr. 22.

232 Vgl. Nr. 33, Anm. 3.

233 Siehe dazu das Schreiben Bahrs an Brandt vom 28. Januar 1963, in: AdsD, WBA, A 6, 161.

234 So Bahr im Rückblick auf diese Zeit im Gespräch mit dem Bearbeiter am 29. Juli 2003.

235 *Ristock* 1991, S. 17 f.

236 Vgl. Nr. 118.

237 *Bahr, Egon*: Zu meiner Zeit, München 1996, S. 191.

Nr. 1

1 Bei der Vorlage handelt es sich um eine Durchschrift.

2 Willy Brandt war im August/September 1947 für „einige Wochen auf Urlaub und zu Besprechungen in Norwegen und Schweden". Schreiben Brandts an Alfred Nau vom 12. September 1947, in: AdsD, WBA, A 6, 165.

3 Der norwegische Außenminister Halvard Lange hatte Brandt angeboten, als Presseattaché an der norwegischen Militärmission in Berlin zu arbeiten. Vgl. Berliner Ausgabe, Bd. 2, Nr. 26.

4 Zur Entscheidung Brandts, das Angebot des SPD-Parteivorstandes anzunehmen, und zu den bald darauf beginnenden Intrigen gegen ihn vgl. *Brandt* 1982, S. 428 ff., *Merseburger* 2002, S. 265 f.

5 Zu der Skandinavienreise vgl. „Erich Ollenhauer über den Besuch in Schweden und Norwegen ‚Freundschaftsbesuch in Skandinavien'", in: *Albrecht* 1999, S. 305 f. Die Denunziationen gegen Brandt werden in dem Bericht Ollenhauers nicht erwähnt.

6 Kurt Heinig gehörte der SPD-Landesgruppe in Schweden an. In Briefen an politische Freunde in der SPD in Deutschland versuchte er immer wieder, Brandt zu diffamieren. Für die vierziger Jahre siehe AdsD, SPD-PV, Bestand Schumacher, 65.

7 Mit der „sedistischen Presse" ist die Presse der SED gemeint.

8 Das angeblich „gestohlene Manuskript" für eine Broschüre über das Attentat auf Hitler am 20. Juli 1944 spielte in den folgenden Jahren immer wieder eine Rolle, um Brandt zu diffamieren. Vgl. *Merseburger* 2002, S. 207 f., und siehe die Prozessunterlagen Brandts aus dem Jahre 1963, in: AdsD, WBA, A 2, 7A.

9 In einem Schreiben an Jacob Walcher hatte Brandt schon im Jahre 1946 seine politischen Differenzen zu Walcher vor allem

in der Einschätzung der Rolle der Sowjetunion deutlich ausgesprochen. Vgl. Berliner Ausgabe, Bd. 2, Nr. 22.

10   Es geht um Max Strobl, der den Verdacht Brandts aber ausräumen konnte. Schreiben Strobls an Brandt vom 5. Januar 1948, in: AdsD, WBA, A 6, 4.

11   Gemeint ist der SPD-Parteitag, der vom 9. bis 11. Mai 1946 in Hannover stattfand und an dem Brandt teilnahm.

12   In einem Brief an seinen politischen Weggefährten in Stockholm Ernst Behm vom 12. Januar 1948 schrieb Brandt, dass sich Schumacher im Gespräch mit ihm für die „alten Geschichten" nicht interessiert habe und beide eine sehr „anregende politische Aussprache" miteinander geführt hätten. Im Übrigen werde er bald mit seiner neuen Tätigkeit als Berliner Vertreter des PV beginnen. AdsD, WBA, A 6, 3.

13   Richard Löwenthal veröffentlichte 1946 unter dem Namen Paul Sering das viel gelesene Buch „Jenseits des Kapitalismus". Brandt erhielt auf seinen Wunsch vom Karl Drott-Verlag im Juli 1947 das Buch zugesandt. Schreiben des Verlages an Brandt vom 5. Juli 1947, in: AdsD, WBA, A 6, 2.

14   Stefan Szendes Frau und Tochter.

15   Die Durchschrift ist nicht unterzeichnet.

Nr. 2

1   Textvorlage des hier abgedruckten Dokuments ist eine überarbeitete ms. Abschrift der Rede. Sie ist überschrieben: „Die Lehren von Prag' (Referat von Willy Brandt, gehalten am 12. März 1948 in Berlin)". Siehe auch eine wörtliche ms. Abschrift, in der die Zwischenrufe und Kommentare der Zuhörer gestrichen sind und in der hs. Korrekturen und Streichungen vorgenommen wurden. Das Deckblatt trägt den Titel „Willy Brandt: Die Lehre [!] von Prag. Referat auf der Kreisvorständekonferenz der Berliner Sozialdemokratie am 12. März 1948", in: AdsD, WBA, A 6, 41.

2   Im Februar 1948 wurde die Allparteienregierung in der Tschechoslowakischen Republik durch eine fast nur noch aus Kommunisten bestehende Regierung ersetzt. Die damit aus Sicht der SPD in der ČSR errichtete „Diktatur der Kommunisten" wurde als Vorspiel einer Politik der Sowjetunion gesehen, deren nächstes Ziel die „Sowjetisierung" Deutschlands sei. Die politischen Schikanen gegen die westlichen Sektoren Berlins zu Beginn des Jahres 1948 wurden von der Berliner SPD als erster Versuch gewertet, dieses Ziel zu verwirklichen. Zum Ablauf der Ereignisse in der ČSR vgl. AdG 18 (1948), S. 1395–1397 und 1415–1417. Zur Stellungnahme der SPD vgl. die Resolution des PV vom 9. April 1948 „An alle Freunde der Freiheit", in: *Sozialdemokratischer Pressedienst* vom 12. April 1948.

3   Diese und die weiteren Auslassungen enthalten detailreiche Schilderungen der Vorgänge in Prag und Hinweise auf ähnliche Entwicklungen in allen anderen mittel- und osteuropäischen Staaten.

4   Am Morgen des 16. März 1939 waren Truppen der Wehrmacht in Prag einmarschiert. Wenige Stunden später verkündete Hitler die Errichtung des „Reichsprotektorats Böhmen und Mähren". Vgl. auch Anm. 6.

5   Brandt schrieb später über diese Reise, die er mit seiner späteren Frau Rut im Anschluss an den SPD-Parteitag in Nürnberg 1947 machte: „Von Nürnberg aus fuhren wir – durch unseren alliierten Status begünstigt – nach Prag, das noch nicht in der Gleichschaltung erstarrt war (die erst am Beginn des folgenden Jahres erfolgte). Die tschechoslowakische Hauptstadt war voller Leben. Vermutlich konnte man in Europa nicht viele Orte finden, an denen so lebhaft

und engagiert diskutiert wurde [...]". Vgl. *Brandt* 1982, S. 427.

6 Auf der „Münchner Konferenz" stimmten Frankreich und Großbritannien am 30. September 1938 der Abtretung der so genannten sudetendeutschen Gebiete der Tschechoslowakei an Deutschland zu. Die Regierung in Prag sah darin eine Kapitulation der beiden Großmächte vor der Drohung Hitlers mit militärischer Gewalt.

7 Gemeint ist die Vorstellung, dass Mitteleuropa, vor allem aber Deutschland, zwischen den entstehenden politischen Blöcken in Ost und West eine Brücke bilden und so der Blockkonfrontation entgegenwirken könnte.

8 Am 18. März 1948 erinnerten in Berlin die drei demokratischen Parteien, SPD, CDU und LDP, vor der Reichstagsruine gemeinsam an die Revolution von 1848. Die SED veranstaltete eine eigene Massenkundgebung im Ostsektor.

9 Der „Deutsche Volkskongress für Einheit und gerechten Frieden" wurde Ende 1947 von der SED initiiert. Die SPD lehnte die Kampagne der SED ab und untersagte ihren Mitgliedern die Teilnahme. Der am 17./18. März 1948 in Berlin tagende 2. Volkskongress beschloss die Bildung eines „Deutschen Volksrates", aus dem im Herbst 1949 die „Provisorische Volkskammer" der DDR hervorging.

10 Im April 1946 stimmten die Sozialdemokraten in den Westsektoren Berlins mit großer Mehrheit gegen die „Zwangsvereinigung" mit der KPD. Aufgrund des alliierten Status von Berlin war die SPD auch danach in allen vier Sektoren Berlins als Partei zugelassen und bis 1961 politisch tätig.

11 Vgl. Anm. 6. Die Sorge in Berlin war, dass die Westalliierten dem sowjetischen Druck nachgeben und Westberlin preisgeben könnten.

12 Gemeint ist die Berliner Stadtverordnetenversammlung, die im Oktober 1946 frei gewählt worden war und bis 1948 alle vier Sektoren Berlins repräsentierte.

13 Gemeint ist das im Oktober 1947 gegründete „Kommunistische Informationsbüro", mit Sitz zunächst in Belgrad, ab 1948 in Bukarest. Es diente der politischen Gleichschaltung aller kommunistischen Parteien durch die KPdSU.

Nr. 3

1 Rut Bergaust war Ende März 1948 nach Norwegen gefahren, um sich zu erholen. Sie war schwanger und wegen der politischen Situation in Berlin aufgrund der so genannten „kleinen Blockade" sehr besorgt. Der folgende Absatz des Briefes ist abgedruckt in: *Brandt, Rut: Freundesland. Erinnerungen*, Hamburg 1992, S. 97 f. Zuvor schildert die Autorin in ihrem Buch die Sorgen, die sie im Frühjahr 1948 hatte. Die Übersetzung des Briefes weicht in einigen Wendungen von der von Rut Brandt veröffentlichten Fassung ab.

2 Brandt berichtet über seine Rückkehr in das Haus in Berlin und über den Inhalt zweier Care-Pakete, die er aufzuteilen gedenkt.

3 Hs. unterschrieben.

Nr. 4

1 In den ersten drei Abschnitten seines Berichts geht Brandt auf die durch die Währungsreform ausgelösten wirtschaftlichen Probleme in Berlin ein. Sie hatten auch Auswirkungen auf die Finanzsituation der Berliner SPD. Die westdeutschen Sozialdemokraten sollten deshalb drei Monate lang jeweils 20 Pfennig für die Berliner SPD spenden.

2 Korrigiert aus: „sich".

3   Gemeint ist der Versuch der SED, eine Gruppe oppositioneller Sozialdemokraten organisatorisch zusammenzufassen, die angeblich mit dem Kurs der SPD in Berlin nicht einverstanden sei. Nur wenige SPD-Mitglieder, darunter die im Bericht genannten, schlossen sich dieser Gruppe an. Sie wurden aus der SPD ausgeschlossen. Die Gruppe firmierte in der Ostberliner Stadtverordnetenversammlung und ab 1949 (für wenige Jahre) auch in der Volkskammer als „Sozialdemokratische Aktion (SDA)". Die Gruppe sollte bis 1961 die Fiktion aufrechterhalten, als gäbe es in Ostberlin Sozialdemokraten, die mit der Politik der SPD nicht einverstanden seien und lieber das Bündnis mit der SED suchten. Vgl. *Heimann* 2002 [a], S. 426–447.

4   Im Jahre 1948 schien es aufgrund der Schikanen von Seiten der sowjetischen Besatzungsmacht zweifelhaft, ob die SPD auch in Ostberlin organisatorisch weiterbestehen bleiben könne. Der Landesvorstand überlegte die Auflösung der acht SPD-Kreisorganisationen in Ostberlin. Die Mitglieder waren dagegen. Die SPD existierte in Ostberlin bis zum 23. August 1961. Vgl. *Heimann* 2000, S. 153–168.

Nr. 5

1   Bei der Vorlage handelt es sich um eine Durchschrift. Am Textanfang und am -ende ist hs. als Datierung vermerkt: „Okt[ober] 1948".

2   Zur Auflösung des Alliierten Kontrollrats (AK) vgl. Einleitung, Anm. 14. Im Verlaufe des Jahres 1948 verlagerten immer mehr Dienststellen der Westalliierten ihren Sitz von Berlin weg in die Nähe ihrer korrespondierenden deutschen Verwaltungen in der Bi- bzw. Trizone.

3   Gemeint ist der Wirtschaftsrat der Bizone in Frankfurt/Main.

4   In diesem Abschnitt erörtert Brandt die Möglichkeit, die Arbeit seines Büros durch weiteres Personal zu verbessern.

5   Zur weiteren Entwicklung der Parteizeitung „Sozialdemokrat" vgl. Einleitung.

6   Mit „Zonenarbeit" ist der Kontakt zu den ehemaligen SPD-Mitgliedern in der SBZ gemeint. Der Kontakt lief auch über das Büro des Berlin-Beauftragten, ist aber nicht mit der Tätigkeit des SPD-Ostbüros zu verwechseln. Vgl. *Buschfort, Wolfgang*: Parteien im Kalten Krieg. Die Ostbüros der SPD, CDU und FDP, Berlin 2000, S. 29 ff., und *Brandt* 1982, S. 431.

Nr. 6

1   Siehe auch das mit der gedruckten Fassung identische ms. Manuskript der Rede in: AdsD, WBA, A 3, 44. Im hier ausgesparten ersten Teil der Rede geht Brandt auf die Hoffnungen vieler Deutscher auf ein demokratisches und sozialistisches Deutschland nach dem Ende des Krieges ein. Er skizziert danach die Rolle der „totalitären" Sowjetunion, das Schicksal der Sozialisten im Ostblock und die Haltung der USA. Brandt beendet seinen Überblick über die internationale Lage mit einem Verweis auf die Idee von einem Europa, in dem auch Deutschland seinen Platz haben müsse. In diesem Zusammenhang aber gebe es auch ein „Berlin-Problem", dem er sich im Folgenden zuwendet.

2   Gemeint sind das von den USA, Großbritannien und der Sowjetunion am 12. September 1944 verabschiedete und am 14. November 1944 ergänzte „Protokoll über die Besatzungszonen in Deutschland und die Verwaltung von Groß-Berlin" sowie die Abkommen der Konferenzen von Jalta und Potsdam 1945. Die Frage der Zugangswege zwischen den Westzonen und den Westsektoren Berlins war mit Ausnahme der

„Luftkorridore" nicht vertraglich geregelt worden. Vgl. *Graml, Hermann:* Die Alliierten und die Teilung Deutschlands. Konflikte und Entscheidungen 1941–1948, Frankfurt/ Main 1985.

3   Im Folgenden ausgelassen: Brandts Exkurs über eine deutsche Verfassung (Grundgesetz) und Überlegungen zu einem SPD-Wahlprogramm zur Bundestagswahl.

4   Mit dem Begriff „Volksbewegung" bezieht sich Brandt auf das Ergebnis der Wahlen vom 5. Dezember 1948. Die SPD hatte in den drei Westsektoren Berlins 64,5 % der Stimmen erhalten und war damit in der Wahrnehmung auch der internationalen Öffentlichkeit zur „Berlin-Partei" geworden. Vgl. *Schlegelmilch* 1993, S. 361 ff.

Nr. 7

1   Die SPD in Ostberlin existierte als Teil des Berliner Landesverbandes mit zuletzt knapp 6000 Mitgliedern bis zum 23. August 1961. Vgl. Nr. 4, Anm. 4.

2   Am 30. November 1948 hatte die SED einen Magistrat für den Ostsektor Berlins gebildet. Vgl. Einleitung.

3   Gemeint ist die SPD-nahe Jugendorganisation „Sozialistische Jugend Die Falken". Auch die Falken hatten in den fünfziger Jahren in allen acht Ostberliner Bezirken Jugendgruppen, aus denen sich auch meist der bescheidene Mitgliederzuwachs der Ostberliner SPD rekrutierte.

4   Zu den Behinderungen und Schikanen der Ostberliner Sozialdemokraten in der Zeit zwischen 1946 und 1960 siehe eine Ausarbeitung der Berliner SPD „Behinderung der SPD im Ostsektor" vom Januar 1961, in: AdsD, SPD-LV Berlin, 885.

5   Vgl. Nr. 4, Anm. 3.

Nr. 8

1   In dem erwähnten Bericht Nr. 265 listete Brandt ausführlich die Argumente auf, die für eine direkte Wahl der Berliner Abgeordneten in den Deutschen Bundestag sprachen. AdsD, WBA, A 6, 58.

2   Gemeint sind die nur noch in den Westsektoren abgehaltenen Wahlen zur Stadtverordnetenversammlung vom 5. Dezember 1948, bei denen die SPD 64,5 % der Stimmen erhalten hatte.

3   Am 14. Mai 1949 hatten die drei westlichen Stadtkommandanten die „Erklärung über die Grundsätze der Beziehungen der Stadt Groß-Berlin zu der Alliierten Kommandantur", das so genannte „kleine Besatzungsstatut", veröffentlicht. Vgl. Dokumente zur Berlin-Frage 1987, S. 114–118.

4   Vom 23. Mai bis 20. Juni 1949 fand in Paris die sechste und letzte Konferenz des Rats der Außenminister der vier Siegermächte statt. Sie endete mit der allgemeinen Versicherung aller Beteiligten, die Bestrebungen zur Wiederherstellung der wirtschaftlichen und politischen Einheit Deutschlands fortzusetzen und mit der Bestätigung des New Yorker Abkommens vom 4. Mai 1949 über die Aufhebung der Berliner Blockade. Zum Wortlaut des Kommuniqués vom 20. Juni 1949 vgl. Dokumente zur Berlin-Frage 1987, S. 120 f.

5   Die Ergänzung ist als „Vertraulich" gekennzeichnet und auf den 21. Juni 1949 datiert. Der Bericht Nr. 287 informierte über „Berliner Fragen", u. a. über den Eisenbahnerstreik, über den Besuch Erhards in Berlin und über Fragen der Bundestagswahl in Berlin, die mit der folgenden Ergänzung obsolet geworden waren.

6   Carl-Hubert Schwennicke war der damalige Vorsitzende der Berliner FDP.

7   In der Sitzung vom 21. Juni 1949 forderte die Berliner Stadtverordnetenversammlung aufgrund der von ihr so inter-

pretierten Ergebnisse der Pariser Außenministerkonferenz die „Einbeziehung Berlins als zwölftes Land in die Bundesrepublik Deutschland". Am 14. August 1949 sollten deshalb auch in Berlin die Abgeordneten zum Bundestag direkt gewählt werden. Die Alliierte Kommandantur untersagte am 30. Juni 1949 die direkte Wahl. Daraufhin wählte die Stadtverordnetenversammlung am 14. August 1949 fünf SPD-Mitglieder, zwei CDU-Mitglieder und ein FDP-Mitglied zu Bundestagsabgeordneten. Die Berliner SPD-Abgeordneten waren: Franz Neumann, Louise Schroeder, Paul Löbe, Otto Suhr und Willy Brandt. Durch die Änderung des Wahlgesetzes zum 1. Deutschen Bundestag vom 19. Januar 1952 erhöhte sich die Zahl der Berliner Abgeordneten entsprechend der Einwohnerzahl von Westberlin auf 19, später auf 22 Abgeordnete.

8   Hs. eingefügt.

Nr. 9

1   Die Pension Themis in Oslo, in der Rut und Willy Brandt nach Kriegsende 1945 gewohnt hatten, diente als Postadresse. Hamar ist eine kleine Stadt in Ostnorwegen, in der Rut Brandt aufgewachsen ist.

2   Rut Brandt schreibt dazu: „Willy war viel unterwegs. Er fuhr in Westdeutschland herum während des ersten Wahlkampfs 1949 und erzählte mir in Briefen von all den schönen Orten, die ich einmal sehen müßte – und ansonsten schimpfte er über die elende Organisation des Wahlkampfs: Immer wieder gab es Probleme mit dem Transport; er mußte in Parteibüros übernachten, weil nicht für Unterkunft gesorgt war, und während all dessen schrieb er Reden, Artikel und Bücher." *Rut Brandt* 1992, S. 109.

3   Dem Brief ist ein kleiner Ausschnitt aus einer Berliner Zeitung beigefügt. Darin heißt es u. a.: „In einer gemeinsamen Sitzung des Landesausschusses und der Stadtverordnetenfraktion der Berliner SPD wurden als Abgeordnete Franz Neumann, Louise Schroeder, Dr. Otto Suhr, Willy Brandt und Paul Löbe nominiert."

4   Im folgenden Absatz spricht Brandt über Probleme mit der Berliner Wohnung und erzählt von einer Begegnung, die er in der französischen Zone hatte.

5   Brandt schrieb regelmäßig Artikel für die norwegische Zeitung *Arbeiderbladet* und die schwedische Zeitung *Morgon tidningen*, um das schmale finanzielle Budget der Familie aufzubessern. Vgl. *Brandt* 1982, S. 441.

6   Petermann meint: Peter Brandt; Olaug ist eine Schwester von Rut Brandt. Die Tochter Ninja aus erster Ehe wollte ihren Vater in Berlin besuchen. Die Einreise in das besetzte Deutschland erforderte eine Reisegenehmigung – ein Permit – der Alliierten.

7   Der Vorname Willy und das Postscriptum: hs.

Nr. 10

1   Nach der Gründung der DDR am 7. Oktober 1949 wählte die Provisorische Volkskammer fünf Tage später Otto Grotewohl zum Ministerpräsidenten und bestätigte die von ihm vorgeschlagenen Regierungsmitglieder.

2   Die Berliner SPD hatte im Jahre 1949 immer wieder die Einbeziehung Westberlins als „12. Land" in die Bundesrepublik gefordert. Diese Forderung stieß bei den Ostberliner Sozialdemokraten auf Widerspruch. Im Jahresbericht der SPD Berlin heißt es aber dazu: „Die besonders in Parteikreisen der Ostberliner vorhandene Zurückhaltung zu dieser Forderung wurde überwunden [...]." Jahresbericht. Sozialdemokratische Partei Deutschlands, Lan-

desverband Berlin. Hrsg. zum Landesparteitag. Berlin 1949, S. 7 f.

3   Aufgrund der immer wieder verfügten Versammlungsverbote im Ostsektor tagten die Ostberliner Sozialdemokraten häufig in benachbarten Westberliner Bezirken, den so genannten „Paten-Kreisen". In einem späteren Bericht an Kurt Schumacher ging Brandt erneut auf die Schwierigkeiten der Ostberliner Sozialdemokraten ein, kam aber zu dem Schluss, dass man „nicht von schwerwiegenden Meinungsverschiedenheiten mit dem Gros der Organisation im Ostsektor sprechen" könne. Bericht Nr. 366 vom 9. November 1949, in: AdsD, SPD-PV, Bestand Schumacher, 169.

4   Im Folgenden erörtert Brandt interne Probleme der Berliner CDU und berichtet über Anträge zur Gründung neuer Parteien in Berlin.

5   Hs. paraphiert.

Nr. 11

1   Bei der Vorlage handelt es sich um eine Durchschrift.

2   Brandt war seit dem 14. August 1949 Berliner Abgeordneter im Deutschen Bundestag und seit dem 1. Januar 1950 Chefredakteur der Parteizeitung *Berliner Stadtblatt* (BS). In beiden Funktionen nahm Brandt ohne Stimmrecht an den Sitzungen des SPD-Landesvorstandes teil. Auf dem 7. Landesparteitag am 1./2. April 1950 war er erstmals als stimmberechtigter unbesoldeter Beisitzer in den Landesvorstand gewählt worden.

3   Der Satz spielt auf die problematische Finanzsituation des Berliner Parteiorgans an. Brandt war skeptisch, ob es ihm gelingen würde, die Auflage zu steigern. Mitte 1951 musste das *Berliner Stadtblatt* sein Erscheinen einstellen. Vgl. Einleitung.

4   Die „stillschweigende" Regelung sah vor, dass alle fünf 1949 gewählten Berliner SPD-Bundestagsabgeordneten an den Sitzungen des Landesvorstandes teilnehmen konnten. Durch die absehbare Erhöhung der Zahl der Berliner Abgeordneten entsprechend der Einwohnerzahl von Westberlin war anzunehmen, dass dann nicht mehr alle SPD-Abgeordneten an den Sitzungen des Landesvorstandes teilnehmen sollten. Vgl. Nr. 8, Anm. 7.

5   Die Durchschrift ist nicht unterzeichnet.

Nr. 12

1   Das als geheim eingestufte „Information Memorandum No. 33" wurde vom Leiter der Unterabteilung „Berichte und Analysen", Dow, gefertigt. Von der übergeordneten Geheimdienstabteilung (Office of Intelligence) wurden die 25 Exemplare des Berichts am 11. Oktober 1950 an den US-Hochkommissar für Deutschland, John J. McCloy, an Direktoren der Abteilungen in der amerikanischen Hohen Kommission sowie an das amerikanische Außenministerium in Washington übersandt.

2   Korrekt müsste es heißen: „war". Brandt war zur Zeit des Gesprächs mit Dow bereits seit Ende 1949 nicht mehr Berlin-Beauftragter des SPD-Parteivorstandes.

3   Vgl. Einleitung und Berliner Ausgabe, Bd. 4, Nr. 8–9.

4   Gemeint ist der SPD-Bundesparteitag vom 21. bis 25. Mai 1950 in Hamburg. Die „Mehrheit" der Berliner Delegierten stimmte nicht gegen Schumacher als Parteivorsitzenden, sondern gegen einen von Schumacher eingebrachten Antrag, der die Haltung der SPD zur aktuellen Europa-Politik festschrieb.

5   Ausgelassen wurden Partien, in denen Brandt seine Einschätzung darüber abgibt,

dass Reuters innerparteiliches Ansehen auch in Westdeutschland zunehme und dass sich dessen Verhältnis zu Schumacher leicht gebessert habe. Dennoch würde Schumacher Reuter keinesfalls, sollte sich die Chance zu einem Regierungswechsel bieten, als Bundeskanzler akzeptieren.

6 Im Text heißt es: „factions".

7 In dem hier ausgelassenen Abschnitt äußert Brandt, dass er die deutsche Wiederbewaffnung im Rahmen einer europäischen Armee oder einer „Atlantikpakt-Armee" unterstütze. Schwierig sei es jedoch, diese Position in der SPD durchzusetzen. Zudem gibt Brandt seine persönliche Einschätzung zu führenden SPD-Politikern ab (Carlo Schmid, Erich Ollenhauer, Fritz Heine).

8 Adenauer und Schumacher waren am 22. August und am 3. Oktober 1950 zu Gesprächen zusammengetroffen.

9 Ausgelassen wurden Partien, in denen sich Brandt zur Bildung einer „SPD im Exil" (als Pendant zur „CDU im Exil") äußert, einem Projekt, dessen Realisierung er wenig Chancen einräumt. In dem Zusammenhang schreibt der Berichterstatter, dass Brandt nach seinen Worten „keinen Kontakt zu Wehner" habe, „weil dieser als ein entschiedener Schumacher-Mann gelte".

Nr. 13

1 Bei der Vorlage handelt es sich um eine Durchschrift.

2 Im ausgelassenen Abschnitt verspricht Brandt, Huber bei dessen Bewerbung für den Auswärtigen Dienst zu helfen, worum dieser in seinem Schreiben vom 6. November 1950 gebeten hatte. Siehe Hubers Schreiben an Brandt, in: AdsD, WBA, A 6, 7.

3 Huber hatte in dem Brief vom 6. November 1950 geschrieben: „Obwohl ich in der Hauptsache die Schumacherlinie für richtig halte, stören mich Deine oppositionellen Auffassungen (so weit ich sie kenne) gar nicht." Ebd.

4 Bei einer Parteivorstandssitzung in Stuttgart hatte Schumacher am 17. September 1950 einen westdeutschen Verteidigungsbeitrag grundsätzlich bejaht, die Zustimmung der SPD aber von mehreren Forderungen an die Westmächte abhängig gemacht. Siehe AdsD, SPD-PV, PV Protokolle 1950.

5 Gemeint sind Auseinandersetzungen mit dem Berliner Landesvorsitzenden Franz Neumann und der Mehrheit der Berliner SPD über den richtigen Kurs der Partei, kurz vor den bevorstehenden Wahlen zum Berliner Abgeordnetenhaus am 3. Dezember 1950. Vgl. Nr. 11.

6 In den folgenden Auslassungen bedankt sich Brandt für die Zusendung einer Druckschrift. Er macht sodann Vorschläge, wie er die erbetene Kaffee-Sendung über Mittelmänner in Schweden bezahlen könnte.

7 Die Durchschrift ist nicht unterzeichnet.

Nr. 14

1 Aufgrund der neuen, am 1. Oktober 1950 in Kraft getretenen Berliner Verfassung fanden am 3. Dezember 1950 in den drei Westsektoren Berlins Wahlen zum Abgeordnetenhaus statt. Die auch in Westberlin zugelassene SED hatte eine Beteiligung an der Wahl abgelehnt. Neben der SPD, der CDU und der FDP beteiligten sich weitere fünf, in Berlin neu zugelassene Parteien: die Konservative Partei, der Bund der Heimatvertriebenen und Entrechteten (BHE), die Unabhängige Sozialdemokratische Partei Deutschlands (USPD), die Frei-Soziale Union (FSU) und die als rechtsextremistisch eingestufte Deutsche Partei (DP). Keine von die-

sen neuen Parteien übersprang bei der Wahl die 5 %-Hürde. Die Wahlbeteiligung betrug 90,3 %. Die SPD erhielt 44,7 % (= 61 Sitze); die CDU 24,6 % (= 34 Sitze); die FDP 23,0 % (= 32 Sitze). Die SPD hatte damit ihre absolute Mehrheit von 1948 (64,5 %) verloren, blieb aber stärkste Partei.

2   Im hier nicht angeführten Absatz erörtert Brandt das Wahlergebnis im Detail.

3   In den folgenden Passagen verspricht Brandt, dass die SPD das Wahlergebnis auch selbstkritisch prüfen werde.

4   Die SPD erklärte sich zu Koalitionsverhandlungen bereit, beanspruchte aber als stärkste Partei die Führung in einer Allparteienregierung mit Ernst Reuter als Regierendem Bürgermeister. Die Koalitionsverhandlungen waren schwierig. Am 12. Januar 1951 kandidierten Ernst Reuter (SPD) und Walther Schreiber (CDU) für das Amt des Regierenden Bürgermeisters. Beide erhielten 62 Stimmen. Bei der Wiederholung der Wahl am 18. Januar 1951 wurde Reuter bei zahlreichen Enthaltungen mit 77 Stimmen gewählt. Das zuvor vereinbarte Regierungsprogramm forderte, Berlin möglichst bald als 12. Land in die Bundesrepublik einzugliedern. Reformen auf dem Feld der Schulpolitik und der Sozialversicherung und die Wiedereinführung des Berufsbeamtentums sollten die Eingliederung erleichtern. Die Berliner SPD sah diese Reformen mehrheitlich als gesellschaftspolitischen Rückschritt an, die aber wegen der erwünschten Eingliederung in das Finanz- und Wirtschaftssystem der Bundesrepublik hinzunehmen seien. Vgl. Einleitung.

Nr. 15

1   Der Artikel folgt im Wortlaut einer Rede Brandts, die er am 4. Juni 1951 als Bundestagsabgeordneter vor dem Liberalen Klub in Berlin gehalten hatte. Siehe die hs. Notizen Brandts zu dieser Rede in: AdsD, WBA, A 3, 58. Zur Berichterstattung über die Rede vgl. *Neue Zeitung (B)* vom 5. Juni 1951. Vgl. auch Brandt, Willy: Eigene Berliner Außenpolitik?, in: *Der Tagesspiegel* vom 13. Juni 1951.

2   Eine in der Bundesrepublik damals gebräuchliche Bezeichnung für das Gebiet der DDR.

3   Am 29. Oktober 1948 bestätigte der Länderrat der Bizone das vom Wirtschaftsrat der Bizone beschlossene Gesetz „Notopfer Berlin". Es sah eine Steuer auf Löhne und Gehälter vor sowie eine Abgabe von 2 Pfennigen für die Beförderung von Postsendungen. Die erzielten Einnahmen sollten ausschließlich Berlin zugute kommen. Nach der Gründung der Bundesrepublik wurde die Geltungsdauer des Gesetzes mehrfach vom Deutschen Bundestag verlängert und die Steuer selbst erhöht.

4   In dem an dieser Stelle ausgelassenen Absatz vergleicht Brandt die Initiativen der Bundesregierung zugunsten der Saar mit denen zugunsten Berlins und moniert die Halbherzigkeit der Bundesregierung, bei den Alliierten für die Einbeziehung Berlins in den Bund einzutreten.

5   Die Berliner Abgeordneten übten aufgrund alliierter Vorbehalte im Deutschen Bundestag nur eine „beratende Funktion" aus. In der Praxis bedeutete das aber, dass sie nur an der Abstimmung über Gesetze und an der Wahl des Bundeskanzlers nicht teilnahmen. In den Ausschüssen des Deutschen Bundestages arbeiteten sie dagegen als vollberechtigte Mitglieder mit.

6   In der Verfassung von Berlin vom 1. September 1950 heißt es im Artikel 1, Absatz 2: Berlin ist ein Land der Bundesrepublik Deutschland; und im Absatz 3: Grundgesetz und Gesetze der Bundesrepublik Deutschland sind für Berlin bindend. Im Artikel 87, Absatz 2 heißt es: „In der Übergangszeit

kann das Abgeordnetenhaus durch Gesetz feststellen, daß ein Gesetz der Bundesrepublik Deutschland unverändert auch in Berlin Anwendung findet." Die Alliierte Kommandantur ordnete am 29. August 1950 an, dass die Absätze 2 und 3 des Artikels 1 der Berliner Verfassung zurückgestellt werden und Artikel 87 so zu verstehen sei, dass Berlin keine der Eigenschaften eines zwölften Landes besitzt. Die Alliierten machten mehrfach in Anordnungen klar, dass die Übernahme der Gesetze in jedem Einzelfall durch ein eigenes Berliner Gesetz, ein so genanntes Mantelgesetz, erfolgen müsse. Vgl. u. a. Schreiben der Alliierten Kommandantur der Stadt Berlin vom 8. Oktober 1951 über die Möglichkeit der Mantelgesetzgebung, in: Dokumente zur Berlin-Frage 1987, S. 166 f.

7 Gemeint ist die „Erklärung der Bundesregierung zur Bildung der DDR und zur Lage Berlins" vom 21. Oktober 1951 vor dem Deutschen Bundestag. Bundeskanzler Adenauer erklärte im Namen der Bundesregierung, dass sie die Stadt nicht im Stich lassen werde. Vgl. Berlin. Ringen um Einheit und Wiederaufbau 1948–1951, S. 454 f.

8 Die von Brandt angesprochenen Verhandlungen zwischen der Bundesregierung und dem Senat von Berlin über die Einbeziehung Berlins in den Finanzausgleich zwischen Bund und Ländern führten zum „Gesetz über die Stellung Berlins im Finanzsystem des Bundes (Drittes Überleitungsgesetz)" vom 4. Januar 1952. Bundesgesetzblatt 1952, Teil I, S. 1 ff. Die Sorge Brandts bezog sich auf die Pläne des Bundesfinanzministers Schäffer, die Berlinhilfe auf die zu erwartenden Ausgleichszahlungen anzurechnen. Diese Pläne fanden im Dritten Überleitungsgesetz aber keinen Niederschlag.

9 Brandt hatte sich immer wieder öffentlich beklagt, dass die Bundesregierung zögere, Bundesbehörden nach Berlin zu verlagern bzw. Berlin als deren Sitz vorzusehen. Vgl. u. a. *Brandt, Willy:* Bundesaufsichtsamt, in: *Berliner Stadtblatt* vom 8. März 1951.

10 Zur Stellung Berlins im Grundgesetz und zu den alliierten Vorbehalten vgl. Einleitung.

Nr. 16

1 Obwohl die Sowjetunion 1948 ihre Mitarbeit im Alliierten Kontrollrat und kurze Zeit später auch in der Alliierten Kommandantur eingestellt hatte, blieben Reste eines für ganz Berlin geltenden Viermächtestatus erhalten. Vgl. Einleitung, Anm. 14. Der Ostsektor wurde gleichwohl allmählich in die DDR eingegliedert. Vgl. Dokumente zur Berlin-Frage 1987, S. 196. Der Begriff „Sechstes Land" meint „Ostberlin" als weiteres Land neben den (bis 1952) bestehenden fünf Ländern der DDR. In der politischen Polemik war der Gebrauch des Begriffs eine Replik auf die Forderung der Westberliner Parteien nach Einbeziehung Berlins (= Westberlins) als 12. Land in die Bundesrepublik Deutschland.

2 Im Mai 1950 betrug die Zahl der in Ostberlin arbeitenden Westberliner rund 89 000. In Westberlin arbeiteten zur gleichen Zeit 41 000 Einwohner Ostberlins bzw. der DDR. Ende 1952 arbeiteten rund 45 000 Ostberliner in Westberlin und 27 000 Westberliner in Ostberlin. Diese „Grenzgänger" waren einem zunehmenden Druck von Seiten der Behörden der DDR ausgesetzt, ihren Wohnsitz bzw. ihre Arbeitsstelle in Westberlin aufzugeben.

3 Das Berliner Abgeordnetenhaus beschloss am 7. Juni 1951 einstimmig das „Gesetz zum Schutz der persönlichen Freiheit". Danach wurde mit Gefängnis oder Zuchthaus bestraft, wer einen anderen der Gefahr aussetzte, durch Behörden der DDR

politisch gefährdet oder seiner Freiheit beraubt zu werden. Mit Zuchthaus wurde bestraft, wer einen anderen in ein Gebiet außerhalb Berlins brachte. Der Deutsche Bundestag verabschiedete am 21. Juni 1951 ein gleichlautendes Gesetz, durch das zwei Paragraphen in das Strafgesetzbuch eingefügt wurden, die Menschenraub und Denunziation aus politischen Gründen unter Strafe stellten. Vgl. Bundesgesetzblatt 1951, Teil I, S. 448.

4   Vom 3. bis 5. Juni 1951 wurde in der DDR (einschließlich Ostberlins) eine „Volksbefragung gegen die Remilitarisierung Deutschlands und für den Abschluß eines Friedensvertrages noch im Jahr 1951" durchgeführt. Nach offiziellen Angaben stimmten bei der praktisch öffentlichen Stimmabgabe in der DDR über 4 % und in Ostberlin fast 3 % der Stimmberechtigten mit Nein. Vgl. Berlin. Chronik der Jahre 1951–1954, hrsg. im Auftrage des Senats von Berlin, bearb. durch *Hans J. Reichhardt*, *Joachim Drogmann* und *Hanns U. Treutler*, Berlin 1968, S. 99 f.

5   Alle 1946 gewählten Stadtverordneten, die 1948 und 1950 an der Wahl gehindert waren, weil sie ihren Wohnsitz in Ostberlin hatten, gehörten dem Berliner Abgeordnetenhaus mit beratender Stimme weiter an. Die SPD nominierte darüber hinaus auf ihren Wahllisten seit 1948 Kandidaten aus den SPD-Ostkreisen auf sicheren Plätzen, so dass die Vertretung der Ostkreise auch mit stimmberechtigten Abgeordneten mit Wohnsitz in Ostberlin gesichert war.

6   Am 5. Juli 1951 beschloss das Berliner Abgeordnetenhaus, ein „Büro für Gesamtberliner Fragen" zu errichten.

Nr. 17

1   Schumacher war Ende 1951 erneut schwer erkrankt und hatte erst während eines längeren Kuraufenthalts im März 1952 nur sehr eingeschränkt seine politische Arbeit wieder aufgenommen. Vgl. *Albrecht, Willy*: Kurt Schumacher. Ein Leben für den demokratischen Sozialismus, Bonn 1985, S. 86.

2   Im Jahre 1951 hatte es bereits in der Berliner SPD einen Streit um die Frage gegeben, in welcher Form Bundesgesetze übernommen und ob die Dreiparteienkoalition in Berlin von der SPD aufgekündigt werden solle. Schon damals hatte Schumacher vermitteln sollen. Am 9. September und am 14. Oktober 1951 kam es deshalb in Bonn zu Treffen von Mitgliedern des Parteivorstandes mit dem Berliner Landesvorstand. Siehe die Protokolle der beiden Treffen in: FNA, NL Neumann, IIb1/2a.

3   Am 8. April 1952 beschäftigte sich der SPD-Parteivorstand mit dem neuerlichen Streit in der Berliner SPD. Der Parteivorstand bekräftigte die Auffassung Reuters, Brandts u. a. zur Form der Übernahme von Bundesgesetzen. Eine materielle Prüfung des zu übernehmenden Gesetzes sei aus politischen Gründen ausgeschlossen. Siehe das Schreiben Ollenhauers an den SPD-Landesvorstand Berlin vom 15. April 1952, in: AdsD, SPD-PV, Bestand Schumacher, 161. Am 5. Mai 1952 kam es daraufhin zu einer Sitzung des Landesausschusses und der Abgeordnetenhaus-Fraktion der Berliner SPD, an der der stellvertretende SPD-Vorsitzende, Erich Ollenhauer, und der Sekretär der SPD-Bundestagsfraktion Wilhelm Mellies teilnahmen. Die SPD Berlin schloss sich der Stellungnahme des Parteivorstandes an, akzentuierte aber die Form der Übernahme von Bundesgesetzen in ihrem Beschluss anders: „Die Übernahme eines Bundesgesetzes in Berlin bedeutet aber nicht in jedem Fall eine Billigung seines materiellen Inhalts." Protokoll der Sitzung in: AdsD, SPD-LV Berlin, 303.

4   Brandt hatte als Vertreter der deutschen Exekutive des „Kongresses für kulturelle Freiheit" an der „Skandinavienkonferenz des Kulturkongresses" am 29./30. März 1952 in Stockholm teilgenommen. Siehe dazu den Bericht Brandts in: Kontakte. Mitteilungen vom Kongress für kulturelle Freiheit, April 1952. Mit Blick auf die Stalin-Note vom März 1952 hatten schwedische Regierungsmitglieder Brandt gegenüber die Meinung geäußert, dass in der sowjetischen Politik eine echte Chance liegen könnte. Diese Information hatte er an Erich Ollenhauer übermittelt, der die Parteivorstandsmitglieder in der Sitzung vom 8./9. April 1952 darüber unterrichtete. Siehe AdsD, SPD-PV, PV Protokolle 1952.

5   Hs. unterzeichnet.

Nr. 18

1   Das hier abgedruckte Dokument war von Brandt als programmatische Schrift zur Vorbereitung seiner Kandidatur als Landesvorsitzender der Berliner SPD gedacht. Brandt schickte den „halboffenen" Brief an verschiedene Berliner Sozialdemokraten, darunter Franz Neumann und Ernst Reuter, in deren Nachlässen die Schrift – mit Anmerkungen versehen – ebenfalls zu finden ist. Das Schreiben erreichte als „Referentenmaterial" über die Berliner Kreisorganisationen auch die meisten Delegierten des SPD-Landesparteitages, der am 24./25. Mai 1952 stattfand. In mehreren Reden auf dem Landesparteitag spielte der Brief eine Rolle, so in dem Beitrag von Franz Neumann, der das Schreiben Brandts als „Kettenbrief" und „Brandt-Brief" charakterisiere. Der hier abgedruckte Text folgt einer an Kurt Schumacher gesandten Durchschrift. Siehe weitere textidentische Fassungen, die teilweise Anstreichungen und Fragezeichen am Rande aufweisen in: FNA, NL Neumann, X12,2 und LAB, NL Reuter, E Rep 200-21-01, Nr. 178/79. Siehe vor allem den Entwurf des Textes mit zahlreichen hs. Einschüben und einer längeren ms. Ergänzung in: AdsD, WBA, A 3, 65. Im Entwurf war der Text zunächst als „vertraulich" gekennzeichnet worden, diese Kennzeichnung wurde aber gestrichen. Die Einschübe sind meist stilistische Korrekturen, in manchen Fällen aber auch Abschwächungen in der Formulierung: Aus „Brutalität" wird „Deutlichkeit", aus „Übelstände" wird „Krise" und aus „fordern" wird „raten" etc. In einem Fall stammt eine hs. Marginalie im Entwurf nicht von der Hand Brandts.

2   Bei den Wahlen zum Berliner Abgeordnetenhaus am 3. Dezember 1950 hatte die SPD 44,7 % der Stimmen erhalten und damit im Vergleich zu den Wahlen 1948 rund 20 Prozentpunkte verloren.

3   Der Landesparteitag der SPD Berlin vom 21./22. Oktober 1950 verabschiedete ein Wahlprogramm mit der Überschrift „Alles für die Freiheit und den Aufbau Berlins". Brandt war Vorsitzender der Programmkommission und auch Berichterstatter gewesen. Siehe das Protokoll der 3. Tagung des 7. Landesparteitages 1950, in: FNA, NL Neumann, IIb2/10a.

4   Siehe dazu die Abstimmung auf dem Landesparteitag am 31. Januar 1951 über eine Regierungsbeteiligung der SPD. Von den 272 Delegierten stimmten 167 mit Ja und 105 mit Nein. Protokoll des Landesparteitages, S. 111, in: FNA, NL Neumann IIb2/10a.

5   Vgl. Nr. 17, Anm. 2.

6   Gemeint ist der Beschluss des Parteivorstandes vom 8. April 1952. Vgl. Nr. 17, Anm. 3.

7   Das „Gesetz über die Stellung des Landes Berlin im Finanzsystem des Bundes (Drittes Überleitungsgesetz)" vom 4. Januar 1952 bestimmte die Gleichbehandlung Ber-

lins in den finanziellen Beziehungen des Bundes zu den Ländern.

8 Nach der „Stalin-Note" vom 10. März 1952 kam es in den folgenden Monaten zum Austausch weiterer Noten zwischen den Westmächten und der Sowjetunion über die Frage der Wiedervereinigung Deutschlands.

9 Im Entwurf des Schreibens (Anm. 1) hieß es: „solche Erfolge nicht ins Konzept passen."

10 Gemeint ist die Kritik vieler Berliner Sozialdemokraten an der erzwungenen Wiedereinführung des Berufsbeamtentums, an der Veränderung des Berliner Schulgesetzes und an dem Verzicht auf das bis dahin geltende Prinzip einer „Einheitsversicherung". Vgl. Einleitung.

11 Gemeint sind ehemalige Mitglieder der NSDAP.

12 Vgl. Anm. 4.

13 Am 3. April 1952 verabschiedete das Berliner Abgeordnetenhaus die Regierungserklärung des Regierenden Bürgermeisters Ernst Reuter. Er führte eine in der SPD umstrittene Dreiparteienkoalition an. In der namentlichen Abstimmung stimmten 28 von 61 Abgeordneten der SPD (darunter der Fraktionsvorsitzende Neumann) gegen die Regierungserklärung.

14 Vgl. Nr. 19.

Nr. 19

1 Textvorlage des hier abgedruckten Dokuments ist das Original des Schreibens an Neumann. Sie weist auf der ersten Seite die Paraphe Neumanns auf.

2 Die Sitzung des Landesausschusses fand am 19. Mai 1952 statt. Im Protokoll der Sitzung ist zu dem Brief Brandts nichts vermerkt, und auch die Frage seiner Kandidatur ist offenbar nicht diskutiert worden. Auf der Sitzung des Landesausschusses vom 25. April 1952 war die Tagesordnung des Landesparteitages festgelegt worden. Sie sah vor, dass Ernst Reuter und Franz Neumann jeweils eine Stunde zum Thema „Unsere Politik für Berlin" referieren sollten. Ein Referat von Brandt war nicht vorgesehen.

3 Hs. unterzeichnet.

4 Das folgende Schreiben zeigt im Kopf den Namen Willy Brandt und als Datum „Berlin, 19. Mai 1952".

5 Zu den Kreisen, die Brandt zu einer Kandidatur mehrheitlich ermuntert hatten, gehörten Steglitz in West- und Weißensee in Ostberlin. Die Vertreter dieser Kreise reagierten, so schrieb Brandt an Schumacher, der abgeraten hatte, „ausgesprochen sauer auf die Mitteilung, dass ich die Kandidatur möglicherweise nicht aufrechterhalten würde. Es gibt eine Reihe wertvoller Genossen, die der Überzeugung sind, dass es – unabhängig vom Ausgang der Wahl – für die Berliner Partei förderlich sein könnte, wenn es überhaupt einmal zu einer echten Gegenüberstellung käme." Obwohl Brandt noch nicht zur Kandidatur endgültig entschlossen war, musste er zur Kenntnis nehmen, dass er auch von Sozialdemokraten persönlich diffamiert wurde. Schreiben Brandts an Schumacher vom 23. Mai 1952, in: AdsD, WBA, A 6, 168.

6 Zu den Diffamierungen, gegen die sich Brandt seit 1947 immer wieder zur Wehr setzen musste, vgl. Einleitung und *Merseburger* 2002, S. 299 ff., besonders S. 306 f. Die *Freie Presse* war das „Organ der oppositionellen Sozialdemokraten", die in Berlin erscheinende Wochenzeitung der von der SED gegründeten und angeleiteten „Sozialdemokratischen Aktion" (SDA), später „Sozialistische Aktion". Vgl. dazu Heimann 2002 [a].

7 Die Ausbürgerung Brandts wurde im September 1938 vollzogen. Vgl. Berliner Ausgabe, Bd. 1, Einleitung.

8   Die Wiedereinbürgerung erfolgte am 1. Juli 1948.
9   Hs. unterzeichnet.

Nr. 20

1   Am 26. August 1953 hatte Brandt den Artikel in einer hs. Fassung zusammen mit einem Anschreiben an Fritz Heine geschickt. In dem hs. Anschreiben heißt es: „Beiliegend eine kurze Stellungnahme zum Thema ‚gemeinsame Aussenpolitik'. [...] Ich möchte Dir überlassen, ob der Pressedienst die Sache unter meinem Namen bringt oder ob Du sie als Unterlage für eine parteioffizielle Stellungnahme verwendest." Brandts Schreiben an Heine vom 26. August 1953, in: AdsD, SPD-PV, 2/PVAJ 000 0015.

2   Die SPD hatte wiederholt vorgeschlagen, wichtige deutschland- und berlinpolitische Fragen aus den im Bundestagswahlkampf 1953 zu erwartenden Auseinandersetzungen zwischen Regierung und Opposition herauszuhalten. Brandt hatte in Zeitungsartikeln für eine gemeinsame Haltung von Regierung und Opposition etwa bei der Forderung nach Vier-Mächte-Verhandlungen über Deutschland plädiert und dabei wenig Gegenliebe bei der Regierung gefunden. Vgl. u. a. *Brandt, Willy:* Schmalspur-Politik gefährdet Wiedervereinigung, in: *Neuer Vorwärts* vom 17. April 1953.

3   Vom 10. bis 14. Juli 1953 fand in Washington eine Konferenz der Außenminister von Frankreich, Großbritannien und den USA statt. Sie beschlossen, der Sowjetunion ein Vier-Mächte-Treffen der Außenminister noch im September 1953 vorzuschlagen. Die Sowjetunion nahm den Vorschlag an, das Treffen fand aber erst vom 25. Januar bis zum 18. Februar 1954 in Berlin statt.

4   In der Sitzung des Deutschen Bundestags am 1. Juli 1953 stand neben den Anträgen über ein Gesetz zur Einführung eines Nationalfeiertages am 17. Juni auch ein Antrag der SPD-Fraktion „betr. Vier-Mächte-Verhandlungen zur Wiedervereinigung Deutschlands" zur Diskussion. Der Antrag wurde von der Regierungsmehrheit abgelehnt. Deutscher Bundestag. Stenographische Berichte, 278. Sitzung vom 1. Juli 1953.

5   Brandt hatte im Auswärtigen Ausschuss die Position Adenauers hinsichtlich der Notwendigkeit gemeinsamer Beratungen eher als aufgeschlossen dargestellt, in der vergeblichen Hoffnung eine positive Reaktion auszulösen. Vgl. *Schmidt* 2001, S. 157 f.

Nr. 21

1   Das Manuskript der 63 Druckseiten umfassenden Broschüre hatte Brandt schon im September 1953 geschrieben. Am 15. September 1953 schickte er eine bereits überarbeitete Fassung an Fritz Heine und bat um eine schnelle Entscheidung darüber, ob die Partei die kleine Schrift veröffentlichen wolle. Herbert Wehner unterstütze den Wunsch nach Veröffentlichung. Sachkundige Genossen sollten allerdings das Manuskript noch einmal durchsehen. Siehe das Schreiben Brandts an Heine, in: AdsD, WBA, A 6, 168. Die Broschüre erschien erst Anfang Februar 1954 und wurde im *Neuen Vorwärts* ausführlich gewürdigt. Vgl. *Neuer Vorwärts* vom 5. Februar 1954.

2   Brandt hatte sich schon vor dem 17. Juni 1953 mehrfach zu Problemen des diktatorischen Systems der DDR zu Wort gemeldet und die „Massenflucht" als Ausdruck der Delegitimierung des politischen Systems der DDR beschrieben. Vgl. *Brandt, Willy:* Die Bedeutung der Massenflucht aus

der Sowjetzone, in: *Gewerkschaftliche Monatshefte* 4 (1953) 4, S. 224–228.

3   Am 18. Juni 1953 hatte Brandt in einer ersten Stellungnahme zum Aufstand betont, dass nicht der Eindruck entstehen dürfe, die Aufständischen hätten eine Niederlage erlitten. Protokoll der Landesausschuss-Sitzung vom 18. Juni 1953, in: FNA, SPD Neukölln, 36.

4   Die Charakterisierung des Aufstands vom Juni 1953 hat nach 1989 erneut einen Historikerstreit ausgelöst, der auch am 50. Jahrestag im Jahre 2003 noch nicht beendet war. Angesichts des teilweise scholastische Züge aufweisenden Streits um den Charakter des Aufstands – Arbeiteraufstand oder Volksaufstand – erscheint die Darstellung Brandts aus dem Jahre 1953/54 bemerkenswert differenziert. Zum Forschungsstand vgl. *Kowalczuk, Ilko-Sascha:* 17. Juni 1953 – Volksaufstand in der DDR. Ursachen – Abläufe – Folgen, Bremen 2003.

5   In der im Folgenden ausgelassenen Darstellung schildert Brandt ausführlich die Vorgeschichte und den Verlauf der Ereignisse im Juni 1953. Er verweist auf den spontanen Charakter des Aufstands, informiert über die Opfer und betont, dass der Aufstand in der ganzen DDR auch nach dem 17. Juni noch weiter ging.

6   Mit der Forderung der Aufständischen nach „Freien Wahlen" begründete Brandt auch am 1. Juli 1953 in der Debatte des Deutschen Bundestags den Antrag der SPD-Fraktion, den 17. Juni zu einem „Nationalfeiertag des deutschen Volkes" zu machen. In der Rede machte er Bundeskanzler Adenauer und der CDU den Vorwurf, das politische Ziel, die Wiedervereinigung zu erreichen, nicht ernsthaft zu verfolgen. Vgl. Einleitung, Anm. 116. In den hier abgedruckten Passagen wiederholt er Argumente dieser Rede im Bundestag, die in der tumultartig verlaufenden Debatte nicht so deutlich zum Ausdruck kamen. Zum Verlauf der Bundestagsdebatte vgl. „Brandt löst Tumulte aus", in: *Die Welt* vom 2. Juli 1953.

7   Zur Berliner Außenministerkonferenz vgl. Einleitung und Nr. 20, Anm. 3.

Nr. 22

1   Am 22. Oktober 1953 wählte das Berliner Abgeordnetenhaus Walther Schreiber (CDU) als Nachfolger des verstorbenen Ernst Reuter mit 62 Stimmen zum Regierenden Bürgermeister von Berlin. Der Kandidat der SPD, Otto Suhr, erhielt 57 Stimmen. Nach kontroverser Diskussion in der Berliner SPD lehnte die Partei eine Koalition mit der CDU ab. Die CDU koalierte mit der FDP. Diese Kleine Koalition stieß von Anfang an auf die Kritik der Sozialdemokraten. Brandt stand in der Diskussion um eine Koalition auf der Seite derjenigen, die den Weg in die Opposition nicht als zwangsläufig angesehen hatten; er kritisierte aber ebenfalls die Politik des CDU/FDP-Bündnisses. Vgl. *Brandt, Willy:* Will Berlin in Bonn abdanken?, in: *Telegraf* vom 7. Januar 1954.

2   Hs. ergänzt.

3   Vom 25. Januar bis zum 18. Februar 1954 fand in Berlin die Konferenz der Außenminister der vier Großmächte statt. Vgl. Einleitung und *Katzer* 1994.

4   Im Juli 1953 war der Korea-Krieg durch einen Waffenstillstand beendet worden. Das Land blieb geteilt. Auf der Genfer Indochina-Konferenz wurde im Juli 1954 nach dem Abschluss eines Waffenstillstandes die Teilung Vietnams in einen kommunistischen Staat im Norden und einen westlich orientierten im Süden beschlossen.

5   Das Wort „wächst" wurde zweimal hs. korrigiert aus „ändert".

6   Siehe Anm. 4.

7 Korrigiert aus: „MacCarthy".
8 Korrigiert aus: „weniger".
9 Brandt besuchte ab 1. März 1954 zusammen mit Günter Klein, Carlo Schmid und Fritz Erler für mehrere Wochen die USA und sprach in Washington mit vielen hochrangigen Politikern. Vgl. *Brandt, Willy:* Brief aus Amerika, in: *Berliner Stimme* vom 20. März 1954.
10 Ausgelassen ist ein Hinweis auf den Redebeitrag eines Delegierten.
11 Am 17. Juli 1954 tagte in Berlin die zweite Bundesversammlung. Sie wählte Theodor Heuss erneut zum Bundespräsidenten. Der Tagungsort Berlin war aufgrund eines Einspruchs Frankreichs umstritten. In einer Presseerklärung wandte sich Brandt am 22. Mai 1954 gegen den Versuch auch aus den Reihen der CDU, Berlin als Tagungsort infrage zu stellen. Siehe das Manuskript der Presseerklärung in: AdsD, WBA, A 3, 70.
12 Die „Weddinger Resolution" – der Antrag Nr. 37 aus dem Kreis Wedding – „Vorwärts im Geiste Reuters" wurde einstimmig angenommen. Siehe AdsD, SPD-LV Berlin, 311.
13 In den im Folgenden ausgelassenen Teilen des Protokolls wird die von den Delegierten geführte Diskussion über die Differenzen zwischen den beiden Kandidaten Neumann und Brandt wiedergegeben.
14 Franz Neumann erhielt bei der Wahl zum Landesvorsitzenden 145 Stimmen, Willy Brandt 143. Neumann nahm die Wahl erst nach einer Unterbrechung des Parteitages an.
15 Willy Brandt wurde mit 184 Stimmen bei 83 Gegenstimmen zum stellvertretenden Landesvorsitzenden gewählt.
16 Der Parteitag wurde mit weiteren Wahlen fortgesetzt. Kurt Mattick, ein Parteigänger Brandts, kandidierte für den Posten eines weiteren stellvertretenden Vorsitzenden. Er erhielt aber so wenig Stimmen, dass er die Wahl nicht annahm, die daraufhin vertagt wurde.

Nr. 23

1 Am 11. Januar 1955 fand die konstituierende Sitzung des neu gewählten Berliner Abgeordnetenhauses statt. Bei der Wahl am 5. Dezember 1954 war die SPD wieder stärkste Partei geworden, hatte aber auch die Mehrheit der Mandate erhalten. Der bisherige Präsident des Abgeordnetenhauses, Otto Suhr (SPD), sollte neuer Regierender Bürgermeister werden. Als Nachfolger im Amt des Präsidenten hatte die SPD Willy Brandt vorgeschlagen. Seine Wahl erfolgte einstimmig. Alterspräsident war Fritz Hausberg (FDP). Vgl. „Die erste Etappe. Abgeordnetenhaus hat sich konstituiert", in: *Berliner Stimme* vom 15. Januar 1955.
2 In den hier ausgelassenen Sätzen gratuliert Brandt einer Abgeordneten zum Geburtstag.
3 Ausgelassen wurde eine kurze Würdigung der Verdienste Otto Suhrs und der Hinweis, dass 18 Abgeordnete schon der Stadtverordnetenversammlung von 1946 angehört hatten.
4 Die sieben Abgeordneten hatten ihren Wohnsitz in Ostberlin. Sie gehörten der auch im Ostsektor zugelassenen SPD an und hatten auf Listenplätzen der Westberliner „Patenkreise" kandidiert.
5 Am 17. Oktober 1954 hatten in der DDR Wahlen zur Volkskammer stattgefunden. Für die Einheitsliste der Nationalen Front stimmten in „offener Abstimmung" über 99 %. Am gleichen Tag fanden auch in Ostberlin, erstmals seit 1946, Wahlen zur „Volksvertretung Groß-Berlins" statt. Die zur Wahl stehende „Einheitsliste" erhielt 99,3 % der Stimmen. Die Ostberliner Stadtverordneten wählten aus ihrer Mitte die

Ostberliner Vertreter für die Volkskammer. Diese hatten kein Stimmrecht. Vgl. *Neues Deutschland* vom 19. Oktober 1954. Vgl. auch *Brandt, Willy:* SED und Berliner Wahlen, in: *Neuer Vorwärts* vom 8. Oktober 1954.

6   In der Verfassung von Berlin vom 1. September 1950 heißt es im Artikel 25 Absatz 2: „Das Abgeordnetenhaus besteht aus 200 Abgeordneten." Dokumente zur Berlin-Frage 1987, S. 155. Die Zahl 127 ging von der Vorstellung aus, dass die Wahl von Abgeordneten in den Wahlkreisen Ostberlins „durch höhere Gewalt behindert" sei und deren Plätze freizuhalten seien.

7   Im Schlussteil der Sitzung leitete Brandt die Wahl des Präsidiums.

Nr. 24

1   Bei der Vorlage handelt es sich um eine Durchschrift.

2   Max Köhler hatte in seinem Brief vom 19. Januar 1955 aus Kopenhagen Brandt zur Wahl zum Präsidenten des Berliner Abgeordnetenhauses gratuliert. Er fügte hinzu: „Du bist auf dem Wege, auch im Gedächtnis der Skandinavier, eine bekannte Persönlichkeit zu werden, das verpflichtet, vergiss das nie." Schreiben Köhlers an Brandt, in: AdsD, WBA, A 6, 16.

3   Brandt besuchte auf Einladung der „Landesorganisation der Linken Jugend" Dänemarks im Februar 1955 Kopenhagen. Er referierte auf deren Jahrestagung zum Thema „Die deutsche Demokratie". Siehe den Briefwechsel mit dem Landessekretär der dänischen „Linken Jugend", in: AdsD, WBA, A 6, 15.

4   Bereits im Jahre 1953 hatte Max Köhler um Brandts Hilfe gebeten, um seinen Anspruch auf eine Rente beim Berliner Entschädigungsamt durchzusetzen. Brandt hatte damals umgehend an das Entschädigungsamt geschrieben, dass der Anspruch auf eine Rente nicht in Zweifel gezogen werden dürfe. Siehe das Schreiben Köhlers an Brandt vom 12. Oktober 1953 und das Schreiben Brandts an das Entschädigungsamt vom 31. Oktober 1953, in: AdsD, WBA, A 6, 14 und 174.

5   Köhler hatte seit 1953 die „feste Absicht", mit seiner Familie nach Deutschland zurückzukehren. Er bat Brandt mit Erfolg, bei der Wohnungssuche in Berlin zu helfen. Anfang 1956 zog die Familie in Berlin-Britz in ein kleines Reihenhäuschen ein. Am 10. Januar 1956 trat Köhler in die SPD ein. Siehe dazu den Briefwechsel, in: AdsD, WBA, A 6, 16.

6   Die Durchschrift ist nicht unterzeichnet.

Nr. 25

1   Siehe auch das ms. Manuskript der Rede, das kürzer ist und in einigen Passagen von der gehaltenen Rede abweicht, in: AdsD, WBA, A 3, 73. Auf eine Abweichung wird in den Anmerkungen hingewiesen.

2   Der 12. Landesparteitag wählte am 22. Mai 1955 Franz Neumann erneut zum Landesvorsitzenden. Zu einer Kampfabstimmung kam es diesmal nicht. Brandt hatte „im Interesse der Geschlossenheit der Partei" auf eine Gegenkandidatur verzichtet. Die Delegierten des Parteitages wählten ihn und Josef Braun zu stellvertretenden Landesvorsitzenden. Neumann referierte zum Thema „Zehn Jahre Arbeit für Berlin". Er ging dabei nur kurz auf außenpolitische Probleme ein. Die eigentliche Rede zur Außenpolitik hielt Brandt, der seinen Diskussionsbeitrag „mit verlängerter Redezeit" sorgfältig vorbereitet hatte. Der von Brandt zitierte Entwurf einer Resolution wurde unter der Überschrift „Entschließung zur Wiedervereinigung" vom Parteitag mit großer Mehrheit verabschiedet. Wortlaut des

Entwurfs in: AdsD, WBA, A 6, 163. Zum Verlauf des Parteitages vgl. auch *Berliner Stimme* – Sondernummer, Mai 1955, und *Berliner Stimme* vom 28. Mai 1955.

3   Brandt sammelte zusammen mit Richard Löwenthal Material zu einer Biographie Ernst Reuters. Sie erschien 1957.

4   In dem im Folgenden ausgelassenen Absatz verwies Brandt als Beleg für die in Bewegung geratenen „erstarrten Fronten" u. a. auf die Beendigung der Kriege in Korea 1953 und in Vietnam 1954, auf den Abschluss eines Staatsvertrages mit Österreich 1955 und auf laufende Verhandlungen zwischen den USA und China.

5   Gemeint sind die seit längerem geplanten Gipfelkonferenzen der vier Großmächte. Vom 18. bis zum 23. Juli 1955 fand in Genf die Konferenz der Staats- und Regierungschefs von Frankreich, Großbritannien, der Sowjetunion und den USA statt. Vom 27. Oktober bis 16. November 1955 tagte in Genf die Konferenz der Außenminister der vier Großmächte. Auf beiden Konferenzen stand die Deutschlandfrage im Mittelpunkt der Gespräche. Vgl. Einleitung, Anm. 124.

6   Korrigiert aus: „beschwert".

7   Gemeint sind die Straßenbenutzungsgebühren im Interzonenverkehr zwischen Berlin und der Bundesrepublik. Zum 1. April 1955 hatte das DDR-Verkehrsministerium die Gebühren um das Dreifache (bzw. Elffache für LKWs) erhöht. Vgl. Berlin. Chronik der Jahre 1955–1956, hrsg. im Auftrage des Senats von Berlin, bearb. durch *Hans J. Reichhardt, Joachim Drogmann* und *Hanns U. Treutler*, Berlin 1971, S. 106.

8   Der Begriff „Koexistenz" beschäftigte Brandt, seit ihn Chruschtschow nach seiner Wahl zum 1. Sekretär des ZK der KPdSU im September 1954 in Anlehnung an Lenin zur Charakterisierung einer neuen sowjetischen Außenpolitik erstmals wieder gebraucht hatte. Brandt knüpfte an den Begriff der Koexistenz Hoffnungen für neue Chancen in der Deutschlandpolitik, er sah aber auch Gefahren – nicht zuletzt für Berlin. Vgl. *Brandt, Willy:* Koexistenz – Hoffnung und Gefahr, in: *Telegraf* vom 19. April 1955.

9   In den ausgelassenen Passagen geht Brandt auf Kriegsgefahren nach dem Ende des 2. Weltkrieges ein.

10   Vom 19. bis zum 24. April 1955 fand in Bandung (Indonesien) eine Konferenz der „blockfreien" Staaten statt. An ihr nahmen 23 asiatische und sechs afrikanische Staaten teil. Die Konferenz verabschiedete „Grundsätze der freundschaftlichen Zusammenarbeit im Sinne der friedlichen Koexistenz". Vgl. AdG 25 (1955), S. 5134.

11   Gemeint ist das Referat Franz Neumanns „10 Jahre Arbeit für Berlin".

12   So lautete die Forderung der Bundesregierung. Vgl. Einleitung.

13   Im ms. Manuskript (Anm. 1) der Rede heißt es: „Clowns der Weltpolitik". Ein Hörfehler beim Abschreiben des Protokolls ist wahrscheinlich.

14   In dem an dieser Stelle ausgesparten Absatz geht Brandt auf internationale Entwicklungen u. a. im Iran ein.

Nr. 26

1   Bei der Vorlage handelt es sich um eine Durchschrift.

2   Am 17. Oktober 1955 fand in der Ostberliner Marienkirche ein Festgottesdienst anlässlich des zehnjährigen Bestehens des Evangelischen Hilfswerks statt. Der Bischof von Berlin, Otto Dibelius, hielt die Festrede. An der Feierstunde nahmen Bundestagspräsident Eugen Gerstenmaier und Willy Brandt als Präsident des Berliner Abgeordnetenhauses auf Einladung des Bischofs teil. Der Besuch erregte große Aufmerksam-

keit. Vgl. die Berichte darüber in: *Der Tagesspiegel, Telegraf* und *Berliner Morgenpost* vom 18. Oktober 1955.
3   Der Vorstand der SPD-Fraktion tagte in Berlin, da vom 18. Oktober bis 21. Oktober 1955 erstmals eine Plenarsitzung des Deutschen Bundestags in Berlin stattfand.
4   Die Durchschrift ist nicht unterzeichnet.

Nr. 27
1   Hs. hinzugefügt: „für Charles Thayer". Der Journalist Thayer hatte im Jahre 1958 im Manuskript eines Zeitschriftenartikels über Willy Brandt auch die Ereignisse im November 1956 in Berlin geschildert und bat Brandt um eine kritische Durchsicht. Brandt machte Korrekturen am Rande des Manuskripts, stellte aber zugleich auf vier Seiten in 20 Punkten zusammen, was aus seiner Sicht falsch war. In fünf Punkten korrigierte er Thayers Blick auf die Ereignisse. Trotz vieler anderer Einwände und Korrekturen hat er die Einschätzung Thayers, dass der 5. November 1956 einen Wendepunkt in der politischen Karriere Brandts darstellte, nicht widersprochen. Schreiben Brandts an Thayer vom 2. April 1958 in: AdsD, WBA, A 6, 27. Die von Brandt vorgeschlagenen Korrekturen und Präzisierungen wurden von Thayer eingearbeitet. Siehe Thayer, Charles W.: Berlin's Willy Brandt. Calm Man in a Nervous Place, in: *Harper's Magazine* (Februar 1959), S. 50–56. Der Regierende Bürgermeister hat den Artikel während seines Besuchs in den USA im Frühjahr 1959 gelesen. Siehe dazu Brandts Schreiben an Thayer vom 28. Mai 1959, in: AdsD, WBA, A 6, 30.
2   Am 5. November 1956 protestierten auf dem Rudolph-Wilde-Platz (heute: John-F.-Kennedy-Platz) vor dem Rathaus Schöneberg mehr als 100 000 Berliner gegen die gewaltsame Niederschlagung des Ungarn-Aufstandes. Auf der Kundgebung sprachen die drei Fraktionsvorsitzenden der im Abgeordnetenhaus vertretenen Parteien, darunter auch Franz Neumann (SPD). Der Regierende Bürgermeister Otto Suhr musste aus gesundheitlichen Gründen auf eine Rede verzichten. Der protokollarisch infrage kommende Präsident des Abgeordnetenhauses Brandt sollte nicht sprechen. Die drei Reden lösten Missfallenskundgebungen der Zuhörer aus. Vgl. Einleitung.
3   Am Steinplatz gegenüber der Technischen Universität Berlin befanden sich Mahnmale zum Gedächtnis an die Opfer des NS-Regimes und des Stalinismus.
4   Gemeint sind Rut und Willy Brandt.
5   An der Straße des 17. Juni kurz vor dem Brandenburger Tor, also im britischen Sektor, befand und befindet sich seit Oktober 1945 ein Ehrenmal für die bei der Eroberung Berlins gefallenen sowjetischen Soldaten.
6   Hs. eingefügt.
7   Punkt 5 des Vermerks ging auf die Auseinandersetzung in der Berliner SPD im Herbst 1957 ein, als nach der Wahl Brandts zum Regierenden Bürgermeister die Frage der Abwahl Neumanns als Landesvorsitzender erneut debattiert wurde und die beiden Kandidaten in den SPD-Kreisverbänden um Unterstützung warben. Brandt machte Thayer darauf aufmerksam, dass Neumann damals nicht „untätig geblieben sei", sondern mit seinen Anhängern „durch alle Kreise gezogen" sei, ohne freilich seine Abwahl verhindern zu können. Vgl. dazu auch Nr. 33. Die hier ausgelassenen Punkte 6 bis 20 beziehen sich auf Richtigstellungen von biographischen Daten, aber auch auf Brandts Einschätzung der sowjetischen Politik und auf seine Sicht des Streits um die Zusammensetzung des SPD-Partei-

präsidiums vor dem Stuttgarter Parteitag 1958.

8   Hs. paraphiert.

Nr. 28

1   Der Überschrift ist der unterstrichene Satz „Willy Brandt: Die Gewichte nicht überschätzen!" vorangestellt.

2   Damit spielte Brandt sehr zurückhaltend auf die Kritik am Verlauf der Kundgebung am 5. November 1956 vor dem Rathaus Schöneberg an. Vgl. Nr. 27, Anm. 2.

3   Gemeint sind die gewaltsamen Auseinandersetzungen zwischen jungen Demonstranten und der Polizei nach der Kundgebung. Britische Militärpolizisten wurden entwaffnet und zusammengeschlagen, als sie Demonstranten am Marsch zum Brandenburger Tor hindern wollten. Sowjetische Soldaten vor dem Ehrenmal im britischen Sektor wurden beschimpft und mit Steinen beworfen. Die Demonstranten zerstreuten sich erst nach einer spontanen Rede von Brandt. Der Regierende Bürgermeister Otto Suhr verurteilte am folgenden Tage die „Ausschreitungen einiger Jugendlicher". Vgl. „Die Erregung war nicht zu dämpfen", in: *Die Welt* vom 6. November 1956 und „Steinhagel gegen Sowjetsoldaten", in: *Berliner Morgenpost* vom 6. November 1956.

4   Der Ostberliner Oberbürgermeister, Friedrich Ebert, hatte in einem Schreiben an den Regierenden Bürgermeister, Otto Suhr, vom 6. November 1956 „Exzesse der Provokateure" kritisiert. Vgl. „Der demokratische Magistrat warnt", in: *Neues Deutschland* vom 7. November 1956.

5   Die Demonstranten vor dem Rathaus Schöneberg trugen u. a. Plakate mit der Aufschrift „Mit Mördern keine Koexistenz". Vgl. „Berlin demonstriert für Ungarn" und „In Trauer und Empörung", in: *Der Tagesspiegel* vom 6. November 1956.

6   In den folgenden Absätzen geht Brandt auch auf die zur gleichen Zeit stattfindende Suez-Krise und auf mögliche Hilfe für Ungarn ein.

7   Mit „Vertrauenskrise" meinte Brandt die Diskussion in der Berliner SPD um den Landesvorsitzenden Franz Neumann, dem Versagen vorgeworfen worden war. Brandt war sichtlich bemüht, öffentlich kein Öl ins Feuer des innerparteilichen Streits zu gießen. Vgl. aber Nr. 29.

Nr. 29

1   Bei der Vorlage handelt es sich um eine Durchschrift.

2   Klaus-Peter Schulz hatte sich Anfang Januar 1957 bei Brandt beklagt, dass dieser seine letzten Briefe noch nicht beantwortet habe. Schulz' Schreiben vom 5. Januar 1957, in: AdsD, WBA, A 6, 23. Mit „Reuter-Manuskript" ist die Biographie Ernst Reuters gemeint, an der Brandt und Richard Löwenthal seit 1954 schrieben. Die Fertigstellung des Buches verzögerte sich immer wieder. Es erschien erst im September 1957.

3   In dem hier ausgesparten Absatz erörtert Brandt Schulz' Vorschlag, in Köln eine per Rundfunk übertragene Diskussion zum Thema Föderalismus zu führen. Die Diskussion kam aufgrund der kurzfristigen Absage von Schulz sehr zum Ärger Brandts nicht zustande. Siehe dazu Brandts Schreiben an Schulz vom 14. März 1957, in: AdsD, WBA, A 6, 24.

4   Vgl. Nr. 18.

5   Vgl. Nr. 27 und 28.

6   Auf dem Landesparteitag der Berliner SPD am 5./6. Januar 1957 gab es keine Diskussion über das Verhalten des Landesvorsitzenden Neumann im November 1956. Die Kritiker Neumanns hielten den „Burg-

frieden" ein. Siehe das Protokoll des Landesparteitages, in: FNA, NL Neumann IIb2/18,2.

7 Brandt hatte auf den SPD-Landesparteitagen 1952 und 1954 gegen Franz Neumann kandidiert und verloren – 1954 allerdings nur knapp. Auf dem Landesparteitag am 11./12. Mai 1957 kandidierte Brandt nicht gegen Neumann. Vgl. Nr. 30, Anm. 1.

8 Otto Suhr litt seit 1956 an einer Lymphdrüsenerkrankung, die ihn auch äußerlich schwer zeichnete. Im Frühjahr 1957 verschlechterte sich sein Gesundheitszustand in lebensbedrohlichem Maße. Vgl. Hülsbergen, Henrike: Otto Suhr, in: Otto Suhr 1894–1957. Ein politisches Leben (Katalog einer Ausstellung des Landesarchivs Berlin), Berlin 1994, S. 5–54, hier S. 40.

9 Im April 1957 fragte Brandt an, ob er mit seiner Familie für drei Wochen bei Schulz im Allgäu Urlaub machen könne. Siehe das Schreiben Brandts an Schulz vom 5. April 1957, in: AdsD, WBA, A 6, 24.

10 Die Durchschrift ist nicht unterzeichnet.

Nr. 30

1 Das als Textvorlage dienende Protokoll weist zahlreiche hs. Einschübe auf. Auf sie wird in den Anmerkungen hingewiesen. Auf dem Landesparteitag der Berliner SPD am 11./12. Mai 1957 referierte der von schwerer Krankheit gezeichnete Regierende Bürgermeister, Otto Suhr, über „Politik für Deutschland – in und für Berlin". Willy Brandt sprach ein versöhnliches Schlusswort im Sinne des propagierten „Burgfriedens" zwischen den zerstrittenen Gruppen in der Partei. Vgl. Nr. 29. In dem hier abgedruckten Diskussionsbeitrag musste Brandt aber zu den Diffamierungen seiner Person Stellung nehmen.

2 In dem im Folgenden ausgelassenen Absatz bezieht sich Brandt auf die Diskussionsbeiträge zweier Delegierter, um damit in sehr verklausulierter Form auch auf den innerparteilichen Streit in der Berliner SPD einzugehen.

3 Hs. eingefügt.

4 Hs. eingefügt.

5 Hs. eingefügt. Die Frage der Koalition mit der CDU oder Opposition war seit der Wahl zum Abgeordnetenhaus Ende 1950, bei der die SPD die absolute Mehrheit verloren hatte, eine der Ursachen für den ständigen innerparteilichen Streit in der Berliner SPD.

6 In dem hier nicht aufgeführten Absatz machte sich Brandt Gedanken darüber, inwieweit der Mensch im 20. Jahrhundert gut und skeptisch zugleich sei.

7 Auf der Tagesordnung des Parteitages stand auch die Neuwahl des Landesvorstandes. Brandt kandidierte nicht gegen Neumann. Er trat jedoch erneut für das Amt des stellvertretenden Landesvorsitzenden an und erhielt dabei mehr Stimmen als Neumann bei dessen Wahl zum Landesvorsitzenden.

8 Hermann Fischer (FDP) hatte 1956 zusammen mit dem Berliner FDP-Vorsitzenden Schwennicke die Freie Volkspartei (FVP) mitgegründet. Schwennicke war seit 1948 Lizenzträger des *Montags-Echos*. Die Parteizeitung begann ab Januar 1957 eine Diffamierungskampagne gegen Brandt, an der sich auch der *Berliner Nachrichtendienst* der FVP beteiligte. Die diffamierenden Artikel erschienen zunächst ohne Autorennamen. Brandt unterstellte aber zu Recht, dass es sich bei dem Verfasser um Hermann Fischer handelte. Er forderte einen Widerruf und veröffentlichte bereits Anfang Februar eine Richtigstellung. Da die Zeitung ihre Schmähungen fortsetzte, sah sich Brandt gezwungen, auf dem Landespartei-

tag dazu Stellung zu nehmen und wenig später Klage zu erheben. Siehe den Wortlaut der Richtigstellung vom 2. Februar 1957, in: AdsD, WBA, A 6, 23. Vgl. dazu auch die Einleitung und *Münkel* 2002.

9   In der an dpa übermittelten „Klarstellung", die auch an den SPD-Parteivorstand ging, heißt es zu den „Irrtümern" und falschen Wiedergaben von Äußerungen Brandts im Artikel der Zeitung *Politiken*: „Dies gilt insbesondere auch für die Frage der deutschen Ostgrenze. Das Gespräch, auf das sich der dänische Korrespondent [Adolf Rastén] stützt, hat vor geraumer Zeit stattgefunden. Der Artikel hat mir vor der Veröffentlichung nicht vorgelegen." Wortlaut der „Klarstellung" in: AdsD, WBA, A 6, 165.

10   Hs. eingefügt.

11   Hs. geändert aus: „Gruppe".

12   Der Verleumder Hermann Fischer hatte angedeutet, dass einige seiner Informationen über Brandt von dem SPD-Landesvorsitzenden Franz Neumann stammten. Vgl. dazu Nr. 34.

13   Hs. eingefügt.

Nr. 31

1   Die Sitzung des Parteivorstandes fand drei Tage nach der Wahl zum 3. Deutschen Bundestag am 15. September 1957 statt. Brandt gehörte dem Parteivorstand nicht an, doch man hatte ihn zu dem Tagesordnungspunkt „Berlin" dazu gebeten. Das für die SPD wenig erfreuliche Ergebnis – die CDU hatte die absolute Mehrheit der Stimmen und Mandate erreicht – und die Kritik am Kanzlerkandidaten der SPD standen im Mittelpunkt der Diskussion im ersten Teil der Sitzung. Berlin war auf die Tagesordnung gesetzt worden, weil die Auseinandersetzungen in der Berliner SPD um die Nachfolge des am 30. August 1957 verstorbenen Regierenden Bürgermeisters Otto Suhr sich in einer Weise zugespitzt hatten, die nach der Vermittlung seitens der Bundespartei verlangten. Das Vorgehen Neumanns, Kandidaten zu suchen, obwohl die Kandidatur Brandts in der Öffentlichkeit einhellig unterstützt wurde, löste Irritationen in der Partei und „Schadenfreude" bei politischen Gegnern aus. Am 18. September 1957 schien die Nachfolgefrage, welche in Parteivorstand als bedauerlicher „Flügelkampf" wahrgenommen wurde, noch offen.

2   Korrigiert aus: „Swolinski". Der SPD-Abgeordnete Swolinzky war 1956 wegen seiner Verwicklung in einen Skandal der Berliner Klassenlotterie und der daraufhin geäußerten Kritik an seiner Person aus der SPD-Abgeordnetenhausfraktion und aus der Partei ausgetreten. Die SPD-Fraktion hatte dadurch ihre Mehrheit von einem Mandat gegenüber den Fraktionen von CDU und FDP verloren. Die Person Swolinzkys blieb in der SPD umstritten, und dessen Angebot, als Hospitant in der SPD-Fraktion mitzuarbeiten, fand keine Zustimmung.

3   Korrigiert aus: „Bundestagspräsident". Turnusgemäß war Otto Suhr als Regierender Bürgermeister von Berlin am 21. Juli 1957 zum Präsidenten des Bundesrats gewählt worden. Sein Nachfolger Brandt übernahm am 1. November 1957 auch das Amt des Bundesratspräsidenten.

4   Gemeint ist eine Presseerklärung der Berliner SPD. Darin hieß es zur Kandidatensuche Neumanns, dass „seine Erklärungen zur Kandidatenfrage in der Presse entstellt und mißverständlich wiedergegeben wurden" und dass Brandt „kandidieren werde, wenn er von den zuständigen Parteiinstanzen nominiert wird". Siehe FNA, NL Neumann IIb2/21,1.

5   Kay gehörte zu den innerparteilichen Gegnern Brandts in der Berliner SPD.

6   In der Sitzung des Berliner Landesvorstandes am 19. September 1957 berichtete

Neumann über die Sitzung des Parteivorstandes, gab aber den Verlauf der Diskussion falsch wieder: „Der Genosse Dr. Adolf Arndt ist bereit, als Regierender Bürgermeister in Berlin zu kandidieren. Es werden von seiten des PV dagegen keine Einwände erhoben." Protokoll der Landesvorstandssitzung vom 19. September 1957, in: AdsD, SPD-LV Berlin, 304.

7 Hs. eingefügt.

8 Die „maßgeblichen Instanzen" der Berliner SPD einigten sich auf Brandt als einzigen Kandidaten.

Nr. 32

1 Diese erste Regierungserklärung Brandts war sorgfältig vorbereitet worden. Sie folgte zwar bei der Benennung der kommunalpolitischen Probleme der Regierungserklärung von Otto Suhr vom Februar 1955. Die im Folgenden abgedruckten Teile der Erklärung, die die außenpolitische Einbindung Berlins und die Probleme des Status' von Berlin thematisieren, sind jedoch in den Entwürfen immer wieder überarbeitet und durch längere hs. Hinweise und auch ausformulierte Abschnitte von der Hand Brandts ergänzt worden. Siehe dazu die Zusammenstellung der Entwürfe, in: AdsD, WBA, A 6, 176.

2 Im ersten Abschnitt seiner „Erklärung über die Richtlinien der Regierungspolitik" verweist Brandt auf die Leistung von Otto Suhr, dessen Arbeit es fortzusetzen gelte. Er erörtert danach ausführlich alle Probleme der innerstädtischen Politik und geht dabei vor allem auf Fragen der Wirtschafts-, der Wohnungsbau- und der Bildungspolitik ein.

3 Zum Wortlaut der Entscheidung (Auszug) vgl. Dokumente zur Berlin-Frage 1987, S. 128–133. Zur Auffassung Brandts in dieser Frage vgl. Brandt, Willy: Berlin ist auch heute schon Bundesland, in: Der Tagesspiegel vom 29. August 1957.

4 Gemeint ist der für ganz Berlin geltende Vier-Mächte-Status zur gemeinsamen Verwaltung der Stadt sowie die Zuständigkeit der vier Siegermächte für Deutschland als Ganzes, die im Potsdamer Abkommen von 1945 festgeschrieben worden waren. Vgl. Einleitung, Anm. 14.

5 Zu diesen Überlegungen vgl. auch Nr. 36 und 38.

6 Vgl. Anm. 4.

7 In dem an dieser Stelle weggelassenen Absatz geht Brandt auf die aktuelle Situation in Ostberlin und in der DDR ein.

8 Gemeint sind die im vorangehenden Absatz genauer beschriebenen und beklagten Verkehrsbehinderungen zwischen Ost- und Westberlin, die aufgrund einer von der DDR-Regierung verfügten Geldumtausch-Aktion vom 13. Oktober bis zum 18. Oktober 1957 und den damit verbundenen rigorosen Kontrollen an der Sektorengrenze eingetreten waren.

9 In der Schlussformel bat Brandt um die Zustimmung des Abgeordnetenhauses für seine vorgetragenen „Richtlinien der Regierungspolitik".

Nr. 33

1 Vorlage ist die Durchschrift des Schreibens.

2 In dem Schreiben des SPD-Vorsitzenden des Kreises Steglitz heißt es: „Der Kreisvorstand hat in seiner letzten Vorstandssitzung einstimmig beschlossen, Dich als Kandidaten für den ersten Landesvorsitzenden zu benennen. Ich glaube sagen zu können, daß auch die Kreisdelegiertenversammlung Dich wahrscheinlich einstimmig oder mit großer Mehrheit vorschlagen wird. Wir haben dies getan im Hinblick darauf, daß Du nicht der Exponent

einer Richtung bist, sondern der Vertreter der gesamten Mitgliedschaft. Wir würden uns sehr freuen, Deine Zustimmung zu erhalten." Schreiben Hoefers an Brandt vom 21. November 1957, in: AdsD, WBA, A 6, 165.

3 Mit dieser Formulierung reagierte Brandt sehr zurückhaltend auf die seit seiner Wahl zum Regierenden Bürgermeister am 3. Oktober 1957 anhaltende Kritik am Landesvorsitzenden Franz Neumann. Zwei SPD-Kreisdelegiertenversammlungen hatten Misstrauensanträge gegen Neumann beschlossen. Ein außerordentlicher Landesparteitag sollte ihn abwählen. Ende Oktober forderte Klaus Schütz deshalb Willy Brandt auf, in dieser Situation Flagge zu zeigen: „[...] Angesichts der Notwendigkeit, die kommenden Wahlen in Berlin zu gewinnen, ist die Mehrheit der Partei entschlossen, dem bisherigen Vorsitzenden nicht mehr das Vertrauen auszusprechen. [...] Deine Popularität in weiten Kreisen der Bevölkerung ist der wohl wertvollste Beitrag zur Schaffung eines neuen politischen Vertrauens zwischen der Berliner Bevölkerung und ihrer Sozialdemokratie. [...] So möchte ich Dich nach einer großen Zahl von Gesprächen mit Parteidelegierten aus vielen Kreisen der Partei fragen, ob Du bereit bist, das Amt des Landesvorsitzenden zu übernehmen. [...] Der Sinn meines Vorschlags liegt darin, dem Berliner Wähler endlich eine klare Einheit von Sozialdemokratischer Partei und sozialdemokratisch geführter Regierung in Berlin zu dokumentieren." Schreiben Schütz' an Brandt vom 30. Oktober 1957, in: AdsD, WBA, A 6, 24.

4 Die Durchschrift ist hs. paraphiert: „Br."

Nr. 34

1 Franz Neumann hat das Schreiben am 29. November 1957 erhalten und am 1. Dezember gelesen, wie das Eingangsdatum und seine Paraphe auf dem Original ausweisen. Einige Passagen des Briefes wurden von ihm unterstrichen und am Rande mit Fragezeichen versehen. Auf diese unterstrichenen Sätze ging Neumann in seinem Antwortschreiben an Brandt ein. Siehe dazu das Schreiben Neumanns an Brandt vom 6. Dezember 1957, in: FNA, NL Neumann, X 12,1.

2 Zum „Rechtsstreit mit Fischer" vgl. Nr. 30, Anm. 8.

3 Zur Sitzung des Landesvorstands der SPD Berlin siehe das Protokoll vom 13. Mai 1957, in: AdsD, SPD-LV Berlin, 304. Die Presseerklärung vom 14. Mai 1957 hat folgenden Wortlaut: „Die systematischen verleumderischen Angriffe des ‚Montags-Echo' und des Abgeordneten Fischer gegen den Präsidenten des Berliner Abgeordnetenhauses Willy Brandt dienen offensichtlich dem Zweck, das Ansehen aktiver Gegner des Nationalsozialismus zu schädigen. Der Landesvorstand wendet sich mit aller Entschiedenheit gegen diese Brunnenvergiftung. Die SPD läßt sich von niemandem auf ein Niveau zwingen, das dem politischen Stil Berlins widerspricht."

4 In der Landesvorstandssitzung vom 14. Mai 1957 wurde Neumann beauftragt, die beschlossene Presseerklärung den Vorsitzenden der drei im Abgeordnetenhaus vertretenen Fraktionen zuzuschicken, darunter auch dem Vorsitzenden der Arbeitsgemeinschaft Freie Volkspartei, Carl-Hubert Schwennicke. Siehe das Schreiben Neumanns an Schwennicke vom 15. Mai 1957, in: FNA, NL Neumann, X 12,1.

5 Neumann schrieb dazu in seiner Antwort (Anm. 1) an Brandt, dass die Behauptung, „ich hätte mit dem inzwischen verurteilten Nachrichtenhändler Stephan parteiinterne Vorgänge erörtert, in das Gebiet der Fabel [gehört]." Stephan, ein ehemaliger

Kriminalrat der Gestapo, hatte seit 1953 u. a. dem Bundeskanzleramt Informationen über angeblich vom Staatssicherheitsdienst der DDR gesteuerte SPD-Politiker in der Bundesrepublik verkauft, die Adenauer im Bundestagswahlkampf 1953 verwendete. Diese und andere Berichte waren jedoch frei erfunden. Vgl. „Von Baule angeführt", in: *Der Spiegel*, Nr. 5 vom 27. Januar 1954, S. 6 f., und „Die Deutschbewußten", in: *Der Spiegel*, Nr. 31 vom 31. Juli 1957, S. 20–24. Stephan, der auch dem ehemaligen Berliner Innensenator Fischer erfundene Nachrichten verkauft hatte, wurde am 13. November 1957 wegen Betrugs, schwerer Urkundenfälschung und fortgesetzter Verleumdung vom Berliner Landgericht zu vier Jahren Zuchthaus und fünf Jahren Ehrverlust verurteilt. Insgesamt hatte er in seinen Berichten 450 Persönlichkeiten in Westberlin der Agententätigkeit für die DDR verdächtigt. Vgl. Berlin. Chronik der Jahre 1957–1958, hrsg. im Auftrage des Senats von Berlin, bearb. durch *Hans J. Reichhardt, Joachim Drogmann* und *Hanns U. Treutler*, Berlin 1974, S. 325 f.

6 Auch diesen Vorwurf wies Neumann in seinem Antwortschreiben vom 6. Dezember 1957 an Brandt zurück. Er habe sich lediglich bemüht, eine Nummer der dänischen Zeitschrift *Politiken* zu besorgen und das darin enthaltene Gespräch eines Journalisten mit Willy Brandt übersetzen zu lassen, um die deswegen gegen Brandt erhobenen Vorwürfe besser entkräften zu können. Diese Bemerkung Neumanns entsprach nicht den Tatsachen. Sein Gewährsmann, der ihn seit 1952 mit den erbetenen Informationen über Brandt versorgte, hatte ihm schon im Frühsommer 1957 in einem Brief Informationen über den dänischen Journalisten und eine Rohübersetzung des inkriminierten Artikels zugeschickt. Neumann legte das Material in das Dossier über Willy Brandt, das er seit 1948 zusammengestellt hatte. Siehe das Dossier, in: FNA, NL Neumann, X 12,1. Zu den Vorwürfen gegen Brandt vgl. auch Nr. 30, Anm. 9.

7 Hs. unterzeichnet.

Nr. 35

1 Vorlage ist die Durchschrift des Schreibens.

2 Der Zeitungsverleger Erich Brost (*Westdeutsche Allgemeine Zeitung*) schrieb am 3. Oktober 1957, am Tag der Wahl Brandts zum Regierenden Bürgermeister, einen streng vertraulichen Brief an Brandt. Er gratulierte zur Wahl und berichtete über „eine längere Unterredung unter vier Augen", die er „vor etwa einem halben Jahr mit Adenauer" gehabt habe. Dabei war Brost aufgefallen, dass der Kanzler gegen Brandt „irgendein Vorurteil hat, das ich leider nicht erklären kann [...]." Er riet Brandt dazu, Adenauer „bei einem Besuch, vielleicht sogar beim ersten, in eine Diskussion zu verwickeln. Vielleicht wirst Du dadurch etwas schlauer. Ich halte es nämlich gar nicht für gut, wenn bei ihm gerade gegen Dich ein Vorurteil besteht, und Du solltest alles tun, das auszumerzen. Ich habe es bereits versucht." Schreiben Brosts an Brandt vom 3. Oktober 1957, in: AdsD, WBA, A 6, 22.

3 Zu seinen eigenen Erfahrungen gehörte eine Begegnung mit Adenauer im Jahre 1957. Der Kanzler warnte damals den Regierenden Bürgermeister Otto Suhr in einem Gespräch vor Brandt, der nur dessen Stuhl wolle. Brandt hatte die Bemerkung unbeabsichtigt mitangehört. Vgl. *Brandt* 1976, S. 50. Adenauer wahrte allerdings die protokollarische Form. Am 8. Oktober 1957 übermittelte er anlässlich der Wahl Brandts zum Regierenden Bürgermeister seine „aufrichtigen Glückwünsche". Siehe das Schrei-

ben Adenauers an Brandt vom 8. Oktober 1957, in: AdsD, WBA, A 6, 114.

4   Zum „Nachrichtenhändler Stephan" vgl. Nr. 34, Anm. 5.

5   In seinem Brief vom 3. Oktober 1957 hatte Brost bedauert, Brandt würde nun „aus der großen Politik ferngehalten werden". Im Dezember 1957 erwiderte Brost das Schreiben Brandts mit den Worten, er bewundere dessen „Optimismus in Bezug auf Deine künftige Beschäftigung ‚mit der großen Politik'. Ich nahm an, daß Berlin Dir soviel Sorgen bereiten würde, daß Du zu sonst nichts mehr kommen würdest." Zu Adenauer konnte er nichts Neues mitteilen. „Aber ich hoffe doch, daß er vernünftig wird." Siehe dazu das Schreiben Brosts an Brandt vom 11. Dezember 1957, in: AdsD, WBA, A 6, 22.

6   Hs. paraphiert.

Nr. 36

1   Seit dem Streit über die Nachfolge des verstorbenen Regierenden Bürgermeisters Otto Suhr im September 1957 war die Kritik am Agieren Franz Neumanns als Landesvorsitzender der Berliner SPD nicht mehr verstummt. Zur Diskussion stand die Wiederwahl des alten Landesvorstandes oder eine Neuwahl. In allen SPD-Kreisen fanden Delegiertenversammlungen statt. Acht Kreise schlugen Neumann, zwölf schlugen Brandt als Landesvorsitzenden vor. Auf dem außerordentlichen Landesparteitag am 12. Januar 1958 sprachen beide Kandidaten zum gleichen Thema „Unsere Aufgaben im Wahljahr 1958".

2   Hs. eingefügt.

3   Hs. korrigiert aus: „Idealismus".

4   Hs. eingefügt.

5   In den im Folgenden ausgesparten Absätzen erörtert Brandt Probleme der Zusammenarbeit mit der Fraktion und Fragen der Verbesserung des Kontakts zu den SPD-Betriebsgruppen und den Gewerkschaften.

6   Am 24. November 1957 hatte der frühere Botschafter der USA in Moskau und nunmehrige Professor für Geschichte in Princeton/USA, George F. Kennan, in einem Rundfunkvortrag über das Thema „Das Problem Ost- und Mitteleuropa" gesprochen. Dabei war er auch auf den Status von Berlin eingegangen, wo „die Situation von Tag zu Tag unsicherer" werde, und hatte erklärt, dass „die Zukunft Berlins [...] maßgebend für die Zukunft ganz Deutschlands" sei. In diesem und in fünf weiteren Vorträgen über BBC London im November und Dezember 1957 schlug Kennan unter dem Stichwort „Disengagement" auch den Abzug aller fremden Truppen aus Europa, die Schaffung eines gesamteuropäischen Sicherheitssystems und die Wiedervereinigung Deutschlands vor. Die Vorträge erregten internationales Aufsehen. Vgl. DzD III, Bd. 3: 1. Januar bis 31. Dezember 1957, bearb. von *Ernst Deuerlein, Gisela Biewer* und *Hansjürgen Schierbaum*, Frankfurt/Main und Berlin 1967, S. 1930–1938, sowie (in abweichender Übersetzung) *Kennan, George F.:* Rußland, der Westen und die Atomwaffe, Frankfurt/Main 1958.

7   Hs. eingefügt.

8   Gemeint sind der norwegische Ministerpräsident Einar Gerhardsen und der dänische Ministerpräsident Hans Christian Hansen, die Neumann in seinem Referat erwähnt hatte.

9   Am 4. Oktober 1957 schickte die Sowjetunion den unbemannten Satelliten „Sputnik" in eine Erdumlaufbahn. Das Ereignis löste in der westlichen Welt den „Sputnik-Schock" aus. Der Beweis war erbracht, dass die Sowjetunion über die Technik verfügte, auch Interkontinentalraketen zu bauen.

10 Dies hatte sinngemäß Bundespräsident Theodor Heuss in einer Rundfunkansprache am 31. Dezember 1957 angemahnt. Vgl. DzD III/3 (1957), S. 2219–2222.

11 Gemeint sind der Aufstand in der DDR am 17. Juni 1953 und der Ungarnaufstand 1956. Vgl. Einleitung.

12 Vgl. Nr. 32 und 40.

13 Am 19. Dezember 1957 forderte der 1. Stellvertretende Oberbürgermeister von Ostberlin und Mitglied der Berliner SED-Bezirksleitung der SED, Waldemar Schmidt, in einem Interview mit der Nachrichtenagentur der DDR, dem „verbrecherischen Treiben der westberliner Spionage- und Agentenorganisationen ein Ende zu bereiten." Vgl. *Berliner Zeitung* vom 20. Dezember 1957 sowie „Die Wahrheit über das Paßgesetz und die Lügen des Herrn Brandt", in: *Neues Deutschland* vom 21. Dezember 1957.

14 Am 10. Januar 1958 stattete der Regierende Bürgermeister Brandt, u. a. begleitet vom Chef der Senatskanzlei, Hans Hirschfeld, dem sowjetischen Stadtkommandanten, General Tschamow, in Berlin-Karlshorst einen „Höflichkeitsbesuch" ab. Damit erwiderte Brandt den Besuch Tschamows im Rathaus Schöneberg vom 11. Oktober 1957. Das mehr als zwei Stunden dauernde Treffen in Karlshorst fand große Aufmerksamkeit in der Presse. Es sei, so wurde anschließend berichtet, in einer „außerordentlich netten Atmosphäre verlaufen". Nicht zuletzt, weil die Stimmung nach der Begegnung „bemerkenswert aufgeräumt war", entsprechend „dem Angebot an Wodka, der von den Sowjets offenbar reichlich serviert worden war". Vgl. „Brandts Besuch in Karlshorst", in: *Der Tagesspiegel* vom 11. Januar 1958; „Über zwei Stunden in Karlshorst", in: *Berliner Morgenpost* vom 11. Januar 1958; „Kräftige Bewirtung", in: *Der Spiegel* vom 22. Januar 1958.

15 In den hier nicht angeführten Textpassagen erörtert Brandt die Pressesituation in Westberlin und die daraus resultierenden Probleme der Berichterstattung.

16 Die Situation der SPD und ihrer Mitglieder in den „acht Ostkreisen" in Ostberlin machte Brandt immer wieder zum Thema seiner Berichte – auch gegenüber der Bundespartei. Vgl. Einleitung sowie Nr. 4, Anm. 4, und Nr. 7.

17 In den hier ausgesparten Textstellen geht Brandt auf die Situation der SED ein und verurteilt die „Schmarotzer des Kalten Krieges".

18 In den an dieser Stelle nicht angeführten Absätzen erläutert Brandt die verschiedenen Initiativen Berlins, das Verfahren bei der Übernahme von Bundesgesetzen zu vereinfachen.

19 Korrigiert aus: „Sache".

20 Bundesminister der Finanzen war Franz Etzel (CDU).

21 Am 6. Februar 1957 hatte der Deutsche Bundestag den einstimmigen Beschluss gefasst, mit dem Berlin als deutsche Hauptstadt bei einer zukünftigen Einheit Deutschlands bestätigt wurde. Am 21. Februar 1957 war zudem vom Bundestag in 3. Lesung das Gesetz zur Errichtung einer Stiftung Preußischer Kulturbesitz verabschiedet worden. Das Gesetz regelte auch die finanzielle Verpflichtung der Bundesrepublik gegenüber Berlin, soweit Berliner Ausgaben „gesamtdeutsche Fragen" berührten.

22 Zum 3. Überleitungsgesetz vom 4. Januar 1952 vgl. Nr. 15, Anm. 8. Mit „Pariser Vertragswerk" sind die „Pariser Verträge" gemeint, die 1955 den Beitritt der Bundesrepublik zur NATO und WEU zur Folge hatten. Dazu und zur „Berlin-Erklärung" vgl. Dokumente zur Berlin-Frage 1987, S. 216 ff.

23 In den folgenden Absätzen geht Brandt auf Probleme des Berliner Haushalts ein.

24 Im hier nicht aufgeführten Textstück erörtert Brandt, was unter Sozialismus zu verstehen sei und wie diese Frage in anderen sozialdemokratischen Parteien beantwortet werde.

25 Am Schluss seiner Rede geht Brandt auf die Ende des Jahres 1958 anstehende Wahl zum Berliner Abgeordnetenhaus ein. Nach dieser Rede gab es – entgegen der Tagesordnung – keine Aussprache mehr. Der Antrag, sofort die Wahl vorzunehmen, fand eine knappe Mehrheit. Der Antrag, den alten Landesvorstand en bloc wieder zu wählen, wurde abgelehnt.

26 Nach seiner Wahl zum Landesvorsitzenden der SPD dankt Brandt seinem Vorgänger, ohne dessen Namen zu nennen. Er bedauert, dass keine Aussprache über die Referate stattgefunden habe, und fordert alle Berliner Sozialdemokraten zur Zusammenarbeit auf. Es dürfe keine „Sieger" und „Besiegte" geben. Gleichwohl erklärte Franz Neumann anschließend in einer Stellungnahme im Rundfunk seinen Rücktritt als Vorsitzender der SPD-Fraktion im Abgeordnetenhaus. Siehe AdsD, SPD-LV Berlin, 310.

Nr. 37

1 Vorlage ist die Durchschrift des Schreibens.

2 Brandt hatte an seine langjährigen politischen Freunde aus der SAP ein mit persönlicher Widmung versehenes Exemplar der Biographie Ernst Reuters, die er zusammen mit Richard Löwenthal geschrieben hatte, geschickt. Irmgard und August Enderle hatten sich das Buch schon gekauft und fanden es „ausgezeichnet". Siehe das Schreiben Irmgard Enderles an Brandt vom 3. Januar 1958, in: AdsD, WBA, A 6, 25.

3 Im April 1958 berichtete Brandt in einem Brief an Erich Ollenhauer über die Schwierigkeiten bei der Übergabe der Vorsitzendengeschäfte im Berliner Landesverband. Fast alle Schränke im Büro des Landesvorsitzenden seien leer gewesen. Neumann habe alles zu persönlichen Akten erklärt und mitgenommen. Daraus könnten künftig weitere Schwierigkeiten wegen nicht vorhandener Unterlagen entstehen. Siehe das Schreiben Brandts an Ollenhauer vom 14. April 1958, in: AdsD, WBA, A 6, 27.

4 „Baracke" meinte den Sitz des Parteivorstandes in Bonn, der zunächst nur provisorisch untergebracht war, und im übertragenen Sinne den Parteivorstand selbst. Irmgard Enderle hatte in ihrem Brief vom 3. Januar 1958 (Anm. 1) geschrieben, dass sie sich „ein paar Mal über ‚die Baracke' geärgert habe in ihrer Haltung zu Dir".

5 Vom 6. Februar bis 19. Februar 1958 besuchte Brandt die USA. Er führte dort eine Vielzahl von Gesprächen mit hochrangigen Persönlichkeiten, darunter Präsident Eisenhower und Außenminister Dulles. Vom 9. bis 14. März 1958 hielt sich Brandt in Großbritannien auf, wo er u. a. mit Premierminister Macmillan zusammentraf.

6 Die Durchschrift ist nicht unterzeichnet.

Nr. 38

1 Der Vortrag Brandts zum Thema „Betrachtungen zur internationalen Politik" erschien als privater Druck der „Steuben-Schurz-Gesellschaft".

2 Brandt war Mitglied des Kuratoriums der „Steuben-Schurz-Gesellschaft", die sich als in Berlin residierende „Gesellschaft für internationale Zusammenarbeit" besonders außenpolitischen Problemen widmen wollte. Der eine Namensgeber, Friedrich Wilhelm von Steuben, ging 1777 nach

Amerika, um den Kolonisten als „Drillmaster" im Kampf gegen das britische Heer zu helfen. Der andere, Carl Schurz, hatte 1848 am pfälzisch-badischen Aufstand teilgenommen, emigrierte 1852 in die USA, kämpfte im Bürgerkrieg als General auf Seiten der Nordstaaten und war 1877–1881 Innenminister der USA.

3   Vgl. Nr. 36, Anm. 6.

4   Ausgelassen sind drei Vorbemerkungen Brandts, in denen er auf die waffentechnischen Veränderungen in der Kriegsführung, auf die Veränderungen in der Diplomatie und auf die innerdeutsche Debatte zu außenpolitischen Fragen einging.

5   Der Korea-Krieg begann im Juni 1950 und endete mit einem Waffenstillstand im Juli 1953.

6   In den fünfziger Jahren des 20. Jahrhunderts errang eine Vielzahl von Ländern in Asien und Afrika im Zuge der Dekolonialisierung ihre staatliche Unabhängigkeit.

7   Der Vertrag zur Bildung der Europäischen Verteidigungsgemeinschaft (EVG) war am 27. Mai 1952 unterzeichnet worden. Die EVG scheiterte jedoch an der Ablehnung durch die französische Nationalversammlung am 30. August 1954.

8   In den an dieser Stelle ausgelassenen Abschnitten erläutert Brandt ausführlich die drei Felder internationaler Politik, auf denen sich seiner Meinung nach „Wesentliches" verändert habe.

9   Im Folgenden erörtert Brandt die ökonomischen Veränderungen in der Sowjetunion und die Auswirkungen der Aufstände vom Juni 1953 in der DDR sowie 1956 in Polen und Ungarn auf die Länder des Ostblocks.

10   Brandt amtierte seit dem 1. November 1957 als Präsident des Bundesrats. Vgl. auch Nr. 31, Anm. 3.

11   Die deutsche Bundesregierung hatte am 18. Oktober 1957 beschlossen, die diplomatischen Beziehungen mit Jugoslawien abzubrechen, nachdem von der Regierung in Belgrad wenige Tage zuvor die Aufnahme von diplomatischen Beziehungen zur DDR verkündet worden war. Vgl. AdG 27 (1957), S. 6698.

12   In den beiden folgenden, hier nicht angeführten Sätzen spielt Brandt auf den im Januar 1958 veröffentlichten Aufsatz „Zu einigen Fragen des staatsrechtlichen Status von Berlin" in der DDR-Zeitschrift *Deutsche Außenpolitik* an. Einige der darin vertretenen Thesen würden mit manchen Einwänden von alliierten und westdeutschen Politikern gegen die stärkere Einbeziehung Berlins in die Bundesrepublik übereinstimmen, so Brandt. In dem Artikel war u. a. behauptet worden, dass ganz Berlin territorial zur DDR gehöre. Vgl. dazu DzD III, Bd. 4: 1. Januar bis 9. November 1958, bearb. von *Ernst Deuerlein* und *Gisela Biewer*, Frankfurt/Main und Berlin 1969, S. 3–17.

13   Brandt leitet den Schluss seines Vortrags ein.

Nr. 39

1   Im ersten Absatz teilt Brandt Ollenhauer mit, dass er an der für den 24. April 1958 nach Bonn einberufenen Sitzung des Parteivorstandes sehr wahrscheinlich nicht teilnehmen könne. Er sei Gastgeber des Bundespräsidenten Theodor Heuss, der vom 23. bis 27. April 1958 Berlin besuche.

2   Am 13. April 1958 fand ein Landesparteitag der Berliner SPD statt, der am 19. April fortgesetzt und beendet wurde. Dem Landesparteitag lagen mehrere Anträge zur Frage der Atombewaffnung der Bundeswehr und zur Schaffung einer atomwaffenfreien Zone vor. Ein Entwurf einer Entschließung „Zur Lage Berlins" des Landesausschusses nahm zu diesen Fragen ebenfalls Stellung; er sollte die Anträge überflüssig machen. Der Entwurf wurde

kontrovers diskutiert, aber unverändert mehrheitlich beschlossen. Zur Diskussion auf dem Landesparteitag siehe das Protokoll, in: AdsD, SPD-LV Berlin, 411. Zum Wortlaut der Entschließung siehe das Schreiben der SPD Berlin an den SPD-Parteivorstand vom 26. April 1958, in: AdsD, PV-Sekretariat Ollenhauer 2 PVAH 0000002.

3   Am 10. März 1958 war der maßgeblich von SPD-Politikern initiierte Arbeitsausschuss „Kampf dem Atomtod" gegründet worden, mit dem der Widerstand gegen die von der Bundesregierung geplante Atombewaffnung der Bundeswehr auch außerparlamentarisch organisiert werden sollte. Nachdem der Bundestag mit der Mehrheit der Regierungsparteien am 25. März 1958 der atomaren Ausrüstung der Bundeswehr in einer Entschließung zugestimmt hatte, brachte die SPD-Bundestagsfraktion einen Gesetzentwurf für eine Volksbefragung über diese Frage in den Bundestag ein und forderte die gesamte Bevölkerung auf, ihren Willen kundzutun, um „die Gefahr des Atomtodes abzuwehren". Die Bundesregierung erklärte daraufhin, dass die beabsichtigte Volksbefragung gegen das Grundgesetz verstoße. Vgl. AdG 28 (1958), S. 6944, 6957, 6988 und 7042.

4   Am 27. März 1958 hatten die politischen Massenorganisationen in der DDR eine Großkundgebung in Ostberlin gegen die Atombewaffnung der Bundeswehr durchgeführt. In einer Resolution wurden die westdeutsche und die Westberliner Bevölkerung aufgefordert, zusammen mit den Bürgern der DDR gegen „den drohenden Atomtod" zu kämpfen. Dieser Aufruf wurde von DDR-Ministerpräsident Grotewohl am 16. April 1958 vor der Volkskammer wiederholt. Vgl. Berlin. Chronik 1957–1958, S. 472 und 492 f.

5   In dem hier ausgesparten Absatz geht Brandt auf die falsche Berichterstattung über seine Haltung zu einer Volksbefragung in Berlin ein. Er habe nicht die rechtliche Möglichkeit infrage gestellt, sondern habe aus politischen Gründen Vorbehalte. Den Wortlaut seiner Stellungnahme dazu fügte er dem Schreiben bei. Siehe *Pressedienst des Senats von Berlin* vom 17. April 1958.

6   Am 25. April 1958 waren nach längeren Verhandlungen ein Handelsabkommen und ein Konsularvertrag zwischen der Bundesrepublik Deutschland und der Sowjetunion unterzeichnet worden. Die Verträge enthielten keine „Berlin-Klausel". Vgl. AdG 28 (1958), S. 7023.

7   Auf dem Landesparteitag am 13. April 1958 (Anm. 2) hatte Brandt in seiner Eröffnungsrede beklagt, dass Berlin vor Paraphierung der Abkommen nicht in angemessener Form gehört worden sei.

8   Hs. eingefügt.

9   Seit Beginn der Verhandlungen hatte Brandt gefordert, dass beide Verträge auch für Berlin gelten müssten. Der SPD-Parteivorstand wurde von der Bundesregierung informiert und erhob keine Einwände, dass die Verträge ohne Berlin-Klausel paraphiert werden sollten.

10   Mit „vernielichen" bezieht sich Brandt offenbar auch auf die Diskussion im Parteivorstand am 10. April 1958, in der die meisten Diskussionsteilnehmer in den Verträgen keine Verschlechterung der Situation Berlins erkennen wollten. Vgl. Protokoll der Sitzung vom 10. April 1958, in: AdsD, SPD-PV, PV Protokolle 1958.

11   Zur Aufnahme diplomatischer Beziehungen zwischen der Bundesrepublik Deutschland und der Sowjetunion im September 1955 in Moskau vgl. DzD III/1 (1955), S. 262 und 281 ff.

12   Das Thema „Konsularvertrag" und das damit verbundene Problem der Nichteinbeziehung Berlins trieb Brandt weiter um. Ende August fasste er seine Bedenken in

einem Schreiben an Außenminister von Brentano erneut zusammen. Siehe Schreiben Brandts an von Brentano vom 27. August 1958, in: LAB, B Rep 002/1283.

13 Die von Brandt schon mehrfach geäußerte und in diesem Brief an den SPD-Vorsitzenden wiederholte Kritik am Ritual der Feiern zum 17. Juni sahen Ollenhauer und Wehner in der seit 1957 hinter verschlossenen Türen geführten Diskussion über die „richtige" öffentliche Erinnerung an den Juni-Aufstand von 1953 als wenig nützlich an. Zur Diskussion standen die Abschaffung des Feiertages und die Einführung eines „Opfertages" mit „Zwangseinbehaltung" des Arbeitsentgeltes. Der Bundesminister für Vertriebene, Theodor Oberländer, hatte im Auftrage der Bundesregierung in Richtung „Opfertag" Überlegungen angestellt, die auf die vehemente Kritik der SPD (und der Gewerkschaften) gestoßen waren. Vgl. *Wolfrum, Edgar:* Geschichtspolitik in der Bundesrepublik Deutschland. Der Weg zur bundesrepublikanischen Erinnerung 1948–1990, Darmstadt 1999, S. 206 ff und S. 421.

14 Korrigiert aus: „Henningsdorf".
15 Hs. eingefügt.
16 Hs. korrigiert aus: „damit".
17 Am 17. Juni 1958 fand in Berlin vor dem Rathaus Schöneberg eine Kundgebung statt. Es sprachen der Regierende Bürgermeister Brandt und Bundestagspräsident Gerstenmaier. Zum Wortlaut der Rede Brandts siehe AdsD, WBA, A 3, 85.
18 In der Sitzung von Parteivorstand, Parteiausschuss und Kontrollkommission am 3. und 4. Mai 1958 in Berlin berichtete Brandt über die „Situation in Berlin". Er sprach dabei auch die Probleme an, die er in seinem Schreiben an Ollenhauer thematisiert hatte. Siehe AdsD, SPD-PV, PV Protokolle 1958.
19 Hs. unterzeichnet.

Nr. 40

1 Veröffentlicht auch in: DzD III/4 (1958), S. 1254–1256.

2 Das Schreiben war adressiert „An die Verwaltung des Ostsektors von Berlin, z. Hdn. von Herrn Fr[iedrich] Ebert, Berlin C 2". Die Form des Anschreibens ist bei der Vorbereitung dieser Initiative des Regierenden Bürgermeisters von den Mitarbeitern des dafür verantwortlichen Presse- und Informationsamtes unter Federführung von Hans Hirschfeld mehrfach verändert worden. Die schließlich gewählte Anschrift und das nur von einem Regierungsrat „im Auftrage" und nicht, wie zunächst im Entwurf vorgesehen, vom Chef der Senatskanzlei „in Vertretung des Regierenden Bürgermeisters" unterzeichnete Schreiben war die formloseste Spielart aller in Erwägung gezogenen Möglichkeiten. Die Chance einer Zurückweisung war so am größten. Zu den verschiedenen Entwürfen des Anschreibens und des Fragenkatalogs, zu den Hinweisen und Vermerken von Hirschfeld und dessen Mitarbeitern sowie zum Ablaufplan siehe LAB, B Rep 002/10978 (Sonderakte des Regierenden Bürgermeisters).

3 In der Sitzung des Abgeordnetenhauses gab es nichts zu berichten. Im Protokoll der Sitzung des Berliner Senats vom 24. Juni 1958 hieß es zum „Schreiben an Herrn Ebert", der Senat nehme davon Kenntnis, „daß ein Angehöriger der Verwaltung des Ostsektors das an Herrn Ebert gerichtete Schreiben mit dem Bemerken zurückgegeben habe, daß es in Form und Inhalt ungehörig sei." Neue Initiativen waren nicht beabsichtigt. Die Berichterstattung in der Westberliner Presse war sehr positiv.

4 Hs. unterzeichnet. Regierungsrat Schultze war amtierender Leiter des Protokoll- und Auslandsamtes in der Senatskanzlei.

5   Die 10 Fragen listeten alle seit 1948 von der Regierung der DDR bzw. vom Ostberliner Magistrat getroffenen schikanösen Maßnahmen auf, die zur Auseinanderentwicklung der Stadt Berlin beigetragen und das Leben der Berliner Bevölkerung immer mehr erschwert hatten.

Nr. 41

1   Vom 1. bis 3. Oktober 1958 tagte der Deutsche Bundestag zu einer Arbeitswoche in Berlin. Aus diesem Anlass hielten sich Bundeskanzler Adenauer und die meisten seiner Kabinettsmitglieder in Berlin auf. Der Bundeskanzler war am 30. September 1958 angekommen, leitete am 1. Oktober eine Kabinettssitzung und nahm am 2. Oktober an einer Sondersitzung des Berliner Senats teil. Zuvor traf er sich mit Brandt zu einem Gespräch.

2   Außenminister Dulles hatte am 25. September 1958 in einer Rede in New York erklärt, dass die beiden kleinen, zu Taiwan gehörenden, aber nahe am chinesischen Festland und in der Reichweite chinesischer Geschütze liegenden Inseln Quemoy und Matsu keine ideale Verteidigungslinie darstellten. Die Lage sei mit der Berlins vergleichbar. Auch Berlin sei militärisch nicht zu verteidigen. Dulles erklärte allerdings auch, dass die USA eher das Risiko eines Krieges eingingen, als dass sie Berlin aufgäben. Die Äußerungen von Dulles fanden ein großes Medienecho und führten zu Irritationen bei deutschen Politikern in Bonn und Berlin. Vgl. u. a. die Berichte darüber, in: *Der Tagesspiegel* vom 25. und 26. September 1958, *Süddeutsche Zeitung* und *Frankfurter Allgemeine Zeitung* vom 27. September 1958.

3   Die „kleine Lösung" meint, dass die Berliner Vertreter im Bundesrat bei Stellungnahmen zu Gesetzentwürfen und bei der Anrufung des Vermittlungsausschusses künftig mitstimmen und in diesen Fällen den anderen Mitgliedern des Bundesrates gleichberechtigt sein sollten. Brandt hatte als Bundesratspräsident im Juli 1958 bei einer Sitzung der Ministerpräsidenten der Länder dieses neue Verfahren vorgeschlagen. Während der Sitzung des Bundesrats am 24. Oktober 1958 in Berlin sollte darüber entschieden werden. Siehe die „Notiz über die Stellung der Berliner Mitglieder im Bundesrat" vom 19. August 1958, in: AdsD, WBA, A 6, 68.

4   Korrigiert aus: „Chrustschow".

5   Hs. paraphiert.

Nr. 42

1   Veröffentlicht auch in: Dokumente zur Berlin-Frage 1987, S. 336.

2   Die 5-Punkte-Erklärung ist die erste öffentliche Stellungnahme des Regierenden Bürgermeisters Brandt zu der am 27. November 1958 übergebenen sowjetischen Note an die Regierung der DDR. Der Berliner Senat billigte die Erklärung Brandts in einer außerordentlichen Sitzung. Zum Zeitpunkt ihrer Veröffentlichung waren die am gleichen Tage übergebenen Noten der Sowjetunion an die drei Westalliierten und an die Bundesregierung noch nicht bekannt. Zum sowjetischen Berlin-Ultimatum vgl. Einleitung.

Nr. 43

1   Auf dem Landesparteitag der Berliner SPD am 28. Dezember 1958 sprach Brandt als Landesvorsitzender seiner Partei über „Aufgaben in Berlin nach den Wahlen am 7. Dezember 1958". Die Rede war vor allem ein Plädoyer für die Fortsetzung der Koalition mit der CDU angelegt. Dies war innerhalb der SPD umstritten, die bei den Abgeordnetenhauswahlen die absolute Mehrheit erreicht hatte. In dem ausgesparten ersten

Absatz der Rede polemisiert Brandt gegen Presseberichte, die den Sinn dieses Landesparteitages bezweifelt hätten, und bezeichnete es als selbstverständlich, dass die SPD sich nach einem so großen Wahlsieg über den künftigen Kurs der Partei in der Landespolitik verständige.

2   Die Wahl zum Abgeordnetenhaus am 7. Dezember 1958 hatte im Zeichen des sowjetischen Berlin-Ultimatums vom November 1958 gestanden. Vgl. Einleitung.

3   Die Wahlbeteiligung war mit 92,9 % sehr hoch gewesen. Die SPD erzielte 52,1 % (= 78 Mandate), die CDU 37,4 % (= 55 Mandate). Alle anderen Parteien konnten die 5 %-Hürde nicht überspringen. Auch Bundeskanzler Adenauer gratulierte Brandt zum Wahlergebnis. Dieses sei ein „überzeugendes Zeugnis gegen die SED und den Kommunismus". Schreiben Adenauers an Brandt vom 8. Dezember 1958, in: AdsD, WBA, A 6, 177.

4   Brandt spielt damit auf den Besuch Adenauers vom 4. bis 6. Dezember 1958 in Berlin an, der vom Regierenden Bürgermeister als unzulässige Einmischung in den Wahlkampf kritisiert worden war. Vgl. dazu *Pressedienst des Landes Berlin* vom 8. Dezember 1958.

5   Vgl. Einleitung und Nr. 42, Anm. 2.

6   In dem nicht angeführten Textstück geht Brandt ausführlich auf die zur Abstimmung stehende Resolution ein. Seine Ausführungen zu der seiner Ansicht nach notwendigen Großen Koalition stießen dabei auf lautstarken Widerspruch. Brandt drohte mit Rücktritt, falls ein alternativer Antrag die Mehrheit finden würde. Die Kritiker nannten das Erpressung, da keiner von ihnen dem Regierenden Bürgermeister das Vertrauen entziehen wollte.

7   Gemeint ist die sowjetische Berlin-Blockade 1948/49. Vgl. Einleitung.

8   In dem im Folgenden ausgelassenen Absatz begründet Brandt das „Nein" der Berliner zum Ultimatum.

9   In dem hier ausgeblendeten Absatz sagt Brandt, dass er sich bei möglicherweise stattfindenden Verhandlungen mit dem SPD-Parteivorstand und dem SPD-Fraktionsvorstand einig wisse.

10   In der hier nicht angeführten Textstelle erinnert Brandt an die Situation während der Genfer Konferenz im Jahre 1955. Vgl. Einleitung und Nr. 25, Anm. 5.

11   In dem hier ausgesparten Absatz listet Brandt einige Versäumnisse in der Politik der letzten Jahre auf, die auf das Konto der Bundesregierung gingen.

12   Vermutlich ist gemeint: „Agenda".

13   In der hier ausgelassenen Passage geht Brandt auf Details der zur Abstimmung stehenden Resolution ein.

14   Zum Schluss seiner Rede wirbt Brandt noch einmal für die Resolution. Sie wurde nach kontroverser Diskussion mit 195 gegen 85 Stimmen bei 2 Enthaltungen beschlossen. Mit der Resolution erklärte sich die Berliner SPD bereit, den künftigen Senat auf breiter Basis zu bilden. In einer weiteren Resolution nahm die SPD im Sinne der Ausführungen Brandts zum Chruschtschow-Ultimatum Stellung. Vgl. Nr. 42.

Nr. 44

1   Vorlage ist die Durchschrift, auf der hs. vermerkt ist „Fraktionssitzung am 29. 1. 59". Das Manuskript war als Vorlage Brandts für die Sitzung der SPD-Abgeordnetenhausfraktion am 29. Januar 1959 gedacht. Der hs. Entwurf dazu weist zahlreiche Korrekturen von teilweise sehr viel schärferen Formulierungen auf. Auf sie wird in den Anmerkungen hingewiesen. Für den Entwurf siehe AdsD, WBA, A 6, 124.

2 Im Rahmen der Senatsbildung nach den für die SPD und für Brandt sehr erfolgreichen Wahlen zum Berliner Abgeordnetenhaus vom 7. Dezember 1958 hatte er der SPD-Fraktion den Senatsdirektor beim Senator für Volksbildung, Heinrich Albertz, für das Amt des Senators für Arbeit und Soziales vorgeschlagen. In zwei Abstimmungen am 10. Januar und am 27. Januar 1959 lehnte die SPD-Fraktion mit jeweils sehr knappen Mehrheiten den Personalvorschlag ab. Angeblich hatte der „Gewerkschaftsflügel" gegen Albertz gestimmt. Brandt und Albertz sahen darin eine in Wahrheit gegen Brandt zielende Intrige Franz Neumanns. Der am 12. Januar 1959 gerade erst erneut zum Regierenden Bürgermeister gewählte Brandt drohte mit Rücktritt, nahm diese Drohung aber mit der Formulierung, sich „weitere Schritte" vorzubehalten, wieder zurück.

3 Im hs. Entwurf (Anm. 1) hatte Brandt vom „Intrigenspiel einzelner" gesprochen. Der tief verletzte Albertz beantragte seine Versetzung in den Wartestand, weil die „politischen Voraussetzungen" für ein Weitermachen im Amt nicht mehr gegeben seien. Siehe das Schreiben Albertz' an Brandt vom 28. Januar 1959, in: AdsD, WBA, A 6, 171. Der Regierende Bürgermeister nahm das Gesuch aber nicht an. Als der Anfang Februar 1959 zum Chef der Senatskanzlei ernannte Otto Bleibtreu kurze Zeit später schwer erkrankte, bat Brandt Heinrich Albertz, dessen Aufgaben wahrzunehmen. Nach dem Tod von Bleibtreu im Juni 1959 wurde Albertz am 7. Juli 1959 zum neuen Chef der Senatskanzlei berufen. Zur öffentlichen Wahrnehmung des „Falls Albertz" vgl. „Ernster Konflikt zwischen Brandt und der SPD-Fraktion", in: *Der Tagesspiegel* vom 28. Januar 1959. Vgl. auch die knappe Schilderung in: *Schuster, Jacques:* Heinrich Albertz. Der Mann, der mehrere Leben lebte. Eine Biographie, Berlin 1997, S. 54 ff.

4 Brandt beauftragte zunächst den Verkehrssenator Otto Theuner mit der Wahrnehmung der Geschäfte des Sozialsenators, da er wegen seiner „Weltreise" vom 5. Februar bis 6. März 1959 so schnell keinen anderen Kandidaten benennen konnte. Am 16. April 1959 wurde dann der bisherige Bezirksbürgermeister Kurt Exner vom Abgeordnetenhaus zum Senator für Arbeit und Soziales gewählt.

5 Aus Brandts dezidierter Feststellung im hs. Entwurf (Anm. 1), er sei nicht bereit, „Opfer eines Kleinkrieges" zu werden, war eine versöhnlichere „herzliche Bitte" geworden.

Nr. 45

1 Der Vermerk trägt die Überschrift „Vertraulich!".

2 Vom 5. Februar bis 6. März 1959 besuchte der Regierende Bürgermeister Brandt Kanada, die USA und danach auf einer Rundreise mehrere Staaten in Asien, darunter Japan, Burma, Pakistan und Indien. Während der Rückreise machte er mehrere Zwischenstopps, darunter auch in Wien. Der Aufenthalt wurde für das Gespräch mit Bruno Kreisky verlängert. Siehe den Reisebericht Brandts vom 9. März 1959, in: AdsD, WBA, A 6, 91, und seinen Bericht in der Sitzung des SPD-Parteivorstandes vom 12. März 1959, in: AdsD, SPD-PV, PV Protokolle 1959. Das Gespräch mit Kreisky sollte ursprünglich unter vier Augen stattfinden. Senator Klein habe sich aber dazu gedrängt. Vgl. *Kreisky, Bruno:* Im Strom der Politik. Der Memoiren zweiter Teil. Überarbeitete Neuausgabe, hrsg. von *Oliver Rathkolb, Johannes Kunz* und *Margit Schmidt,* Wien und München 2000, S. 12.

3 Der österreichische Staatssekretär für Auswärtige Angelegenheiten, Kreisky, war Anfang Dezember 1958 für einige Tage in

Berlin. Brandt gab Kreisky einen Empfang im Rathaus Schöneberg und begrüßte ihn dabei als „alten persönlichen Freund". Vgl. *Pressedienst des Senats von Berlin* vom 1. Dezember 1958.

4 Brandt zitiert hier wörtlich aus dem „Aide Mémoire", das Kreisky am 6. März 1958 auf dem Flugplatz vortrug und Brandt anschließend aushändigte. Zum Wortlaut vgl. *Kreisky* 2000, II, S. 11. Das ganze Kapitel in den Memoiren Kreiskys ist überschrieben: „Berlin – Eine vertane Chance?".

5 Im Rückblick erinnerte sich Brandt an seine damalige Reaktion auf die ihm durch Kreisky übermittelte Anfrage zu einem Treffen mit Chruschtschow etwas anders. Er habe sich grundsätzlich bereit erklärt, müsste aber die alliierten Schutzmächte und den Bundeskanzler ins Bild setzen. Zugleich erinnerte sich Brandt aber auch, dass nicht zuletzt bei seinen Berliner Senatskollegen Vorbehalte gegen ein Treffen vorhanden gewesen waren. Vgl. *Brandt* 1976, S. 111.

6 Der Vermerk wurde nach der Ablehnung der Einladung zu einem Treffen verfasst. Vgl. Nr. 46.

7 Hs. paraphiert.

Nr. 46

1 Die Vermerke vom 8. bis 19. März 1959 hat Brandt hs. auf neun Seiten zum Teil nur stichwortartig und schwer lesbar notiert. Das Schriftbild lässt vermuten, dass er seine Notizen an verschiedenen Tagen machte. Das Textbild und alle Unterstreichungen wie in der Vorlage. Zu den Notizen gehört auch ein hier nicht abgedruckter hs. Vermerk Brandts über sein Treffen mit Kreisky am 19. März 1959 in Bonn. Vgl. dazu Nr. 48, Anm. 3.

2 Am 9. März 1959 traf der SPD-Vorsitzende Erich Ollenhauer in der sowjetischen Botschaft in Ostberlin mit dem sowjetischen Ministerpräsidenten Chruschtschow zu einem zweistündigen Gespräch zusammen, über das Ollenhauer dem SPD-Präsidium am folgenden Tag berichtete. Das Präsidium bedauerte Brandts Absage eines Treffens mit Chruschtschow. Siehe die Protokolle der Sitzungen des Präsidiums vom 2. März und 10. März 1959 und das „Gedächtnisprotokoll" Ollenhauers im Anhang zur Sitzung am 10. März 1959, in: AdsD, SPD-PV, Präsidium Protokolle 1959.

3 Protokollchef des Berliner Senats war Walter Klein (CDU).

4 Otto Bleibtreu war 1959 für kurze Zeit Chef der Senatskanzlei. Weisungsgemäß fragte er den sowjetischen Protokollchef bei dessen Erscheinen am 9. März 1959 im Rathaus Schöneberg, ob er im Auftrage des sowjetischen Botschafters in dessen Eigenschaft als Hoher Kommissar für Berlin vorspreche. Der Protokollchef erwiderte, dass Ministerpräsident Chruschtschow ihm persönlich den Auftrag erteilt habe, die Einladung zu überbringen. Siehe den Aktenvermerk von Walter Klein vom 9. März 1959, in: AdsD, WBA, A 6, 66.

5 Siehe dazu das Protokoll der gemeinsamen Sitzung des Landesausschusses und der Fraktion der Berliner SPD am 9. März 1959, in: LAB, B Rep 905–01/046. Das mögliche Treffen Brandts mit Chruschtschow war nicht Gegenstand der Diskussion.

6 In der Sitzung des SPD-Präsidiums am 10. März 1959 monierte auch Fritz Erler diesen Satz aus dem Kommuniqué über das Treffen. Siehe AdsD, SPD-PV, Präsidium Protokolle 1959.

7 Die stellvertretenden Stadtkommandanten waren militärisch den jeweiligen Stadtkommandanten unterstellt, politisch unterstanden sie jedoch als Gesandte seit 1955 dem jeweiligen Botschafter der West-

alliierten in Bonn und führten dessen Weisungen aus.

8 Das britische Verbindungsbüro zum Regierenden Bürgermeister ließ noch am 9. März 1959 telefonisch mitteilen, dass Botschafter Steel auf Anfrage Brandts in dieser Sache keinen Rat gegeben hätte. Siehe den Vermerk über den Anruf, in: AdsD, WBA, A 6, 66.

9 Gufler zeigte sich empört darüber, dass Brandt nur dazu neigte, Nein zu sagen.

10 Brandt nannte die erste Stellungnahme des amerikanischen Gesandten Gufler zum geplanten Treffen später „einen ungewöhnlich scharfen Einspruch", hatte in der Rückerinnerung aber Zweifel, ob dieser die Haltung des amerikanischen Außenministeriums richtig vertreten habe. Vgl. *Brandt* 1976, S. 111, und *Brandt* 1994, S. 52.

11 Außenminister von Brentano telegrafierte am 9. März 1959 an Brandt: „[...] ich halte es nicht für inopportun, wenn Sie als Regierender Bürgermeister der Stadt Berlin den von Ihnen in der Berlin-Frage vertretenen Standpunkt mündlich dem sowjetischen Ministerpräsidenten darlegen". AdsD, WBA, A 6, 66.

12 Helmuth Meyer-Dietrich war Chefredakteur der *Berliner Morgenpost*; Karl Willy Beer war Chefredakteur der Zeitung *Der Tag*.

13 In der Stellungnahme des Regierenden Bürgermeisters, die der Presse mitgeteilt wurde, hieß es, dass die Bereitschaft Chruschtschows zu einem Treffen mit Brandt „mit Interesse" zur Kenntnis genommen worden sei. Der Wunsch dazu sei nicht vom Berliner Senat ausgegangen, Besprechungen mit der Sowjetunion, die den Status von Berlin „einseitig zu verändern" beabsichtige, seien nicht Sache des Regierenden Bürgermeisters. Er könne daher der Anregung zu einer Besprechung nicht folgen. Vgl. *Pressedienst des Senats von Berlin* vom 9. März 1959.

14 In der Sitzung des Berliner Abgeordnetenhauses am 10. März 1959 berichtete Brandt zunächst über seine Weltreise und teilte im zweiten Teil seiner Erklärung auch die Gründe für seine Absage des Treffens mit Chruschtschow mit. Vgl. *Pressedienst des Abgeordnetenhauses von Berlin* vom 10. März 1959.

15 In der von dpa am 10. März 1959 gemeldeten sowjetischen Erklärung heißt es, dass für Chruschtschow das Treffen mit Brandt „bereits vorher vereinbart gewesen" sei. Die Vereinbarung habe man „nicht auf deutschem Boden" getroffen. Siehe die dpa-Erklärung in: AdsD, WBA, A 6, 66. Brandt ließ daraufhin die hier stichwortartig wiedergegebene Erklärung von seinem stellvertretenden Pressechef Rudolf Kettlein ausarbeiten und verbreiten. Vgl. *Pressedienst des Senats von Berlin* vom 11. März 1959.

16 Vgl. Anm. 9 und 10.

17 Am 11. März 1959 traf Brandt mit dem nach Berlin gekommenen amerikanischen Botschafter Bruce und dem britischen Botschafter Steel im Rathaus Schöneberg zusammen. Thema waren auch die Vorschläge Chruschtschows, die dieser bei einer Kundgebung in Ostberlin gemacht hatte. Er hatte für Westberlin ein Kontrollsystem der vier Mächte oder von neutralen Staaten vorgeschlagen, um den Status einer „freien Stadt" Westberlin zu garantieren. Brandt hatte diese Vorschläge noch am 10. März in seiner Rede im Abgeordnetenhaus ohne Rücksprache mit den Westalliierten als nicht „diskussionswürdig" zurückgewiesen. Das hatte zu einer kurzfristigen Verstimmung mit den Alliierten geführt, die durch das Gespräch aber ausgeräumt werden konnten. Vgl. *Neue Zürcher Zeitung* und *Frankfurter Allgemeine Zeitung* vom 12. März 1959.

18 dpa hatte am 13. März 1959 von einem anonymen Anrufer die Information erhalten, dass Kreisky bei dem geplanten Treffen von Brandt und Chruschtschow vermittelt habe. Siehe den Vermerk über den Anruf, in: AdsD, WBA, A 6, 66.

19 Vgl. Anm. 11.

20 In der Sitzung des SPD-Parteivorstandes vom 12. März 1959 berichtete Brandt über seine Weltreise und Ollenhauer über die „Chruschtschow-Einladung". Siehe AdsD, SPD-PV, PV Protokolle 1959.

21 Am 12. März 1959 verließ Brandt vorzeitig die Sitzung des Parteivorstandes in Bonn, um am Abend bei einer SPD-Kundgebung im Berliner Sportpalast zu sprechen. In seiner Rede erläuterte er noch einmal die Gründe für seine Absage des Treffens mit Chruschtschow. Er trat Presseberichten entgegen, dass es wegen der Absage Differenzen zwischen ihm und dem SPD-Parteivorstand gäbe. Vgl. dazu „Bonner SPD kritisiert Brandts Ablehnung", in: *Der Tagesspiegel* vom 11. März 1959.

22 Schreiben Kreiskys an Brandt vom 13. März 1959, in: AdsD, WBA, A 6, 66. Zur Reaktion Brandts vgl. Nr. 48.

23 Kreisky war im März 1959 einige Tage in Bonn. Er traf Brandt am 19. März 1959 zu einem Gespräch.

24 Die Presse in der DDR zitierte den früheren SPD-Landesvorsitzenden und Bundestagsabgeordneten Franz Neumann, den Bezirksstadtrat Josef Grunner und den Bezirksbürgermeister Willy Kressmann, die alle die Absage Brandts kritisiert hatten. Vgl. *Berliner Zeitung* und *Neues Deutschland* vom 11. März 1959.

25 Neumann wiederholte seine Kritik in der Sitzung der SPD-Bundestagsfraktion vom 17. März 1959.

Nr. 47

1 Vorlage ist die Durchschrift des Schreibens.

2 Auch veröffentlicht in: DzD IV/1 (1958/59), S. 1466 f.

3 Das von Konni Zilliacus in Englisch verfasste Schreiben vom 22. April 1959 hatte Brandt erst am 27. April 1959 erreicht. Es war an den „Herrn Oberbuergermeister Willy Brandt" adressiert, begann mit der Anrede „Dear Comrade" und trug die Unterschriften von acht britischen Unterhaus-Abgeordneten, die alle dem linken Flügel der Labour Party angehörten. Als erster hatte Zilliacus unterzeichnet. Bevor es der Regierende Bürgermeister erhalten hatte, war das Schreiben nicht nur im *Neuen Deutschland* veröffentlicht, sondern auch als Flugblatt in Westberlin verteilt worden. Brandt hatte sich noch vor dem Erhalt des Schreibens zu einer Antwort entschlossen. In dem offenen Brief unterstellten die Labour-Abgeordneten, Brandt würde bei seinem Besuch in London auf Gesprächspartner treffen, die die Welt eher in einen Atomkrieg stürzen wollten als in der Berlin-Frage „nachzugeben". Sie forderten den Regierenden Bürgermeister auf, das Berlin-Problem nur auf dem „Verhandlungswege" zu lösen und nicht dem „Trugschluß" nachzugeben, „daß der Westen den Status quo [in Berlin] ewig aufrechterhalten kann". Für die englische Fassung sowie die Entwürfe und Überarbeitungen des Antwortschreibens siehe AdsD, WBA, A 6, 162. Siehe das Flugblatt in: LAB, C Rep 905–01/054.

4 Vom 18. bis 22. April 1959 besuchte Brandt Schweden und Großbritannien. In London traf er Premierminister Macmillan und die führenden Mitglieder der Labour-Party Hugh Gaitskell und Aneurin Bevan zu Gesprächen.

5 Die Durchschrift ist nicht unterzeichnet.

Nr. 48
1 Vorlage ist die Durchschrift des Schreibens.
2 Hs. eingefügt.
3 Nach den österreichischen Nationalratswahlen am 16. Juli 1959 war Kreisky in der neu gebildeten Koalitionsregierung von ÖVP und SPÖ unter dem Bundeskanzler Raab (ÖVP) zum österreichischen Außenminister ernannt worden.
4 Damit spielt Brandt auf die Verstimmung zwischen ihm und Kreisky nach der Absage des Treffens mit dem sowjetischen Ministerpräsidenten Chruschtschow am 10. März 1959 an. In der Einschätzung der Auswirkungen des Vorgangs waren sich beide nicht einig. Kreisky fand die Absage nicht nur unverständlich, sondern für ihn selbst auch höchst unerfreulich, wie er in einem Schreiben an Brandt vom 11. März 1959 beklagte. Vor allem beharrte Kreisky darauf, dass der Regierende Bürgermeister am 6. März auf dem Flugplatz in Wien selbst auf eine Einladung Wert gelegt habe. Trotz der darin enthaltenen scharfen Kritik Kreiskys an ihm hatte Brandt keine Einwände gegen die spätere Veröffentlichung dieses Briefes. Der Wortlaut des Schreibens vom 11. März 1959 ist daher, ohne Schlussformel, nachlesbar in: *Kreisky* 2000, II, S. 17 ff. Siehe das Original und ein hs. Vermerk Brandts über ein weiteres Gespräch mit Kreisky am 19. März 1959, in: AdsD, WBA, A 6, 66.
5 Die zweite Phase der Genfer Viermächteverhandlungen über Deutschland und Berlin vom 13. Juli bis 5. August 1959 brachte keine substanziellen Ergebnisse. Brandt, der auf Bitten des Außenministers von Brentano vom 30. Juli bis 1. August in Genf anwesend war, fand dies nicht schlimm. Auch in weiteren Briefen an politische Freunde erklärte er, ein „Schwebezustand" sei einer Verschlechterung des Status von Berlin vorzuziehen. Vgl. Nr. 50.

6 Am 3. August 1959 wurde in Washington und in Moskau mitgeteilt, dass der sowjetische Ministerpräsident Chruschtschow im September 1959 die USA besuchen werde. Ein Besuch von Präsident Eisenhower in der Sowjetunion wurde zugleich für einen späteren Zeitpunkt ins Auge gefasst, kam aber nie zustande.
7 Hs. paraphiert.

Nr. 49
1 Das Schreiben trägt den hs. Vermerk „Vertraulich".
2 Das Schreiben v. Knoeringens konnte nicht ermittelt werden.
3 Brandt machte vom 10. Juli bis 15. August 1959 (unterbrochen von Reisen nach Genf und Berlin) Urlaub auf dem Fontaschhof in Geiting/Oberbayern. Der Hof war die Jagdhütte des Berliner Senators für Bundesangelegenheiten, Günter Klein. In dieser Zeit gab Brandt ein Interview, in dem er sich gegen die erstarrten Fronten im Kalten Krieg wandte. Vgl. „Heraus aus den Schützengräben des Kalten Krieges", in: *Süddeutsche Zeitung* vom 22./23. August 1959.
4 Gemeint ist das Grundsatzprogramm der SPD, das schließlich im November 1959 auf dem Parteitag in Bad Godesberg verabschiedet wurde. Zur Programmdiskussion und zum Beitrag von Knoeringens vgl. *Klotzbach, Kurt: Der Weg zur Staatspartei. Programmatik, praktische Politik und Organisation der deutschen Sozialdemokratie 1945–1965* (unveränderter Nachdruck der Ausgabe von 1982), Bonn 1996, S. 308 ff.
5 Brandt hatte im Juli 1959 seine Vorbehalte gegen den Entwurf eines Grundsatzprogramms u. a. in einem Brief an Ollenhauer zusammengefasst. Vgl. Berliner Ausgabe Bd. 4, Nr. 24–26.
6 Hs. eingefügt.

7 Brandt hatte von Anfang an Kritik an dem am 18. März 1959 veröffentlichten „Deutschlandplan der SPD" geäußert. Er zweifelte am Zeitpunkt der Veröffentlichung, vor allem aber entsprachen die „Formulierungen zum Berlinproblem" nicht seiner Auffassung. Vgl. dazu die Diskussion auf der Sitzung des Parteivorstandes am 24./25. April 1959 in Bonn, in: AdsD, SPD-PV, PV Protokolle 1959.
8 Vgl. Einleitung und auch Nr. 36, Anm. 6.
9 Hs. geändert aus: „Mut".
10 Hs. unterzeichnet.

Nr. 50

1 Vorlage ist die Durchschrift des Schreibens.

2 Der SPD-Bundestagsabgeordnete Kalbitzer hatte kurz vor den Wahlen zum Berliner Abgeordnetenhaus im Dezember 1958 an Brandt geschrieben. Anlass waren die öffentlich gewordenen Pläne des Regierenden Bürgermeisters, in die USA reisen zu wollen. Kalbitzer forderte Brandt auf, auch in die Sowjetunion zu fahren, weil die „Lösung der Deutschen Frage [...] in Verhandlungen mit den beiden Weltmächten" liege. Brandt erwiderte noch vor Jahresende 1958, er hoffe, dass man bald über die Differenzen miteinander sprechen könne. Siehe das Schreiben Kalbitzers vom 3. Dezember 1958 und das kurze Antwortschreiben Brandts vom 30. Dezember 1958, in: AdsD, WBA, A 6, 26. Das ausführliche Schreiben Brandts vom 10. September 1959 war im Gegensatz zum Brief von Kalbitzer nicht vertraulich: Durchschläge gingen an Heinrich Albertz, Günter Klein und Leo Lania.

3 Am 31. Juli 1959 war der Regierende Bürgermeister in Genf mit dem amerikanischen Außenminister Herter zusammengetroffen. Mit Blick auf den letzten westlichen Vorschlag für eine Interimslösung der Berlin-Frage vom 28. Juli 1959 hatte Brandt dabei erklärt, Berlin sei eher bereit, ein kritisches Zwischenstadium in Kauf zu nehmen, als sich solchen Konzessionen gegenüber gestellt zu sehen, die als Anfang vom Ende aufgefasst werden könnten. Vgl. *Schmidt* 2001, S. 288 f. Siehe auch das Schreiben Brandts an Kurt Mattick vom 3. August 1959, in: AdsD, WBA, A 6, 29. Zur Rede Brandts vor dem Abgeordnetenhaus am 8. September 1959 vgl. Abgeordnetenhaus von Berlin, III. Wahlperiode, Stenographischer Bericht der 19. Sitzung, S. 262–268.

4 Vgl. Nr. 46.

5 Die Durchschrift ist nicht unterzeichnet.

Nr. 51

1 Vorlage ist die Durchschrift des Schreibens.

2 In dem hier abgedruckten Schreiben fasst Brandt in Übereinstimmung mit dem Senat seine Überlegungen zur Berlin-Frage zusammen. Bundesregierung und Berliner Senat sollten bei künftigen internationalen Verhandlungen über die Berlin-Frage eine gemeinsame und miteinander abgestimmte Politik verfolgen. Deshalb sind Formulierungen aus dem Entwurf des Briefes, die als kritische Hinweise auf Versäumnisse der Bundesregierung verstanden werden konnten, hier nicht mehr zu finden. Siehe den Entwurf vom 26. Oktober 1959 in: AdsD, WBA, A 6, 173. Zum weiteren Zusammenhang vgl. *Küsters* 1992, S. 501 ff. Mit „Genfer Konferenz" ist die Außenministerkonferenz der Vier Mächte gemeint, die vom 11. Mai bis 20. Juni und vom 13. Juli bis 5. August 1959 in Genf stattfand. An ihr nahmen die Außenminister der beiden deutschen Staa-

ten, Heinrich von Brentano und Lothar Bolz, erstmals als „Berater" teil.

3   Mit der Aussprache zwischen Präsident Eisenhower und Ministerpräsident Chruschtschow ist das Zusammentreffen der beiden Staatsmänner am 26./27. September 1959 in Camp David im Anschluss an eine elftägige Rundreise Chruschtschows durch die USA gemeint. Im Schlusskommuniqué bekannten sich Eisenhower und Chruschtschow dazu, alle offenen internationalen Fragen ohne Gewalt in friedlichen Verhandlungen zu lösen. In einer Pressekonferenz bestätigte Eisenhower, dass Verhandlungen auch über die Berlin-Frage ohne festgesetzte Zeitgrenze stattfinden sollten. Vgl. DzD IV, Bd. 3: 11. August bis 31. Dezember 1959, bearb. von *Ernst Deuerlein* und *Werner John*, Frankfurt/Main und Berlin 1972, S. 284 ff.

4   Vom 19. bis 21. Dezember 1959 war in Paris ein westliches Gipfeltreffen anberaumt, an dem neben dem amerikanischen Präsidenten Eisenhower, dem französischen Präsidenten de Gaulle und dem britischen Premierminister Macmillan auch Bundeskanzler Adenauer teilnehmen sollte. Auf der Tagesordnung stand dabei auch die Berlin-Frage. Brandt hatte nach den Genfer Verhandlungen im Frühsommer 1959 über nicht immer ausreichende und nicht immer rechtzeitige Informationen über zur Diskussion stehende Dokumente geklagt. Siehe dazu das Fernschreiben Brandts an von Brentano vom 4. Juli 1959 (Entwurf), in: LAB, B Rep 002/7993a.

5   Im Bundesratsausschuss für Gesamtdeutsche Fragen berichtete Außenminister von Brentano in einer vertraulichen Sitzung am 23. Oktober 1959 in Berlin über die Lage. Vgl. DzD IV/3 (1959), S. 409 ff.

6   Am 16. Juni 1959 hatten die Westmächte der Sowjetunion in Genf ihren ersten Vorschlag für eine Interimslösung der Berlin-Frage unterbreitet, der am 28. Juli 1959 erneuert und präzisiert worden war. Vgl. DzD IV, Bd. 2: 9. Mai bis 10. August 1959, bearb. von *Ernst Deuerlein* und *Werner John*, Frankfurt/Main und Berlin 1971, S. 635–637 und S. 1106 f. Brandt nimmt im Folgenden zu den sowjetischen Forderungen in Genf und zu einzelnen Punkten der westlichen Vorschläge kritisch Stellung. Vgl. auch Nr. 48 und Nr. 50, Anm. 3.

7   Die Begrenzung ihrer Truppenstärke in Berlin auf diese Zahl hatten die Westmächte in Genf angeboten. Vgl. Anm. 6.

8   Der sowjetische Vorschlag für ein befristetes Interimsabkommen über Berlin war am 10. Juni 1959 bei den Genfer Verhandlungen vorgelegt, von den Westmächten aber sogleich abgelehnt worden. Vgl. DzD IV/2 (1959), S. 529–534.

9   Vgl. Einleitung.

10   Vgl. Anm. 6.

11   Das Gespräch fand am 30. November 1959 in Bonn statt. Im Schreiben Brandts an den Außenminister von Brentano vom 10. Dezember 1959, mit dem er einen Vermerk über das Gespräch mit Adenauer übersandte, formulierte Brandt seinen Eindruck, dass „zwischen der Bundesregierung und dem Senat in Bezug auf die Ausgangsposition bei der Pariser Konferenz eine weitgehende Übereinstimmung besteht". Siehe den Vermerk über das Gespräch am 30. November 1959 und das Schreiben Brandts an von Brentano vom 10. Dezember 1959, in: AdsD, WBA, A 6, 173.

12   In der Durchschrift hs. eingefügt. Zusätzlich ms. vermerkt: „Herrn Senatsdirektor Albertz".

Nr. 52

1   Willy Henneberg, Präsident des Abgeordnetenhauses von Berlin.

2 Bundeskanzler Adenauer besuchte vom 11. bis 13. Januar 1960 Berlin. Unmittelbar nach seiner Ankunft nahm er an einer Sitzung des Berliner Abgeordnetenhauses teil. In seiner Rede hob Adenauer die großen Erfolge des wirtschaftlichen Aufbaus in Berlin hervor, sicherte die weitere Hilfe des Bundes für die Stadt „in vollem Maße" zu und erklärte den von der Sowjetunion abgelehnten westlichen Vorschlag für ein Interimsabkommen über Berlin vom 28. Juli 1959 für „nicht mehr existent". Der Regierende Bürgermeister Brandt antwortete ihm mit der hier abgedruckten Rede. Zum Wortlaut der Rede des Bundeskanzlers vgl. Abgeordnetenhaus von Berlin, III. Wahlperiode, Stenographischer Bericht der Sitzung am 11. Januar 1960, S. 41–43.

3 Vgl. auch Einleitung.

4 In der Sitzung des Berliner Abgeordnetenhauses am 7. Januar 1960 hatte Brandt in fünf Punkten die Grundsätze der Berlin-Politik des Berliner Senats zusammengefasst, die er nun noch einmal ansprach. Vgl. *Pressedienst des Abgeordnetenhauses von Berlin* vom 7. Januar 1960.

5 Vgl. Nr. 23, Anm. 4.

6 Anfang Januar 1960 kam es in verschiedenen Orten der Bundesrepublik, aber auch in Westberlin zu antisemitischen und neonazistischen Schmierereien. Der Berliner Senat kündigte am 5. Januar 1960 an, gegen neofaschistische und antisemitische Gruppen entschieden vorgehen zu wollen. Das Berliner Abgeordnetenhaus sprach in der Sitzung am 7. Januar 1960 die Erwartung aus, dass der Senat jede Möglichkeit des Verbots solcher Gruppen ausschöpfen möge. Siehe dazu die Erklärung des Regierenden Bürgermeisters Brandt über die „unverantwortlichen und empörenden antisemitischen und neonazistischen Vorkommnisse" „Front machen gegen die Lausejungen!", in: *Pressedienst des Abgeordnetenhauses von Berlin* vom 7. Januar 1960.

7 Zu Brandts Überlegungen zur Bewältigung der Berlin-Krise vgl. *Brandt, Willy:* Berliner Zwischenbilanz, in: *Gewerkschaftliche Monatshefte* 11 (1960), 1, S. 1–5. Vgl. auch Nr. 59.

Nr. 53

1 Brandt fasst in dem hier abgedruckten Artikel seine Einschätzung des so genannten „Smirnow-Memorandums" vom 13. Januar 1960 zusammen. Vgl. Anm. 3 und Nr. 54.

2 Brandt spielt damit auf seine und die Rede von Bundeskanzler Adenauer am 11. Januar 1960 vor dem Berliner Abgeordnetenhaus an. Vgl. Nr. 52. Gegenüber seiner Partei und in der Öffentlichkeit betonte Brandt, wie wichtig ihm die „Übereinstimmung" mit der Bundesregierung sei, wenn es um die Zukunft Berlins gehe. Vgl. „Der Adenauer-Brandt-Kurs", in: *Frankfurter Allgemeine Zeitung* vom 10. Februar 1960.

3 Am 13. Januar 1960 trafen der SPD-Vorsitzende, Ollenhauer, und dessen Stellvertreter Wehner in Bonn mit dem sowjetischen Botschafter Smirnow zu einem Gespräch über Berliner Fragen zusammen. Im Anschluss an das Gespräch übergab Smirnow eine „Mitteilung des Botschafters der UdSSR an den Vorsitzenden der SPD" – das so genannte Smirnow-Memorandum. Es sollte dem Regierenden Bürgermeister Brandt übermittelt werden. Das Memorandum fasste die aktuellen sowjetischen Vorschläge zur Berlinfrage zusammen. Es müsse eine Lösung gefunden werden, welche Gewaltanwendung ausschließe. Die Sowjetunion wolle den gesellschafts- und wirtschaftspolitischen Status von Westberlin nicht verändern. Man sei auch bereit zu einer Vereinbarung auf Viermächte-

grundlage mit Sicherung der Zufahrtswege. Berlin dürfe jedoch nicht militärischer Stützpunkt sein. Die Alternative wäre der separate Friedensvertrag mit der DDR, die dann die Kontrolle aller Luft- und Landwege nach Berlin übernehmen würde. Die Sowjetunion habe dann eine Bündnisverpflichtung gegenüber der DDR. Brandt sah in dem Memorandum einen ernsthaften Verständigungsversuch. Siehe dazu das Schreiben Brandts an Günter Klein vom 21. Januar 1960 und die Vermerke Brandts vom 19. und 21. Januar 1960, in: AdsD, WBA, A 6, 69. Am 25. Januar 1960 schrieb Ollenhauer dem sowjetischen Botschafter, er habe das Memorandum seinen „politischen Freunden in Berlin und den verantwortlichen Stellen der Bundesregierung mitgeteilt" und veröffentlichte darüber eine Pressemitteilung. Die Presseabteilung der sowjetischen Botschaft machte daraufhin den Wortlaut des Memorandums öffentlich bekannt. Siehe die Protokolle der Sitzungen des SPD-Präsidiums vom 18. Januar 1960 und vom 25. Januar 1960 sowie das Memorandum als Anhang zur Sitzung des SPD-Präsidiums vom 19./20. Februar 1960, in: AdsD, SPD-PV, Präsidium Protokolle 1960.

Nr. 54

1 Neben dem hier abgedruckten Protokoll existiert auch eine „Niederschrift" über die Sitzung des Parteivorstandes vom 12. März 1960, die in manchen Abschnitten erheblich vom offiziellen Protokoll abweicht; auf die Abweichungen wird in den folgenden Anmerkungen hingewiesen. Die Auslassungen im offiziellen Protokoll – vor allem in den Beiträgen Brandts – sind offenbar der von Ollenhauer am Schluss der Sitzung erbetenen Vertraulichkeit geschuldet. Zum Wortlaut der siebenseitigen ms. „Niederschrift über die Sitzung des Parteivorstandes am 12. März 1960" siehe AdsD, NL Erler, 67b.

2 Zum Smirnow-Memorandum vgl. Nr. 53, Anm. 3.

3 Brandt hatte am 7. März 1960 an Adenauer geschrieben. Siehe AdsD, WBA, A 6, 173.

4 Der österreichische Außenminister Kreisky besuchte Bonn Anfang März 1960. Bei einem Empfang für Kreisky traf Brandt den sowjetischen Botschafter Smirnow. Er notierte für Ollenhauer, dass Smirnow ihm gesagt habe, Ollenhauer habe „wegen der Behandlung des Memorandums ,richtig gehandelt'". Vermerk Brandts über sein Gespräch mit Smirnow am 7. März 1960, in: AdsD, WBA, A 6, 115.

5 Am 23. Februar 1960 hatten die *New York Times*, die *Washington Post* und die Nachrichtenagentur AP übereinstimmend gemeldet, dass der amerikanische Außenminister Herter die Absicht haben solle, auf der kommenden Gipfelkonferenz der Vier Mächte eine Volksabstimmung in beiden Teilen Deutschlands vorzuschlagen, um festzustellen, ob das deutsche Volk sich für den westlichen Friedensplan vom 14. Mai 1959 oder den sowjetischen Friedensvertragsentwurf vom 10. Januar 1959 entscheide. Vgl. AdG 30 (1960), S. 8235.

6 Für den 16./17. Mai 1960 war in Paris eine Gipfelkonferenz der vier Großmächte geplant, die noch vor ihrem offiziellen Beginn „platzte". Chruschtschow verließ den Konferenztisch aus Protest gegen amerikanische Spionageflüge über der Sowjetunion. Am 1. Mai 1960 war das amerikanische Aufklärungsflugzeug „U2" über sowjetischem Territorium abgeschossen worden.

7 Der SPD-Parteivorstand beschloss auf seiner Sitzung am 5. Mai 1960, dass die Stellungnahme zur Gipfelkonferenz lediglich die sozialdemokratischen Auffassun-

gen darstellen solle. Siehe AdsD, SPD-PV, PV Protokolle 1960.

8 In der „Niederschrift" (Anm. 1) wurde der Diskussionsbeitrag von Brandt viel ausführlicher referiert. Dort heißt es u. a.: „[Brandt] machte dann noch einige Bemerkungen zu dem Smirnow-Papier. Die in diesem Papier angeschnittenen Punkte sollte man eingehend prüfen. Auch Kreisky hatte in seinem letzten Gespräch darauf hingedeutet, dass er aus österreichischer Erfahrung nur raten könne, auf alle Äußerungen der Sowjetunion einzugehen. B[randt] meint, die Vermutung liegt nahe, dass Chruschtschow das Etikett der Flasche (Frei-Stadt Berlin) beibehalten [wolle], um das Gesicht dem Osten gegenüber zu wahren, der Flasche selbst aber einen anderen Inhalt geben wolle. Wenn dem so sei, d. h., dass die Substanz der sowjetischen Berlin-Vorschläge verändert werden könne, müsse man Chruschtschow unterstützen in dem Bemühen, sein Gesicht hierbei zu wahren. Dies habe er auch in seinem letzten Brief an den Bundeskanzler zum Ausdruck gebracht. Unter diesen Voraussetzungen würde er folgende Punkte westlicherseits für ein Interimsabkommen über Berlin vorschlagen: 1. Die Westmächte würden sich nichts vergeben, wenn sie ihre Genfer Erklärung wiederholen würden, keine atomaren Waffen in Berlin zu lagern. 2. Die Westmächte sollen in einer Berlin-Erklärung feststellen, daß die Bundesregierung in Berlin nicht tätig ist und nicht tätig werden wird. 3. Könnten Vereinbarungen über den Komplex subversive Tätigkeit, feindselige Propaganda usw. getroffen werden. Hier können die Vereinten Nationen als Beobachter eingeschaltet werden. Überhaupt sollte man ein neues Motiv anführen, wonach Berlin kein Ort sein dürfe, durch den die sich anbahnende Entspannung zwischen Ost und West behindert wird. 4. Man sollte Vorstellungen über die Verkehrsabkommen entwickeln. Hier gäbe es Andeutungen von US-Seite über Garantien des freien Zuganges nach Berlin. Dieser Punkt könnte nach Meinung B[randts] für die Sowjetunion besonders attraktiv sein, weil dabei die DDR ins Spiel gebracht würde."

9 Hs. korrigiert aus: „in".

10 Vgl. Anm. 5. Die Berliner SPD hatte auf ihrem 17. Landesparteitag am 5. März 1960 einstimmig eine Resolution zur Außenpolitik angenommen, in der u. a. die Forderung nach einer Volksabstimmung in beiden Teilen Deutschlands unterstützt wurde. Vgl. *Schmidt* 2001, S. 310 f., und „Brandt sagt nein nicht zur Kanzler-Kandidatur", in: *Frankfurter Allgemeine Zeitung* vom 7. März 1960.

11 Hs. korrigiert aus: „sie".

12 Auch der letzte Diskussionsbeitrag wird in der „Niederschrift" (Anm. 1) ausführlicher und in den Formulierungen brisanter protokolliert: „Dann ergriff W[illy] B[randt] noch einmal das Wort und sagte, dass die Bedenken von Kn[oeringens] gegen die Ausarbeitung eines neuen SPD-Vorschlages nicht teile. S[eines] E[rachtens] nach muss die Öffentlichkeit daran gewöhnt werden, dass sich in der Politik die Verhältnisse von Jahr zu Jahr ändern. Auch sei der Deutschlandplan in seinem ersten Teil nicht angegriffen worden. Die Auseinandersetzung entzündete sich an Einzelheiten seines zweiten Teiles. Auch B[randt] meinte, daß wir bei dem offensichtlichen Zusammenbruch der Adenauer Politik keine Schadenfreude zeigen sollten. Was die Bedenken zu dem Punkt 3.) seines Vorschlages anbelangt, so meinte B[randt] müsste man auf der Überlegung der Westmächte in Genf vom 28. 7. [1959] zurückgreifen. Was die DDR anbelangt, so sei sie faktisch als Staat schon anerkannt. Dies zeige sich im Interzonenhandel, in der

Luftsicherheitszentrale u. a. Dem Pessimismus von C[arlo] Sch[mid] stimmte B[randt] nicht zu. Gerade die Berlin-Krise sei das beste Beispiel gewesen, dass es nicht nur eine Alternative gibt. Im November 1958 sah es trostlos für Berlin aus, da alle Trümpfe in der Hand des Ostens waren. Heute dagegen wäre die Verhandlungsposition für den Westen bedeutend günstiger. Nach Meinung W[illy] B[randts] manifestiert sich in der Berlin-Frage für uns Deutsche noch als einziges das nationale Schicksal. Hierbei können wir mitgestalten."

13 Am 5. März 1960 war in Ostberlin vermeldet worden, dass die DDR und Guinea die Aufnahme diplomatischer Beziehungen und den Austausch von Botschaftern vereinbart hätten. Gemäß der „Hallstein-Doktrin" drohte die Bundesregierung Guinea daraufhin mit dem Abbruch der diplomatischen Beziehungen. Am 8. April stellte Bundesaußenminister von Brentano im Bundestag fest, dass Guinea keine diplomatischen Beziehungen mit der DDR aufgenommen habe. Vgl. AdG 30 (1960), S. 8274 und 8321.

14 Ausgelassen sind drei kurze Anmerkungen von Franz Barsig, Adolf Arndt und Erich Ollenhauer am Schluss der Sitzung.

Nr. 55

1 Vorlage ist die Durchschrift des Schreibens.

2 Richard Löwenthal nahm ein mehrmonatiges Forschungsstipendium am Russian Research Center der Harvard Universität in Cambridge/USA wahr. Er hatte zuvor eine Reise nach Norwegen gemacht und politische Freunde Brandts getroffen.

3 Gemeint ist der Artikel Lowenthal [!], Richard: Die Euphorie des Westens, in: Der Monat 12 (1960), 137, S. 14–21. Löwenthal schrieb seinen Namen damals noch ohne Umlaut. In dem Artikel betonte der Autor, dass trotz erkennbarer Entspannung die Berlin-Krise noch nicht beendet sei. Er warnte vor den „Gefahren weiterer einseitiger Konzessionen des Westens".

4 Bei der für den 16. und 17. Mai 1960 geplanten Gipfelkonferenz der vier Großmächte in Paris sollte vor allem die Berlin-Frage das Thema sein. Beratungen kamen aber nicht zustande. Vgl. Nr. 54, Anm. 6. Im Vorfeld hatte Brandt mehrfach davon gesprochen, dass ein Scheitern der Konferenz einer Verschlechterung des Status quo von Berlin vorzuziehen sei.

5 Löwenthal stimmte in der Beurteilung der politischen Situation mit Brandt überein. In seiner Antwort an den Regierenden Bürgermeister schrieb er, dass „prinzipielle Konzessionen von den Berlinern nicht ohne gefaehrliche Explosion akzeptiert wuerden. Denn von dem, was Du ueber die Gefahr bei ‚substantiellen Veraenderungen' sagst, bin ich natuerlich auch ueberzeugt." Schreiben Löwenthals an Brandt vom 19. März 1960 in: AdSD, WBA, A 6, 32.

6 Gemeint ist eine Kanzlerkandidatur Brandts bei der Bundestagswahl 1961. Der SPD-Vorsitzende Erich Ollenhauer hatte bereits am 5. Juli 1959 vor dem SPD-Parteivorstand erklärt, dass er nicht ein weiteres Mal als Spitzenkandidat zur Verfügung stehe. Vgl. Berliner Ausgabe, Bd. 4, Einleitung. Vor dem SPD-Parteirat stellte Ollenhauer am 30. Januar 1960 fest, die Kanzlerkandidatur entscheide sich zwischen Willy Brandt und Carlo Schmid. Siehe AdSD, SPD-PV, PV Protokolle 1960. Brandt sprach im März 1960 in mehreren Briefen davon, dass eine führende Rolle in der Bundespolitik auf ihn zukommen und ihn in Konflikt mit seiner Rolle als Regierender Bürgermeister von Berlin bringen könnte. Stets betonte er aber, er sehe

beide Rollen nicht alternativ. Vgl. dazu auch Berliner Ausgabe, Bd. 4, Nr. 27.

7 Die Durchschrift ist nicht unterzeichnet.

Nr. 56

1 Am Textanfang wurde von Brandt hs. vermerkt: „Vertraulich".

2 Das Vier-Augen-Gespräch, dessen Inhalt Brandt hier wiedergibt, ging einer Besprechung in erweiterter Runde voraus. An dem sich anschließenden Treffen nahmen neben Adenauer und Brandt noch Außenminister von Brentano, Bundesminister Lemmer, der Bundesbeauftragte für Berlin Vockel, Staatssekretär Globke, Bürgermeister Amrehn, der Chef der Senatskanzlei Albertz, und Senatsdirektor Berning teil, der für die Berliner Seite protokollierte. Siehe die hs. Notizen Brandts, die der Vorbereitung des Gesprächs dienten, sowie den Vermerk Bernings über die Besprechung am 5. April 1960, in: AdsD, WBA, A 6, 70.

3 Die westliche Gipfelkonferenz fand vom 19.-21. Dezember 1959 in Paris statt. Vgl. DzD IV/3 (1959), S. 800, und Nr. 51, Anm. 4.

4 In dem Vier-Augen-Gespräch mit Brandt am 12. Januar 1960 hatte Adenauer seine Skepsis gegenüber der Standfestigkeit der drei Westalliierten bei Verhandlungen über Berlin bereits unverblümt ausgesprochen. Der hs. Vermerk Brandts über dieses Gespräch in: AdsD, WBA, A 6, 69.

5 Der amerikanische Außenminister Dulles war am 24. Mai 1959 verstorben. Herter war sein Nachfolger.

6 Hs. von Brandt korrigiert aus: „nach".

7 Der britische Premierminister Macmillan hatte im Februar/März 1959 die Sowjetunion besucht. Zu Adenauers Vorbehalten gegenüber den Ergebnissen dieser Reise vgl. auch Adenauer, Konrad: Erinnerungen 1959–1963. Fragmente, Stuttgart 1968, S. 468 ff.

8 Die in Washington tagende Arbeitsgruppe, der Vertreter der drei Westmächte und der Bundesrepublik angehörten, hatte den Auftrag, gemeinsame westliche Vorschläge für die Pariser Gipfelkonferenz im Mai 1960 zu erarbeiten.

9 Während eines Aufenthaltes in den USA hatte Adenauer am 16. März 1960 in einer Rede vor dem National Press Club in Washington den Westmächten empfohlen, noch vor der Gipfelkonferenz eine Volksbefragung in Berlin abzuhalten. Zum Wortlaut vgl. DzD IV, Bd. 4: 1. Januar bis 30. Juni 1960, bearb. von Ernst Deuerlein und Gunter Holzweißig, Frankfurt/Main und Berlin 1972, S. 515–518. Am 18. März 1960 teilte der Bundeskanzler dem Regierenden Bürgermeister Einzelheiten seines Vorschlags mit: Die Westberliner sollten gefragt werden, ob sie für die Aufrechterhaltung des bestehenden Status von Berlin seien oder für dessen Veränderung. Am 21. März 1960 antwortete Brandt im Namen des Berliner Senats, dass „wir eine Volksabstimmung in ganz Berlin begrüßen würden, falls sich die Vier Mächte darauf verständigen. [...] Wir haben es bedauert, dass der Vorschlag einer Volksabstimmung mit der angedeuteten Fragestellung ohne Absprache mit Berlin erfolgte." Schreiben Brandts an Adenauer vom 21. März 1960, in: LAB, B Rep 002/ 10978.

10 Brandt hatte am 4. April 1960 ein Gespräch mit dem amerikanischen Botschafter Dowling geführt. In einem hs. Vermerk notierte Brandt dazu: „Plebiszit nicht vor Gipfel, Mittel des Westens auf d[er] Konferenz. Demonstration wäre [...] wirksamer". Siehe AdsD, WBA, A 6, 115.

11 Adenauer hatte den Vereinigten Staaten vom 12. bis 24. März 1960 einen inoffiziellen Besuch abgestattet. Dabei war er am

15. März 1960 mit Präsident Eisenhower zusammengetroffen. Vgl. dazu die gemeinsame Erklärung in: DzD IV/4 (1960), S. 514.
12 Gemeint ist die Wahl zum Berliner Abgeordnetenhaus am 7. Dezember 1958, bei der SPD und CDU bei einer Wahlbeteiligung von über 90 % zusammen 89,5 % der Stimmen erhalten hatten. Vgl. Nr. 43, Anm. 3.
13 Vgl. Anm. 2.
14 Hs. paraphiert.

Nr. 57
1 Das Schreiben trägt die hs. Paraphe „Kl 24/5.60", die vermutlich vom Senator für Bundesangelegenheiten, Günter Klein, stammt.
2 Klein sollte sich nach schwerer Krankheit bei einer Kur in Bühlerhöhe im Schwarzwald erholen.
3 Brandt war von 1958 bis 1963 Präsident des Deutschen Städtetages.
4 Im April 1960 hatte der Regierende Bürgermeister schon einmal in einem Schreiben an Klein daran Anstoß genommen, dass der Bundessenator im Konflikt Brandts mit Adenauer über die Frage einer Volksabstimmung alles besser zu wissen meinte, obwohl Klein bei den Gesprächen „unter vier Augen" gar nicht dabei gewesen sei: „Die Vorstellung, daß der Senat – von einer Ausnahme abgesehen – nur aus politischen Idioten bestehe, ist nicht haltbar." Schreiben Brandts an Klein vom 11. April 1960, in: AdsD, WBA, A 6, 164.
5 Zu der für den 16. und 17. Mai 1960 in Paris geplanten Gipfelkonferenz waren im Auftrag des Berliner Senats drei Beobachter entsandt worden. Deren Bericht schickte Klein am 20. Mai 1960 an Brandt. In seinem Anschreiben bemerkte der Senator, er sei der Meinung, „dass der Abbruch der Konferenz besser gewesen ist als eine schlechte Berlin-Lösung". Das Schreiben Kleins an Brandt vom 20. Mai 1960 und der „Bericht über die Teilnahme an der Pariser Konferenz vom 12.-19. Mai 1960", in: LAB, B Rep 002/7993 b.
6 Nach der geplatzten Gipfelkonferenz in Paris hielt sich der sowjetische Ministerpräsident Chruschtschow auf der Rückreise für drei Tage in Ostberlin auf. Er machte auf einer Kundgebung am 20. Mai 1960 die USA für das Scheitern der Konferenz verantwortlich und griff auch Willy Brandt scharf an. Er nannte ihn den „schreihalsigen" Bürgermeister von Westberlin: „Ich weiß nicht, wo er während des Krieges war (Lachen), ob er an der Front war, und begreift, wonach das riecht. [...] Möglicherweise gibt Ihnen Ihr Familienname keine Ruhe, der vom Wort Brand herkommt." Der Wortlaut der Rede in: DzD IV/4 (1960), S. 1060 ff.
7 Egon Bahr hatte als Nachfolger von Hans Hirschfeld am 1. April 1960 die Leitung des Presse- und Informationsamtes des Landes Berlin übernommen, nachdem er zuvor schon am 25. März 1960 von Brandt mit der Wahrnehmung der Geschäfte beauftragt worden war.
8 Zum Gespräch am 24. Mai 1960 mit Bundeskanzler Adenauer siehe Nr. 58, Anm. 4.
9 Bei einer Veranstaltung in Essen hatte Brandt am 1. Mai 1960 gesagt: „Gerade in Berlin hat die SPD immer wieder den Buckel hinhalten müssen, was manchmal noch schwieriger ist, als in Rhöndorf Rosen zu züchten." Zit. nach: *Der Spiegel* vom 18. Mai 1960, S. 13 f.
10 Brandt spielt damit auf die Bundestagswahl 1961 an. Die Diskussion über seine mögliche Nominierung als Spitzenkandidat der SPD verband sich mit Überlegungen in der SPD, ob Brandt dann noch länger Regierender Bürgermeister bleiben

könne. Klein meinte, Brandt müsse auch nach einer noch nicht zum Erfolg führenden Bundestagswahl als „Oppositionsführer" nach Bonn gehen.

11 Gemeint ist die „Neufassung der Geschäftsordnung des Senats". Sie sollte die Arbeit in der Senatskanzlei und im Berliner Senat besser koordinieren. Die vorliegenden Entwürfe fanden bei Klein keine Unterstützung, da er darin eine Beschneidung seiner Kompetenzen als Bundessenator sah. Siehe dazu auch das Schreiben Brandts an Klein vom 18. Mai 1960, in: AdsD, WBA, A 6, 170.

Nr. 58

1 Ms. vermerkt: „Vertraulich!". Ein Durchschlag ging an den Senator für Bundesangelegenheiten, Klein. Der Vermerk wurde auch Egon Bahr und Heinrich Albertz zur Kenntnis gebracht.

2 Das Interview fand am 2. Juni 1960 statt. Vgl. *Küsters 1992,* S. 516.

3 Nicht ermittelt.

4 Am 24. Mai 1960 war Brandt mit dem Bundeskanzler zusammengekommen. Er hatte Adenauer über die Folgen der gescheiterten Gipfelkonferenz in Paris befragen und darüber hinaus Differenzen zwischen der Bundesregierung und dem Berliner Senat ansprechen wollen. Doch Adenauer konfrontierte Brandt in diesem Gespräch sofort mit dem Vorwurf, dass der Regierende Bürgermeister in einem viel beachteten „Interview" mit der *Süddeutschen Zeitung* von einem „Interimsabkommen" über Berlin gesprochen habe, was in keiner Weise der Politik der Bundesregierung entspreche. Brandt bestritt, ein Interview geführt zu haben. Der Journalist Kempski hätte nach einem Gespräch mit ihm daraus einen Artikel gemacht, der missverständliche und unzutreffende Formulierungen enthalten habe. Vgl. *Kempski, Hans Ulrich:* Westberlin fürchtet die Gipfelkonferenz nicht. Keine endgültigen Beschlüsse erwartet. Moskau will mit Brandt ins Gespräch kommen, in: *Süddeutsche Zeitung* vom 10. Mai 1960. Brandt erklärte gegenüber Adenauer, seine Haltung zu diesen im Artikel angesprochenen Fragen könne seinen Stellungnahmen vor dem Berliner Abgeordnetenhaus entnommen werden. Der Regierende Bürgermeister musste freilich einräumen, dass er den Begriff „Interimsabkommen" verwandt hatte. Er werde aber den Begriff nicht mehr verwenden und künftig von „zusätzlichen Vereinbarungen" sprechen. Siehe dazu den Vermerk Brandts „Unterredung mit dem Bundeskanzler am Dienstag, dem 24. Mai 1960", in: AdsD, WBA, A 6, 70.

5 Hs. paraphiert.

Nr. 59

1 Der Vermerk ist nicht datiert und nicht gezeichnet. Er war als Anlage einem Schreiben Brandts an Wehner angefügt. In diesem Brief heißt es: „[. . .] anbei übermittle ich Dir einen, von einem meiner Mitarbeiter zusammengestellten, Vermerk zur Berlinfrage. Er stützt sich im wesentlichen auf Erklärungen, die ich vor und nach der Gipfelkonferenz abgegeben habe." Dem Schreiben waren noch weitere Anlagen beigefügt, u. a. die 5-Punkte-Erklärung des Regierenden Bürgermeisters vom 7. Januar 1960, zu der sich, wie Brandt gegenüber Wehner betonte, Adenauer „ausdrücklich" bekannt habe. Die hier abgedruckten „Bemerkungen" variieren ein weiteres Mal diese Erklärung vom Januar 1960. Siehe das Schreiben Brandts an Wehner vom 27. Juni 1960, in: AdsD, SPD-LV Berlin, 115. Zur 5-Punkte-Erklärung vgl. Nr. 52, Anm. 4.

2 Gemeint ist die Rede Chruschtschows auf dem 3. Parteitag der Rumänischen Ar-

beiterpartei am 21. Juni 1960 in Bukarest. Vgl. AdG 30 (1960), S. 8475.

3 Seit dem Chruschtschow-Ultimatum im November 1958 hatte die Sowjetunion immer wieder mit dem Abschluss eines solchen Vertrages zwischen der Sowjetunion und der DDR gedroht, falls es nicht zu einer Einigung der Viermächte über Westberlin im Sinne der sowjetischen Freie-Stadt-Vorschläge komme. Mit dem separaten Friedensvertrag würden alle Kontrollrechte der Alliierten über Deutschland und Berlin erlöschen. Vgl. auch Einleitung.

Nr. 60

1 Vorlage ist die Durchschrift des Schreibens.

2 Der auf Mallorca lebende norwegische Publizist Victor Mogens hatte in einem Brief vom 5. Dezember 1960 angeregt, in der seiner Meinung nach festgefahrenen Deutschlandpolitik der Bundesrepublik neue Prioritäten zu setzen: „Zuerst Freiheit, dann Wiedervereinigung". Mogens berief sich dabei auf eine Äußerung von Brandt, dass „man dem Osten nicht mit sterilem Starrsinn gegenübertreten dürfe". Beide setzten ihren Briefwechsel auch später fort. Siehe die Schreiben Mogens, an Brandt vom 5. Dezember 1960, 26. September 1961 und 20. Oktober 1962 sowie das Schreiben Brandts an Mogens vom 8. Januar 1962, in: AdsD, WBA, A 6, 33, 37 und 40.

3 Brandt plante, vom 11. bis 19. März 1961 in die USA zu reisen, um den neu gewählten Präsidenten Kennedy kennen zu lernen. Am 14. März 1961 empfing Kennedy den Regierenden Bürgermeister zu einem fast einstündigen Gespräch.

4 Mit diesen Formulierungen nahm Brandt in verklausulierter Form zur Oder-Neiße-Grenze Stellung.

5 Die Durchschrift ist nicht unterzeichnet. Durchschläge des Schreibens gingen an Günter Klein und an Egon Bahr.

Nr. 61

1 In seiner traditionellen Aschermittwochsrede am 15. Februar 1961 in Vilshofen hatte Bundesverteidigungsminister Strauß den Kanzlerkandidaten der SPD, Brandt, scharf angegriffen. In der Presse wurde der in der *Frankfurter Allgemeinen Zeitung* zitierte Satz mehrfach wiedergegeben. Brandt sprach am 1. März 1961 vor dem Bonner Presseclub über die Äußerungen von Strauß und sah darin den Auftakt zu einer neuen Diffamierungskampagne gegen ihn. Strauß habe auf dem „Viehmarkt von Vilshofen" schließlich heuchlerisch gefragt, er wisse, „was wir drinnen gemacht haben, was aber habe Brandt zwölf Jahre lang draußen getan". Vgl. „Willy Brandt schießt zurück", in: *Süddeutsche Zeitung* vom 3. März 1961. Die CSU ließ daraufhin in einer Pressemitteilung verbreiten, was Strauß in Vilshofen angeblich wirklich gesagt habe: „Ich halte nichts von diesem Schmutzkampf in der Politik, von diesem gegenseitigen Bewerfen. Das führt nur zum Untergang des Staates, und dann siegen die falschen Kräfte. Aber eines wird man doch noch fragen dürfen: Was haben Sie in den zwölf Jahren draußen gemacht, wie man uns gefragt hat, was habt ihr in den zwölf Jahren drinnen gemacht." Vgl. „Strauß fordert offene Bilanz", in: *Deutsche Zeitung mit Wirtschaftszeitung* vom 4./5. März 1961. Die Frage, ob Strauß in seiner Rede vom Manuskript abgewichen war, wurde in der Presse nicht erörtert und spielte auch bei der Formulierung des Schreibens von Brandt an Strauß keine Rolle. Im Rückblick auf die Diffamierungskampagne 1961 aber wiederholte Brandt jene Formulierung, die in der

Frankfurter Allgemeinen Zeitung zu lesen war. Die Berichtung der CSU hatte ihn offenbar nicht überzeugt. Vgl. *Brandt 1976*, S. 49.

2 Zu dem Schreiben an Strauß gibt es mehrere von Brandt hs. korrigierte Entwürfe. Sie dokumentieren, wie wichtig ihm dieser Brief war, dass es ihm aber nicht leicht fiel, die richtige Form für ein „Entschuldigungsschreiben" zu finden. Siehe die Entwürfe, in: AdsD, WBA, A 6, 173. Strauß war mit der Entschuldigung Brandts zufrieden. Er bat in seinem Antwortschreiben aber darum, die SPD davon zu unterrichten, „damit unnötiger Ärger im Wahlkampf vermieden wird". Siehe ebd.

3 Die Durchschrift ist nicht unterzeichnet.

Nr. 62

1 Brandt besuchte die USA vom 11. bis 19. März 1961. Am 13. März 1961 wurde er von Präsident Kennedy zu einem knapp einstündigen Gespräch empfangen. Brandt traf auch mit Außenminister Rusk, Verteidigungsminister McNamara, mit wichtigen Beratern des Präsidenten und Senatoren beider Parteien zusammen. Aufgrund der Gespräche verfasste Brandt eine „Niederschrift", die die Ergebnisse seiner Treffen vor allem hinsichtlich der westlichen Berlin-Politik zusammenfasste. Darüber wollte er die Bundesregierung so schnell wie möglich unterrichten. Da der Bundeskanzler an seinem Urlaubsort Cadenabbia in Italien weilte, berichtete Brandt dem Vizekanzler Erhard. Zu den Gesprächen und zur „Niederschrift" vgl. auch *Brandt, Willy:* Begegnungen mit Kennedy, München 1964, S. 46 f.

2 Brandt hatte zu dem Gespräch mit Kennedy eine Abbildung der Freiheitsglocke mitgebracht: „Als ich sie ihm übergab, bat ich ihn, uns in Berlin zu besuchen, sobald sich eine Gelegenheit dazu bietet." *Brandt 1964*, S. 45. Kennedy machte Ende Mai/Anfang Juni 1961 seine erste Europareise. Er traf zunächst Präsident de Gaulle in Paris und am 3./4. Juni 1961 den sowjetischen Ministerpräsidenten Chruschtschow in Wien. Anschließend reiste Kennedy zu Gesprächen mit dem britischen Premierminister Macmillan nach London. Zu einem Deutschland- und Berlin-Besuch kam es nicht.

3 In seinem Antwortschreiben an Brandt bedauerte Adenauer, dass vor seiner eigenen Abreise in die USA keine Zeit mehr sei für ein persönliches Gespräch. Er könne sich erst in den USA ein Urteil darüber bilden, „ob eine Einladung an Präsident Kennedy in die Bundesrepublik und nach Berlin im gegenwärtigen Zeitpunkt opportun ist". Einige Tage später schrieb der Kanzler erneut an Brandt und teilte diesem mit, dass Kennedy seinem Eindruck nach zur Zeit mit anderen Problemen überlastet sei. Adenauer habe die Frage eines Besuches in Deutschland nur vorsichtig angesprochen. „Er hat aber – wofür ich Verständnis habe – weder ja noch nein gesagt. Ich glaube, wir werden abwarten müssen, wie sich für ihn die nächsten Wochen gestalten." Siehe die Schreiben Adenauers an Brandt vom 10. und 18. April 1961, in: StBKAH I/12.28.

4 Hs. unterzeichnet.

Nr. 63

1 Kardinal Julius Döpfner war seit 1957 Bischof von Berlin. Vor und nach dem Gespräch unter vier Augen waren Fotografen anwesend. In der SPD-Wahlkampfbroschüre „Davon spricht Deutschland", die ganz auf die Person Brandts als Kanzlerkandidat bei der Bundestagswahl 1961 zugeschnitten war, zeigte ein Foto „Brandt im Gespräch mit Kardinal Döpfner".

2   Im Godesberger Programm der SPD von 1959 hieß es zur Frage „Religion und Kirche" unter anderem: „Der Sozialismus ist kein Religionsersatz. Die Sozialdemokratische Partei achtet die Kirchen und die Religionsgemeinschaften, ihren besonderen Auftrag und ihre Eigenständigkeit. Sie bejaht ihren öffentlich-rechtlichen Schutz. Zur Zusammenarbeit mit den Kirchen und Religionsgemeinschaften im Sinne einer freien Partnerschaft ist sie stets bereit." *Dowe, Dieter/Klotzbach, Kurt* (Hrsg.): Programmatische Dokumente der deutschen Sozialdemokratie, 3., überarb. u. aktual. Auflage, Bonn 1990, S. 364.

3   Korrigiert aus: „Högner". Wilhelm Hoegner war zweimal bayrischer Ministerpräsident, zuletzt 1954–1957.

4   Kardinal Döpfner wurde noch im Jahre 1961 Erzbischof im Erzbistum München-Freising.

5   Hs. paraphiert. Im Original ist unter dem hs. eingefügten Datum „22-4-61" ebenfalls hs. notiert: „Kopie an O[ber]b[ürger]m[eister] Vogel (vertraulich)". Der Vermerk war ursprünglich abgelegt in einer „Sonderakte" des Regierenden Bürgermeisters. Über den Inhalt des Vermerks heißt es in der Akte: „Verhältnis der Kathol[ischen] Kirche zur SPD im Zeichen des beginnenden Wahlkampfes". Siehe LAB, B Rep 002/10978.

Nr. 64

1   Ausgelassen ist eine knappe Passage, in der der neu gewählte Landesvorstand die „Situation im Fernsehen" besprach. Die Tagesordnung der Sitzung des Landesvorstandes sah nur eine „kurze Stellungnahme zum Ablauf des Landesparteitages am 5. und 6. Mai 1961" vor. Die Diskussion über die Stellungnahme Brandts dauerte allerdings drei Stunden, so dass andere Tagesordnungspunkte nicht mehr behandelt wurden.

2   Auf dem 18. Landesparteitag der Berliner SPD am 5./6. Mai 1961 im Hotel Esplanade am Potsdamer Platz sprach Willy Brandt zum Thema „Unsere Arbeit für Berlin". Der Landesparteitag wollte den Landesvorstand neu wählen, vor allem aber sollten die 13 Berliner SPD-Bundestagskandidaten nominiert werden. Brandt wurde mit eindeutiger Mehrheit wieder zum Landesvorsitzenden gewählt und in einem getrennten Wahlgang zum Spitzenkandidaten der Berliner SPD für den Bundestag nominiert. Die übrigen 12 Kandidaten, aber auch die Beisitzer im Landesvorstand waren auf Vorschlag des Landesausschusses en bloc zu wählen. Auf dem Stimmzettel mussten so viele Namen angekreuzt werden, wie Kandidaten gewählt werden sollten. An diesem „Block-Wahlverfahren" entzündete sich ein Streit, der – wie die Presse später schrieb – zu „Tumulten" auf dem Parteitag führte. Das Bild einer innerlich geschlossenen Partei, die mit dem Spitzenkandidaten Brandt die Bundestagswahl gewinnen wollte, war zerstört. Siehe dazu das Parteitagsprotokoll, in: FNA, NL Neumann, IIb2/22.

3   Zur Berichterstattung vgl. u. a. „Krach in der Berliner SPD", in: *Der Tagesspiegel* vom 7. Mai 1961; „Tumult auf dem Parteitag der Berliner SPD. Brandt setzte sich gegen lautstarke Opposition durch", in: *Die Welt* vom 8. Mai 1961; „Tumult bei den Berliner Sozialdemokraten. Niederlage des linken Flügels", in: *Frankfurter Allgemeine Zeitung* vom 8. Mai 1961; „Meuterei im Esplanade", in: *Der Spiegel* vom 17. Mai 1961.

4   Josef Grunner hatte als einer der Wortführer der Kritiker Brandts das „Block-Wahlverfahren" als „schädlich für das Ansehen der Partei" bezeichnet, den Ausschluss von Max Köhler aus der SPD kriti-

siert, vor allem aber den Wahlkampf der SPD ironisch aufs Korn genommen. Der Redebeitrag endete in erregten Zwischenrufen. Brandt fühlte sich persönlich angegriffen. Siehe dazu das Protokoll der Landesvorstandssitzung vom 15. Mai 1961, in: AdsD, SPD-LV Berlin, 308.

5   Werner Stein hatte schon im April 1961 um ein Gespräch mit Brandt gebeten, weil „Mißverständnisse vorhanden sind, die zu klären im Interesse der Partei notwendig wäre". Siehe die Notiz für Brandt vom 17. April 1961, in: AdsD, WBA, A 6, 174.

6   In einer Pressekonferenz erklärte der SPD-Sprecher, dass es sich bei den Auseinandersetzungen auf dem Berliner Landesparteitag „lediglich um persönliche und kleinliche Differenzen" gehandelt habe. Die Politik des Regierenden Bürgermeisters und SPD-Kanzlerkandidaten Brandt sei nicht kritisiert worden. Vgl. „Sozialdemokraten betonen ihre Geschlossenheit", in: *Die Welt* vom 9. Mai 1961.

7   Herwig Friedag war Chefredakteur der SPD-Zeitung *Berliner Stimme* und zugleich im Berliner Büro des „Wahlbüros Willy Brandt" tätig.

8   Gemeint ist ein Redakteur der SPD-nahen Zeitung *Spandauer Volksblatt*, den Brandt in Verdacht hatte, Material gegen ihn zu sammeln. Er hatte Artikel über die Diffamierungskampagne gegen Brandt geschrieben, die nach Meinung Brandts weniger gegen die Kampagne Stellung nahmen als zur Verbreitung der Diffamierungen beitrugen.

9   Im Januar 1961 hatte Brandt erklärt, er sei nicht sicher, ob er im Falle einer Wahlniederlage als Oppositionsführer in Bonn bleiben werde. Die Berliner SPD werde aber eine Kommission einsetzen, die sich über seine Nachfolge Gedanken machen solle. Seither waren die Gerüchte um mögliche Nachfolgekandidaten nicht mehr verstummt. Vgl. „Brandt über Nachfolge-Diskussion", in: *Der Tagesspiegel* vom 26. Januar 1961.

10   Mit „Schlußwort" ist der Redebeitrag Brandts gemeint, mit dem er auf dem Landesparteitag (Anm. 1) seinen Kritikern antwortete.

11   Ella Kay war Senatorin für Jugend und Sport. Sie hatte am 1. Mai 1961 nicht an der Mai-Kundgebung teilgenommen, weil sie keine Redner der CDU hören wollte. Ernst Schellenberg war Berliner Bundestagsabgeordneter.

12   Werner Stein hatte in seinem Redebeitrag auf die Bundestagswahl hingewiesen. Es gäbe zwar Meinungsverschiedenheiten in der Partei, die aber wegen des Wahlkampfes nicht offen ausgetragen werden sollten. Deswegen wolle er sie auch nicht ansprechen. Neubauer hatte daraufhin die Kritiker mehrfach aufgefordert, zu sagen, was sie eigentlich wollten. Grunner war der Aufforderung nachgekommen.

13   Vgl. Anm. 3.

14   Zu Köhler vgl. Nr. 65. Die Berliner Falken hatten gemeinsam vorzeitig die Mai-Kundgebung verlassen.

15   Die Westberliner Wahlberechtigten nahmen aufgrund des Viermächtestatus der Stadt nicht an den Bundestagswahlen teil. Am Tag der Bundestagswahl wählte das Berliner Abgeordnetenhaus die Berliner Bundestagsabgeordneten auf Vorschlag und entsprechend der Stärke der im Abgeordnetenhaus vertretenen Parteien. Vgl. Einleitung.

16   Vgl. Anm. 9.

17   Gemeint sind die illustrierten Wahlbroschüren der SPD.

18   Franz Neumann und Edith Krappe waren auf der Vorschlagsliste des Landesausschusses für die Wahl der Bundestagskandidaten die einzigen Vertreter der Brandt-Kritiker, die auf dem Landespartei-

tag nominiert und später im Abgeordnetenhaus als Bundestagsabgeordnete auch gewählt wurden.

19 In diesem Abschnitt wird diskutiert, wie weiter zu verfahren sei. Brandt wurde gebeten, „keine persönliche Aussprache mit den Nein-Sagern unter vier Augen" zu führen. Der Landesvorstand als Ganzes sei das zuständige Gremium.

Nr. 65

1 Brandt hatte den Berliner Theologieprofessor Helmut Gollwitzer zusammen mit anderen Professoren zu einer Besprechung am 26. Mai 1961 nach Bonn eingeladen. Bereits Ende Januar 1961 hatte ein kleinerer Kreis von Berliner Professoren, darunter auch Gollwitzer, mit Brandt über kontroverse Fragen sehr offen diskutiert. Das Gespräch sollte fortgesetzt werden. Mit dem Schreiben vom 15. Mai 1961 sagte Gollwitzer die Einladung Brandts zu einem weiteren Gespräch in einem größeren Kreis aus Terminründen ab.

2 In dem Schreiben vom 15. Mai 1961 hatte Gollwitzer die Aufforderung Brandts vom Januar 1961, ihn „auf Vorfälle [hinzuweisen], die das Gesicht der Demokratie verunstalten", zum Anlass genommen, seine Sorge über den Ausschluss von Max Köhler aus der SPD mitzuteilen: „Es ist meines Wissens zum ersten Mal, daß aus der SPD ein Ausschluß wegen einer Stellungnahme in rein weltanschaulichen Fragen erfolgt ist." Er habe immer kritisiert, dass politische Parteien sich christlich nennen. Es gebe ein christliches und ein kirchliches Interesse, „daß auch jeder Nicht-Christ seine Gedanken (dazu gehören auch seine Einwände gegen das Christentum und gegen die Kirche) frei und offen aussprechen kann, ohne fürchten zu müssen, daß er dadurch z. B. Nachteile in seiner eigenen politischen Partei erfährt. [...] Es kann nur zu einer Schädigung des christlichen Lebens unter uns führen, wenn nur noch Süßholz geraspelt und die Mängel der Kirche aus falscher Freundlichkeit zugedeckt werden." Gollwitzer hoffte deshalb, dass „die Maßnahme gegen Max Köhler, der mir persönlich vollkommen unbekannt ist, rückgängig gemacht wird." Der Wortlaut des Schreibens von Gollwitzer an Brandt vom 15. Mai 1961 in: AdsD, WBA, A 6, 36.

3 Max Köhler, der langjährige politische Weggefährte Brandts aus der SAP, war nach seiner Rückkehr aus der Emigration Anfang 1956 in die Berliner SPD eingetreten. Vgl. Nr. 24. Er war Vorsitzender des Marxistischen Arbeitskreises der SPD und Schriftleiter der *Stimme des Freidenkers*, der Zeitschrift des Deutschen Freidenker-Verbandes, Landesverband Berlin. Der SPD-Landesvorstand hatte Köhler am 13. Februar 1961 aus der Berliner SPD ausgeschlossen. Im Antrag auf Ausschluss hieß es: Köhler habe mit seinem Artikel „Humanismus, die Juden und die Christen" in der *Stimme des Freidenkers* „in unglaublicher Weise die Kirchen beschimpft und im kommunistischen Jargon die Bundesrepublik Deutschland verächtlich gemacht". Der Ausschluss Köhlers war innerhalb der Berliner SPD umstritten, die tumultartigen Auseinandersetzungen auf dem Berliner Landesparteitag am 5./6. Mai 1961 entzündeten sich auch an dieser Frage. Vgl. Nr. 64.

4 Auslassung in der Vorlage.

5 Auslassung in der Vorlage. Am 9. Februar 1961 war allen Mitgliedern des Landesvorstandes der Artikel von Köhler aus der *Stimme des Freidenkers* zur Information zugesandt worden. Auf dem Anschreiben hatte der Chef der Senatskanzlei, Albertz, für Brandt notiert: „1. M[ax]K[öhler] sollte ausgeschlossen werden. 2. Der Freidenker-

verband sollte von der Partei gefragt werden, ob er solche Ausführungen deckt. 3. Die Zuschüsse an den Freidenkerverband sollten gesperrt werden." Am 16. Februar 1961 schloss der Freidenker-Verband Max Köhler aus. Siehe dazu das Schreiben an den Landesvorstand vom 9. Februar 1961 mit den Anmerkungen von Albertz, in: AdsD, SPD-LV Berlin, 308.

6 Max Köhler legte bei der Bundesschiedskommission Beschwerde gegen den Ausschluss aus der SPD ein. Diese gab Mitte des Jahres 1961 der Beschwerde statt und verwies das Verfahren zurück an die Landesschiedskommission. Sie machte am 22. März 1962 unter dem Vorsitz von Max Brauer mit 3:2 Stimmen den Ausschluss rückgängig und erkannte auf eine Rüge. Ende des Jahres 1962 war Köhler auch wieder Mitglied des Freidenker-Verbandes. Vgl. dazu auch Heß 1984, S. 42.

7 Die als Vorlage dienende Durchschrift ist nicht unterzeichnet.

Nr. 66

1 Am 13. August 1961 trat das Berliner Abgeordnetenhaus um 18.30 Uhr zu einer Sondersitzung zusammen, in der der Regierende Bürgermeister Brandt die hier vollständig veröffentlichte Erklärung abgab. Vgl. dazu auch DzD IV, Bd. 7: 12. August bis 31. Dezember 1961, bearb. von *Gisela Biewer*, Frankfurt/Main 1976, S. 13 ff.

2 Der Wortlaut der Protokolle und Abkommen der Alliierten über den Vier-Mächte-Status von Berlin findet sich in: Dokumente zur Berlin-Frage 1987, S. 1–8. Die Sowjetunion und (mit ihr) die DDR-Führung hatten dagegen seit 1958 immer wieder betont, dass Westberlin mitten in der DDR und auf dem Territorium der DDR läge. Vgl. Nr. 38, Anm. 12.

3 Siehe dazu den „Beschluß des Ministerrats der DDR" vom 12. August 1961 – über Maßnahmen zur Sperrung der Sektorengrenze von Berlin –, in: *Neues Deutschland* vom 13. August 1961. Der Beschluss berief sich auf eine Erklärung der Staaten des Warschauer Paktes und auf einen Beschluss der Volkskammer vom 11. August 1961, mit denen die Regierung der DDR ermächtigt worden war, Maßnahmen zur Sicherung der DDR und „zur Unterbindung der von Westdeutschland und West-Berlin aus organisierten Kopfjägerei und des Menschenhandels" zu ergreifen. Der Wortlaut in: ebd.

4 Siehe „Bekanntmachung des Ministeriums des Innern der DDR" vom 12. August 1961, in: *Neues Deutschland* vom 13. August 1961.

5 In der Bekanntmachung des DDR-Innenministeriums (Anm. 4) vom 12. August 1961 hieß es: „Friedliche Bürger von West-Berlin können unter Vorlage ihres West-Berliner Personalausweises die Übergangsstellen zum demokratischen Berlin passieren." Diese Anordnung galt nur einige Tage. Am 22. August 1961 ordnete das DDR-Innenministerium an, dass Westberliner Ostberlin nur noch mit einer „Aufenthaltsgenehmigung" betreten dürften, die unter Angabe der Besuchsgründe in einem Reisebüro der DDR in Westberlin zu beantragen sei. Der Wortlaut der Anordnung in: *Neues Deutschland* vom 23. August 1961. Die Westalliierten verweigerten die Ausgabe von Aufenthaltsgenehmigungen durch DDR-Angestellte in Westberlin, da dies einen hoheitlichen Akt der DDR auf Westberliner Gebiet bedeuten würde. Damit war Westberlinern bis zur ersten Passierscheinregelung Weihnachten 1963/64 nur noch in Ausnahmefällen das Betreten von Ostberlin möglich.

6 Siehe dazu die Ereignismeldungen der Westberliner Polizei und des Zolls an den

Chef der Senatskanzlei, Albertz, vom 13. August 1961 morgens bis zum 23. August 1961, in: LAB, B Rep 002/7059.

7 Im Juni 1961 war die Zahl der Flüchtlinge auf 20 000, im Juli 1961 sogar auf 30 000 gestiegen. Unter den nach dem 13. August immer weniger werdenden Flüchtlingen waren auch Volkspolizisten und Angehörige der Betriebskampfgruppen. Vgl. Anm. 6.

8 Der Berliner Senat kam am 13. August 1961 um 9 Uhr morgens unter dem Vorsitz des Regierenden Bürgermeisters zu einer Sondersitzung zusammen. Er beschloss, Kontakt zu den Westalliierten und zur Bundesregierung aufzunehmen und die Westalliierten zu einem scharfen Protest aufzufordern.

9 Hier korrigiert aus: „Sie".

10 Die drei westalliierten Stadtkommandanten kamen am 13. August 1961 um 9 Uhr morgens zu einer Sitzung zusammen, zu der zwei Stunden später auch der Regierende Bürgermeister Brandt gebeten wurde. Brandt verlangte „Schritte der westlichen Regierungen auf hoher diplomatischer Ebene bei der UdSSR" und fragte „dringend, über welche Mittel der Westen verfüge, um sich dagegen zu wehren, daß diesen ersten Schritten zur Freien Stadt weitere folgen könnten". Die alliierten Kommandanten wiesen darauf hin, dass sie diese Frage erst nach Weisungen ihrer Regierungen beantworten könnten. Siehe „Vermerk Kommandantenbesprechung am 13. August", in: LAB B Rep 002/12292 I. Bahr gegenüber kommentierte Brandt die Besprechung mit den Stadtkommandanten weniger diplomatisch: „Diese Scheißer schicken nun wenigstens Patrouillen an die Sektorengrenze, damit die Berliner nicht denken, sie sind schon allein." Zit. nach: *Bahr 1996*, S. 131.

11 Vgl. dazu auch Nr. 67.

12 Der Deutsche Bundestag tagte am 18. August 1961. Bundeskanzler Adenauer und der Regierende Bürgermeister Brandt gaben Erklärungen ab. Vgl. Verhandlungen des Deutschen Bundestages, 3. Wahlperiode, Stenographische Berichte, Sitzung vom 18. August 1961.

13 Der Senatsbeschluss hatte nur noch deklamatorischen Charakter. Am 12. August 1961 hatte der Ostberliner Magistrat beschlossen, dass es Ostberlinern untersagt sei, in Westberlin zu arbeiten. Vgl. Dokumente zur Berlin-Frage 1987, S. 473.

14 Vgl. Anm. 3.

Nr. 67

1 Das verschlüsselte geheime Fernschreiben an den Bundesaußenminister, von Brentano, ging am 14. August 1961 um 9.45 Uhr nach Bonn ab. Vorlage für das hier abgedruckte Dokument ist die Abschrift des Fernschreibens. Der Entwurf für dieses Fernschreiben wurde von Brandt hs. bearbeitet. Inhaltlich wichtige Korrekturen sind in den Anmerkungen vermerkt. Siehe den Entwurf, in: LAB, B Rep 002/10978.

2 Bundesaußenminister von Brentano hatte noch am 13. August 1961 abends den Regierenden Bürgermeister angerufen und sich „auf Grund der eingetretenen Situation für eine enge Zusammenarbeit" ausgesprochen. Siehe dazu das „Material zum 13. August 1961", in: AdsD, WBA, A 6, 76.

3 Vgl. Nr. 66.

4 Im Entwurf hatte es geheißen: „ist das letzte Band der gemeinsamen Verwaltung zerrissen". „Reste" einer Vier-Mächte-Verwaltung gab es weiterhin, so bei der gemeinsamen alliierten Verwaltung des Spandauer Kriegsverbrechergefängnisses und der alliierten Luftsicherheitszentrale.

5 Im Entwurf hs. eingefügt. Am 16. August 1961, also drei Tage nach dem Beginn

der Absperrmaßnahmen, reagierten die Regierungen der USA, Großbritanniens und Frankreichs. Sie ließen in Moskau eine Protestnote übergeben. Zuvor hatten am 15. August 1961 die drei westalliierten Stadtkommandanten beim sowjetischen Stadtkommandanten in Ostberlin protestiert.

6   Während der Tagung der Vier-Mächte-Arbeitsgruppe und der anschließenden westlichen Außenministerkonferenz vom 5./6. August 1961 in Paris wurde über eventuelle Gegenmaßnahmen bei einer angenommenen Blockade Westberlins gesprochen. Es wurde auch diskutiert, „was geschehen solle, wenn an der Berliner Stadtgrenze oder an der Sektorengrenze von den Sowjets etwas unternommen würde". Vermerk vom 23. November 1961, in: LAB, B Rep 002/12292 I. Zu den Vorarbeiten der Vier-Mächte-Arbeitsgruppe siehe auch das Schreiben von Senator Klein an Brandt vom 22. Juni 1961, in: LAB, B Rep 002/7993b.

7   Hiermit waren Überlegungen Brandts für die Einberufung einer internationalen Friedenskonferenz und das Wiederaufgreifen der aus dem Jahre 1960 stammenden Idee einer Volksabstimmung in Westberlin und der Bundesrepublik gemeint. Zu Brandts Vorschlag für eine große Friedenskonferenz mit allen Kriegsgegnern Deutschlands vom Juli 1961 vgl. *Schmidt* 2001, S. 380–387. Zur Idee einer Volksabstimmung vgl. Nr. 54, 56, 68 und 72.

8   In der Fernschreibfassung fehlt „gez.".

Nr. 68

1   Vorlage ist eine nicht unterzeichnete Abschrift des auf den 15. August 1961 datierten Schreibens, das erstmals bereits am 19. August 1961 aufgrund einer Indiskretion in der *Frankfurter Allgemeinen Zeitung* veröffentlicht wurde. Das seither mehrfach publizierte Dokument ist meist auf den 16. August 1961 datiert. Vgl. z. B. *Prowe, Diethelm:* Der Brief Kennedys an Brandt vom 18. August 1961. Eine zentrale Quelle zur Berliner Mauer und der Entstehung der Brandtschen Ostpolitik, in: *Vierteljahrshefte für Zeitgeschichte* 33 (1985), 2, S. 373–383, hier S. 380–382. Die unterschiedliche Datierung erklärt sich aus der Tatsache, dass das Schreiben am 15. August konzipiert, tags darauf niedergeschrieben und dem amerikanischen Gesandten Lightner zur Übermittlung übergeben wurde, aber auf den 15. August datiert blieb. Lightner sandte den Brief noch am 16. August in einer „informellen Übersetzung" nach Washington. Vgl. FRUS 1961–1963, Vol. XIV: Berlin Crisis 1961–1962, Washington D. C. 1994, S. 345 f. Präsident Kennedy sprach in seinem Antwortschreiben von Brandts „Brief vom 16. August 1961". Vgl. ebd., S. 352 f. Das Schreiben Brandts an Kennedy wurde am 17. August 1961 um 11.39 Uhr per Fernschreiben durch Senator Günter Klein zur Information an die Bundesregierung nach Bonn übermittelt. Siehe AdsD, WBA, A 6, 126.

2   Die drei westalliierten Stadtkommandanten protestierten erst am 15. August 1961 beim sowjetischen Stadtkommandanten in Ostberlin gegen die Absperrmaßnahmen.

3   Gemeint sind die „Three Essentials" für die Sicherheit Westberlins, wie sie zuletzt von Präsident Kennedy am 25. Juli 1961 in einer Rede an das amerikanische Volk formuliert worden waren. Vgl. DzD IV, Bd. 6: 1. Januar bis 11. August 1961, bearb. von *Rainer Salzmann*, Frankfurt/Main 1975, S. 1348–1356.

4   Die Forderung nach einem „Drei-Mächte-Status" für Westberlin erregte sofort Aufsehen. Die *FAZ* überschrieb ihren Artikel, in dem sie das Schreiben Brandts an Kennedy veröffentlichte, mit der Schlagzeile: „Brandt fordert Drei-Mächte-Status für

Berlin". Präsident Kennedy lehnte diesen Vorschlag in seinem Antwortschreiben an Brandt ab. Im SPD-Parteivorstand löste die Formulierung in der Sitzung am 22. August 1961 kritische Nachfragen von Helmut Schmidt aus. Heinrich Albertz erklärte daraufhin, die Formulierung sei ein Irrtum: „In dem Brief hieß es ‚3-Mächtestatus proklamieren', es sollte aber heißen ‚3-Mächtestatus praktizieren'. In der Eile und der turbulenten Situation sei bedauerlicher Weise dieser Fehler unterlaufen. Brandt habe aber in seinen nachfolgenden Reden dazu Stellung genommen und diesen Passus so interpretiert, wie er gemeint war." Sitzung des SPD-Parteivorstands vom 22. August 1961, in: AdsD, SPD-PV, PV Protokolle 1961.

5   Diesem Vorschlag stimmte Kennedy zu.

6   Dies lehnte der amerikanische Präsident zu diesem Zeitpunkt ab, meinte aber, der Vorschlag solle immer wieder geprüft werden.

7   Dieser Idee folgte Kennedy. Vgl. Einleitung.

8   Die Abschrift ist nicht unterzeichnet. In der vom Gesandten Lightner nach Washington übersandten „informellen Übersetzung" war das Schreiben unterzeichnet mit „Your Willy Brandt". Die Bundesregierung war über den Brief Brandts an Kennedy verstimmt. Das Schreiben gelangte, wie die *Neue Zürcher Zeitung* schrieb, „vermutlich aber aus Motiven, die mit dem Wahlkampf zu tun haben", in die *FAZ*. Vgl. „Polemik um Brandts Brief an Kennedy", in: *Neue Zürcher Zeitung* vom 20. August 1961.

Nr. 69

1   Vorlage für das hier abgedruckte Dokument ist die dritte von drei Ausfertigungen des geheimen Schreibens Brandts in englischer Sprache. Es war bereits vor dem 13. August 1961 entworfen worden und sollte, wie Bahr dem indischen Generalkonsul in Berlin mitteilte, Nehru am Vorabend der Belgrader Konferenz der Blockfreien (vgl. Anm. 2) über die sich zuspitzende Situation in Berlin informieren. Die Ereignisse des 13. August waren Anlass zu einer Aktualisierung des Entwurfs. Siehe dazu Brandts Vermerk vom 7. August 1961, Bahrs Vermerk vom 14. August 1961 sowie den Entwurf des Schreibens in: LAB, B Rep 002/7993 b. Brandt hatte den indischen Premierminister Nehru erstmals auf seiner Asienreise im März 1959 in Neu Delhi getroffen. Siehe den Vermerk Brandts über seine Asienreise vom 18. Februar bis 6. März 1959, in: AdsD, WBA, A 6, 91. Am 6. Mai 1960 traf Brandt Nehru ein weiteres Mal in London, nachdem er ihn zuvor im Vorfeld der in Paris geplanten Gipfelkonferenz über seine Sicht des Status von Berlin brieflich informiert hatte. Siehe Brandts Schreiben an Nehru vom 28. April 1960, in: LAB, B Rep 002/7993 a, und den Vermerk Brandts vom 7. Mai 1960 über sein Treffen mit Nehru, in: AdsD, WBA, A 6, 173.

2   Vom 1. bis 6. September 1961 kamen in der jugoslawischen Hauptstadt Belgrad die Vertreter von 25 Staaten zu einer Konferenz der Blockfreien zusammen. Auf der Tagesordnung standen auch die Deutschland- und die Berlin-Frage. Die Konferenz verabschiedete eine 27-Punkte-Erklärung, in der u. a. die Großmächte zur Lösung dieser Fragen ohne Gewalt und Gewaltandrohung aufgefordert wurden. Vgl. AdG 31 (1961), S. 9320.

3   Der indische Generalkonsul in Berlin hatte Brandt zu dem Schreiben an Nehru durch Bahr ermuntern lassen. Tito und Nasser kämen zu der Konferenz bereits mit einer „festen Meinung", die anderen Staatsmänner seien „sicher uninformiert und unfestgelegt". „Deutschland würde in Nehru

seinen einzigen Fürsprecher haben." Vermerk Bahrs vom 14. August 1961, in: LAB, B Rep 002/7993 b.

4 Die folgenden Absätze waren bereits in nur leicht abweichender Form in dem vor dem 13. August geschriebenen Entwurf (Anm. 1) zu finden. Das betrifft auch den in dem Schreiben Brandts an Kennedy vom 15. August 1961 enthaltenen Vorschlag, die Berlin-Frage vor die Vereinten Nationen zu bringen, und seine Anregung, eine große Konferenz der früheren Kriegsgegner Deutschlands durchzuführen.

5 Vgl. *Schmidt* 2001, S. 380–385 und Nr. 67, Anm. 7.

6 Nehru dankte in seinem Antwortschreiben für die Informationen über die Berlin-Krise. Es sei wünschenswert, dass die beiden Deutschlands vereinigt würden. Dieses Problem müsse aber von den Großmächten gelöst werden. Der Wortlaut des Briefes von Nehru an Brandt vom 22. August 1961 in: LAB, B Rep 002/7993 b. Bahr teilte dem indischen Generalkonsul in Berlin mit, dass die in der Presse gemeldete Bereitschaft Nehrus, „seine Dienste als Vermittler in der Berlin-Frage anzubieten", in Berlin begrüßt werde. Vermerk Bahrs vom 23. August 1961, in: LAB, B Rep 002/7993 b.

7 Die dem Abdruck zugrunde liegende Durchschrift ist nicht unterzeichnet.

Nr. 70

1 Der geheime Vermerk Brandts über den Besuch des amerikanischen Vizepräsidenten Johnson am 19./20. August 1961 in Berlin wurde in drei Exemplaren ausgefertigt. Senator Klein übermittelte den Vermerk auf Bitten Brandts der Bundesregierung. Das Anschreiben Kleins vom 22. August 1961 und der angehängte Vermerk in: AdsD, WBA, A 6, 75. Über seine Gespräche mit Adenauer in Bonn und mit Brandt in Berlin berichtete Johnson anschließend Präsident Kennedy. Vgl. dazu FRUS 1961–1963, Vol. XIV, S. 354 ff.

2 Vizepräsident Johnson führte am 19. August 1961 zunächst Gespräche mit Bundeskanzler Adenauer in Bonn und flog erst am späten Nachmittag nach Berlin, wo um 18.30 Uhr die Kundgebung vor dem Rathaus Schöneberg beginnen sollte.

3 Zu den Entscheidungen Präsident Kennedys vgl. FRUS 1961–1963, Vol. XIV, S. 347 ff.

4 Vgl. dazu Nr. 68.

5 Der Wortlaut der Rede Brandts vor dem Rathaus Schöneberg in: *Pressedienst des Landes Berlin* vom 16. August 1961, Anhang; der Wortlaut der Rede Brandts vor dem Bundestag in: Verhandlungen des Deutschen Bundestages, 3. Wahlperiode, S. 9773 ff.; siehe die Entwürfe in: AdsD, WBA, A 6, Exponatenbox.

6 Im Juli 1961 forderte der tunesische Staatspräsident Bourguiba die Rückgabe des französisch besetzten Bizerta an Tunesien. Es kam zu gewalttätigen Demonstrationen und Kämpfen und zur Anrufung der UNO. Die von der UNO angeregten Verhandlungen führten erst im Oktober 1963 zu einem Erfolg für Tunesien.

7 Am 11. August 1961 fand in Bonn bei Außenminister von Brentano eine Besprechung statt, an der auch der Regierende Bürgermeister Brandt teilnahm. Siehe dazu „Materialien zum 13. August 1961", in: AdsD, WBA, A 6, 76.

8 Präsident Kennedy sprach in dem Zusammenhang nicht von „vermutlich".

9 Ulbricht hielt am 18. August 1961 eine im Rundfunk und im Fernsehen übertragene Rede. Wortlaut dieser Rede in: DzD IV/7 (1961), S. 115 ff.

10 Im Bericht von Vizepräsident Johnson (Anm. 1) hieß es dazu: „The moral of West Berlin, badly shaken and nervous, has now

been restored. As important as the presence of our mission in the restoration of German respect for and confidence in American policy was the arrival of the American troops."
11   Die Durchschrift ist nicht unterzeichnet.

Nr. 71

1   Außenminister von Brentano hatte in seinem geheimen Schreiben an Brandt vom 8. September 1961 zunächst moniert, dass der Brief Brandts an Kennedy vom 15. August 1961 „ohne Abstimmung mit der Bundesregierung abgesandt wurde". Danach kritisierte er vor allem die Ausführungen des Regierenden Bürgermeisters zum Drei-Mächte-Status. Von Brentano räumte immerhin ein, dass Brandt für die Veröffentlichung des Briefes „wohl nicht die Verantwortung" trage. Er bestritt Brandt nicht das Recht, „sich mit bestimmten und konkreten Anliegen an die Repräsentanten der drei Westmächte in Berlin zu wenden". Aber dem Berliner Senat und dem Regierenden Bürgermeister stehe „eine eigene von der Bundesrepublik unabhängige aussenpolitische Kompetenz nicht zu". Der Brief an Kennedy sei ein „aussenpolitisch so bedeutsames Schreiben", das auch durch eine kritische politische Situation wie unmittelbar nach dem 13. August nicht zu rechtfertigen sei. Das betreffe im Übrigen auch den Brief Brandts an den indischen Premierminister Nehru vom 17. August 1961. Siehe das Schreiben von Brentanos an Brandt vom 8. September 1961, in: AdsD, WBA, A 6, 173.

2   Vgl. Nr. 68.

3   Am 16. August 1961 war Bundeskanzler Adenauer mit dem sowjetischen Botschafter Smirnow in Bonn zusammengetroffen. Brandt zitiert aus der anschließend veröffentlichten Erklärung zu dem Gespräch. Vgl. DzD, IV/7 (1961), S. 48.

4   Vgl. Nr. 68, Anm. 4.

5   Gemeint sind die Noten der Sowjetunion, die am 27. November 1958 den drei westlichen Großmächten, der Bundesregierung und der DDR übergeben wurden und die Berlin-Krise auslösten. Vgl. Einleitung und Nr. 42.

6   Zur Frage der Einbeziehung Berlins in die deutsch-sowjetischen Abkommen von 1958 vgl. Nr. 39 und Einleitung, Anm. 134.

7   Siehe dazu „Vermutungen zum Briefwechsel Brandt-Kennedy", in: *Frankfurter Allgemeine Zeitung* vom 23. August 1961, und „Senat erstattet Anzeige wegen Geheimnisverrats", in: *Rheinische Zeitung* vom 21. August 1961.

8   Hs. eingefügt. Die „Geheim" gestempelte Durchschrift ist nicht unterzeichnet.

Nr. 72

1   Adenauer, der am 7. November 1961 erneut zum Bundeskanzler gewählt worden war, reiste vom 20. bis 22. November 1961 zu einem „Arbeitsbesuch" in die USA.

2   Vgl. Nr. 71.

3   Brandt bezieht sich auf sein „Memorandum" über die Gespräche mit einflussreichen Persönlichkeiten in den USA vom 11. Oktober 1961, das er der Bundesregierung übermittelt hatte. Vgl. Einleitung.

4   Am 11. November 1961 notierte Bahr in einem Vermerk für Brandt, dass nach Hinweis eines Journalisten von der *Süddeutschen Zeitung* der designierte Außenminister Schröder erklärt habe, „daß Berlin im Grunde eine verlorene Sache sei [...]. Ähnliche Äußerungen von Strauß laufen in Bonn um. Strauß habe dem Sinn nach gesagt, Berlin sei eine Schwächung der westlichen Verteidigungsposition. Seine Aufgabe würde den Westen stärken." Vermerk Bahrs vom 11. November 1961 in: AdsD, Dep. Bahr, 1/EBAA 000134.

5 Die Frage einer Volksabstimmung spielte schon im Frühjahr 1960 eine Rolle. Vgl. Nr. 56. Brandt hatte den Gedanken in seinem Brief an Kennedy vom 15. August 1961 wieder aufgegriffen und fand dafür den Beifall des amerikanischen Präsidenten. Während des Treffens der westlichen Außenminister vom 12. bis 16. September 1961 in Washington war die Frage einer Volksabstimmung in Westberlin Thema der Diskussion.

6 Gemeint sind Überlegungen, das Hauptquartier der Vereinten Nationen nach Berlin zu verlegen. Sie waren beim Außenministertreffen im September 1961 in Washington zur Sprache gekommen.

7 Vgl. Nr. 67, Anm. 7.

8 Brandt spielt damit auf die zahlreichen vertraulichen Gespräche mit dem amerikanischen Botschafter Dowling und dem Sonderbotschafter Kennedys in Berlin, Clay, an, vor allem aber auf das lange Telefongespräch mit Präsident Kennedy während seines kurzen Aufenthalts in den USA Anfang Oktober 1961. Siehe die hs. Vermerke Brandts über das Gespräch mit Dowling vom 30. September 1961, über seine Gespräche mit Clay vom 1., 9., 19. und 29. Oktober 1961 sowie über das Gespräch mit Kennedy vom 7. Oktober 1961, in: AdsD, WBA, A 6, 71.

9 Die Durchschrift ist nicht unterzeichnet.

Nr. 73

1 Bundeskanzler Adenauer hatte vom 20. bis 22. November 1961 die USA besucht. Von den Gesprächen mit Präsident Kennedy hatte sich Adenauer die Wiederherstellung einer einheitlichen westlichen Auffassung in der Berlin-Frage erhofft. In der Unterredung mit Brandt wollte der Kanzler über die Ergebnisse seiner Reise informieren.

2 Adenauer und Kennedy hatten sich bei ihren Gesprächen in Washington überraschend darauf verständigt, Verhandlungen mit der Sowjetunion allein auf das Thema Berlin zu beschränken. Dagegen waren von Brandt auch öffentlich schwere Bedenken geäußert worden. Vgl. *Schmidt* 2001, S. 416 f.

3 Die Erklärung Brandts vom 6. Dezember 1961 in: DzD IV/7 (1961), S. 1033 ff.

4 1961 wurde Adolf Eichmann, dem Leiter des Judenreferats des Reichssicherheitshauptamtes von 1939 bis 1945, unter großer Anteilnahme der internationalen Öffentlichkeit in Jerusalem der Prozess gemacht. Er wurde am 15. Dezember 1961 zum Tode verurteilt und am 1. Juni 1962 hingerichtet.

5 Bundeskanzler Adenauer traf am 9. Dezember 1961 in Paris mit dem französischen Staatspräsidenten de Gaulle zu Gesprächen zusammen. De Gaulle lehnte zu diesem Zeitpunkt Verhandlungen mit der Sowjetunion ab. Vgl. *Adenauer* 1968, S. 120 ff.

6 Der deutsche Botschafter in Moskau, Hans Kroll, hatte am 9. November 1961 den sowjetischen Ministerpräsidenten Chruschtschow aufgesucht und ihm „Gedanken und Anregungen" vorgetragen, die von der Bundesregierung nicht autorisiert waren und die im September 1962 zur Ablösung des Botschafters führten. Vgl. *Kroll, Hans:* Lebenserinnerungen eines deutschen Botschafters, Köln und Berlin 1967, S. 525 ff. Eine ausführlichere kritische Darstellung bei *Grewe, Wilhelm:* Rückblenden 1976–1951, Aufzeichnungen eines Augenzeugen deutscher Außenpolitik. Von Adenauer bis Schmidt, Frankfurt/Main 1979, S. 516 ff.

7 Bundeskanzler Adenauer informierte Präsident Kennedy in einem geheimen Brief über sein Treffen mit dem sowjetischen

Botschafter Smirnow am 6. Dezember 1961. Darin heißt es: „Herr Smirnow erklärte daraufhin, daß die Sowjetunion keine einseitige Berlin-Lösung wolle, da sie wisse, daß internationale Probleme nicht einseitig gelöst werden könnten. [...] In Berlin wolle die Sowjetregierung eigentlich nichts ändern". Schreiben Adenauers an Kennedy vom 7. Dezember 1961, in: StBKAH III/4.

8   Hs. paraphiert.

Nr. 74

1   Günter Klein hatte in einem kurzen formellen Schreiben Brandt ein „glückliches Jahr 1962" gewünscht und zugleich mitgeteilt, dass wegen einer bevorstehenden Reise „zurzeit keine Möglichkeit für eine evtl. persönliche Begegnung" bestehe. Das Schreiben Kleins an Brandt vom 31. Dezember 1961 findet sich in: AdsD, WBA, A 6, 164.

2   Klein hatte sich gegenüber Berliner Parteifreunden kritisch über das Verhalten Brandts im Zusammenhang mit seiner Verabschiedung geäußert. Er betonte aber später in einem Schreiben an Brandt, dass sich seine Kritik „auf das ‚Wie' und nicht auf das ‚Ob' meiner Verabschiedung" bezogen habe. Das Schreiben Kleins an Brandt vom 7. Januar 1962 in: AdsD, WBA, A 6, 164.

3   Klein war am Tag der Bundestagswahl am 17. September 1961 vom Berliner Abgeordnetenhaus zum Bundestagsabgeordneten gewählt worden. Brandt hatte seine Nominierung innerhalb der Partei unterstützt. Beide einigten sich, dass Klein seine Funktion als Senator noch bis zum Jahresende wahrnehmen sollte. Klein bat darüber hinaus um Unterstützung für seinen Wunsch, von der SPD-Fraktion für den Auswärtigen Ausschuss des Bundestages nominiert zu werden. Brandt kam dieser Bitte sofort nach. Siehe das Schreiben Kleins an Brandt vom 20. Oktober 1961, und Brandts Schreiben an Klein vom 27. Oktober 1961, in: AdsD, WBA, A 6, 164.

4   Brandt hatte Klein am 24. November 1961 mitgeteilt, dass er „nach reiflicher Überlegung" Klaus Schütz als künftigen Senator für Bundesangelegenheiten vorschlagen werde. Klein erwiderte nur wenig später, dass er die Nominierung von Schütz weiterhin nicht begrüße. Dennoch werde er natürlich die Amtsübergabe so gestalten, dass die Kontinuität gewahrt bleibe. Brandts Schreiben an Klein vom 24. November 1961 und Kleins Schreiben an Brandt vom 29. November 1961 in: AdsD, WBA, A 6, 164.

5   Vgl. dazu auch Nr. 57, Anm. 4.

6   In seiner Erwiderung zwei Tage später listete Klein noch einmal alles auf, was aus seiner Sicht zum Zerwürfnis mit Brandt beigetragen habe; er schloss aber versöhnlich. Der folgende Briefwechsel zwischen Brandt und dem schwerkranken Klein zeigt, dass es sich um eine wechselseitige Versöhnung handelte.

7   Hs. paraphiert.

Nr. 75

1   Das Gespräch Brandts mit den Journalisten Peter Merseburger und Hans-Dieter Jaene wurde im Rathaus Schöneberg geführt.

2   Die erste Frage bezieht sich auf die Rede des SPD-Landesvorsitzenden Brandt auf dem Berliner Landesparteitag am 2. Dezember 1961. Zur Berliner Mauer hatte er gesagt: „Wir werden hier in dieser Stadt nicht auf lange Sicht diese Mauer ertragen können. Wir werden uns nicht damit abfinden, daß das Schlagwort ‚die Mauer muß weg' ein gleiches Schlagwort wird wie das von der Wiedervereinigung Deutschlands."

Der Wortlaut der Rede in: AdsD, SPD-LV Berlin, 3/BEAB 000392.
3 Vgl. Nr. 73.
4 Am 16. November 1961 hatte der Senat der Alliierten Kommandantur und der Bundesregierung vorgeschlagen, unter Einschaltung des Deutschen Roten Kreuzes und eines Senatsbeauftragten für die Regelung technischer Fragen Kontakt mit der anderen Seite aufzunehmen, um mit Hilfe von Passierscheinen Verwandtenbesuche in Ost- oder Westberlin zu ermöglichen. Für diesen Vorschlag setzte sich der amerikanische Stadtkommandant, Watson, bei seinem sowjetischen Amtskollegen am 24. November 1961 ein. Dies blieb aber ebenso erfolglos wie ein Fernschreiben des DRK an den Ost-Berliner Polizeipräsidenten Eikemeier am 1. Dezember 1961. Der Vorschlag wurde am 12. Dezember 1961 vom SED-Politbüro mit der Begründung abgelehnt, derartige Regelungen könnten nur durch Verhandlungen seitens des Westberliner Senats mit der Regierung der DDR erfolgen. Diese Entscheidung teilte Eikemeier dem DRK zwei Tage später mit. Vgl. *Kunze, Gerhard:* Grenzerfahrungen. Kontakte und Verhandlungen zwischen dem Land Berlin und der DDR, Berlin 1999, S. 49. Nach der Absage aus Ostberlin unterrichtete der Senat die Öffentlichkeit über das Ergebnis seiner Bemühungen. Am 16. Dezember 1961 erklärte der Regierende Bürgermeister Brandt in einer Rundfunk- und Fernsehrede, dass der Berliner Senat mit Zustimmung der Westalliierten dem Ostberliner Magistrat „Verhandlungen über Passierscheine" angeboten habe. Vgl. *Pressedienst des Landes Berlin* vom 18. Dezember 1961. Zum Vorschlag des Berliner Senats vgl. *Pressedienst des Landes Berlin* vom 15. Dezember 1961.
5 In der ausgelassenen Passage geht Brandt auf die wenig ermutigenden Reaktionen aus Ostberlin ein.

6 Vgl. Anm. 4.
7 Im Folgenden erörtert Brandt die Probleme von möglichen Verhandlungen mit der DDR-Regierung und die Rolle der Sowjetunion dabei.
8 Vgl. Nr. 73.
9 Nach seinem Besuch in den USA im Oktober 1961 hatte Brandt über seine Gespräche u. a. mit Präsident Kennedy ein „Memorandum" als Information für die Bundesregierung verfasst. Vgl. Einleitung und Nr. 72, Anm. 3.
10 In diesem Abschnitt des Interviews geht Brandt auf die verschiedenen Vorstellungen über mögliche Verhandlungen zur Berlin-Frage ein. Er nennt sie „reichlich nebulos".
11 An dieser Stelle ausgelassen wird eine Passage, in der Brandt die sozialen und wirtschaftlichen Probleme Westberlins beschreibt.

Nr. 76
1 Das Dokument ist ein ms., nicht gezeichneter Vermerk mit einer hs. Ergänzung am Schluss. Auf der ersten Seite oben heißt es: „zusätzlich anwesend Senator Schütz". Daneben ist die Paraphe „Br[andt]" zu lesen. Der Vermerk ist offenbar von Senator Schütz verfasst worden.
2 Bundeskanzler Adenauer hielt bei einer Feierstunde am 17. Juni 1962 in Berlin eine Rede zum Gedenken an den Juni-Aufstand 1953. Anschließend sprach er im Beisein des Fraktionsvorsitzenden der CDU/ CSU, von Brentano, mit dem Regierenden Bürgermeister in dessen Arbeitszimmer im Rathaus Schöneberg. Das Gespräch wurde am 19. Juni 1962 im Beisein von Senator Schütz in Bonn fortgesetzt. Brandt erinnerte sich später an die Brisanz der erörterten Themen, datierte die Unterredung aber im Rückblick fälschlicherweise auf das Jahr

1963. Vgl. *Brandt* 1976, S. 64 f. Fast wortgleich, einschließlich der falschen Datierung, auch in: *Brandt* 1994, S. 48 f. Die Formulierungen im Vermerk legen nahe, dass Adenauer die brisanten Ausführungen zur Hallstein-Doktrin bereits am 17. Juni 1962 gemacht hat, sie am 19. Juni 1962 nicht wiederholte und Senator Schütz den Inhalt beider Gespräche in einem Vermerk zusammenfasste.

3   Der Außenminister der USA, Rusk, besuchte auf seiner Europa-Reise vom 18. bis 28. Juni 1962 auch Bonn und Berlin. Am 21. Juni 1962 sprach er in Berlin mit Brandt. Zum Verlauf des Gesprächs vgl. FRUS 1961–1963, Vol. XV: Berlin Crisis 1962–1963, Washington D.C. 1994, S. 189 ff.

4   Die vom Leiter der Politischen Abteilung im Auswärtigen Amt, Walter Grewe, Mitte September 1955 formulierte und von Bundeskanzler Adenauer am 22. September 1955 im Bundestag öffentlich gemachte Doktrin besagte, dass die Aufnahme diplomatischer Beziehungen mit der DDR durch Drittstaaten von der Bundesrepublik Deutschland als ein unfreundlicher Akt angesehen würde, der Sanktionen bis hin zum Abbruch der Beziehungen zu diesen Staaten zur Folge haben könne. Die Doktrin zielte auf die völkerrechtliche Isolierung der DDR, engte aber den diplomatischen Spielraum der Bundesrepublik zunehmend ein. Am 19. Oktober 1957 kam es erstmals zur Anwendung der Doktrin: Die Bundesrepublik brach die diplomatischen Beziehungen zu Jugoslawien ab. Zur Entstehung und zur Verknüpfung der Doktrin mit dem Namen des Staatssekretärs im Auswärtigen Amt, Walter Hallstein, vgl. *Grewe* 1979, S. 251 ff.

5   Gemeint sind die am 6. November 1962 stattfindenden „Halbzeit-Wahlen" in den USA, bei denen zwei Jahre nach den Präsidentschaftswahlen die Abgeordneten des Repräsentantenhauses, ein Drittel der Senatoren und ein großer Teil der Gouverneure neu gewählt werden.

6   Gemeint sind Überlegungen, eine „Internationale Zugangsbehörde" zu schaffen, die den Verkehr von und nach Berlin regeln und beaufsichtigen sollte.

7   Vom 8. bis zum 14. September 1955 besuchte Bundeskanzler Adenauer Moskau. Am Ende der Verhandlungen mit der sowjetischen Regierung stand die Aufnahme diplomatischer Beziehungen zwischen der Bundesrepublik und der Sowjetunion. Die Sowjetunion sicherte die baldige Rückkehr der letzten in der Sowjetunion verbliebenen Kriegsgefangenen zu. In einem einseitigen Vorbehalt erklärte die Bundesregierung, dass die Aufnahme diplomatischer Beziehungen nicht den Anspruch der Bundesrepublik beeinträchtige, Deutschland allein zu vertreten (Alleinvertretungsanspruch).

8   Vom 5. bis 13. Juli 1962 fand in Berlin der 7. Weltkongress des Internationalen Bundes Freier Gewerkschaften statt, an dem auch führende Vertreter der Gewerkschaften der USA teilnehmen sollten.

9   Von Brandt hs. hinzugefügt. Es war der Wunsch von Brandt und Schütz, eine „Ständige Arbeitsgruppe Berlin-Bonn" zu bilden, „damit auf verantwortlicher Ebene alle Berlin betreffenden Fragen regelmäßig erörtert werden können". Siehe dazu Brandts Schreiben an Schröder vom 25. Mai 1962, in: AdsD, WBA, A 6, 72.

Nr. 77

1   Brandt machte vom 12. Juli bis 12. August 1962 Ferien in Norwegen.

2   Gemeint ist ein „separater" Friedensvertrag mit der DDR, den die Sowjetunion seit Ende 1958 immer wieder angedroht hatte, um Verhandlungen über den Status

von (West-)Berlin und damit auch über die Zugangswege nach Berlin zu erzwingen.

3   Mattick erwiderte Anfang August 1962, er habe schon gehört, „daß Dich der Fall Kressmann auch im Urlaub nicht in Ruhe läßt". Er wolle Brandt dringend sprechen und bleibe deshalb bis zum 13. August noch in Berlin. Siehe das Schreiben Matticks an Brandt vom 7. August 1962, in: AdsD, NL Mattick, 29.

4   Am 8. September 1962 fand in Berlin-Kladow eine Klausurtagung der Berliner SPD-Führungsgremien statt, an der neben den Mitgliedern des Landesvorstands und des Landesausschusses auch die Berliner SPD-Bundestagsabgeordneten, die SPD-Fraktion des Berliner Abgeordnetenhauses und die SPD-Senatoren teilnahmen. Auf der Tagung referierte Brandt zu allen drei in seinem Schreiben an Mattick notierten Aspekten. Siehe das Manuskript der Rede Brandts vom 8. September 1962, in: AdsD, WBA, A 6, 142.

5   Der SPD-Bezirksbürgermeister von Berlin-Kreuzberg, Willy Kressmann, hatte sich während einer Reise in die USA bei einer Pressekonferenz am 5. Juni 1962 in New York zur aktuellen politischen Situation in der geteilten Stadt kritisch geäußert. Die von der Presse darüber verbreiteten Berichte erregten großen Unmut in Westberlin. Kressmann sollte aus der SPD ausgeschlossen werden. Vgl. Einleitung. Brandt musste in Norwegen zur Kenntnis nehmen, dass die „Kressmann-Affäre" – vor allem die Disziplinarmaßnahmen der SPD – mehr Staub aufwirbelten, als er bei seiner Abreise in die Ferien angenommen hatte. Darüber hinaus hatte er inzwischen erfahren, was von Kressmann in New York tatsächlich gesagt worden war und dass die Presse dessen Äußerungen falsch wiedergegeben hatte. Zu der Affäre und ihrem Ausgang Ende des Jahres 1962 siehe auch die Materialien, in: LAB, NL Kressmann, E Rep 200-88, 127.

6   Kressmann sollte nach dem Willen der Berliner SPD auch als Bezirksbürgermeister abgewählt werden. Die dazu am 11. Juli 1962 tagende Kreisdelegiertenversammlung der SPD Kreuzberg beschloss jedoch mit knapper Mehrheit (79:75), das geplante Verfahren zur Abberufung solange auszusetzen, bis das laufende Parteiordnungsverfahren abgeschlossen sein würde. Vgl. „Die lange Nacht am Halleschen Ufer", in: *Der Abend* vom 12. Juni 1962. Die Abwahl Kressmanns erfolgte schließlich im November 1962.

7   Vgl. u. a. „Scharfe Sprache gegen Kressmann", in: *Der Tagesspiegel* vom 7. Juni 1962, und „Der Mann, von dem Berlin spricht", in: *Kurier* vom 14. Juni 1962.

8   Der populäre „Texas-Willy" (Kressmann war Ehrenbürger von Texas) hatte 1957 kurzfristig mit dem Gedanken gespielt, gegen Brandt als Regierender Bürgermeister zu kandidieren.

9   Gemeint ist der 7. Weltkongress des Internationalen Bundes Freier Gewerkschaften, der vom 5. bis 13. Juli 1962 in Berlin tagte. Mit den „englischen ‚Linken'" meint Brandt Parlamentsabgeordnete der britischen Labour Party, die wie Konni Zilliacus die DDR besuchten und sich dort in die Propaganda der DDR gegen Brandt einspannen ließen. Vgl. Nr. 47.

10   Die politischen Differenzen zwischen Brandt und Kressmann waren gleichwohl nicht sehr groß, wie der Regierende Bürgermeister inzwischen schon erfahren hatte. Vgl. Anm. 5. Brandt nahm jedoch weiterhin daran Anstoß, dass Kressmann öffentlich zu Problemen Stellung nahm, die eine sensible Behandlung verlangten. Vgl. Einleitung.

11   Mitglieder der Arbeitsgemeinschaft der „Politisch und Rassisch Verfolgten" in der SPD hatten zusammen mit der „Inter-

nationalen Liga für Menschenrechte" und dem „Sozialistischen Deutschen Studentenbund" (SDS) während der Kreisdelegiertenversammlung der SPD Kreuzberg gegen die beabsichtigte Abwahl von Kressmann protestiert. Fischer war ein früherer Innensenator und FDP-Abgeordneter, der 1962 eine Christlich Nationale Partei gegründet hatte. Er hatte sich 1958 an Diffamierungen gegen Brandt beteiligt. Vgl. Nr. 30, Anm. 8, und Nr. 34, Anm. 3.

12   Die Äußerung von Foy Kohler, der im Außenministerium der USA tätig und seit August 1962 Botschafter der USA in Moskau war, konnte nicht ermittelt werden.

13   Gemeint ist das Mitglied des SPD-Landesvorstandes Eberhard Hesse.

Nr. 78

1   Am 17. August 1962 traf Bundeskanzler Adenauer den Regierenden Bürgermeister Brandt zu einem Gespräch, an dem auch Bundesminister Krone, Staatssekretär Globke und Senator Schütz teilnahmen. Am Ende des Gesprächs kündigte Brandt an, die „aufgeworfenen Fragen noch einmal in Form eines Briefes an den Bundeskanzler zu behandeln". Zum Gesprächsverlauf und zum Zitat siehe „Vermerk über das Gespräch", in: AdsD, WBA, A 6, 72. Zu dem hier abgedruckten Schreiben, der das Gespräch vom 17. August 1962 zusammenfassen, zugleich aber die Vorstellungen Brandts noch einmal zuspitzen sollte, liegen mehrere Entwürfe vor. In einem hs. Vermerk für den Senator Schütz stellte Brandt die ihm wichtig erscheinenden Punkte zusammen. Die Gliederung des Briefes folgte dieser Vorgabe. Senator Schütz machte am 19. August 1962 einen ersten Entwurf, der mehrfach, auch durch hs. Einfügungen Brandts, überarbeitet und dadurch immer länger wurde. „Sen. Schütz. Punkte für den Brief an Ad[enauer]" und „Entwurf eines Briefes" in: AdsD, WBA, A 6, 72. Entwurf vom 21. August 1962 und hs. Einschübe vom 22. August 1962, in: LAB, B Rep 002/7965 a.

2   „Eventual-Planung" (contingency planning) meint die Überlegungen einer Arbeitsgruppe (bestehend aus Vertretern/ Botschaftern der drei Westalliierten und dem deutschen Botschafter in Washington), wie auf eventuelle Maßnahmen der Sowjetunion oder der DDR gegen den Status von Berlin zu reagieren sei. Die Arbeitsgruppe bereitete für den Fall einer Blockade Berlins ein Bündel von administrativen, wirtschaftlichen und militärischen Gegenmaßnahmen vor.

3   Bei seinem Treffen mit dem Regierenden Bürgermeister Brandt im Juni 1962 in Berlin hatte der amerikanische Außenminister Rusk bestätigt, dass er keinen Fortschritt der Gespräche erkennen könne. Die Gesprächsaufzeichnung in: FRUS 1961–1963, Vol. XV, S. 190.

4   Gemeint ist der Tatbestand, dass die S-Bahn einschließlich des dazu gehörenden Geländes und der Bahnhöfe auch in Westberlin unter der Verwaltung der Ostberliner Reichsbahn stand.

5   Am 17. August 1962 war der Ostberliner Peter Fechter bei einem Fluchtversuch niedergeschossen worden und noch auf Ostberliner Gebiet verblutet, da weder von dort Hilfe kam noch die Westalliierten bereit waren einzugreifen. Vgl. Einleitung und weiter unten.

6   Der ganze Absatz ist im Entwurf (Anm. 1) vom 21. August von Brandt hs. eingefügt worden.

7   Im Entwurf vom 21. August (Anm. 1) sind diese drei Absätze von Brandt hs. eingefügt worden.

8   Von Brandt hs. in den Entwurf (Anm. 1) vom 21. August eingefügt.

9 Die „Eventualfall-Planung" (Anm. 2) sah vor: „militärisch: Blockade, Jagdschutz, Luftbrücke, militärisch gesicherte Konvois auf der Autobahn, Erkundungsmaßnahmen eines Bataillons usw." Siehe die Zusammenstellung der verschiedenen Maßnahmen im Falle einer Unterbrechung der Verbindungswege nach Berlin in einer Aufzeichnung des Leiters des politischen Büros im Bundeskanzleramt, Osterheld, für den Bundeskanzler vom 5. Mai 1962, in: StBKAH III/45.

10 In der Aufzeichnung Osterhelds (Anm. 9) heißt es dazu: „Als nächste einseitige Maßnahme könnte die SBZ den Paß- und Visumszwang für Reisen zwischen der BRD und Westberlin einführen. Standpunkt AA: Paßzwang wird unter Protest hingenommen, gegen Visumszwang werden wirtschaftliche Gegenmaßnahmen (Interzonenhandel) ergriffen".

11 Gemeint ist die unterschiedliche Behandlung von Westberlinern und Westdeutschen beim Übergang nach Ostberlin. Westberliner konnten vom 23. August 1961 bis Weihnachten 1963 Ostberlin nur in wenigen Ausnahmefällen besuchen. Auch danach galten stets bis 1989 unterschiedliche Regelungen.

12 Im Entwurf (Anm. 1) vom 21. August von Brandt hs. korrigiert aus: „ist nicht gut".

13 Von Brandt im Entwurf (Anm. 1) vom 21. August hs. korrigiert aus: „Zugehörigkeit".

14 Der französische Präsident de Gaulle besuchte Anfang September 1962 die Bundesrepublik Deutschland. Ein Besuch in Berlin war, wie auch in den späteren Jahren, nicht vorgesehen. Brandt traf de Gaulle am 7. September 1962 in Bonn zu einem Gespräch unter vier Augen. Der Vermerk über das Gespräch in: AdsD, WBA, A 6, 72.

15 Bundeskanzler Adenauer bedankte sich in einer kurzen Erwiderung für das lange Schreiben Brandts, ohne auf die vielen einzelnen Punkte einzugehen. Lediglich zu der Frage eines „Beratungsgremiums" hieß es: „Auch ich bin der Meinung, dass es in der augenblicklichen Lage nützlich sein kann, die Zusammenarbeit zwischen der Bundesregierung und dem Senat von Berlin zu verbessern." Er habe veranlasst, dass eine Verbindungsstelle geschaffen wird, die „für die Vertreter Berlins Gesprächspartner für alle Berlin berührenden Fragen sein" soll. Im Übrigen kündigte er eine ausführliche Antwort zu einem späteren Zeitpunkt an. Siehe das Schreiben Adenauers an Brandt vom 31. August 1962, in: AdsD, WBA, A 6, 172. Erst nach nochmaliger Mahnung Brandts im November 1962 antwortete Adenauer ausführlich Ende Dezember 1962. Vgl. Nr. 83 und die Antwort Adenauers an Brandt vom 20. Dezember 1962, in: LAB, B Rep 002/7965 a.

16 Die als Vorlage dienende Durchschrift ist nicht unterzeichnet.

Nr. 79

1 Der „streng vertrauliche" von Egon Bahr verfasste Vermerk liegt wortgetreu als Fernschreiben Bahrs an Brandt vom 8. Oktober 1962 vor. Brandt hielt sich an diesem Tage in Bonn auf, um dem Präsidium des SPD-Parteivorstandes über seine USA-Reise zu berichten. Auf amerikanischer Seite zeichnete Carl Kaysen das Gespräch auf. Die Aufzeichnungen des Beraters von Präsident Kennedy weichen zum Teil erheblich vom Vermerk Bahrs ab – darauf wird im Folgenden in wichtigen Passagen des Gesprächs hingewiesen. Beiträge von Hillenbrand und von Knappstein sind anders als bei Kaysen im Vermerk Bahrs nicht notiert, dafür gibt es bei Kaysen nur einen Hinweis auf das Gespräch von Kennedy und Brandt unter vier Augen. Siehe das Fernschreiben vom 8. Oktober 1962 mit dem Vermerk Bahrs, in:

AdsD, WBA, A 6, 72; der Bericht Brandts an das SPD-Präsidium im Protokoll der Sitzung vom 8. Oktober 1962, in: AdsD, SPD-PV, Präsidium Protokolle 1962. Die Aufzeichnungen von Kaysen in: FRUS 1961–1963, Vol. XV, S. 344 ff.

2   Korrigiert aus: „Caysen".

3   Der Regierende Bürgermeister, Brandt, war vom 28. September bis 6. Oktober 1962 in den USA, um am 2. und 3. Oktober auf Einladung der Harvard Universität in Cambridge/Massachusetts zwei Vorlesungen über Fragen der Koexistenz zu halten. Am 4. Oktober 1962 flog Brandt nach Washington, wo er nach Gesprächen mit Victor Reuther und Robert Kennedy am 5. Oktober von Präsident Kennedy zu einem einstündigen Gespräch empfangen wurde. Siehe zu den Gesprächen Brandts in den USA seinen hs. Vermerk darüber, in: AdsD, WBA, A 3, 143; vgl. auch *Brandt 1964*. Zu den Harvard-Vorlesungen vgl. *Brandt 1963*. Martin Hillenbrand war Leiter der „Berlin Task Force" im amerikanischen Außenministerium, Carl Kaysen war Berater des amerikanischen Präsidenten in Fragen der nationalen Sicherheit. Kurt Knappstein war erst seit Anfang Oktober 1962 als Nachfolger von Wilhelm Grewe deutscher Botschafter in Washington.

4   Im Vermerk Kaysens (Anm. 1) heißt es dazu ausführlicher über die Situation in Berlin: „Brandt responded that at present it was good. Morale had recovered from the blow of the wall. The economy was in fairly good shape although perhaps not as well as it could be."

5   Präsident Kennedy hatte Brandt gefragt, wie im Falle einer Einführung (durch die DDR) des Visazwangs für Berlin-Besucher aus der Bundesrepublik zu reagieren sei. Brandt antwortete nach Kaysen (Anm. 1) viel deutlicher, als der Vermerk Bahrs vermuten lässt: „Mayor Brandt responded he would, of course, prefer not to accept visas, but if the choice was presented he would prefer to maintain access rather than resort to countermeasures."

6   Diese Passage bezieht sich auf eine Frage Kennedys nach den Teilnahmemöglichkeiten auf der Leipziger Messe.

7   In der Aufzeichnung Kaysens (Anm. 1) heißt es, den Dissens Brandts zur Haltung der Bundesregierung betonend, dazu: „Mayor Brandt commented that speaking for himself and his colleagues in the Berlin Senat, he would consider it deplorable if the idea of an international access authority is dead. It is better to deal with Ulbricht as one of thirteen than as one of two."

8   Satzteil nach dem Komma hs. korrigiert aus: „wollte aber weniger Fragen der Methode, sondern des Inhalts erörtern".

9   Gemeint ist das Gespräch, das Brandt und Rusk am 29. September 1962 in New York geführt hatten.

10   Brandt hat nach Kaysen (Anm. 1) dazu eine sehr dezidierte Meinung geäußert: „[...] we might propose an all-Berlin plebiscite to Khrushchev and after he rejected it, have one in West Berlin." Kennedy dagegen: „[...] this was a problem that required more thought".

11   Ende Oktober 1962 war der Höhepunkt der Kuba-Krise. Ein Besuch Chruschtschows in den USA stand nicht mehr zur Debatte.

12   In Kaysens Aufzeichnungen (Anm. 1) wird die Äußerung Brandts, „notfalls die Zone zum Aufstand zu rufen", nicht erwähnt.

13   Korrigiert aus: „die".

14   In der Aufzeichnung von Kaysen (Anm. 1) ist die folgende Passage als eine Zusammenfassung des Gesprächs in vier Punkten durch Kennedy ausgewiesen.

15   Hs. ergänzt.

16   Satz an den gekennzeichneten Stellen hs. abgeändert aus: „wie soll die Geographie

überspielt werden, an welchem Punkt sei die Ostseite zu bedrücken und wieweit [...]".

17 Das vertrauliche Gespräch wird bei Kaysen (Anm. 1) nur erwähnt: Brandt und Kennedy „then conversed privately in the garden for about ten minutes. The whole meeting lasted one hour".

18 Vgl. Anm. 11.

19 Im Bericht vor dem SPD-Präsidium (Anm. 1) hob Brandt diese Enttäuschung Kennedys besonders hervor: Kennedy habe „2 Punkte besonders herausgestrichen: a) Zweifel an dem Funktionieren der westlichen Allianz, b) die ablehnende Haltung der Bundesregierung gegen alle amerikanischen Vorschläge zum Berlin-Problem".

20 Der Vermerk ist nicht unterzeichnet.

Nr. 80

1 Der geheime Vermerk wurde in vier Exemplaren ausgefertigt. Der Abdruck des Dokuments erfolgte nach der auf den 15. Oktober 1962 datierten zweiten Ausfertigung.

2 Der Regierende Bürgermeister Brandt war vom 28. September bis zum 6. Oktober 1962 in den USA. Er führte am 29. September 1962 in New York ein Gespräch mit dem amerikanischen Außenminister Rusk und am 5. Oktober 1962 mit Präsident Kennedy. Vgl. Nr. 79.

3 Der österreichische Außenminister Kreisky hatte Brandt am 30. September 1962 ausführlich über sein Gespräch mit dem sowjetischen Außenminister Gromyko in New York informiert. Hs. Vermerk Brandts über sein Gespräch mit Kreisky in: AdsD, WBA, A 3, 143.

4 Die Schreibweise des Namens ist durchgängig korrigiert aus: „Chruschtschew".

5 Vgl. Nr. 79, Anm. 7 und Nr. 83.

6 Das Kuratorium Unteilbares Deutschland hatte „für die Parteien, Verbände und Organisationen des freien Deutschlands" am 25. September 1962 eine Eingabe an die Menschenrechtskommission der Vereinten Nationen gerichtet, in der Anklage gegen die seit dem 13. August 1961 fortwährenden Menschenrechtsverletzungen an der Berliner Mauer erhoben wurde. Der Eingabe war eine Namensliste der bis Ende August 1962 an der Berliner Mauer getöteten Menschen angefügt. Wortlaut der Eingabe vom 25. September 1962 in: LAB, B Rep 002/2194.

7 Vgl. Nr. 79 und 83.

8 Ms. unterzeichnet.

Nr. 81

1 Frau Hilde Schramm hatte im Sommer 1962 den Berliner Innensenator Albertz aufgesucht und im Namen der Familie Speer um Unterstützung gebeten, die vorzeitige Entlassung ihres Vaters, Albert Speer, aus dem unter Vier-Mächte-Verwaltung stehenden Kriegsverbrechergefängnis in Berlin-Spandau zu erreichen. Albertz schrieb daraufhin am 10. September 1962 an Brandt: „Ich habe Frau Schramm, die in einer besonders sympathischen und nüchternen Weise die Sache ihres Vaters vertritt, zugesagt, daß ich Sie bitten wolle, Frau Schramm gelegentlich zu empfangen. Gerade im Zusammenhang mit den jetzt öffentlich erörterten Fragen des Viermächtestatus für West-Berlin spielt ja auch das Spandauer Gefängnis eine Rolle. Da wir in der Beurteilung der Persönlichkeit Speers sicher übereinstimmen, sollte, meine ich, die kleine Geste eines kurzen Gesprächs mit Frau Schramm von Ihnen erwogen werden." Brandt stimmte der Anregung zu, und das Gespräch fand am 26. September 1962 statt. Frau Schramm dankte Brandt danach in einem Schreiben für seine Bereitschaft zu der Unterhaltung. Sie schrieb: „Ihre freundliche Anteilnahme und Ihre Versicherung,

sich bei gegebener Gelegenheit für ihn einzusetzen, bedeutet uns sehr viel. Vielleicht ändert sich die Situation doch bald derart, daß eine Entlassung meines Vaters erwirkt werden kann. Mit vielem aufrichtigen Dank, auch im Namen der ganzen Familie Ihre Hilde Schramm." Siehe das Schreiben von Albertz vom 10. September 1962 und Schramms Schreiben vom 8. Oktober 1962, in: AdsD, WBA, A 6, 170.

2 Brandt hatte u. a. mehrfach mit dem Sonderbotschafter Clay wegen dieser Frage gesprochen. Clay musste Brandt mitteilen, dass in diesem Fall keine Aussicht auf Erfolg bestehe, da die Sowjetunion dazu nicht bereit sei. Siehe das Schreiben Clays an Brandt vom 18. Oktober 1963, in: AdsD, WBA, A 6, 42.

3 Anlässlich der Entlassung Speers im Jahre 1966 ließ Brandt Frau Schramm einen Blumenstrauß überbringen. Die Geste erregte öffentliches Aufsehen und löste großen innerparteilichen Streit aus. Vgl. Nr. 115.

4 Die hier als Vorlage dienende Durchschrift ist nicht unterzeichnet.

Nr. 82

1 Am 22. Oktober 1962 erklärte Präsident Kennedy in einer Fernsehansprache an die Nation, dass die USA eindeutige Beweise für den Aufbau offensiver sowjetischer Raketenbasen auf Kuba hätten. Die Streitkräfte der USA seien von ihm angewiesen, durch eine Seeblockade den Transport weiterer Raketen durch sowjetische Schiffe nach Kuba gewaltsam zu verhindern. In der Ansprache hatte Kennedy auch die Möglichkeit angedeutet, dass die Sowjetunion mit einer Blockade Berlins antworten könnte, und betont, die USA stünden zu ihren Garantien für Berlin. Erst nach einer Woche entspannte sich die internationale Lage. Am 28. Oktober 1962 erklärte der sowjetische Ministerpräsident Chruschtschow in einem Brief an Kennedy, dass die Sowjetunion die Raketenbasen auf Kuba abbauen werde. Vgl. *Schlesinger, Arthur M.*: Die tausend Tage Kennedys, Bern und München 1965, S. 692 ff.

2 Vgl. Nr. 79.

3 Am 22. Oktober 1962 hatte der Gesandte an der Berliner US-Mission, Lightner, Brandt aufgesucht und ihn auf die in Kürze zu erwartende Fernsehansprache des amerikanischen Präsidenten aufmerksam gemacht. Nachdem sie die Ansprache gemeinsam angehört hatten, bat Brandt Lightner, dem Präsidenten mitzuteilen, er danke Kennedy, dass dieser „die Verpflichtungen gegenüber Berlin und seinen Bürgern so nachdrücklich unterstrichen habe." Die Mitteilung Brandts an Kennedy vom 23. Oktober 1962 ist zitiert nach: *Brandt 1964*, S. 172 f. Am 24. Oktober 1962 übermittelte Lightner in Erwiderung auf diese Mitteilung des Regierenden Bürgermeisters eine Botschaft des Präsidenten, in der es (in der offiziellen deutschen Übersetzung) hieß: „Es war beruhigend zu hören, dass Sie die Maßnahmen unterstützen, die wir im Zusammenhang mit der Cuba-Krise zu ergreifen für notwendig befinden." Die Botschaft Kennedys an Brandt vom 24. Oktober 1962 – in englischer und deutscher Fassung – in: AdsD, WBA, A 6, 126. Das Antwortschreiben Kennedys an Brandt vom 15. November 1962 in: AdsD, WBA, A 6, Exponatenbox. Vgl. auch *Brandt 1976*, S. 96 ff.

4 Die diesem Abdruck als Vorlage dienende Durchschrift ist nicht unterzeichnet.

Nr. 83

1 Der Regierende Bürgermeister Brandt hatte am 24. Oktober 1962 um einen Gesprächstermin gebeten. Die Besprechung

sollte ursprünglich am 5. November 1962 stattfinden. Brandt hatte sich für diese Unterredung hs. Notizen gemacht. Die darin notierten Punkte kamen in dem Gespräch am 9. November 1962 zur Sprache. Siehe dazu das Schreiben Adenauers an Brandt vom 31. Oktober 1962, in: StBKAH I/12.28; der hs. Vermerk Brandts in: AdsD, WBA, A 6, 72. Der „Unterzeichnete" war Horst Osterheld war von 1960 bis 1969 Leiter des Außenpolitischen Büros im Bundeskanzleramt.

2   Bundeskanzler Adenauer hielt sich vom 14. bis 15. November 1962 zu Besprechungen mit Präsident Kennedy in Washington auf. Bei den Gesprächen unterrichtete Adenauer Kennedy auch über seinen dem sowjetischen Ministerpräsidenten Chruschtschow unterbreiteten Vorschlag eines „Stillhalteabkommens von zehn Jahren in der deutschen Frage". Der Vorschlag habe „Zustimmung im Grundsätzlichen gefunden". Vgl. *Krone, Heinrich:* Aufzeichnungen zur Deutschland- und Ostpolitik 1954–1969, in: *Morsey, Rudolf/Repgen, Konrad* (Hrsg.): Adenauer-Studien, III: Untersuchungen und Dokumente zur Ostpolitik und Biographie, Mainz 1974, S. 134–201, hier S. 172 und 176. Der so genannte „Burgfriedensplan" von 1962 war eine Fortschreibung des „Globke-Plans" von 1959/60. Diese im Bonner Kanzleramt entwickelten Pläne zielten im Kern darauf ab, der Sowjetunion anzubieten, den Status quo in der deutschen Frage für einige Jahre einzufrieren, um dafür im Gegenzug von Moskau Zusagen für eine Liberalisierung in der DDR zu erreichen. Der „Globke-Plan" ist veröffentlicht, in: ebd. S. 202–209.

3   Vgl. Nr. 79–80.

4   Der Regierende Bürgermeister, Brandt, besuchte Großbritannien vom 31. Oktober bis 3. November 1962. Am 1. November 1962 führte er in London ein Gespräch mit dem britischen Premierminister, Macmillan, tags darauf mit dem britischen Außenminister, Lord Douglas-Home, und am 1. und 2. November 1962 mit Sir Evelyn Shuckburgh vom britischen Außenministerium. Siehe zum Inhalt der Gespräche die Vermerke Brandts in: AdsD, WBA, A 6, 72.

5   Vgl. dazu Nr. 79.

6   Der Regierende Bürgermeister Brandt traf am 31. Oktober 1962 in Bonn den amerikanischen Botschafter Dowling zu einem Gespräch. In Brandts hs. Aufzeichnung über die Unterredung heißt es zu den amerikanischen Vorbehalten: „Referendum a) [...] zeitliche Bestimmung offen halten – Berlin jetzt nicht von uns aus aktualisieren – Aber alles vorbereiten Stat[e] Dep[artment]: zögernd bez[üglich] 2. Frage betr. ‚ties'". Siehe den Vermerk Brandts „Dowling: 31.10.1962", in: AdsD, WBA, A 6, 72. In den verschiedenen Entwürfen zu den in einem Referendum zu stellenden Fragen ging es bei der zweiten Frage stets um das Problem der „Bindungen" („ties") Westberlins an die Bundesrepublik. Dazu die Vermerke vom 11. Oktober und vom 18. Oktober 1962 und die hs. Entwürfe Brandts betr. Referendum in: LAB, B Rep 002/10978.

7   Hs. eingefügt.

8   Christopher Steel war britischer Botschafter in Bonn.

9   Schreibweise durchgängig korrigiert aus: „Chruschtschew".

10 Fritz Berg war Präsidiumsvorsitzender des Bundesverbandes der Deutschen Industrie.

11 Kurt Leopold war Leiter der Treuhandstelle für den Interzonenhandel. „Leopold-Weg" meinte die Möglichkeit, durch eine Ausweitung des Kreditrahmens (Swing) für die DDR im innerdeutschen Handel menschliche Erleichterungen für die Bevölkerung in Ost- und Westberlin zu erreichen. Vgl. weiter unten im Dokument.

12 Vgl. Nr. 78. Adenauers Schreiben an Brandt vom 20. Dezember 1962, in: LAB, B Rep 002/7965 a.

13 Hs.

Nr. 84

1 Die Textvorlage des hier abgedruckten Dokuments ist eine nichtgezeichnete ms. Abschrift von einem ebenfalls ungezeichneten hs. Vermerk Brandts. Die Abschrift ist auch in den Abkürzungen textidentisch, nur in der äußeren Form geglättet: Sätze am Rande des hs. Vermerks sind in den laufenden ms. Text eingefügt. Der hs. Vermerk „Telefonat mit Bundeskanzler" vom 17. Januar 1963 in: AdsD, WBA, A 6, 177. Der sowjetische Ministerpräsident Chruschtschow war anlässlich des vom 15. bis 21. Januar 1963 stattfindenden VI. Parteitages der SED seit dem 14. Januar in Ostberlin. Brandts Telefonat mit Adenauer gehört in die Reihe der zahlreichen Gespräche, die Brandt am 16. und 17. Januar 1963 wegen eines Treffens mit Chruschtschow geführt hat.

2 Adenauer und Brandt hatten bereits am 11. Januar 1963 in Bonn über den Besuch Chruschtschows in Ostberlin gesprochen. Man war sich einig, dass es einer Abstimmung mit der Bundesregierung bedürfe, falls es zu einem Treffen mit Chruschtschow kommen könne, zumal die Alliierten eine „gewisse Besorgnis" geäußert hätten. Nachdem Senator Schütz die Bundesregierung über die Vorbereitungen zu einem Gespräch informiert hatte, fasste Bundeskanzler Adenauer seine Auffassung dazu in einem Fernschreiben zusammen, das Brandt am 16. Januar um 21 Uhr erreichte. Es hieß darin: „Wenn die von Ihnen eingeleitete Konsultation mit den Vertretern der drei Westmächte keine Bedenken ergibt, werde ich meine eigenen Bedenken zurückstellen." In dieser Formulierung sah Brandt „keine eindeutige Empfehlung". Siehe das Fernschreiben Adenauers an Brandt vom 16. Januar 1963, in: AAPD 1963, S. 27.

3 Brandt sprach am 16. Januar 1963 mehrfach mit Vertretern der Westalliierten. Sie machten Vorbehalte geltend, überließen es aber dem Regierenden Bürgermeister, ob er mit Chruschtschow sprechen wolle oder nicht. Brandt dürfe sich aber nicht in der sowjetischen Botschaft treffen, ein Vertreter der DDR dürfe nicht teilnehmen und er dürfe nicht als Sprecher der Alliierten auftreten.

4 Gemeint sind die von Bundesminister Barzel und Bürgermeister Amrehn geäußerten Befürchtungen, mit denen sie ihre ablehnende Haltung begründet hatten: Das Treffen könne als eine Art Anerkennung der „Souveränität Westberlins" angesehen werden. Siehe dazu den hs. Vermerk Brandts über seine Gespräche am 16./17. Januar 1963, in: AdsD, WBA, A 6, 73.

5 Seit Ende 1962 war der frühere Pressechef der Bundesregierung, Felix von Eckardt, Bevollmächtigter der Bundesrepublik Deutschland beim Land Berlin. Minister Barzel hatte Brandt noch am 16. Januar abends angerufen und ihn aufgefordert, Eckardt zu dem Gespräch mitzunehmen. Dadurch werde die Zusammengehörigkeit mit dem Bund dokumentiert, eine parteipolitische Ausgewogenheit erreicht und ein Nein könne der anderen Seite zugeschoben werden. Siehe den hs. Vermerk Brandts über seine Gespräche am 16./17. Januar 1963, in: AdsD, WBA, A 6, 73.

6 Nach dem Telefongespräch mit Adenauer war Brandt zum Treffen mit Chruschtschow entschlossen. Alle technischen Vorbereitungen waren getroffen. Brandt notierte sich hs. die wichtigsten Punkte, die er bei dem Treffen zur Sprache

bringen wollte, und telegrafierte Bundeskanzler Adenauer am 17. Januar 1963 um 15.25 Uhr, dass er soeben Chruschtschow seine Bereitschaft mitgeteilt habe, ihn zu treffen. Siehe zu den Vorbereitungen des Gesprächs den Vermerk Bahrs „Technische Fragen" vom 17. Januar 1963, in: AdsD, Dep. Bahr, 1/EBAA 000893; zu Brandts Vorbereitung siehe seinen hs. Vermerk „Notizen für Gespräch mit CHR[uschtschow] Jan. 63", in: AdsD, WBA, A 6, 73; zum Fernschreiben an Adenauer vom 17. Januar 1963 (15.25 Uhr) siehe ebenda.

Nr. 85

1 Der Regierende Bürgermeister, Brandt, gab diese Erklärung über die Westberliner Fernseh- und Rundfunksender ab. Die Entwürfe stammen von Bahr, die Fernsehansprache ist im Vergleich zu der hier abgedruckten Fassung leicht gekürzt. Vgl. auch DzD IV/9 (1963), S. 48 ff.

2 Nachdem Brandt am 17. Januar 1963 dem sowjetischen Ministerpräsidenten Chruschtschow hatte mitteilen lassen, dass er zu einem Treffen bereit sei, tagte ab 15 Uhr der Berliner Senat. Bürgermeister Amrehn (CDU) erklärte, auch im Namen seiner Fraktion, dass für ihn und für die CDU die weitere Zusammenarbeit in einer Koalition nicht mehr möglich sei, falls es zu dieser Begegnung käme. Brandt ließ daraufhin das Treffen absagen.

3 Die Reaktionen aus der Bevölkerung wurden in der Senatskanzlei sorgsam registriert. Am 18. Januar 1963 gingen bis 14 Uhr 39 Telefonanrufe, zwei Telegramme und fünf Eilbriefe ein, die alle die Absage des Treffens beklagten. Die meisten verwiesen auch auf die kommenden Wahlen, bei denen der CDU die Meinung der Berliner gesagt werden könne. Siehe dazu den „Vermerk betr. ‚Meinungsäußerungen aus der Bevölkerung'" vom 18. Januar 1963, in: AdsD, Dep. Bahr, 1/EBAA 000893.

4 Vgl. Nr. 84.

5 In seinen Vorgesprächen hatte Bahr als Voraussetzung für ein Treffen genannt, dass „von sowjetischer Seite keine politischen Bedingungen im Sinne einer Anerkennung sowjetischer Thesen" gemacht würden. Der Vermerk Bahrs vom 11. Januar 1963, in: AdsD, Dep. Bahr, 1/EBAA 000893.

6 Gemeint ist das Treffen Brandts mit Adenauer am 11. Januar 1963 in Bonn.

7 Nach den Wahlen zum Berliner Abgeordnetenhaus am 17. Februar 1963 erklärte die SPD, nicht mehr mit der CDU koalieren zu wollen. Die CDU ging in die Opposition. Vgl. auch Nr. 88, Anm. 3.

8 Die hs. Notizen Brandts zur Vorbereitung des Gesprächs mit Chruschtschow belegen, dass er sehr deutlich werden wollte: „Notizen für Gespräch mit CHR[uschtschow] Jan. 63", in: AdsD, WBA, A 6, 73.

Nr. 86

1 In seinem Schreiben hatte Hausmann als Sozialdemokrat und als ehemaliger Berliner Senator die Entscheidung Brandts, das Treffen mit Chruschtschow abzusagen, kritisiert. Brandt hätte auch „auf eigene Verantwortung" zu dem verabredeten Treffen gehen müssen, vor allem aber hätte „er sich nicht wie ein erwischter Bösewicht von der Ausführung seiner Absicht von irgend jemand wieder abbringen" lassen dürfen. Angesichts der bevorstehenden Wahlen sei er bekümmert, dass aus seiner Sicht „das Vertrauen der Berliner in Willy Brandts Stärke und Durchsetzungsvermögen enttäuscht wurde [...]". Hausmanns Schreiben an Brandt vom 23. Januar 1963, in: AdsD, WBA, A 6, 43.

2 Brandt hatte Hinweise von Parteifreunden erhalten, dass der SPD-Parteivor-

stand das Vorgehen von Brandt nicht billige. Siehe dazu das Schreiben von Franz Suchan an Brandt vom 1. Februar 1963, in: AdsD, WBA, A 6, 174. Zum Presseecho vgl. „Dufhues: ‚Nicht mehr die Rede vom Kanzlerkandidaten Brandt'", in: *Der Tagesspiegel* vom 25. Januar 1963.

3 In allen Stellungnahmen nach seiner Absage des Treffens mit Chruschtschow betonte Brandt, dass das Verhalten der CDU eine Fortsetzung der Koalition nach den Wahlen zum Berliner Abgeordnetenhaus am 17. Februar 1963 nicht vorstellbar erscheinen lasse. Vgl. dazu Nr. 85 und die „Stellungnahme des Landesvorsitzenden der Berliner SPD, Willy Brandt" vom 29. Januar 1963, in: AdsD, Dep. Bahr 1/EBAA 000893.

4 Die für den Abdruck herangezogene Durchschrift ist nicht unterzeichnet.

Nr. 87

1 Die Textvorlage für das hier abgedruckte Dokument ist die Durchschrift der nach mehreren Entwürfen erstellten deutschen Fassung des Schreibens. Alle deutschen Entwürfe beginnen mit der englischen Anrede-Formel. Die Datierung folgt der deutschen Fassung. Am 8. Februar 1963 wurde das Schreiben in der englischen Übersetzung abgesandt. Zu den Entwürfen und zur englischen Fassung siehe AdsD, WBA, A 6, 126.

2 Am 29. Januar 1963 hatte der EWG-Ministerrat in Brüssel die Beitrittsverhandlungen mit Großbritannien auf unbestimmte Zeit vertagt. Der französische Präsident de Gaulle hatte sich mit seinem Wunsch nach Verschiebung der Verhandlungen durchgesetzt. Brandt hatte kritisch dazu Stellung genommen.

3 Präsident Kennedy antwortete am 18. Februar 1963. Er gratulierte Brandt zum Ergebnis der Wahlen zum Berliner Abgeordnetenhaus vom 17. Februar 1963 und dankte ihm für sein Bekenntnis zur europäischen Einheit und zur atlantischen Partnerschaft; denn alles, was diese stärke, stärke auch Berlin. Das Schreiben Kennedys an Brandt vom 18. Februar 1963 in: AdsD, WBA, A 6, Exponatenbox.

4 Vgl. *Brandt* 1963.

5 Brandt war am 13. März 1961 erstmals mit Präsident Kennedy im Weißen Haus zusammengetroffen. Bei dieser Gelegenheit lud er Kennedy zu einem Besuch nach Berlin ein. Vgl. dazu Nr. 62, Anm. 2 und 3.

6 Im Januar 1963 wurde eine für den Juni 1963 geplante Europa-Reise Kennedys angekündigt, die ihn nach Rom und Bonn führen sollte. Ein Besuch in Berlin erschien zunächst eher unwahrscheinlich. Zur Vorbereitung der Reise und zu den „Kontroversen um die Reisestationen in Europa" vgl. *Daum* 2003, S. 68 ff.

7 Die Durchschrift ist nicht gezeichnet. Durchschriften gingen auch an den Chef der Senatskanzlei und an Bürgermeister Amrehn. Hs. ist vermerkt, Amrehn habe den Brief gelesen, aber sich nicht dazu geäußert.

Nr. 88

1 Die Textvorlage des hier abgedruckten Dokuments weicht unwesentlich vom Protokoll der im Berliner Abgeordnetenhaus von Brandt vorgetragenen Erklärung ab. So sind die immer wieder eingeschobenen Anredeformeln der Abgeordneten ausgelassen worden. Für den Abdruck sind vor allem die deutschland- und ostpolitischen Teile der Erklärung ausgewählt worden. Das Protokoll, in: Abgeordnetenhaus von Berlin, IV. Wahlperiode 1963–1967, Stenographischer Bericht der 4. Sitzung vom 18. März 1963, S. 11–23.

2 Bei der Wahl zum Berliner Abgeordnetenhaus am 17. Februar 1963 erhielt die SPD 61,9 % der abgegebenen Stimmen (89 Mandate) und damit fast 10 %-Punkte mehr, die CDU 28,8 % (41 Mandate), beinahe 10 %-Punkte weniger als 1958. Die FDP konnte mit 7,9 % (10 Mandate) wieder ins Abgeordnetenhaus einziehen. Die Wahlbeteiligung betrug 89,9 %.

3 Die SPD hätte – wie schon 1958 – allein regieren können, entschied sich aber erneut für eine Koalition, dieses Mal jedoch mit der FDP. Die Sozialdemokraten stellten mit Heinrich Albertz auch den Bürgermeister. Er übernahm als „ständiger Stellvertreter" des Regierenden Bürgermeisters Brandt zusätzliche Aufgaben bei der Leitung der Senatskanzlei und war darüber hinaus Senator für Sicherheit und Ordnung.

4 Die SPD stellte neben dem Regierenden Bürgermeister und dem Bürgermeister noch neun Senatoren, die FDP drei Senatoren.

5 In der hier nicht angeführten Textstelle begründet Brandt den neuen Zuschnitt der einzelnen Ressorts und erläutert ausführlich die beabsichtigte Wirtschafts- und Sozialpolitik.

6 Nach der Absage des Treffens mit Chruschtschow wurde Brandt von der Bundesregierung vorgeworfen, er hätte versucht, eine eigene Außenpolitik zu betreiben. Er erklärte zu dem Vorwurf: „Ich habe nie versucht, von Berlin aus eine eigene Außenpolitik zu führen. Aber ich habe manchmal der deutschen Außenpolitik ein wenig helfen können." Siehe „Stellungnahme des Landesvorsitzenden der Berliner SPD vom 29. Januar 1963", in: AdsD, Dep. Bahr, 1/EBAA 000893.

7 Im Stenographischen Bericht (Anm. 1) wird der Satz noch fortgesetzt: „[. . .], leider nicht für ganz Berlin." Mit diesem Satz und den folgenden Sätzen ging Brandt noch einmal auf das Problem des „Drei-Mächte-Status" für Westberlin ein. Vgl. Nr. 68.

8 Diese Formulierung deckte sich nicht mit der Auffassung der Westalliierten über den Charakter der Bindungen an die Bundesrepublik. Vgl. dazu Nr. 15, Anm. 5.

9 Auf der vom 10. bis 27. März 1963 in Genua stattfindenden Abrüstungskonferenz sollte auch über Berlin gesprochen werden.

10 Vgl. dazu Nr. 72, Anm. 6.

11 Seit 1958 gab es immer wieder Überlegungen des Berliner Senats, durch Nutzung der „technischen Kontakte" zwischen Ost- und Westberlin auch menschliche Erleichterungen für die Bevölkerung in beiden Teilen der Stadt zu erreichen. Nach dem 13. August 1961 sollten diese Überlegungen vor allem helfen, die Mauer durchlässig zu machen. Erst Ende 1963 kam es zu Verhandlungen, die eine erste Passierscheinregelung als Ergebnis hatten. Vgl. Einleitung und Nr. 93.

12 In den folgenden Absätzen legt Brandt das Bekenntnis ab, als Regierender Bürgermeister auch weiterhin für die Menschen in Ostberlin zu sprechen, er warnt aber auch vor Illusionen in der deutschen Frage.

13 In der hier ausgesparten Passage verspricht Brandt, die Werbung für Berlin in der ganzen Welt zu verstärken.

Nr. 89

1 Der Chefredakteur des *Berliner Sonntagsblatt Die Kirche* hatte am 13. März 1963 an den Regierenden Bürgermeister Brandt geschrieben, dass die Leser seiner Zeitung „nach der Religionszugehörigkeit der Mitglieder des neuen Abgeordnetenhauses" gefragt hätten. Er habe deshalb alle Fraktionen um Auskunft gebeten und frage nun auch Brandt, „ob Sie einer bzw. welcher Religionsgemeinschaft Sie angehören. Sollten

Sie darüber hinaus die Freundlichkeit haben, uns ein Wort dazu zu sagen, wie Sie persönlich oder auch in Ihrem Amt zu einer Zusammenarbeit mit den Religionsgemeinschaften stehen, wären wir Ihnen zu besonderem Dank verbunden." Siehe AdsD, WBA, A 6, 42.

2 Im von Senator Albertz abgezeichneten Entwurf des Schreibens heißt dieser Satz: „Die ganze Stadt weiß, daß ich *ein* evangelischer Christ *bin*." (Hervorhebung durch den Bearbeiter). Der Satz ist im Entwurf von Brandt hs. verändert worden.

3 Die dem Abdruck zugrunde liegende Durchschrift ist nicht unterzeichnet.

Nr. 90

1 Der Regierende Bürgermeister, Brandt, war anlässlich der „Berliner Kulturtage" vom 24. bis 26. April 1963 in Paris. Präsident de Gaulle hatte ihn wissen lassen, dass er ihn zu sehen wünsche. Er war allerdings auf einer Reise durch die französische Provinz und ließ Brandt „per Militärhubschrauber ins lothringische Saint Dizier kommen". Dort fand in der Unterpräfektur das Gespräch statt, über das ein vertraulicher Vermerk gefertigt wurde. Er wird hier nach der ms. Fassung abgedruckt. An dem Gespräch nahmen der Senatspressechef Bahr und de Gaulles Dolmetscher teil. Zu den äußeren Umständen und zum Inhalt des Gesprächs vgl. *Brandt* 1976, S. 135 ff., und – knapper, aber auch für das Zitat – *Brandt* 1994, S. 256.

2 Siehe dazu den vertraulichen „Vermerk betr. Gespräch mit Präsident de Gaulle" am 6. September 1962, in: AdsD, WBA, A 6, 72.

3 Brandt hatte in seinem Gespräch mit de Gaulle im September 1962 um den Besuch des französischen Kulturministers Malraux gebeten. Er wollte mit ihm „kulturelle Projekte von gemeinsamem Interesse" erörtern. Vgl. Anm. 2.

4 Präsident de Gaulle machte im September 1962 einen Staatsbesuch in der Bundesrepublik Deutschland. Auf seiner Rundreise wurde er sehr gefeiert. Vgl. *Lappenküper, Ulrich:* Die deutsch-französischen Beziehungen 1949–1963. Von der „Erbfeindschaft" zur „Entente élémentaire", Bd. 2: 1958–1963, München 2001, S. 1742–1748.

5 Der amerikanische Präsident Kennedy besuchte die Bundesrepublik vom 23. Juni bis 26. Juni 1963; der Berlin-Besuch am 26. Juni 1963 war der Höhepunkt seines Deutschlandbesuchs. Der französische Präsident kam am 4. und 5. Juli 1963 zu einem Besuch nach Bonn. Es war das erste der im „Elysée-Vertrag" vereinbarten deutsch-französischen Gipfeltreffen.

6 Gemeint sind die auch durch das Internationale Rote Kreuz vermittelten „technischen Kontakte" mit der DDR, durch die menschliche Erleichterungen für die Bevölkerung in Ost- und Westberlin erreicht werden sollten. Vgl. dazu Nr. 75.

7 Gemeint sind die im Herbst 1962 wieder aufgenommenen Gespräche zwischen den USA und der Sowjetunion. Vgl. dazu Nr. 79 und 91.

8 De Gaulle thematisiert den Wegzug von Menschen und Unternehmen aus Westberlin nach dem 13. August 1961. Die dadurch befürchtete „Austrocknung" Westberlins sollte durch ein Bündel von Anreizen für Arbeitnehmer und für Unternehmer, aus der Bundesrepublik nach Berlin zu kommen, verhindert werden. Seit Ende 1962 waren erste Erfolge dieser Politik des Berliner Senats erkennbar. Vgl. dazu *Shell* 1965.

9 Brandt spielt damit auf den deutsch-französischen Vertrag an, der im Januar 1963 unterzeichnet worden war. Er hatte

den Vertrag zunächst kritisiert, da dieser „als Spitze gegen die anderen europäischen Partner gesehen" werden könne und „zu einer Belastung für die EWG und für die Nato" zu werden drohe. „Diese Politik könne in Amerika zur Stärkung isolationistischer Tendenzen führen." Siehe Brandts Diskussionsbeitrag auf der Sitzung des SPD-Parteivorstandes am 5. Februar 1963, in: AdsD, SPD-PV, PV Protokolle 1963.

10   Präsident de Gaulle hatte sich schon bei ihrer ersten Begegnung im Jahre 1959 nach der Situation in „Preußen" erkundigt und damit zum Erstaunen Brandts die DDR gemeint. De Gaulle hatte inzwischen gelernt, dass auch „Sachsen" noch zur DDR gehörte. Vgl. dazu *Brandt* 1994, S. 243.

11   Der Vermerk ist nicht unterzeichnet.

Nr. 91

1   Der Vermerk ist von Brandt hs. auf den 27. Juni 1963 datiert. Das erste der beiden von ihm festgehaltenen Gespräche fand einen Tag vor Kennedys Berlin-Besuch in Bonn statt. Der US-Präsident besuchte die Bundesrepublik vom 23. bis 26. Juni 1963. Brandt traf ihn während des Deutschland-Besuchs erstmals am 24. Juni 1963 bei einem Essen in Bad Godesberg. Zum Besuch Kennedys vgl. *Daum* 2003. Zu den Gesprächen Brandts mit Kennedy vgl. *Brandt* 1964, S. 216 und *Brandt* 1976, S. 75 f.

2   Mit „Wahlchancen" sind die Prognosen für die Bundestagswahl im Jahre 1965 gemeint. Wirtschaftsminister Erhard sollte nach dem Willen der Mehrheit in der CDU schon im Herbst 1963 Nachfolger von Bundeskanzler Adenauer werden. Zum „Misstrauen" vgl. weiter unten im Dokument und Anm. 10.

3   Mit „Berlin-Rede" ist die Rede von Kennedy vor dem Rathaus Schöneberg gemeint. Kennedy sprach während seines achtstündigen Berlin-Aufenthalts außerdem auf dem Kongress der Industriegewerkschaft Bau-Steine-Erden und am Nachmittag an der Freien Universität.

4   Das Projekt einer „multilateral force" (MLF) meint den Plan einer gemeinsamen Atomstreitmacht innerhalb der NATO mit unterschiedlichen Zugriffsrechten auf die Atomwaffen und deren Trägersysteme. Die Besprechung Kennedys mit Bundeskanzler Adenauer am 24. Juni 1963, wo dieses Projekt zur Sprache kam, aus amerikanischer Sicht in: FRUS 1961–1963, Bd. XV, S. 528 ff.

5   Harold Wilson war als Nachfolger des verstorbenen Hugh Gaitskell seit dem 14. Februar 1963 Vorsitzender britischen Labour Party und Oppositionsführer im britischen Unterhaus.

6   Gemeint ist das „Harpsund-Treffen" in Schweden. Der schwedische Ministerpräsident Tage Erlander hatte Mitte Juli 1963 Brandt zusammen „mit skandinavischen, britischen und gelegentlich amerikanischen Gästen" zu einem „informellen Treffen" nach Harpsund bei Stockholm eingeladen. Die „Harpsund-Treffen" fanden auch in den folgenden Jahren statt. Vgl. *Brandt* 1976, S. 208.

7   Der französische Europa-Politiker Jean Monnet war seit 1956 Gründer und Vorsitzender des Aktionskomitees für die Vereinigten Staaten von Europa (Monnet-Komitee).

8   Brandt plante, Ende 1963/Anfang 1964 eine Anzahl jüngerer Europäer zusammenzubringen, um mit ihnen zu besprechen, wie die europäische Einigung durch einen „Druck von unten" vorangebracht werden könne. Siehe dazu Brandts Schreiben an Walter Reuther vom 25. Juli 1963, in: AdsD, WBA, A 6, 45.

9   Bei den Wahlen zum britischen Unterhaus am 15. Oktober 1964 erhielt die La-

bour Party eine knappe Mehrheit. Harold Wilson wurde Premierminister.

10 Das „Misstrauen" Adenauers meinte Misstrauen gegen Brandt persönlich und gegen die SPD überhaupt. Vgl. *Brandt* 1976, S. 76.

11 In seinen Berichten über das Gespräch ging Brandt auf diese „Einwände" nicht näher ein. Vgl. aber seine späteren Bemerkungen über den „Alten vom Rhein" in: *Brandt* 1994, S. 37 ff. Brandt dankte Kennedy am 3. Juli 1963 mit einem Schreiben für seinen Besuch in Berlin. Brandts Schreiben an Kennedy vom 3. Juli 1963, in: AdsD, WBA, A 6, 126.

12 Hs. paraphiert.

Nr. 92

1 Das hier abgedruckte Dokument wurde, im Wortlaut identisch, am 24. und 31. Juli 1963 auch in der SPD-Zeitung *Vorwärts* veröffentlicht. Die Zwischenüberschriften und durch Fettdruck hervorgehobene Passagen stimmen nicht überein. Andere Veröffentlichungen der Rede sind meist zum Teil stark gekürzt, ohne dass Auslassungen immer markiert sind, so etwa in: DzD IV/9 (1963), S. 565 ff. Ein Entwurf der Rede ging mehrfach zwischen Bahr und Brandt hin und her. Inhaltliche Differenzen gab es nicht. Beide „stimmten nahtlos überein". Vgl. *Bahr* 1996, S. 153 ff. Brandt überarbeitete den ms. Entwurf der Rede umfassend. Fast jeder Satz weist hs. Streichungen und Ergänzungen auf; einige Passagen sind über mehrere Seiten hs. in den Entwurf eingefügt. Auf sie wird bei wichtigen inhaltlichen Veränderungen des Entwurfs in den Anmerkungen hingewiesen. Der überarbeitete Entwurf ist bei ganz wenigen Auslassungen identisch mit dem hier ohne Kürzungen abgedruckten Dokument. Siehe den Entwurf in: AdsD, WBA, A 6, 159.

Weitere Materialien für die „Tutzing-Rede" in: AdsD, Dep. Bahr, 1/EBAA 000345.

2 Im Entwurf (Anm. 1) stand ursprünglich: „Mittel-Deutschland". Brandt hat das Wort gestrichen und durch „Zone" ersetzt.

3 Die beiden folgenden Absätze sind von Brandt hs. in den Entwurf (Anm. 1) eingefügt worden.

4 Der ganze Satz ist von Brandt hs. in den Entwurf (Anm. 1) eingefügt. Es hieß ursprünglich: „Hitler gehört nun einmal dazu, genauso wie Hindenburg und Ebert und Bebel und Bismarck oder Stauffenberg und Remer."

5 Der ganze Absatz ist von Brandt hs. in den Entwurf (Anm. 1) eingefügt worden.

6 „Planification" meinte die Methode indikativer Wirtschaftsplanung in Frankreich seit 1945/46 unter Anerkennung des Marktwettbewerbs. Sie wurde vom Wirtschaftsminister Erhard als „Planwirtschaft" bezeichnet. Der ganze Satz ist von Brandt hs. in den Entwurf (Anm. 1) eingefügt.

7 Mit dem Schlagwort „Keine Experimente" hatte die CDU vor allem 1957 erfolgreich Wahlkampf gegen die SPD gemacht.

8 Brandt war es offenbar wichtig, den Begriff „konservativ" nicht negativ zu konnotieren. Im Entwurf (Anm. 1) stand zunächst, dass das Schlagwort „Keine Experimente" eine „im Grunde konservative" Politik sei. Das Attribut hat Brandt gestrichen und durch „selbstgefällig erstarrenden" ersetzt und den ganzen folgenden Absatz über sein positives Verständnis des Begriffs „konservativ" hs. eingefügt

9 Gemeint war Wirtschaftsminister Ludwig Erhard, der als designierter Nachfolger Adenauers galt, nachdem dieser nicht ganz freiwillig für den Herbst 1963 das Ende seiner Kanzlerschaft angekündigt hatte.

10 Am 12. Mai 1963 hatte die SPD ihr 100-jähriges Bestehen mit einer Kundgebung in

Hannover gefeiert. Am 23. Mai 1863 war in Leipzig der Allgemeine Deutsche Arbeiterverein gegründet worden.

11 Gemeint sind die „Spiegel-Affäre" vom Herbst 1962 und die großen Proteste und Demonstrationen gegen die Einschränkung der Pressefreiheit. Verteidigungsminister Strauß musste wegen seiner Verwicklung in die Affäre von seinem Amt zurücktreten.

12 Auf dem Parteitag in Hannover vom 21. bis 25. November 1960 wurde Brandt von den Delegierten als Kanzlerkandidat bestätigt. Am 25. November sprach Brandt zum Thema „Politik für Deutschland".

13 Es fehlt der beim Parteitag gesprochene Satz: „Ich weiß mich hier in Übereinstimmung mit dem neugewählten amerikanischen Präsidenten John F. Kennedy." Vgl. Protokoll der Verhandlungen und Anträge vom Parteitag der Sozialdemokratischen Partei Deutschlands in Hannover, 21. bis 25. November 1960, Bonn 1961, S. 669.

14 1960 lautete der Satz: „Die Bundesrepublik muß auch auf diesem Gebiet mit der Zeit gehen. Sie darf nicht stehenbleiben." Ebenda.

15 In der Parteitagsrede endete der Absatz mit den Worten: „Wir werden ihn leisten." Ebenda.

16 Vgl. auch für die folgenden Zitate Brandt 1963.

17 Brandt ließ hier den Satz aus: „Unabhängig von der Notwendigkeit zur Zusammenarbeit, ja nicht einmal im Gegensatz dazu, blüht die Verschiedenartigkeit, die Mannigfaltigkeit, kurz das, was wir die Erscheinungsform des Pluralismus nennen." Brandt 1963, S. 82.

18 Hier fehlt der Einschub: „– unbeschadet der Sonderlage Berlins –". Ebenda, S. 83.

19 An dieser Stelle entfiel eine Passage von etwa einer Seite Länge, in der Brandt begründet hatte, warum aus seiner Sicht der Kommunismus dem Westen unterlegen war. Ebenda, S. 84 f.

20 In der Harvard-Rede hieß es „Trumpf" bzw. „trump". Ebenda, S. 85, und Brandt, Willy: The Ordeal of Coexistence. The Gustav Pollak Lectures at Harvard University 1962, Cambridge/Mass. 1963, S. 81. Ein Schreibfehler in der Vorlage ist auszuschließen, da auch im Manuskript der Rede Brandts in Tutzing, das an die Presse verteilt wurde, „Traum" statt „Trumpf" steht.

21 In der deutschen Fassung der Vorlesung in Harvard wählte Brandt das Wort „Stärke" statt „stark". Brandt 1963, S. 85.

22 Im Entwurf (Anm. 1) folgt noch ein Satz, den Brandt gestrichen hat: „Es gibt keinen Ausgleich von Interessen, wenn man die Interessen der anderen Seite ignoriert."

23 Der Satz hieß im Entwurf (Anm. 1): „Die Integrationsidee ist gescheitert". Der gesamte folgende Absatz ist von Brandt hs. eingefügt.

24 Gemeint ist die Rede Präsident Kennedys am 4. Juli 1962 in Philadelphia. Vgl. Public Papers of the Presidents of the United States. 1962, Washington D.C. 1962, S. 537 ff.

25 Gemeint ist die Rede Präsident Kennedys am Vorabend seines eintägigen Berlin-Besuchs in der Paulskirche in Frankfurt/Main. Dazu und zu den folgenden Sätzen über Präsident de Gaulle vgl. Nr. 90 und 97.

26 Vgl. dazu Nr. 91, Anm. 4.

27 Brandt hat ein Jahr später – nach einem Gespräch mit dem amerikanischen Außenminister Rusk – in einem Memorandum seine Gedanken zu einer neuen Politik gegenüber dem Osten zusammengefasst: „Über Beziehungen zu osteuropäischen Staaten und Völkern", in: AdsD, WBA, A 6, 169. Vgl. Einleitung.

28 Außenpolitik 11 (1960), 11, S. 717–723.

29 Im Entwurf (Anm. 1) heißt es statt der hs. Einfügung „liegt noch vor uns": „beginnt nun". Der ganze letzte Absatz der Rede Brandts ist im Entwurf hs. eingefügt.

Nr. 93

1 Nach dem Ende der Kuba-Krise im Herbst 1962 intensivierte die Regierung der DDR ihre Angebote zu Gesprächen mit dem Berliner Senat. Nach mehrfachen Konsultationen mit der Bundesregierung und mit den Westalliierten kam es ab dem 12. Dezember 1963 zu Besprechungen von Beauftragten des Senats mit Vertretern der DDR-Regierung. Am 17. Dezember 1963 wurde das „Protokoll" der ersten „Passierscheinregelung" unterzeichnet. Zu den Versuchen des Berliner Senats im Jahr 1961/62 siehe „Innerstädtischer Personenverkehr – eine chronologische Aufstellung der Bemühungen des Senats von Berlin zur Überwindung der Mauer" vom 15. Januar 1963, in: AdsD, Dep. Bahr, 1/EBAA 000893; zum Beginn der Verhandlungen siehe den geheimen „Vermerk über die Besprechungen mit der Gegenseite betr. Ausgabe von Passierscheinen für West-Berliner vom 12. Dezember 1963", in: LAB, B Rep 002/11766.

2 Der erste Bundespräsident, Theodor Heuss, war am 12. Dezember 1963, der Vorsitzende der SPD, Erich Ollenhauer, war am 14. Dezember 1963 gestorben.

3 Zu den Zweiflern gehörte auch Brandt. Er hatte vorsorglich eine Presseerklärung für den Fall des Scheiterns der Verhandlungen vorbereiten lassen mit der Überschrift „Keine Passierscheine". Siehe den Entwurf in: AdsD, WBA, A 3, 170.

4 Das „Protokoll" machte den Vorbehalt: „Beide Seiten stellen fest, daß eine Einigung über gemeinsame Orts-, Behörden- und Amtsbezeichnungen nicht erzielt wurde." Diese Klausel sollte für künftige Verhandlungen beispielhaft werden. Der Wortlaut des Protokolls in: LAB, B Rep 002/11766.

5 „Angst" hatte vor allem die Bundesregierung, dass die DDR die Passierscheinregelung ausnutzen könnte, um ihre Vorstellungen von Westberlin als einer „Freien Stadt" zu verwirklichen. Siehe dazu das Schreiben Erhards an Brandt vom 28. Dezember 1963 und dessen Erwiderung vom 29. Dezember 1963, in: AAPD 1963, S. 1671.

6 Für die weitere Entwicklung vgl. Nr. 94–95. Zur Sicht Brandts und Bahrs – im Rückblick – vgl. *Brandt* 1976, S. 101 ff. und *Bahr* 1996, S. 161 ff.

Nr. 94

1 Textvorlage für den Abdruck ist der vom Presse- und Informationsamt der Bundesregierung dokumentierte Wortlaut der Rundfunkerklärung Brandts, die in der Sendung „Zeit im Funk" des Hessischen Rundfunks am 28. Februar 1964 um 18.05 Uhr gesendet wurde. Er weicht nur geringfügig von der Vorabveröffentlichung im SPD-Pressedienst ab. Vgl. *SPD Pressemitteilungen und Informationen*, Nr. 78/64 vom 28. Februar 1964. Diese Pressemitteilung ist auch veröffentlicht in: DzD IV, Bd. 10: 1. Januar bis 31. Dezember 1964, bearb. von *Marie-Luise Goldbach* und *Karl-Günter Schirrmeister*, Frankfurt/Main 1980, S. 282 f. Für die Erklärung im Deutschen Fernsehen, die am selben Tag um 20 Uhr in der „Tagesschau" gesendet wurde, verwendete Brandt ein gekürztes ms. Manuskript. Siehe dazu auch die anhand der Pressemitteilung der SPD hs. vorgenommenen Streichungen und eingefügten Überleitungssätze, die mit dem Text des ms. Manuskripts übereinstimmen, in: AdsD, WBA, A 3, 174. Die Teile der Rundfunkerklärung, die im Manuskript für das Fernsehen von Brandt geändert bzw.

ausgelassen wurden, sind im hier abgedruckten Dokument kenntlich gemacht.

2   Der Berliner Senat ging von einer Fortsetzung der Verhandlungen über eine Passierscheinregelung für Ostern und Pfingsten 1964 aus. Die Bundesregierung hatte allerdings Vorbehalte. Siehe den „Vermerk über eine Besprechung des Bundeskanzlers Erhard mit dem Regierenden Bürgermeister Brandt" vom 17. Februar 1964, in: LAB, B Rep 002/11753. Am 27. Februar 1964 kam zu einer Unterbrechung der Gespräche, über die in der Presse auch polemisch gegen Brandt als den dafür Verantwortlichen berichtet wurde. Zum Verlauf und zum Scheitern der Verhandlungen im Februar 1964 siehe den geheimen Vermerk „Passierscheinregelung für Ostern und Pfingsten, chronologische Folge der Bemühungen um eine Zwischenregelung" vom 25. Februar 1964, in: LAB, B Rep. 002/11753; zur Pressereaktion vgl. „Gespräche über Passierscheine bis nach Ostern vertagt", in: *Die Welt* vom 28. Februar 1964.

3   Im ms. Manuskript für die Fernseherklärung wurde diese Passage gestrichen und statt dessen als Überleitung eingefügt: „Wir müssen uns Klarheit darüber verschaffen".

4   Dieser Einschub ist weder in der Vorabveröffentlichung des SPD-Pressedienstes noch im ms. Manuskript der Fernseherklärung enthalten.

5   Der Regierende Bürgermeister Brandt schrieb daraufhin in seiner neuen Funktion als SPD-Parteivorsitzender an die Vorsitzenden von CDU, CSU und FDP, Adenauer, Strauß und Mende.

6   In der Vorabveröffentlichung des SPD-Pressedienstes hieß es: „Fortsetzung".

7   Dieser Abschnitt ist im ms. Manuskript der Fernseherklärung nicht enthalten.

8   Diese Erklärung löste scharfen Widerspruch aus. Noch am gleichen Tage nahm die Bundesregierung dazu Stellung. Die Ausführungen Brandts seien „widersprüchlich und gefährlich". Brandt beharrte auf seinem Vorwurf, dass bisher unbestrittene Positionen nunmehr „aus CDU-Kreisen, auch durch ‚gelenkte Presseäußerungen' in der Öffentlichkeit in Frage gestellt worden seien". Deswegen müsse es zu einer Abstimmung der Positionen kommen. Die Stellungnahme der Bundesregierung in: *Bulletin des Presse- und Informationsamtes der Bundesregierung* vom 28. Februar 1964. Am 6. März 1964 trafen Erhard und Brandt zu einem Gespräch zusammen. Vgl. AAPD 1964, S. 305 ff. Vgl. auch Nr. 95.

Nr. 95

1   Das Gespräch des Bundeskanzlers mit dem Regierenden Bürgermeister fand am 30. April 1964 statt. An ihm nahmen noch weitere Vertreter der Bundesregierung und des Senats teil. Es sollten alle aktuellen politischen Probleme Berlins erörtert werden. Aus dem 6 1/2-seitigen ms. Vermerk, der am 2. Mai 1964 gefertigt wurde, werden hier nur die Ausführungen zum Tagesordnungspunkt „Passierscheine" abgedruckt.

2   Zu Beginn des Gesprächs wurde kurz über das Berlin-Hilfe-Gesetz gesprochen. Siehe zum Gespräch auch die hs. Notizen Brandts über die Themen, die er mit Erhard besprechen wollte, in: AdsD, WBA, A 6, 75.

3   Mit „Pause" ist die Unterbrechung der Passierscheingespräche über eine Regelung für Ostern und Pfingsten 1964 gemeint. Vgl. Nr. 94.

4   Dies ist das von der Bundesregierung und dem Berliner Senat am 27. Februar 1964 veröffentlichte gemeinsame Kommuniqué zur Unterbrechung der Passierscheingespräche. Darin hieß es, dass die Gespräche „an den politischen Forderungen der Sowjetzone gescheitert" seien. Man wolle aber

die Bemühungen fortsetzen. Siehe dazu den „Runderlaß" vom 3. März 1964, in: AAPD 1964, S. 292 ff.

5 Hier handelt es sich um die Ausgabe von Passierscheinen bei „dringenden Familienangelegenheiten" (Härtefälle). Mit „2 x 4" ist die Ausgabe von Passierscheinen gemeint, die zu 4 Besuchen berechtigten und zweimal im Jahr beantragt werden konnten.

6 „Präsenz" meint die Anwesenheit von „Ostbediensteten" in den Passierscheinstellen in Westberlin.

7 Das Protokoll vom 17. Dezember 1963 war in einer Form unterzeichnet worden, die von der Bundesregierung nur unter Vorbehalt akzeptiert worden war. Vgl. Nr. 93, Anm. 5.

8 Es geht um eine Tournee des Jazzorchesters Kurt Edelhagen in der DDR und um einen Auftritt des Moskauer Bolschoi-Balletts in Westberlin. Beides löste Fragen zum Status von Westberlin aus, da die DDR auch darüber versuchte, ihre Drei-Staaten-Theorie in die Praxis umzusetzen.

9 Das „Kulturabkommen" zwischen der Bundesrepublik und der Sowjetunion sollte bei den Verhandlungen über eine Verlängerung 1964 nach dem Willen der Bundesregierung und des Berliner Senats Westberlin mit einbeziehen, was von der Sowjetunion abgelehnt wurde.

10 Gemeint sind Kultur- oder Sportveranstaltungen, die auch die Teilnahme von Westberlin einschlossen und die von Trägern wie etwa dem Deutschen Städtetag oder dem Deutschen Sportbund organisiert wurden.

11 Im Folgenden wurde noch eine Reihe anderer Fragen sehr kurz erörtert. Die Palette reichte vom „Zeitungsaustausch" mit der DDR über die Möglichkeit eines Treffen mit Chruschtschow bis hin zur Frage der Alterssicherung.

12 Hs. paraphiert: „B".

Nr. 96

1 Der Regierende Bürgermeister Brandt besuchte vom 13. bis 21. Mai 1964 die USA. Senator Schütz und Senatspressechef Bahr begleiteten ihn. Am 15. Mai 1964 hielt Brandt vor der „Foreign Policy Association" in New York eine Rede zum Thema „Germany and the European Community". Am 16. Mai 1964 reiste er nach Washington weiter, hielt bei einem Essen der „Americans for Democratic Action" nochmals eine Rede und wurde am Vormittag des 18. Mai von Präsident Johnson empfangen. Zuvor und danach traf er mit Vertretern des Außenministeriums und auch mit Außenminister Rusk persönlich zusammen. Zum Verlauf der Reise siehe „Programm für die Reise [...] nach New York und Washington vom 13. Mai – 21. Mai 1964", in: AdsD, WBA, A 3, 180.

2 Am 18. Mai 1964 vormittags hatte Brandt in Washington mit mehreren Mitgliedern der „Berlin Task Force" des US-Außenministeriums gesprochen. Vgl. Anm. 1.

3 Daniel Bell war Professor für Soziologie an der Columbia Universität und seit 1964 (bis 1966) Mitglied der von Präsident Johnson berufenen Kommission für Technologie, Automation und wirtschaftlichen Fortschritt.

4 Henry Heald war von 1956 bis 1966 Präsident der Ford Foundation.

5 Mit „Wirbel" meint Brandt die Reaktion in den USA, vor allem aber in der deutschen Presse auf seine Äußerungen über de Gaulle in seiner New Yorker Rede vom 15. Mai 1964. Siehe den Redetext in: AdsD, WBA, A 3, 180; vgl. auch *Brandt 1994*, S. 247 f. Zur Reaktion in der deutschen Presse vgl. „Aufsehen um Rede Brandts in New York", in: *Die Welt* vom 16. Mai 1964. Vgl. auch Nr. 97.

6 „Monnet-Komitee" meinte das von dem französischen Europa-Politiker Jean

Monnet gegründete und von ihm als Vorsitzender geleitete „Aktionskomitee für die Vereinigten Staaten von Europa". Der ganze Absatz bis zum Schluss des Schreibens ist in den von Bahr stammenden Entwurf von Brandt hs. eingefügt worden. Die Sitzung des Monnet-Komitees fand am 1. und 2. Juni 1964 in Bonn statt. Während des Treffens wurde eine Erklärung über die „Multilaterale Atomstreitmacht" und über die deutsche Frage diskutiert und verabschiedet.

7 Gemeint ist damit das Gespräch mit Clay und McCloy während des Essens. Siehe die Briefe Brandts an Clay und McCloy vom 3. Juni 1964, in: AdsD, WBA, A 6, 99.

8 Die hier als Vorlage dienende Durchschrift ist nicht gezeichnet.

Nr. 97

1 Mit seiner Rede in Bad Godesberg wollte Brandt seine Vorstellungen für eine „vernünftige Außenpolitik" zusammenfassen, vor allem aber die aus seiner Sicht so missverstandenen Äußerungen in New York über de Gaulle ausführlich erläutern. Vgl. Nr. 96, Anm. 5. Die Rede Brandts vom 11. Juni 1964 ist auch veröffentlicht in: DzD IV/10 (1964), S. 674 ff.

2 Am 10. Juni 1963 hielt Präsident Kennedy an der American University in Washington D. C. eine Rede zum Thema „Toward a Strategy for Peace". Vgl. Einleitung. Brandt hielt sich zu diesem Zeitpunkt in den USA auf und nahm noch in New York dazu Stellung. Vgl. *Brandt* 1964, S. 183.

3 Gemeint ist die öffentliche Reaktion auf Brandts Rede vom 15. Mai 1964 in New York. Vgl. dazu Nr. 96, Anm. 5.

4 Mit dieser Frage zitiert Brandt seine eigene Rede vom 15. Mai 1964 in New York.

5 Die Tagung des nach dem französischen Europa-Politiker Jean Monnet genannten „Aktionskomitees" fand am 1./2. Juni 1964 in Bonn statt. Vgl. dazu Nr. 96, Anm. 6.

6 Siehe dazu die Aufzeichnung Brandts „Über Beziehungen zu osteuropäischen Staaten und Völkern" vom August 1964, in: AdsD, WBA, A 6, 169. Vgl. auch Einleitung.

7 Vgl. dazu Nr. 92.

Nr. 98

1 Die 26. Versammlung Deutscher Historiker fand vom 7. bis 11. Oktober 1964 in Berlin statt. Sie tagte im Henry-Ford-Bau der Freien Universität Berlin. Vorsitzender des Verbandes der Historiker Deutschlands war Professor Dr. Karl-Dietrich Erdmann; Rektor („Magnifizenz") der Freien Universität war Professor Dr. Herbert Lüers. Zum Verlauf der Tagung mit einer Zusammenfassung des Grußworts des Regierenden Bürgermeisters vgl. *Geschichte in Wissenschaft und Unterricht.* Beiheft, Stuttgart 1964. Siehe das hs. Manuskript der Rede, in: AdsD, WBA, A 3, 188.

2 Der Historikertag stand unter dem Generalthema „Koexistenz".

3 Der Regierende Bürgermeister Brandt hatte im Herbst 1962 auf Einladung der Harvard-Universität in Cambridge/USA zwei Vorlesungen zum Thema Koexistenz gehalten. Sie erschienen zusammen mit einer dritten, nicht gehaltenen Vorlesung im März 1963 als Buch unter dem Titel „Koexistenz – Zwang zum Wagnis".

4 Gemeint ist die „Berliner Blockade" in den Jahren 1948/49.

5 Gemeint ist die Erklärung des Regierenden Bürgermeisters Brandt zum „Berlin-Ultimatum" vom 27. November 1958. Vgl. Nr. 42.

6 Vgl. Nr. 93. Das zweite Passierscheinabkommen in Berlin war am 24. September 1964 vereinbart worden. Vgl. Nr. 99, Anm. 2.

7 Ausführlicher in: Nr. 94.

Nr. 99

1   Vgl. dazu Einleitung und *Shell* 1965, S. 379 ff.
2   Am 24. September 1964 wurde nach längeren, zeitweilig unterbrochenen Verhandlungen eine neue Passierscheinübereinkunft unterzeichnet, die hinsichtlich der Beantragung und der Abholung von Passierscheinen Verbesserungen enthielt.
3   Zu diesen von Brandt oft verwendeten Formulierungen, um die Notwendigkeit einer „Politik der kleinen Schritte" zu begründen, vgl. Nr. 97.
4   In den Passierscheinregelungen von 1963 und 1964 war festgelegt, dass Westberliner nur Verwandte in Ostberlin besuchen durften. Der Besuch von Verwandten in der Umgebung Berlins oder in den übrigen Regionen der DDR war Westberlinern nicht erlaubt.
5   Hierbei handelt es sich um ein von Außenminister Schröder entworfenes „Papier zur Deutschlandfrage", das auch als „Deutschland-Initiative" bezeichnet wurde. Der erste Entwurf dazu stammt vom 3. Januar 1964. Siehe dazu „Deutsch-Amerikanische Regierungsbesprechung" vom 29. Dezember 1963, in: AAPD 1963, S. 1708 ff.
6   Gemeint ist der Wahlkampf für die Bundestagswahl am 19. September 1965.
7   Die Voraussage war zu optimistisch. Als Bonner Politiker kam Vizekanzler Brandt erst zwei Jahre später – im Dezember 1966 – nach Berlin.

Nr. 100

1   Der *Telegraf* war seit 1946 eine zunächst sehr auflagenstarke SPD-nahe Berliner Tageszeitung. Lizenzträger und bis zur Einstellung der Zeitung auch Herausgeber war der Berliner Sozialdemokrat Arno Scholz. Seit Beginn der sechziger Jahre, vor allem aber nach dem 13. August 1961, geriet der *Telegraf* (zusammen mit seiner Boulevard-Ausgabe *nacht-depesche*) zunehmend in finanzielle Schwierigkeiten. Die Auflage ging zwischen 1960 und 1964 von 74 000 auf 52 000 verkaufte Exemplare zurück. Im Jahre 1964 hatte die Geschäftsführung des *Telegraf* über 1 Million DM Schulden gemacht, die nur durch Zuschüsse aus der „Konzentration AG", d. h. durch finanzielle Hilfe der SPD ausgeglichen werden konnten. Vgl. *Appelius, Stefan:* Heine. Die SPD und der lange Weg zur Macht, Essen 1999, S. 394 ff.
2   Im hs. Entwurf des Schreibens hieß es zu dem vorhergehenden Halbsatz: „wie das bisher nur von Kommunisten". Der unvollendete Halbsatz ist gestrichen und ersetzt durch: „der kaum zu qualifizieren ist". Siehe den Entwurf in: AdsD, WBA, A 6, 167.
3   Mehrere Rettungsversuche wurden überlegt. Ein internes Gutachten kam allerdings zu dem Ergebnis, dass der *Telegraf* auf dem Berliner Zeitungsmarkt, nicht zuletzt durch die übermächtige Konkurrenz der Zeitungen des Verlegers Axel Springer, nicht überlebensfähig sei. Empfohlen wurde die „Schaffung einer überregionalen Tageszeitung" mit Hilfe befreundeter Verleger, in der der *Telegraf* als Berlin-Ausgabe aufgehen könnte. Der Herausgeber Arno Scholz wehrte sich erfolgreich gegen diese Pläne. Erst im Jahre 1972 stellte der *Telegraf* sein Erscheinen ein. Die Schulden der Zeitung waren inzwischen auf 16 Millionen DM angewachsen. Zum internen Gutachten und zu den „Gestaltungsplänen" von Scholz siehe LAB, B Rep 002/5278, 5281, 5288. Zum Zusammenhang vgl. auch *Appelius* 1999, S. 421.
4   Die Durchschrift des vertraulichen Schreibens ist nicht unterschrieben. Vermerkt ist am Schluss, dass weitere Durchschriften an Wehner, Erler, Heine, Mattick und Schütz gehen sollten.

Nr. 101

1 Willy Brandt schrieb Albertz aus dem Wildbad Kreuth bei Tegernsee, wo er sich seit Ende Januar 1965 zu einer Kur aufhielt.

2 Gemeint ist die Regierungserklärung des Regierenden Bürgermeisters Brandt, die er zwei Jahre nach Bildung der sozialliberalen Koalition in der Mitte der Legislaturperiode vor dem Berliner Abgeordnetenhaus halten wollte. Der stellvertretende Senatspressechef Rudolf Kettlein hatte die verschiedenen Beiträge aus den einzelnen Senatsverwaltungen erhalten und zu einem „Vorentwurf" zusammengefügt. Siehe den Wortlaut der „Erklärung des Regierenden Bürgermeisters über die bisherige Arbeit des Senats und die Richtlinien seiner weiteren Tätigkeit", in: Abgeordnetenhaus von Berlin, IV. Wahlperiode, Stenographischer Bericht der Sitzung vom 4. März 1965.

3 Dies war das Presse- und Informationsamt (Abteilung III) und vor allem Egon Bahr, der aus dem „Vorentwurf" eine vortragbare Fassung machen sollte. Das Schreiben Brandts an Bahr vom 14. Februar 1965 in: AdsD, Dep. Bahr, 1/EBAA 000855.

4 „Kaul" meint den „SED-Staranwalt" Friedrich Karl Kaul, der auch bei den Westberliner Gerichten als Rechtsanwalt zugelassen war. Nach dem 13. August 1961 stand er mit einer Reihe anderer prominenter Ostberliner SED-Mitglieder, die Dauergenehmigungen der DDR zum Besuch Westberlins besaßen, auf einer vom Innensenator mit Zustimmung der Westalliierten zusammengestellten Liste „unerwünschter Personen", die nicht nach Westberlin einreisen durften. Im Jahre 1965 gab es Überlegungen, diese Liste stillschweigend ad acta zu legen. In der Regierungserklärung vom 4. März 1965 wurde dazu nichts gesagt.

5 Am 27. Mai 1952 hatte die Ostberliner Postbehörde sämtliche Telefonverbindungen zwischen Ost- und Westberlin unterbrochen. Der Berliner Senat wollte die Wiederherstellung von Telefonverbindungen zum Gegenstand „technischer Gespräche" machen und so die „Politik der kleinen Schritte" über „Passierscheinverhandlungen" hinaus ausweiten. In der Regierungserklärung vom 4. März 1965 wurde dies nicht thematisiert.

6 In der Regierungserklärung vom 4. März 1965 (vgl. Anm. 2) hieß es dazu: „Die Festwochen und die Internationalen Filmfestspiele werden ein neues Gesicht erhalten." Brandt ging dann auf Einzelheiten ein und verwies darauf, dass die Film- und Fernsehakademie unmittelbar vor ihrer Gründung stehe.

7 Nach dem 13. August 1961 war zum Boykott der auch in Westberlin von der Reichsbahn der DDR betriebenen S-Bahn aufgerufen worden. Der Boykott war in den ersten Jahren aus Westberliner Sicht ein Erfolg; er ließ allerdings nach drei Jahren allmählich nach. Vgl. *Shell* 1965, S. 203 ff.

8 Hans Günter Hoppe (FDP) war seit dem 11. März 1963 Finanzsenator. „Gesundheit" meint die vom Berliner Senat betriebene Gesundheitspolitik, für die ebenfalls ein FDP-Senator zuständig war.

9 „8. Mai" meint den 20. Jahrestag der Befreiung und der Kapitulation im Jahre 1945. Am 8. Mai 1965 endete zugleich auch die Verjährungsfrist für in der Nazi-Zeit begangene Morde. Über die angemessene Art, an diesen Tag zu erinnern, und über die Möglichkeit der Verlängerung der Verjährungsfrist gab es eine anhaltende öffentliche Diskussion.

Nr. 102

1 Bei der Textvorlage des hier abgedruckten Dokuments handelt es sich einschließlich der „Ergänzung" um einen von

Brandt gezeichneten ms. Vermerk. Der Regierende Bürgermeister besuchte Paris vom 1. bis 3. Juni 1965. Das Gespräch mit de Gaulle fand am 2. Juni 1965 statt. Der Vorbereitung darauf diente ein „Vermerk Für de Gaulle" vom 1. Juni 1965, der auf drei Seiten festhielt, was Brandt in dem Gespräch sagen und fragen wollte. Am 3. Juni 1965 traf er mit dem französischen Ministerpräsidenten Pompidou und Außenminister Couve de Murville zu Gesprächen zusammen. Am selben Tag hielt Brandt vor der unter dem Vorsitz von Carlo Schmid tagenden Parlamentarier-Konferenz der Westeuropäischen Union eine Rede. Siehe zu der Reise: „Offizielles Programm für den Besuch des Regierenden Bürgermeisters Brandt in Paris vom 1.–3. 6. 1965", in: AdsD, WBA, A 6, 104; zu der Rede vor der Parlamentarier-Konferenz siehe den Entwurf, in: AdsD, Dep. Bahr, 1/EBAA 000027. Das Gespräch mit de Gaulle resümierte Brandt Jahre später sehr ausführlich, wobei er dem hier abgedruckten Vermerk teilweise wörtlich folgte. Vgl. *Brandt* 1976, S. 42 f.

2   Brandt hatte vom 13. bis 22. April 1965 zusammen mit Fritz Erler die USA besucht. Im Gespräch mit dem amerikanischen Verteidigungsminister McNamara betonten beide, dass einige Aspekte der französischen Politik „unakzeptabel" seien. Vgl. dazu den Bericht von Botschafter Knappstein an das Auswärtige Amt vom 13. April 1965, in: AAPD 1965, bearb. von *Mechthild Lindemann* und *Ilse Dorothee Pautsch*, München 1996, S. 731 ff.

3   „Kennedy-Runde" meint die noch von Präsident Kennedy angeregten Verhandlungen über ein System von gegenseitigen Zollsenkungen.

4   Vgl. dazu *Jaksch, Wenzel:* Westeuropa, Osteuropa, Sowjetunion. Perspektiven wirtschaftlicher Zusammenarbeit, Bonn 1965.

5   Gemeint ist der Vorschlag de Gaulles, die Regelung der deutschen Frage durch die europäischen Nachbarn Deutschlands einschließlich der „europäischen" Sowjetunion zustande kommen zu lassen, die Vereinigten Staaten aber nicht mit einzubeziehen. Das hatten Brandt und Erler gegenüber Rusk „unakzeptabel" genannt. Vgl. Anm. 2.

6   Zum Inhalt des Gesprächs mit de Gaulle am 24. April 1963 in St. Dizier vgl. Nr. 90.

7   Im Jahre 1963 hatte de Gaulle noch darauf verwiesen, dass die Bundesregierung nicht um einen Besuch Berlins gebeten habe. Vgl. Nr. 90.

8   Die ms. Ergänzung ist auf einem besonderen Blatt angefügt.

9   Hs. paraphiert.

10 Von Brandt hs. angefügt.

Nr. 103

1   Textvorlage ist die erste von vier Ausfertigungen einer Vorlage für ein geheimes Fernschreiben, das am 22. Juni 1965 verschlüsselt nach Bonn abgesandt wurde.

2   Am 7. April 1965 tagte erstmals wieder seit 1958 der Deutsche Bundestag in Westberlin. Vor, während und nach der Plenarsitzung in der Berliner Kongresshalle kam es zu Schikanen und längeren Verzögerungen auf den Verbindungswegen nach Westdeutschland. Truppen der Sowjetunion und der DDR führten Manöver westlich von Berlin durch, bei denen es zu Hubschrauberflügen (der DDR-Luftwaffe) auch über Westberlin kam. Sowjetische Düsenjäger übten im Anflug auf die Kongresshalle Tiefflüge. Die Westalliierten protestierten am 6. und 7. April 1965 gegen die Behinderungen des Berlin-Verkehrs. Zu den Protesten der Westalliierten vgl. DzD IV, Bd. 11: 1. Januar bis 31. Dezember 1965, bearb. von *Marie-Luise Goldbach*, Frankfurt/Main 1978, S. 376 ff. und S. 381 ff.

3 Vgl. dazu „Flugvorschrift für Flugzeuge, die die Luftkorridore in Deutschland und die Kontrollzone Berlin befliegen [...] vom 22. 10. 1946", in: Dokumente zur Berlin-Frage 1987, S. 48–58.
4 Die Botschafter der drei Westmächte in Moskau übergaben dem sowjetischen Außenminister am 2. Juli 1965 eine Note, mit der gegen die Hubschrauberflüge protestiert wurde. Vgl. AAPD 1965, S. 1218.
5 Die ms. Ausfertigung ist nicht unterzeichnet.

Nr. 104
1 Die Textvorlage für die abgedruckten Notizen über Erhard ist Teil eines mehrere Seiten umfassenden Bündels von Notizen zu den verschiedensten politischen Fragen. Zu diesen Notizen gehört auch eine etwas längere Stellungnahme Brandts zu den Notstandsgesetzen und der Haltung der Gewerkschaften dazu. Siehe die Notizen vom 27. Juli 1965, in: AdsD, WBA, A 3, 214.
2 Zu den Vorbehalten Erhards gegenüber der Passierscheinregelung vgl. Einleitung sowie Nr. 94–95.
3 Der Absatz stand in den Notizen zunächst hinter dem folgenden Absatz. Brandt hat ihn mit einem Pfeil davor gesetzt.

Nr. 105
1 Am 25. September 1965 hatte Georg Ferdinand Duckwitz ein zweiseitiges hs. Schreiben an Brandt verfasst, nachdem Brandt seinen Entschluss bekanntgegeben hatte, der SPD künftig nicht mehr als Kanzlerkandidat zur Verfügung zu stehen. Duckwitz begrüßte diese Entscheidung. Er habe nie verstanden, dass Brandt sich in die Bonner Politik habe einspannen lassen, dass er sich „erneut der üblen Anwürfe politischer Gegner" ausgesetzt und dass er den Parteivorsitz übernommen habe. „Wenn es nach mir ginge – und ich stehe keineswegs allein unter Ihren Anhängern – würden Sie nur und ausschließlich der ‚Regierende' in Berlin sein, unabhängig, vom Parteiengezänk unerreichbar, und eben deshalb mit gewichtiger Stimme im Ausland. Dann sind Sie mehr als ein Parteivorsitzender, als Führer der Opposition oder gar als Kanzlerkandidat. Sie sind dann wieder Willy Brandt, der Berlin verteidigt und die Sache Berlins in seiner Person verkörpert. [...] Sollte ich Ihnen in Zukunft irgendwie von Nutzen sein können – ich habe mich vorzeitig pensionieren lassen – so lassen Sie es mich bitte wissen." Schreiben von Duckwitz an Brandt vom 25. September 1965 in: AdsD, WBA, A 6, 173.
2 Brandt hatte nach dem für ihn so enttäuschenden Ergebnis der Bundestagswahlen am 19. September 1965 viele Briefe von politischen Freunden erhalten, die ihm Mut machen wollten. Nicht wenige drängten ihn allerdings, nun als Oppositionsführer nach Bonn zu gehen. Brandt erwiderte allen, dass seine Entscheidung feststehe. „Ich gebe zu, daß der Abstand Bonn-Berlin nicht abgenommen, sondern eher zugenommen hat. Aber ich denke doch, daß es wichtig ist, Berlin noch einmal Impulse zu vermitteln und meiner Partei bei den Aufgaben zu helfen, die über den Tag hinausreichen." Siehe u. a. das Schreiben Harpprechts an Brandt vom 29. September 1965 und die Antwort von Brandt an Harpprecht vom 18. Oktober 1965, in: AdsD, WBA, A 6, 50.
3 Die letzten beiden Sätze sind nachträglich hs. in die bereits vom hs. Entwurf abgeschriebene Fassung eingefügt worden. Die Entwürfe in: AdsD, WBA, A 6, 49. Zu den Plänen Brandts hinsichtlich des Osthandels vgl. Nr. 106.
4 Die Durchschrift ist nicht unterzeichnet.

Nr. 106

1   Die Rede fußt auf zwei hs. Entwürfen Brandts vom 10. November und 20. November 1965, in denen er „Leitsätze zur Berlin-Politik" zusammengestellt hatte. Die Entwürfe in: AdsD, WBA, A 3, 221. In der Öffentlichkeit erregte die Rede einiges Aufsehen. Brandt habe der Gefahr einer „politischen Windstille" in Westberlin begegnen wollen, spekuliert wurde aber, „wohin Brandt nun wirklich hinaus wolle". Siehe dazu „Brandt wendet sich gegen Sorgen über ‚Berliner Geheimdiplomatie'", in: *Der Tagesspiegel* vom 7. Dezember 1965, und „Bürgermeister Brandt schmiedet viele Pläne. Das ökonomische Interesse Moskaus an West-Berlin soll geweckt werden", in: *Frankfurter Allgemeine Zeitung* vom 15. Januar 1966.

2   In den einführenden Sätzen blickt Brandt kurz auf die Berliner Krisen seit 1948 zurück.

3   Ausgelassen sind im Folgenden ausführliche Erörterungen der wirtschaftlichen Probleme Berlins. Brandt geht dabei auf die Verflechtungen des Bundes mit Berlin ein. Er weist auf den Arbeitskräftemangel in Berlin seit 1961 hin und diskutiert die Gefahr, dass Berlin zur „verlängerten Werkbank" für westdeutsche Unternehmen werden könne, die in Berlin lediglich Steuervorteile wahrnehmen wollten, ohne tatsächlich auch in Berlin zu produzieren. Brandt sieht ferner die Notwendigkeit, den Wohnungsbau zu fördern und westdeutsche und Berliner Arbeitnehmer gleichermaßen mit billigem Wohnraum zu versorgen. Berlin sollte aber vor allem eine Stätte der Bildung, Wissenschaft und Kultur werden.

4   Die Harvard-Vorlesungen wurden einschließlich einer dritten, nicht gehaltenen Vorlesung von Brandt im März 1963 unter dem Titel „Koexistenz – Zwang zum Wagnis" veröffentlicht. Die „Ausarbeitung vom Sommer 1964" meinte eine Aufzeichnung Brandts „Über Beziehungen zu osteuropäischen Staaten und Völkern" vom August 1964, die er dem amerikanischen Außenminister Rusk auf dessen Wunsch zugeschickt hatte und die im Januar 1965 auch der Öffentlichkeit zugänglich wurde. Der Wortlaut in: AdsD, WBA, A 6, 169.

5   Zur Haltung Brandts zum Vietnamkrieg vgl. Nr. 110.

6   Am 25. November 1965 war eine neue, die dritte Passierscheinübereinkunft unterzeichnet worden. Sie hatte nur eine Laufzeit von vier Monaten und sah die Möglichkeit von Besuchen vom 18. Dezember 1965 bis zum 2. Januar 1966 sowie in dringenden Familienangelegenheiten vom 29. Dezember 1965 bis 31. März 1966 vor.

7   Ausgelassen ist der Schlussappell Brandts mit der Aufforderung an alle Berliner, „Außergewöhnliches" zu leisten.

Nr. 107

1   Der Berliner Sozialdemokrat Erich Repschläger aus Berlin-Wilmersdorf hatte am 3. Januar 1966 an den Berliner SPD-Vorsitzenden Kurt Mattick geschrieben und sich als Anhänger Brandts bekannt, sich aber zugleich über einige Äußerungen des Regierenden Bürgermeisters in der Öffentlichkeit irritiert gezeigt. Brandt habe „vor der Presse und im Fernsehen die Proteste weiter Bevölkerungskreise, [...] die um die Silvester-Veranstaltung wegen der Teilnahme der kommunistischen Mauer-Befürworterin Gisela May entbrannten, als Hysterie bezeichnet. Außerdem waren seine jugendlichen Söhne bei der Generalprobe, die fast unter Ausschluß der Öffentlichkeit stattfand, anwesend. Ist es denn nicht möglich, daß ein so politisch bedeutsamer Mann seine Sprößlinge in die richtige Bahn len-

ken kann?" In seiner Antwort bat Mattick um Verständnis für Brandt, zumal der Umgang mit den Söhnen „in allen Fällen als eine Privatangelegenheit der jeweils Betroffenen anzusehen" sei. Die zitierten Schreiben in: AdsD, WBA, A 6, 166.

2   Der Kabarettist Neuss war in dem Schreiben von Repschläger nicht erwähnt worden, auf ihn bezogen sich aber die Warnungen Brandts vor einer „Hysterie" in der Stadt, nachdem Neuss an seiner Wohnungstür wegen seiner satirischen Äußerungen zur Berlin-Politik beschimpft und geschlagen worden war. Neuss hatte im Dezember 1965 den Aufruf der Berliner Zeitungsverleger zu einer Geldsammlung, um den Witwen in Vietnam gefallener amerikanischer Soldaten eine Abbildung der „Freiheitsglocke" schenken zu können, in einem Extrablatt von „Neuss Deutschland" wegen der „Einheitlichkeit in Geschmacklosigkeit" satirisch aufs Korn genommen. Daraufhin akzeptierten die Westberliner Zeitungen keine Anzeigen mehr, die für das neue Programm von Neuss warben. Die Westberliner Studentenorganisationen SDS, SHB und LSD, aber auch die SPD-nahe Jugendorganisation „Die Falken" solidarisierten sich mit Neuss – darunter als Berliner Jungfalken zwei Söhne von Brandt. Dennoch schloss der SPD-Landesvorstand Neuss nach einer Demonstration vor dem Amerika-Haus (vgl. Nr. 108), an der er beteiligt gewesen war, am 7. Februar 1966 aus der SPD aus. Zu den Briefwechseln zwischen Brandt und Neuss einschließlich einer zehnseitigen Darstellung der Ereignisse aus der Sicht Neuss' vom März 1966 siehe AdsD, WBA, A 6, 54.

3   Die Sängerin und Brecht-Interpretin Gisela May war die Lebensgefährtin des 1958 in der DDR zu zehn Jahren Zuchthaus verurteilten und Ende 1964 entlassenen Ostberliner Philosophen und Publizisten Wolfgang Harich.

4   Die Durchschrift ist nicht unterschrieben. Eine weitere Durchschrift ging an Kurt Mattick.

Nr. 108

1   Mehrere Berliner Studentenorganisationen hatten für den 5. Februar 1966 zu einem Protestmarsch in der Berliner Innenstadt gegen den Vietnamkrieg aufgerufen. Anlass war die Wiederaufnahme der Bombardierung Nordvietnams durch die Luftwaffe der USA. Rund 200 Studenten versperrten den Zugang zum Amerikahaus mit einem Sitzstreik. Sie bewarfen die Fassade des Hauses mit Eiern und versuchten, die amerikanische Fahne herunterzureißen. Die Demonstration, an der sich auch Mitglieder der SEW beteiligt hatten, fand in der Presse ein lebhaftes Echo. Der Regierende Bürgermeister Brandt erklärte vor dem Berliner Senat, dass sich „die Berliner [...] nicht in einen Gegensatz zu den alliierten Schutzmächten manövrieren" ließen. Er entwarf selbst die hier abgedruckte Presseerklärung, die am 7. Februar 1966 an die Presseagenturen gesandt und im *Pressedienst des Landes Berlin* veröffentlicht wurde. Siehe die hs. Entwürfe der Erklärung vor dem Senat und der Presseerklärung, in: AdsD, WBA, A 3, 225.

2   Im hs. Entwurf (Anm. 1) hieß es ursprünglich: „Politischer Extremismus nach der einen oder der anderen Seite [...]".

3   Im hs. Entwurf (Anm. 1) ist der Halbsatz: „und den sie unterstützenden SED-Leuten" nachträglich eingefügt.

4   Im Entwurf für eine Erklärung im Rundfunk hieß es dazu: „Nun gibt es bei uns noch die SED. [...] ich bin nicht dafür, dass den Kommunisten Narrenfreiheit eingeräumt wird, denn sie sind alles andere als

Narren. Friedliche Koexistenz ist das Gegenteil von ideologischem Appeasement." Der Entwurf der Erklärung in: AdsD, Dep. Bahr, 1/EBAA 000324.

5   Brandt übersandte seine Erklärung vom 7. Februar 1966 dem amerikanischen Stadtkommandanten. Er schrieb dazu: „Sie werden wissen, wie sehr ich das rowdyhafte Verhalten einiger Jugendlicher vor dem Amerikahaus bedauere. Wir sind uns sicher einig, wie falsch es wäre, den Berlinern ein solches Verhalten anzulasten." In seiner Erwiderung betonte der amerikanische Stadtkommandant, dass er die Demonstrationen nicht überbewerte und dass er sie auf keinen Fall als repräsentativ für das Verhalten der Berliner Bevölkerung ansehe. Der Briefwechsel findet sich in: AdsD, WBA, A 6, 171.

Nr. 109

1   Der Regierende Bürgermeister Brandt hielt sich anlässlich der Verleihung des „Freedom Award" an Präsident Johnson vom 21. bis 24. Februar 1966 in den USA auf. Er war als früherer Preisträger zu der Preisverleihung nach New York eingeladen worden und wollte die Gelegenheit zu Gesprächen nutzen. Siehe das Programm des Besuchs in: AdsD, WBA, A 6, 105.

2   Earl Warren war seit 1953 Oberster Richter (Chief Justice) im Obersten Gericht der USA (Supreme Court). Er leitete 1963/64 den von Präsident Johnson eingesetzten Ausschuss zur Untersuchung des Kennedy-Mordes und erstattete darüber im September 1964 seinen Bericht (Warren-Report). Robert Kennedy war seit 1965 Senator des Bundesstaates New York. Thurgood Marshall fungierte seit 1965 als Berater Präsident Johnsons in Rechtsfragen (Solicitor General).

3   Roy Wilkins war Nachfolger von Thurgood Marshall als Vorsitzender der National Association for the Advancement of Coloured People (NAACP).

4   Dean Rusk war US-Außenminister, Arthur Goldberg vertrat die USA als Botschafter bei den Vereinten Nationen.

5   Am 2. Februar 1966 war in Deutschland öffentlich bekannt geworden, dass die Bundesrepublik bis zum Januar 1966 2600 politische Häftlinge durch Warenlieferungen aus der DDR „freigekauft" hatte. Vgl. „Die Freilassung politischer Zonen-Häftlinge", in: *Frankfurter Allgemeine Zeitung* vom 2. Februar 1966.

6   Vgl. dazu Nr. 108.

7   Brandt hatte mit Hubert Humphrey schon länger Kontakt.

8   Der indische Ministerpräsident Shastri war am 11. Januar 1966 in Taschkent, einen Tag nach dem Abschluss des Taschkent-Abkommens, plötzlich gestorben. Die Verhandlungen vom 3. bis 10. Januar 1966 in Taschkent sollten den indisch-pakistanischen Krieg beenden. Der sowjetische Ministerpräsident Kossygin und der sowjetische Botschafter in Indien, Scheljepin, waren die Vermittler.

9   Für Brandts Haltung zum Vietnamkrieg vgl. Nr. 108 und 110.

10 Charles de Gaulle war am 19. Dezember 1965 im zweiten Wahlgang mit über 55 % der abgegebenen Stimmen wiedergewählt worden. Anfang März 1965 teilte der französische Präsident dem amerikanischen Präsidenten Johnson mit, was er zuvor bereits in einer Pressekonferenz angedeutet hatte: Frankreich werde sich aus den militärischen Kommandostrukturen der NATO zurückziehen und die Verlegung des NATO-Hauptquartiers aus Frankreich fordern.

11 George McGhee war seit Mai 1963 Botschafter der USA in Bonn. Er vertrat in der umstrittenen Frage der amerikanischen Stationierungskosten in der Bundesrepublik eine andere Haltung als Präsident

Johnson. Vgl. *MacGhee* [!], *George:* Botschafter in Deutschland 1963–1968, München 1989.

12   Den am 25. Februar 1966 notierten Vermerk sandte Brandt noch am gleichen Tage an Außenminister Schröder, der sich für die Information am 2. März 1966 bedankte. Siehe das Anschreiben von Brandt an Schröder vom 25. Februar 1966 und das Antwortschreiben Schröders vom 2. März 1966, in: AdsD, WBA, A 6, 105.

13   Ms. Die Durchschrift ist nicht unterzeichnet.

Nr. 110

1   Der langjährige Vorsitzende und auch nach seinem Rücktritt noch anerkannte Sprecher der Socialist Party der USA, Norman Thomas, hatte Brandt am 23. Februar 1966 geschrieben, an dem Tag, an dem Präsident Johnson in New York den Freedom Award erhielt und an dem Brandt mit Präsident Johnson aus diesem Anlass zusammentraf. Norman Thomas, der Brandt von einem Besuch in Berlin kannte, begrüßte in dem Schreiben Johnsons „Feldzug gegen die Armut", übte aber zugleich scharfe Kritik an der Außenpolitik der USA, vor allem am Krieg in Vietnam. Brandt wollte seine Antwort an Thomas nutzen, um seine und die Haltung der SPD zum Vietnam-Krieg insbesondere nach seinem Gespräch mit Präsident Johnson am 23. Februar 1966 in New York auch öffentlich noch deutlicher zu machen. Am 4. März 1966 beschloss deshalb das Präsidium der SPD, das Schreiben von Thomas und Brandts Antwort zu publizieren. Siehe Sitzung des Präsidiums vom 4. März 1966, in: AdsD, SPD-PV, Präsidium Protokolle 1966. Bahr, der Brandt in die USA begleitet hatte, fertigte einen Entwurf, der in einigen Punkten von dem abgesandten Schreiben abwich. Siehe den Entwurf in: AdsD, Dep. Bahr, 1/EBAA 000325. Die veröffentlichte Fassung ist bis auf die Schluss- und Grußformel identisch mit dem hier abgedruckten Schreiben. Der Wortlaut des Schreibens von Thomas und Brandts Antwort in: *Tatsachen – Argumente*, Nr. 190/66.

2   Vgl. Nr. 109.

3   Am 25. Februar 1966 berichtete Brandt dem Präsidium der SPD über die USA-Reise: „Die Vietnam-Debatte in den USA ist ungleich härter als vergleichbare Diskussionen in Europa. [...] Die amerikanische Diskussion zeigt, daß Offenheit, die auch sogenannte Tabus einschließt, einer Nation ihre Möglichkeiten bewußt macht, sie darin einen und damit stärken kann." Der Bericht ist veröffentlicht in: *Tatsachen – Argumente*, Nr. 188/66.

4   Im Entwurf Bahrs (Anm. 1) war dieser Satz nicht enthalten. Brandt wollte damit gegen die in der Presse zu findende Meinung sprechen, dass in Vietnam auch Berlin verteidigt werde.

5   Dieser Satz und die folgenden Sätze fehlen im Entwurf Bahrs.

6   Die Durchschrift ist nicht unterschrieben. Der Kopf des Briefes (nachträglich eingefügt) lautet: „Sozialdemokratische Partei Deutschlands – Der Parteivorstand". Als Absendeort ist Bonn angegeben.

Nr. 111

1   Der Regierende Bürgermeister Brandt notierte den mit seiner Paraphe abgezeichneten ms. Vermerk am 22. März 1966. Am 18. März teilte Brandt dem Präsidium der SPD vertraulich mit, dass er am 21. März 1966 „in der Wohnung von [Berthold] Beitz mit Smirnow zusammentreffe. Smirnow fahre am 24. 3. 1966 nach Moskau". Siehe die Sitzung vom 18. März 1966, in: AdsD, SPD-Präsidium, Protokolle 1966. Im späteren Rückblick auf das Treffen irrte sich Brandt zwar im Datum, stellte aber sein

Treffen mit Smirnow stets in einen Zusammenhang mit seinen Begegnungen mit dem sowjetischen Botschafter in der DDR, Abrassimow, im Frühsommer und Herbst 1966. Vgl. *Brandt 1976*, S. 114, und *Brandt 1994*, S. 174. Vgl. Nr. 112–113 und 116–117.

2   Am 25. März 1966 berichtete Brandt dem Präsidium der SPD über das Treffen. Protokolliert wurden allerdings nur die im Vermerk aufgezählten Punkte, über die Smirnow nicht mit ihm habe sprechen wollen. Der Rest des Gesprächs sollte vertraulich bleiben und wurde im Protokoll der Sitzung nicht wiedergegeben. Zur Sitzung vom 25. März 1966 siehe: AdsD, SPD-PV, Präsidium Protokolle 1966.

3   Gemeint sind „staatliche Kontakte" des Berliner Senats zur DDR oder der Sowjetunion ohne Beteiligung der Bundesregierung. Sie waren für den Berliner Senat und für die Bundesregierung ein nicht akzeptables Zugeständnis an die „Drei-Staaten-Theorie".

4   Hier geht es um Überlegungen des Berliner Senats über eine „Freihandelszone" Westberlin. Da die Sowjetunion sich weigerte, bei Handelsabkommen mit der Bundesrepublik Westberlin mit einzubeziehen, sollten solche Überlegungen helfen, Westberlin nicht zur „Provinzstadt" verkümmern zu lassen. Vgl. *Der Tagesspiegel* vom 25. Februar 1966.

5   Die Sowjetunion weigerte sich, Westberlin in Kulturabkommen mit der Bundesrepublik einzubeziehen. Der Berliner Senat wollte deshalb mit Hilfe von besonderen „Trägerschaften" kulturpolitische Kontakte zu Ostblockländern einschließlich der DDR knüpfen. Dadurch sollte die „Isolierung" Westberlins aufgehalten werden.

6   Brandt spielt auf die Verhandlungen an, die kurz zuvor für eine Passierscheinregelung 1966 wieder begonnen hatten. Vgl. dazu Nr. 114.

7   Der Bundestagsabgeordnete und stellvertretende SPD-Fraktionsvorsitzende Helmut Schmidt plante, im Sommer 1966 zusammen mit seiner Ehefrau, seiner Tochter und einem persönlichen Referenten eine private Urlaubsreise mit eigenem Auto in die Sowjetunion zu machen. Schmidt besuchte Leningrad und Moskau. In Moskau traf er mit dem damaligen stellvertretenden Außenminister und späteren Botschafter in Bonn, Semjonow, zusammen. Vgl. *Schmidt, Helmut:* Menschen und Mächte, Berlin 1987, S. 24 ff.

8   Am 18. Dezember 1962 hatte die Bundesregierung ein Ausfuhrverbot für Pipeline-Röhren in die Sowjetunion verhängt. Das „Röhrenembargo" sollte eine Stärkung des militärischen Potenzials der Sowjetunion verhindern.

9   Gemeint ist der Briefwechsel zwischen der SPD und der SED im Frühjahr 1966 zur Vorbereitung eines schließlich gescheiterten „Redneraustauschs". Vgl. Berliner Ausgabe, Bd. 4, Nr. 65–66.

10   Hs. paraphiert.

Nr. 112

1   Die Textvorlage für das hier abgedruckte Dokument ist eine ms. Abschrift des von Brandt hs. am 8. Mai 1966 notierten Vermerks. Die Abschrift ist textidentisch mit dem hs. Vermerk, weist aber jeweils am Rand jeder der fünf Seiten zum Teil durch Anführungszeichen als wörtliche Zitate ausgewiesene hs. Ergänzungen auf. Auf sie wird in den Anmerkungen verwiesen. Am Ende der Abschrift hat Brandt eine längere Ergänzung hs. angefügt, die mit in das hier abgedruckte Dokument aufgenommen ist. Siehe den hs. Vermerk Brandts, in: AdsD, WBA, A 6, 74. Zum Resümee vgl. *Brandt*

1994, S. 174. Zur Vorgeschichte und zu den Vorgesprächen vgl. *Brandt 1976*, S. 114f.
2   Am Rande hs.: Chrustalov + Übersetzer.
3   Am Rande hs.: Energie, Landwi[rtschaft] liegen noch zurück – Bevölkerung hat Anspruch.
4   Am Rande hs.: Vater + Bruder verloren Nicht gegen mich, selbst von Nazis verfolgt.
5   Am Rande hs.: Recht d[es] Volkes, Theoretiker.
6   Am Rande hs.: Dulles Vorstellung: B[undes]wehr + NVA Sowjet[isches] Interesse vs. beiden Teilen D[eu]t[sch]l[ands].
7   Am Rande hs.: „Opfer": SU liefert Rohstoffe „Sie haben doch Einfluß?" Ego: die 150-Prozentigen.
8   Am Rande hs.: Japan, Frankr[eich], Engl[and] etc.
9   Am Rande hs.: „Wünsche" – N[ord]R[hein]W[estfalen] – Unterschied zur CDU Span[ien], Port[ugal], (Äg[ypten], Algerien). „Spanien, Portugal" dürfte für einen Hinweis von Abrassimow stehen, dass damals in Europa außer in der Bundesrepublik nur noch in den Diktaturen Spanien und Portugal die kommunistische Partei verboten war. „(Äg[ypten], Algerien)" könnte eine Replik Brandts sein, dass auch in diesen mit der Sowjetunion befreundeten Staaten kommunistische Betätigung untersagt war.
10 Am Rande hs.: Ob[erster] Sowjet nur in Moskau Ego: KPD-Antrag A[brassimow]: Vor Frühjahr nicht leicht gefallen, sehr gefährlich. Mit KPD-Antrag meint Brandt einen Antrag der KPD-Fraktion im 1. Deutschen Bundestag vom 3. November 1949. Darin forderten die Kommunisten, dass die leitenden Bundesorgane ihren Sitz nach Berlin – in die Hauptstadt Deutschlands – verlegen sollten und der Bundestag alsbald dort zusammentreten müsse. Vgl. *Brandt 1957*, S. 16.

11 Am 6. April 1966 stürzte ein sowjetisches Kampfflugzeug bei Luftmanövern über Berlin in den Stössensee. Die beiden Piloten fanden den Tod. In einer Rundfunksendung würdigte Brandt die beiden Piloten, die offensichtlich den Absturz über dichtbesiedelten Wohngebieten vermeiden wollten und sich dadurch nicht mehr selbst retten konnten. Vgl. *Pressedienst des Landes Berlin* vom 25. April 1966.
12 Am Rande hs.: weniger als Helsinki-L[enin]grad.
13 Am Rande hs.: „unrechtm[äßiger] Anspruch auf B[erlin]-Klausel".
14 Am Rande hs.: „Sie haben in Richter ein[en] Propag[andisten] gegen Westberlin". Einige Sätze weiter hs. am Rande: Nabokov habe mir gesagt, er wolle Stein sehen A[brassimow]: bereit, mit St[ein] zu sprechen. Gemeint ist der sowjetische Pianist Richter, der wegen der fehlenden Berlin-Klausel im deutsch-sowjetischen Kulturabkommen während einer Tournee in der Bundesrepublik nicht in Westberlin auftreten durfte.
15 Am Rande hs.: keine Privilegierung. Brandt wollte Abrassimow nicht aufsuchen, während alle anderen Westberliner nicht nach Ostberlin oder ins Umland fahren konnten. Vgl. dazu Nr. 113 und *Brandt 1976*, S. 118.
16 Der Vermerk ist nicht unterzeichnet.
17 Auf der letzten Seite des ms. Vermerks sind die folgenden Notizen hs. angefügt. „Ego" meint Brandt.

Nr. 113

1   Die Textvorlage für das hier abgedruckte Dokument ist eine ms. Abschrift eines hs. Vermerks von Brandt vom 7. Juni 1966. Die Abschrift stammt vom gleichen Tage und ist mit der hs. Paraphe Brandts gezeichnet. Die Abschrift weist am Rande der beiden Seiten jeweils zum Teil durch

Anführungszeichen als wörtliche Zitate ausgewiesene hs. Ergänzungen auf. Auf sie wird in den Anmerkungen hingewiesen. Dem hs. Vermerk Brandts angefügt ist eine hs. Anweisung Brandts vom 8. Juni 1966 an den Chef der Senatskanzlei, Spangenberg, dass der Vermerk „zur mündlichen Unterrichtung der Verb[indungs]-Offiziere" der westalliierten Stadtkommandanten dienen soll. Eine weitere Kopie sei für Senator Schütz, „damit er das A[uswärtige]A[mt] unterrichten kann – ebenfalls mündlich + nicht durch Übergabe des Vermerks". Die Anweisungen wurden noch am 8. Juni bzw. am 9. Juni 1966 erledigt. Die Anweisung zur nur mündlichen Unterrichtung des Auswärtigen Amtes wurde offenbar nicht befolgt. Siehe den hs. Vermerk Brandts und seine Anweisungen in: AdsD, WBA, A 6, 74. Vgl. auch *Brandt* 1976, S. 118 f.

2 Am Rande hs.: Glückwunsch Vgl. Karlsruhe Vietnam.

3 Der SPD-Parteitag in Dortmund fand vom 1. bis 5. Juni 1966 statt. Er verabschiedete eine Entschließung über die „Möglichkeiten einer gesamteuropäischen Politik" und eine Entschließung zur „Deutschlandpolitik unter den sich ändernden weltpolitischen Bedingungen". Vgl. Protokoll der Verhandlungen des Parteitages der Sozialdemokratischen Partei Deutschlands vom 1. bis 5. Juni 1966 in Dortmund, Hannover-Bonn 1967.

4 Vgl. „Was Wehner in Dortmund vergessen hat", in: *Neues Deutschland* vom 6. Juni 1966. Der Artikel wurde als „Leserbrief" veröffentlicht.

5 Am Rande hs.: Mehr? „Welt": Sie wollen Gemeinsamkeit mit CDU.

6 Gemeint ist der geplante und schließlich gescheiterte „Redneraustausch" im Frühjahr 1966, bei dem in Karl-Marx-Stadt (Chemnitz) und in Hannover jeweils Redner von SPD und SED öffentlich hätten sprechen sollen.

7 Am Rande hs.: Kultur: Stein Ölleitung nach B[er]l[i]n?

8 Am Rande hs.: „abholen", Landhaus. Im Rückblick schrieb Brandt darüber ausführlicher. Abrassimow habe ihn gefragt: „Wie es mit einem Ausflug zu seinem Ferienhaus außerhalb Berlins wäre?" Ein Ausflug ins Umland von Berlin wäre eine „Privilegierung" gewesen, da die Passierscheinregelungen stets nur für Ostberlin galten. Vgl. Anm. 1.

9 Am Rande hs.: „Ist Schmidt Ihr Freund?" Zum Besuch Schmidts vgl. Nr. 111, Anm. 7.

10 Der britische Premierminister war vom 22. bis 24. Februar 1966, der norwegische Ministerpräsident vom 30. Mai bis 9. Juni 1966 und der schwedische Ministerpräsident vom 10. bis 17. Juni 1966 in der Sowjetunion.

11 Am Rande hs.: „Ich mache dauernd Vorschläge" – „Ich registriere Sie genau." Zur Absage des Treffens mit Chruschtschow im Jahre 1963 vgl. Nr. 84–86.

12 Hs. paraphiert.

Nr. 114

1 Textvorlage für das hier abgedruckte Dokument ist ein hs. Vermerk Brandts. Herbert Wehner erhielt am 13. September 1966 eine Abschrift des Vermerks.

2 Aufgrund der am 24. September 1964 protokollierten zweiten Passierscheinregelung war im Oktober 1964 eine „Passierscheinstelle für dringende Familienangelegenheiten" („Härtestelle") eingerichtet worden. Bei Geburten, Eheschließungen, lebensgefährlichen Erkrankungen und Sterbefällen konnten Westberliner ohne Verzögerung einen Passierschein für den Besuch in Ostberlin erhalten. Die Regelung

lief nach einmaliger Verlängerung am 30. Juni 1966 aus. Die Verhandlungen über eine weitere Verlängerung waren schwierig, konnten aber kurz vor der drohenden Schließung der „Härtestelle" erfolgreich abgeschlossen werden. Der Protokollentwurf und der Entwurf einer bei Unterzeichnung abzugebenden Erklärung, dass man sich über Amts- und Ortsbezeichnungen nicht habe einigen können („Salvatorische Klausel"), wurden nach Bonn übermittelt. Am 4. Juli 1966 beschloss das Bundeskabinett unter Vorsitz von Bundeskanzler Erhard, das Protokoll könne in der vorliegenden Form nicht unterzeichnet werden. Für die „Salvatorische Klausel" wurden zwei Formulierungsvarianten gefunden, über die neu zu verhandeln sei. Die „Härtestelle" musste daraufhin ihre Tätigkeit einstellen. Siehe zum Verlauf der Verhandlungen bis zum 4. Juli 1966 die Niederschriften über die vier Gespräche über die Verlängerung der Passierscheinregelung, in: LAB, B Rep 002/11847.

3   Im Vermerk stand zunächst: „grotesk". Das Wort ist gestrichen und durch „verwunderlich" ersetzt. Der Halbsatz: „und in der in Bonn für richtig gehaltenen Art der Behandlung" ist am Rande eingefügt.

4   Gescheitert war nur eine allgemeine Passierscheinregelung. Die Verhandlungen über eine „Härtestelle" wurden abgetrennt und am 6. Oktober 1966 mit der Unterzeichnung einer neuen Vereinbarung erfolgreich abgeschlossen. Siehe zu den gescheiterten Verhandlungen im Herbst 1966: LAB, B Rep 002/11760.

5   Hs. paraphiert.

Nr. 115

1   Günter Hammer war Journalist bei der *Westfälischen Rundschau* in Dortmund. Er hatte in seinem Telegramm mit offenbar sehr harschen Worten um Auskunft gebeten, ob die Meldung über den an Hilde Schramm übersandten Blumenstrauß stimme. Der genaue Wortlaut des Telegramms konnte nicht ermittelt werden.

2   Brandt hatte Hilde Schramm anlässlich der Entlassung ihres Vaters, Albert Speer, aus dem Spandauer Kriegsverbrechergefängnis am 29. September 1966 durch einen Boten einen Blumenstrauß überbringen lassen. Der SPD-nahe *Telegraf* schrieb nach einem Bericht über den „Rummel um Schirach und Speer" in einem Kommentar: „Nur wenige Berliner dürfte es geben, die für die merkwürdige Blumenovation Brandts Verständnis aufbringen werden." Der Hinweis an die Presse, Brandt habe als Privatmann, nicht als Regierender Bürgermeister agiert, fand noch weniger Verständnis. Viele Berliner Sozialdemokraten kritisierten in Leserbriefen an Zeitungen und in Parteiversammlungen das Verhalten Brandts. Es gab Parteiaustritte.

3   Brandt meinte einen Besuch Hilde Schramms bei Albertz und Brandt im Jahre 1962. Auch damals hatte der Regierende Bürgermeister bereits einen Brief an Hilde Schramm geschrieben. Vgl. Nr. 81.

4   Der Satz bezieht sich auf die in einigen Zeitungen berichtete Falschmeldung, Brandt habe Speer einen Blumenstrauß geschickt.

5   Brandt hatte 1946 als Berichterstatter für norwegische Zeitungen über den Kriegsverbrecherprozess in Nürnberg berichtet. Über das Auftreten Speers im Prozess schrieb er später: „Speer war wohl der einzige, der sich [...] zu seiner Verantwortung bekannte und – wie ich es damals empfand und schrieb – im Schlußwort etwas von dem gefährlichen Mechanismus erklärte, der den Technokraten zum Werkzeug des schlechthin Bösen werden läßt." *Brandt* 1982, S. 407.

6 Brandt war über das geringe Verständnis auch vieler Sozialdemokraten weiterhin empört. An den Herausgeber und Chefredakteur des Berliner *Telegraf*, Arno Scholz, schrieb er daher Ende Oktober: „Die rücksichtslose Art, in der der ›Telegraf‹ die gewiss umstrittene Angelegenheit mit meinem Brief an Frau Schramm behandelte, hat mich erschreckt. Es geht nicht um den Standpunkt, den ich gelten lassen muß, sondern darum, daß nicht der geringste Versuch unternommen wurde, mich selbst zu hören, und daß auch tatsächlich nicht zutreffend berichtet wurde." Schreiben Brandts an Scholz vom 27. Oktober 1966 in: AdsD, WBA, A 6, 53.

7 Die Abschrift des Fernschreibens ist nicht hs. unterschrieben.

Nr. 116

1 Die Textvorlage für das hier abgedruckte Dokument ist eine ms. Abschrift des von Brandt hs. notierten Vermerks vom 13. Oktober 1966. Die Abschrift stammt vom gleichen Tage. Sie ist auch textidentisch mit dem am 13. Oktober 1966 als Fernschreiben an Senator Schütz nach Bonn übermittelten Vermerk. Siehe den hs. Vermerk Brandts und das Fernschreiben an Schütz vom 13. Oktober 1966, in: AdsD, WBA, A 6, 74.

2 Der Satz ist identisch mit der Presseerklärung des Senatspresseamtes vom 13. Oktober 1966 über das Treffen. Über den Inhalt des Gesprächs wurden keine weiteren öffentlichen Angaben gemacht. Die Presse beschränkte sich daher auch weitgehend auf die Wiedergabe der Presseerklärung.

3 In der Erklärung des Ministerrats der Sowjetunion vom 20. September 1955 heißt es u. a.: „Dem Botschafter der UdSSR in der DDR sind die Funktionen der Aufrechterhaltung der entsprechenden Verbindungen zu den Vertretern der USA, Großbritanniens und Frankreichs in der Deutschen Bundesrepublik in Fragen, die sich aus den Beschlüssen der vier Mächte über Gesamtdeutschland ergeben, übertragen worden." Zum Text in Auszügen vgl. Dokumente zur Berlin-Frage 1987, S. 241 f.

4 In seiner schriftlich vorgenommenen Interpretation der Presseerklärung Abrassimows hatte Brandt nicht nur statt „in der DDR" den Straßennamen „Unter den Linden" eingefügt, sondern auch die falsche Amtsbezeichnung Regierender Bürgermeister von „West-Berlin" in „Berlin" verändert. Siehe die „Überarbeitung" einschließlich der hs. Streichungen Brandts in: AdsD, WBA, A 6, 74.

5 Karl König war seit dem 4. November 1965 als Nachfolger Karl Schillers Berliner Senator für Wirtschaft.

6 „Komplex Lietzenburger Straße" meinte das Haus in der Lietzenburger Straße 11 im britischen Sektor, das seit den zwanziger Jahren Eigentum der Sowjetunion war und bis 1941 die Wirtschaftsabteilung der sowjetischen Botschaft beherbergte. Seither stand es weitgehend leer und verfiel. Ein Umbauantrag der Sowjetunion an die Westberliner Bezirksverwaltung war zurückgewiesen worden, da der britische Stadtkommandant zuständig sei. Beim Treffen am 29. September 1966 hatte Abrassimow den Plan vorgetragen, das Haus durch einen „Geschäftsmann" instandsetzen und vermieten zu lassen". Abrassimow wollte Büros zur Förderung des Handels mit der Sowjetunion darin einrichten. „Intourist" war das schon seit 1932 in Berlin tätige sowjetische Reisebüro, das 1960 in Westberlin eine Filiale eröffnet hatte. Nach dem Mauerbau 1961 war die Schließung immer wieder im Gespräch. Siehe zu den Plänen Abrassimows die „Aufzeichnung des Ministerialdirektors Ruete" vom 13. Okto-

ber 1966, in: AAPD 1966, bearb. von *Matthias Peter* und *Harald Rosenbach*, München 1997, S. 1351.
7 Vgl. dazu Nr. 112, Anm. 2. Die Schreibweise des Namens ist nicht identisch.
8 Im hs. Vermerk (Anm. 1) stand zunächst: „recht" statt „relativ".
9 Der Satz ist im hs. Vermerk (Anm. 1) nachträglich eingefügt.
10 Im hs. Vermerk (Anm. 1) folgte ursprünglich der Halbsatz: „auch im Hinblick auf meine Person". Der Halbsatz wurde noch im hs. Vermerk gestrichen.
11 Das letzte Treffen im Jahre 1966 fand am 22. November statt. Vgl. Nr. 117.
12 Hs. paraphiert.

Nr. 117
1 Textvorlage des hier abgedruckten Dokuments ist der von Bahr mit seiner Paraphe abgezeichnete ms. Vermerk. Der Vermerk ist nicht datiert. Das Treffen am 22. November 1966 war die letzte von insgesamt fünf Begegnungen Brandts mit Botschafter Abrassimow im Jahre 1966. Zum Verlauf des Gesprächs und zum Resümee vgl. *Brandt* 1976, S. 121 f. Vgl. auch „Das fünfte Treffen Brandt-Abrassimow. Fünf Stunden zusammen in West-Berlin – Kontakt geht weiter", in: *Frankfurter Allgemeine Zeitung* vom 29. November 1966.
2 Die rechtsextremistische NPD hatte bei den Landtagswahlen im November 1966 in Bayern 7,4 % (15 Mandate) und in Hessen 7,9 % der abgegebenen Stimmen (8 Mandate) erhalten.
3 Das Scheitern der Passierscheinverhandlungen deutete sich bereits an. Am 2. Dezember 1966 musste Bürgermeister Albertz der Berliner Bevölkerung mitteilen, dass es erstmals seit 1963 für die Weihnachtstage keine Passierscheine geben werde. Vgl. auch Nr. 114.

4 Gemeint sind offenbar die Versuche der SED, im Vorfeld der Koalitionsgespräche in Bonn führende Sozialdemokraten ins Zwielicht zu setzen. Siehe dazu den Vermerk Bahrs vom 23. November 1966, in: AdsD, Dep. Bahr, 1/EBAA 000787.
5 Am 9. Dezember 1966 berichtete Brandt, inzwischen Vizekanzler und Außenminister, dem Präsidium der SPD: „Eine Reise nach Moskau habe zur Debatte gestanden. Er sei nicht abgeneigt, als Außenminister eine solche Reise z[u] geg[ebener] Z[eit] anzutreten." Zur Sitzung vom 9. Dezember 1966 siehe AdsD, SPD-PV, Präsidium Protokolle 1966.
6 Hs. paraphiert. Eine angeheftete Notiz verweist darauf, dass Herbert Wehner den Vermerk eingesehen hat.

Nr. 118
1 Textvorlage des hier abgedruckten Dokuments ist ein zehnseitiges ms. Manuskript, das inhaltlich nicht wesentlich von der auf dem Landesparteitag gehaltenen längeren Rede abweicht. Dem Manuskript ist der Satz vorangestellt: „Auf der außerordentlichen Tagung des 23. Landesparteitages der Berliner SPD führte der Vorsitzende der Sozialdemokratischen Partei Deutschlands, Vizekanzler und Bundesaußenminister Willy Brandt, unter anderem folgendes aus: [...]". In seiner Rede auf dem Landesparteitag blickte Brandt zunächst in sehr persönlichen Worten auf seine Berliner Zeit zurück und erinnerte sich an seine verstorbenen politischen Weggefährten von Ernst Reuter bis Gustav Klingelhöfer. Das Protokoll des Landesparteitages befindet sich in: August-Bebel-Institut Berlin, Bestand Protokolle der Landesparteitage der SPD Berlin (1946–1966): 23. Landesparteitag, a.o. Tagung 10. Dezember 1966.

2   Am 1. Dezember 1966 wurde in einer Sitzung des Berliner Abgeordnetenhauses die als Fernschreiben eingegangene Rücktrittserklärung des Regierenden Bürgermeisters Brandt verlesen. Bürgermeister Albertz führte die Geschäfte bis zur Neuwahl eines Regierenden Bürgermeisters weiter.

3   Zu den Diskussionen in der SPD über die Bildung einer Großen Koalition vgl. *Potthoff, Heinrich/Miller, Susanne:* Kleine Geschichte der SPD 1848–2002, 8. aktualisierte und erweiterte Auflage, Bonn 2002, S. 222 ff.

4   Auf dem Dortmunder Parteitag der SPD hielt Brandt am 1. Juni 1966 die Rede „Die Lage der Nation". Zum Wortlaut vgl. *Tatsachen – Argumente,* Nr. 199/66.

5   Der Landesparteitag der Berliner SPD nominierte Bürgermeister Albertz mit 166 gegen 42 Stimmen bei 22 Enthaltungen für das Amt des Regierenden Bürgermeisters. Am 14. Dezember 1966 wählte das Berliner Abgeordnetenhaus Albertz gegen die Stimmen der CDU zum Nachfolger Brandts. Die SPD setzte die Koalition mit der FDP fort.

6   Bei den Wahlen zum Berliner Abgeordnetenhaus am 12. März 1967 erhielt die SPD 56,9 % der Stimmen. Am 6. April 1967 wurde Albertz als Regierender Bürgermeister wiedergewählt. Er trat allerdings bereits am 26. September 1967 zurück. Der Amtsverzicht war eine Folge der Auseinandersetzungen in der Berliner SPD über die Erschießung des Studenten Benno Ohnesorg durch einen Polizisten bei den Demonstrationen gegen den Berlinbesuch von Mohammad Reza Pahlawi, Schah von Persien, am 2. Juni 1967.

7   Brandt hatte schon seit längerem vor der Gefahr der „Provinzialisierung" Berlins gewarnt. Vgl. *Brandt, Willy:* Den Kampf gegen das Provinzielle müssen die Berliner selbst führen, in: *Berliner Morgenpost* vom 28. August 1966.

8   Bürgermeister Albertz musste am 2. Dezember 1966 den Berlinern mitteilen, dass es zur Jahreswende 1966/67 keine Passierscheinregelung geben werde. Vgl. auch Nr. 114.

Anhang

Quellen- und Literaturverzeichnis

Archivalische Quellen

Willy-Brandt-Archiv im Archiv der sozialen Demokratie der Friedrich-Ebert-Stiftung, Bonn
Persönliche Unterlagen/Biographische Materialien 1913–1992 (A 1)
Prozesse (A 2)
Publizistische Äußerungen Willy Brandts 1933–1992 (A 3)
Berlin 1947–1966 (A 6)
Sozialdemokratische Partei Deutschlands (Parteiführung) 1964–1987 (A 11)
Fotoarchiv (A 23)
Akten aus dem Privathaus Willy Brandts in Unkel/Rhein (B 25)
Archiv der sozialen Demokratie der Friedrich-Ebert-Stiftung, Bonn
SPD-Parteivorstand:
PV Protokolle 1947–1966
Präsidium Protokolle 1958–1966
Bestand Erich Ollenhauer
Bestand Kurt Schumacher
Nachlass Heinrich Albertz
Depositum Bahr
Nachlass Fritz Erler
Nachlass Kurt Mattick
Nachlass Fritz Sänger
Nachlass Carlo Schmid
Depositum Hans-Jochen Vogel
August-Bebel-Institut, Berlin
Bestand Protokolle der Landesparteitage der SPD Berlin (1946–1966)
Franz-Neumann-Archiv, Berlin
Nachlass Franz Neumann
Nachlass Otto Stammer

Landesarchiv Berlin
  Bestand: Regierender Bürgermeister/Senatskanzlei (B Rep 002)
  Nachlass Hans E. Hirschfeld
  Depositum Harold Hurwitz
  Nachlass Gustav Klingelhöfer
  Nachlass Willy Kressmann
  Nachlass Joachim Lipschitz
  Nachlass Ernst Reuter
  Nachlass Otto Suhr
  Nachlass Otto Uhlitz
Archiv der Stiftung Bundeskanzler-Adenauer-Haus, Rhöndorf
  Nachlass Konrad Adenauer
Bundesbeauftragter für die Unterlagen des Staatssicherheitsdienstes der ehemaligen DDR, Zentralarchiv, Berlin
  Zentrale Auswertungs- und Informationsgruppe
National Archives of the United States, College Park
  RG 466: US High Commission, Berlin Sector, Eastern Affairs Division 1948–1952
Stiftung Archiv der Parteien und Massenorganisationen der DDR im Bundesarchiv, Berlin
  DY 30 SED

Veröffentlichte Quellen

I. Veröffentlichungen Willy Brandts

Brandt, Willy: Auf dem Weg nach vorn. Willy Brandt und die SPD 1947–1972, bearb. von *Daniela Münkel*, Bonn 2000 (Berliner Ausgabe, Bd. 4).
Brandt, Willy: Außenpolitische Kontinuität mit neuen Akzenten, in: *Außenpolitik* 11 (1960), 11, S. 717–723.
Brandt, Willy: Begegnungen mit Kennedy, München 1964.
Brandt, Willy: Begegnungen und Einsichten. Die Jahre 1960–1975, Hamburg 1976.

Brandt, Willy: Berliner Zwischenbilanz, in: *Gewerkschaftliche Monatshefte* 11 (1960), 1, S. 1–5.
Brandt, Willy: Der Wille zum Frieden. Perspektiven der Politik, mit einem Vorwort von *Golo Mann*, Frankfurt/Main 1973.
Brandt, Willy: Die Bedeutung der Massenflucht aus der Sowjetzone, in: *Gewerkschaftliche Monatshefte* 4 (1953), 4, S. 224–228.
Brandt, Willy: Draußen. Schriften während der Emigration. Hrsg. von *Günter Struve*, München 1966.
Brandt, Willy: Erinnerungen. Mit den „Notizen zum Fall G.", erw. Ausgabe, Berlin und Frankfurt/Main 1994.
Brandt, Willy: Hitler ist nicht Deutschland. Jugend in Lübeck – Exil in Norwegen 1928–1940, bearb. von *Einhart Lorenz*, Bonn 2002 (Berliner Ausgabe, Bd. 1).
Brandt, Willy: Koexistenz – Zwang zum Wagnis, Stuttgart 1963 (Englische Fassung: The Ordeal of Coexistence. The Gustav Pollak Lectures at Harvard University 1962, Cambridge/Mass. 1963).
Brandt, Willy: Links und frei. Mein Weg 1930–1950, Hamburg 1982.
Brandt, Willy: Mehr Demokratie wagen. Innen- und Gesellschaftspolitik 1966–1974, bearb. von *Wolther von Kieseritzky*, Bonn 2001 (Berliner Ausgabe, Bd. 6).
Brandt, Willy: Mein Weg nach Berlin. Aufgezeichnet von *Leo Lania*, München 1960.
Brandt, Willy: Personalbibliographie. Zusammengestellt von *Ruth Großgart, Hermann Rösch-Sondermann, Rüdiger Zimmermann* und *Horst Ziska*, Bibliothek der Friedrich-Ebert-Stiftung, Bonn-Bad Godesberg 1990.
Brandt, Willy: Plädoyer für die Zukunft. Beiträge zur deutschen Politik, Frankfurt/Main 1972.
Brandt, Willy: Plädoyer für die Zukunft. Zwölf Beiträge zu deutschen Fragen, Frankfurt/Main 1961.
Brandt, Willy: Reden 1961–1965. Ausgewählt und eingeleitet von *Hermann Bortfeldt*, Köln 1965.
Brandt, Willy: Von Bonn nach Berlin. Eine Dokumentation zur Hauptstadtfrage in Zusammenarbeit mit *Otto Uhlitz* und *Horst Korber*, Berlin 1957.

Brandt, Willy: Zwei Vaterländer. Deutsch-Norweger im schwedischen Exil – Rückkehr nach Deutschland 1940–1947, bearb. von *Einhart Lorenz*, Bonn 2000 (Berliner Ausgabe, Bd. 2).

II. Editionen, zeitgenössische Dokumente, Erinnerungen

Abgeordnetenhaus von Berlin, Stenographische Berichte, I.-IV. Wahlperiode 1950–1967.

Adenauer: Stetigkeit in der Politik. Die Protokolle des CDU-Bundesvorstands 1961–1965, bearb. von *Günter Buchstab*, Düsseldorf 1998.

Adenauer: „... um den Frieden zu gewinnen". Die Protokolle des CDU-Bundesvorstands 1957–1961, bearb. von *Günter Buchstab*, Düsseldorf 1993.

Adenauer, Konrad: Erinnerungen, Bde. 1–4, Stuttgart 1965–1968.

Adenauer-Studien. Herausgegeben von *Rudolf Morsey* und *Konrad Repgen*, III: Untersuchungen und Dokumente zur Ostpolitik und Biographie. Mit Beiträgen von *Klaus Gotto, Heinrich Krone, Hans Georg Lehmann, Rudolf Morsey, Jürgen Schwarz, Wolfgang Stump* und *Werner Weidenfeld*, Mainz 1974.

Akten zur Auswärtigen Politik der Bundesrepublik Deutschland 1963, bearb. von *Mechthild Lindemann* und *Ilse Dorothee Pautsch*, München 1994.

Akten zur Auswärtigen Politik der Bundesrepublik Deutschland 1964, bearb. von *Wolfgang Hölscher* und *Daniel Kosthorst*, München 1995.

Akten zur Auswärtigen Politik der Bundesrepublik Deutschland 1965, bearb. von *Mechthild Lindemann* und *Ilse Dorothee Pautsch*, München 1996.

Akten zur Auswärtigen Politik der Bundesrepublik Deutschland 1966, bearb. von *Matthias Peter* und *Harald Rosenbach*, München 1997.

Albrecht, Willy (Hrsg.): Die SPD unter Kurt Schumacher und Erich Ollenhauer 1946 bis 1963. Sitzungsprotokolle der Spitzengremien, Bd. 1: 1946 bis 1948, Bonn 1999; Bd. 2: 1948–1950, Bonn 2003.

Bahr, Egon: Zu meiner Zeit, München 1996.
Baring, Arnulf: „Sehr verehrter Herr Bundeskanzler". Heinrich von Brentano im Briefwechsel mit Konrad Adenauer 1949–1964, Hamburg 1974.
Bericht über die 26. Versammlung Deutscher Historiker in Berlin vom 7. Oktober – 11. Oktober 1964 in Berlin, in: *Geschichte in Wissenschaft und Unterricht.* Beiheft, Stuttgart 1964.
Berlin. Quellen und Dokumente 1945–1951, hrsg. im Auftrage des Senats von Berlin, bearb. von *Hans J. Reichhardt, Hanns U. Treutler* und *Albrecht Lampe,* Berlin 1964.
Berlin. Kampf um Freiheit und Selbstverwaltung 1945–1946, hrsg. im Auftrage des Senats von Berlin, 2. erweiterte und ergänzte Auflage, Berlin 1961.
Berlin. Behauptung von Freiheit und Selbstverwaltung 1946–1948, hrsg. im Auftrage des Senats von Berlin, Berlin 1959.
Berlin. Ringen um Einheit und Wiederaufbau 1948–1951, hrsg. im Auftrage des Senats von Berlin, Berlin 1962.
Berlin. Chronik der Jahre 1951–1954, hrsg. im Auftrage des Senats von Berlin, bearb. durch *Hans J. Reichhardt, Joachim Drogmann* und *Hanns U. Treutler,* Berlin 1968.
Berlin. Chronik der Jahre 1955–1956, hrsg. im Auftrage des Senats von Berlin, bearb. durch *Hans J. Reichhardt, Joachim Drogmann* und *Hanns U. Treutler,* Berlin 1971.
Berlin. Chronik der Jahre 1957–1958, hrsg. im Auftrage des Senats von Berlin, bearb. durch *Hans J. Reichhardt, Joachim Drogmann* und *Hanns U. Treutler,* Berlin 1974.
Berlin. Chronik der Jahre 1959–1960, hrsg. im Auftrage des Senats von Berlin, bearb. durch *Hans J. Reichhardt, Joachim Drogmann* und *Hanns U. Treutler,* Berlin 1978.
Böhme, Erich/Wirtgen, Klaus (Hrsg.): Willy Brandt: Die SPIEGEL-Gespräche 1959–1992, Stuttgart 1993.
Brandt, Rut: Freundesland. Erinnerungen, Hamburg 1992.
Dokumente zur Berlin-Frage 1944–1966. Hrsg. vom Forschungsinstitut der Deutschen Gesellschaft für Auswärtige Politik e.V., Bonn, in Zusammenarbeit mit dem Senat von Berlin, 4. Auflage

(unveränderter Nachdruck der dritten durchgesehenen und erweiterten Auflage), München 1987.
Dokumente zur Deutschlandpolitik, III. Reihe, hrsg. vom Bundesministerium für Gesamtdeutsche Fragen, Bd. 1: 5. Mai bis 31. Dezember 1955, bearb. von *Ernst Deuerlein* unter Mitwirkung von *Hansjürgen Schierbaum*, Frankfurt/Main 1961.
Dokumente zur Deutschlandpolitik, III. Reihe, Bd. 3: 1. Januar bis 31. Dezember 1957, bearb. von *Ernst Deuerlein, Gisela Biewer* und *Hansjürgen Schierbaum*, Frankfurt/Main und Berlin 1967.
Dokumente zur Deutschlandpolitik, III. Reihe, Bd. 4: 1. Januar bis 9. November 1958, bearb. von *Ernst Deuerlein* und *Gisela Biewer*, Frankfurt/Main und Berlin 1969.
Dokumente zur Deutschlandpolitik, IV. Reihe, hrsg. vom Bundesministerium für innerdeutsche Beziehungen, Bd. 1: 10. November 1958 bis 9. Mai 1959, bearb. von *Ernst Deuerlein* und *Hannelore Nathan*, Frankfurt/Main und Berlin 1971.
Dokumente zur Deutschlandpolitik, IV. Reihe, Bd. 2: 9. Mai bis 10. August 1959, bearb. von *Ernst Deuerlein* und *Werner John*, Frankfurt/Main und Berlin 1971.
Dokumente zur Deutschlandpolitik, IV. Reihe, Bd. 3: 11. August bis 31. Dezember 1959, bearb. von *Ernst Deuerlein* und *Werner John*, Frankfurt/Main und Berlin 1972.
Dokumente zur Deutschlandpolitik, IV. Reihe, Bd. 4: 1. Januar bis 30. Juni 1960, bearb. von *Ernst Deuerlein* und *Gunter Holzweißig*, Frankfurt/Main und Berlin 1972.
Dokumente zur Deutschlandpolitik, IV. Reihe, Bd. 6: 1. Januar bis 11. August 1961, bearb. von *Rainer Salzmann*, Frankfurt/Main 1975.
Dokumente zur Deutschlandpolitik, IV. Reihe, Bd. 7: 12. August bis 31. Dezember 1961, bearb. von *Gisela Biewer*, Frankfurt/Main 1976.
Dokumente zur Deutschlandpolitik, IV. Reihe, Bd. 9: 1. Januar bis 31. Dezember 1963, bearb. von *Gisela Biewer* und *Werner John*, Frankfurt/Main 1979.
Dokumente zur Deutschlandpolitik, IV. Reihe, Bd 10: 1. Januar bis 31. Dezember 1964, bearb. von *Marie-Luise Goldbach* und *Karl-Günter Schirrmeister*, Frankfurt/Main 1980.

Dokumente zur Deutschlandpolitik, IV. Reihe, Bd. 11: 1. Januar bis 31. Dezember 1965, bearb. von *Marie-Luise Goldbach*, Frankfurt/Main 1978.

Dowe, Dieter/Klotzbach, Kurt (Hrsg.): Programmatische Dokumente der deutschen Sozialdemokratie, 3. überarb. u. aktual. Auflage, Bonn 1990.

Foreign Relations of the United States, 1958–1960, Vol. IX: Berlin Crisis 1959–1960; Germany; Austria, Washington D. C. 1993.

Foreign Relations of the United States, 1961–1963, Vol. XIV: Berlin Crisis 1961–1962, Washington D. C. 1994.

Foreign Relations of the United States, 1961–1963, Vol. XV: Berlin Crisis 1962–1963, Washington D. C. 1994.

Grewe, Wilhelm: Rückblenden 1976–1951, Aufzeichnungen eines Augenzeugen deutscher Außenpolitik. Von Adenauer bis Schmidt, Frankfurt/Main 1979.

Jahresbericht. Sozialdemokratische Partei Deutschlands, Landesverband Berlin. Hrsg. zum Landesparteitag, Berlin 1949.

Jahrbuch der Sozialdemokratischen Partei Deutschlands 1958/59, Hannover-Bonn o. J.

Kennedy, John F./Kennedy, Robert F.: Reden an der Freien Universität, hrsg. von der Presse und Informationsstelle der Freien Universität Berlin, Berlin 1996.

Kreisky, Bruno: Zwischen den Zeiten. Der Memoiren erster Teil. Überarb. Neuausgabe, hrsg. von *Oliver Rathkolb, Johannes Kunz* und *Margit Schmidt*, Wien und München 2000.

Kreisky, Bruno: Im Strom der Politik. Der Memoiren zweiter Teil. Überarb. Neuausgabe, hrsg. von *Oliver Rathkolb, Johannes Kunz* und *Margit Schmidt*, Wien und München 2000.

Kroll, Hans: Lebenserinnerungen eines deutschen Botschafters, Köln und Berlin 1967.

MacGhee [!], *George:* Botschafter in Deutschland 1963–1968, München 1989.

Meissner, Boris (Hrsg.): Moskau Bonn. Die Beziehungen zwischen der Sowjetunion und der Bundesrepublik Deutschland 1955–1973, Dokumentation, 2 Bde., Köln 1975.

Mewis, Karl: Im Auftrag der Partei. Erinnerungen, Berlin 1971.
Osterheld, Horst: „Ich gehe nicht leichten Herzens ...". Adenauers letzte Kanzlerjahre – ein dokumentarischer Bericht, Mainz 1986 (Adenauer-Studien V, hrsg. von *Rudolf Morsey* und *Konrad Repgen*).
Protokoll der Verhandlungen und Anträge vom Parteitag der Sozialdemokratischen Partei Deutschlands in Hannover, 21. bis 25. November 1960, Bonn 1961.
Protokoll der Verhandlungen des Parteitages der Sozialdemokratischen Partei Deutschlands vom 1. bis 5. Juni 1966 in Dortmund, Hannover-Bonn 1967.
Prowe, Diethelm: Der Brief Kennedys an Brandt vom 18. August 1961. Eine zentrale Quelle zur Berliner Mauer und der Entstehung der Brandtschen Ostpolitik, in: *Vierteljahrshefte für Zeitgeschichte* 33 (1985), 2, S. 373–383.
Public Papers of the Presidents of the United States. 1962, Washington D.C. 1962.
Reichhardt, Hans J.: Von der Mühsal einer Heimkehr aus dem Exil. Aus dem Briefwechsel zwischen Senatssprecher Hans E. Hirschfeld und Parteifreunden, in: Berlin in Geschichte und Gegenwart, Jahrbuch des Landesarchivs Berlin 1982, S. 131–164.
Reuter, Ernst: Schriften – Reden, hrsg. von *Hans E. Hirschfeld* und *Hans J. Reichhardt*, Bd. 3, Berlin 1974.
Ristock, Harry: Neben dem roten Teppich. Begegnungen, Erfahrungen und Visionen eines Politikers, Berlin 1991.
Schlesinger, Arthur M.: Die tausend Tage Kennedys, Bern und München 1965.
Schmid, Carlo: Erinnerungen, Bern, München und Wien 1979.
Schmidt, Helmut: Menschen und Mächte, Berlin 1987.
Schröder, Dieter (Hrsg.): Das geltende Besatzungsrecht, Baden-Baden 1990.
Schütz, Klaus: Logenplatz und Schleudersitz. Erinnerungen, Berlin 1992.
Thalberg, Hans J.: Von der Kunst, Österreicher zu sein. Erinnerungen und Tagebuchnotizen, Wien, Köln und Graz 1984.

Uhl, Matthias/Wagner, Armin (Hrsg.): Ulbricht, Chruschtschow und die Mauer. Eine Dokumentation, München 2003.
Verhandlungen des Deutschen Bundestages, Stenographische Berichte, 1.-5. Wahlperiode 1949–1969.
Vogel, Hans-Jochen: Nachsichten. Meine Bonner und Berliner Jahre, München 1996.
Willy Brandt ruft die Welt. Ein dokumentarischer Bericht von *Rudolf Kettlein*, Berlin 1959.

III. Pressedienste, Zeitungen, Zeitschriften

Der Abend, Berlin
Archiv der Gegenwart, Königswinter
Berliner Morgenpost, Berlin
Berliner Sonntagsblatt Die Kirche, Berlin
Berliner Stadtblatt, Berlin
Berliner Stimme, Berlin
Berliner Zeitung, Berlin (DDR)
Bulletin des Presse- und Informationsamtes der Bundesregierung, Bonn
Deutsche Zeitung mit Wirtschaftszeitung, Köln
Frankfurter Allgemeine Zeitung, Frankfurt/Main
Freie Presse, Berlin (DDR)
Gewerkschaftliche Monatshefte, Wiesbaden
Harper's Magazine, New York
Der Kurier, Berlin
Der Monat, Berlin
Nationalzeitung, Berlin (DDR)
Neuer Vorwärts, Hannover/Bonn
Neues Deutschland, Berlin (DDR)
Die Neue Zeitung (B), Berliner Ausgabe
Neue Zürcher Zeitung, Zürich
Pressedienst des Abgeordnetenhauses von Berlin
Pressedienst des Landes Berlin
Pressedienst des Senats von Berlin

Rheinische Zeitung, Köln
Saturday Evening Post, Philadelphia (USA)
Der Sozialdemokrat, Berlin
Sozialdemokratischer Pressedienst, Bonn
SPD Pressemitteilungen und Informationen, Bonn
Der Spiegel, Hamburg
Stuttgarter Zeitung, Stuttgart
Süddeutsche Zeitung, München
Der Tagesspiegel, Berlin
Tatsachen – Argumente, Bonn-Bad Godesberg
Telegraf (Berlin)
Vorwärts, Bonn
Die Welt, Hamburg
Westdeutsche Allgemeine Zeitung, Essen

Darstellungen

Ashkenasi, Abraham: Reformpartei und Außenpolitik. Die Außenpolitik der SPD Berlin-Bonn, Köln und Opladen 1968.
Brandt, Willy/Löwenthal, Richard: Ernst Reuter. Ein Leben für die Freiheit, München 1957.
Gosewinkel, Dieter: Adolf Arndt. Die Wiederbegründung des Rechtsstaats aus dem Geist der Sozialdemokratie (1945–1961), Bonn 1991.
Grabbe, Hans-Jürgen: Unionsparteien, Sozialdemokraten und Vereinigte Staaten von Amerika 1945–1966, Düsseldorf 1983.
Graml, Hermann: Die Alliierten und die Teilung Deutschlands. Konflikte und Entscheidungen 1941–1948, Frankfurt/Main 1985.
Grebing, Helga (Hrsg.): Lehrstücke in Solidarität. Briefe und Biographien deutscher Sozialisten 1945–1949, Stuttgart 1983.
Grebing, Helga: Was wird aus Deutschland nach dem Krieg? Perspektiven linkssozialistischer Emigration für den Neuaufbau Deutschlands nach dem Zusammenbruch der nationalsozialistischen Diktatur, in: Exilforschung. Ein internationales Jahrbuch, Bd. 3, München 1985, S. 43–58.

Grebing, Helga: Willy Brandt – Ein Leben für Freiheit und Sozialismus, Berlin 1999 (Schriftenreihe der Bundeskanzler-Willy-Brandt-Stiftung, Heft 4).

Günther, Klaus: Sozialdemokratie und Demokratie 1946–1966. Die SPD und das Problem der Verschränkung innerparteilicher und bundesrepublikanischer Demokratie, Bonn 1979.

Haftendorn, Helga: Deutsche Außenpolitik zwischen Selbstbeschränkung und Selbstbehauptung 1945–2000, Stuttgart und München 2001.

Harpprecht, Klaus: Willy Brandt. Porträt und Selbstporträt, München 1970.

Heimann, Siegfried: Die Sozialdemokratische Aktion (SDA) in Ostberlin, in: Die Parteien und Organisationen der DDR. Ein Handbuch, hrsg. von *Gerd-Rüdiger Stephan, Andreas Herbst, Christine Krauss, Daniel Küchenmeister* und *Detlef Nakath*, Berlin 2002 [a], S. 426–447.

Heimann, Siegfried: Die Sozialdemokratische Partei Deutschlands, in: *Stöss, Richard* (Hrsg.): Parteien-Handbuch. Die Parteien der Bundesrepublik Deutschland 1945–1980, Bd. 2: FDP bis WAV, Opladen 1984, S. 2025–2216.

Heimann, Siegfried: Im Osten schikaniert, im Westen vergessen? Ostberliner Sozialdemokraten in den frühen fünfziger Jahren, in: *Ciesla, Burghard/Lemke, Michael/Lindenberger, Thomas* (Hrsg.): Sterben für Berlin? Die Berliner Krisen 1948:1958, Berlin 2000, S. 153–168.

Heimann, Siegfried: Politische Remigranten in Berlin, in: *Krohn, Claus-Dieter/von zur Mühlen, Patrick* (Hrsg.): Rückkehr und Aufbau nach 1945. Deutsche Remigranten im öffentlichen Leben Nachkriegsdeutschlands, Marburg 1997, S. 189–210.

Heimann, Siegfried: Willy Brandt und Berlin, in: *Sirges, Thomas/Mühlhaus, Birgit* (Hrsg.): Willy Brandt. Ein deutsch-norwegisches Politikerleben im 20. Jahrhundert, Frankfurt/Main, 2002 [b], S. 85–112.

Heimann, Siegfried: Willy Brandt und Frankreich 1947–1966 (noch unveröffentl. Manuskript eines Vortrags bei der Tagung „Willy

Brandt und Frankreich" im Institut für Zeitgeschichte München am 8./9. Mai 2003).

Heß, Hans-Jürgen: Innerparteiliche Gruppenbildung. Macht- und Demokratieverlust einer politischen Partei am Beispiel der Berliner SPD in den Jahren von 1963 bis 1981, Bonn 1984.

Hofmann, Gunter: Willy Brandt – Porträt eines Aufklärers aus Deutschland, Reinbek 1988.

Hülsbergen, Henrike: Otto Suhr, in: Otto Suhr 1894–1957. Ein politisches Leben (Katalog einer Ausstellung des Landesarchivs Berlin), Berlin 1994, S. 5–54.

Hurwitz, Harold: Demokratie und Antikommunismus in Berlin nach 1945, 4 Bde., Köln 1983–1990.

Jaksch, Wenzel: Westeuropa, Osteuropa, Sowjetunion. Perspektiven wirtschaftlicher Zusammenarbeit, Bonn 1965.

Jeschonnek, Friedrich/Riedel, Dieter/Durie, William (Hrsg.): Alliierte in Berlin 1945–1994. Ein Handbuch zur Geschichte der militärischen Präsenz der Westmächte, Berlin 2002.

Katzer, Nikolaus: „Eine Übung im kalten Krieg". Die Berliner Außenministerkonferenz von 1954, Köln 1994.

Kennan, George F.: Rußland, der Westen und die Atomwaffe, Frankfurt/Main 1958.

Klotzbach, Kurt: Der Weg zur Staatspartei. Programmatik, praktische Politik und Organisation der deutschen Sozialdemokratie 1945–1965 (unveränderter Nachdruck der Ausgabe von 1982), Bonn 1996.

Koch, Peter: Willy Brandt. Eine politische Biographie, Frankfurt/Main 1988.

Koerfer, Daniel: Kampf ums Kanzleramt. Erhard und Adenauer, Stuttgart 1987.

Köhler, Henning: Adenauer. Eine politische Biographie, 2 Bde., Berlin 1994.

Kowalczuk, Ilko-Sascha: 17. Juni 1953 – Volksaufstand in der DDR. Ursachen – Abläufe – Folgen, Bremen 2003.

Kunze, Gerhard: Grenzerfahrungen. Kontakte und Verhandlungen zwischen dem Land Berlin und der DDR, Berlin 1999.

Küsters, Hanns Jürgen: Der Integrationsfriede. Viermächte-Verhandlungen über die Friedensregelung mit Deutschland 1945–1990, München 2000.

Küsters, Hanns Jürgen: Konrad Adenauer und Willy Brandt in der Berlin-Krise 1958–1963, in: *Vierteljahrshefte für Zeitgeschichte* 40 (1992), 4, S. 483–542.

Lappenküper, Ulrich: Die deutsch-französischen Beziehungen 1949–1963. Von der „Erbfeindschaft" zur „Entente élémentaire", 2 Bde., München 2001.

Lehmann, Hans-Georg: In Acht und Bann. Politische Emigration, NS-Ausbürgerung und Wiedergutmachung am Beispiel Willy Brandts, München 1976.

Lemke, Michael: Die Berlin-Krise 1958 bis 1963. Interessen und Handlungsspielräume der SED im Ost-West-Konflikt, Berlin 1995.

Lorenz, Einhart: Willy Brandt in Norwegen. Die Jahre des Exils 1933 bis 1940, Kiel 1989.

Lowenthal [!], Richard: Die Euphorie des Westens, in: *Der Monat* 12 (1960), 137, S. 14–21.

Mai, Gunther: Der Alliierte Kontrollrat in Deutschland. Alliierte Einheit – deutsche Teilung?, München 1995.

Mayer, Frank A.: Adenauer and Kennedy: a study in German-American relations, 1961–1963, New York 1996.

Merseburger, Peter: Willy Brandt 1913–1992. Visionär und Realist, Stuttgart und München 2002.

Misgeld, Klaus: Die „Internationale Gruppe demokratischer Sozialisten" in Stockholm 1942–1945. Zur sozialistischen Friedensdiskussion während des Zweiten Weltkrieges, Bonn-Bad Godesberg 1976.

Münkel, Daniela: „Alias Frahm" – Die Diffamierungskampagnen gegen Willy Brandt in der rechtsgerichteten Presse, in: *Krohn, Claus-Dieter/Schildt, Axel* (Hrsg.): Zwischen den Stühlen? Remigranten und Remigration in der deutschen Medienöffentlichkeit der Nachkriegszeit, Hamburg 2002, S. 397–419.

Potthoff, Heinrich/Miller, Susanne: Kleine Geschichte der SPD 1848–2002, 8. aktualisierte und erweiterte Auflage, Bonn 2002.

Potthoff, Heinrich: Im Schatten der Mauer. Deutschlandpolitik 1961 bis 1990, Berlin 1999.
Prittie, Terence: Willy Brandt. Biographie, Frankfurt/Main 1973.
Raschke, Joachim: Innerparteiliche Opposition. Die Linke in der Berliner SPD 1945–1970, Hamburg 1974.
Rexin, Manfred: Wer war Freddy? Bericht über einen Spionagefall in der Berliner Sozialdemokratie der Jahre 1947 bis 1966, mit einem Anhang: *Heimann, Siegfried:* Braun ein Doppelagent? (unveröffentl. Manuskript im Besitz des Verfassers).
Ribbe, Wolfgang (Hrsg.): Stadtoberhäupter. Biographien Berliner Bürgermeister im 19. und 20. Jahrhundert, Berlin 1992.
Riklin, Alois: Das Berlinproblem. Historisch-politische und völkerrechtliche Darstellung des Viermächtestatus, Köln 1964.
Schlegelmilch, Arthur: Hauptstadt im Zonendeutschland. Die Entstehung der Berliner Nachkriegsdemokratie 1945–1949, Berlin 1993.
Schlegelmilch, Arthur: Otto Ostrowski und die Neuorientierung der Sozialdemokratie in der Viersektorenstadt Berlin, in: Jahrbuch für die Geschichte Mittel- und Ostdeutschlands, Band 42, 1994, S. 59–80.
Schmidt, Wolfgang: Die Wurzeln der Entspannung. Der konzeptionelle Ursprung der Ost- und Deutschlandpolitik Willy Brandts in den fünfziger Jahren, in: *Vierteljahrshefte für Zeitgeschichte* 51 (2003), 4, S. 521–563.
Schmidt, Wolfgang: Kalter Krieg, Koexistenz und kleine Schritte. Willy Brandt und die Deutschlandpolitik 1948–1963, Wiesbaden 2001.
Schöllgen, Gregor: Willy Brandt. Die Biographie, Berlin und München 2001.
Schulz, Klaus-Peter: Willy Brandt. Beitrag zu einer SPD-Nachkriegsgeschichte 1949–1971, in: ders., Authentische Spuren, Boppard 1993, S. 293–406.
Schuster, Jacques: Heinrich Albertz. Der Mann, der mehrere Leben lebte. Eine Biographie, Berlin 1997.
Schwarz, Hans-Peter: Adenauer. Bd. 2: Der Staatsmann 1952–1967, Stuttgart 1991.

Schwarz, Hans-Peter: Die sozialdemokratische Jahrhundertgestalt: Willy Brandt, in: *ders.*, Das Gesicht des Jahrhunderts. Monster, Retter und Mediokritäten, Berlin 1998, S. 672–682.

Seebacher-Brandt, Brigitte: Ollenhauer. Biedermann und Patriot, Berlin 1984.

Shell, Kurt L.: Bedrohung und Bewährung. Führung und Bevölkerung in der Berlin-Krise, Köln und Opladen 1965.

Shell, Kurt L.: Berlin – eine schwerkranke Stadt?, in: *Der Politologe* 8 (1967), 24, S. 7 ff.

Soell, Hartmut: Fritz Erler – Eine politische Biographie, 2 Bde., Berlin/Bonn 1976.

Steege, Paul: Totale Blockade, totale Luftbrücke?, in: *Ciesla, Burghard/Lemke, Michael/Lindenberger, Thomas* (Hrsg.): Sterben für Berlin? Die Berliner Krisen 1948:1958, Berlin 2000.

Steininger, Rolf: Der Mauerbau. Die Westmächte und Adenauer in der Berlin-Krise 1958–1963, München 2001.

Stern, Carola: Willy Brandt in Selbstzeugnissen und Bilddokumenten, Reinbek 1975 (2002 unter dem Titel „Willy Brandt" als „überarbeitete und erweiterte Neuausgabe" neu erschienen).

Stützle, Walther: Kennedy und Adenauer in der Berlin-Krise 1961–1962, Bonn 1973.

Thayer, Charles W.: Berlin's Willy Brandt. Calm Man in a Nervous Place, in: *Harper's Magazine* (Februar 1959), S. 50–56.

Tusa, Ann/Tusa, John: The Berlin Blockade, London 1988.

Weber, Petra: Carlo Schmid 1896–1979. Eine Biographie, München 1996.

Wettig, Gerhard: Berlin vor den Herausforderungen des Kalten Krieges, in: *Süß, Werner/Rytlewski, Ralf* (Hrsg.): Berlin. Die Hauptstadt. Vergangenheit und Zukunft einer europäischen Metropole, Bonn 1999.

Winkler, Heinrich August: Der lange Weg nach Westen. Zweiter Band: Deutsche Geschichte vom „Dritten Reich" bis zur Wiedervereinigung, München 2000.

Wolfrum, Edgar: Geschichtspolitik in der Bundesrepublik Deutschland. Der Weg zur bundesrepublikanischen Erinnerung 1948–1990, Darmstadt 1999.
Zarusky, Jürgen (Hrsg.): Die Stalin-Note vom 10. März 1952. Neue Quellen und Analysen, München 2002.
Ziebura, Gilbert: Die deutsch-französischen Beziehungen seit 1945. Mythen und Realitäten, überarbeitete und aktualisierte Ausgabe, Stuttgart 1997.

Abkürzungsverzeichnis

AA	Auswärtiges Amt
AAPD	Akten zur Auswärtigen Politik der Bundesrepublik Deutschland
Abg.	Abgeordneter
AbgHaus	Abgeordnetenhaus
ACA	Allied Control Authority (Alliierte Kontrollbehörde)
AdG	Archiv der Gegenwart
ADN	Allgemeiner Deutscher Nachrichtendienst
AdsD	Archiv der sozialen Demokratie, Bonn
AfA[Bund]	Allgemeiner Freier Angestellten-Bund
AFL	American Federation of Labor (Amerikanischer Gewerkschaftsverband)
AFN	American Forces Network (Rundfunk der Amerikanischen Streitkräfte)
AK	Alliierter Kontrollrat
AK	Allied Kommandatura (Alliierte Kommandantur)
Antifa	Antifaschismus [Sammelbegriff für antifaschistische Initiativen]
ASTA	Allgemeiner Studentenausschuss
BArch	Bundesarchiv
BBC	British Broadcasting Corporation (Britische Rundfunkgesellschaft)
BDI	Bundesverband der Deutschen Industrie
BdV	Bund der Vertriebenen
BEHALA	Berliner Hafen- und Lagerhausbetriebe
BEWAG	Berliner Elektrizitätswerke Aktiengesellschaft
BGL	Betriebsgewerkschaftsleitung
BHE	Bund der Heimatvertriebenen und Entrechteten
BK/L	Berlin Kommandatura/Letter
BK/O	Berlin Kommandatura/Order
BL	Bezirksleitung
BRD	Bundesrepublik Deutschland

BstU (ZA)	Bundesbeauftragter für die Unterlagen des Staatssicherheitsdienstes der ehemaligen DDR, Berlin (Zentralarchiv)
BVG	Berliner Verkehrs-Gesellschaft
BVV	Bezirksverordnetenversammlung
CBS	Columbia Broadcasting System (Columbia Rundfunkgesellschaft)
CDU[D]	Christlich-Demokratische Union [Deutschlands]
CNP	Christlich Nationale Partei
ČSR	Československá Republika (Tschechoslowakische Republik)
ČSSR	Československá Socialistická Republika (Tschechoslowakische Sozialistische Republik)
CSU	Christlich-Soziale Union
DAG	Deutsche Angestellten-Gewerkschaft
DANA	Deutsche Allgemeine Nachrichten-Agentur
DBD	Demokratische Bauernpartei Deutschlands
DDR	Deutsche Demokratische Republik
DEFA	Deutsche Film-AG
Dep.	Depositum
DFD	Demokratischer Frauenbund Deutschlands
DFU	Deutsche Friedens-Union
DGB	Deutscher Gewerkschaftsbund
DM	Deutsche Mark
DNA	Det norske Arbeiderpartiet (Die norwegische Arbeiterpartei)
DP	Deutsche Partei
DPA, dpa	Deutsche Presseagentur
DRK	Deutsches Rotes Kreuz
DWK	Deutsche Wirtschaftskommission
DzD	Dokumente zur Deutschlandpolitik
EAC	European Advisory Commission (Europäische Beratende Kommission)
ECE	Economic Commission of Europe (Wirtschaftskommission für Europa) [der UNO]

EFTA	European Free Trade Association (Europäische Freihandelsvereinigung)
EKD	Evangelische Kirche in Deutschland
ERP	European Recovery Program (Europäisches Wiederaufbauprogramm)
EVG	Europäische Verteidigungsgemeinschaft
EWG	Europäische Wirtschaftsgemeinschaft
FAZ	Frankfurter Allgemeine Zeitung
FDGB	Freier Deutscher Gewerkschaftsbund
FDJ	Freie Deutsche Jugend
FDP	Freie Demokratische Partei
FNA	Franz-Neumann-Archiv, Berlin
FRUS	Foreign Relations of the United States
FSU	Freie Soziale Union
FU	Freie Universität
FVP	Freie Volkspartei
GASAG	Gas Aktiengesellschaft (Berliner Gaswerke)
GdEB	Gewerkschaft der Eisenbahner Berlins
GEHAG	Gemeinnützige Heimstätten-Aktiengesellschaft
GYA	German Youth Activity
HfP	Hochschule für Politik
HICOG	United States High Commissioner for Germany (amerikanischer Hochkommissar für Deutschland)
HO	Handelsorganisation
Hs./hs.	Handschriftlich, handschriftlich
IBFG	Internationaler Bund Freier Gewerkschaften
IRK	Internationales Rotes Kreuz
KB	Kulturbund zur demokratischen Erneuerung Deutschlands
KGB	Komitet Gosudarstwennych Besopasnosti (Komitee für Staatssicherheit)
KgU	Kampfgruppe gegen Unmenschlichkeit
Kominform	Kommunistisches Informationsbüro
KPD	Kommunistische Partei Deutschlands
KPDO	Kommunistische Partei Deutschlands (Opposition)

KPdSU	Kommunistische Partei der Sowjetunion
KZ	Konzentrationslager
LA	Landesausschuss
LAB	Landesarchiv Berlin
LDP [D]	Liberaldemokratische Partei [Deutschlands]
LPG	Landwirtschaftliche Produktionsgenossenschaft
LSD	Liberaler Studentenbund Deutschlands
LV	Landesvorstand
LVAB	Landesversicherungsanstalt Berlin
MdA	Mitglied des Abgeordnetenhauses
MdB	Mitglied des Deutschen Bundestages
MdEP	Mitglied des Europaparlaments
MdPR	Mitglied des Parlamentarischen Rates
MdR	Mitglied des Reichstages
MdV	Mitglied der Volkskammer
MfS	Ministerium für Staatssicherheit
MG	Military Government (Militärregierung)
MLF	Multi-Lateral Force
M.P.	Member of Parliament (Parlamentsmitglied)
Ms., ms.	Maschinenschriftlich, maschinenschriftlich
NAACP	National Association for the Advancement of Coloured People
NATO	North Atlantic Treaty Organisation (Nordatlantikpakt)
NB	Neu Beginnen
ND	Neues Deutschland
NDPD	National-Demokratische Partei Deutschlands
NKWD	Narodnyi Kommissariat Wnutrennych Del (Volkskommissariat für Innere Angelegenheiten)
NL	Nachlass
NPD	Nationaldemokratische Partei Deutschlands
NVA	Nationale Volksarmee
NWDR	Nordwestdeutscher Rundfunk
OdF	Opfer des Faschismus
ÖVP	Österreichische Volkspartei

OMGBS	Office of Military Government, Berlin Sector (Militärregierung im amerikanischen Sektor von Berlin – ab 1. November 1946)
OMGUS	Office of Military Government for Germany, United States (Militärregierung in der amerikanischen Besatzungszone)
PV	Parteivorstand
Rep	Repositur
RGW	Rat für gegenseitige Wirtschaftshilfe [der Warschauer Paktstaaten]
RIAS	Rundfunk im amerikanischen Sektor
RM	Reichsmark
SAG	Sowjetische Aktiengesellschaft
SAJ	Sozialistische Arbeiterjugend
SAP	Sozialistische Arbeiterpartei
SAPMO	Stiftung Archiv der Parteien und Massenorganisationen der DDR, Berlin
S-Bahn	Schnell-Bahn
SBZ	Sowjetische Besatzungszone
SDS	Sozialistischer Deutscher Studentenbund
SED	Sozialistische Einheitspartei Deutschlands
SEW	Sozialistische Einheitspartei Westberlin
SFB	Sender Freies Berlin
SFIO	Section Française de l'Internationale Ouvrière
SHAEF	Supreme Headquarters, Allied Expeditionary Forces (Hauptquartier der alliierten Streitkräfte in Europa 1944–1945)
SHB	Sozialdemokratischer Hochschulbund
SI	Sozialistische Internationale
SKK	Sowjetische Kontrollkommission
SMAD	Sowjetische Militäradministration in Deutschland
SMT	Sowjetisches Militärtribunal
SPD	Sozialdemokratische Partei Deutschlands
SPÖ	Sozialistische Partei Österreichs (seit 1991 Sozialdemokratische Partei Österreichs)

SSD	Staatssicherheitsdienst
StBKAH	Stiftung Bundeskanzler-Adenauer-Haus, Rhöndorf
StR	Stadtrat
StV	Stadtverordneter
StVV	Stadtverordnetenversammlung
SU	Sowjetunion
TASS	Telegrafnoe Agenstvo Sowetskogo Sojusa (Telegrafenagentur der Sowjetunion)
TU	Technische Universität
U-Bahn	Untergrund-Bahn
UGO	Unabhängige Gewerkschaftsopposition (oder: -organisation)
UK	United Kingdom (Vereinigtes Königreich)
UN	United Nations (Vereinte Nationen)
US(A)	United States (of America) (Vereinigte Staaten von Amerika)
USPD	Unabhängige Sozialdemokratische Partei Deutschlands
VAB	Versicherungsanstalt Berlin
VEB	Volkseigener Betrieb
VP	Volkspolizei
Vol.	Volume (Band)
VVN	Vereinigung der Verfolgten des Naziregimes
WBA	Willy-Brandt-Archiv
WEU	Westeuropäische Union
ZA	Zentralausschuss
ZK	Zentralkomitee
ZPKK	Zentrale Parteikontrollkommission

Editionsgrundsätze

Die Berliner Ausgabe zeichnet anhand von Quellen, die nach wissenschaftlichen Kriterien ausgewählt werden, das politische Wirken Willy Brandts nach. Dabei werden die unterschiedlichen Funktionen und Ämter Brandts und thematisch abgrenzbare Tätigkeitsfelder jeweils gesondert behandelt. Die vorliegenden Dokumentenbände stützen sich vorwiegend auf Materialien aus dem Willy-Brandt-Archiv (WBA) im Archiv der sozialen Demokratie der Friedrich-Ebert-Stiftung. Veröffentlichte Dokumente und Schriftstücke aus anderen Archiven werden übernommen, wenn sie ursprünglicher oder vollständiger sind als Schriftstücke aus dem WBA, wenn sie Lücken im Brandt-Nachlass schließen oder ihr Inhalt eine Aufnahme in die Edition nahe legt.

In beschränktem Umfang werden in die Edition auch Quellen aufgenommen, deren Verfasser nicht Willy Brandt selbst ist, die aber in unmittelbarem Bezug zu seinem politischen Denken und Tun stehen. So finden sich in den Bänden sowohl Briefe oder sonstige Mitteilungen an Willy Brandt als auch Vorlagen seiner Mitarbeiter.

Die Edition richtet sich in Übereinstimmung mit dem gesetzlich festgelegten politischen Bildungsauftrag der Bundeskanzler-Willy-Brandt-Stiftung (BWBS) an eine breite historisch-politisch interessierte Öffentlichkeit. Dies war sowohl bei der Auswahl der zu publizierenden Dokumente als auch bei ihrer Aufbereitung und Kommentierung zu beachten. Deshalb finden vereinzelt auch Materialien Berücksichtigung, die z. B. Einblick in den Alltag eines Spitzenpolitikers und Staatsmannes gewähren. Sämtliche fremdsprachigen Texte wurden ins Deutsche übertragen und sind als Übersetzungen kenntlich gemacht.

Die durchnummerierten Dokumente sind grundsätzlich chronologisch angeordnet. Ausschlaggebend dafür ist das Datum des betreffenden Ereignisses, bei zeitgenössischen Veröffentlichungen das Datum der Publikation. Einzelne Bände der Berliner Ausgabe verbinden aus inhaltlichen Gründen eine themenbezogene systematische Gliederung mit dem chronologischen Ordnungsprinzip. Ein Dokument, das als Anlage kenntlich gemacht oder aus dem Textzusammenhang als Anlage erkennbar ist, gilt mit Blick auf die Reihenfolge und die Nummerierung nicht als eigenständig, wenn das Hauptdokument, dem es beigegeben ist, ebenfalls abgedruckt wird. In diesem Fall trägt es die Nummer des Hauptdokuments zuzüglich eines Großbuchstabens (in alphabetischer Reihenfolge) und wird im Dokumentenkopf ausdrücklich als Anlage ausgewiesen. Das Datum der Anlage ist für die Einordnung unerheblich.

Der Dokumentenkopf umfasst Dokumentennummer, Dokumentenüberschrift und Quellenangabe. Die Dokumentenüberschrift vermittelt auf einen Blick Informationen zum Datum, zur Art des Dokuments und zu den jeweils unmittelbar angesprochenen handelnden Personen. Die Quellenangaben weisen in der Regel nur den Fundort des Originals nach, nach dem das Dokument abgedruckt wird. Fremdsprachige Archivnamen und Bestandsbezeichnungen sind in den Angaben des Dokumentenkopfes ins Deutsche übersetzt.

Wird das Dokument unvollständig wiedergegeben, wird es in der Dokumentenüberschrift als Auszug bezeichnet.

Zum Dokument gehören sämtliche im Originaltext enthaltenen Angaben. Dazu zählen im einzelnen: Datum und Uhrzeiten, Klassifizierung, Anrede, Anwesenheits- oder Teilnehmerlisten, Überschriften und Zwischenüberschriften, Schlussformeln, Unterschriften, Namenskürzel, hand- oder maschinenschriftliche Zusätze, Kommentare und Korrekturen, sofern sie nicht einen deutlich späteren Zeitbezug haben. Auf eine Reihe dieser Angaben wird beim Abdruck verzichtet, wenn sie inhaltlich unerheblich oder schon im Dokumentenkopf enthalten sind. Dies gilt insbesondere für Datumsangaben, Absenderanschriften, Adressen und ebenso für Überschriften, sofern diese dem Dokumentenkopf weitestgehend entsprechen. Hand- bzw. maschinenschriftliche Vermerke oder Kommentare, die sich auf das Dokument insgesamt beziehen, werden unabhängig von ihrer Aussagekraft immer in der Anmerkung wiedergegeben, wenn sie von Brandt selbst stammen; dies gilt ebenso für die Paraphe oder andere Kürzel Brandts sowie Stempel bzw. Vermerke, mit denen bestätigt wird, dass Brandt Kenntnis von dem Schriftstück genommen hat. Übrige Vermerke, Paraphen oder Stempel werden nur dann in eine Anmerkung aufgenommen, wenn dies aus Sicht des jeweiligen Bearbeiters aus inhaltlichen Gründen geboten ist.

Streichungen im Original erscheinen nicht im Dokumententext, alle hand- bzw. maschinenschriftlichen Zusätze oder Korrekturen werden in der Regel *unkommentiert* in den Dokumententext übernommen, da sie allesamt als vom jeweiligen Verfasser genehmigt gelten können. Wird solchen Ergänzungen, Verbesserungen oder Streichungen jedoch eine wichtige inhaltliche Aussagekraft zugeschrieben, wird dies insoweit in textkritischen Anmerkungen erläutert. Im Text selbst werden solche Passagen in spitze Klammern „‹ ›" gesetzt. Unterschriften und Paraphen des Verfassers eines Dokuments werden in der Regel kommentiert, Unterstreichungen, Bemerkungen und Notizen am Rand nur dann, wenn dies inhaltlich geboten erscheint.

Bei der Wiedergabe der Dokumente wird ein Höchstmaß an Authentizität angestrebt. Die im jeweiligen Original gebräuchliche Schreibweise sowie Hervorhebungen werden unverändert übernommen. Dies gilt ebenso für die Wiedergabe von Eigennamen aus slawischen Sprachen, die im übrigen Text grundsätzlich in der transkribierten Form erscheinen. Das Layout folgt weitgehend dem Original, sofern Absätze, Zeilenausrichtung und Aufzählungen betroffen sind. Offensichtliche „Verschreibfehler" werden hingegen ohne weiteren Hinweis verbessert, es sei denn, sie besitzen inhaltliche Aussagekraft. Sinnentstellende Passagen und Zusätze werden im Dokumententext belassen, Streichungen solcher Art nicht rückgängig gemacht und in textkritischen Anmerkungen mit der gebotenen Zurückhaltung erläutert. Ebenso wird mit schwer verständlichen oder heute nicht mehr gebräuchlichen Ausdrücken verfahren. Sachlich falsche Angaben in der Vorlage werden im Anmerkungsapparat korrigiert. Tarnnamen und -bezeichnungen sowie sonstige „Codes" oder schwer zu deutende Formulierungen werden in eckigen Klammern im Dokumententext aufgeschlüsselt. Abkürzungen im Originaltext werden in der Regel im Abkürzungsverzeichnis aufgelöst. Im

Dokumententext selbst werden sie – in eckigen Klammern – nur dann entschlüsselt, wenn es sich um ungewöhnliche Kurzschreibformen handelt.

Die Berliner Ausgabe enthält einen bewusst knapp gehaltenen Anmerkungsteil, der als separater Abschnitt dem Dokumententeil angehängt ist. Die Zählung der Anmerkungen erfolgt durchgehend für die Einleitung und für jedes einzelne Dokument. Der Kommentar soll in erster Linie Hilfe für die Leserin und den Leser sein. Er ergänzt die im Dokumentenkopf enthaltenen formalen Informationen, gibt textkritische Hinweise, erläutert knapp Ereignisse oder Sachverhalte, die aus dem Textzusammenhang heraus nicht verständlich werden oder der heutigen Erfahrungswelt fremd sind, weist in den Dokumenten erwähntes veröffentlichtes Schriftgut nach und liefert Querverweise auf andere Quellentexte innerhalb der Edition, sofern sie in einem engeren Bezug zueinander stehen. Es ist nicht Aufgabe des Kommentars, Ereignisse oder Sachverhalte, die in den edierten Schriftstücken angesprochen sind, *detailliert* zu rekonstruieren. Ebenso wenig sollen weitere nicht abgedruckte Aktenstücke oder anderes Schriftgut mit dem Ziel nachgewiesen werden, den geschichtlichen Kontext der abgedruckten Quellentexte in ihrer chronologischen und inhaltlichen Abfolge sichtbar zu machen und damit Entscheidungsprozesse näher zu beleuchten.

Es bleibt der Einführung zu den einzelnen Bänden vorbehalten, das edierte Material in den historischen Zusammenhang einzuordnen, die einzelnen Dokumente in Bezug zueinander zu setzen sowie zentrale Begriffe ausführlich zu klären. Darüber hinaus unterzieht sie das politische Wirken Brandts und die jeweiligen historischen Rahmenbedingungen seiner Politik einer kritischen Bewertung. Aufgabe der Einführung ist es auch, die Auswahl der Dokumente zu begründen, in der gebotenen Kürze den Forschungsstand zu referieren und auf einschlägige Sekundärliteratur hinzuweisen.

Eine erste Orientierung in jedem Band bietet dem Leser das durchnummerierte Dokumentenverzeichnis mit Angabe der Seitenzahlen, über das sich jedes Dokument nach Datum, Bezeichnung des Vorgangs und der daran beteiligten Personen erschließen lässt.

Das Personenregister listet die Namen aller in der Einführung, im Dokumententeil einschließlich Dokumentenverzeichnis und im Anmerkungsapparat genannten Personen mit Ausnahme des Namens von Willy Brandt auf, sofern sie nicht im Rahmen selbständiger bibliographischer Angaben ausgewiesen sind; es enthält zusätzlich biographische Angaben, insbesondere zu den maßgeblichen Funktionen, die die angesprochenen Personen während der vom jeweiligen Band erfassten Zeitspanne ausübten. Die alphanumerisch geordneten Schlagwörter des Sachregisters, denen weitere Unterbegriffe zugeordnet sein können, ermöglichen einen gezielten, thematisch differenzierten Zugriff. Das Quellen- und Literaturverzeichnis vermittelt – mit Ausnahme von Artikeln in Tages-, Wochen- oder monatlich erscheinenden Zeitungen bzw. Pressediensten – einen Überblick über die im Rahmen der Bearbeitung des jeweiligen Bandes der Berliner Ausgabe eingesehenen Archivbestände und die benutzte Literatur.

Carsten Tessmer

Personenregister

Abrassimow, Pjotr Andrejewitsch (geb. 1912), sowjetischer Diplomat, 1950–1958 Mitglied des Obersten Sowjet, 1957–1961 Botschafter in Polen, 1962–1971 und 1975–1983 Botschafter in der DDR 65, 97, 505–510, 512–518, 620–630, 632 f.

Adenauer, Konrad (1876–1967), Mitbegründer der rheinländischen CDU, 1946–1950 Erster Vorsitzender der CDU in der britischen Besatzungszone, 1948–1949 Präsident des Parlamentarischen Rates (CDU), 1949–1963 Bundeskanzler, 1949–1967 MdB (CDU), 1950–1966 Vorsitzender der CDU, 1951–1955 Bundesaußenminister 37 f., 43, 45, 49, 53, 66–69, 89–94, 128, 138, 163, 168 f., 218, 244, 252 f., 273, 288, 290, 293 f., 298 f., 301, 308, 349, 355 f., 365, 372, 391, 396, 414, 420–422, 428 f., 450, 480, 500, 532, 538, 546, 548, 552 f., 563 f., 572, 578–581, 583–585, 587, 592, 595–597, 599 f., 602 f., 607–609, 613 f., 617

Albertz, Heinrich (1915–1993), 1947–1955 MdL Niedersachsen (SPD), 1948–1951 Flüchtlingsminister und 1951–1955 Sozialminister von Niedersachsen, 1955 Senatsdirektor für Volksbildung in Berlin, 1959–1961 Chef der Senatskanzlei, 1961–1963 Senator für Inneres, 1963–1966 Bürgermeister und Senator für Sicherheit und Ordnung bzw. (ab 1965) für Inneres, 1966–1967 Regierender Bürgermeister von Berlin, 1967 Rücktritt 29, 37, 42, 96, 209, 270, 321, 342, 370, 395, 403, 478, 521, 526 f., 531–533, 537 f., 571, 577 f., 583, 585, 591 f., 594, 605 f., 610, 612, 631, 633 f.

Allemann, Fritz René (1910–1996), Schweizer Publizist und Journalist, 1949–1960 Deutschland-Redakteur der *Tat* zunächst in Bonn, anschließend bis 1967 in Berlin, 1964–1970 Kolumnist der *Welt* 264

Amrehn, Franz (1912–1981), 1945 Beitritt zur CDU, 1950–1969 MdA, 1955–1963 Bürgermeister von Berlin, 1961–1969 Landesvorsitzender der Berliner CDU, 1963–1969 Vorsitzender der CDU-Fraktion im Abgeordnetenhaus 69, 259, 342 f., 583, 608–610

Arndt, Adolf (1904–1974), Rechtsanwalt, 1949–1969 MdB (SPD), 1949–1961 Geschäftsführer der SPD-Bundestagsfraktion, 1963–1964 Senator für Kunst und Wissenschaften in Berlin 72, 209, 290, 314, 561, 582

Aufhäuser, Siegfried (1884–1969), Gewerkschaftsfunktionär, SPD-Mitglied, 1921–1933 Vorsitzender der „Arbeitsgemeinschaft freier Angestelltenverbände" und MdR (SPD), ab 1933 Emigration in die ČSR, nach Frankreich und in die USA, 1950 Rückkehr nach Berlin, 1952–1958 Vorsitzender der DAG Berlin 318

Backlund, Sven (1917–1998), schwedischer Diplomat, 1964–1966 Generalkonsul in Berlin 505, 509, 512, 517

Bahr, Egon (geb. 1922), Journalist, seit 1956 SPD, 1960–1966 Leiter des Presse- und Informationsamtes des Landes Berlin, 1966–1967 Sonderbotschafter im AA, 1967–1969 Leiter des Planungsstabes im AA, 1969–1972 Staatssekretär im Bundeskanzleramt, 1972–1990 MdB,

1972–1974 Bundesminister für besondere Aufgaben, 1974–1976 Bundesminister für wirtschaftliche Zusammenarbeit 42, 57–59, 64, 76 f., 80, 83, 299, 316, 380, 457 f., 517, 533, 535–539, 584–586, 592, 594, 596, 603, 609, 612, 614, 618, 621, 627, 633

Barsig, Franz (1924–1988), 1954–1958 Pressereferent der SPD-Bundestagsfraktion, 1958–1965 Sprecher des SPD-PV, 1965–1968 Chefredakteur beim Deutschlandfunk 582

Barzel, Rainer (geb. 1924), 1957–1987 MdB (CDU), 1962–1963 Bundesminister für gesamtdeutsche Fragen, 1964–1973 Vorsitzender der CDU/CSU-Bundestagsfraktion, 1971–1973 CDU-Bundesvorsitzender 397, 608

Bebel, August (1840–1913), 1869 Mitbegründer der Sozialdemokratischen Arbeiterpartei, 1875 Mitbegründer der Sozialistischen Arbeiterpartei, 1871–1881 und 1883–1913 MdR, 1892–1913 Vorsitzender der SPD 421, 614

Beck, Erwin (1911–1988), Glaser, 1927 SAJ, 1933 Widerstandsgruppe Rote Kämpfer, 1936 Verhaftung, Verurteilung zu 2¹/₂ Jahren Zuchthaus, 1939 Strafbataillon 999, Kriegsgefangenschaft, 1946 Rückkehr nach Berlin, Mitglied der SPD, Mitglied des Marxistischen Arbeitskreises in der SPD, 1955–1975 Stadtrat für Jugend und Sport und (ab 1962) stellvertretender Bürgermeister in Berlin-Kreuzberg, 1977–1979 MdA 319

Beer, Karl Willy (1909–1979), Journalist, vor 1945 Redakteur beim *Berliner Tageblatt* und bei der *Deutschen Allgemeinen Zeitung*, 1957–1963 Chefredakteur der Berliner CDU-Zeitung *Der Tag*, 1956–1979 Redakteur und Chefredakteur der CDU-Zeitschrift *Die politische Meinung* 261, 574

Behm, Ernst (1902–1990), Volksschullehrer aus Berlin, SAP-Mitglied, 1933 Emigration nach Dänemark, ab 1935 in Schweden, nach 1945 vergebliche Rückkehrversuche 102, 540

Beitz, Berthold (geb. 1913), 1953–1967 Generalbevollmächtigter der Firma Krupp in Essen, 1958 als erster westdeutscher Industrieller zu einem offiziellen Besuch in Polen 503, 627

Beletzki, Viktor Nikolajewitsch, 1963 Zweiter Sekretär an der sowjetischen Botschaft in Ostberlin, Beauftragter für „Kontaktfragen mit Westberlin", 1975 Botschafter in Prag (weitere Angaben nicht ermittelt) 517

Bell, Daniel (geb. 1919), US-amerikanischer Soziologe und Journalist, 1948–1958 Mitherausgeber und Mitarbeiter von *Fortune*, 1956–1957 Leiter des Seminarprogramms des „Kongresses für Kulturelle Freiheit in Paris", 1959–1969 Professor für Soziologie an der Columbia Universität in New York 457

Bell, David (1919–2000), US-amerikanischer Wirtschaftswissenschaftler, 1961–1962 Direktor des US Bureau for Budget, 1963–1966 Leiter der US Agency for International Development 618

Berg, Fritz (1901–1979), Fabrikant, 1949–1971 Präsidiumsvorsitzender des Bundesverbandes der Deutschen Industrie 393, 607

Bergaust, Rut siehe Brandt, Rut

Berger-Heise, Margarete (1911–1981), Kontoristin, 1932 Mitglied der SPD, 1949–1961 SPD-Landesvorstand, 1950–

1953 MdA, 1952–1961 Kreisvorsitzende der SPD Weißensee (Ostberlin), 1953–1969 MdB   319

Berning, Paul (1908–1992), 1959–1961 Senatsdirektor in der Senatsverwaltung für Bundesangelegenheiten Berlin, 1962–1974 Vorstandsvorsitzender der Oldenburgischen Landesbank   583

Bevan, Aneurin (1898–1960), Politiker der britischen Labour Party (linker Flügel), seit 1929 MP, 1940–1945 Redakteur der Zeitschrift *Tribune*, 1945–1950 Gesundheitsminister, 1951 Arbeitsminister   253, 265, 575

Bevin, Ernest (1881–1951), britischer Politiker, 1945–1951 Außenminister (Labour Party)   441

Bismarck, Otto von (1818–1898), 1862–1890 preußischer Ministerpräsident, 1871–1890 Reichskanzler   421, 614

Bleibtreu, Otto (1904–1959), Jurist, 1932 SPD, 1933 aus dem Richteramt entlassen, 1948–1956 Ministerialdirektor im Justizministerium von Nordrhein-Westfalen, 1956–1958 Chef der Kanzlei des Ministerpräsidenten von Nordrhein-Westfalen, 1959 Chef der Senatskanzlei in Berlin   259, 264, 572 f.

Bohlen, Charles Eustis (1904–1974), 1953–1957 Botschafter der USA in Moskau, 1959–1962 Berater im Außenministerium der USA für die Beziehungen zur SU, 1962–1967 Botschafter der USA in Paris   342–344, 347

Bolz, Lothar (1903–1986), Rechtsanwalt, 1929 KPD, 1933 Emigration in die UdSSR, Mitarbeit im Nationalkomitee Freies Deutschland, 1947 Rückkehr nach Deutschland (SBZ), 1948–1972 Mitbegründer und Vorsitzender der NDPD, 1953–1965 Minister für Auswärtige Angelegenheiten der DDR   578

Borch, Herbert von (1909–2003), Journalist, 1953–1956 Leitartikler der FAZ, 1956–1965 Korrespondent der „Welt" in Washington   294

Bourguiba, Habib (1903–2000), tunesischer Politiker, 1956–1957 Ministerpräsident, 1957–1987 Staatspräsident   595

Brandt, Lars (geb. 1951), Sohn von → Rut und Willy Brandt, Schriftsteller, Filmemacher und Kunstmaler   70 f.

Brandt, Peter (geb. 1948), Sohn von → Rut und Willy Brandt, seit 1990 Professor für Neuere Geschichte an der Fernuniversität Hagen   20, 70 f., 83, 132, 544

Brandt, Rut (geb. 1920), geb. Hansen, 1947 Sekretärin Willy Brandts an der norwegischen Militärmission in Berlin, ab 1947 freie Journalistin für skandinavische Zeitungen, 1948–1980 verheiratet mit Willy Brandt   16, 20 f., 36, 65, 71, 81, 85, 101, 103, 114, 130 f., 300, 513, 540 f., 544, 557

Brauer, Max (1878–1973), Glasbläser, 1911 SPD, 1924–1933 Oberbürgermeister von Altona, 1936 Emigration in die USA, 1946 Rückkehr nach Deutschland, 1946–1953 und 1957–1960 Erster Bürgermeister der Freien und Hansestadt Hamburg, 1961–1965 MdB   591

Braun, Josef (1907–1966), Bankkaufmann, Gewerkschaftsfunktionär, 1952–1961 stellvertretender Vorsitzender und Landesgeschäftsführer der SPD Berlin, 1961–1966 MdB, unter dem Decknamen „Freddy" von 1948 bis zu seinem Tode Informant des MfS und seines Vorläufers   40, 555

Brentano, Heinrich von (1904–1964), 1949–1964 MdB (CDU), 1949–1955 und 1961–1964 Vorsitzender der CDU/CSU-Fraktion, 1955–1961 Außenminister 92, 238, 258–263, 288, 334, 346, 569, 574, 576–578, 582 f., 592, 595 f., 599

Breschnew, Leonid Iljitsch (1906–1982), sowjetischer Politiker, ab 1952 Mitglied des ZK, 1956–1960 und 1963–1964 Sekretär des ZK, 1957 Vollmitglied des Präsidiums (ab 1966 Politbüro) der KPdSU, 1960–1964 und 1977–1982 Vorsitzender des Präsidium des Obersten Sowjets (Staatsoberhaupt), 1964–1966 Erster Sekretär, 1966–1982 Generalsekretär der KPdSU 503

Bromme, Paul (1906–1975), sozialdemokratischer Politiker und Journalist, ab 1933 im Exil in der ČSR und in Skandinavien, 1948 Rückkehr nach Deutschland, 1949–1953 MdB, 1954–1970 MdL Schleswig-Holstein, 1954–1974 Senator in Lübeck 131

Brost, Erich (1905–1995), sozialdemokratischer Publizist, 1924–1936 Redakteur der „Danziger Volksstimme", ab 1936 im Exil, u. a. in Schweden und Großbritannien, 1945 Rückkehr nach Deutschland, 1946–1947 Chefredakteur der *Neuen Ruhr-Zeitung* Essen, 1947 Beauftragter des SPD-PV in Berlin, ab 1948 Gründer, Herausgeber und Chefredakteur der *Westdeutschen Allgemeinen Zeitung* 16 f., 38, 88, 218, 563 f.

Bruce, David Kirkpatrick (1898–1977), 1957–1959 Botschafter der USA in Bonn, 1961–1969 Botschafter in London 244, 574

Bullerjahn, Hans (1899–1966), Bankbeamter, 1923 SPD, 1948–1961 Mitglied der von der SED mitgegründeten „Sozialdemokratischen Aktion", 1949 Stadtrat für Banken und Versicherungen im Ostberliner Magistrat und Leiter der Ostberliner Bank „Berliner Stadtkontor" 116

Castro Ruz, Fidel (geb. 1927), seit 1953 Führer der kubanischen sozialrevolutionären „Bewegung 26. Juli", die nach einem Guerilla-Krieg (1956–1959) den Diktator Batista stürzte, 1959 kubanischer Ministerpräsident, Aufbau einer Diktatur nach kommunistischem Muster, 1962 Vorsitzender der „Einheitspartei der sozialistischen Revolution" (seit 1965 der „Kommunistischen Partei") 391

Chalvron, Bernard Guillier de (geb. 1911), französischer Diplomat, 1955–1958 Botschaftsrat in Berlin, 1958–1963 stellvertretender Stadtkommandant von Berlin 260

Chruschtschow, Nikita Sergejewitsch (1894–1971), sowjetischer Politiker, 1939–1964 Mitglied des Politbüros der KPdSU, 1953–1964 Erster Sekretär der KPdSU, 1958–1964 Ministerpräsident der SU, 1964 aller Ämter enthoben 47 f., 50, 65, 89, 94, 245, 251, 253, 257–262, 267, 271, 273, 292, 298, 356, 383 f., 387 f., 393, 395–400, 510, 535, 556, 570, 573–576, 578, 580 f., 584 f., 587, 597, 604–611, 618, 630

Clay, Lucius Dubignon (1897–1978), US-amerikanischer Offizier, 1947–1949 Militärgouverneur der amerikanischen Besatzungszone, 1950–1962 in Privatunternehmen in den USA tätig, 1961–1962 Sonderbeauftragter im Range eines Botschafters des US-Präsidenten → Kennedy in Berlin 342, 347, 375, 499 f., 597, 606, 619

Couve de Murville, Maurice (1907–1999), 1950–1955 französischer Botschafter in Kairo, 1955–1956 in Washington, 1956–1958 in Bonn, 1958–1968 französischer Außenminister 622

Crustalow (Chruschtalow), 1963 Botschaftssekretär an der sowjetischen Botschaft in der DDR (weitere Angaben nicht ermittelt) 512, 515, 629

Deist, Heinrich (1902–1964), Jurist, 1920 SPD, 1941–1949 Wirtschaftsprüfer, 1953–1964 MdB, 1958–1964 stellvertretender Vorsitzender der SPD-Bundestagsfraktion 318

Dibelius, Otto (1880–1967), evangelischer Theologe, 1925–1933 Generalsuperintendent in der Kurmark, 1934–1945 aktiv in der Bekennenden Kirche, 1945 Mitverfasser des „Stuttgarter Schuldbekenntnisses" der Evangelischen Kirche, 1945–1966 Bischof der Evangelischen Kirche Berlin-Brandenburg 194, 556

Döpfner, Julius (1913–1976), 1948–1957 Bischof von Würzburg, 1957–1961 Bischof von Berlin, 1958 Kardinal, ab 1961 Erzbischof von München-Freising, 1965–1976 Vorsitzender der Deutschen Bischofskonferenz 91, 310, 587 f.

Douglas-Home, Alec Lord (1903–1995), britischer Politiker (Konservative Partei), 1955–1960 Minister für Commonwealth Beziehungen, 1960–1963 und 1970–1974 britischer Außenminister, 1963–1964 Premierminister 607

Dow, Roger (1906–1967), US-Diplomat, 1949–1952 Leiter der Unterabteilung *Berichte und Analysen* der Geheimdienstabteilung der US-amerikanischen Hohen Kommission 545

Dowling, Walter (1905–1977), 1959–1963 US-amerikanischer Botschafter in Bonn 294, 342, 344 f., 583, 597, 607

Duckwitz, Georg Ferdinand (1904–1973), Diplomat, 1955–1958 Botschafter in Kopenhagen, 1958–1961 Leiter der Ostabteilung im AA, 1961–1965 Botschafter in Neu-Delhi, 1965 Versetzung in den Ruhestand auf eigenen Wunsch 96, 264, 488, 623

Dufhues, Josef-Hermann (1908–1971), Jurist, 1946/47 und 1950–1970 MdL (CDU) Nordrhein-Westfalen, 1962–1966 Geschäftsführender Vorsitzender der CDU 430

Dulles, John Foster (1888–1959), Jurist, 1953–1959 Außenminister der USA 294, 483, 566, 570, 583, 629

Ebert, Friedrich (1871–1925), Sattler, 1912–1918 MdR (SPD), 1913–1919 Vorsitzender der SPD, 1918 Vorsitzender der Rats der Volksbeauftragten, 1919–1925 Reichspräsident 421, 614

Ebert, Friedrich (1894–1979), Sohn des Reichspräsidenten → Friedrich Ebert, Buchdrucker und Journalist, 1919–1933 Redakteur sozialdemokratischer Zeitungen, in der Zeit des Nationalsozialismus in Konzentrationslagern, 1945–1946 Vorsitzender des SPD-Landesverbandes Brandenburg, 1946 Mitgründer der SED und bis 1979 Mitglied des SED-PV bzw. -ZK, 1948–1967 Oberbürgermeister von Ostberlin 52, 198, 558, 569

Eckardt, Felix von (1903–1979), 1952–1962 Leiter des Presse- und Informationsamtes der Bundesregierung (ab 1958 als Staatssekretär), 1962–1965 Bevollmächtigter der Bundesrepublik

667 Anhang: Personenregister

Deutschland in Berlin, 1965–1972 MdB (CDU) 264, 391, 394 f., 397, 608

Edelhagen, Kurt (1920–1982), Jazzmusiker, 1957 Gründung der Edelhagen All Stars Jazz Big Band, 1957–1962 Leiter der Jazzklasse an der Kölner Musikhochschule, 1964 vierwöchige Tournee durch die SU, im Anschluss daran Konzerte in Ostberlin und Dresden 455, 618

Eichler, Willi (1896–1971), 1923 SPD, 1925–1945 Vorsitzender des Internationalen Sozialistischen Kampfbundes, 1933 Emigration, 1945 Rückkehr nach Deutschland, 1945–1951 Chefredakteur der *Rheinischen Zeitung*, 1946–1968 Mitglied im PV der SPD, 1947–1948 MdL Nordrhein-Westfalen (SPD), 1949–1953 MdB (SPD) 291

Eichmann, Adolf (1906–1962), 1939–1945 Leiter des „Judenreferats" im Reichssicherheitshauptamt, nach Kriegsende Flucht nach Südamerika, 1960 nach Israel entführt, 1961 Prozess in Jerusalem und Todesurteil, 1962 Hinrichtung 597

Eikemeier, Fritz (1908–1985), 1953–1964 Präsident der Volkspolizei Berlin (Ost) 599

Eisenhower, Dwight David (1890–1969), 1944–1945 Oberbefehlshaber der Alliierten Streitkräfte in Westeuropa, 1950–1953 NATO-Oberbefehlshaber, 1953–1961 Präsident der USA 35, 191, 293 f., 566, 576, 578, 584

Enderle, August (1887–1959), Metallarbeiter, Journalist und Parteifunktionär der KPD, KPDO und der SAP, 1933 Emigration, 1934–1945 in Schweden, 1945 Rückkehr nach Deutschland, Redakteur verschiedener Gewerkschaftszeitungen in der Bundesrepublik 566

Enderle, Irmgard (1895–1985), Lehrerin und Journalistin, Mitglied der SAP, 1933 Emigration, 1934–1945 Schweden, 1945 Rückkehr nach Deutschland, Tätigkeit als Journalistin in der Bundesrepublik 88, 232, 566

Erdmann, Karl Dietrich (1910–1990), Historiker, ab 1946 Mitglied der CDU, 1953–1978 Professor für mittlere und neuere deutsche Geschichte in Kiel, 1962–1967 Vorsitzender des Verbandes deutscher Historiker, 1966–1970 Vorsitzender des Deutschen Bildungsrates 469, 619

Erhard, Ludwig (1897–1977), 1949–1977 MdB (CDU), 1949–1963 Bundesminister für Wirtschaft, 1963–1966 Bundeskanzler, 1966–1967 Vorsitzender der CDU 62, 67, 95 f., 308, 352, 417, 425, 429, 455, 479, 486–488, 543, 587, 613 f., 616 f., 623, 631

Erlander, Tage (1901–1985), schwedischer Sozialdemokrat, 1946–1969 Ministerpräsident 613

Erler, Fritz (1913–1967), nach 1933 Mitglied der linkssozialistischen Gruppe „Neu Beginnen", 1938 Verhaftung, 1939 Verurteilung zu zehn Jahren Zuchthaus, 1945 Mitglied der SPD, 1949–1967 MdB, 1956–1967 Mitglied des SPD-PV, 1964–1967 Vorsitzender der SPD-Bundestagsfraktion, 1964–1967 stellvertretender Vorsitzender der SPD 50, 64, 207, 209, 291, 554, 573, 620, 622

Etzel, Franz (1902–1970), 1949–1967 MdB (CDU), 1957–1961 Bundesminister der Finanzen 565

Evers, Carl-Heinz (geb. 1922), Pädagoge, 1945 SPD, 1947–1950 CDU in der SBZ/

DDR, 1950 Flucht nach Westberlin, Wiedereintritt in die SPD, 1959–1963 Landesschulrat, 1963–1970 Senator für Schulwesen, 1965–1967 Mitglied im LV der SPD Berlin, 1967–1970 MdA, 1970–1973 Mitglied im PV, 1993 Austritt aus der SPD 72, 403

Exner, Kurt (1901–1996), 1919 SPD, 1947–1949 SPD-Kreisvorsitzender, 1948 Bezirksbürgermeister in Berlin-Prenzlauer Berg, 1949–1959 Bezirksbürgermeister in Berlin-Neukölln, 1959–1967 Senator für Arbeit und Soziales, 1963–1971 MdA 403, 572

Fechter, Peter (1944–1962), Bauarbeiter aus Ostberlin, am 17. August 1962 bei einem Fluchtversuch an der Berliner Mauer erschossen 55, 70, 602

Fischer, Hermann (1900–1983), 1950–1958 MdA (FDP, ab 1956 FVP), 1951–1953 Bürgermeister von Berlin-Tempelhof, 1953–1955 Senator für Inneres und Bürgermeister in Berlin, 1962 Mitbegründer und Vorsitzender der Christlich Nationalen Partei 205 f., 217 f., 371, 559 f., 562 f., 602

Frahm, Ninja (geb. 1940), Tochter von Willy Brandt aus erster Ehe 132, 544

Fleischhauer, Irene (1913–1998), Stenokontoristin, 1946 SPD, 1951–1965 Betriebsratsvorsitzende Telefunken Berlin, 1960–1972 MdA, 1961–1976 Vorsitzende der DAG Berlin 320

Franke, Egon (1913–1995), Tischler, 1929 SPD, ab 1933 illegale Tätigkeit, 1935 Verurteilung zu 2½ Jahren Zuchthaus, 1943 Strafbataillon, 1945 Mitbegründer der SPD in Hannover, 1947–1952 im SPD-PV, 1951–1987 MdB, 1969–1982 Bundesminister für innerdeutsche Beziehungen 291

Friedag, Herwig (geb. 1921), Journalist, 1946 SPD, 1946–1959 Redakteur bei der Berliner Zeitung *Der Abend*, 1959–1963 Chefredakteur der Berliner SPD-Wochenzeitung *Berliner Stimme*, 1963–1983 Redakteur und Abteilungsleiter beim Sender Freies Berlin 313, 589

Friedländer, Otto (1897–1954), 1933 Emigration in die ČSR, 1938 nach Norwegen und 1940 nach Schweden, ab 1946 Mitglied des Sopade-Landesvorstandes und bis 1954 Vorsitzender der „Vereinigung deutscher Sozialdemokraten" in Schweden 102

Gaitskell, Hugh Todd (1906–1963), britischer Professor für Wirtschaftswissenschaft, 1945–1963 MP (Labour Party), 1947–1951 Energieminister und Schatzkanzler, 1955–1963 Vorsitzender der Labour Party 575, 613

Gaulle, Charles de (1890–1970), französischer Militär und Politiker, 1940 Emigration nach Großbritannien, Mitbegründer des Londoner Komitees „Freies Frankreich", 1944 Rückkehr nach Frankreich und Chef der provisorischen Regierung, 1945 Ministerpräsident, 1946 Rücktritt, 1947 Gründer einer politischen Sammlungsbewegung, 1958 Ministerpräsident und anschließend Wahl zum Staatspräsidenten, 1969 Rücktritt als Staatspräsident 56, 62 f., 94, 96, 294, 356, 391, 412–418, 441, 457, 461–463, 480–486, 500, 528, 536 f., 578, 587, 597, 603, 610, 612, 615, 618 f., 622, 626

Gayk, Andreas (1893–1954), kaufmännischer Angestellter, Journalist, 1946–1954 Oberbürgermeister von Kiel, 1946–1954 Landesvorsitzender der SPD Schleswig-Holstein, 1946–1954 Mitglied im SPD-PV 531

Gerhardsen, Einar (1897–1987), norwegischer Politiker (DNA), 1942–1944 in den KZs Sachsenhausen und Grini, 1945–1951 und 1955–1965 norwegischer Ministerpräsident, 1945–1965 Vorsitzender der DNA 225, 564

Gerstenmaier, Eugen (1906–1986), 1949–1969 MdB (CDU), 1954–1969 Bundestagspräsident, 1956–1969 stellvertretender Vorsitzender der CDU 194, 264, 556, 569

Globke, Hans (1898–1973), 1932–1945 Ministerialrat und Referent für Staatsangehörigkeitsfragen im Reichsministerium des Innern, 1935 Verfasser eines Kommentars zu den „Nürnberger Rassegesetzen", 1950–1953 Ministerialdirektor im Bundeskanzleramt, 1953–1963 Staatssekretär im Bundeskanzleramt 219, 386, 583, 602

Goerdeler, Carl Friedrich (1884–1945), Jurist, 1930–1936 Oberbürgermeister von Leipzig, Berater des Bosch-Konzerns, wegen Beteiligung an den Planungen für das Attentat gegen Hitler im August 1944 verhaftet, zum Tode verurteilt und im Februar 1945 in Berlin-Plötzensee hingerichtet 421

Goldberg, Arthur (1908–1990), Jurist, 1962–1965 Richter am Supreme Court der USA, 1965–1968 Botschafter der USA bei den Vereinten Nationen 498, 626

Gollwitzer, Helmut (1908–1993), 1950–1957 Professor für Systematische Theologie an der Universität Bonn, 1957–1975 Professor für Evangelische Theologie an der FU Berlin 91, 322, 590

Gordon-Walker, Patrick (1907–1980), britischer Politiker, 1945 MP (Labour Party), 1950–1951 Minister für Commonwealth-Beziehungen, 1964–1965 Außenminister 538

Grewe, Wilhelm (1911–2000), 1955 Ministerialdirektor im AA, 1958–1962 Botschafter in den USA, 1962–1971 Botschafter bei der NATO in Brüssel 394, 600, 604

Gromyko, Andrej Andrejewitsch (1909–1989), sowjetischer Diplomat und Politiker, ab 1956 Mitglied des ZK der KPdSU, 1957–1985 sowjetischer Außenminister 387, 605

Grotewohl, Otto (1894–1964), 1945 Mitbegründer der SPD in Berlin, 1945–1946 Mitglied des Zentralausschusses der SPD, 1946–1954 Vorsitzender der SED, 1949–1964 Ministerpräsident bzw. Vorsitzender des Ministerrats der DDR 172, 544, 568

Grunner, Josef (1904–1984), Jurist, Journalist, 1945 SPD, 1946–1955 Redakteur und Ressortleiter für Politik beim *Telegraf*, 1955–1964 Bezirksrat für Wirtschaft und Ernährung und Leiter des Wohnungsamtes, 1964–1969 Bezirksbürgermeister von Berlin-Schöneberg 264, 313, 316, 318, 588

Gufler, Bernard (1903–1973), US-amerikanischer Diplomat, 1955–1959 stellvertretender Leiter der Mission in Berlin, 1959–1961 Botschafter in Sri Lanka, 1961–1963 Botschafter in Finnland 260 f., 264 f., 574 f.

Hallstein, Walter (1901–1982), 1950 Staatssekretär für Auswärtige Angelegenheiten im Bundeskanzleramt, 1951–1957 Staatssekretär im AA, 1958–1967 Präsident der EWG-Kommission, 1968–1974 Präsident der Europäischen Bewegung 366, 439, 600

Hammer, Günter (1922–1993), 1951–1968 stellvertretender Chefredakteur, anschließend bis 1988 Chefredakteur der *Westfälischen Rundschau* 97, 511, 631

Hansen, Hans Christian (1906–1960), Buchdrucker, dänischer sozialdemokratischer Politiker, 1945 und 1947–1949 Finanzminister, 1953–1958 Außenminister, 1955–1960 Ministerpräsident und Vorsitzender der Sozialdemokratischen Partei 225, 564

Hansen, Olaug Schwester von → Rut Brandt 132, 544

Hansen, Rut → siehe Brandt, Rut

Harich, Wolfgang (1923–1995), 1945 KPD, 1946 SED, ab 1951 Dozent für Philosophie an der Humboldt Universität Ostberlin, Cheflektor des Aufbau-Verlages und Chefredakteur der *Deutschen Zeitschrift für Philosophie*, 1956 verhaftet, 1957 wegen „staatsfeindlicher Aktivitäten" zu zehn Jahren Zuchthaus verurteilt, 1964 amnestiert, 1965–1977 Lebensgefährte von → Gisela May 496, 625

Harpprecht, Klaus (geb. 1927), Journalist, seit 1951 Bonner und Berliner Korrespondent der Zeitung „*Christ und Welt*", Kommentator beim RIAS Berlin und Leiter des Bonner Büros des SFB, ab 1962 Korrespondent des ZDF in den USA, 1966–1969 Leiter des S. Fischer-Verlages, 1972–1974 Berater des Bundeskanzlers Willy Brandt und – ab 1973 – Leiter der Schreibstube im Bundeskanzleramt 83, 262–264, 623

Hausberg, Fritz (1880–1959), Ingenieur, ab 1946 LDPD-Stadtverordneter bzw. Mitglied des Abgeordnetenhauses (FDP) in Berlin 554

Hausmann, Herbert (1902–1980), Jurist, 1949–1953 Stadtrat bzw. Senator für Verkehr und Betriebe in Berlin, 1951 SPD, 1954–1959 Vorstand der Askania Werke Berlin, 1960–1967 Vorstandsmitglied von Continental Elektroindustrie 94, 399

Heald, Henry (1904–1975), 1952–1956 Präsident der New Yorker Universität, 1956–1966 Präsident der Ford Foundation 457, 618

Heine, Fritz (1904–2002), 1922 SPD, 1933–1946 Emigration in die Tschechoslowakei, nach Frankreich und Großbritannien, Mitglied des Exil-PV, 1946 Rückkehr nach Deutschland, 1946–1958 besoldetes Mitglied des SPD-PV und Leiter des Referats für „Presse und Propaganda", 1958–1974 Geschäftsführer der SPD-Unternehmensholding Konzentration GmbH 477, 529, 546, 552, 620

Heinig, Kurt (1886–1956), 1927–1933 MdR (SPD), 1933 Emigration nach Dänemark, 1940 nach Schweden, ab 1943 Landesvertreter des Londoner Exil-PV der SPD in Schweden, blieb nach 1945 in Schweden 101, 529, 539

Henneberg, Willy (1898–1961), Ingenieur, SPD-Mitglied, 1948–1961 Mitglied der StVV bzw. MdA Berlin, 1958–1961 Präsident des Berliner Abgeordnetenhauses 578

Herter, Christian (1895–1966), Diplomat, 1953–1957 Gouverneur von Massachusetts (Republikaner), 1959–1961 US-amerikanischer Außenminister 290, 294, 577, 580, 583

Hertz, Paul (1888–1961), 1905 SPD, 1920–1933 MdR (USPD, SPD), 1933 Emigration, 1949 Rückkehr nach Deutschland,

1950 Leiter des Hauptamtes für Banken und Versicherungen beim Magistrat von Berlin, 1951–1961 Senator für Wirtschaft und Kredit 532

Hesse, Eberhard (1911–1986), 1930 SPD, 1933 illegale Arbeit in der linkssozialistischen Gruppe „Neu-Beginnen", Verurteilung zu 1½ Jahren Gefängnis, 1945 SPD, 1947–1952 Leiter des August-Bebel-Instituts Berlin, 1952–1961 Pressereferent beim Berliner SPD-LV, 1956–1976 MdA, 1960–1971 Mitglied des SPD-LV, 1961–1971 SPD-Landesgeschäftsführer 316, 321, 371, 602

Heuss, Theodor (1884–1963), 1948–1949 Vorsitzender der FDP, Mitglied des Parlamentarischen Rates, 1949–1959 Bundespräsident 319, 449, 554, 565, 567, 616

Hillenbrand, Martin (geb. 1915), Professor für internationale Beziehungen an der Universität von Georgia, 1958–1962 Mitarbeiter im US-amerikanischen Außenministerium im Büro für deutsche Angelegenheiten, 1962–1963 in der Berlin Task Force (Arbeitsgruppe im US-Außenministerium) 380, 382, 603 f.

Hind, Tage (geb. 1916), dänischer Schriftsteller und Dramaturg 531

Hindenburg, Paul von (1847–1934), General, 1925–1934 Reichspräsident 421, 614

Hirschfeld, Hans Emil (1894–1971), Journalist, 1926 Pressereferent im preußischen Innenministerium, 1933 Emigration nach Schweden, Frankreich, USA, 1949 Rückkehr nach Deutschland, 1950–1960 Leiter des Presse- und Informationsamtes des Senats von Berlin 42, 533, 565, 569, 584

Hitler Adolf (1889–1945), „Führer" der NSDAP, 1933–1945 Reichskanzler 56, 421 f., 539–541, 614

Hoefer, Heinz (geb. 1915), 1930 SPD, 1956–1965 SPD-Kreisvorsitzender Berlin-Steglitz, 1965–1971 Bezirksbürgermeister von Steglitz 88, 216, 561

Hoegner, Wilhelm (1887–1980), 1907 SPD, 1930–1933 MdR, 1933 Emigration nach Österreich und in die Schweiz, 1945 Rückkehr nach Deutschland, 1945–1946 und 1954–1957 Ministerpräsident von Bayern, 1946–1970 MdL 312, 588

Hoppe, Hans-Günther (1922–2000), Jurist, 1957–1958 und 1963–1973 MdA (FDP), 1961–1971 stellvertretender Landesvorsitzender der FDP Berlin, 1963–1967 Senator für Finanzen 479, 621

Huber, Michael Franz (1902–1969); Kaufmann, SAP-Mitglied, bis 1935 Politischer Leiter der illegalen SAP in Berlin, 1937 Emigration nach Schweden 86, 139, 546

Humphrey, Hubert Horatio (1911–1978), US-Politiker, 1949–1965 und 1971–1978 Senator (Demokratische Partei) für Minnesota, 1965–1969 Vizepräsident der USA 499, 626

Hurwitz, Harold (geb. 1924), 1946–1949 Zivilangestellter der US-amerikanischen Militärregierung in Berlin, 1949–1958 Rundfunkjournalist und freier Auftragsforscher, Mitarbeit an der von Willy Brandt und Richard Löwenthal verfassten Biographie über Ernst Reuter, 1958–1972 Mitarbeiter an dem Meinungsforschungsprogramm von infas über Berlin, 1967–1972 Akademischer Rat, 1972–1988 Professor für Politische Wissenschaft an der Freien Universität Berlin 533

Jaene, Hans-Dieter (geb. 1924), Journalist, FDP, 1947–1966 Redakteur, stellv. Chefredakteur, Leiter des Bonner und ab 1963 Leiter des Berliner Büros der Zeitschrift *Der Spiegel*, 1972–1975 Redakteur beim ZDF, Studio Berlin, 1976–1982 Leiter der Deutschen Welle in Köln 598

Jaksch, Wenzel (1896–1966), Maurer, 1938 Vorsitzender der Deutschen Sozialdemokratischen Arbeiterpartei in Prag, 1939 Emigration nach Großbritannien, nach Kriegsende Rückkehr nach Deutschland, 1950–1966 Mitglied des SPD-PV, 1953–1966 MdB (SPD) 483, 537

Johnson, Lyndon Baines (1908–1973), 1949–1961 Senator für Texas (Demokratische Partei), 1961–1963 Vizepräsident der USA, 1963–1968 Präsident der USA 53, 66, 96, 341 f., 345, 347, 458, 467, 498–500, 502, 595, 618, 626 f.

Kaiser, Jakob (1888–1961), 1945 Mitbegründer der CDU in Berlin, 1945–1947 Vorsitzender der CDU in der SBZ, 1947–1949 MdPR, 1949–1957 MdB und Bundesminister für gesamtdeutsche Fragen, 1949–1958 Vorsitzender der CDU-Sozialausschüsse, 1950–1958 stellvertretender Vorsitzender der CDU, 1950–1961 Vorsitzender der Exil-CDU, 1958–1961 Ehrenvorsitzender der CDU 130

Kalbitzer, Hellmut (geb. 1913), Kaufmann, 1933 illegale Tätigkeit im Internationalen Sozialistischen Kampfbund, 1936 verurteilt zu zwei Jahren Gefängnis, 1948–1949 und 1978–1982 Mitglied der Hamburger Bürgerschaft (SPD), 1949–1965 MdB (SPD) 90, 270, 577

Karnatz, Joachim (1921–1977), Industriekaufmann, 1947 SPD, 1952–1960 Bezirksstadtrat, 1960–1975 Bezirksbürgermeister in Berlin-Tiergarten, 1954–1961 Kreisvorsitzender der SPD Berlin-Tiergarten 319

Kaul, Friedrich Karl (1906–1981), Rechtsanwalt, 1932 KPD, 1933 Entlassung aus dem Justizdienst, 1935 Verhaftung, 1937 Emigration nach Kolumbien, 1945 Rückkehr nach Berlin, 1946 SED, 1948 Rechtsanwalt mit Zulassung in Ost- und Westberlin, 1956 Verteidiger im KPD-Prozess vor dem Bundesverfassungsgericht, 1965 Professor an der Humboldt-Universität Berlin 478, 621

Kay, Ella (1895–1988), 1919 SPD, 1923–1933 Stadtverordnete in Berlin, 1947 Bezirksbürgermeisterin in Berlin-Prenzlauer Berg, 1949–1955 Leiterin des Hauptjugendamtes, 1955–1962 Senatorin für Jugend, 1956–1959 Mitglied des SPD-PV, 1962–1971 MdA 209, 316, 589

Kaysen, Carl (geb. 1920), 1946–1966 Professor für Politische Wissenschaft, 1961–1963 Berater des US-Präsidenten für Nationale Sicherheitsfragen 380, 538, 603 f.

Kempski, Hans Ulrich (geb. 1922), Journalist, 1946–1949 Redakteur der Deutschen Nachrichtenagentur (DENA), 1949–1987 Chefreporter, Chefkorrespondent und Mitglied der Chefredaktion der *Süddeutschen Zeitung* 301, 585

Kennan, George Frost (geb. 1904), 1952–1953 US-amerikanischer Botschafter in der SU, 1953–1961 und 1964–1966 Professor für Geschichte in Princeton; 1961–1964 Botschafter in Jugoslawien 224, 233, 564

Kennedy, John Fitzgerald (1917–1963), Bruder von → Robert Kennedy, 1953–1961 Senator für Massachusetts (Demokratische Partei), 1961–1963 Präsident der USA 35, 53, 55, 57 f., 62, 92–94, 308 f., 336, 342, 351, 355 f., 365, 380–385, 387, 390, 392 f., 396, 400, 414, 417–419, 435, 440 f., 460, 467, 486, 536 f., 586 f., 593–597, 599, 603–607, 610, 612–615, 619, 622

Kennedy, Robert (1925–1968), Bruder von → John F. Kennedy, 1961–1964 US-amerikanischer Justizminister, 1965–1968 Senator für New York (Demokratische Partei) 498, 604, 626

Kettlein, Rudolf (1914–1995), ab 1950 stellvertretender Leiter des Presseamts des Landes Berlin 262, 478, 574, 621

Klaiber, Manfred (1903–1981), 1957–1963 deutscher Botschafter in Italien, 1963–1968 Botschafter in Frankreich 485

Klein, Günter (1900–1963), 1923 Eintritt in die SPD, 1949–1953 Vertreter des Magistrats bzw. des Senats im Bundesrat, 1954–1961 MdA, 1955–1961 Berliner Senator für Bundesangelegenheiten, 1961–1963 MdB 42, 91 f., 163, 241, 257 f., 261, 264, 268, 296, 298, 335, 342, 352, 356 f., 533, 554, 572, 576 f., 580, 584–586, 592 f., 595, 598

Klein, Walter (1901–1978), 1953–1963 Leiter der Protokollabteilung der Berliner Senatskanzlei 259, 263, 265, 538, 573

Klingelhöfer, Gustav (1888–1961), Volkswirt, 1945 Leiter des Politischen Büros des Zentralausschusses der SPD in Berlin, 1946–1951 Stadtrat für Wirtschaft im Berliner Magistrat, 1946–1950 Mitglied der Stadtverordnetenversammlung, 1953–1957 MdB (SPD) 633

Knappstein, Kurt Heinrich (1906–1989), 1956–1958 deutscher Botschafter in Spanien, 1960–1962 deutscher Beobachter bei den Vereinten Nationen in New York, 1963–1968 Botschafter in den USA 380, 603 f., 622

Knoeringen, Juliane von (1906–1973), Ehefrau von → Waldemar von Knoeringen 270

Knoeringen, Waldemar Freiherr von (1906–1971), 1933–1946 Exil in der Tschechoslowakei, in Frankreich und Großbritannien („Neu Beginnen"), 1946–1970 MdL Bayern (SPD), 1947–1963 SPD-Landesvorsitzender von Bayern, 1948–1962 Mitglied des SPD-PV, 1949–1951 MdB (SPD), 1958–1962 stellvertretender Vorsitzender der SPD 50, 90, 127, 207, 268, 290 f., 576, 581

Köhler, Luise (1902–1984), SAP-Mitglied, 1937 Emigration nach Dänemark, 1955 Rückkehr nach Westberlin 87, 185

Köhler, Max (1897–1975), Tischler, 1933 Organisationsleiter der illegalen SAP-Reichsleitung, 1934 verurteilt, 1937 Emigration nach Dänemark, 1955 Rückkehr nach Westberlin, Mitglied der SPD, 1961 zeitweiliger Ausschluss aus der SPD 40, 87, 185, 318, 320, 322–324, 555, 588, 590 f.

König, Karl (1910–1979), Bauingenieur, 1930 SPD, 1933 Widerstandsgruppe „Roter Stoßtrupp", 1933–1936 Zuchthaus, 1943–1944 Strafbataillon, Gefangenschaft, 1959 und 1967–1971 MdA, 1965–1968 Kreisvorsitzender der SPD Berlin-Schöneberg, 1965–1975 Senator für Wirtschaft 514, 632

Kohler, Foy (1908–1990), 1959–1962 stellvertretender US-Außenminister für europäische Angelegenheiten, 1962–1966

Botschafter der USA in Moskau 371, 602

Kossygin, Alexej Nikolajewitsch (1904–1980), sowjetischer Politiker, 1948–1952 und 1960–1980 Mitglied des Politbüros der KPdSU, 1957–1964 stellvertretender Ministerpräsident, 1964–1980 Ministerpräsident (Vorsitzender des Ministerrats) 500, 503, 626

Krappe, Edith (geb. 1909), Buchhalterin, 1928 SPD, 1945 Mitbegründerin der SPD in Berlin-Friedrichshain, 1946–1957 Mitglied der StVV bzw. MdA, 1957–1972 MdB 321, 530, 589

Kreisky, Bruno (1911–1991), österreichischer Politiker (Sozialdemokrat), 1939–1945 Exil in Schweden, 1953–1959 Staatssekretär im österreichischen Bundeskanzleramt, 1959–1960 Außenminister, 1970–1983 Bundeskanzler 38, 49, 89 f., 257, 259, 262–264, 267, 387, 532, 537 f., 572 f., 575 f., 580 f., 605

Kressmann, Willy (1907–1986), 1931 Mitglied der SAP, 1933 Emigration, 1947 Rückkehr nach Berlin, Mitglied der SPD, 1949–1962 Bezirksbürgermeister von Berlin-Kreuzberg, 1962 Abwahl als Bezirksbürgermeister, 1963 Austritt aus der SPD 29, 41 f., 261, 368–371, 531, 533, 575, 601

Kroll, Hans (1898–1967), Diplomat, 1953–1955 deutscher Botschafter in Belgrad, 1955–1958 in Tokio, 1958–1962 in Moskau 356, 597

Krone, Heinrich (1895–1989), 1949–1969 MdB (CDU), 1955–1961 Vorsitzender der CDU/CSU-Fraktion, 1961–1964 Bundesminister für besondere Aufgaben, 1964–1966 Bundesminister für die Angelegenheiten des Bundesverteidigungsrates 386, 393, 602

Kudriawzew, S. (auch: Kudrjawzew), 1963 Botschaftssekretär an der sowjetischen Botschaft in der DDR (weitere Angaben nicht ermittelt) 503

Kuhnt, weitere Angaben nicht ermittelt 116

Lahr, Rolf (1908–1985), Diplomat, 1956–1960 Gesandter (ab 1957 Botschafter) zur besonderen Verwendung, 1960–1961 deutscher Vertreter bei der Europäischen Wirtschaftsgemeinschaft in Brüssel, 1961–1968 Staatssekretär im AA 238

Lange, Halvard (1902–1970), norwegischer Historiker und Politiker (DNA), 1933–1967 Mitglied des DNA-Zentralvorstandes, 1942–1945 in KZ-Haft (Sachsenhausen), 1946–1965 Außenminister 100, 537, 539

Lania, Leo (Lazar Hermann) (1896–1961), Schriftsteller und Journalist 577

Leber, Annedore (1904–1968), Juristin, vor der Hinrichtung ihres Ehemannes → Julius Leber 1944 in Haft, 1945 Leiterin des Frauensekretariats der SPD in Berlin, 1946–1949 Mitlizenzträgerin der SPD-Zeitung *Telegraf*, Inhaberin des Verlages „Mosaik", 1946–1950 Mitglied der Stadtverordnetenversammlung, 1963–1968 MdA 16, 529

Leber, Julius (1891–1945), SPD-Politiker, Redakteur in Lübeck, 1924–1933 MdR, 1933–1937 aus politischen Gründen in Haft, 1937–1944 Kontakt zu Widerstandsgruppen, nach dem Attentat des 20. Juli 1944 verhaftet und im Januar 1945 hingerichtet 16, 421

Leiser, Ernest (1921–2002), Journalist, 1964–1972 Chef der Nachrichtenabteilung von CBS 300

Leithäuser, Joachim G. (1910–1965), Schriftsteller, Verfasser u. a. von biographischen Werken 533

Lemmer, Ernst (1898–1970), 1945 Mitbegründer der CDU in Berlin, 1945–1947 Zweiter Vorsitzender der CDU in der SBZ, 1949 Übersiedlung nach Westberlin, 1950–1956 MdA und dort CDU-Fraktionsvorsitzender, 1952–1970 MdB (CDU), 1956–1961 Vorsitzender der CDU Berlin, 1956–1957 Bundesminister für das Post- und Fernmeldewesen, 1957–1962 Bundesminister für gesamtdeutsche Fragen, 1964–1965 Bundesminister für Vertriebene, 1965–1969 Sonderbeauftragter des Bundeskanzlers für Berlin 195, 218, 296, 539, 583

Lenin, Wladimir Iljitsch (1870–1924), russischer Politiker, Gründer und Vorsitzender der KPdSU (B), 1917–1924 Vorsitzender des Rats der Volkskommissare (Regierungschef) 46, 189, 556

Lenz, Otto (1903–1957), Teilnahme an der Widerstandsgruppe des 20. Juli 1944, 1945 Mitbegründer der CDU in Berlin, 1951–1953 Staatssekretär im Bundeskanzleramt, 1953–1957 MdB (CDU) 219

Leopold, Kurt (1900–1973), 1953–1964 Leiter der Treuhandstelle für Interzonenhandel 394, 607

Lightner, Edwin Allan Jr. (1907–1990), US-Diplomat, stellvertretender Stadtkommandant von Berlin 346, 390, 535, 593 f., 606

Lippmann, Walter (1889–1974), Journalist und Autor, 1931–1962 Kolumnist bei der *New York Herald Tribune*, 1962–1967 Kolumnist bei der *Washington Post*, Autor zahlreicher Bücher zu Fragen internationaler Politik 277

Lipschitz, Joachim (1918–1961), 1945 SPD, 1945–1948 Bezirksrat für Personal und Verwaltung in Berlin-Lichtenberg, 1948–1955 Bezirksrat für Finanzen in Berlin-Neukölln, 1950–1961 MdA, 1955–1961 Senator für Inneres 257 f., 264, 319, 321, 358, 370

Löbe, Paul (1875–1967), 1920–1933 SPD-MdR, 1920–Mai 1924, Dezember 1924–1932 Präsident des Reichstages, ab 1946 Lizenzträger und Mitherausgeber des Berliner *Telegraf*, 1948–1949 MdPR, 1949–1953 MdB, 1954–1962 Mitglied der Kontrollkommission der SPD 22, 130, 137, 544

Löwenthal, Lotte (Charlotte Herz) (geb. 1908), 1936 Emigration nach Großbritannien, 1939–1940 Archivarin des Cental European Joint Committee, 1960 Heirat mit → Richard Löwenthal 90, 292

Löwenthal, Richard (1908–1991), als Student Mitglied der KPD, 1929–1931 KPO, 1932 Mitglied der Reichsleitung der linkssozialistischen Gruppe „Neu Beginnen", ab 1935 Exil, unter dem Pseudonym Paul Sering veröffentlicht er 1947 sein Werk „Jenseits des Kapitalismus", 1949–1955 Korrespondent der Londoner Nachrichtenagentur *Reuters* und 1954–1958 Korrespondent des *Observer* in der Bundesrepublik, 1959 Forschungsauftrag am Russian Research Center der Harvard Universität/USA, 1961–1975 Professor für Politikwissenschaft am Otto-Suhr-Institut der FU Berlin 90, 103, 292, 537, 540, 556, 558, 566, 582

Lowe, Walter (d. i. vermutlich Walter Löwenheim) (1896–1977), 1919 KPD, 1929 SPD, 1929–1934 Gründer und Leiter der linkssozialistischen Gruppe

„Neu Beginnen", 1935 Emigration in die ČSR, 1936 nach Großbritannien, dort politisch nicht mehr aktiv 535

Lüers, Herbert (1910–1978), 1956–1976 Professor für allgemeine Biologie und Genetik und 1963–1965 Rektor der FU Berlin 619

Macmillan, Harold (1894–1984), britischer Politiker, 1924–1929 und 1931–1964 MP (Konservative Partei), 1945 Minister für Luftfahrt, 1951–1954 für Wohnungsbau, 1954–1955 für Verteidigung, 1955 Außenminister, 1955–1957 Schatzkanzler, 1957–1964 Premierminister und Vorsitzender der Konservativen Partei 263, 294, 392, 566, 575, 578, 583, 587, 607

Malraux, André (1903–1976), Schriftsteller und französischer Politiker (Gaullist), 1936–1937 Teilnahme am spanischen Bürgerkrieg in den Internationalen Brigaden, während des 2. Weltkriegs Mitglied der französischen Widerstandsbewegung, 1945–1947 Informationsminister der Regierung de Gaulle, 1947–1953 Propagandaleiter der gaullistischen Sammlungsbewegung, 1958–1969 Informations- und Kulturminister unter Präsident de Gaulle 612

Marshall, George Catlett (1880–1959), amerikanischer General und Politiker, als Außenminister (1947–1949) leitete er ein europäisches Wiederaufbauprogramm („Marshall-Plan") ein, 1950–1951 Verteidigungsminister, 1953 Friedensnobelpreis 441

Marshall, Thurgood (1908–1993), Rechtsanwalt und Richter, 1940–1961 Vorsitzender der National Association for the Advancement of Colored People, 1961–1965 Richter am Obersten Berufungsgericht der USA, 1965–1967 offizieller Rechtsberater des US-Präsidenten 498, 626

Marx, Karl (1818–1883), sozialistischer Theoretiker, Philosoph, Ökonom 106

Matern, Hermann (1893–1971), 1928–1933 Bezirkssekretär der KPD, 1933 Verhaftung, 1934 Exil, 1946 Vorsitzender der Berliner SED, 1946–1971 Mitglied des Zentralrats (später Politbüro) der SED, seit 1949 Abgeordneter und Vizepräsident der DDR-Volkskammer, Vorsitzender der Zentralen Parteikontrollkommission 117

Mattick, Kurt (1908–1986), 1926 SPD, 1933 Mitarbeit in der linkssozialistischen Gruppe „Neu Beginnen", 1946–1953 Berliner Stadtverordneter bzw. MdA (SPD), 1947–1984 Mitglied des SPD-LV Berlin, 1947–1952 und 1958–1963 stellvertretender Landesvorsitzender, 1963–1968 Landesvorsitzender der Berliner SPD, 1953–1980 MdB (SPD) 42, 93, 137, 265, 315, 367, 537, 554, 577, 601, 620, 624 f.

May, Gisela (geb. 1924), Schauspielerin und Sängerin (Brecht-Interpretin), seit 1951 an Ostberliner Theatern engagiert, Mitglied des Berliner Ensembles, seit 1972 Mitglied der Akademie der Künste in Ostberlin, 1965–1977 Lebensgefährtin von → Wolfgang Harich 624 f.

McCarthy, Joseph Raymond (1909–1957), 1947–1954 republikanischer Senator von Wisconsin (USA), 1950–1954 Vorsitzender des Senatsausschusses zur Untersuchung „unamerikanischer Umtriebe" 177, 554

McCloy, John Jay (1895–1989), Jurist, US-amerikanischer Politiker, 1945 Leiter der Civil Affairs Division der amerikanischen Militärregierung in Deutschland, 1947–1949 Präsident der Weltbank, 1949–1952 Hoher Kommissar und Militärgouverneur in Deutschland, 1953–1965 Vorsitzender des Aufsichtsrates der Ford Foundation, 1961–1963 Sonderberater des Präsidenten Kennedy   500, 545

McGhee, George (geb. 1912), 1961–1963 Staatssekretär für politische Angelegenheiten im US-amerikanischen Außenministerium, 1963–1968 Botschafter der USA in Bonn   500, 626

McNamara, Robert (geb. 1916), US-amerikanischer Politiker (Demokratische Partei), 1960–1961 Präsident der Ford Motor Corporation, 1961–1968 Verteidigungsminister, 1968–1981 Präsident der Weltbank   587, 622

Mellies, Wilhelm (1899–1958), 1949–1958 MdB, 1952–1957 stellvertretender Vorsitzender der SPD, 1953–1957 stellvertretender Vorsitzender der SPD-Bundestagsfraktion   549

Mende, Erich (1916–1998), 1949–1980 MdB (bis 1970 FDP, dann CDU), 1957–1963 Vorsitzender der FDP-Bundestagsfraktion, 1960–1967 Vorsitzender der FDP, 1963–1966 Vizekanzler und Bundesminister für gesamtdeutsche Fragen   319, 617

Merseburger, Peter (geb. 1928), Journalist, 1950 SPD, 1956–1960 Redakteur der *Neuen Ruhr Zeitung*, 1960–1965 Redakteur bei der Zeitschrift *Der Spiegel*, 1965–1977 Redakteur beim Deutschen Fernsehen (ARD), Leiter der Sendung „Panorama", 1977–1991 ARD-Korrespondent in Washington, Ostberlin und London   83, 598

Mewis, Karl (1907–1987), Schlosser, 1946–1949 Abgeordneter der SED in der Stadtverordnetenversammlung Berlin, 1949–1963 MdV, 1952–1981 Mitglied des ZK der SED, 1958–1963 Kandidat des Politbüros des ZK der SED, 1960–1963 Mitglied des Staatsrats der DDR, 1963–1968 Botschafter der DDR in Polen   532

Meyer-Dietrich, Helmut (1909–1984), Journalist, 1947–1949 Chefredakteur der Berliner Zeitung *Tagesspiegel*, 1950–1952 Chefredakteur der Wochenzeitung *sie*, 1952–1959 Chefredakteur der *Berliner Morgenpost*, 1960–1975 Leiter des RIAS-Studios Bonn   261, 574

Mogens, Victor (1886–1964), konservativer norwegischer Politiker, Journalist und Schriftsteller   91, 305, 586

Monnet, Jean (1888–1979), 1952–1955 Präsident der Hohen Behörde der Europäischen Gemeinschaft für Kohle und Stahl, 1956 Gründer und Vorsitzender des Aktionskomitees für die Vereinigten Staaten von Europa (Monnet-Komitee)   613, 619

Murrow, Edward R. (1908–1965), Journalist, 1961–1964 Direktor der U.S. Information Agency   300

Nabokov, Nicolas (1903–1978), Komponist und Musikwissenschaftler, 1919 Emigration aus Russland nach Westeuropa und in die USA, 1951–1966 Generalsekretär des Kongresses für Kulturelle Freiheit, 1966–1967 Leiter der Berliner Theater-Festwochen   73, 538, 629

Nagy, Imre (1896–1958), Reformkommunist, 1956 Minsterpräsident Ungarns, 1958 hingerichtet   30

Nasser, Gamal Abd el (1918–1970), ägyptischer Offizier und Politiker, 1954–1970 Staatspräsident Ägyptens 593

Nau, Alfred (1906–1983), Versicherungskaufmann, 1946–1975 Schatzmeister der SPD und Mitglied des SPD-PV, 1958–1983 Mitglied bzw. Ehrenmitglied (ab 1975) des SPD-Präsidiums, 1970–1983 Vorsitzender der Friedrich-Ebert-Stiftung 95, 476

Nehru, Shri Jawaharlal, (1889–1964), 1947–1964 Ministerpräsident und Außenminister von Indien 54, 92, 338, 594–596

Neubauer, Kurt (geb. 1922), Feinmechaniker, 1946 SPD, 1947–1961 Kreisvorsitzender der SPD in Berlin-Friedrichshain, 1950 Mitglied des SPD-LV, 1952–1963 MdB (SPD) (bis 1961 mit Wohnsitz in Ostberlin), 1963 Berliner Senator für Jugend, 1967–1977 Bürgermeister und Senator für Inneres 42, 180 f., 317, 368, 371, 589

Neumann, Franz (1904–1974), Metallarbeiter und Fürsorger, 1920 SPD, 1933 Tätigkeit im Widerstand gegen die NS-Diktatur, 1934 Verurteilung zu 1½ Jahren Gefängnis, 1946 Mitorganisator der Urabstimmung gegen eine Zwangsvereinigung der SPD mit der KPD, 1946–1958 Landesvorsitzender der SPD Berlin, 1946–1960 Mitglied der Stadtverordnetenversammlung und MdA, 1947–1958 Mitglied des SPD-PV, 1949–1969 MdB, 1951–1958 SPD-Fraktionsvorsitzender im Berliner Abgeordnetenhaus 22, 24–30, 32, 37, 41, 78, 86, 88, 101, 127, 130, 133 f., 138, 180, 186, 196, 200, 207–209, 217, 219, 225, 264 f., 321, 529–533, 544, 546, 550 f., 554–566, 572, 575, 589

Neuss, Wolfgang (1923–1989), Kabarettist und Schauspieler, u. a. bei den Berliner „Stachelschweinen", Solo-Programme „Das jüngste Gerücht" (1963), „Neuss Deutschland" (1965), „Asyl im Domizil" (1967), Träger des Berliner Kunstpreises 1964 für Film und Fernsehen, 1962–1966 SPD (Ausschluss) 496, 625

Oberländer, Theodor (1905–1998), 1933 NSDAP, 1934–1937 Leiter des völkischen „Bund des deutschen Ostens", 1940–1945 Professor in Prag, 1953–1961 und 1963–1965 MdB (BHE/CDU), 1954–1955 Vorsitzender des Bundes der Heimatvertriebenen und Entrechteten (BHE), 1955 Übertritt zur CDU, 1953–1960 Bundesminister für Vertriebene, 1960 Rücktritt 241, 245, 569

Ohnesorg, Benno (1941–1967), Student der FU Berlin, am 2. Juni 1967 bei einer Demonstration gegen den Schah von Persien von einem Berliner Polizeibeamten erschossen 634

Ollenhauer, Erich (1901–1963), 1933–1946 Exil, Mitglied des Exilvorstands der SPD, 1946–1952 stellvertretender Vorsitzender der SPD, 1949–1963 MdB, 1952–1963 Vorsitzender der SPD und der SPD-Bundestagsfraktion, 1949–1963 Vizepräsident der SI, 1963 Präsident der SI 35, 40, 45, 50, 89, 101, 151, 207, 209, 237, 239, 253, 258 f., 272, 288–291, 449, 504, 534, 539, 546, 549 f., 566 f., 569, 573, 575 f., 579 f., 582, 616

Oncken, Dirk (geb. 1919), Diplomat, 1952–1984 im Auswärtigen Dienst, 1953–1967 Leiter Wiedervereinigungsreferat 536

Oschilewski, Walter G. (1904–1987), Publizist, 1946–1950 Mitglied der Stadtverordnetenversammlung Groß-Berlin für die SPD 529

Osterheld, Horst (geb. 1919), Jurist und Diplomat, seit 1951 im AA, 1960–1969 Leiter des außenpolitischen Büros im Bundeskanzleramt 603, 607

Ostrowski, Otto (1883–1963), Studienrat, SPD, 1926–1933 Bezirksbürgermeister von Berlin-Prenzlauer Berg, 1946–1947 Oberbürgermeister von Groß-Berlin, 1947–1952 Leiter des Hauptprüfungsamtes (Landesrechnungshof) 39

Pahlawi, Mohammad Reza (1919–1980), 1941–1979 Schah von Persien, 1967 von Unruhen begleiteter Besuch in der Bundesrepublik, 1979–1980 Exil in Ägypten 634

Petermann siehe Brandt, Peter

Pompidou, Georges (1911–1974), französischer Politiker (Gaullist), 1958–1959 Kabinettschef von Präsident de Gaulle, 1959–1962 Mitglied des französischen Verfassungsrats, 1962–1969 Ministerpräsident, 1969–1974 französischer Staatspräsident 622

Raab, Julius (1891–1964), Politiker der Österreichischen Volkspartei, 1953–1961 Bundeskanzler 576

Rastén, Adolph (1913–1993), dänischer Journalist, 1949 Korrespondent von *Politiken* (Kopenhagen) in Bonn 560

Remer, Ernst Otto (1912–1997), 1944 Kommandeur des Berliner Wachregiments und führend an der Niederschlagung des Aufstandsversuchs vom 20. Juli 1944 beteiligt, nach 1945 Mitbegründer verschiedener rechtsextremistischer Parteien 614

Repschläger, Erich (1917–1993), Berliner Sozialdemokrat 96, 496, 624 f.

Reuter, Ernst (1889–1953), 1912 SPD, 1918 KPD, 1922 erneut SPD, 1926–1931 Stadtrat für Verkehrswesen in Berlin, 1931–1933 Oberbürgermeister von Magdeburg, 1933 Entlassung und mehrfache Inhaftierung u. a. im KZ Lichtenburg, 1934 Emigration nach Großbritannien und in die Türkei, 1946 Rückkehr nach Deutschland, 1947 Stadtrat für Verkehr in Berlin und Oberbürgermeister von Berlin, von der sowjetischen Besatzungsmacht nicht anerkannt, 1948–1953 Oberbürgermeister (ab 1951: Regierender Bürgermeister) von Berlin 16, 19, 21, 24, 27 f., 33, 133, 136 f., 142, 145, 184 f., 187, 203, 224, 358, 470, 530 f., 538, 546 f., 549–551, 556, 558, 566

Reuther, Victor George (1912–2004), US-amerikanischer Gewerkschaftsführer, Bildungsexperte und Vorstandsmitglied im Gewerkschaftsdachverband AFL/CIO 604

Reuther, Walter Philip (1907–1970), US-amerikanischer Gewerkschaftsführer, 1946–1952 Vizepräsident, 1952–1955 Präsident des CIO, 1955–1969 Vizepräsident der AFL/CIO 613

Richter, Swjatoslaw Teofilowitsch (1915–1997), sowjetischer Pianist 73, 629

Ristock, Harry (1928–1992), 1950 SPD, 1954–1963 Landesvorsitzender der Sozialistischen Jugend „Die Falken" in Berlin, Sprecher der „Neuen Linken" in der Berliner SPD, 1965 Stadtrat für Volksbildung, 1971 Senatsdirektor beim Senator für Schulwesen, 1975–1981 Senator für Bau- und Wohnungswesen, 1973–1988 Mitglied des SPD-Parteivorstandes 78, 317, 320

Rostow, Walt (1906–2003), US-amerikanischer Professor für Wirtschaftswissenschaft, 1961–1966 Vorsitzender des politischen Planungsrats im US-Außenministerium, 1966-1969 Berater des US-Präsidenten 418

Rostropowitsch, Mstislaw Leopoldowitsch (geb. 1927), Cellist, 1956 Professor am Moskauer Konservatorium, 1974 Verlassen der SU 512-514

Ruete, Hans Hellmuth (1914-1987), Diplomat, 1964-1966 Unterabteilungsleiter in der Ostabteilung des Auswärtigen Amtes 632

Rusk, Dean (1909-1994), 1946-1952 Leiter der Fernostabteilung im US-Außenministerium, 1952-1960 Präsident der Rockefeller Foundation, 1961-1969 Außenminister der USA 64, 355, 382, 387, 392, 498, 587, 600, 602, 604 f., 615, 618, 622, 624, 626

Schäffer, Fritz (1888-1967), 1949-1961 MdB (CSU), 1949-1957 Bundesminister der Finanzen, 1957-1961 Bundesminister der Justiz 548

Scheljepin, Alexander Nikolajewitsch (Schelepin) (1918-1994), sowjetischer Diplomat und Politiker, 1958-1961 Chef des sowjetischen Geheimdienstes (KGB), 1962-1967 stellvertretender Ministerpräsident, 1967-1975 Vorsitzender des sowjetischen Gewerkschaftsbundes 500, 626

Schellenberg, Ernst (1907-1984), Volkswirt, Sozialpolitiker, 1948 SPD, 1952-1976 MdB, 1957-1976 Vorsitzender des Sozialpolitischen Ausschusses des Deutschen Bundestages, 1960-1973 Mitglied des PV 316, 589

Scherpenberg, Albert Hilger van (1899-1969), deutscher Diplomat, 1953-1958 Ministerialdirektor, 1958-1961 Staatssekretär im AA, 1961-1964 Botschafter beim Vatikan 240

Schiller, Karl (1911-1994), Volkswirt und Professor für Wirtschaftswissenschaften, 1946-1972 und wieder seit 1980 Mitglied der SPD, 1948-1953 Wirtschafts- und Verkehrssenator in Hamburg, 1961-1965 Wirtschaftssenator in Berlin, 1964-1972 Mitglied im PV und (ab 1966) im Präsidium der SPD, 1965-1972 MdB, 1966-1972 Bundeswirtschafts-, 1971-1972 zugleich Bundesfinanzminister 72 f., 379, 403, 632

Schirach, Baldur von (1907-1974), 1931-1940 Reichsjugendführer der NSDAP, 1940-1945 Gauleiter und Reichsstatthalter in Wien, 1946 zu 20 Jahren Haft verurteilt 631

Schmid, Carlo (1896-1979), Jurist und Politiker (SPD), 1947-1950 Justizminister in Württemberg-Hohenzollern, 1947-1973 Mitglied des SPD-PV, 1948-1949 MdPR, 1949-1972 MdB, 1958-1970 Mitglied des SPD-Präsidiums 50, 207, 209, 290 f., 293, 450, 546, 554, 581 f., 622

Schmidt, Helmut (geb. 1918), seit 1946 Mitglied der SPD, 1953-1962 und 1965-1987 MdB (SPD), 1958-1984 Mitglied des SPD-Parteivorstandes, 1965-1967 stellv., 1967-1969 Vorsitzender der SPD-Bundestagsfraktion, 1968-1984 stellv. Vorsitzender der SPD, 1969-1972 Bundesminister der Verteidigung, 1972 Bundesminister für Wirtschaft und Finanzen, 1972-1974 Bundesminister der Finanzen, 1974-1982 Bundeskanzler, seit 1983 Mitherausgeber der Wochenzeitung *Die Zeit* 504, 508, 510, 516, 537, 594, 628, 630

Schmidt, Waldemar (1909-1975), 1945 Vorsitzender der KPD in Berlin, 1946-1948 SED-Landesvorstand Groß-Berlin, Stadtrat für Arbeit im Magistrat von

Berlin, 1948–1950 Stadtrat für Personal und Verwaltung im Magistrat von Berlin, 1950–1953 Polizeipräsident von Ostberlin, 1953–1963 1. Stellvertreter des Oberbürgermeisters von Ostberlin, Mitglied der SED-Bezirksleitung von Ostberlin, 1963–1971 MdV   226, 565

Scholz, Arno (1904–1971), Journalist, nach 1933 verfolgt und mehrfach verhaftet, 1946 Lizenzträger und 1946–1970 Herausgeber sowie Chefredakteur des „*Telegraf*", Inhaber des arani-Verlages, Aufsichtsratsmitglied der SPD-Unternehmensholding „Konzentration" GmbH   321, 477, 620, 632

Schorr, Daniel (geb. 1916), 1946–1953 Korrespondent u. a. der *New York Times*, 1953–1976 Auslandskorrespondent von CBS-News in Moskau und Bonn   91, 300

Schramm, Hilde (geb. 1936), Tochter von → Albert Speer, Studienassessorin für Deutsch und Latein, Privatdozentin für Erziehungswissenschaften, 1985–1987 und 1988–1990 MdA (Alternative Liste; Bündnis 90/Die Grünen), 1989–1990 Stellvertretende Präsidentin des Abgeordnetenhauses von Berlin, 1992–1999 Leiterin der Regionalen Arbeitsstellen für Ausländerfragen im Lande Brandenburg   93, 389, 511, 605 f., 631 f.

Schreiber, Walther (1884–1958), Rechtsanwalt, 1945 CDU, 1947–1958 Vorsitzender der CDU Berlin, 1948–1958 MdA (CDU), 1951–1953 Bürgermeister, 1953–1955 Regierender Bürgermeister von Berlin   33, 547, 553

Schröder, Gerhard (1910–1989), 1949–1980 MdB (CDU), 1953–1961 Bundesminister des Innern, 1961–1966 Bundesaußenminister, 1966–1969 Bundesminister der Verteidigung   56, 356, 397, 447, 503, 596, 600, 620, 627

Schroeder, Louise (1887–1957), 1910 SPD, 1919–1920 Mitglied der Nationalversammlung, 1920–1933 MdR, 1946–1952 Mitglied der Stadtverordnetenversammlung bzw. MdA, 1946–1951 Bürgermeisterin von Berlin, 1947–1948 Amtierende Oberbürgermeisterin von Berlin, 1948–1956 Mitglied des SPD-PV, 1949–1957 MdB   22, 130, 138, 544

Schubert, Margot (geb. 1922), seit 1945 SPD-Mitglied in Berlin, Mitarbeiterin beim SPD-Landesverband 1947–1975   368

Schütz, Klaus (geb. 1926), 1946 Eintritt in die SPD, 1953–1962 Kreisvorsitzender der SPD Berlin-Wilmersdorf, 1954–1957 und 1963–1977 MdA, 1957–1962 MdB, 1962–1966 Senator für Bundesangelegenheiten und für das Post- und Fernmeldewesen in Berlin, 1966–1967 Staatssekretär im AA, 1967–1977 Regierender Bürgermeister von Berlin, 1968–1977 Landesvorsitzender der Berliner SPD, 1977–1981 Botschafter in Israel   32, 42, 83, 318, 358, 371, 386, 389, 391, 394 f., 458, 510 f., 515, 517, 532 f., 537, 562, 598–600, 602, 608, 618, 620, 630, 632

Schultze, Horst (geb. 1918), 1956–1983 Mitarbeiter in der Berliner Senatskanzlei   242, 569

Schulz, Klaus-Peter (1915–2000), 1946 Chefredakteur der Berliner SPD-Zeitung „*Der Sozialdemokrat*", danach Politischer Kommentator verschiedener Rundfunkanstalten, 1962–1966 Leiter des Büros der „Deutschen Welle" in Köln, 1965–1976 MdB (bis 1971 SPD, dann CDU)   87, 200, 558 f.

Schumacher, Kurt (1895–1952), 1930–1933 MdR (SPD), 1933–1943 Haft in verschiedenen Zuchthäusern und KZ«s, 1944 erneute KZ-Haft, 1945 politischer Beauftragter der SPD in den Westzonen, 1946–1952 Vorsitzender der SPD, 1949–1952 MdB und Vorsitzender der SPD-Bundestagsfraktion 16 f., 25 f., 28, 44 f., 86, 100–102, 136–139, 150, 217, 421, 531, 540, 545 f., 549–551

Schurz, Carl (1829–1906), deutsch-amerikanischer Journalist und Politiker, 1848 Teilnahme an der Revolution in Deutschland, 1852 Emigration in die USA, 1867 Mitherausgeber der deutschsprachigen Zeitung „*Westliche Post*", 1869–1877 Senator für Missouri, 1877–1881 Innenminister der USA 567

Schwennicke, Carl-Hubert (1906–1992), 1945 Mitbegründer der LDP in Berlin, 1947 Vorsitzender der LDP bzw. der FDP, 1956 Übertritt zur FVP und Mitbegründer der Freien Deutschen Volkspartei, später Übertritt zur CDU, 1948 Lizenzträger des *Berliner Montags-Echo* 129, 543, 559, 562

Semjonow, Wladimir Semjonowitsch (1910–1992), 1946–1949 Politischer Berater der SMAD, 1953–1955 Hoher Kommissar der SU in Deutschland, 1955–1978 stellvertretender sowjetischer Außenminister 240, 628

Sering, Paul → siehe Löwenthal, Richard

Shastri, Lal Bahadur (1904–1966), 1964–1966 Premierminister von Indien 499 f., 626

Shuckburgh, Sir Evelyn (1909–1994), britischer Diplomat, 1960–1962 Abteilungsleiter im Außenministerium, 1962–1966 Vertreter bei der NATO, 1966 Botschafter in Rom 607

Sievers, Susanne (geb. 1920), Journalistin, Anfang der fünfziger Jahre Mitherausgeberin des *Bonner Informationsbriefes*, 1951–1961 Kooperation mit dem DDR-Ministerium für Staatssicherheit, 1952 bei einem Besuch in Ostberlin verhaftet und anschließend zu acht Jahren Zuchthaus verurteilt wegen angeblicher Agententätigkeit gegen die DDR, 1956 vorzeitig entlassen, 1961 beteiligt an der Publikation von diffamierenden Pamphleten gegen Willy Brandt, ab 1962 Arbeit für den Bundesnachrichtendienst 533

Smirnow, Andrei Andrejewitsch (1905–1982), 1955–1956 sowjetischer Botschafter in Österreich, 1956–1966 Botschafter in der Bundesrepublik Deutschland, 1966–1968 Botschafter in der Türkei 65, 97, 356, 503–505, 538, 579 f., 596, 598, 627 f.

Sorensen, Theodor Ch. (geb. 1928), amerikanischer Publizist und enger Mitarbeiter → John F. Kennedys, 1961–1964 Spezialberater der Präsidenten Kennedy und → Johnson 417

Spangenberg, Dietrich (1922–1990), 1947 Studium an der Humboldt-Universität und Eintritt in die SPD, 1948 Mitgründer der FU Berlin, 1950–1958 Geschäftsführer des Amtes für Gesamtdeutsche Studentenfragen des Verbandes Deutscher Studentenschaften, 1958–1963 Leiter der Landeszentrale für politische Bildungsarbeit in Berlin, 1963–1966 Chef der Berliner Senatskanzlei, 1966–1969 Senator für Bundesangelegenheiten, 1969–1974 Staatssekretär im Bundespräsidialamt, 1974–1982 Bevollmächtigter der Bundesregierung in Berlin und zusätzlich ab 1977 Staatssekretär im Bundesministerium für innerdeutsche Beziehungen, nach 1982 Leiter des Berliner Büros der Friedrich-Ebert-Stiftung 630

Speer, Albert (1905–1981), Architekt, 1931 Mitglied der NSDAP, 1942–1945 Minister für Rüstung und Munition, 1946 als Kriegsverbrecher zu 20 Jahren Zuchthaus verurteilt, 1946–1966 Häftling im Alliierten Kriegsverbrechergefängnis Berlin-Spandau 70, 93, 511 f., 605, 631

Springer, Axel Cäsar (1912–1986), Verleger u. a. *Bild, Welt, Berliner Morgenpost* 620

Stalin, Josef Wissarionowitsch (1879–1953), sowjetischer Politiker, 1898 Mitglied der Sozialdemokratischen Arbeiterpartei Russlands, 1917–1923 Volkskommissar für Nationalitätenfragen, 1919 Mitglied des Politbüros, 1922–1953 Generalsekretär der KPdSU, 1941–1953 Vorsitzender des Rats der Volkskommissare bzw. des sowjetischen Ministerrats 417, 470

Stauffenberg, Claus Schenk Graf von (1907–1944), Berufsoffizier, 1944 Chef des Stabes beim Befehlshaber des Ersatzheeres in Berlin, Organisator des gescheiterten Attentats vom 20. Juli 1944 auf → Hitler, 1944 hingerichtet 614

Steel, Christopher (1903–1973), 1949 Politischer Berater beim britischen Hohen Kommissar in Deutschland, 1950–1952 britischer Gesandter in Washington, 1953–1957 Vertreter bei der NATO, 1957–1963 Botschafter Großbritanniens in Bonn 245, 260, 263, 392, 574 f., 607

Stein, Werner (1913–1993), Professor für Physik an der FU Berlin, 1962–1969 Direktor des Instituts für Biophysik der FU Berlin, 1955–1975 MdA (SPD), 1964–1975 Senator für Wissenschaft und Kunst 72, 313, 317, 319, 478, 508, 589, 629 f.

Stephan, Werner-Heinz (Nachrichtenhändler), 1953 etwa 50jährig, Textilingenieur (weitere Angaben nicht ermittelt) 217–219, 562–564

Steuben, Friedrich Wilhelm Baron von (1730–1794), Hauptmann der Armee Preußens im Siebenjährigen Krieg, 1777 Reise in die USA, militärischer Berater im US-amerikanischen Unabhängigkeitskrieg, 1778–1784 Generalinspekteur der US-Armee 566

Stevenson, Adlai (1900–1965), US-amerikanischer Politiker (Demokratische Partei), 1949–1952 Gouverneur von Illinois, 1952 und 1956 Präsidentschaftskandidat, 1960–1965 Chefdelegierter der USA bei der UNO 245

Stone, Shepard (1908–1990), US-amerikanischer Journalist, 1950–1952 Leiter des Informationsamtes beim amerikanischen Hochkommissar → McCloy, 1954–1968 Direktor der Abteilung für Internationale Angelegenheiten der Ford-Foundation 95, 457, 537

Strauß, Franz Josef (1915–1988), 1949–1978 MdB (CSU), 1953–1955 Bundesminister für besondere Aufgaben, 1955–1956 für Atomfragen, 1956–1962 der Verteidigung, 1966–1969 der Finanzen, 1961–1988 CSU-Vorsitzender, 1978–1988 bayerischer Ministerpräsident 67, 91, 307, 586 f., 596, 615, 617

Strobl, Max (1896–1971), ab 1929 Mitglied der KPDO, 1933 nach Norwegen emigriert 540

Suchan, Franz (1911–1971), 1959–1971 Präsident der Landeszentralbank Berlin 610

Suhr, Otto (1894–1957), 1946 Generalsekretär der SPD Berlin und Lizenzträger der SPD-Zeitschrift *Das Sozialistische Jahrhundert*, 1946–1955 Stadtverordnetenvorsteher bzw. Präsident des Berliner Abgeordnetenhauses, 1948–1957 Mitbegründer und Professor der Deutschen Hochschule für Politik, 1955–1957 Regierender Bürgermeister von Berlin 22, 29, 32 f., 126 f., 130, 133, 138, 181, 194, 196, 201, 544, 553 f., 557–561, 563 f.

Swolinzky, Curt (1887–1967), Textilkaufmann, 1908 SPD, Gewerkschaftssekretär, 1933 1¹/₂ Jahre „Schutzhaft", 1945 SPD-Kreisvorsitzender in Berlin-Tempelhof, 1948–1950 Mitglied der Stadtverordnetenversammlung, 1951–1958 MdA, 1956 Austritt aus der SPD 207, 560

Szende, Barbara (geb. 1930), Tochter von → Erszi und → Stefan Szende 103

Szende, Erszi (1903–1997), Opernsängerin, Mitglied der SAP, ab 1937 Exil in Schweden, Ehefrau von → Stefan Szende 103

Szende, Stefan (1901–1985), ungarischer Publizist, 1933 Mitglied der illegalen SAP-Reichsleitung in Deutschland, 1934 Zuchthaushaft, ab 1937 Exil in Schweden, Mitglied der Internationalen Gruppe demokratischer Sozialisten, 1949–1968 Inhaber der *Agence Européenne de Presse* 17, 85, 100–103, 540

Thalberg, Hans (1916–2003) österreichischer Diplomat, 1959–1961 Leiter der Österreichischen Delegation in Berlin 264

Thayer, Charles Wheeler (1910–1969), US-Schriftsteller und Diplomat 87, 196, 531, 557

Theuner, Otto (1900–1980), 1920 SPD, 1946–1951 Stadtrat für Personal und Verwaltung beim Magistrat von Groß-Berlin, 1951–1955 Senatsdirektor für Finanzen, 1955–1971 MdA, 1955–1967 Senator für Verkehr und Betriebe, ab 1963 auch Senator für Inneres 572

Thiele, Theodor (Theo) (1906–1974), Werkzeugmacher, 1921 SAJ und SPD, 1932 Mitglied der linkssozialistischen Gruppe „Neu Beginnen", 1933 Ausschluss aus der SPD, illegale Tätigkeit, 1936–1937 1¹/₂ Haft im KZ Columbiadamm/Berlin, 1945 SPD, stellvertretender Kreisvorsitzender und Kreissekretär in Berlin-Lichtenberg, 1946–1962 Landessekretär beim LV SPD Berlin, 1955–1959 MdA, 1963–1965 stellvertretender Landesvorsitzender, Bezirksstadtrat für Sozialwesen in Berlin-Steglitz 42, 87, 194, 217

Thomas, Norman Matton (1884–1968), Pastor, 1918 Mitglied, 1926 Vorsitzender der Socialist Party der USA, 1928–1948 sechsmaliger erfolgloser Präsidentschaftskandidat der Socialist Party, 1955 Rücktritt von allen Parteiämtern, aber weiterhin anerkannter Sprecher der Partei, pazifistischer Kritiker des Vietnamkrieges der USA 96, 501, 627

Tito, eigentlich **Josip Broz** (1892–1980), 1945–1953 Ministerpräsident, 1953–1980 Staatspräsident Jugoslawiens 594

Tomlinson, 1959 stellv. Stadtkommandant für Großbritannien (weitere Angaben nicht ermittelt) 260

Truman, Harry (1884–1972), US-amerikanischer Politiker (Demokratische Partei), 1944–1945 Vizepräsident, 1945–1952 Präsident der USA 501

Tschamow, A. S., sowjetischer General, 1956–1958 sowjetischer Stadtkommandant in Ostberlin (weitere Angaben nicht ermittelt) 565

Uhlitz, Manfred (geb. 1956), Kunsthistoriker 532

Ulbricht, Walter (1893–1973), 1919 KPD, 1933 Emigration in die SU, 1945 Rückkehr nach Deutschland, 1946–1950 stellvertretender Vorsitzender der SED, 1950–1953 Generalsekretär des ZK der SED, 1953–1971 1. Sekretär des ZK der SED, 1960–1973 Vorsitzender des Staatsrats 50, 62, 172, 189, 227, 269, 364, 382, 421, 595

Urban, Willi (1908–1973), Glasbläser, Erzieher, 1926 SPD, 1933 illegale Tätigkeit, 1938 verhaftet, 1939 verurteilt zu 2 Jahren Gefängnis, 1945 SPD, 1946–1948 Stadtrat für Volksbildung in Berlin-Lichtenberg, 1946–1950 Mitglied der Stadtverordnetenversammlung, 1949–1961 Stadtrat für Volksbildung in Berlin-Kreuzberg, 1961–1969 MdB 316

Vockel, Heinrich (1892–1968), Wirtschaftswissenschaftler, 1945 Mitbegründer der CDU in Berlin, 1950–1962 Bevollmächtigter der Bundesrepublik in Berlin 296, 583

Vogel, Hans-Jochen (geb. 1926), seit 1950 Mitglied der SPD, 1960–1972 Oberbürgermeister von München, 1970–1991 Mitglied des SPD-Parteivorstandes, 1972–1977 bayrischer SPD-Landesvorsitzender, 1972–1981 und 1983–1994 MdB (SPD), 1972–1974 Bundesminister für Raumordnung, Bauwesen und Städtebau, 1974–1981 Bundesminister der Justiz, 1981 Regierender Bürgermeister von Berlin, 1983–1991 Vorsitzender der SPD-Bundestagsfraktion, 1987–1991 Vorsitzender der SPD 83, 508, 516, 588

Walcher, Jacob (1887–1970), Metallarbeiter, Mitglied der KPD, KPDO und der SAP, 1933 Emigration nach Frankreich, Leiter der Auslandszentrale der SAP, 1940 Emigration über Spanien und Portugal in die USA, 1946 Rückkehr nach Deutschland (SBZ), 1947–1951 Chefredakteur der FDGB-Zeitschrift *Tribüne*, 1952 Ausschluss aus der SED, 1956 Rehabilitierung und Wiederaufnahme in die SED, 1956–1970 freier Mitarbeiter des Instituts für Marxismus-Leninismus beim ZK der SED 21, 102, 530, 539

Warnke, Herbert (1902–1975), Nieter, Mitglied des Politbüros des ZK der SED, 1948–1975 Vorsitzender des FDGB, 1953–1958 Kandidat, 1958–1975 Mitglied des Politbüros der SED 532

Warren, Earl (1891–1974), Jurist, 1953–1969 Oberster Richter beim Obersten Gericht der USA 626

Wass, 1957 dän. Botschafter (weitere Angaben nicht ermittelt) 207

Watson, Albert II (1909–1993), amerikanischer General, 1961–1963 Stadtkommandant im amerikanischen Sektor Berlins 599

Wehner, Herbert (1906–1990), Industriekaufmann, 1926–1942 KPD, 1946 SPD, 1949–1983 MdB (SPD), 1958–1973 stellvertretender Vorsitzender und bis

1982 im Vorstand der SPD, 1966–1969 Bundesminister für gesamtdeutsche Fragen, 1969–1983 Fraktionsvorsitzender der SPD im Deutschen Bundestag 51, 64, 241, 289, 320, 509, 537 f., 546, 552, 569, 579, 585, 620, 630, 633

Weiß, Peter (geb. 1926), Jugendwohlfahrtspfleger, nach 1945 in der sozialdemokratischen Jugendarbeit aktiv, 1975–1991 Professor an der Fachhochschule für Sozialarbeit und Sozialpädagogik 204

Wendel, Joseph Kardinal (1901–1960), 1952–1960 Erzbischof und Kardinal-Erzbischof von München-Freising 312

Westrick, Ludger (1894–1990), Jurist, 1951–1963 Staatssekretär im Bundesministerium für Wirtschaft, 1963–1964 Staatssekretär im Bundeskanzleramt, 1964–1966 Bundesminister für besondere Aufgaben 511

Wetzel, Manfred (geb. 1929), Verwaltungsangestellter, 1959–1962 Landessekretär der Sozialistischen Jugend „Die Falken" Berlin, 1967–1971 und 1972 MdA (SPD) 317, 319

Wiessner, Hans-Jürgen (1922–2003), Journalist, 1959–1963 bei der *BZ* in Berlin 315

Wilkins, Roy (1901–1981), 1955–1977 Vorsitzender der National Association for the Advancement of Coloured People, 1963 Mitorganisator des Marsches der US-amerikanischen Bürgerrechtsbewegung nach Washington D.C. 498, 626

Wilson, Harold James (1916–1995), britischer Politiker, 1945–1976 MP (Labour Party), 1947–1951 Handelsminister, 1963–1976 Vorsitzender der Labour Party, 1964–1970 und 1974–1976 Premierminister 418, 510, 613 f.

Wyden, Peter (1923–1998), Verleger und Publizist, emigrierte 1937 in die USA, nach 1945 dort journalistisch tätig, u. a. bei der *Saturday Evening Post* 536

Zilliacus, Konni (1894–1967), 1919 Mitglied der britischen Labour Party, einer der Sprecher des linken Flügels, 1945–1949 MP (Labour), 1948 Gespräche mit Stalin und Tito, 1949–1950 MP (Unabhängig), 1955–1967 MP (Labour), 1961 vorübergehend wegen Kritik am Parteivorsitzenden → Gaitskell von der Mitgliedschaft in der Labour Party suspendiert 265, 575, 601

Zinn, Georg August (1901–1976), Rechtsanwalt, 1920 SPD, in der NS-Zeit mehrfach in Haft, 1946–1970 MdL Hessen, 1946–1949 und 1950–1962 Justizminister Hessen, 1947–1969 SPD-Landesvorsitzender Hessen, 1948–1949 Mitglied des Parlamentarischen Rats, 1949–1951 und 1961 MdB, 1950–1969 Ministerpräsident von Hessen, 1952–1970 Mitglied des SPD-PV 527

Sachregister

Abkommen und Verträge
— Münchner Abkommen, 29. September 1938   108, 110, 541
— Potsdamer Abkommen, 2. August 1945   34, 542, 561
— Élyséevertrag, 22. Januar 1963   57, 413–416, 480, 612
Afrika   292, 567
Ägypten   629
Algerien   629
Allensbach   67
Alliierte, *siehe auch: Abkommen und Verträge, Berlin-Politik, Deutschlandpolitik, Sowjetunion*   118, 129, 147, 178, 210, 229, 259 f., 267, 273–276, 279, 282, 289, 294 f., 335, 339, 351, 374, 377, 392, 451, 485 f., 503, 508, 513, 547, 586
— Dreimächtestatus   54, 337, 343, 347, 593, 596, 611
— Kontrollrat   15, 18, 529, 542
— Kommandantur   18, 53, 124, 128, 211, 377, 529, 547 f., 599
— Norwegische Militärmission   15 f., 85, 100, 539
— Schutzmächte   53, 273, 330, 398, 409, 450, 455, 474, 497, 573, 625
— Stadtkommandanten   48, 53, 330, 529, 543, 565, 574, 592 f., 626
— Vier-Mächte-Status   34, 48, 51, 53 f., 178, 303 f., 334, 336, 343, 347 f., 350, 352, 405, 507, 548, 561, 591, 605
— Vier-Mächte-Verhandlungen   45 f., 49, 529, 552
— Vier-Mächte-Verwaltung   117 f., 325
— Westalliierte   18, 20, 34, 52–54, 61, 76, 114, 121, 541 f., 570, 574, 583, 592, 602, 608
Altena   379
Antikommunismus   176, 431
Antisemitismus   579

Arbeiteraufstand   44, 173, 553, 567, 599
— 17. Juni 1953   44 f., 170–174, 178, 225, 240–242, 379, 534, 552 f., 565, 567, 569
— Tag der Deutschen Einheit   365 f., 552 f.
Arbeitslosigkeit   71, 281
— Arbeitskräftemangel   71 f., 379, 624
Asien   188, 272, 485, 567, 572
Athen   392
Augsburg   297
Außenpolitik   45, 62, 64, 74, 168, 211, 224, 235, 252, 286, 431, 447 f., 459–469, 495, 523, 555 f., 619
— „eigene"   33, 48, 56, 62, 212, 224, 236, 274, 404, 596, 611
— „gemeinsame"   49, 51, 168, 298, 552

Bad Godesberg   62 f., 95, 412, 459, 537, 619
Bandung, *siehe auch: Konferenzen*   188
Bayern   633
Belgrad, *siehe auch: Konferenzen*   54, 339, 594
Berlin, *siehe auch: Berlin (Ost), Berlin (West), Berlin-Politik*   15, 21, 78, 100, 111, 114, 118, 123, 141, 143, 151, 179, 193, 223, 232, 257, 297, 309 f., 320, 360, 397, 401, 410, 412, 469, 472, 480, 485 f., 498, 501, 503, 509, 541 f.
— Abgeordnetenhaus   26, 32, 49, 69, 89–91, 94, 149, 154 f., 182, 196, 207, 211, 214, 242, 262, 271, 280 f., 300, 322, 324–333, 370, 402–411, 449, 522, 528, 553, 569, 579, 634
— Präsident des Abgeordnetenhauses   23, 29 f., 74, 87, 182, 186, 194, 205, 529, 554–556
— Berlin-Krise   35, 48, 74, 266, 272, 281, 284, 355, 368, 407, 474, 535, 579, 582, 595 f., 624

- Blockade 18, 20, 22 f., 29, 71, 151 f., 157, 176, 187, 282, 381, 388, 530, 571, 593, 602, 606, 619
- Britz 555
- Karlshorst 48, 226, 565
- Köpenick 116
- Kreuzberg 29, 41, 116, 369, 513, 601
- Luftbrücke 18 f., 120 f.
- Magistrat 19, 116, 141
- Oberbürgermeister 24
- Pankow 134, 171, 177 f., 187, 303
- Reinickendorf 116
- Schöneberg 30, 47, 196
- Spandau 315, 511, 529, 605
- Stadtverordnetenversammlung 19, 22, 126, 133, 138
- Steglitz 88, 128, 216, 551
- Tempelhof 116
- Verfassung 282
- Wedding 134, 180, 554
- Weißensee 551
- Westsektoren 19, 22, 124, 214, 325
- Wilmersdorf 26, 116, 624
- Zehlendorf 16, 116

Berlin (Ost), *siehe auch: Pankow*
- Magistrat 124, 361, 570, 599
- Ostberlin 33, 52, 56, 65 f., 69, 72, 258, 272, 335, 350, 360, 367, 374, 382, 420, 475, 505, 518, 528, 548, 573, 603, 608
- Ostsektor 21, 24, 33, 60, 89, 124 f., 133 f., 148, 150, 170, 172, 183, 242 f., 282, 326, 336, 340, 353, 376, 405 f., 449, 569
- Sowjetsektor 18 f., 324
- Verwaltung 242–244, 361, 495

Berlin-Politik, *siehe auch: Berlin, Passierscheine, Tutzing* 27, 34, 43, 45 f., 49, 51 f., 55, 65, 72, 157, 248, 251, 285, 301 f., 404, 492, 579, 624
- Berlinhilfe 74, 143 f., 146, 153 f., 281, 547 f., 579, 617
- Bindungen, Verbindungen 28, 48, 51, 276, 282, 304, 307, 343 f., 351 f., 356, 454 f., 622

- Chruschtschow-Treffen 48 f., 89, 93, 258–265, 396–399, 510, 574, 608–610, 618, 630
- Eventualfall-Planung 372, 383, 602 f.
- Handels-, Konsular-, Kulturabkommen (mit der SU) 240, 348, 493, 503, 515, 568, 628
- Koalition 27, 204, 400, 553, 559, 570 f., 610 f.
  - große 35, 72, 139, 429, 570, 634
  - Dreiparteiensenat 142, 161, 551
  - sozialliberale 70, 620
- Kommunalpolitik 42, 152
- Land der Bundesrepublik 23 f., 129, 147, 155, 210, 282, 407, 548
- „Lebensfähigkeit" 73, 356, 372, 378 f., 381, 407
- „Politik der kleinen Schritte" 48, 60 f., 79, 236, 472, 474, 478, 485, 495, 620 f.
- Smirnow-Memorandum 285, 287–290, 579 f.
- Status quo, Status quo ante, Status quo minus 51, 189, 247, 254, 263, 279, 292, 303, 350, 362, 434 f., 491, 503, 575, 607
- Stimmrecht (der Berliner Abgeordneten) 23, 228, 245
- Three Essentials 388, 492, 593
- „Wandel durch Annäherung" 58, 62
- Zugangswege 278 f., 336, 340, 343, 351, 362, 372, 375 f., 380, 385, 387, 409, 581, 600

Berlin (West)
- Freie Stadt 251, 263, 272, 276 f., 286, 334, 337, 340, 363, 397, 535, 574, 581, 586, 611
- Drei-Staaten-Theorie 456, 628
- Westberlin 23, 27, 33 f., 39 f., 48 f., 52, 55 f., 72, 238, 260, 273 f., 280, 282, 339, 342, 363, 367, 374, 388, 406, 413 f., 450 f., 474, 504, 507, 513 f., 529, 579, 605, 618, 622, 624, 628 f.

Berliner Senat 33, 42, 49, 51, 55, 60 f., 67, 124, 145, 148 f., 154 f., 160, 175, 196, 214, 228, 240, 242, 244, 261, 265, 273 f., 279 f.,

294 f., 322, 324, 330, 334 f., 341 f., 366,
372–379, 396, 402 f., 453 f., 456, 486,
510, 522, 528, 570 f., 579, 599, 616, 628
— Presse- und Informationsamt 42
— Regierender Bürgermeister 23, 29,
31 f., 35, 37 f., 48, 50, 74, 87, 208, 210, 216,
343, 489, 513, 519, 522, 547, 554, 560,
583, 592
— Regierungserklärung 33, 161, 210, 255,
433, 479, 494, 551, 561, 621
— Reuter-Senat 300
— Senatskanzlei 38, 42, 322, 371, 478,
526, 572
— Senator für Arbeit und Soziales 255 f.,
572
— Senator für Bundesangelegenheiten
42, 91 f., 299, 355, 357 f., 515, 576, 584 f.,
598
— Senator für Sicherheit und Ordnung
95, 478, 527, 611
Besatzungszone
— Sowjetische 18, 22, 170, 184, 242 f., 542
Birma, *siehe: Burma*
Bonn, *siehe auch: Sozialdemokratische Partei
Deutschlands (SPD) – Parteivorstand,
Bundesregierung* 19, 24, 26, 57, 78, 126,
141, 143, 155, 164, 180, 235, 248, 264,
272, 282, 307 f., 320, 322, 346, 358, 362,
379, 384, 387, 397, 410, 443, 450, 458,
461, 470, 472, 476, 482, 504 f., 567, 612 f.,
619, 623, 626, 631, 633
Bremen 228
Brüssel 401, 610
Bückeburg 114
Bühlerhöhe (Schwarzwald) 584
Bukarest 516, 541, 585
Bund der Vertriebenen (BdV) 483
Bundeskanzler 44, 69, 169 f., 244, 263, 294,
300, 310, 398, 413, 510, 573, 583, 617
Bundesminister für
— Auswärtiges 92, 169, 262, 330, 346–
349
— Gesamtdeutsche Fragen 446
— Inneres 228

— Verteidigung 91, 435
— Wirtschaft 352
— Finanzen 229
Bundespräsident 178, 225, 241, 263, 413,
554
Bundesrat 144, 229, 241, 245, 350, 570
— Bundesratspräsident 207, 235, 560,
570
Bundesregierung, *siehe auch: Bonn, Bundeskanzler, Bundesminister* 34 f., 51, 56,
59–62, 65, 141, 156, 168, 273, 280, 285 f.,
288, 294, 330, 347, 362, 372, 398, 404,
443, 450, 453 f., 474, 507, 518, 535, 548,
570, 599
— Auswärtiges Amt 56, 238, 261, 278,
346, 374, 392 f., 408, 486, 508, 600, 616,
622, 630
Bundesrepublik Deutschland 27, 34, 142,
145, 178, 210, 331, 420, 579
— Einbeziehung (Berlins) 23, 25, 122,
176, 194, 210, 227, 240, 246, 277, 304,
346, 348, 379, 410, 547 f.
— Nichteinbeziehung (Berlins) 48, 568
— Bundesbehörden (in Berlin) 146 f.,
282, 548
Bundestag, *siehe Deutscher Bundestag*
Bundesversammlung 178, 554
Burma 35, 188, 572

Cadenabbia 300, 587
Cambridge (USA) 582, 604, 619
Ceylon (heute: Sri Lanka) 35
Chemnitz 509, 630
China 245, 305, 473, 485, 491, 505
Christlich-Demokratische Union Deutschlands (CDU) 19, 25, 35, 50, 57, 59, 64–
67, 69 f., 128 f., 138, 141 f., 154, 207, 248,
294, 298 f., 311, 312 f., 398 f., 402, 416,
430, 435, 454, 488, 520, 532, 535, 546,
609, 614, 616
— Christlich Nationale Partei (CNP) 371,
601
Christlich-Soziale Union 64, 67, 294, 307,
586 f., 616

Chruschtschow-Ultimatum, *siehe auch: Berlin-Politik* 20, 34, 48 f., 71, 75, 246, 248, 251, 273, 406, 474, 526, 571
— Berlin-Ultimatum 89, 245–247, 470, 571, 619
ČSR, ČSSR, *siehe Tschechoslowakei*

Dänemark 555
Demokratie 121, 183, 283
— innerparteiliche Demokratie 202, 223
Denunziationen, Diffamierungskampagnen (gegen Brandt) 17, 28, 37 f., 66–69, 76 f., 101 f., 163–168, 202–209, 217 f., 308, 529, 532, 539, 551, 559, 562 f., 586 f., 589
Deutsche Demokratische Republik (DDR), *siehe auch: Abkommen und Verträge, Berlin, Deutschlandpolitik, Sozialistische Einheitspartei, Pankow* 34, 38–40, 43 f., 50, 52, 60, 62 f., 72, 74, 247, 260, 290, 326, 334, 336, 340, 361, 420, 456, 506, 514, 517, 536, 544, 548 f., 570, 582, 586, 613, 616, 618, 628, 632
— Anerkennung (der DDR) 34, 56, 382, 393, 410
— Ministerium für Staatssicherheit 40, 227, 562 f.
— Ostzone 117, 120, 123, 193
— Regierung 172, 325, 570
— Sowjetzone 171, 275, 306, 324
— Zone 144, 148, 176, 225, 251, 360, 414, 455, 467, 614
Deutsche Gesellschaft für Auswärtige Politik 62, 95, 457, 459
Deutscher Bundestag 22 f., 44, 126, 138, 144 f., 170, 229, 343, 404, 480, 507, 518, 557, 565, 570, 592, 622
— Berliner Abgeordnete 23, 40, 74, 126–128, 135 f., 150, 543–545, 547
Deutschland, *siehe auch: Einheit (Deutschlands)* 15, 21, 111, 337, 473
Deutschlandpolitik, *siehe auch: Abkommen und Verträge, Berlin, Sowjetunion,*

Wiedervereinigung 34, 43, 45 f., 52, 59, 61, 65, 535, 610, 630
— Brückentheorie 21, 108 f.
— gesamtdeutsche Politik 176, 224, 446
— deutsche Frage 190, 272, 275, 290, 305, 337 f., 355, 408, 483 f., 489, 491, 500, 506, 524, 577, 607, 622
— Deutschlandfrage 47, 61, 270, 274, 302, 372 f., 391, 473, 475, 556
— „keine Experimente" 426–430, 614
Dortmund 509, 630
Düsseldorf 163, 447

Einheit (Deutschlands) 171, 174, 199, 212, 352, 535, 565
Einheitspartei *siehe Sozialistische Einheitspartei Deutschlands*
Emigration 16, 28, 38–40, 164–168, 217
— Emigranten 21, 77
— Exil 15, 56, 76, 167
England, *siehe Großbritannien*
Essen 299, 503
Europa, *siehe auch: Jean-Monnet-Komitee* 16, 109, 114, 188, 192, 212, 272, 383, 401, 411, 416, 418, 426, 439 f., 442–446, 464, 485, 491 f., 542, 613
— Europa-Politik 44, 59, 103, 418, 439, 545
Europäische Verteidigungsgemeinschaft (EVG) 464, 482, 534, 567
Europäische Wirtschaftsgemeinschaft (EWG) 234, 610, 612
Europarat 27, 137
Evangelische Akademie, *siehe auch: Tutzing* 58, 94, 371, 419
Evangelisches Hilfswerk 194, 556

Faschismus, *siehe auch: Nationalsozialismus* 106, 110
Finnland 192, 504
Flüchtlinge (aus der DDR), *siehe auch: Deutsche Demokratische Republik* 52, 329, 592

691 Anhang: Sachregister

Ford-Stiftung 95, 457, 618
Frankfurt/Main 542, 615
Frankreich, *siehe auch: Abkommen und Verträge* 34, 56, 211, 379, 391, 408, 414–416, 424 f., 440 f., 463, 480, 483 f., 527, 541, 593, 626, 632
Freie Demokratische Partei (FDP), *siehe auch: Liberaldemokratische Partei Deutschlands (LDPD)* 19, 25, 64, 70, 141 f., 154, 315, 402, 520, 546, 611, 616
— Freie Volkspartei (FVP) 559, 562
Freie Universität Berlin 613
Freising 588
Friedliche Koexistenz, *siehe Koexistenz*

Geiting (Oberbayern) 576
Genf 46, 271, 275 f., 347, 556, 576 f.
Genua 611
Grenzen 306, 506
— Grenzgänger 72, 243, 548
— Sektorengrenze 51 f., 243, 325 f., 334, 398
— Zonengrenze 243, 325, 381, 471
Großbritannien, England 34, 211, 222, 232, 235, 294, 408, 415, 418, 425, 440, 482, 527, 541, 575, 607, 610, 632
Grundgesetz, Verfassung 166, 282, 548
Guinea 292, 582

Hagen 393
Hallstein-Doktrin, *siehe auch: Außenpolitik* 43, 291, 365 f., 455, 582, 600
Hamar 114, 544
Hamburg 27, 130, 228, 446, 488, 545
Hanoi 499
Hannover, *siehe auch: Sozialdemokratische Partei Deutschlands (SPD) – Parteivorstand* 16, 22, 24, 37, 100, 103, 115, 117 f., 130, 136 f., 434, 509, 540, 615, 630
Harpsund 613
Harvard 58, 615
— Harvard University 57, 436, 604, 619

— Harvard-Rede 57, 59, 401, 536, 615, 619, 624
Helmstedt 18, 53
Helsinki 509, 629
Hennigsdorf 241, 569
Hessen 228, 633
Historikertag 1964 95, 469
Hof 471
Hongkong 35

Indien 35, 188, 263, 572
Indochina, *siehe Vietnam*
Indonesien 188
Internationales Rotes Kreuz (IRK) 414

Japan 35, 572
Jugoslawien 188, 192, 236, 291, 534, 567, 600

Kalter Krieg, *siehe auch: Berlin, Deutschlandpolitik* 17, 33 f., 179, 226, 448, 576
Kanada 572
Karl-Marx-Stadt, *siehe Chemnitz*
Karlsruhe 630
Kirche 322 f., 588, 590
— evangelische 411 f., 478
— katholische 310 f., 478, 588
Klagenfurt 268
Koexistenz 41, 47, 57, 188–190, 436, 470, 492, 556, 604, 619, 624
— friedliche 46, 465, 556
— ideologische 438
Köln 558
Königswinter 291
Kommunismus 110 f., 268, 364, 416, 571
— Kominform 102, 113, 541
Kommunistische Partei Deutschlands (KPD) 15, 507, 516, 518, 541, 629
Kommunistische Partei der Sowjetunion (KPdSU), *siehe Sowjetunion*
Kommunalpolitik (in Berlin) 74
Konferenzen

- Potsdamer Konferenz , 17. Juli – 2. August 1945   306, 325
- Außenminister-Konferenz in London, 25. November – 18. Dezember 1947   17
- Ministerpräsidentenkonferenz bei Rüdesheim, Juli 1948   19, 530
- Außenministerkonferenz von Frankreich, Großbritannien und den USA in Washington, 10. – 14. Juli 1953   552
- Viermächte-Außenminister-Konferenz Berlin, 25. Januar – 18. Februar 1954   46, 170, 173, 176 f., 534, 552 f.
- Konferenz asiatischer und afrikanischer Staaten in Bandung, 19. – 24. April 1955   188
- Gipfelkonferenz in Genf, 18. – 23. Juli 1955   46, 534, 556, 571
- Viermächte-Außenminister-Konferenz in Genf, 27. Oktober – 16. November 1955   46, 534, 556
- Viermächte-Außenminister-Konferenz in Genf, 11. Mai – 20. Juni; 13. Juli – 5. August 1959   49, 267, 275–278, 294, 297, 576–578, 583
- (gescheiterte) Gipfelkonferenz in Paris, 16./17. Mai 1960   301 f., 580, 582, 584
- Außenministerkonferenz in Paris, 5./6. August 1961   592
- Konferenz der Blockfreien in Belgrad, 1. – 6. September 1961   54, 339, 556, 594

Konzentrationslager   106, 333, 339
Kopenhagen   185 f., 555
Korea   176, 534
- Korea-Krieg   234, 553, 556, 567
Kreuth (Wildbad)   621
Kriegsverbrechen   621
- Nürnberger Prozess   631
Kuba   385, 390 f., 471, 534, 606
- Kuba-Krise   57, 59, 391–393, 406, 471, 604, 606, 616
Kulturpolitik   73
Kuratorium Unteilbares Deutschland   388, 479, 605

Labour Party (Großbritannien), *siehe auch: Großbritannien*   265 f., 290 f., 535, 575, 602, 613
Lateinamerika   485
Leipzig   257
Leningrad   509, 516, 628 f.
Liberaldemokratische Partei (LDP), *siehe Freie Demokratische Partei (FDP)*
Liberaler Studentenbund Deutschlands (LSD)   625
Limburg   261
London, *siehe auch: Großbritannien*   266, 373, 392, 504, 564, 575, 587, 607
Lübeck   16, 22, 77, 130, 136, 165, 205, 471

Magdeburg   449
Mallorca   586
Manila   499
Mauer   41 f., 52, 55, 60 f., 359 f., 378, 385, 402, 409 f., 438, 448, 474, 485, 492, 495, 497, 524, 593, 612, 621
- 13. August 1961   52–54, 66, 69, 72, 340, 344 f., 348, 350, 406, 471, 535, 538, 593, 605, 620
- chinesische   20, 52
- Mauerbau   43, 65 f., 71, 73 f., 632
- Schandmauer   350
Monnet-Komitee   418, 457, 464 f., 613, 619
- Vereinigte Staaten von Europa   464
Moskau   177, 189, 193, 224, 245, 248, 251, 298, 334, 367, 413, 436, 442, 451, 466, 483, 487, 504, 516, 576, 594, 623, 627–629
München *siehe auch: Münchner Abkommen, Freising*   108, 110, 430
Multilaterale Atomstreitmacht
- Multi-Lateral Force (MLF)   417 f., 443, 465, 613, 619

Nachrichtenagenturen   91
National Association for the Advancement of Coloured People (NAACP)   626

Nationaldemokratische Partei Deutschlands (NPD) 518, 633
National-Demokratische Partei Deutschlands (NDPD) 39
Nationalsozialismus, Nazismus, *siehe auch: Faschismus, Kriegsverbrechen* 512
— Widerstand gegen den Nationalsozialismus 206
Neu Delhi 594
New York 41, 63, 373, 570, 601, 605, 618 f.
— Rede in New York (von Brandt) 62 f.
Nord Atlantik Pakt Organisation, North Atlantic Treaty Organisation (NATO) 49 f., 57, 63, 391, 461, 482, 565, 612, 626
Nordrhein-Westfalen 629
Niedersachsen 29
Norwegen 28, 77, 165, 292, 539, 541, 600 f.
Nürnberg 631

Oder-Neiße-Grenze 43 f., 191, 306, 483, 586
Opposition 51, 78, 283, 286, 402, 520 f., 559, 609
Oslo 102, 130, 544
Österreich 192, 465, 556
— Österreichische Volkspartei (ÖVP) 576
— Sozialistische Partei Österreichs (SPÖ) 576
Ostpolitik, *siehe auch: Deutschlandpolitik* 43, 48, 59, 65, 235 f., 593
— Strategie des Friedens 435, 438, 460
Ost-West-Konflikt 187, 473

Pakistan 35, 572
Paris 49, 57, 297, 308, 373, 384, 387, 461, 463, 481 f., 486, 523, 527, 587, 612, 622
Parteien
— Bund der Heimatvertriebenen und Entrechteten (BHE) 546
— Deutsche Partei (DP) 140, 205, 546
— Frei-Soziale Union (FSU) 546
— Konservative Partei (KP) 546

— Unabhängige Sozialdemokratische Partei Deutschlands (USPD) 546
Passierscheine, *siehe auch: Berlin-Politik* 79, 450, 453, 455, 472, 487, 495, 518, 528, 599, 617–619, 621, 633
— Passierscheinregelung, -abkommen 60–62, 449–453, 472, 474, 478, 591 f., 611, 616 f., 620, 623 f., 630 f.
— Passierscheinstelle für dringende Familienangelegenheiten (Härtestelle) 97, 456, 510 f., 630 f.
— technische Kontakte 410, 475, 609, 611 f.
Peking 189
Philadelphia 615
Polen 50, 306, 483
— Aufstand 1956 567
Portugal 629
Prag 21, 104–113, 540
Presse- und Informationsamt, *siehe Bundespresseamt*
Preußen 417, 613
Princeton (USA) 564

Regensburg 67
Rendsburg 132
Rhöndorf 584
Rom 416
Rüdesheim 19
Rumänische Arbeiterpartei 585

Sachsen 417, 613
Salzgitter 54
Schleswig-Holstein 22, 166
Schweden 28, 78, 140, 165, 188, 192, 418, 465, 539, 546, 575
Schweiz 192, 245, 465
Sender Freies Berlin (SFB) 95, 449
Socialist Party (USA) 627
Sowjetische Besatzungszone (SBZ), *siehe Besatzungszonen, Deutschlandpolitik, Sowjetunion*

Sowjetunion, *siehe auch: Abkommen und Verträge, Alliierte, Rote Armee, Sowjetische Besatzungszone, Sowjetische Militäradministration in Deutschland* 17 f., 22, 30, 43, 47 f., 50–54, 58 f., 64, 72, 110, 189, 199, 211, 224 f., 235, 238 f., 245, 250, 252, 262, 270 f., 282, 293, 303, 305, 330, 334 f., 337, 347 f., 355, 366, 373, 383, 387, 390 f., 399, 404, 407 f., 415, 420, 433, 465, 467, 471, 480, 492 f., 509, 514 f., 518, 529, 535, 551, 570, 586, 596, 622, 628, 632
— Intourist   377, 515, 632
— Kreml   199, 214
— Russland   234, 288, 473, 485
— Stalin-Note   44, 534
Sozialdemokratie, Sozialdemokratische Partei Deutschlands (SPD)   25, 35, 40 f., 68, 112, 123, 265, 298, 324, 430, 454, 506 f., 517, 519, 552, 587
— Außen- und Deutschlandpolitik   51, 552
— Berliner Sekretariat, Berliner Vertreter, Berlin-Beauftragter   16 f., 20, 22, 74, 85, 100 f., 105, 115–120, 133, 137, 166, 540, 542
— Bundestagsfraktion   155 f., 169, 173, 194, 210, 217, 238, 534, 553
— Deutschland-Plan   49–51, 268–270, 289, 291, 535, 577, 582
— Oppositionspolitik   25
— Organisation   40 f.
— Parteipräsidium   64, 558, 573, 627
— Parteirat   582
— Parteitage   27, 33, 37, 41, 137, 434, 509, 540, 545, 558, 576, 615, 630
— Parteivorsitzender   17, 25 f., 63 f., 76, 88, 150, 286, 489, 510, 513, 582, 599, 616, 623
— Parteivorstand   16 f., 26, 33, 40, 45, 85, 89 f., 100, 104, 115, 150, 155, 207, 238, 264, 288–292, 313, 539, 546, 549, 560, 566 f., 569, 575, 582, 594, 627

— Godesberger Programm, Grundsatzprogramm   35, 41, 269 f., 310 f., 576, 588
Sozialdemokratische Partei Deutschlands (SPD), Landesverband Berlin   15, 19 f., 22, 24, 27–29, 35, 37, 39, 41 f., 55, 59, 69 f., 76, 78, 109 f., 118, 120, 124 f., 137 f., 201, 205, 216, 312–322, 369, 528, 540, 546 f., 549, 561, 609
— Abgeordnetenhausfraktion   37, 89, 160 f., 207, 255, 260, 479, 549, 560, 571
— Ausschlüsse   40, 42, 78, 368, 591, 625
— innerparteilicher Streit   27, 32, 37 f., 42, 78, 140, 216, 253, 312–322, 549, 557, 559, 589, 601, 606, 631
— Kanzlerkandidat   37, 51, 53, 66, 68, 91, 301, 307, 315, 560, 582, 584, 587 f., 615, 623
— Landesausschuss   86, 115 f., 128, 162 f., 181, 186, 247, 252, 260, 368, 549, 551, 568
— Landesparteitage   28, 32, 38, 44, 46 f., 50, 79, 87 f., 98, 105, 145, 153, 160, 164, 180, 186, 201 f., 208, 216, 219 f., 231 f., 237 f., 247–249, 255, 314 f., 358, 519, 521, 531, 533, 545, 550 f., 555, 558 f., 561, 567 f., 570, 581, 588, 590, 598 f., 634
— Landesvorsitzender   27, 30, 37, 49, 74, 76, 78, 86, 134, 138, 164, 175, 180, 208, 217, 220, 231, 546, 550, 555, 557, 559, 561 f., 566
— Landesvorstand   86, 91, 126, 135, 162 f., 194, 207, 217, 261, 312–322, 368, 589
— Marxistischer Arbeitskreis   590
— Ostberliner Sozialdemokraten   20, 23, 124 f., 227, 320, 542, 544, 459, 554, 565
— Parteikrise   151–163, 200 f.
— Parteilinke   35, 42, 315
Sozialdemokratischer Hochschulbund (SHB)   625
Sozialistische Partei Österreichs (SPÖ), *siehe* Österreich
Sozialismus   111, 167, 588
Sozialistische Arbeiterpartei (Deutschlands) (SAP)   165, 566

Sozialistische Einheitspartei Deutschlands (SED) 19, 24, 35, 39 f., 116, 120, 141, 148, 171, 226 f., 238, 248, 265, 497, 505, 509, 546, 571, 608, 625 f., 633
— Sozialdemokratische Aktion (SDA) 39, 125, 532, 542, 551
— Sozialistische Einheitspartei Westberlin (SEW) 625
— Volkskongress 110, 113, 541
— Zwangsvereinigung 15, 124, 176, 541
Sozialistische Jugend Deutschlands/Die Falken 315, 320, 496, 625
Sozialistischer Deutscher Studentenbund (SDS) 371, 601, 625
Spanien 39, 166, 482, 629
St. Dizier 485, 612, 622
Steuben-Schurz-Gesellschaft 48, 88, 233, 566
Stockholm 16, 102, 139, 151, 465, 505, 529, 540, 550, 613
Straßburg 482
Stuttgart 546, 558

Taiwan 570
— Quemoy, Matsu 244, 570
Taschkent 626
Terrorismus, Terror 106, 110, 172, 225
Texas 602
Thailand 35
Treuhandstelle für den Interzonenhandel 386, 393, 607
— Swing 394, 607
Tschechoslowakei (ČSR) 21, 50, 104–113, 483, 517, 540 f.
Tunesien 359
Tutzing 58 f., 94, 419
— Tutzing-Rede 58, 94, 419, 537, 614 f.

Ungarn 30, 50, 198 f., 558
— Ungarnaufstand 30, 225, 557, 565, 567
Union der Sozialistischen Sowjetrepubliken (UdSSR), siehe Sowjetunion

United Nations Organisation (UNO), siehe Vereinte Nationen

Vereinte Nationen (UNO) 30, 252, 263, 326, 344, 363, 373 f., 383, 386 f., 408, 595, 597, 605, 626
Verein Berliner Kaufleute und Industrieller 96, 490
Vereinigte Staaten von Amerika (USA), siehe auch: Kuba 34, 41, 47, 55 f., 58, 63, 70, 211, 260 f., 271, 274, 341 f., 344, 346, 355, 362, 365, 382 f., 386, 390, 401, 407 f., 415 f., 418, 440 f., 457, 463, 481 f., 499, 501, 504, 506, 527, 534, 570, 572, 593, 600, 622, 632
Vietnam 493, 499, 501, 553, 627, 630
— Vietnamkrieg 556, 624 f.
Vilshofen 308, 586
Volksabstimmung (in Westberlin) 294, 344, 351, 383, 387, 392, 583, 593, 597
Volksbefragung 299, 568
— Atombewaffnung 237 f., 567 f.
— Arbeitsausschuss Kampf dem Atomtod 568

Währungsreform 18, 541
Wahlen
— freie Wahlen 193
— zum Abgeordnetenhaus 27, 34, 70, 248, 402, 543, 546 f., 550, 554, 559 f., 570 f., 577, 584, 609–611
— zum Bundestag 37, 66, 68–70, 126, 178, 476, 519, 582, 598, 613, 623, 630
Warschauer Pakt, Warschauer-Pakt-Staaten 30, 49, 331, 334, 339, 344, 348, 591
Washington D.C. 57 f., 289, 298, 344, 363, 373, 385, 389, 396, 436, 450, 460, 470, 481, 499, 523, 552, 576, 583, 593, 597, 602, 607, 618 f.
Westmächte, siehe auch: Alliierte 121, 211, 226, 251, 279, 287, 293, 303, 330, 334, 337, 345, 360, 374, 507, 513, 551
Westeuropäische Union (WEU) 565, 622

Wiederbewaffnung 250, 420, 433
Wiedervereinigung 44–46, 50 f., 55, 144, 169 f., 173, 184 f., 191, 224 f., 246, 270, 275, 294 f., 306, 345, 355, 385, 391, 435, 438, 467 f., 480, 483–485, 515, 534, 551, 555, 564, 586
— Spaltung 171, 176, 184, 214, 224, 246, 254, 275, 282, 413, 467, 470
— Teilung 122, 274, 433
Wien 257, 265, 572, 576, 587
Wiederbewaffnung 139, 546
Wirtschaft 71, 379, 524 f., 538, 579, 624
— Industrie, Industriestadt (Berlin) 157, 504
— Osthandel 73, 489, 493, 507, 514, 628
— Wirtschaftspolitik 72 f., 269, 425, 523

Zeitungen, Zeitschriften
— Arbeiterbladet (Oslo) 132, 544
— Außenpolitik 447
— Berliner Morgenpost 313, 321, 574
— Berliner Sonntagsblatt Die Kirche 94, 411, 611
— Berliner Stadtblatt 26, 74, 86, 134, 136, 140, 545
— Berliner Stimme 26, 87, 175, 198, 313, 319, 589
— Berliner Zeitung 528
— Deutsche Außenpolitik (DDR) 567
— Deutsche Zeitung 307, 586
— Frankfurter Allgemeine Zeitung 307, 349, 575, 586, 593
— Freie Presse 164, 551
— Kurier 128
— Der Monat 292
— Montags-Echo 206, 217, 539, 559, 562
— Morgon Tidningen (Stockholm) 132, 544
— Neuer Vorwärts, siehe Vorwärts
— Neues Deutschland 39, 265, 528, 575
— Neue Zürcher Zeitung 207, 575, 594
— New York Times 580
— Politiken (Kopenhagen) 205, 560, 563
— Prawda 509, 528
— Schweizer Weltwoche 267
— Sozialdemokrat 119, 136, 542
— Spandauer Volksblatt 315, 589
— Der Spiegel 92, 359–365
— Stimme des Freidenkers 40, 323, 590
— Süddeutsche Zeitung 585, 596
— Der Tag 315, 574
— Der Tagesspiegel 315
— Telegraf 90, 138, 285, 321, 476, 620, 631 f.
— Vorwärts 86, 143, 552, 614
— Washington Post 580
— Die Welt 267
— Westdeutsche Allgemeine Zeitung 563
Zentrale Erfassungsstelle der Landesjustizverwaltungen (Salzgitter) 54
Zugangsbehörde 393–395, 409, 600

Bildnachweis

Seite 6 und Foto auf dem Umschlag: Willy Brandt: Foto: Stang, Remagen/Rhein.

Seite 31: Willy Brandt kurz nach seiner Wahl als Regierender Bürgermeister im Oktober 1957 vor dem Schöneberger Rathaus: Foto: Alois Bankhardt/Landesarchiv Berlin.

Seite 36: Rut und Willy Brandt auf dem Berliner Presseball im Palais am Funkturm am 21. Januar 1961: Foto: Gert Schütz/Landesarchiv Berlin.

Seite 68 oben: Wahlplakat der Christlich-Demokratischen Union zur Bundestagswahl am 17. September 1961. Der Wortlaut des Textes: „Alles, was seit dem 13. August in Berlin geschehen ist, ist eine beabsichtigte Hilfe Chruschtschows im Wahlkampf für die SPD und ihren Kandidaten, Willy Brandt, alias Frahm". Es folgt: „Darum Deine Stimme – CDU": Sammlung Plakate im Archiv der sozialen Demokratie der Friedrich-Ebert-Stiftung, Bonn.

Seite 68 unten: Willy Brandt im Gespräch mit dem Bundeskanzler, Konrad Adenauer, während eines Besuchs in Berlin im Jahre 1961: Foto: Archiv der sozialen Demokratie der Friedrich-Ebert-Stiftung, Bonn.

Seite 71: Rut und Willy Brandt mit ihren drei Söhnen Peter, Lars und Matthias bei einem Spaziergang in Berlin-Grunewald am 19. September 1965: Foto: Karl-Heinz Schubert/Landesarchiv Berlin.

Seite 75: Berlin bleibt frei – Motto der ersten großen Kundgebung der Berliner Bevölkerung nach dem Chruschtschow-Ultimatum am 1. Mai 1959 mit Willy Brandt als Hauptredner auf dem Platz der Republik in Berlin: Foto: Horst Siegmann/Landesarchiv Berlin.

Seite 79: Willy Brandt während seiner „Abschiedsrede" am 10. Dezember 1966 auf dem Landesparteitag der Berliner SPD: Zellmann/ Archiv der sozialen Demokratie der Friedrich-Ebert-Stiftung, Bonn.

Seite 105: Willy Brandt spricht als Vertreter des SPD-Parteivorstandes in Berlin am 8. Mai 1948 auf einem Landesparteitag der Berliner SPD: Foto: Ege/Archiv der sozialen Demokratie der Friedrich-Ebert-Stiftung, Bonn.

Seite 127: Willy Brandt als Vertreter des SPD-Parteivorstandes in Berlin zusammen mit dem Vorsitzenden der bayerischen SPD, Waldemar von Knoeringen, und dem Vorsitzenden der Berliner SPD, Franz Neumann, auf einer Pressekonferenz des SPD-Parteivorstandes am 12. Februar 1949 in Hannover: Foto: Bratke/dpd/dpa/ Archiv der sozialen Demokratie der Friedrich-Ebert-Stiftung, Bonn.

Seite 131: Gemeinsames Auftreten bei offiziellen Anlässen von 1949 bis 1966 in Berlin: Rut und Willy Brandt während einer SPD-Kundgebung zum 25. Jahrestag des Reichstagsbrandes am 27. Februar 1958 im Berliner Sportpalast: Foto: Landesarchiv Berlin.

Seite 133: Willy Brandt als Vertreter des SPD-Parteivorstandes in Berlin zusammen mit dem Vorsteher der Berliner Stadtverordnetenversammlung, Otto Suhr, und dem Oberbürgermeister von Berlin, Ernst Reuter, während einer Sitzung der Berliner Stadtverordnetenversammlung im Jahre 1949: Foto: Ege/Archiv der sozialen Demokratie der Friedrich-Ebert-Stiftung, Bonn.

Seite 145: Willy Brandt zusammen mit dem Regierenden Bürgermeister von Berlin, Ernst Reuter, am 28. Oktober 1951 auf einem Landesparteitag der Berliner SPD: Foto: Alois Bankhardt/Archiv der sozialen Demokratie der Friedrich-Ebert-Stiftung, Bonn.

Seite 195: Auch als Regierender Bürgermeister setzte Willy Brandt zu offiziellen Anlässen seine Besuche in Ostberlin fort: Willy Brandt und der Bundesminister für gesamtdeutsche Fragen, Ernst Lemmer, am 21. Februar 1960 nach einem Besuch in der Ostberliner Marienkirche anlässlich der Eröffnung der gesamtdeutschen Synode der Evangelischen Kirche in Deutschland: Foto: Gert Schütz/Landesarchiv Berlin.

Seite 196: Willy Brandt als Präsident des Berliner Abgeordnetenhauses im Gespräch mit dem Regierenden Bürgermeister von Berlin, Otto Suhr, und dem Vorsitzenden der Berliner SPD, Franz Neumann, während einer SPD-Kundgebung am 19. Oktober 1956 in Berlin-Schöneberg: Foto: Zellmann/Telegraf/Archiv der sozialen Demokratie der Friedrich-Ebert-Stiftung, Bonn.

Seite 208: Der Landesvorsitzende der Berliner SPD, Franz Neumann, gratuliert Willy Brandt zu seiner Nominierung als Regierender Bürgermeister durch den SPD-Landesparteitag am 30. September 1957: Foto: Alois Bankhardt/Archiv der sozialen Demokratie der Friedrich-Ebert-Stiftung, Bonn.

Seite 213 oben: Antrittsbesuch der drei westalliierten Stadtkommandanten bei dem Regierenden Bürgermeister, Willy Brandt, am 9. Oktober 1957 im Rathaus Schöneberg: Foto: Horst Siegmann/Landesarchiv Berlin.

Seite 213 unten: Der Regierende Bürgermeister, Willy Brandt, nach einem Besuch bei dem sowjetischen Stadtkommandanten, Tschamow, in Berlin-Karlshorst am 10. Januar 1958: Verabschiedung vom sowjetischen Begleitoffizier: Foto: Gert Schütz/Landesarchiv Berlin.

Seite 220: Willy Brandt und Franz Neumann auf dem Landesparteitag am 12. Januar 1958 nach der Wahl Brandts zum neuen Landesvorsitzenden der Berliner SPD: Foto: dpa/Archiv der sozialen Demokratie der Friedrich-Ebert-Stiftung, Bonn.

Seite 239: Willy Brandt nach der Rückkehr von seiner Weltreise am 6. März 1959 im Gespräch mit Erich Ollenhauer während eines Senatsempfangs in Berlin: Foto: Gert Schütz/Landesarchiv Berlin.

Seite 246: Willy Brandt als Redner auf der ersten großen Kundgebung der Berliner Bevölkerung nach dem Chruschtschow-Ultimatum mit dem Motto: „Berlin bleibt frei" am 1. Mai 1959 auf dem Platz der Republik in Berlin: Foto: Landesarchiv Berlin.

Seite 249: Willy Brandt spricht nach dem großen Wahlerfolg der Berliner SPD im Dezember 1958 auf dem Landesparteitag am 28. Dezember 1958: Foto: dpa/Archiv der sozialen Demokratie der Friedrich-Ebert-Stiftung, Bonn.

Seite 298: Spaziergang des Regierenden Bürgermeisters, Willy Brandt, mit dem Berliner Senator für Bundesangelegenheiten, Günter Klein, am 9. November 1958: Foto: Alois Bankhardt/Archiv der sozialen Demokratie der Friedrich-Ebert-Stiftung, Bonn.

Seite 309: Der Präsident der USA, John F. Kennedy, und Willy Brandt am 13. März 1961 im Weißen Haus: Foto: Alois Bankhardt/Archiv der sozialen Demokratie der Friedrich-Ebert-Stiftung, Bonn.

Seite 314: Willy Brandt im Gespräch mit dem späteren Berliner Senator für Kunst und Wissenschaft, Adolf Arndt, am 6. Mai 1961 auf dem Landesparteitag der Berliner SPD: Foto: Alois Bankhardt/Archiv der sozialen Demokratie der Friedrich-Ebert-Stiftung, Bonn.

Seite 327: Ansprache des Regierenden Bürgermeisters, Willy Brandt, auf der Protestkundgebung der Berliner Bevölkerung vor dem Rathaus Schöneberg am 16. August 1961: Foto: Landesarchiv Berlin.

Seite 352: Willy Brandt zusammen mit dem Bundesminister für Wirtschaft, Ludwig Erhard, und dem Berliner Senator für Bundesangelegenheiten, Günter Klein, am 18. Oktober 1961 während der Verhandlungen über die Berlin-Hilfe: Foto: dpa/Archiv der sozialen Demokratie der Friedrich-Ebert-Stiftung, Bonn.

Seite 403: Gratulation zu Willy Brandts 50. Geburtstag am 18. Dezember 1963 im Rathaus Schöneberg: Es gratulieren die Senatoren Exner, Schiller, Evers und Bürgermeister Albertz: Foto: Johann Willa/Landesarchiv Berlin.

Seite 414: Willy Brandt zusammen mit dem Präsidenten der USA, John F. Kennedy, und dem Bundeskanzler, Konrad Adenauer, am 26. Juni 1963 bei der Fahrt durch Berlin: Foto: Zellmann/Archiv der sozialen Demokratie der Friedrich-Ebert-Stiftung, Bonn.

Seite 458: Willy Brandt zusammen mit dem Senator für Bundesangelegenheiten, Klaus Schütz, und dem Senatspressechef, Egon Bahr, im Gespräch mit dem amerikanischen Präsidenten, Lyndon B. Johnson, am 18. Mai 1964 im Weißen Haus anlässlich eines Besuchs in den USA: Foto: Jim Manan/Landesarchiv Berlin.

Seite 513: Rut und Willy Brandt auf der Rückfahrt von einem Besuch beim sowjetischen Botschafter Abrassimow am 12. Oktober 1966 in Ostberlin am Sektorenübergang Checkpoint Charlie in Berlin-Kreuzberg: Foto: dpa/Landesarchiv Berlin.

Seite 521: Willy Brandt zusammen mit Heinrich Albertz, seinem Nachfolger als Regierender Bürgermeister, am 10. Dezember 1966 auf dem Landesparteitag der Berliner SPD: Foto: Zellmann/Archiv der sozialen Demokratie der Friedrich-Ebert-Stiftung, Bonn.

Angaben zum Bearbeiter und zu den Herausgebern

Bearbeiter:

Siegfried Heimann, geb. 1939, Dr. phil. habil., Historiker, Privatdozent für politische Wissenschaft an der Freien Universität Berlin, Veröffentlichungen zur Geschichte der Parteien und des Parteiensystems der Bundesrepublik, zur Geschichte der Sozialdemokratie, zur Geschichte Berlins und zur Geschichte der DDR.

Herausgeber:

Prof. Dr. Helga Grebing, geb. 1930 in Berlin. Studium an der Humboldt- und der Freien Universität. 1952 Promotion im Fach Geschichte. Danach Tätigkeiten im Verlagswesen und in Institutionen der Politischen Bildung. Seit 1971 Professorin für Geschichte (Schwerpunkt Sozialgeschichte des 19. und 20. Jahrhunderts) an den Universitäten Frankfurt/Main, Göttingen und Bochum, hier 1988–1995 Leiterin des Zentral-Instituts zur Erforschung der europäischen Arbeiterbewegung. 1995 emeritiert und seither als Publizistin in Göttingen lebend. Viele Veröffentlichungen zur Geschichte der Arbeiterbewegung; Autorin u. a. der „Geschichte der deutschen Arbeiterbewegung".

Prof. Dr. Gregor Schöllgen, geb. 1952 in Düsseldorf. Studium der Geschichte, Philosophie und Sozialwissenschaften in Bochum, Berlin, Marburg und Frankfurt/Main. Dort 1977 Promotion im Fach Philosophie; 1982 Habilitation für Neuere Geschichte in Münster. Seit 1985 Professor für Neuere Geschichte an der Universität Erlangen. Gastprofessor in New York, Oxford und London. Zahlreiche Veröffentlichungen, zuletzt: „Geschichte der Weltpolitik von Hitler bis Gorbatschow 1941–1991", „Die Außenpolitik der Bundesrepublik Deutschland", „Diehl. Ein Familienunternehmen in Deutschland 1902–2002" und „Willy Brandt. Die Biographie".

Prof. Dr. Heinrich August Winkler, geb. 1938 in Königsberg. Studium in Münster, Heidelberg und Tübingen. Promotion zum Dr. phil. in Tübingen 1963. Professor an der Freien Universität Berlin und an der Universität Freiburg/Br., seit 1991 an der Humboldt-Universität zu Berlin. Wichtigste Veröffentlichungen: „Arbeiter und Arbeiterbewegung in der Weimarer Republik" (3 Bde.), „Weimar 1918–1933. Die Geschichte der ersten deutschen Demokratie", „Streitfragen der deutschen Geschichte" und „Der lange Weg nach Westen" (2 Bde.). Weitere Publikationen zur deutschen, europäischen und amerikanischen Geschichte.

Kai Langhans

Willy Brandt und die bildende Kunst

188 Seiten, geb. mit Schutzumschlag, zahlreiche farbige Abb.
Euro 39,80
ISBN 3-8012-0338-X

Kein anderer Politiker der deutschen Nachkriegsgeschichte wurde von so vielen zeitgenössischen Künstlern dargestellt wie Willy Brandt. Was aber machte ihn so anziehend für die Künstler? Und wie stand er selbst zur Kunst seiner Zeit?

Der Kunsthistoriker Kai Langhans hat zwei Jahre lang recherchiert, um dem Phänomen »Willy Brandt als Objekt der bildenden Kunst« anhand von Archivmaterialien sowie in Interviews mit Künstlern und Zeitzeugen auf den Grund zu gehen. Dabei hat Langhans im Rahmen seiner Untersuchung solche Porträts ausgesucht, die Willy Brandt in wichtigen Phasen seines Lebens darstellen und ihn in das zeitgeschichtliche Umfeld integrieren.

Anhand der in diesem Band erstmals präsentierten Zusammenschau von Kunstwerken, die Willy Brandt zum Thema haben, manifestiert sich posthum die ganze Bandbreite seiner Persönlichkeit: Emigrant, Sozialdemokrat, Staatsmann, Friedensstifter, Journalist und Mensch.

Verlag J.H.W. Dietz Nachf.
Dreizehnmorgenweg 24 – 53175 Bonn
www.dietz-verlag.de – e-mail: info@dietz-verlag.de